湖北大学哲学学院
《德国哲学》编委会 编

德国哲学

图书在版编目（CIP）数据

德国哲学 2010 年卷 /《德国哲学》编委会编．—北京：中国社会科学出版社，2011.11

ISBN 978-7-5161-0031-8

Ⅰ.①德… Ⅱ.①德… Ⅲ.①哲学-研究-德国-丛刊 Ⅳ.①B516-55

中国版本图书馆 CIP 数据核字(2011)第 171124 号

策划编辑 冯春凤
责任编辑 储诚喜
责任校对 郭 娟
封面设计 孙婷云
技术编辑 王炳图

出版发行 中国社会科学出版社
社 址 北京鼓楼西大街甲 158 号 邮 编 100720
电 话 010-84029451（编辑） 64058741（宣传） 64070619（网站）
010-64030272（批发） 64046282（团购） 84029450（零售）
网 址 http://www.csspw.cn（中文域名：中国社科网）
经 销 新华书店
印 刷 北京君升印刷有限公司 装 订 廊坊市广阳区广增装订厂
版 次 2011 年 11 月第 1 版 印 次 2011 年 11 月第 1 次印刷
开 本 710×1000 1/16
印 张 31.75 插 页 2
字 数 536 千字
定 价 66.00 元

目　录

启蒙与全球化："德中同行"学术研讨会论文

康德论外在自由

刘泽刚

［内容提要］本文主要分析康德“法权论”中的“外在自由”。康德赋予任性一种双重特性：它既独立于又依赖于感性冲动。正是其中的依赖性保证了“纯粹”的法权概念能够“提交给实践”。也唯有通过任性的自由，康德才能够确立法权论的具体内容。正因为如此，康德才会在《道德形而上学》中特别强调“任性”与“意志”的区别。但因为任性乃至康德的整个自由理论都具有较强的消极和形式特性，所以康德会在通过任性说明法权客体的正当性时遭遇困难。尽管如此，康德的法权自由仍然是内在自由与外在自由结合的自由。

［关键词］康德　外在自由　内在自由　道德形而上学　法权

康德的《道德形而上学》本质上是关于自由的学说。但自由本身在康德的理解中分为外在自由和内在自由，因此他的《道德形而上学》也分为法权的形而上学和德性的形而上学两部分。外在自由是法权形而上学的基石。外在自由固然可以被理解为外在行动的自由，但行动是否自由却必须依据意志状态方可确定。在《道德形而上学》中，康德特别强调“任性”与“意志”的区分。而在对法权进行道德描述时，又特别强调法权仅与任性的交互关系的形式相关。从消极的角度看，任性的自由是选择能力对感性冲动的规定力量的独立；从积极的角度看，任性的自由是选择能力对道德法则的践行。这样一来，康德就赋予了任性一种双重特性：它既独立于又依赖于感性冲动。正是其中的依赖性保证了“纯粹”的法权概念能够“建立在实践之上”。也唯有通过强调任性的自由，康德才能够确立法权论的具体内容。或许正是因为如此，康德才会在《道德形而上学》中特别强调“任性”与“意志”的区别。但从根本上说，任性乃至康德的整个自由理论都具有较强的消极特性。所以康德会在通过任性说明法权客体的正当性时遭遇困难。黑格尔就认定康德的自由概念是纯形式性和消极的。而且在黑格尔看来这导致了康德的政治和法律思想的严重不足。查尔斯·泰勒（Charles Taylor）曾将黑格尔的批评总结为：“康德以一个彻底崭新的道德概念开始，他的政治理论却是似曾相识，令人失望。比之功利主义，它并没有多少殊胜之处，因为它的主要课题仍旧是个人间的意志如何调和的问题。”① 这些批评有不公之嫌，但也有合理之处。泛泛评议无济于事，只有深入康德关于外在自由的论述方能期至公论。本文试图对这个问题作一点初步的探讨。

一 “外在自由”的表述与问题

“自由”是康德整个批判哲学的“拱顶石”。就法权论而言，“外在自由”（External Freedom）也是承载最多论证负担的部分。遗憾的是，这些论述也是令人费解的。即便是以研究康德自由理论著称的阿利森（Allison）也对法权论的自由问题退避三舍。在《康德的自由理论》一书中，阿利森虽明确指出“外在自由”是康德法哲学和政治哲学的中心概念，却对其“暂且不予考虑”。② 一部旨在对康德自由理论进行全面研究的著作为何单单将“外在自由”排除在外？对此，作者并无交代。或许这只是权宜之计，作者可能认为外在自由与内在自由具有紧密的关联，只要内在自由的论题得到了解决，外在自由的问题也会迎刃而解。还有另一种可能，即“外在自由”是一种太特殊的“自由”，以致无法与康德道德哲学主流的自由理论相提并论。托马斯·博格（Thomas W. Pogge）等学者明确地主张后一种可能性。在他们看来，康德哲学中的外在自由与内在自由大异其趣。内在自由以意志自律为核心，外在自由以行动不受限制为特征。外在自由可以独立于内在自由得到充分考察。③

---

① ［加］查尔斯·泰勒：《黑格尔与现代社会》，徐文瑞译，吉林出版集团有限责任公司 2009 年版，第 123 页。

② ［美］亨利·E. 阿利森：《康德的自由理论》，陈虎平译，辽宁教育出版社 2001 年版，导言第 1 页。

③ Thomas W. Pogge, Is Kant's Rechtslehre a "Comprehensive Liberalism"? in Mark Timmons (ed.) *Kant's Metaphysics of Morals: Interpretative Essays*, Oxford: Oxford University Press, p. 137.

两种解释哪一种更加合理？不仅事关对法权形而上学的正确理解，更会对整个康德实践哲学解读产生重大影响。如果外在自由果真与内在自由无内在关联，那么博格等人的“独立命题”（independence thesis）[①] 就更有根据，也就是说，我们就有更多的理由认为法权论是独立的（freestanding），不以道德哲学和先验观念论为基础和支撑。[②] 这样一来，康德的道德形而上学的总体规划就必须重构。或许我们就必须接受博格的观点：对康德道德哲学而言，法权论是必要的；但对法权论而言，其道德哲学则是不必要的。[③] 如果想替康德明确宣称的道德形而上学整体规划进行辩护，我们就有必要在内在自由和外在自由间建立一种更加有机和紧密的联系。由此或许能说明：法权论与道德哲学之间是彼此支撑的一个整体，谁也不能脱离开对方获得正当性。

在《道德形而上学》中，康德主要使用两种方式对法权自由进行描述：有时他使用“外在自由”（äuβere Freiheit）一词；[④] 有时又用“任性的外在应用的习俗”（äuβeren Bräuche der Willkür）。从文本上看，康德在《法权论的形而上学初始根据》中较少使用“外在自由”，而主要采取“任性的外在应用的习俗”这种表述方式。与此形成对比的是，在《德性论的形而上学初始根据》中，康德更多地直接使用“外在自由”的说法。这或许是因为在“德性论”中，常常需要将法权自由与德性自由进行对比。所以采用“外在自由”与“内在自由”的表述更加方便。由于康德并没有在文本中明确区分这两种表达，所以英美哲学界在往往将二者统以“外在自由”（external freedom）加以概括。[⑤]

康德将“外在”作为法律特性的表现。这种用语习惯一直延续至今，例如20世纪德国法哲学家拉德布鲁赫（Gustav Radbruch）在区分道德与

---

① 这个命题的称呼是由其反对者之一 Wolfgang Kersting 提出的。持有同样观点的还有 Julis Ebbinghaus, Klaus Reich, Georg Geismann 等学者。见 Thomas W. Pogge, Is Kant's Rechtslehre a "Comprehensive Liberalism"? in *Essays on Kant's Metaphysics of Morals*, edited by M. Timmons, Oxford: Clarendon Press, 2002, p. 151.

② Ibid., pp. 134-135.

③ Ibid., p. 135.

④ Immanul Kant, *Metaphysik Der Sitten*, *Der Philosophischen Bibliothek Band* 42, Verlag von Felix Meiner in Hamburg, Unver? nderter Abdrucik 1966 der 4. Auflage 1922, S. 406.

⑤ 也有一些学者使用 outer freedom 来表述“外在自由”。如 Mary J. Gregor, *Laws of Freedom*. Oxford: Basil Blackwell, 1963, pp. 42-46.

法律之时，就是以解释“法律的外向性，道德的内向性”（Äuβerlichkeit des Rechts，Innerlichkeit der Moral）的方式展开论述。① 从起源来看，以“内外有别”的方式对法律与道德加以区分的做法并非康德首创。学界一般公认做出这个区分的功劳归于托马修斯（Christian Thomasius）。在《自然法与国际法基础》等作品中，他指出：国家的法律是一种外在的强制命令，所以它的有效范围不能及于道德领域。②

康德的独特之处在于他想把这种外在的强制奠基于自由之上。也就是说，自由与强制是统一，而非对立的。这种统一的概念基础正是法权。由此法权也就成了促进自由而非仅仅施加强制的实践领域，亦即自由与强制统一的法权。这种统一的可能性基于外在自由与内在自由，任意与意志的有机结合。在经验中彼此冲突、限制的任意与外在自由通过一个更自由的意志结构体获得了理性上共存的可能性。问题就在于康德是否令人信服地说明了这个结构，以使其能兼顾法权概念的理性与经验层面。由于形式性制约，法权原则不能为法权提供内容，外在自由必须担当起充实法权内容、确定法权对象的重任。在这一进程中，外在自由又必须保持自由的特性。下面我们就来看看康德是如何利用“外在自由”完成这两个方面的任务的。

二　外在自由与法权对象

（一）从“理知占有”到获得外物

在《道德形而上学》中，康德常用“内在”与“外在”对法权和德性进行区分。他曾经使用过的包含“外在”的术语包括：“外在自由”（äuβere Freiheit）、“外在立法”（äuβere Gesetzgebung）、“外在义务”（äuβerliche Pflicht）、“外在的‘我的’和‘你的’”（äuβeren Mein und Dein）、“外在的取得”（äuβeren Erwerbung）、“外在的东西”（Etwas Äuβeres）、“外在标的（对象）”（äuβeren Gegenstand）、“外在行动”（äuβere Handlungen）等。其中一些还有各自对应“内在”术语：“内在

① ［德］G. 拉德布鲁赫：《法哲学》，王朴译，法律出版社2005年版，第39—46页。

② 转引自［意］登特列夫《自然法：法律哲学导论》，李日章、梁捷、王利译，新星出版社2008年版，第103页。

自由”、“内在立法”、“内在义务”、“内在的我的”等。大多数情况下，康德似乎仅仅是将“外在”作为法权的标志，正如他将“内在”作为德性的标志一样。他好像无暇、也无意对这个本来就很模糊的“内外之别”加以阐释。读者只能被动地接受：“外”就是不同于“内”的某种东西，比如“外在自由”就是不同于“内在自由”的自由，而且是涉及法权的自由。

从研究的角度看，弄清“外在”的意义会对理解法权有很大裨益。首先，这使我们有机会对某些饱受诟病的法权论的模糊和混乱的表述进行更清晰的重述。其次，这有助于我们把握法权（与德性相比）的特性。最后，由于20世纪的法哲学沿袭了道德与法律间“内外有别”的思想，这使我们有可能结合当代法哲学深入挖掘康德法哲学常新的意义。就当前的论题而言，由于自由是不可定义的，康德对其大多采用消极的表述方式。即“自由不是什么”，或“自由是对什么的独立”等等。即便精熟于康德在理论哲学和道德哲学中的自由论述，我们对法权自由也只能做更加消极和否定的表述，而这只会让外在自由变得更加难以捉摸。所以，很有必要对外在自由涉及的“外在”进行一些细致的分析，以期对外在自由有更多“是什么”的肯定的把握。但遗憾的是，康德也很少对“外在”赋予实质和肯定的内容。正如前文所言，康德通常只是将“外在”当作对“内在”的否定。或许康德认为，法权论形而上学的读者应该已经领会了他关于道德的种种“内在”的理论，此处只需表明差异即可。但康德的确曾对“任性的外在对象”，即“外在的我的和你的”做过非常详细的探讨。具体来说，康德在“私人法权”的前十节中一直都在做着这方面的工作。而整个私人法权也建立在“外在的我的和你的”这套术语系统之上。因此之故，穆赫兰德（Leslie Arthur Mulholland）在《康德的权利体系》一书中才会围绕着“外在的东西”这个概念来展开其“外在自由”分析。

在谈及生而具有的法权时，康德将“自由”简单地等同于“对另一个人的强制任性的独立性”。[①]穆赫兰德主张这个界定需要参照一个人占有的东西来进行补充。他认为这个补充在《遗稿》（Nachlass）中已经得到了明确地表述。在那里，康德写道：“（外在）自由是任性独立于他人涉

① ［德］康德：《道德形而上学》，张荣、李秋零译，载于《康德著作全集》（第6卷），李秋零主编，中国人民大学出版社2007年版，第246页。

及占有的任性。”[①] 其实这也容易理解。因为在康德看来，任性的外在对象是有限的，并且法权领域的外在自由主要涉及任性的外在对象。所以弄清楚任性的外在对象就缩小了外在自由的研究范围。

这里有两个关键词，一是占有，二是任性。我们先看看“占有”一词的含义。在康德看来，占有是拥有某种外物的方式。他在私人法权的第一篇中先论述了理知占有的可能性。然后又在第二篇中讨论了获得外物的方式。康德认为这样就足以建立起私人法权的对象和内容。当然，从逻辑的角度看，既然有外在的占有，也就会有内在的占有。康德的确也提到过内在的占有。在举例说明把外在于我的东西当作我的来拥有的方式时，康德说：“地球上的一个场所并不因为我以自己的肉体占领了它（因为这里只涉及我的外在的自由，因而只涉及我的我自己的占有，不涉及在我之外的任何东西，所以只是一种内在的法权）而成为一种外在的‘我的’；而是当我尽管离开了那个地方而去了别处，我还占有它时，它才成为一种外在的‘我的’，只有在这种情况下才涉及我的外在法权。”[②] 在这里看到，人的内在占有其实就是占有他自己。从道理上来讲，人的外在自由也可能会涉及自己和他人的内在占有。但康德似乎并没有把论证的重心放在对内在占有的阐释上。他不仅没有对内在占有做详细的分析，甚至对内在占有的对象也没有专门论及。

穆赫兰德认为康德心目中人类内在占有的东西有两种：一是人性（humanity），即在世的存在者的自由意志；二是人的存在和发展自然地依靠的身体和精神的官能。[③] 问题在于：这些内在占有的东西是否可能受到他人的任性的干扰，如果答案是肯定的，那么它们就同样属于法权的对象。而这又依赖于对这些概念的理解。例如罗尔斯将“人性”解读为“是指我们的力量和能力，它们把我们规定为合理而理性的属于自然界的人”。[④] 而穆赫

---

① Leslie Arthur Mulholland , *Kant's System of Rights*, Columbia University Press (New York), 1990. p. 203.

② ［德］康德：《道德形而上学》，张荣、李秋零译，载于《康德著作全集》（第6卷），李秋零主编，中国人民大学出版社2007年版，第261页。

③ Leslie Arthur Mulholland , *Kant's System of Rights*, Columbia University Press (New York), 1990. p. 205.

④ ［美］约翰·罗尔斯：《道德哲学史讲义》，张国清译，上海三联书店2003年版，第255页。

兰德则将人性理解为设定目的的能力。按照穆赫兰德的理解，这种能力是不会受到他人的干涉的。目的是一个理性存在者的任性的一个对象，通过它的表象，任性被规定采取一种产生这个对象的行动。从这个意义上说，他人虽然可以强迫我采取某些行动，但绝不可能强迫我去拥有一个目的，目的的设定只能由自己完成。对人的身体和精神官能与外在自由的关系及其对法权的意义，穆赫兰德也有论及。[①] 但这些在文本中都没有直接依据。康德并没有集中论证这些问题。而且我们也没有理由推测康德就一定会关注这些问题。对康德而言，弄清楚外在的"我的"和"你的"似乎更加急迫和重要。在没有把基本问题弄清楚的前提下引入这些分析恐怕只会让问题变得更加复杂。我们目前只需关注康德对外在对象的占有与外在自由的关系即可。

康德列举了任性的外在对象的所有种类。在他看来这只有三种可能性：在我之外的有形物；另一个人做出一个确定行为的任性；另一个人与我相关时的状态。"外在"并不是一个时空概念，而是一个从理性角度出发的表述。康德曾举例对此进行说明：如果一个人只是经验性地占有（持有）某物（比如拿着一个苹果或者在一块土地上安营扎寨），那么他人对这种经验性占有进行的干涉（从手中夺走苹果或把某人从其营地中拖走）虽然必定伤害被干涉者的内在的"我的"（自由），却并不一定会伤害其外在的"我的"。除非被干涉者能证明他对苹果或土地的占有是一种理智占有，即无须持有的占有。把外在于我的某种东西当做我的来拥有，其方式是主体的意志和那个对象纯然在法权上的结合，不依赖与对象在空间和时间中的关系，遵循的是一种理知占有的概念。[②]

于是问题的关键便转变为"理智占有"（intelligibeler Besitz）或"一种纯然法权上的占有"（ein bloβ rechtlicher Besitz）是如何可能的？康德将这个问题转换为：一个先天综合的法权命题是如何可能的？对这个关键问题，康德文本的论述却非常奇怪。在格雷格的英译本中，译者调整了一些段落的位置，使得康德的论证变得连贯起来。主要调整是将第六节"对

① Leslie Arthur Mulholland , *Kant's System of Rights*, Columbia University Press（New York），1990. p. 205.

② ［德］康德：《道德形而上学》，张荣、李秋零译，载于《康德著作全集》（第6卷），李秋零主编，中国人民大学出版社 2007 年版，第 261 页。

一个外在对象的纯然法权上的占有之概念演绎”的第四段至第八段替换为第二节“实践理性的法权公设”。第六节其他段落保持不变。① 这样一来，康德对理知占有的演绎的论证结构便表现为如下状况。

康德指出关于一个经验性占有的命题是分析命题，因为它并未超出一个人格就其自身而言的法权。反之，理智占有则是一个综合命题。当我们把那些为经验性占有奠定基础的一切直观条件都排除掉以后，理智的占有的意义便凸显为：对于一个任性的外在对象无须对其加以经验性占有便能控制。而这样一个非经验性占有的概念的演绎建立在实践理性的法权公设之上。该法权公设要求我们把我的任性的每一个对象都当作客观上可能的“我的”或“你的”来看待。

这个演绎无非是说：如果法权公设要求我们把外在的东西当作某人的来看待，那么即便当某物并未处于任何人实际的经验占有之下，我们也应该假设该物是属于某人的，而且是受某人控制的。而这种不需经验占有的控制，就是理智占有。

在接下来的第 7 节中，康德对理智占有的“实践的实在性”（praktische Realität）进行了解释。这个解释就是要说明理智占有的概念如何应用于具体的经验对象上。康德分别就理智占有在有形物、他人任性、与他人关系上的表现形式作了阐述。在第八节和第九节中，康德指出虽然在自然状态中也有一种现实但暂时的外在的“我的”和“你的”，但只有在公民状态中才有可能有真正的外在的“我的”和“你的”。

我们以近似速写的方式概括了康德关于理智占有的观点。主要目的在于揭示与外在自由相关的“占有”的意义。从中我们得知，在康德理智占有最关键的演绎环节，康德实际依赖的是实践理性的法权公设。康德明确指出这个公设所给予的权限是无法从一般法权的纯然概念中得来的。但从另外一方面来说，之所以会预设这个公设，其实正是为了配合法权概念的具体化。否则，康德的法权论形而上学限定下的法权概念就会寸步难行，只徒具抽象的形式。但我们也必须看到，此时的占有也只是一种理性的可能，它还没有与具体的对象真正结合。于是问题就变为：怎样才能获得一个外在的东西呢？正是在此时，“任性”粉墨登场了。

① I. Kant: *Practical Philosophy*. Translated and edited by Mary J. Gregor, Cambridge: Cambridge University Press, 1996, pp. 403—406.

康德认为，获得的法权根据无非如下三种：要么是通过一个单方的任性行为，要么是通过一个双方的任性的行为，要么是通过一个全面的任性的行为。也就是说，康德是凭借“任性”将法权与物联系在一起的。为什么任性概念能堪此重任呢？

（二）任性的双重性

康德的三部最重要的道德哲学著作中都有关于自由的论述。其中，《道德形而上学》与另外两本著作最大的不同在于它在自由概念中明确区分了意志的两个层面：任性（Willkür）[①] 和（狭义的）意志（Wille）。在《实践理性批判》中，这种区分实际上已经起了作用，但并未得到正式的阐述。在《道德形而上学基础》中则基本上看不出这种区分的明显迹象。Willkür 与 Wille 的区分对法权形而上学来说是非常重要的。

按照阿利森的总结，对二者的关系有两种非常容易发生的误解。一种是刘易斯·怀特·贝克（Lewis White Beck）提出的观点：Willkür 与自发性相关而 Wille 与自律相关。还有一种认为：消极的任性的自由概念和积极的任性的自由概念分别与自发性与自律性对应。阿利森认为这些误解与康德表述的模糊有很大关系。实际上，Wille 有广义和狭义两种用法。广义的 Wille 包括狭义的 Wille 和 Willkür。狭义的 Wille 和 Willkür 分别承担意志的立法机能和执行机能。狭义的 Wille 提供规范，而 Willkür 则按照这种规范进行选择。狭义的 Wille 不是对其自身立法，而是针对 Willkür 立法。所以只有广义的 Wille 才有自律的特性。狭义的 Wille 既不是自由的，也不是不自由的。[②] 从此角度看，当我们说意志是自由的时候，可能也有两层含义。一层是与日常的说法相符的，即人通过任性做出选择，从而是自由的。另一层是说只有在包括任性和狭义意志的意志结构中才有真

---

① Willkür 目前主要有两种译法：“任意”和“任性”。本文并不刻意区分两种译法，而是视需要交替使用。一般采用“任意”这一译法。但由于本文多处需引用《道德形而上学》中文译本，而该译本采“任性”译名，为引述方便，本文也兼用“任性”这一表述方式。需要注意的是，《道德形而上学》的中译者之一张荣先生基于该概念与中世纪哲学的关系，认为 Willkür 译为“决断”更好。见张荣：“‘决断’还是‘任意’（抑或其他）？——从中世纪的 liberum arbitrium 看康德 Willkür 概念的汉译”，《江苏社会科学》2007 年第 3 期，第 16—21 页。

② ［美］亨利·E. 阿利森：《康德的自由理论》，陈虎平译，辽宁教育出版社 2001 年版，第 192 页。

正的自由。其中第一层含义与人们在法律经验中的自由实践似乎更加符合。而第二层含义则涉及外在自由与道德自由的关系问题。我们先来看看第一层含义对康德法权哲学的意义。

在《道德形而上学》中，康德不仅提出了任性与意志的区分，还进一步区分了任性的自由的消极概念和积极概念。消极概念是“不受感性冲动规定的独立性”。积极定义是“纯粹理性有能力自身就是实践的”。[①] 与此相应，康德在《实践理性批判》中，区分了消极意义的自由和积极意义的自由。“德性的惟一原则就在于对法则的一切质料（也就是对一个欲求的客体）有独立性，同时却又通过一个准则必须能够胜任的单纯普遍立法形式来规定任意。但那种独立性是消极理解的自由，而纯粹的且本身实践的理性的这种自己立法则是积极理解的自由。”[②] 在更早的《道德形而上学基础》的第三部分，康德有类似的区分。在那里他将消极的自由概念表述为“（意志）这种因果性在能够不依赖于外在的规定它的原因而起作用时的那种属性”；将自由的积极概念表述为“服从道德法则的意志”。[③]

从这些非常类似的表述中，我们还是能看出一些差异。在《道德形而上学基础》与《实践理性批判》中，消极自由都是指对感性外在规定的独立，积极自由都强调意志对法则的服从，但并没有具体指出意志独立于外在感性规定的方式。而在《道德形而上学》中，康德却明确指出这种功能是由意志结构中的任性这一层面来承担的。而任性之所以能够担此重任，是因为人的（自由的）任性与动物的任性不同。动物的任性受到病理学的规定，而自由的任意则可以独立于感性冲动而受到规定。这种对感性冲动的独立就是“消极自由”的。从消极的角度看，自由总是相对于什么的自由（free from...）。用康德表述方式，即是“独立于”某样东西。康德的道德哲学重点关注的是意志对感性冲动的独立。在康德的术语体系中，这种独立也就意味着不被“规定”(bestimmen)。与这种“独立

① ［德］康德：《道德形而上学》，张荣、李秋零译，载于《康德著作全集》（第 6 卷），李秋零主编，中国人民大学出版社 2007 年版，第 220 页。

② ［德］康德：《实践理性批判》，邓晓芒译，杨祖陶校，中国人民出版社 2003 年版，第 43—44 页。

③ ［德］康德：《道德形而上学的奠基》，李秋零译，载于《康德著作全集》（第 4 卷），李秋零主编，中国人民大学出版社 2005 年版，第 454—455 页。

性”（Unabhängigkeit）相关的意志状态至少有两种：刺激（affizieren）和影响（beeinflussen）。人的任性具有受刺激但不受规定的特性，康德对此解释道：“人的任性是这样的任性：它虽然受到冲动的刺激，但不受它规定，因此本身（没有已经获得的理性技能）不是纯粹的，但却能够被规定从纯粹意志出发去行动。任性的自由是它不受感性冲动规定的那种独立性。这是它的自由的消极概念。”①

康德特别强调任性对感性冲动的独立性，但这无异于也是在强调任性对感性冲动亦有一种依赖性。神圣的意志就没有这种依赖性，当然也不需要这种独立性。因此，任性的自由同时包含着依赖性和独立性。在《实践理性批判》中，康德特别提到了意志的自律和任性的他律：“意志自律是一切道德律和与之相符合的义务的惟一原则：反之，任意的一切他律不仅根本不建立任何责任，而且反倒与责任的原则和意志的德性相对立。”②从康德自由理论的整体来看，这种说法是很难做出合理解释的。阿利森因此指责康德在这里发生了严重的错误（即似乎任意的行为可以不负责任）。但结合“法权论”的文本看，康德此处的表述又何尝不能被解释为强调任性对感性冲动的依赖性呢？或许康德的表述容易导致误解，但从学理上讲，这种强调本无可厚非。

与康德相比，在这个问题上黑格尔的表述就显得更加清晰一些。黑格尔在《法哲学原理》的“导论”中集中论证了“意志自由”问题。在论及“任性”时，黑格尔说：“意志的自由是任性的，在这种任性中既包含着（1）从一切中抽象出来的自由反思以及（2）对自内或自外所给予的内容和素材的依赖两个要素。”③ 黑格尔进一步指出任性中的反思是一种自我意识形式上的普遍性和统一，是意志对于它自由的抽象确信，但它还不是自由的真理。因为它还没有以自身为内容和目的，因此其主观和客观两个方面仍然是有别的。因此任性中自我规定的内容仍然是一种有限的东西。任性也不是合乎真理的意志，而是作为矛盾的意志。有意思的是，黑格尔还特别指出康德的自由就是这种形式上的自我活动。对于任性的自由

① ［德］康德：《道德形而上学》，张荣、李秋零译，载于《康德著作全集》（第6卷），李秋零主编，中国人民大学出版社2007年版，第220页。

② ［德］康德：《实践理性批判》，邓晓芒译，杨祖陶校，人民出版社2003年版，第43页。

③ ［德］黑格尔：《法哲学原理》，范扬、张企泰译，商务印书馆1991年版，第25页。

的矛盾性和局限性，黑格尔也有解说。他认为任性的确可以有所选择，但它也可以任性地对其选择的东西予以放弃。这种选择和放弃都体现了任性的自由，但却缺乏规定性。[①]

黑格尔虽然没有结合康德法权哲学来做进一步的解说，但我们却不得不说，康德法权哲学的确在此方面存在着严重不足。我们不妨回忆一下康德对法权概念的阐释。在“法权论导论”第二节“什么是法权”中，康德写道：“法权是一个人的任性能够在其下按照一个普遍的自由法则与另一方的任性保持一致的那些条件的总和。”该概念主要从三个方面阐释了法权的特点：一、法权只涉及人格间外在的实践关系；二、法权仅仅意味着任性间的关系；三、法权只考虑任性交互关系的形式。[②]

康德在这里特别强调其法权论所论及的法权仅仅涉及任性的外在交互形式，而不涉及其他。就我们目前考虑的问题看，我们不禁要问：难道仅仅依凭“任性”就能说明法权吗？或者更具体一点：难道仅仅依靠“任性”就能对如何获得外在的东西进行说明吗？实际上，康德对各种获得外在的东西的方式的说明并非仅仅依靠任性。而是依赖包括任性和狭义意志的意志结构。例如，在对“通过合同的获得”（die Erwerbung durch Vertrag）这一概念的先验演绎中，康德于最关键处依靠的恰恰是狭义的、承担立法机能的意志（Wille）。

康德认为，任何合同都包含四种法权行为：要约（Angebot）、赞同（Billigung）、许诺（Versprechen）和承诺（Annehmung）。[③] 前两个是准备性的、谈判的行为，后两个是构成性的、签订的行为。通过合同获得的是对他人任性的占有，也就是占有他人的一个行为，即通过我的任性规定他人的任性去采取某种行为的能力。通过该行为，某个外在的物品被置于我

---

① ［德］黑格尔：《法哲学原理》，范扬、张企泰译，商务印书馆1991年版，第26—27。

② ［德］康德：《道德形而上学》，张荣、李秋零译，载于《康德著作全集》（第6卷），李秋零主编，中国人民大学出版社2007年版，第238页。

③ 康德的合同理论与当代理论差别很大。当代德国民法学中，合同通过要约（Angebot也常用Antrag或Offerte表述）和承诺（Annahme）而成立。要约与承诺是相互关联的两个意思表示（Willenserklärung），时间上在先的表示称为要约，另一方接受要约的意思表示，法律上称为承诺。很明显，康德的术语体系与当代法学所使用的极为不同。但为了行文和理解上的便利，尤其是便于与其他文献相协调，以下将在当代法学通行的意义上使用要约、承诺等合同法术语。

的控制之下，从而成为“我的”。这看似很好理解，但康德却认为这里存在着极大的困难。在康德看来，通过合同转让“我的”，必须根据持续性法则进行。也就是说，在整个转让过程中，对象的占有必须没有中断，对象必须始终处于合同当事人的占有之中。否则，对象就会在这个过程中的某个阶段处于“无主物”的状态。而如果对象曾处于不被任何人占有的状态，那么最后承诺方对它的占有就不是通过合同获得的，而是一种源始的占有。这与合同的概念会发生矛盾。因为在康德的法权体系中，合同属于人身法权。而一种人身法权的获得绝不能是源始的。人身法权中对他人任性的占有只能通过转移来实现。

其实，转让前后的状态都很好理解。在转让前，合同被要约方占有，转让后则被承诺方占有。关键在于对象如何完成从要约方向承诺方的转换。康德认为这就必须诉诸一个共同意志。转让唯有通过一个共同意志才是可能的，借助这种意志，对象总是落入这一个人或者另一个人的控制之中，随后，一个人放弃了自己对这种共联性的份额，这样客体就通过接受这个份额（因而通过任性的一个积极行动）而成为他的。

康德坚信只有对“通过合同的获得”这一概念的先验演绎才能消除这些困难。康德是如何进行这一演绎的呢？

从经验性的角度看，合同的条件是在时间中前后相继的意思表示。“意思表示是一项法律后果意思的宣示，也即基于该表示（根据情况并与其他意思表示和行为协同发生作用）愿意引起一个特定的法律后果（法律效果）的意思。”[①] 但作为法权关系的合同则纯粹是理智的。而这种纯粹理智的关系如何表象出来呢？只有通过作为一种立法的理性能力的意志（durch den Willen als ein gesetzgebendes Vernunftvermögen）[②] 把所有经验性的条件都抽离，才会得到一个建基于自由概念之上的理智占有（possessio noumenon）。通过抽离经验性的条件，康德将在时间中前后相继的“要约”和“承诺”这两个意思表示行为表象为从一个唯一的共同意志中同时产生出来。而合同法权的对象，则通过去除经验性条件而按照纯粹理性的法则被表现为获得的。

① ［德］迪特尔·施瓦布：《民法导论》，郑冲译，法律出版社 2006 年版，第 337 页。

② Immanul Kant, Metaphysik Der Sitten, *Der Philosophischen Bibliothek Band* 42, Verlag von Felix Meiner in Hamburg, Unveränderter Abdrucik 1966 der 4. Auflage 1922, S. 273.

不管是否认可康德这番演绎的有效性，我们都不能否认康德的确在说明合同法权关系时借助了 Wille。于是我们可以肯定地说：法权不仅仅涉及任意，也涉及意志。这充分说明任性一旦离开意志的规定根本就没有确定性，也根本不能说明法权的内容与对象。康德当然可以从任性开始说明获得各种外在物的方式，但最后都必须超越任性的层面，进入意志层面才可能获得真正的规定性。从论证结构上说，任性与外在物的获得方式间的联系是非常勉强的。而这是由康德自由观的消极性所决定的。

正如邓晓芒教授指出的那样，康德自由观有三个不同层次：认识论层次上作为理念的“先验自由”；实践层次上作为“理性事实”的“实践自由”；内心审美和外部社会历史中作为经验现象的“自由感”和“自由权”。[①] 在这几个层次中，实践自由是自由概念的本质与核心，先验自由是为它而保留的，自由感和自由权则是指向它的。但这个自由意志本身却非常空洞，缺乏现实性，只是一个逻辑上的“应当”而已。实践自由因此也具有消极性。实践自由虽然作为道德自律而具有某种积极意义，但这种积极性也有严重不足。即它虽然是“实践的”，但却缺乏直观材料的配合，从此意义上看又是消极的。总体看来：“康德的自由观中虽然也有积极自由的因素，但这一因素严重地束缚于消极自由的框架中，无法释放出来。”[②]

这一点可从康德对法权的限定中看出。法权的道德概念强调的是意志自由的消极性。这一点首先体现于康德的用语上。康德用“只涉及”、“仅仅意味着”、“不考虑”等表达将法权概念收缩、限定于他所规划的法权论的层面。其中特别重要的是，康德明确申明，法权概念不考虑任性的质料。他本人的解释是法权不考虑每个人以他所想要的客体而当作意图的目的。康德或许希望借此将法权与德性区分开来。因为后者恰恰要考虑目的。但康德却似乎走过了头，他对法权自由的形式化和消极化处理使得法权与客体的联系变得非常牵强，但法权却恰恰不是内在的，而是外在的，所以必定涉及外在的对象。过分强调任性自由的消

① 邓晓芒：《康德自由概念的三个层次》，载邓晓芒《康德哲学诸问题》，三联书店 2006 年版，第 191—204 页。

② 同上书，第 230 页。

极性，强调任性自由与自然的对立与独立，使康德的法权哲学难以解释法权经验。[①]

三 外在自由与道德自由

康德在界定“严格法权”时透露了他心中关于“外在”的想法。康德说：“就像一般的法权仅仅以行动中外在的东西为客体一样，严格的法权，即不掺杂任何伦理因素的法权，就是除了外在的规定根据之外不要求任性的其他任何规定根据的法权；因为这样一来，它就是纯粹的、不掺杂任何德性的规定。所以，一种严格的（狭义的）法权，人们只能称之为完全外在的法权。”[②] 这段话告诉我们，法权可以是完全外在的。而“外在”的首先就意味着“非伦理的”。与之相应，康德的确把德性所涉及的自由称为“内在自由”。康德刻意强调外在自由与内在自由的区分，并试图将狭义的法权仅仅限制在外在自由的领域。这种做法是非常容易导致误解的。

法学家们也基于特定的立场对康德法权论中的外在自由得出了自己的理解。很不幸的是，这些理解大多都是误解。而且这些误读大多集中于自由的“内在”与“外在”层面间表面的冲突。比如著名的民法哲学家詹姆斯·戈雷德（James Gordley）就曾对康德（连同黑格尔）的自由理论做过如下评论：“他们以一种奇怪的方式界定‘自由’。对大多数人来说，自由意味着自主决定如下这些事情，如投谁的票，要不要结婚，要不要买辆新车，或者是不是选择学法律而非学医。对康德和黑格尔来说，要是为了想要有个总统或配偶、轿车或职业而进行选择，这些选择就不是自由的。尽管人们的确是为了想要的东西而进行这种选择，但是，自由意味着一个人不是因为想要某物而行为，而是因为其是一个自由而理性的人。要

① 以上所述都局限于私人法权的范围。对公共法权而言，康德更多依靠的是法权概念和意志，尤其是“联合起来的意志”的理念。严格分析之下，康德关于公共的论述似乎游离于整个体系之外，而且有许多奇怪的论证。这更加暴露了康德法权论形而上学对法权经验解释的局限性。因为对公共法权的解释需要考虑更多的历史因素。而康德对法权的限定决定了其法权哲学根本无力完成这样的重任。

② ［德］康德：《道德形而上学》，张荣、李秋零译，载于《康德著作全集》（第6卷），李秋零主编，中国人民大学出版社2007年版，第240页。

成为自由的人，行动的根源必须内在于行为人自身而非其偏好。”①

戈雷德的误解还比较外在化，基本未能进入康德独特的概念和思想体系。但其观点的确代表了当代法学思维对康德式法权自由的深深忧虑。更令人忧虑的是不少康德的研究者们也对康德外在自由与内在自由的关系迷惑不清。例如，博格将前文提到过的康德阐释法权的道德概念的那段话解读为法权概念不关心人们的内在状态，如他们的愿望、需要、目的。他认为这些因素对康德来说都是伦理学而非法权要关注的。② 也就是说，法权所涉及的是纯外在的因素。其实，许多学者都认为法权是个“外在”的东西。就自由而言，学者们一般认为，德行关系到内在自由，而法权关涉的则是外在自由。赫费（Otfried Höffe）就有类似论述：“法律涉及的是不受强制性他人的随心所欲所左右而有所作为的外部自由，而不是涉及内在的或道德的自由，即不受本能欲望、需求和情欲左右的意志的独立性。”③朱高正也有相似的观点：“其实，法权律则与外在自由的关系就如同道德律与自由的关系。道德律和法权律则都是先天综合的实践命题。它们之所以是实践的，是因为它们都涉及了意志与行为决定；所不同的是，道德律涉及一般的意志与决定行为，法权律则仅涉及意志自由的外部运用。”④

康德在法权论中对自由刻画所适用的术语体系，似乎决然不同于他在其他道德哲学著作如《道德形而上学基础》、《实践理性批判》中的意志自由的分析方式。这不禁使人生疑：也许“外部行动的自由”（freedom of external action）与“意志自由”仅仅具有词形上的相似性，而并无根本性的联系。如果这样来理解“外部自由”，那么康德将“法权论”作为道德形而上学两个组成部分之一的做法就显得令人费解了。博格（Thomas Pogge）的“分离命题”，即“康德的法权论根本就不应该属于其道德哲学体系”似乎就很有道理了。⑤

---

① ［美］詹姆斯·戈雷德：《私法的基础：财产、侵权、合同和不当得利》，张家勇译，法律出版社 2007 年版，第 38 页。

② Thomas W. Pogge, Is Kant's Rechtslehre a' Comprehensive Liberalism'? *in Essays on Kant's Metaphysics of Morals*, edited by M. Timmons, Oxford: Clarendon Press 2002, p. 139.

③ ［德］奥特弗里德·赫费：《康德：生平、著作与影响》，郑伊倩译，人民出版社 2007 年版，第 195 页。

④ 朱高正：《朱高正讲康德》，北京大学出版社 2005 年版，第 80 页。

⑤ Jennifer K. Uleman, *External Freedom in Kant's Rechtslehre : Political, Metaphysical' Philosophy and Phenomenological Research*, Vol. LXVIII, No. 3, May 2004, p. 580. note 8.

但康德的文本却似乎一再提醒我们，权利与自由、道德应当具有本质的联系。在《永久和平论》附录Ⅰ“从永久和平的观点论道德与政治之间的分歧”中，康德说：“确实，如果并没有自由以及以自由为基础的道德法则的存在，而是一切发生的或可能发生的事情都仅仅只是大自然的机械作用；那么政治（作为利用这种作用来治理人的艺术），就完全是实践的智慧，而权利概念就是一种空洞的想法了。”[①] 在《道德形而上学》“德性论导论”中，康德论及“德性论与法权论相分离的原则”时说：“就连一般道德论的总划分所依据的这种分离也是基于；为德性论和法权论所共有的自由概念使得划分外在自由的义务和内在自由的义务成为必然的；其中只有后一种义务才是伦理的。”[②]

以上文本至少透露出三点信息：一、法权和德行都与自由概念相关；二、法权和德行对应着不同的自由概念；三、除了一个法权和德行共有的自由概念外，康德还有“外在自由”和“内在自由”的概念。不清楚的是：法权论是否仅仅对应着外在自由？外在自由与内在自由以及自由概念有何关系？外在自由到底是什么？

在“德性论的导论”谈及“德性论与法权论相分离的原则”时，康德说：“为德性论和法权论所共有的自由概念使得划分为外在自由的义务和内在自由的义务成为必然的；其中只有后一种义务才是伦理的。”[③] 这里明确指出内在自由和外在自由共有一个自由概念。

康德在分别将外在自由与内在自由作为法权和德性基础的同时并未集中阐释过二者的异同。而弄清这一点对廓清外在自由概念却是首要任务。在康德看来，德性意味着意志的一种道德力量。就人这种存在者而言，德性特别表现为“一个人在遵从其义务时意志的道德力量。”[④] 德性包含的力量是某种类型的自由。康德曾将“内在自由”（die inere Freiheit）这种“内部的、平时甚至都完全不为他自己所知的能力”描述为：“就是如此挣脱爱好的剧烈纠缠，以至于没有任何爱好、哪怕是最强烈的爱好对我们

---

① ［德］康德：《历史理性批判文集》，何兆武译，商务印书馆1990年版，第131页。

② ［德］康德：《道德形而上学》，张荣、李秋零译，载于《康德著作全集》（第6卷），李秋零主编，中国人民大学出版社2007年版，第419页。

③ 同上。

④ 同上书，第417页。

现在应当用我们的理性所作出的决定发生影响。”①

一般而言，实践自由的特征是“独立于某种规定”，但内在自由则不仅包括“独立于某种规定”，还意味着“独立于某种影响”。也就是说，外在自由是对外在根源的独立，内在自由是选择自由对内在根据的独立。② 一个人受到感性冲动和偏好的刺激并不意味着受到它们的影响，而不受这些冲动的影响除了意味着不被它们规定之外还涉及其他。要弄清楚内在自由与外在自由之区别，我们首先要厘清受到影响和受到规定之间的区别，然后还要区分受到刺激与受到影响的区别。

斯蒂芬·因斯特罗姆（Stephen Engstrom）认为：在康德实践哲学中，动因（an acting cause）有时包含着它在某个事物或能力中产生的效果的现实性的充分根据，有时则不包含这种根据。在前一种情形下，这种产生就是规定，而在后一种情形下，则是影响。因此，当动因影响但不规定时，在事物和能力中的效果的产生除了依靠动因外，还要依赖某些其他的东西。只要选择能力受到刺激它的感性冲动的影响，那么它的实行就总是不仅依赖冲动，还依靠其他更多的条件，也就是说，主体意志脆弱性的存在足以使得选择能力易于受到感性冲动的影响。然而，当选择能力被道德法则规定之时，对效果而言必不可少的一切都包含在意志及它对那个法则的表象之中。③

德性所要求的内在自由不仅要求不受规定，而且不受影响。这似乎只能意味着掉转解释的方向。在解释何为外在自由、何为任性时，康德采取的是从感性到理性，从现象到物自体的阐释走向，所以他一再强调的是任性对感性冲动的独立与拒斥。而在阐释何为内在自由时，如果还从感性冲动出发，就会非常费解：受到刺激但不受影响可能吗？只有从理性出发，强调理性的力量，我们才会在存在经验刺激的情况下，不受其任何影响。也就是说，这时不受影响的只能是知性世界（Verstandswelt）的成员，即免于感性诸条件者的世界的成员。但这样一来，二者的关联就更少了。毕竟任性具有双重性，而内在自由的说明不仅不能依赖于这种双重性，反而

---

① ［德］康德：《实践理性批判》，邓晓芒译，杨祖陶校，人民出版社2003年版，第218—219页。

② Stephen Engstrom, The Inner Freedom of Virtue, *in Essays on Kant's Metaphysics of Morals*, edited by M. Timmons, Oxford: Clarendon Press2002, p. 305.

③ Ibid., p. 299.

应该摆脱其与感性冲动关联的一面。外在自由与内在自由间的裂隙似乎很难被理性缝合。这是由康德哲学的一些深层特征决定的。泛泛地批评康德哲学的缺陷对我们的主题并无助益，我们只需考察一下这种不足对法权论形而上学的实际影响。

实际上，法权的外在自由离开内在自由是无法得到说明的。这里有必要提及其他德国古典哲学家的看法。费希特在《自然法权基础》中明确指出："每个社会成员都用内在自由限制他自己的外在自由，使他旁边的所有社会成员也能有外在自由，而这正是法权的概念。"① 而黑格尔的意志自由观就更是突破了康德自在之物与现象的区分，进而弥合了在康德那里不可逾越的认识与实践、经验与超验、现实与理想间的鸿沟。经过历史主义的改造，在康德那里互相关联和映照却并未充分融合的自由的三个层次在黑格尔这里得到了充分统一，成为同一个自由概念本身发展和现实化的不同阶段。② 在更具体的层次上，过分强调内在自由与外在自由之界限也非常容易导致构建法权体系的困难。例如穆赫兰德就认为康德不可能构建一个不涉及伦理义务的权利体系，因为这要求法律体系提供固有自由权的保证，而这是做不到的。③ 在"法权论的一般划分"中，康德曾对"固有自由"作出如下界说："自由（对另一个人的强制任性的独立性），就它能够与另一个人根据一个普遍法则的自由并存而言，就是这种惟一的、源始的、每个人凭借自己的人性应当具有的法权。"④ 此处的"自由"正是作为一种法权的外在自由，因为康德将其界定为："对另一个人的强制的独立性。"这种非常重要的，根基于"人性"的天赋自由似乎很难仅仅依靠外在自由得到说明，而是必须结合康德道德哲学中的人性观加以解释。

面对康德法权论形而上学体系的这种困难，学者们做出了不同的选

① ［德］费希特：《自然法权基础》，谢地坤、程志民译，梁志学校，商务印书馆 2004 年版，第 9 页。

② 邓晓芒：《康德和黑格尔的自由观比较》，载邓晓芒《康德哲学诸问题》，三联书店 2006 年版，第 234—235 页。

③ Leslie Arthur Mulholland, *Kant's System of Rights*, Columbia University Press (New York), 1990. p. 27.

④ ［德］康德：《道德形而上学》，张荣、李秋零译，载于《康德著作全集》（第 6 卷），李秋零主编，中国人民大学出版社 2007 年版，第 246 页。

择。一种反应便是索性将这种体系的缝隙扩大，进而将康德法权论中的外在自由解释为一种纯经验性的行动自由；另一种则是牺牲康德法权论形而上学对实定法的解释效力，对外在自由做一种纯道德哲学的解释。如果结合康德法权论形而上学的理论诉求来看，后者无疑更为合理。毕竟法权论形而上学并非一般意义上的法哲学或者法权形而上学，康德在法权论中讨论的是一种道德性的法权概念。他更关心的是法权的道德价值而非其经验效用。只不过康德自己时不时越界作业，力图对法权做全面的解释。但正如黑格尔所提醒的那样，纯粹理性只是法权中很小的一部分，法权中还包含许多其他成分。法权哲学的体系只能是理性与历史结合的体系。康德能提供的只能是一个道德哲学视角的理性法权系统，并不足以解释所有法权现象。

另外，将外在自由作经验解释也会遇到康德实际意图支配下有意无意设置的文本和学理上的障碍。下面我们简单看一下这种企图实现的阻碍。

首先要说明的是，一些学者之所以努力将法权论中的外在自由解释为经验性的行动自由，并非一时技痒的纯理论癖好主导，而是由于这种解释能更好地符合当代法学对自由的理解。一些学者甚至认为此种解释会有利于康德法权思想被现代法学接受。与康德复杂的自由理论相比，以休谟为代表的“信念—欲望”式的行动解释方式似乎更适应现代人自然主义的思维方式。而与之相关的霍布斯式的意志学说也更受当代法学欢迎。在《利维坦》中，意志被界定为：“在斟酌中，直接与行动或不行动相连的最后那种欲望或反感，便是我们所谓的意志。”“因此，意志便是斟酌中的最后一个欲望。”① 而对自由，霍布斯的认识更加接近于当代思想：“自由一词就其本义说来，指的是没有阻碍的状况，我所谓的阻碍，指的是运动的外在障碍，对无理性与无生命的造物和对于有理性的造物同样可以适用。”对霍布斯来说，人的自由指的是在其力量和智慧所能办到的事物中，可以不受阻碍地做他所愿意做的事情。而且霍布斯还认为，从“自由意志”一词的用法中，我们无法推出意志、欲望或意向的自由，而只能推论出人的外在的自由，即一个人在从事自己具有意志、欲望或意向想

① ［英］霍布斯：《利维坦》，黎思复、黎廷弼译，杨昌裕校，商务印书馆 1985 年版，第 43—44 页。此处的“斟酌”（deliberation）按目前的翻译习惯应译为“审慎”、“慎思”。

要做的事情上不受阻碍。[①]

很明显，霍布斯将自由仅仅限于外在行动的自由，并将其与无法观察到的内在自由绝对分离。只需从形式上看看现代学者的近似表述，我们就可以领会霍布斯立场的影响力。格雷格（Mary J. Gregor）将康德的“外在自由”（outer freedom）说成是“没有他人的强制”，“外在自由是一个仅仅与人的外在行动（outer action）相关的严格法权概念”。[②]博格、维拉谢克等学者更是从不同角度力图证明法权论的外在自由只不过是经验意义上霍布斯式的行动自由。他们常常依据的文本是康德的如下说法：伦理学不为行为立法（因为这是法学的事），而是只为行为的准则立法。[③] 这是一个非常简洁确定的表述，但细想却会疑窦丛生。“法学为行动立法”到底意味着什么呢？康德其实并未进一步说明。将法权论所涉及的“外在自由”解释为“行动自由”，当然也有一些文本根据，但更多的却是由貌似冲突的文本所引起的疑惑。这主要有两个方面：1. 所有的行动都有一个目的；2. 所有行动都依据一定准则。这两方面都是康德强调的。只有对这些表述间表面上的冲突进行了完满的解释，我们才能令人信服地说外在自由就是行动自由。结合《道德形而上学基础》第三章中康德关于“自由必须被预设为一切理性存在者的意志的属性”[④] 的论述，就会更加令人困惑。按照阿利森的解读，康德在这里实际上是在暗示说“除非在自由理念之下，否则我们无法行动”。[⑤] 但这个理念到底是哪个自由理念？

康德似乎并没有对行动进行过专门的讨论。相反，康德往往根据主题的需要，赋予“行动”一词灵活的含义，其中一些甚至达到了费解的程度。这就更增加了我们理解的困难。比如在《纯然理性界限内的宗教》

---

① ［英］霍布斯：《利维坦》，黎思复、黎廷弼译，杨昌裕校，商务印书馆 1985 年版，第 162—163 页。

② Mary J. Gregor, *Laws of Freedom*. Oxford: Basil Blackwell, 1963, pp. 42—46.

③ ［德］康德：《道德形而上学》，张荣、李秋零译，载于《康德著作全集》（第 6 卷），李秋零主编，中国人民大学出版社 2007 年版，第 401 页。

④ ［德］康德：《道德形而上学的奠基》，李秋零译，载于《康德著作全集》（第 4 卷），李秋零主编，中国人民大学出版社 2005 年版，第 455—456 页。

⑤ ［美］亨利·E. 阿利森：《康德的自由理论》，陈虎平译，辽宁教育出版社 2001 年版，第 49 页。

一书中，康德认为：对上帝来说，意向的纯粹性即可算作行为。[①] 在“德性论”中，康德说只有在行动者企求一个目的（作为任性的质料）的前提下，自由的行动才是可能的。[②]

康德用以描述法权的道德概念时所使用的基本术语是“任性”而非“行为”。法权与任性直接相关。虽然也有一些文本似乎支持法权与行为相关。但我们应当注意到，康德在区分伦理法则与法权法则时，对伦理法则也使用了行为与法则的关系的字眼。实际上，伦理当然也涉及行为。但我们知道，康德伦理学从根本上说是一种“准则伦理学”。单从行为的外在表现上看，不可能确定一个行为是否具有道德价值，必须联系这个行为的准则方能确定其道德价值。也就是说，我们必须检验行为的施动者是否将其主观准则意愿为客观法则。行动是一个可以从不同角度加以解释的概念。它既有理性的一面，也有经验的一面。仅从经验角度是无法领会一个行动的意义的。只有结合行动所关联的责任类型方能辨别一个行动的性质。法权涉及的与其说是“外在的行动”还不如说是“行动的外在方面”。

更重要的是，康德将正当的或者不正当的（Recht oder unrecht）视作一个行为（Tat 或 deed），而不是一个行动（Handlung 或 action）的属性：“一般而言正当的或者不正当的是一个行为（eine Tat），如果它是合乎义务或者不合乎义务的”。而“行为”（Tat）相较“行动”（Handlung）而言，更加抽象且更具规范性质。康德是这样来界定“行为”的：“一个行动叫做行为，如果它服从责任法则的话，因而也是如果行动中的主体被按照其任性的自由来看的话。行动者由于这样一个行动被视为结果的事主。而且这结果连同行动本身都可以归责于他，如果人们事先了解使他承担一种责任的法则的话。”[③] 如果对“行动”做一种“自然主义”或“物质主义”的理解，就会不符合康德的表述。

尽管康德的表述有时容易产生误导。但通过分析我们应当明确“外在”不等于“行动”，我们也不能简单地将法权论里的“外在自由”等

---

① 参见［美］亨利·E. 阿利森《康德的自由理论》，陈虎平译，辽宁教育出版社 2001 年版，第 259 页。

② ［德］康德：《道德形而上学》，张荣、李秋零译，载于《康德著作全集》（第 6 卷），李秋零主编，中国人民大学出版社 2007 年版，第 402 页。

③ 同上书，第 230—231 页。

同于“行动自由”。实际上，即便在法学界，将外在自由等同于行动自由也是站不住脚的。一般来说，现代法律秉持“行动原则”（Tatprinzip）：法律只管辖外在行为，而不约束思想过程。这似乎已是尽人皆知的一个常识。人们还将不惩罚思想犯罪作为刑法进步的一个标志。但“外在行动”毕竟是一个令人费解的词汇。在日常的眼光看来，行动自然都是外在的，都是能够被客观观察，并利用自然语汇进行描述的过程。但“行动”到底意味着什么呢？却必须联系某些内在的要素（如故意）加以辨识。在现代法律中，思想、良心自由一样也是法权保护的对象，而且被认为是最基础的权利。这也从另一个方面说明法律绝非仅仅关注外在的行动自由。

将外在自由诠释为纯经验层面的行动自由不仅在理论上困难重重，也没有坚实的实践依据。或许我们该换一条更有价值的道路。我们应该重拾康德的教诲：自由固然是道德律的存在理由，但道德律却是自由的认识理由。我们虽然可以先天地知道自由的可能性，但却无法从理论上认识自由。当康德在法权论中强调自由的消极性时，并不是说自由就是消极的。当康德强调法权中的外在自由时，并没有说它与内在自由就是可以分离的。任何关于自由的理论阐释都注定是不充分的。只有结合这种阐释的实践价值，方能正确看待相应理论，否则自由就会成为一块绊脚石。从实践的视角看，康德外在自由观的意义是非常重大的。通过强调自由在法权中的核心地位，康德抨击了从经验论出发的各种法学对人的尊严的贬损。在康德看来，法律不应仅仅是满足感性欲望的工具，更应该是保障自由与尊严的条件。在康德的法权思想中，人类最终进入交互自由的法权状态的依据是理性的意志的联合。人类理性的自我立法取代统治者任意的命令，成为法律之上权威的来源。尽管在理论阐释时存在种种不足，但康德的法权论实际上也建基于内在自由对外在自由的限制，否则外在自由间互相限制的法则是缺乏根据的。这不仅因为自由本身就是一个整体，自由的断裂只发生在理论之中，更是因为康德宣布人生而具有自由的法权。康德将这种生而具有的外在自由视为一种法权，其依据正是人性。[①] 而从道德的视角看，最根本的人性恰恰是自由。人不仅应当有内在的自由，而且仅仅凭借

① ［德］康德：《道德形而上学》，张荣、李秋零译，载于《康德著作全集》（第6卷），李秋零主编，中国人民大学出版社2007年版，第246页。

道德自由，也有资格要求外在的法权自由。

（作者单位：西南政法大学法理学所，武汉大学哲学学院博士生）

自由与道德律

——对康德实践哲学根基理解的尝试

朱会晖

［内容提要］康德实践哲学的基本进路是，在摆脱一些本体论设定的同时为价值和规范性确立可靠的根基。在康德《道德形而上学基础》中既有对定言命令的强演绎，也有关于它的弱演绎，因此，《道德形而上学基础》和《实践理性批判》的基本思想是一致的。在《道德形而上学基础》和《实践理性批判》中，康德都没有循环论证，但其论证都是有比较充分的根据的。我们既不同意阿利森等人把两著作的论证路线看作是相反的，也不同意亨利希等把康德看作是最终求助于弱的演绎。对《道德形而上学基础》和《实践理性批判》进路的把握需要消除亨利希、阿利森、帕通、阿美利克斯等广泛而根本的误解，以为康德在论证我们确实具有本体论地位的先验自由这一点上失败了。康德绝不认为先验自由有理论上的实在性、有本体论的地位，却只是要说明，先验自由理念能够影响我们的准则和行为，并仅仅通过这种影响而具有了实践上的实在性。而康德对自由、本体和理智世界这些概念的积极规定，也只是在实践的意义上作出的：我们在实践中把本体、理智世界主观地设想成服从这些法则，以便纯粹理性能够成为实践的。我们也试图通过自由观念实践的必要性为康德的自由理论提供支持性的论证。

［关键词］康德　先验自由　定言命令　实践的实在性　理论的实在性　存在理由　认识理由

《道德形而上学基础》（以下简称《基础》）和《实践理性批判》的基本思想是一致的："自由固然是道德律的 ratio essendi［存在理由］，但道德律却是自由的认识理由［ratio cognoscendi］。”[①] 但自由和道德律的关系究竟应该如何理解，这在康德学界长期以来都是争论的焦点。有人指责康德在这里存在着循环论证，并由此认为康德对定言命令（纯粹实践理性原理）的演绎是失败的。而由于这种失败，似乎《基础》的论证思路和第二批判里面的思路就发生了一种颠倒：在《基础》中力图论证的定言命令的可能性问题，在第二批判中却变成了一个既定的理性事实。人们批评“理性的事实”的独断论色彩，认为这是由于康德的定言命令的可能性终究不可证明而引入的一条逃路。这些说法都是似是而非的。西方学者往往还有一种误解，以为康德要论证我们确实有先验自由、并属于理知世界。但康德并不认为先验自由确实有理论上的实在性，如果这样认定，它本身就有可能只是幻象。而康德对自由、本体和理智世界这些概念的积极规定，也只是在实践的意义上作出的，澄清这一点是理解康德实践哲学根基及其融贯性的一个关键。

本文试图围绕康德论述自由和道德律关系的基本思路来解决上述困惑，这个思路是：

首先，理性让我们意识到，我们应当并且能够遵循道德律。因为，道德律在实践上具有客观实在性；理性最高的原则是无条件的，因此是独立于感性而由理性主动设立的；只有自律才具有尊严，才有无条件的价值。因此，理性最高的原则就是道德律，在有限的理性存在者身上体现为定言命令。

其次，对道德律的关切以先验自由和理知世界理念为条件。可见，先验自由理念具有实践上的正当性和必要性。由于先验自由理念是对道德律的关切的存在条件，所以我们意识到先验自由理念能够在意志中被当作行动的根据，在实践上影响人们现实的行为，这个理念仅在这种意义上具有实践上的实在性（在《基础》中，康德还通过理性的能动性来说明这种实在性）。

再次，由于先验自由的理念确实能够引起对道德律的关切，因而我们

① 伊曼努尔·康德：《实践理性批判》，邓晓芒译，杨祖陶校，人民出版社 2003 年，第 2 页。参见 Immanuel Kant：*Kritik der praktischen Vernuft*, *Kants Werke*, Bang Ⅴ, Herausgegeben von der Königlich Preuβischen Akademie der Wissenschaften, Walter de Gruyter, Berlin, 1968, S. 4。以下凡引此书只在引文后注明其在科学院版全集的卷数、页码和邓晓芒教授译本的页码。

能够仅仅出于理性的道德律而行动，即人有纯粹实践理性和实践自由（独立于感性而根据理性设立的目的而行动的能力）（在《基础》中，康德还通过理性在判断上的主动性来说明实践自由）。

最后，这一切都绝不意味着先验自由理论上的实在性，绝不意味着我们确实有先验自由；实践上自由的行为理论上完全可以用自然的原因来解释。

总之，先验自由理念具有了实践上的实在性，人具有纯粹实践理性和实践自由，并且，定言命令是可能的，但是，我们无法认识先验自由，而对于先验自由理念的实践上的实在性、纯粹实践理性和实践自由，以及定言命令，它们是如何可能的，我们也无法认识：这就是一切实践哲学的最终界限。

在此，我们也试图为康德的自由理论提供进一步的支持性的论证，来说明康德的道路：我们的确可以摆脱论证先验自由的重负（能否证明这个世界上有自由，无关紧要），而为道德哲学设立一个可靠的立足点。从实践的视角看，我们设想人有意志自由并据此而行动，这是正当的，也是有必要的。因为在实践中，如果我们在没有自由的世界中错误地以为人有自由并据此而行动，这并不会使我们失去或错失任何价值，因为我们思维和行为的方式是必然地被决定的；然而，如果我们在有自由的世界中错误地以为人没有自由，并以此为理由而不去发挥人的能动性力量以实现较高的目的，那么我们就会无法实现我们本可以主动实现的价值。

一　先验自由与实践自由的概念及其基本关系

理解先验自由理论的实在性与实践的实在性之间的区分，或实践自由和先验自由的区分，是理解康德实践哲学基础关键的一点。肯定实践自由和先验自由实践的实在性，而不肯定先验自由的理论的实在性，这是康德哲学用以达到自我一贯、理据充分，而又足以确立道德性的基本进路。在此我们首先对这些概念及其基本关系作一梳理，并在下文对其关系进行更详细的论证。

先验自由指“能够自行开始行动的某种自发性的理念，而不允许预先准备一个另外的原因再来按照因果联系的法则去规定这个自发性的行动"[①]，它意味着"对于一切经验性的东西、因而对于一般自然的独立性"（5：97；邓译本：第 132 页），它是人独立于任何外在的、经验的原因而"自行开始"事件序列的能力（5：95；邓译本：第 129—130 页）。

在实践领域，先验自由由于"被理性存在者仅在理念中当作其行动的根据"，从而能够影响现实的行为和感官世界，在这种意义上具有实践的实在性（4：448）。[②]"但现在，一个经验性上无条件的原因性的概念在理论上虽然是空洞的……但这概念依然可以在诸意向和准则中有 in concreto［具体地］表现出来的现实应用，也就是有能够被指明的实践的实在性；而这对于这概念甚至在本体方面的合法权利来说也就足够了"（5：56；邓译本，第 76 页）。但这不意味着先验自由有理论上的实在性或我们有关于先验自由的理论知识，因为这种行动本身在理论上毕竟也是被大脑等经验因素所决定的。"但理性本身在他由以制定规律的这些行动中是否又是由别的方面的影响所决定的，而那在感性冲动方面被称作自由的东西在更高的和更间接的起作用的原因方面又会是自然"（前者相关于制定规律而后者相关于遵守规律），这是康德排除不谈的（KrV A 803/B 831）。然而，即使先验自由只是一种空洞的表象，当我们根据这种观念而行动的时候，这表象也在那种经验的实践运用中具有了某种实在性。实际上，康德并不把实践上具有客观实在性的东西看作被经验证实了的。否则，对康德而言，主观的认其为真的上帝和不朽灵魂就真的存在于世了，而这显然是荒谬的，也是康德所否定的："在这里，于是就有与思辨理性相比较只是主观的认其为真（Fürwahrhalten）的根据，而这根据毕竟对某种同样纯粹的、但却是实践的理性而言是客观有效的，因而就通过自由的概念使上帝和不朽的理念获得了客观的实在性和权限"（5：4—5；邓译本，第 3

① Immanuel Kant：*Kritik der reinen Vernuft*，Kants Werke，Herausgegeben von der Königlich Preuβischen Akademie der Wissenschaften，Walter de Gruyter，Berlin，A533/B561. 关于此书的引文主要参照伊曼努尔·康德：《康德三大批判精粹》，杨祖陶、邓晓芒编译，人民出版社 2001 年版。以下凡引此书只在文后注明 KrV 及其在科学院版全集中的标准码（A/B）。

② Immanuel Kant：*Grundlegung zur Metaphysik der Sitten*，Kants Werke，Band Ⅳ，Herausgegeben von der Königlich Preuβischen Akademie der Wissenschaften，Walter de Gruyter，Berlin，S. 448. 关于此书的引文主要参照杨云飞先生译出初稿、邓晓芒教授校改的译文，并参照德文版《康德全集》第 4 卷原文。以下凡引此书只在文后注明其在科学院版全集的卷数及标准码。

页)。

在消极层面,“自由在实践意义上指我们的(任意性的)意志对感性冲动的强制的独立性”(KrV A534/B562)。在积极层面,实践自由意味着人有理性所提供的目的来规定主观任意的能力,它包含了根据长远的实用目的或道德目的的行动能力[①],它不仅使人能够考虑如何行为更为有利(KrV A803/B831),而且使人能够按照道德法则的表象而行动:“现在我提出:每一个只能按照自由的理念去行动的存在者,正因此而在实践方面是现实地自由的,也就是说,一切与自由不可分割地结合着的法则对它来说都有效,正好像它的意志即使就自在的本身来说并在理论哲学中有效地也会被宣称为自由的一样。”(4:448)有一种观点认为,由于我们把自身设想成自由的,所以我们在实践上就是自由的,但这种自由其实是基于我们这种设想在现实行动中起作用,基于我们根据这种设想而行动。任意(Willkur,英译为 power/ faculty of choice/ capacity)指按照内在表象使自身去行动的能力。有动物性的任意和自由的任意。动物性的任意具有目的性的表象,即感性的冲动。自由的任意具有实践自由:“意志是欲求能力,与其说(如同任意那样)是从行动的关联、不如说是从与规定任意而行动的根据的关联来考虑的;意志自身根本没有任何规定根据;就它能够规定任意而言,它就是实践理性本身。”“能够被纯粹理性所规定的任意叫做自由的任意。”[②](6:213)与任意不同,意志(Wille,英译 will)是“一种根据某些法则的表象规定自身去行动的能力”,因此意志是仅仅就实践普遍法则的能力而言的,因而纯粹是在道德意义上的能力,而不是一般地指所有层面的欲求能力(4:427)。“存在者相信自己意识到一个意志,即意识到一个与单纯欲求能力还不同的能力(也就是说作为理智、从而按照理性的法则独立于自然本能去规定自己的行动的能力)。”(4:459)那种表象就是目的:“用来作为意志自我规定的客观基础的,就是目的。”(4:427)作为这种能力,意志就有可能在道德上成为善良的。“既然从法则引出行动需要理性,所以意志就不是别的,就是实践理性”,由于和法则相关,这里的实践理性指纯粹实践理性(4:412)。

---

① 参见邓晓芒《康德自由概念的三个层次》,《复旦学报》2004 年第 2 期,第 24—30 页。

② 康德:《道德形而上学》,载德文版《康德全集》第 6 卷,下引此书只于文后注明卷数和页码。

两种自由具有内在的统一性，也有根本的差异。说先验自由具有实践的实在性，就是说实践自由也就具有实在性。因为实践自由意味着我们能够独立于感性欲求，而在意志中以道德律作为自身的规定根据，而这无非意味着先验自由能够规定人的意志，影响人的现实行为，具有实践的实在性，尽管这种行为背后有自然作为原因。但是如果我们能独立于感性欲求，又能在意志中把道德律看作自身的规定根据，那我们也必然把自身看作有先验自由的，而自然的原因不过被视作一种偶然性而已。然而，我们在主观上把我们看作有先验自由的，并不意味着我们确实有先验自由。对此，阿利森正确地认为："在'辩证论'中康德只是断言实践自由对先验自由的一种概念上的依赖性而不是本体论上的依赖性。"①

但先验自由即使并没有在理论上得到证明，然而康德却认为，我们在实践中不必考虑这种情况，就仿佛先验自由已经在理论上被论证了那样（4：448）。所有的理性存在者在实践中都会把自身看作能够遵循某些应然的规则（无论是熟巧的、实用的规则，还是道德的法则），因而会根据自由的观念而行动，这样自由概念就具有了实践的实在性，因为即使我们不知道先验自由的作用机制，在意识中发生的这些观念也在实践中现实地起作用了。

阿利森认为，"当我们区分对任何特殊的欲求和爱好的决定的独立性，和对欲求和爱好的决定总体上的独立性，这一点就变得明显了。实践自由包含前者，而先验自由包括后者。从这一区分出发，我们可以得出，如果行动者的选择在根本上受到某种根本本能或自然冲动所支配，他在实践的意义上（但不是先验的意义上）还是自由的"；他认为，"这种差异对于康德道德哲学来说是关键性的"。② 然而，如果实践的自由意味着对于意志而言，"自由不可分割地结合着的法则对它来说都有效"，它必然包含总体上独立于所有任何感性欲求而行动的能力（4：448）。的确，在第一批判的方法论中康德认为实践自由涉及考虑"有利的东西"的能力，但考虑有利的东西并不是实践自由的全部；在此后的下文中，康德设想了上述只考虑实践自由而不考虑任何自然因果性的可能性，认为"这点在

① Allison, Henry, *Kant's Theory of freedom*, Cambridge: Cambridge University Press, 1990. p. 57.

② Ibid., p. 287.

实践中与我们毫不相干”，可见他对实践自由和先验自由的区分并不是如阿利森所说的对特殊欲求爱好的独立性和对总体欲求爱好的独立性之间的区分，而是对同一个自由采取实践的态度还是理论的态度的区分（KrV A 803/B 831）。在这样一种意义上实践自由以先验自由为前提：人有实践自由意味着人把自身在观念上看作是独立于感性而遵循理性规则的，因而把自身看作是有先验自由的。贝克和阿利森等认为，康德在第一批判方法论和《基础》中并非要否定实践自由对先验自由的依赖关系，而只是断言在实践中不必考虑先验自由。然而这无法解释上述康德设想的这种可能，也无法解释《基础》中的这一论断：每一个只能按照自由的理念而行动的存在者，正因此在实践方面是现实地自由的；而如果两概念有依存关系，肯定了前者就肯定了后者，我们就没有余地来悬置先验自由的问题了。

二　康德关于道德律与自由的基本论证思路

在展开论证之前，我们有必要先说明康德关于两者的基本论证思路。在《基础》和《实践理性批判》中，康德都没有循环论证。对定言命令（纯粹实践理性原理）的演绎只是让我们把握了定言命令的存在理由，说明在定言命令这一先天综合判断已经可能的前提下，定言命令的可能性条件在于先验自由理念及其引起的道德关切。我们只能以道德律作为认识的出发点进行追溯，发现它存在的必要条件（自由理念）的实在性。而正是由于两者有这种必然关系，这种追溯才有可能。在两著作中，道德律都是自由的认识理由；自由原来只是理性存在者必然具有的观念，现在却由此具有了某种实在性。尽管在《基础》中道德律并非自由唯一的认识理由（但却是终极的认识理由）。

《实践理性批判》中这一思路是明确的；康德已经指出实践理性批判“可以不受指责地从纯粹实践法则及其现实性开始，并且必须从这里开始”，根据此“理性的事实”来论证自由，因为“我们既不能直接意识到自由……也不能从经验中推出这概念”（5：46；邓译本，第61页）。因为我们没有理智的直观，我们无法认识自由的实在性并由此建立道德法则。

《基础》论证思路与第二批判的有所不同，但已经包含了后者，第二批判的思路绝非前者的颠倒。在《基础》中，自由与道德律分别有独立于对方的其他理由，因此对它们的论述决不构成循环论证，在此前提下，两者实践的实在性却能彼此支持，但两者都无法说明对方的理论的实在性。《基础》中包含弱的和强的双重性的演绎：道德律的实在性可以作为已经可能的前提，通过追溯其存在理由（即自由）而得到进一步确证，但也可以不作为前提，而直接基于理性的能动性而由实践自由中得出。

演绎意味着通过追溯一个事物的可能性条件，来确定其有效性的范围。康德的演绎并非笛卡尔所作的演绎，后者意味着任何从由确定性的他物推导出来的东西被确然地认识，反之，在此“应阐明权限或合法要求的证明，称之为演绎”；演绎并不关注事物是否可能的“事实问题”，而是关注到事物的权限范围何在的“权利问题”，后一问题要通过理解事物的可能性条件或来源来解答（KrV A84/B116/邓译本，第 129 页）。在第二批判中，康德指出演绎“即提供辩护理由”（5：46；邓译本，第 61 页）。亨利希指出，“演绎本身分为两种基本形式：强的和弱的。强形式的演绎从认识原则在理性中的根源派生出认知的原则，而这些原则和认知本身并不需要已经以这样或那样的形式成为可信的或甚至已经被认识。一个弱的演绎从一个被给定的认知出发，这种认知人们可以作为已经被知道的或无疑的认识来援引”。[①]

《基础》第三章的纯粹实践理性批判为“纯粹实践理性的可能的综合运用”划定了界限（4：445）。《基础》以此提供了对“道德性的最高原则”的演绎或辩护理由。首先，道德关切在此表明定言命令在实践上已经可能，问题在于定言命令何以可能。其次，理性在判断上的自主性表明了自由实践上的实在性，而我们理性的能动性又说明知性世界必定被看作是实在的，我们必然把自身也置于知性世界，因而自由意志也被看作是实在的，而对道德律的关切同样证实了这一点。由此，定言命令在实践上的实在性进一步得到明确的确立，我们确实应当出于对自由人格尊严的敬重、从而出于道德律而行动。知性世界和感性世界两种立场的相容性也为自由提供了辩护。我们对道德律的关切能被自由和知性世界的理念引起，因而这些理念又具有实践的正当性和必要性。再次，先验自由具有实践上的实在性却不意味着它有理论的实在性，因此，定言命令何以可能，这最

---

① Henrich, Dieter, the Deduction of Moral Laws, in *Groundwork of the Metaphysics of Morals—Critical Essays*, Paul Guyer ed., Lanham: Rowman & Littelfeld Publishers, 1998, p. 327.

终是人无法认识的。正因为定言命令何以可能无法认识，道德法则也同样得到了辩护，因为这样人就不可能把其他的条件证明为道德法则的条件，因而无法把其他条件证明为更高的行动根据并导致他律。

因此，纯粹实践理性批判追溯了定言命令的存在理由——自由，并说明自由只具有在实践上的实在性，因而我们只能证明定言命令在实践上的实在性，而不能证明定言命令在理论上的实在性，但这两方面都可以构成定言命令的辩护理由。而这同一个批判也就为“自由概念”提供了辩护理由或演绎（4：448）。在此，已经可能的道德律构成了自由（其实践的实在性和必要性）的非唯一的认识理由，而自由——它也有独立于道德关切的认识根据——作为存在理由，使得我们更为确信定言命令，两种原因意义不同，因而并不包含循环论证。这种对道德律条件的追溯或对道德律的演绎对于道德意识来说绝非无意义的。我们通过进一步了解到道德律的存在根据——自由人格的尊严，我们就更为明晰确凿地意识到，我们确实应当遵循道德律，这对于回答实践问题而言，已经是足够了的。而假如这里包含了循环论证，那么纯粹理性批判的演绎也是循环论证了。第一批判的演绎也是基于“在理性的一切理论科学中都包含先天综合判断作为原则”，从而追溯这些判断在理性中的根源，来给思辨理性划定运用的有效性范围（Krv：邓译本，第 76—78 页）。对于数学和自然科学来说，“由于这些科学现实的存在了，这就可以对他们适当的提出问题：它们是如何可能的；因为它们必定是可能的这一点通过它们的现实性已经得到了证明”（Krv；邓译本，第 80 页）。

《基础》第三章的主要论证思路如下：在第一节，康德对自由概念进行了分析，指出“如果预设了意志自由，那么仅仅通过分析它的概念就能从中得出德性及其原则”——“一个绝对善良的意志就是一个其准则总是能把自身视作普遍法则而包括在自身内的意志”（4：447）。第二节说明，“……既然它［指德性——引用者］必须只从自由的属性中推出来，所以，自由也必须被证明是所有理性存在者的意志的属性”，自由的这种必要性以道德为条件；而这里通过理性在判断上的主动性所证明的只是在实践上的自由，它只意味着“只能按照自由的理念去行动”的属性，因而在本节中，康德仅仅“假定自由只是被理性存在者仅在理念中当作其行动的根据”（4：448）。第三节康德提出了解释道德原则现实性的问题：“到底为什么我应当服从这个原则”，为什么从自由理念引出来的理性原则对于有限的人类来说也是必然有效的（4：449）？但在提出这个问题之后，康德马上指出，我们确实意识到，我们应当遵循道德律，道德律对我们确实有约束力。“我愿意承认，没有任何利益［关切］驱使我这样做，因为那不会给出任何定言命令；但我还是必须对此抱有某种关切……”（4：449）；“我们确实发现，我们会对一种根本不具有任何状态的利益关系的人格的性状抱有某种关切……”于是“我们仍应坚持服从某些法则，以便发现一种只在我们自己人格中的价值”（4：450）。所以，问题就不在于，我们应当遵循道德律，这是否可能，而只是在于，我们应当遵循道德律，应当根据对道德律的关切而行动，这是“如何可能”的。

定言命令已经可能，这是《基础》“有关道德性的最高原则的演绎”所预设的前提；需要解决的问题并非定言命令是否可能，而只是定言命令如何可能，而这是一个追问其可能性条件的问题——这符合康德对演绎的一贯理解（4：463）。

在第三节到第五节康德指出我们确实有理性能力，从而通过区分“被给予我们的，我们在其中是被动的那些表象”和“证明了我们能动性的那些表象”，论证了现象背后要有本体作为根据，得出了两个世界的区分（4：451）。根据第四节，只要平时习惯运用理性，哪怕是最坏的恶棍也会在道德的榜样面前，希望自己也能有道德的意向，这种对道德律的关切作为认识理由使人“把自身置于知性世界一员的立场”，而这种成员的“人格的更大的内在价值”对于道德关切的存在而言是必要的，我们正是通过这种价值而更明确地看到，我们应当遵循知性世界的法则（4：455）。知性世界和感性世界两种立场的相容性也为自由和知性世界理念提供了辩护。而在第五节他指出，“因此，一个知性世界的概念只是一个立场（Standpunkt），理性发现自己被迫在现象之外采取这一立场，以便把自己思考为实践的，而如果感性对人的影响是决定性的，这就会是不可能的了”（4：458）。可见，康德只是基于主动性的表象——即对纯粹理性的实践能力的设想——而假定知性世界的立场，而纯粹理性把自身思考为实践的，无非意味着理性是自由的、能够单纯以道德法则来规定意志，或道德律能够通过引起关切而本身成为行动的动机——而这两点都可以从我们的道德律及其引起的关切得出。但自由理论的实在性悬而未决，纯粹理性何以能够是实践的，或道德律本身如何可能引起关切，我们无法认识，因此，我们也无法认识定言命令的理论可能性。然后，当剥离感性知识，“剩余下来的是一个纯粹知性世界的理念……这个理念为一种理性的信仰起见，始终是一个有用的并且可以允许的理念……为的是通过自在的目的本身（理性存在者）的一个普遍王国的美好理想……在我们里面引起一种对道德法则的活生生的关切”（4：462—463）。自由和知性世界理念的正当性通过道德关切而确立，我们之所以要假设这些理念，是因为它们对于在实践中对道德法则的关切来说是有用的、必要的。

因此，在《基础》中，康德也根据定言命令的可能性来论证自由理念的正当性与必要性，这种思路是和《实践理性批判》的思路一致的。通过认识理由和存在理由的区分，康德就避免了自由和道德律之间的循环。当然，在《基础》中自由和道德律的实践实在性都分别有独立的理由，因此更不会出现循环论证。

阿美利克斯认为《基础》中的演绎是失败的，因为康德试图基于先验自由来论证道德，而这种自由是无法说明的。“我们思想中对自发性的表象不能产生关于自我本身的知识，对这一点的明确坚持第一次构成了康德关于自我知识的批判理论，又同时妨碍了《基础》演绎的第一步和第三步：现在理性不能使我们获得一个本体自我，而自我能够拥有的本体层面不论是什么，对于把任何人格特征归于自我的这一限制、使得在（理论性地）被认识为‘真正自我’的东西的基础上从自由来论证道德律，也都是不可能的。所以，在他写最后著作的时候……康德不仅放弃了《基础》中的一些弱点，也放弃了其中有效的观点，没有为忽视这一点给予任何理由：自由应在理论上被论证，没有反面的理由也不是充分的……”[①] 盖耶也提出了类似的批评。这是基于他们没有理解康德两种实在性的区分，康德只是要指明自由只具有实践上的实在性，因而实践哲学只能证明定言命令在实践上的实在性，而不是理论上的实在性。

根据迪特·亨利希对康德的解释，自由和道德最终都是不可论证的理性的事实；因此，《基础》并没有对定言命令的强的演绎，而只是要表明道德律不是单纯主观武断的，并完善我们对道德和我们自身的通常理解，保留普通知性对道德的健全理解而避免对它们的偏离。为了证明我们是理智世界的成员，我们需要三个条件：“理性形成观念的主动性”，“两个世界的区分”，和“我们拥有一个意志”；第二个条件是第一个条件的“产

① Ameriks, Karl: *Interpreting Kant's Critiques*, Oxford: Clarendon Press, 2003, p. 182.

物”，而第三个条件康德难以证明，因为它无法从前两个条件得出；由此，亨利希指出，除非我们借助“对道德律的有效性断言的意识”，我们就“没有对于拥有一个意志的断言的充分根据”——康德只是“在结论中以引人误解的单纯总结的伪装”承认了这一点。① “康德断定没有任何对这一事实［指理性的事实——引用者］的演绎的尝试有成功的希望（5：47）。这一表达和《基础》中的基本承诺之间有直接的对立。”② 因为，“显然，《基础》不可能对这样的一个演绎感兴趣，它直接从假定一个在‘纯粹实践理性批判’中有待演绎的原则的有效性出发。它被指派了‘建立’这一原则的任务。承担这一任务并不是为了澄清其他的、可疑的知识，而仅仅是为了道德原则本身的基础”。③

亨利希的这一说法也是值得商榷的。首先，第二批判其实没有像亨利希所说的那样保守，而《基础》也没有他说的那样激进，两者的立场实际上是一致的。如上文所说，第二批判毕竟为道德律实践的实在性提供了证明，而它并非要说明道德律理论的实在性（它不一定真的构成某种本体世界的规律）（参看 5：48；邓译本，第 64 页）；其次，他正确地指出在《基础》中事实上道德律构成了自由的理由，因而包含了对道德律弱的演绎，但《基础》也有关于对道德律强的演绎，因为它也毕竟通过独立于道德律的根据——理性而来说明自由实践的实在性，并进而说明道德律实践的实在性，这种论证并不预设道德律；同时它指出它的理论的实在性无法说明——而这两点已经足以成功地“建立”起对道德律的确信。因此，亨利希的批评是基于对两种自由和道德律的实在性缺乏理解，强的演绎的目的不在于自由和道德律理论上的实在性。

三　定言命令是可能的

理性让我们意识到，我们应当遵循道德律。因为，道德律在实践上有客观实在性；理性最高的原则是无条件的，因此是独立于感性而由理性主

---

① Henrich, Dieter, the Deduction of Moral Laws, in *Groundwork of the Metaphysics of Morals - Critical Essays*, Paul Guyer ed., Lanham: Rowman & Littelfeld Publishers, 1998, pp. 337—338.

② Ibid., p. 310.

③ Ibid., p. 326.

动设立的；只有自律才具有尊严，才有无条件的价值。因此，实践理性的最高原则就是道德律，在有限的理性存在者身上体现为定言命令。对于每个有感性的理性存在者而言，他应当遵循定言命令。尽管康德通过道德律来论证自由的实在性，而他对道德律有效性的断言绝非人们批判的那样是独断的。道德律是可以被演绎的，是在实践上可以论证的。

第一，诚然，康德指出，道德律理论上的客观实在性确实是不可证明的。"……道德律的客观实在性就不能由任何演绎、任何理论的、思辨的和得到经验性支持的理性努力来证明，因而即使人们想要放弃这种无可置疑的确定性，也不能由经验来证实并这样来后天地得到证明，但这种实在性却仍是独自确凿无疑的。"（5：47；邓译本，第62页）在《基础》之最后康德也告诉我们，"这样，我们固然不理解道德命令的实践的无条件的必然性，但我们毕竟理解这命令的不可理解性（Unbegreiflichkeit），这就是对一门力求在原则中达到人类理性的界限的哲学所能公正地要求的一切"（4：463）。然而根据自由和必然的相容性，他也毕竟指出对道德律的这种意识理论上的可容许性，"至于对道德律的这种意识，或者这样说也一样，对自由的意识，是如何可能的，这是不能进一步解释的，不过它们的可容许性倒是完全可以在理论的批判中得到辩护"（5：46；邓译本，第61页）。对自由人们不能解释而只能辩护，道德律也由此得到了辩护（4：459）。当然，康德断言，道德律"本身不需要任何辩护理由"，但这并不意味着我们根本不能为其提供辩护理由（5：46；邓译本，第63页）。

第二，道德律在实践上的客观实在性却是可以证明的，并且已被证明。但这里康德说道德律作为理性的事实，其客观实在性是不可证明的，只是指其理论的客观实在性是不可证明的，并不是指道德律实践上的客观实在性，也并不是说它的内容是不可阐明的。"道德律由于它本身是作为自由这种纯粹理性原因性的演绎原则而提出来的，它的这种信用就完全足以代替一切先天的辩护理由来补偿理论理性的某种需要……这是由于，道德律以下述方式对于自己的实在性做出了即使思辨理性批判也会感到满意的证明，即它在一个曾经只是被消极地设想的、思辨理性批判无法理解但却不得不假定其可能性的原因性之上，加上了积极的规定，即一个直接地（通过意志准则的某种普遍合法则形式这个条件）规定着意志的理性的概念，这就第一次有能力做到赋予那在想要思辨地行事时总是用自己的理念夸大其词的理性虽然只是实践上的实在性，而把理性的超验的运用转变成内在的运用（即通过理念而本身就是在经验领域中起作用的原因）。”（5：48；邓译本，第 64 页）在此，人凭借自由的理念，并根据纯粹形式性的道德律来规定自身的意志，因而道德律本身就是在经验领域中起作用的原因，它通过这种体现在经验世界的现实性，而具有了实践上的实在性，但这并不否定自然决定了我们如此规定意志的可能（见下）。由于这种现实性是显然的，因而康德甚至说对此思辨理性批判也会感到满意。

这种证明不是借助道德律某种已知的根据，而是借助于它作为原因的影响力，它在道德关切上的影响。道德律本身能够独立于感性欲求而影响经验中的实践，引起人们的道德关切，即使这种关切未能决定人的意志，但它毕竟会对感官世界产生一定影响，让人们有遵循它的意向。康德说，“我们确实发现”，我们对自身的人格和道德律有独立于感性欲求的关切（4：450）。但关切有一个基本条件，就是“平时习惯于运用理性”，因此“理性在他那里无障碍地是实践的”，而能够独立于外在权威或自身感性的束缚（4：449；455）。由此，约翰·史密斯指出：“他最终借助的法庭总是在运用于实践的理性，它构成了道德原则的来源。”① 这种观点是有道理的，这与康德在第一批判方法论的观点相一致，据此理性要通过训练，以理性作为最高法庭，凭借对他物和自身进行公共性批判，来达到普遍、合理的认识（KrV A738/B766）。因此，道德律和理性的实践能力是道德关切的存在条件，但关切却是首先被人们所意识到的。

因此，对于这种实在性，我们可以在哲学中甚至在普通人类理性中对道德律进行辩护：“我们首先必须把这条原理［指至上的实践原理——引用者］按照其起源的纯粹性甚至在这个日常理性的判断中加以验证和辩护，然后科学才能够把这条原理把握在手，以便对它加以运用……”（5：91；邓译本，第 125 页）康德在《实践理性批判》中曾举这样一个相关的例子：一个沉溺于欲望的人如果发现享受一次逸乐之后会被吊死，他就会意识到应当放弃这次享受，并会放弃这次享受；而一个打算为自保而作伪证的人能够意识到他毕竟是能够选择舍生取义的行为的，尽管他不愿意如此行为。在《基础》中康德已指出，“普通人类理性的实践应用证实了

① John E. Smith: Kant, Paton and Beck, *The Review of Metaphysics*, Vol. 3, No. 2 (Dec., 1949), p. 234.

这一演绎［指对定言命令的演绎——引用者］的正确性”（4：454）。只要平时习惯于运用理性，哪怕是最坏的恶棍也会在道德的榜样面前，希望自己也能有道德的意向。尽管他没能为此摆脱爱好和冲动，他毕竟希望摆脱它们。他于是“意识到一个善良意志”，这个善良意志对他的恶的意志也构成了法则，“他通过冒犯这一法则而认识到了这一法则的权威（Ansehn）”，认识到它对我们确实有“约束力”（4：454；450）。在《基础》中康德还指出，道德律是人们在道德评价中实际上所运用的标准；正如人们在日常生活中往往并未意识到逻辑规则，但实际上把它们不自觉地运用作思维的标准；同样，尽管人们没有反思最高的道德原则，但他们总是“将其用作自己评判的准绳”（4：403）。这和以上几个极端的例子共同表明，道德律的现实影响是普遍的，它具有实践上的现实性。

第三，实践理性最高原理的内容就是要求普遍合法则性的道德律，其必然性是可以证明的。康德区分了对实践理性最高原理的阐述和对这一原理的客观有效性的演绎，后者不可能并不意味着前者不可能。“对实践理性最高原理的阐述现在已经作出了，就是说，首先指明它包含什么内容，即它是完全先天地、不依赖于经验性原则而独立存在的……至于对这个原理的客观普遍的有效性的演绎即提供辩护理由……”（5：46；邓译本，第61页）康德在《实践理性批判》第一卷第一章中对实践理性最高原理作了阐述，而如果康德是独断的话，他在此书中的很大部分的工作，如论证法则的尊严，就是多余的了。他关于理性最高的实践法则的观点绝非独断的，实际上，对道德性原则的论述整体构成对道德律的论证。

普遍性原则是理性——无论是思辨理性还是实践理性——的基本法则。康德在《基础》序言中指出，纯粹实践理性批判“必须能够同时体现出与思辨理性在一个共同的原则之下的统一”（4：391），而康德在本书最后比较明确地说明了他的思路：“现在，我们的理性的一切运用的一个根本的原则，就是把它的知识一直推进到对其必然性的意识（因为没有这种必然性，它就不会是理性的知识）。因此，理性毫不停顿地寻求无条件必然的东西，并且发现自己被迫假定它，却没有任何办法使自己去理解它……”（4：463）康德认为，理性是提供原则并进行推理的能力，它追求最具有确定性的知识，因而不断地追求普遍性和必然性，否则，其判断就是有条件的、有限制的，无法达到真正的确定性。“我们能够意识到纯粹的实践法则，正如同我们意识到纯粹的理论原理一样，是由于我们注意到理性用来给我们颁布它们的那种必然性［…wir auf die Notwendigkeit, womit sie uns die Vernunft vorschreibt…Acht haben］，又注意到理性向我们指出的对一切经验性条件的剥离。”（5：30；邓译本，第 38 页）根据理性追求无条件性的本性，它当然会凭借必然性来颁布法则，而不会赋予原则以偶然性，因而要求原则独立于有条件的经验因素。根据那种基本思路，康德在《基础》第二章和《实践理性批判》第一章通过对道德性和理性概念的分析，得出纯粹实践理性的基本法则，即普遍性法则：要这样行动，使得你的意志的准则任何时候都能同时被看作一个普遍立法的原则。这是理性的必然要求，对每个理性存在者有效的原则。在《基础》第三章第二节，康德就提出“到底为什么我应当服从这个原则”的问题（4：449），他认为，即使没有任何利益［关切］驱使人这样做，但人还是必须对此抱有某种关切：“因为这个应当真正说来是一种意愿，这意愿对每一个理性存在者都会有效，只要理性在它那里没有阻碍地是实践的；那些像我们一样还通过作为另一类动机的感性而受到刺激的存在者……对他们来说行动的那种必然性就只叫做应当……”（4：449）在此，康德没有引入先验自由和理知世界，而只是根据理性的本性、通过理性和感性的区分而引出了道德律。它在有限的存在者身上体现为命令，而且它是一种无条件的命令，因而不是假言命令，而是定言命令。对于每个有感性的理性存在者而言，他应当遵循定言命令。

第四，道德律和道德律的意识是理性的事实。尽管道德律也能被日常理性所验证，但它绝不以经验为基础，而是基于理性追求无条件的本质。“但这条原理不需要作任何寻求和发明；它早就存在于一切人的理性中且被吸纳进他们的本质，它就是德性的原理。”（5：105；邓译本，第 143—144 页）康德说，道德律是理性的唯一事实。“我们可以把这个基本法则的意识称之为理性的一个事实，这并不是由于我们能从先行的理性资料中，例如从自由意识中（因为这个意识不是预先给予我们的）推想出这一法则来，而是由于它本身独立地作为先天综合命题而强加于我们，这个命题不是建立在任何直观、不论是纯粹直观还是经验性直观之上……”（5：31；邓译本，第 41 页）通过理性的道德律在实践上的现实影响或实在性，我们意识到，我们对道德律本身有一种独立于感性欲求的关切，但我们不知道这种对道德律的意识是如何可能的；因此，这种意识是一种理性的事实。这种意识让我们把握到道德律实践上的必要性，它对我们确实有一种约束力，但我们只能认识道德律实践上的实在性而不是理论上的实在性，我们只能认识定言命令的可能性却无法认识定言命令何以可能，因此，道德律也是一种理性的事实。我们无法知道我们是否是自由的，因而无法知道我们是否真的能够主动地遵循道德律，我们也不知道纯粹理性的法则为何会引起道德情感，道德律只是通过影响人的实践而具有现实性，因此，道德律只是对于行动者来说是实在的，而没有独立于他们的实在性，这样，在实践哲学中，行动者对道德律的意识和道德律就是一回事。[①]

关于这一点，帕通认为，尽管康德在第一批判中反对哲学家求助于自明的观念，他的实践哲学立场却需要通过自明的洞见（self - evident insight）来论证道德的最高原则，因此《基础》的论证是“失败的演绎”。[②]关于理性的事实，约翰·史密斯也批评说：“这里的回答取决于康德借助于普通道德意识是否意味着任何关于自明性的断言，因为如上所述，我相信康德总是借助于这种意识来说明他的道德哲学的合理性。”[③] 但笔者以为，一方面，康德确实认为道德律是不需要论证的，它作为先天综合判断强加给我们，所以它在一定意义上是自明的；另一方面，康德有对定言命令的内容及其实在性进行的论证，自明的并不意味着不可证明的，而通过对其理由的追溯，定言命令的合理性根据就明确了。因此，两人的观点都有一定的合理性，但他们都没有深入到康德思想的真正主题。

四　先验自由理念具有实践上的实在性

我们应当遵循道德律，这是我们能够遵循道德律的条件，而我们能够遵循道德律又是我们对道德律的关切的条件，所以道德律和对道德律的关切都以先验自由的理念为条件。可见，先验自由理念具有实践上的正当性和必要性。由于先验自由理念是对道德律的关切的存在的条件，所以我们意识到先验自由理念能够在实践中影响人们现实的行为，这个理念仅在这

---

① 参见易晓波《论康德知性与理性的关系》，武汉大学博士学位论文，2005 年 12 月。

② H. J. Paton: *An Examination of the Categorical Imperative: A Study in Kant's Moral Philosophy*, Chicago: University of Chicago Press , 1948, pp. 244—245.

③ John E. Smith: Kant, Paton and Beck, *The Review of Metaphysics*, Vol. 3, No. 2 (Dec., 1949), p. 238.

种意义上具有实践上的实在性（在《基础》中，康德还通过理性的能动性来说明这种实在性）。

第一，我们应当遵循道德律，这是我们能够遵循道德律的条件。

规范性之所以可能，一方面因为人具有选择不同行为的能力，人有选择客观目的和客观法则、并采取有效手段来促进这种目的和原则的实现的可能性；另一方面是由于人的有限性，人不一定选择客观目的和客观法则、并采取有效手段促进这种目的或原则的实现。前者使对意志的约束具有可能性，后者使这种约束具有必要性。“应当”意味着“能够”。上文所举例子中那个被威胁去作伪证的人，即使他不选择舍生取义，仍会意识到他能够选择舍生取义，“所以他断定，他能够做某事是因为他意识到他应当做某事”（5：31；邓译本，第 39 页）。这并非一种一相情愿的思考，却只是一种对可能性条件的追溯；“应当”意味着“能够”，是由于理性不会提出不合理的要求，不会要求不可能的行为。人既能够遵循自然法则，又能遵循道德法则，既能够根据实用或审美的感性目的而行动，又能具有道德的目的而行动。然而，人不一定按照道德目的和原则而行动，即使当人决定了选择某种目的或原则，又有能力把它实现出来，他仍会受到其他类型的目的或原则的干扰，因而需要通过规范来约束自身持续性地采取某种目的、原则和手段。

第二，我们能够遵循道德律，这是对道德律的关切的条件。“行动的一切德性价值的本质取决于道德律直接规定意志。”（5：71；邓译本，第 98 页）然而，“想要单独由理性去规范受感性刺激的理性存在者的应当，无疑还需要理性的一种引起（einzuflößen）对履行义务的愉快或者愉悦的情感的能力”，但如果情感独立于道德律作为动机，那将会导致他律；因而，这种应当“需要一种理性的原因性，来按照理性的原则规定感性”（4：460）。既然道德律确实能够直接规定意志，这必定是由于道德律本身就能引起人情感上的兴趣［Interesse，亦可译关切］。“关切就是理性由之而成为实践的、即成为一个规定意志的原因的那种东西。”（4：460）纯粹的道德律何以会引起敬重的情感，我们最终是无法理解的。无论如何，对这个问题康德解释到这一步：纯粹理性在实践中，使道德法则成为人的意志的规定根据，即道德法则能够通过激起敬重感来决定意志，而非由于它以感性为依据。康德说：“……它（指道德律——引用者）也是该行为的主观的规定根据，因为它对主体的感性有影响，并产生一种对法则影响意志有促进作用的情感。”（5：75；邓译本，第 103 页）这种情感就是对法则的敬重。“对法则怀有这样一种兴趣的能力（或对道德律本身的敬重）真正说来也就是道德情感。”（5：80；邓译本，第 110 页）通过拒绝一切爱好作为意志的最终根据而把法则看作绝对有效的，纯粹理性就确立了法则的尊严并引起敬重的关切。康德强调：“只有一点是肯定的：法则之所以对我们具有效力，不是因为它引起关切”，相反，它引起关切，是因为它对我们有效，人必然应当和能够遵循法则（4：461）。如果只有为了它引起的关切我们才遵循法则，关切就成了法则的规范性根据，理性就成了感性的工具，就会摧毁道德的纯粹性和无条件性。

第三，道德律和对道德律的关切都以先验自由理念为条件。

如果人把自身看作是根本没有先验自由的，不能独立于一切外在的、经验的因素，那么他就把自身仅仅看作被决定的，看作自然因果序列中的一个事物。对于这个没有自我负责能力的存在者，就没有应当遵循的道德律可言了，更谈不上对道德律的敬重。因此，设定先验自由的存在对于具有实在性的道德律而言是必要的。而如果人有先验自由，人就作为某种“在感官的对象背后，……不可见的、自身能动的东西”，摆脱了经验因果律的链条的束缚，成为独立于感官世界而由理智构成的知性世界的成员（4：451）。康德说，道德法则对人而言是一条义务的法则，义务并不以感性的后果来诱惑或威胁人，只是树立一条法则使人敬重，而它把人类与道德法则、即“只有知性才能思考的事物秩序”联系起来，“这个东西不是别的，正是人格，也就是摆脱了整个自然的机械作用的自由和独立，但它同时却被看作某个存在者的能力，这个存在者服从于自己特有的、也就是由他自己的理性给予的纯粹实践法则……这就不必奇怪，人作为属于两个世界的人，不能不带有崇敬地在与他的第二个和最高的使命的关系中看待自己的本质，也不能不以最高的敬重看待这个使命的法则”（5：86—87；邓译本，第 118 页）。通过“理性存在者的世界（mundus intelligibilis），作为一个目的王国”这一观念（4：438），我们能够把有理性的存在者看作人格，即作为立法者的存在者。“……自律（Autonomie）是人性的以及每个理性的本性的尊严之根据。”（4：436）通过人格中的人性，每一个人就成为了具有无上尊严的自在目的。“现在，道德性就是一个理性存在者能成为自在目的本身的唯一条件，因为只有通过道德性，理性存在者才可能成为目的王国中的一个立法成员。德性和人性（就其能够具有道德性而言），就是那种单独就具有尊严的东西。”（4：436）关于定言命令的根据的自由及其尊严与价值，我们将在下文专门论述，以免偏离我们引向自由的实在性的基本思路。

也正是对自由的本体人格及其更高使命的崇高性的意识，使得对道德律唤起关切或敬重成为可能。“纯粹实践理性的真正动机就是这样的情况；它无非是纯粹道德律本身，只要这法则让我们发觉我们自己的超感性实存的崇高性，并主观上……引起了对于自己更高使命的敬重。”（5：88；邓译本，第 120—121 页）关于尊严作为道德关切的根据，康德在《基础》中已经揭示出来。如果我们不把自身设想为属于知性世界的，具有尊严的，我们就无法通过敬重来摆脱感性欲求的影响，就无法把纯粹理性本身看作是实践的。“因此，一个知性世界的概念只是一个立场（Standpunkt），理性发现自己被迫在现象之外采取这一立场，以便把自己思考为实践的，而如果感性对人的影响是决定性的，这就会是不可能的了。”（4：458）这种行动方式的价值“应当是如此巨大，以至于任何地方都不可能有什么更高的利益”，“人们仅仅通过这些就相信他感到了他人格的价值（seinen persönlichen Wert），与这价值相比，某种快适或不快适状态的价值似乎都可以无足挂齿了”（4：449—450）。本体人格的尊严能够引起我们的敬重，进而希望把知性世界实现于感官世界，形成目的王国，即由作为自在目的的理性存在者组成的、通过普遍服从道德法则而达到普遍幸福的理想国度。于是我们也能够对目的王国的美好理想产生“一种对道德法则的活生生的关切”（4：462—463）。

由此可见，先验自由理念具有实践上的实在性和必要性。由于先验自由理念是对道德律和道德律的关切的存在的条件，所以我们意识到先验自由理念能够构成形式性的法则并引起敬重，在实践中规定人的意志，影响人们现实的行动，这个理念仅在这种意义上具有实践上的实在性。当康德说先验自由具有实践的实在性时，这只是意味着人在现实的实践中运用了先验自由的理念，因而这个理念具有了一种现实的影响，从而具有了有限意义上的现实性。而这并不排除我们按照自由理念行动本身在现象中有可能是被自然所决定的。“但现在，一个经验性上无条件的原因性的概念在理论上虽然是空洞的（没有适合于它的直观），却仍然还是可能的，并且是与某个不确定的客体有关的，但代替这客体被提供给这概念的却是在道德律上、因而在实践的关系中的意义，所以我虽然并没有任何规定这概念之客观理论实在性的直观，但这概念依然可以在诸意向和准则中有 in concreto［具体地］表现出来的现实应用，也就是有能够被指明的实践的实在性；而这对于这概念甚至在本体方面的合法权利来说也就足够了。”（5：49；邓译本，第 76 页）

先验自由具有实践的实在性，就意味着说实践自由具有实在性。因为我们具有实践自由意味着我们能够独立于感性欲求，而在意志中以道德律作为自身行动的规定根据，而这无非意味着先验自由能够规定人的意志，具有实践的实在性。但是如果我们能独立于感性欲求，又能在意志中把道德律看作自身的规定根据，那我们也必然把自身看作有先验自由的（见上文第一节）。

人有实践自由，也就意味着人有纯粹实践理性，因为纯粹实践理性就是理性独立于感性因素而规定意志的能力。这都是基于先验自由的理念确实能够引起对道德律的关切，我们能够仅仅出于理性的道德律而行动。纯粹实践理性具有客观实在性，也是由于“这个理想的纯粹理性”只涉及实践问题，它只是意味着，理性设立的法则“直接就是意志的规定根据”（5：72；邓译本，第 99 页）。这并不否定人可能没有先验自由而被自然所决定。对于意志的规定而言，事情只取决于主体的意愿；因此，如果人能够在主体的意愿中单纯出于道德律的理念而行动，他就具有纯粹实践理性，即使道德的意愿背后也有可能是未被意识到的自然原因。“因为理性在这里至少能够获得意志规定，并且在事情只取决于意愿时，总是具有客观实在性的。”（5：12；邓译本，第 16 页）因为道德只涉及我们自身能够决定的事情，“行动的一切德性价值的本质取决于道德律直接规定意志”（5：71；邓译本，第 98 页）。

五　先验自由理论的实在性未被论证

缺乏对康德自由理论上的实在性和实践上的实在性之间区分的充分理解，是大量无的放矢的对康德的批评和对两种世界、人的两种属性无谓的调和的根源，这一问题的复杂性与重要性，使它构成了本文的核心。下面，为了表明康德在这一问题上的思想一致性，我们将分别具体来说明，在《基础》和《实践理性批判》中，康德都只是要论证自由的实践的实在性，而非自由的理论的实在性。

第一，根据《道德形而上学基础》，自由没有理论上的实在性。康德说明了在实践领域中我们不必考虑先验自由的实在性问题，而必须直接以先验自由作为一种立场、一种思考的立足点，一方面“不必承担在其理论方面证明自由的责任”，避免超出人类认识能力的范围，同时又通过实践上的自由为实践哲学获得了根本的和足够的必要前提（4：448）。《基础》第三章的演绎并非形而上学独断论的体现，而只是要通过实践自由或先验自由实践的实在性来说明道德律的存在理由；康德指出，他“选择这样一条道路，即假定自由只是被理性存在者仅在理念中当作其行动的根据”，所以他的基本思路是立足于实践自由，而把先验自由的“悬而未决”的问题放在一旁（4：448）。

因而我们并不像 H. J. 帕通、阿利森、阿美利克斯、盖耶等重要研究者那样由于先验自由的问题而把《基础》第三章从自由到定言命令的演绎看作失败的，因为存在一个普遍而严重的误解，以为《基础》第三章中要进行对先验自由本身的实在性论证，而其实这里只有对先验自由的实践上的实在性的论证，即对实践自由的论证，以及对定言命令的有效性的演绎。

在此，重要的一点在于，康德对自由、本体和理智世界这些概念的积极规定，只是在实践的意义上作出的，这绝不意味着我们在理论上认为本体或理智世界确实是服从这些法则，而我们确实证明了有独立于自然整体而按照法则行动的自由，却只是说，我们在实践中把本体、理智世界主观地设想成服从这些法则，并按照这样一种设想而行动，以便纯粹理性能够成为实践的：“……但除了仅仅按照其形式条件，即依照作为法则的意志准则之普遍性，从而按照惟一可与意志自由并存的意志自律来思考它，没有丝毫妄想在此走得更远。”（4：458）康德只是要说明我们要如此设想，而不是要说明确实有某种超验的本体，它们具有先验自由的属性。

康德在此章第一节从意志自由的概念分析出德性及其原则，他在第二节开始展开演绎，此节只是要说明自由必须被预设为一切理性存在者的意志的属性。康德基于判断力的论证也只是要说明，在我们必须把自身设想为自由的、设想为有自由的情况下我们应当如何确定规范，而不是说明我们确实是（先验地）自由的。他以“自由必须被预设为一切理性存在者的意志的属性”为小节标题讨论意志自由的问题，这只是意味着，“假定自由只是被理性存在者仅在理念中当作其行动的根据”，即先验自由被他们当作行动的根据，我们把这一理念运用于实践；先验自由本身却不一定确实就是行为的根据，因为自由的理论实在性问题“依然悬而未决”（4：448）。当康德说，“现在我提出：每一个只能按照自由的理念去行动的存在者，正因此而在实践方面是现实地自由的……”这时他并没有陷入独断论，他并非要通过先验自由的观念来说明先验自由的实在性，而只是要通过它来说明自由实践上的实在性。因为，人在实践上是自由的，这只是意味着，仅仅对行为者的意识而言，“一切与自由不可分割地结合着的法则对它来说都有效”，就“好像”在理论哲学中自由已被论证了一样；或者说，由于先验自由的理念被当作根据而现实地影响行为，因而先验自由理念具有了单纯实践上的实在性（4：448）。康德如此来说明实践实在性的含义是合理的，因为他指出，在实践活动中，人们没有必要考虑人没有自由的情况。既然“在实践中”人以先验自由作为思考的出发点，“首先只向理性求得行为的规范”，因而，对于先验自由的问题，“我们完全可以在讨论实践时把它作为毫不相干的问题置之不顾”（Krv A803）。然而，康德并非认为我们根本不考虑先验自由，而是把理智世界看作人必然要“采取”的“立场”，因而是站在先验自由的立场上来思考实践问题——因为人毕竟要出于实践的意图而设想有自由的情况应当采取何种行动的规范。

康德接着宣称，人有理性意味着人必然在主观上按照自由的理念而行动，因而人的实践自由是有根据的。[①] 这是因为，理性必然把自身（而不是感性）看作判断力的最终根据。关于这一点，阿伦·伍德根据康德对舒尔兹的评论作了以下论证：当我们进行思考的时候，甚至我们在论证宿命论的正确性的时候，我们也必然是把自身看作是能够遵循并应当遵循逻辑规则的，而遵循这些具有规范性的规则的能力意味着人的自由。因为，如果我们把自身看作仅仅是被自然决定而思维的，而没有遵循逻辑规则的能力，我们就无法说明论证或认识的有效性。伍德的论证能说明实践自由，我们在思维和实践中都把自身看作能够服从某些规则的，因而把自身看作是自由的，否则，我们的思维一贯性和统一性就

① 我们不仅不可把自身看作总是被决定的，也不可随意采取自由或不自由的实践态度。如果我们在正面评价生活时把人看作是自由的，却在负面地评价生活时把人看作没有自由的（这种设想毕竟是可能的），这是一种基于感性需要的自欺，是前后矛盾的。

无法维持。至少，那就否定了理论知识或理论视角的可能性，否定了作为理论的怀疑论的有效性。[①] 奥尼尔指出，“如果我们是关于实践视角的怀疑论者，我们也必须是关于知识和科学的怀疑论者”。[②] 判断的最高法庭在于自我批判的理性。“理性没有先验的权威，它只能被批判所确证，而且批判本身归根结底无非是思想中的自律的实践（practice）……‘理性必须在它所有的任务中自我批判；如果它通过任何禁令限制批判的自由，它将损害自身……没有任何东西能凭借它的效用变得如此重要，没有任何东西如此神圣，以至于可以免除这个摆脱对任何人尊重的查究审视。理性本身的存在基于自由。因为理性没有专断的权威；他的审判永远只是自由公民的共识，他们每个人都必须没有促使或阻碍而被允许表达他的反对甚至他的否决。’”[③] 当然，这一论证对于说明先验自由却并不是有效的；这种人必然拥有自由的观念并不能从理论上说明人确实就是自由的。

在第三、四节中康德引入道德律的意识，只是要说明把人设想为自由的必要性。康德指出最坏的人也有道德的关切，要说明的只是人必然在意识中设想自身属于知性世界，从而说明“如果我们把自己思考为自由的，我们就把自己作为其成员放进了知性世界，并认识到意志的自律连同其结果……”而“……由于我同时直观到自己是感官世界的成员，所以这些行动应当符合意志的自律”，这里前提和结论都关涉人的观念意识的单纯设想，而不涉及到我们是否确实有先验自由（4：453—454）。在第三节康德通过对自身被动的和主动的表象的区分，得出现象和本体的区分和两个世界的区分，但他毕竟认为人的纯粹能动性只是一种可能（4：451）；并且，在第五节康德只是基于主动性的表象——即纯粹理性的实践能力的表象——而假定知性世界的立场（4：458）。对此迪特·亨利希正确地指出，《纯粹理性批判》已经说明“在我必须设想自由这一事实中我并没有把自由归于自身的根据或机会”，因而康德并不真的打算从主动性的表象

① Allen Wood. Preface and Introduction, in *Immanuel Kant—Kritik der praktischen Vernunft*, Hrsg. von Otfried Höffe. Berlin: Akademie Verlag GmbH, 2002.

② Orana O'neil: Reason and Autonomy in *Grundlegung in Grundlegung III*, in *Grundlegung zur Metaphysik der Sitten – ein Kooperrativer Kommentar*, Hrsg. von Orfried Höffe, Frankfurt am Main, 1989, S. 297.

③ Ibid., S. 289.

来论证人的先验自由。[①] 因此，康德在《基础》中的观点与第一批判中的在实践中把论证先验自由的实在性问题“作为毫不相干的问题置之不顾”的观点是一致的（Krv A803），他并不是要承担证明人的先验自由的“理论上的负担”（4：448），并由此得出定言命令，而是只是通过两个世界的划分来为纯粹实践理性或先验自由的观念作出“辩护”（4：459），仅仅说明它们至少是可能的、不自相矛盾的。以此为条件，并基于“实践的意图”（4：455），我们假设人有纯粹实践理性和意志自由，这就不仅仅是必然的，而且是正当的、有根据的，因为定言命令依赖于纯粹实践理性或先验自由的立场。我们应当根据道德律而行动，而自由和知性世界的理念才能引起我们对道德律的关切，因此，我们预设自由和知性世界是必要的。

第二，康德在《实践理性批判》中要论证的是实践自由，或者先验自由实践上的实在性，而非我们确实拥有先验自由的属性。这样，康德就“使自由概念成为理性的调节性原则”（5：48；邓译本，第 64 页）。

自由理念的实践的实在性只是指它由于在主观准则和意向中的被现实运用，从而具有了现实性。人有先验自由意味着人有独立于外在因素的无条件的原因性，而这个原因性概念尽管指向（作为不确定的客体的）本体，我们却无法认识它在理论上的实在性，我们只是在观念的意向中，在对主观准则的考虑中能够把这个概念作为行动的根据，从而在实践中把它运用于意志的决定。只是在这种意义上，这个理论上空洞的概念才具有了某种实在性。假如康德认为我们确实有先验自由，就不必总是以“实践的”来限制它的实在性了。格哈特教授指出，“我完全不能从我的自我意识到的自身经验的视角中分离出来的那种作为行动本质的理知自发性，康德称之为‘自由的先验理念’”[②]。

康德的这种观点其实在第一批判中已经体现出来；在此康德认为，自由的理念具有实践上的实在性，而这种实在性是指它能够现实地对感官世界产生影响，并使得后者符合自身，从而具有了某种现实性。自由的理念的实在性和这种现实影响之间的关系可以从以下引文中看出来。康德在

① Henrich, Dieter, the Deduction of Moral Laws, in *Groundwork of the Metaphysics of Morals—Critical Essays*, Paul Guyer ed., Lanham: Rowman & Littelfeld Publishers, 1998, p. 337.

② Volker Gerhardt. *Immanuel Kant*. Vernunft und Leben. Stuttgart (Reclam), 2002, p. 198.

“先验方法论”中认为纯粹理性的原则“在其实践的、尤其是道德的运用中具有客观实在性”，然后说：“我把和一切道德律相符合的世界……称之为一个道德的世界。这个世界由于在其中抽掉了里面的一切条件（目的）、甚至道德的一切阻碍（人类本性的软弱和邪癖），因而只被设想为一个理知的世界。所以就此而言它只是一个理念，但却是一个实践的理念，它能够、也应当对感官世界现实地有其影响，以便使感官世界尽可能地符合这个理念。因此一个道德世界的理念具有客观的实在性，它并不是好像在指向一个理智的直观的对象（这样一类对象我们完全不能思维），而是指向感官世界的，但这感官世界是作为一个纯粹理性在其实践的运用中的对象……”（KrV A807—808；邓译本，第 253—254 页）我们不必认为确实有这样一个抽象的世界，但我们应当按照这个基于道德律的理念而行动。

康德认为在实践理性批判中我们无须考虑先验自由本身的实在性问题，“不要求借此［指本体原因的概念——引用者］来对一个存在者就其拥有某种纯粹意志而言的性状作理论上的认识”（5：56；邓译本，第 75 页）。“第二个课题属于实践理性的批判，它并不要求澄清欲求能力的客体是如何可能的……这样一个超感性的自然，它的概念同时能够是通过我们的自由意志将它实现出来的根据，它的可能性不需要任何先天的直观……因为问题只取决于意愿在它的准则中的规定根据，那根据是经验性的呢还是一个纯粹理性概念（关于一般准则的合法则性的概念），并且它又如何可能是后一种情况。”（5：46；邓译本，第 60 页）康德区分了超感性的自然和感性的自然，前者只是一个（在实践中会起作用的）理念。在实践中我们只考量实践自由，只考量在规定主观意愿的准则上的自由；而由有先验自由的本体所构成的超感性的自然，其本身的可能性问题并非我们在此需要思考的，我们只需要考虑它实践的可能性，从而把它看作能够并应当影响意志的理念。

康德并不认为，我们能够认识到人确实拥有先验自由，或我们有关于先验自由的理论知识。“但在这里，一旦我们达到了基本的力量或基本的能力［包括下文的纯粹实践理性——引用者］，人类的一切洞见就结束了；因为这些能力的可能性是根本无法理解的，但同样也不容随意虚构和假定。”（5：46—47；邓译本，第 62 页）

然而，康德并不否定人没有先验自由的可能，也并不认为先验自由本身可以被证明，只是认为我们基于实践的需要、基于道德律的悬设而可以合理地假定自由，并在实践的运用中使其具有有限意义上的现实性：“不过，一个起作用的原因的自由，尤其是在感官世界中，按其可能性来说是绝对不可能被洞察的；只要我们能够充分保证不会有对自由的不可能性的任何证明，于是就由于悬设了自由的那个道德律而不得不假定自由、并同样由此也被授权假定自由，那就是万幸了！”（5：93—94；邓译本，第128页）像在第一批判中那样，康德依然坚持，对于理性的三个基本理念的客观实在性是无法在理论上被认识的，尽管它们具有实践上的实在性。“在这里也就第一次澄清了这个批判之谜：为什么我们能够否认在思辨中诸范畴的超感官运用有客观的实在性，却又承认它们在纯粹实践理性的客体方面有这种实在性”；“但现在，如果我们通过对这种实践运用分析而觉察到，上述实在性在这里根本不是通向范畴的任何理论性的使命和把知识扩展到超感官的东西上去的”，康德并不认为超感官的本体确实是实在的、服从道德法则的，这些理念只是因为在实践中产生影响而成为现实的，因为它们“要么被包含在先天必然的意志规定之中，要么就是与意志规定的对象不可分割地结合着的”，“这样，那种前后不一致就消失了，因为我们对那些概念作了一种不同于思辨理性所需要的另外的运用”。（5：5—6；邓译本，第4—5页）我们并不是要把自由等概念运用于本体作为其属性，只是作为意志规定中所凭借的理念。

正是在上述的语境中，康德才提出：“凭借这种能力［指纯粹实践理性——引用者］，从此也就肯定了先验的自由，而且是在这种绝对意义上来说的”（因为先验自由是无条件的，所以是绝对的），自由的概念“其实在性通过实践理性的一条无可置疑的规律而被证明了”（5：3；邓译本，第1—2页），因为“如果理性作为纯粹理性现实的是实践的，那么它就通过这个事实而证明了它及其概念的实在性，而反对它存在的可能性的一切玄想就都是白费力气了”（5：3；邓译本，第1页）。纯粹理性能够规定意志并成为实践的，因而其实践的实在性就被证明了。

六　先验自由理论的实在性不可论证

一个特殊的人类处境构成了采取这种实践态度的条件：我们缺乏对先验自由实在性的知识。先验自由的问题在实践中被悬置，它只是一个悬而未决的问题；同时也正由于自由并非不可能，设想人有自由的情况就更具有正当性，因此自由的“不可理解性”恰恰是康德哲学有说服力的地方（4：463）。当然，这也并非设想人有自由情况的必要条件，在此，我并不认为如机械论那样的决定论是可以否证的：经验中的对象都有其原因，都遵循自然的因果律，无论这种因果律采取何种形式。我们无法知道事物本身是否就是像我们所经验的那样存在；即使世界上没有意志自由，世界同样有可能以和有自由的世界完全相同的方式被我们所经验，对于认为自由因果性和自然因果性并不矛盾，自由的因果性不会扰乱经验因果性的秩序的相容论者来说尤其如此。然而除了以经验为来源以外我们无法获得对世界的知识，因而我们无法断定有或者没有意志自由。康德认为对道德律的意识是理性的事实，它存在于每个人的意志中，使我们认识到自由的实在性，它构成了自由的认识理由。但康德只是要说明，人在实践中必然（主观地）把自身看作是有意志自由的，因而具有实践的自由，因为我们关于道德律的意识本身完全有可能在一个没有自由的世界中根据经验的因果律、基于（大脑、神经等）物质而产生，因而人都有这种意识与人没有意志自由并不矛盾。即使像康德说的，一个沉溺于欲望的人如果发现享受一次逸乐之后会被吊死，他就会放弃这次享受，而一个打算作伪证的人毕竟意识到舍生取义是可能的；康德认为这样就能认识到平时没有道德法则就始终不为他所知的自由。然而，这种现象只是用来证明实践的自由，因为它们毕竟有可能是由于机械性法则而规律性地发生，人的选择可能完全受到经验因果律的支配。另外，表面上偶然性事件可能是基于人无法认识的必然性。不过，我们同样也无法否证自由的实在性。尽管心理学、神经科学等的发展让我们越来越多的发现人的意识如何被自然的因素所影响，但人的活动过于微妙复杂，很难仅仅通过某些科学发现所理解，因而它们也未能有效否证人的自由。

康德认为，人有自由或人有纯粹实践理性的观念可以通过人的本体层面的观念得到说明，因而它们的正当性可以得到独立于实践上的理由的辩护，然而这并非要说明先验自由的实在性。康德采取这种温和的立场是必要的，因为最终我们只能说明本体可能不同于现象，所以我们无法确定自由因果性的存在与否，因而我们对本体只能保持沉默。阿利森认为，《基础》中有一个致命的错误，认为拥有理性能够证明知性世界（Verstandwelt）（这是正确的），而且能够证明智性世界（intelligibelen Welt），“前者要被消极地理解为包含任何非经验的和‘单纯理智’的东西……后者要被积极地理解为指示一个由道德法则支配的超经验的领域”。[①] 但是，如果我们把我们作为理性的存在者设想为能够独立于感性世界而属于知性世界，而知性世界是经验世界的根据，我们就必然把自身的理性设想为有独立于感性而成为经验原因的能力，从而自身建立起形式性的道德法则，进而把理性所构成的世界看作服从理性道德法则的——而阿利森认为这种积极的规定“在知性世界中的成员身份”是无法提供的。[②] 然而，康德也并不认为拥有理性就能证明知性世界的超经验领域的存在，因为纯粹理性的主观意识完全有可能被神经系统等经验原因所决定，我们只是具有实践自由，在实践中可以有必要设想、也必然设想人有先验自由的情况。何况，即使这种区分能说明人可以独立于感官世界的经验原因，它仍不能说明它能够独立于一切外在因素、并能依据道德律而行动，因为我们的本体并非不可能被其他本体（如上帝）所决定。

七　对康德自由理念的支持性论证

现在，我们试图为康德的自由理论提供进一步的支持性的论证，来说明康德的道路：“我认为把自由仅仅当作理性存在者单纯在理念中为自己的行动所提供的根据，对我们的意图来说就足够了，我之所以选择这样一条道路，是因为这样我就可以不必承担在其理论方面证明自由的责任了。”（4：448）我认为，我们可以从《基础》中的独特思路出发，避免承担论证先验自由的重负，而为道德哲学设立一个可靠的立足点。先验自由理念不仅对于道德律（理性的事实）来说是必要的，而且对于实践领域本身就是必要的。

从实践的视角看，我们设想人有意志自由并据此而行动，这是正当的，也是有必要的，尽管从理论的视角看，我们无法证实或证伪自由的实在性，有自由的世界和没有自由的世界都是可能的。如果人有先验自由，道德法则将会对一个现实地自由的存在者形成约束，据此人可以实现道德

① Allison, Henry, *Kant's Theory of freedom*, Cambridge: Cambridge University Press, 1990. p. 227.

② Ibid., p. 228.

价值；而如果人没有先验自由，如果所有的造物都只有这种被感性冲动束缚的选择，这个世界就会是没有价值的，这时道德法则无法对人形成约束，人不能也不必为自身负责。在实践的视角下，我们没有必要考虑完全被决定的世界，因为这里没有任何我们能够主动达到的目的或实现的价值，因而也没有任何人应当遵循的规范，这是一个没有规范性的世界，对自我和他人不能提出任何真正意义上的要求（任何的要求都会只是幻象）。然而，这里只涉及基于实践的需要、基于可能的实践价值而作的一种设想，它并不排斥人没有自由的可能性。

在此，我们的工作在于为把人设想为自由的、设想为主动的行为者提供根据：因为在实践的视角下，考虑人有自由的情况不仅是正当的，而且是必要的。关于这一问题，阿利森认为自由在实践的视角下才具有实在性。但是，除非实践视角是有充分根据的，否则我们的道德就缺乏可靠基础。因为，如果无法知道这一点，那么我们无法排除这样一种可能：我们确实是被决定的，而实践视角下的世界只是幻象；如果是这样，我们的道德就仍然是幻象，我们应当按照道德来行动这一点就非常可疑了。因此，阿利森的解释依然无法为道德提供有效性根基。因此，如果我们认为道德毕竟是有效的话，我们必须找到某种根据来说明，即使自由和道德有可能只是幻象，我们仍然应当按照自由的概念来设想人，应当按照道德来行动。对此，阿利森说，他并不否定基于理性的事实对自由的论证只有尝试性的特征，而理性的事实和自由都可能只是幻象，“被否定的却只是在实践的视角下把它看作幻象的可能性”。[①] 因为，如果我们放弃这一视角，我们就会放弃“我们作为道德行动者的整个观念”，而且，理性行动者身份的观念“在归因和理性的正当性辩护中起作用”。[②] 在此，阿利森要说明为何在实践的视角下，我们应当把人设想为自由的，而他的理由是我们应把自身看作是道德的行动者。但道德行动者的概念和理性的正当性辩护的观念中已经蕴含了自由的概念，其论证的前提包含在结论中，因此是无效的。同样的批评是用于考斯佳，她认为实践的视角是基于我们在第一人称视角下对行动理由的需要。

---

① Allison, Henry, *Kant's Theory of freedom*, Cambridge: Cambridge University Press, 1990, p. 247.

② Ibid.

根据上文，在《基础》中，康德的实践哲学并不需要以形而上学的论断作为前提，他并不断定，人确实有意志自由，确实属于知性世界，而是说，知性世界的假定只是基于实践的需要。我们也只是要进一步说明，我们考虑有意志自由的情况，并根据自由的理念而行动，这不仅是必然的，而且也是正当的、有必要的。在这样考虑的时候，我们完全不必排除没有自由的可能，不必证明人确实是有自由的。此外，有研究者认为，实践的视角本身意味着我们会把我们看作主动的行动者。但我们并没有如此强的立场，我们只是在此视角下对两种可能世界进行考察和比较，基于“实践的意图”而得出应当主要考察有自由的世界的结论（5：134；邓译本，第166页）。

设想自由世界的必要性不同于宗教悬设的必要性，自由的理念不会使我们错过人能主动实现的价值，并且对于实践领域而言是根本的。如果人没有自由而人以为有，他们不会错过任何他能实现的价值，因为他们已经被决定；但如果上帝不存在而人以为他存在，那么他们有可能错过种种本能实现的价值，因为他们所以为上帝的诫命和要求可能是不合理的。对意志自由、上帝和不朽灵魂这些理念，我们都无法获得确切的知识，但是，上帝和不朽的灵魂这些理念只是提供至善的希望，给予人们在德福不一致的现世履行义务、实现德性的动力，而自由是规范性和内在价值的来源。没有上帝和灵魂不朽，我们只是发现德福无法一致，减少了道德行为的动力，然而没有意志自由，我们的世界就是没有意义的，没有任何人能够主动促进的目的，没有任何内在价值，我们只是被决定获得或不获得欲求的满足，没有了自由的理念，我们就根本无法知道，我们应当做什么，就无法确定什么是我们应当追求的最高目的。而且，我们要论证的是考虑自由世界并据此行动的必要性，而不是假定自由世界、相信自由世界并据此行动的必要性，这与对上帝和来世的信念的必要性是不同的。

八　自由与必然的关系

许多当代康德主义者（如迪特·亨利希、怀特·贝克、亨利·阿利森、克里斯汀·考斯佳）大多试图通过淡化康德哲学中的先验自由的形而上学意义来赋予康德主义以当代的生命力，却往往在自由与必然的关系等具体的理论问题上面临困难。在此我们只是指出设想自由情况的必要性，不需要设定相容论自由观或不相容论自由观，因而避免了莱布尼兹所说的哲学“二迷宫”之一的种种困难。

亨利·阿利森教授提供了一个对康德思想成熟的权威解释，他认为，康德的自由观念并不体现为关于两个世界的形而上学的论断，康德试图确立相容论和不相容论之间的相容性，他的自由观体现在这样一种概念区分上：从理论的视角看，我们是自然的一部分，而从实践的视角看，我们是理性的行动者。“我们有两种根本不同的与对象的认识关系，它们中没有一个在本体论上具有优先地位。”①“要点在于，从实践的视角看，凭借作为纯粹理性法则的道德律而来的确证，我们对自由的假定是有理性的根据或保证的。相应地，从理论视角看——在此被关注的是解释而不是行动——我们有理由，或有必要把所有事件都看作是服从因果性法则的，这种法则是对事件认识的可能性条件。”②康德认为这两种视角都是有效的。类似地，考斯佳睿智地指出，在“理论的和解释性的视角下”我们经验到，人是自然的一部分，是被动的，在“实践的和规范性的视角下”我们把自身看作是主动的存在。③

我的观点和阿利森、考斯佳的观点相对比较接近，却也有重要的差异。我认为，从理论的视角看，我们无法证实或证伪自由的实在性，有自由的世界和没有自由的世界都是可能的，而从实践的视角看，我们设想有意志自由的可能世界（而非没有自由的世界）并据此而行动，这是正当的，也是有必要的。在两个视角中，我们都取消了前人的许多较强的设定，以此来给道德理论确立一个经得起挑战而又充足的理论根基。

第一，我们并不因为我们没有关于自由的理论上的知识，所以就从理论的视角认为我们是被经验因素决定的。因此当阿利森等相容论者把自由与必然的区分对应于实践的视角和理论的视角之间的区分，他们已较大地偏离了康德的理路。其实康德对经验必然性和自由之间的区分是对应于经

① Allison, Henry, *Kant's Transcendental Idealism*, New Haven and London: Yale University Press, 2004, p. 47.

② Ibid., p. 48.

③ Christine Korsgaard, *Creating the Kindom of Ends*. New York: Cambridge University Press. 1996. p. 173.

验世界的视角和知性世界的视角之间的区分，而非理论的视角和实践的视角之间的区分。阿利森认为，“要点在于，从实践的视角看，凭借作为纯粹理性法则的道德律而来的确证，我们对自由的假定是有理性的根据或保证的。相应地，从理论视角看——在此被关注的是解释而不是行动——我们有理由，或有必要把所有事件都看作是服从因果性法则的，这种法则是对事件认识的可能性条件”。[①] 但康德却说，“我想要限制知性单纯经验使用的法则，以免它冒险来一般地决定事物的可能性，而断言理智的东西是不可能的……”（Krv A562）由于阿利森等人这种理论视角下的决定论的观点，和他们对实践视角中的本体的非形而上学化的理解，他们在解释自由与必然、理论视角和实践视角的关系时就出现了困难，这集中地体现在道德评价问题上。

阿利森“把经验属性和理智属性的对立解释为关于理性行动者身份的两种模型或两种观念”；经验性格模型“用于人的行为的观察、因果性解释和（在一定程度上的）预测”，它预设人的经验性格是行为的经验条件，而理智性格模型则“诉诸理性考虑行为者的自发性”。[②] 意向性行为不仅仅是心理学状态的结果，而且需要自发性为条件。因此，从理论的视角看，我们把人考虑为像它们显现的那样，考虑人的经验属性并以自然的因果性法则对经验进行解释。但从实践的视角看，我们把人考虑为像它们被看作是事物自身那样，考虑其理智属性并把意向性行为看作是以自发性为条件的。所以，“理智属性只有一个范导性的功能，一个非解释性的功能”，它只能在实践的视角下提供形式性法则来规范行为，而自然的因果性法则才是我们认识和解释事件的可能性条件。[③] 理智属性并非“就是因果性的”，因为那样就会取消了一种可能：把经验属性理解为不仅仅是理性原因性的产物，而且是它的“一种表达或具体化”（instantation）。[④] 与上帝或灵魂的理念不同，“自由却没有类似的实用人类学的功能”。我们无法把系统性秩序引入对行为的解释，把它们看作仿佛都是自发决定的行

---

① Allison, Henry, *Kant's Transcendental Idealism*, New Haven and London: Yale University Press, 2004, p. 48.

② Allison, Henry, *Kant's Theory of freedom*, Cambridge: Cambridge University Press, 1990, p. 5.

③ Ibid., p. 45.

④ Ibid., p. 32.

为，因为“甚至不存在这种与理性行动者的经验性格相连的自由思想的空间”。①

但是，理智属性和自由概念并非没有解释性的功能，而在理论的视角下，我们也并非不需要理智属性或自由的观念。理论的视角和实践的视角并非彼此独立的，经验描述和非经验描述也并非彼此割裂的，尤其在基于观察和描述来做规范性判断的时候。当然，我们没有关于自由的知识，但也无法确定人是不自由的，因此，独断地把人看作是被决定的、由此来对事件进行解释，这也是没有根据的。如果人不考虑独立于主观观念的事实，那么我们所做的道德判断就只是臆想，就无法对自我和他人作尽可能公正的判断。人是有限的存在者，我们在进行道德判断时需要价值前提和关于世界的事实前提，在具体的实践考量中事实前提基本上是由经验所提供的，除了基于经验观察我们无法了解他人的自由选择，因而我们只能以有限的经验认识为事实根据来决定自身的行为。康德认为，“我们的责分只能与经验性格相关。但是在多大程度上这种性格能归因于自由的单纯效果，多大程度上归因于单纯的自然，和禀赋上无辜的缺陷或幸运的结构，是永远无法确定的；因而对此永远无法获得完全公正的判断”（KrV A551/B579）。我们无法获得关于行为原因的确切的知识，但我们随时面临错失本可以实现的价值的可能性（如未能公正对待不同的他人），因此我们只能借助有某种概然性的经验认识来进行实践。我们根据经验观察而判断某些事件概然地基于某些人的自由、因而应由他们负责，而另外一些事件概然地不需他们负责。例如，我们可能把某个选手在一次比赛中发挥失常理解成运气的结果，而不认为这种情况是可以由他来决定的。不仅理论追求对事实的认识，实践也需要对事实的认识作为前提，具体的道德判断需要以经验的事实判断作为条件，因而理论和实践都要根据概然性的经验认识来把握事实。因此，在实践的视角下或理智属性模型中我们也需要考虑人的经验属性，也需要借助经验属性模型。理智属性和自由概念也是解释性的。

考斯佳把本体与现象的区分看作“我们从两种立场得出的两个对世界的看法”同样导致了道德评价上的困难。“经验世界的法则是描述和解

① Allison, Henry, *Kant' s Theory of freedom*, Cambridge: Cambridge University Press, 1990, p. 46.

释我们行为的法则"，而本体世界的法则是"支配我们所做的事情"。[①] 她认为，"在本体论的观点下，这两个世界如何彼此联系的问题是一个无法被回答的问题。在主动/被动的观点下，这是一个不能被自我一贯的提出来的问题"。[②] 因为我们无法找到这样一个立场，据此我们既能描述、解释行为，又能论证行为的正当性，因而没有余地来提出一个能包括这两个概念在其答案中的问题。

考斯佳这一观点是值得商榷的。首先，我们认为，考斯佳忽视了价值评判的立场，这一立场可以既描述和解释行为，又对行为的合理性进行论证。一方面，对行为是否合理的评价一定是始于对行为事实的解释，人们首先要对行为加以描述和解释，然后才能判定行为的正当性或不正当性；另一方面，任何对行为正面或负面的价值评价都预设了人的自由，否则人们无法把行为看成是合理的或不合理的、正当的或不正当的。因而，对行为的描述和解释不一定是把人描述为被动的存在者，也可以描述和解释为主动的，认为某个行为是基于人的自由意志做出的，进而人们才论证它是正当的或不正当的。考斯佳说，"处于社会劣势地位有时可能是自私行为的一个原因，却不是一个这样做的人用来支持它的理由"；一个解释者无可避免地把这种劣势看作原因，而一个"决定进入与这个人的相互关系之中的人"会把他看作能负责的，因而认为是由他自己来决定是否把这种劣势看作理由。[③] 但一个评价者完全可以把他解释为有负责任能力的，把他描述为能够自己决定是否把这种劣势看作理由，否则，他就无法做出道德评价，因而，对行为进行解释并不意味着把人看作被动的自然物。

从现象的可预测性角度看，这些持经验决定论的相容论者的观点也是值得商榷的。如果人在经验界必然遵循自然的因果律，一切的经验现象都有其原因，那么我们的行为至少在理论上是可以预测的。如果人的行为是可以预测的，那么意志对行为的影响也是可以预测的，但这种可预测性是和意志自由相矛盾的。因为如果人有意志自由，那么，无论在技术上还是理论上，人的行为是根本不可预测的（这样，甚至也不存在偶然性现象，

---

① Christine Korsgaard. *Creating the Kindom of Ends*. New York: Cambridge University Press. 1996. p. 204.

② Ibid.

③ Ibid., pp. 204—205.

如果偶然的被理解为就是没有根据或原因而随机发生的）。

另外，康德的先验自由观念并不能为种种现实对自由的限制所否定。康德所断定的是我们不被经验原因所决定，尽管我们自由的空间或多或少的被现实世界所限定，但我们到底选择其中的哪一种可能性，这是不被限定的。只要是有理性的存在者都有选择道德原则和不选择道德原则的可能性，而对道德原则的选取就是人的尊严之所在。对此，被要求的仅仅是我们意识之中的善良意志，真正善良的意志自然会引起行为的努力、主动地把道德法则付诸实践，这些是每个行为者都有能力做到的。

九 结论

康德实践哲学揭示了“一切道德研究的最终界限”：先验自由理念具有了实践上的实在性，人具有纯粹实践理性和实践自由，并且，定言命令是可能的，但是，我们无法认识我们是否确实有先验自由，而对于先验自由理念的实践上的实在性、纯粹实践理性和实践自由，以及定言命令，它们是如何可能的，我们也无法认识。“但规定这一界限就已经具有极为重要的意义了”，因为一方面，理性不必“在感官世界中到处搜寻最高的动因”，从而有损道德的纯粹性；而另一方面，理性借此也可以不在理知世界的概念空间中“无效地拍打自己的翅膀，却仍在原地不动”（4：462）。我们认为，康德对先验自由的思考提出了实践哲学无法回避的重要问题，而他通过对自由的实践实在性和理论实在性的区分，在为道德性确立了必不可少的稳靠根基的同时，也摆脱了关于自由的理论上的实在性的形而上学预设，从而避免了哲学迷宫中的种种难题，这是康德实践哲学的一个光辉成就。康德的理论运思是何其深，而我们对他的理解又是何其少！康德的道德哲学也许并不正确，然而其博大深邃的致思却不断激发着人们的灵感，其中的进路显示着持久不已的生命力。

（作者单位：柏林洪堡大学哲学系博士生）

康德对自由和道德律的演绎

刘　作

[内容提要] 康德在《道德形而上学奠基》第三章中，试图从先验的自由演绎出道德律的实在性，由于先验自由本身只是或然性的概念，其实在性没有确立起来，所以定言命令的演绎存在着内在的困难。通过文本的考察，可以看出，在这一问题上，康德在《实践理性批判》中发生了变化。

[关键词] 先验的自由　定言命令　理性的事实

问题的提出

对于康德在《道德形而上学奠基》（以下简称《奠基》）第三章对定言命令的演绎，很多康德研究者有着不同的看法。亨利希认为，康德没有区分演绎和证明，第三章应该可以看作是对先验自由的演绎以及对定言命令的证明，康德只是在弱的意义上对定言命令进行了证明；根据 Ameriks 的考察，他认为康德在这个时期的自由理论更多地来源于 18 世纪 70 年代，康德试图在对先验自由进行理论证明的前提上来演绎定言命令，这种策略在康德第二版《纯粹理性批判》中改变了，康德实际上意识到了定言命令演绎的失败；Timmermann 认为，康德在第三章试图对定言命令的进行演绎，最后只是获得了有限的成功，只是一个“达到道德性现象的最佳解释的消除疑虑的推论”[①]；阿利森认为，康德在演绎定言命令时，对“知性世界”这个概念做出了双重但是没有得到辩护的运用，导致了

---

① Jens Timmermann: *Kant's Groundwork of the Metaphysics of Morals A Commentary*. University of St Andrews 2007, p. 121.

演绎的失败，最终使得康德转向了“理性的事实”。这些康德研究者们众说纷纭的看法虽然各有差别，但却都认为康德在《奠基》的这一演绎上做得并不完美，存在缺憾。这也吸引着我来探讨这一问题。在本文，笔者试图结合已有的研究成果，梳理《奠基》第三章康德对定言命令演绎的观点和论证，结合康德的其他文本，在此根据上探讨康德对演绎自由和道德律问题上前后思路的变化。①

一 演绎的基本论证

第三章开头直接从意志的定义出发，康德认为“意志是有生命的存在者就其有理性而言的一种因果性，而自由则是这种因果性在能够不依赖于外来的规定它的原因而起作用时的属性”②，结合康德在第二章对意志的说明“自然地每一个事物都按照法则发挥作用。唯有一个理性存在着具有按照法则的表象亦即按照原则来行动的能力，或者说具有一个意志”。③ 可以看出，理性存在者和自然事物之间的区别是，前者可以按照对法则的表象行动，体现的是理性的行为能力，后者只是按照自然规律来运行。这样，康德把理性和意志联系起来，又把自由和意志联系起来。由此出发，康德认为（1）意志作为按照法则的表象而行动的能力不是没有规律的，也体现为一种因果性。自由就是意志的因果性的属性，作为不依赖于外来的规定它的原因，这是（2）先验自由的消极概念。在康德看来（3）因果性的概念必须是有法则的。所以由（2）和（3）推出（4）自由作为意志的因果性的属性也是有法则的，但是这种法则必然不同于自然法则。因为自然法则都是他律，而由（2）知自由不可能是他律的，所以自由必定不是自然必然性。但是，在康德看来，一切法则要么是自律要么是他律，这样又可以推出意志的自由必定是自律。结合（1）可以知道道德律“意志在一切行为中都对自己是一个法则”，也就是说，“除了能够也把自己视为一个普遍法

① 在康德的实践哲学中，定言命令和道德律有着细微的差别，但是我在这里不涉及二者的区别，把二者当可以替换的概念来对待。对于这一问题有兴趣的读者可以参看罗尔斯《道德哲学史讲演录》第 225—226 页，上海三联出版社 2003 年版；阿利森《康德的自由理论》第 440 页（辽宁教育出版社 2001 年版）以及杨云飞未出版的博士论文《定言命令研究》，第 18 页。

② 《康德著作全集》第四卷，李秋零译，中国人民大学出版社 2005 年版，第 454 页。

③ 同上书，第 419 页。

则的准则之外，不要按照任何别的法则去行动”。[①] 那么，通过分析意志的自由的概念可以推出道德律，所以“自由意志和一个服从道德法则的意志是一回事”[②]，也就是说：一、如果意志是自由的，那么意志是服从道德律的；二、如果意志是服从道德律的，那么意志是自由的。

从先验自由的消极概念可以分析地得出道德律；但是作为道德的原则的定言命令：一个绝对善的意志在任何时候都包含着被视为普遍法则的自身的意志的概念，康德却认为，从其中的绝对善的意志的概念并不能分析地得出其准则具有自律（自由的积极概念）的属性。在《奠基》第一章中，康德认为“在世界之内，一般而言甚至在世界之外，除了一个善的意志之外，不可能设想任何东西能够被无限制地视为善的”。[③] 通过分析绝对善的意志的概念，可以得出这种意志能够出于义务而行动，其道德的价值在于其准则的合法则性。但是作为有限存在者的意志并不是必然地出于义务而行动，而总是受到偏好的影响，而陷入一种“自然的辩证法”。这样从通俗的道德哲学进展到道德形而上学就成为必要。那么，如果有限的存在者有先验的自由，似乎可以很自然地推论出定言命令对他的有效性。康德在《奠基》的第三章，坚持的是从先验的自由出发推出定言命令的有效性。

在“自由必须被预设为一切理性存在者的意志的属性中”，康德认为，我们必须把自由看做一切有理性存在者的意志的属性，并且做出了相应的论证：（1）只是由于我们是理性存在者，道德才充当我们的法则，那么道德必然适用于一切理性存在者，而（2）道德只有由自由推出来，所以自由必须被证明为所有理性存在者的意志的属性。从把先验的自由或者说自由的理念预设为有理性存在者意志的属性出发，康德提出了两个实践的预设：

1. 每一个只能按照自由的理性去行动的存在者，正因为此在实践方面确实是自由的，也就是说，一切与自由不可分割地结合在一起的法则都适合于它，正好像它的意志就自身而言也被宣布为自由的而且这在理论哲学中也是有效的。[④]

---

① 《康德著作全集》第四卷，李秋零译，中国人民大学出版社 2005 年版，第 454 页。

② 同上。

③ 同上书，第 400 页。

④ 同上书，第 456 页。

2. 我们必须也把自由的理念赋予每一个具有意志的理性存在者，它仅仅按照这个理念去行动。

按照阿利森的重构，康德似乎很自然地这样来推理：

3. 所有与自由“不可分割地结合在一起”的法则都适用于一切的理性存在者。

4. 通过前面对理性、自由和道德律关系的分析，可以知道道德律与自由“不可分割地结合在一起”。

5. 那么，道德律对每一个具有理性和意志的存在者来说都是有效的。

6. 道德律对于我们作为具有理性和意志的存在者来说是有效的，因为我们是具有理性和意志的存在者。

7. 我们作为有限的理性存在者，并不必然遵从道德律的规定，那么道德律在“客观上”是有效地，但是在“主观上”是偶然的。因此，道德律对于我们来说是表达为定言命令的形式，也就是“你应当”的形式。

由 1 和 2 可以推出 3，由 3 和 4 可以推出 5，由 5 可以推出 6，由 6 可以推出 7。

但是，康德并没有采取这样的论证模式，为什么呢？阿利森认为：“一如我们所见，这些前提每一个都存在着问题，它们不仅给他的批评者，也给康德本人造成了困难，致使他不能得出所欲求的结论。”① 康德确实意识到了这个困难：“我们最终把道德的确定概念回溯到自由的理念；但我们却无法证明自由在我们自己里面和人性里面是某种现实的东西”②，我们只是预设了自由这个理念，并且把“按照行动自由的理念规定自己”这种属性归于每一个富有理性和意志的存在者，但是我们并不能证明先验自由的实在性。在这个论证的结构中，自由前提的预设是最大的问题。

更值得关注的是，即使我们预设了先验的自由，然后推出作为有限存在者的我们必定会服从定言命令。但是任何行动都有某种兴趣，我们必然服从定言命令是无条件的，因而没有任何感性的兴趣驱使我们。而我们又受到感性偏好的诱惑以至于实际上并没有把道德法则作为我们行动准则的根据，所以我们只有预设自己作为拥有先验自由的存在者才使必然服从定

① ［美］亨利·E. 阿利森：《康德的自由理论》，陈虎平译，辽宁教育出版社 2001 年版，第 327 页。

② 《康德著作全集》第四卷，李秋零译，中国人民大学出版社 2005 年版，第 456 页。

言命令得以可能。因为先验自由的消极意义是：独立于所有的外来的规定。作为先验自由的存在者，我们有能力完全摆脱外在的感性兴趣的影响，必然服从定言命令。同时，也不可以把配享幸福作为我们服从道德律的兴趣，因为配享幸福只是道德律的结果，而不可能是其原因。

可以看出，事实上，我们进入了一个无法摆脱的循环。无论以什么方式说明定言命令的有效性，我们都要回到先验自由的预设上。而在康德看来，原因在于“意志的自由和意志的自己立法二者都是自律，因而是可以互换的概念，但正因为这一点，其中的一个不能用来说明另一个”[①]。

如何摆脱这个循环呢？康德认为，既然意志的自由和意志的自己立法是可以互换的概念，二者不可以相互说明，那么剩下的就是要找出一个非道德的前提，这样才有可能摆脱循环。康德从另外一个角度——意志和行为的关系来思考问题：“当我们通过自由把我们设想为先天的作用因的时候，与我们按照我们的行为——作为我们眼前所见的结果——设想我们自己的时候相比，我们所采取的是否是另一种立场？”[②]

康德又考察了人类的普通知性，认为普通人类知性也可以区分出感性世界和知性世界，但是只有从先验观念论的角度才能为两种立场做出辩护。从先验观念论的角度来看，知性和理性都具有自发性。相对于理性的自发性而言，知性的自发性是有限制的。因为知性“却无非是仅仅用于把感性表象置于规则之下并由此把它们在一个意识中统一起来的概念”[③]，而理性“在理性的名义下表现出一种纯粹的自发性，以至于它由此远远地超越了感性能够提供给它的一切”。因为理性具有纯粹的自发性，所以“并在下面这一点上证明了自己最重要的工作，即把感官世界与知性世界彼此区别开来，并由此为知性本身划定对它的限制”[④]。理性的纯粹的自发性为知性世界和感性世界的区分提供了基础，两种立场的提出使得引入非道德的前提来捍卫先验的自由成为可能。

从这两个立场来看，理性存在者的自我属于感官世界时，它就服从自然法则，这是一种他律；理性存在者的自我属于知性世界时，它就服从理

① 《康德著作全集》第四卷，李秋零译，中国人民大学出版社 2005 年版，第 458 页。
② 同上。
③ 同上书，第 460 页。
④ 同上。

性的法则。在后一种情况下，理性存在者的“自我”具有纯粹自发性。这种纯粹的自发性首先是独立于感官世界，这就是自由的消极概念。从自由的消极概念出发，可以推出自由的积极概念。因为自律和自由的积极概念必然结合在一起，所以从知性世界的立场来看，理性存在者必然以自律的原则作为其行为的根据，就像自然法则也是一切现象的根据一样。而在康德看来，“由于知性世界包含着感官世界的根据，从而也包含着感官世界法则的根据”①。所以，作为知性世界有着先验自由的自我必然对属于感官世界经验的自我具有权威性，表现出命令式的形式。以这种方式，我们作为有限的存在者必然服从定言命令就是可能的。

二　几点质疑

对于康德在《奠基》中定言命令的演绎，研究者有不同的质疑，主要集中在两个方面。一个是对于行为恶的归责问题，这一般是早期康德研究者对这个问题的质疑，如和康德同时代的莱因哈特，还有后来的西季维克等。通过对康德文本和概念的梳理，可以消除这样的质疑。第二个问题就是关于知性世界从“本体”的消极含义滑向了“积极”的运用。这也是集中体现了当今研究者们对康德的质疑，如阿利森、保罗·盖耶等，我觉得这是一个需要真正研究的问题。笔者相关质疑和阿利森相关，但是更集中地体现在康德对演绎的前提即先验自由的不确定上。

第一个质疑即如果自由意志和道德律是相等同的，那么自由是道德行为的充分和必要的条件。一个道德的行为必定是自由的，自由的行为必然是道德的，那么非道德的行为就不是自由的，而只有出自自由的行为才可以归责，似乎可以必然得出结论：非道德的行为是不可以归责的。比如莱因哈特，在他的《关于康德哲学的书信》里，他认为“只有预设纯粹意志的自由仅仅存在于实践理性的自我能动性中，那么他必须承认不纯粹的意志，它不通过实践理性受影响，是不自由的”②。西季维克也有这样的质疑，他认为应该区分康德两个不同的自由意志，一个是立法的意志，它

---

① 《康德著作全集》第四卷，李秋零译，中国人民大学出版社2005年版，第462页。

② Paul Guyer: *Kant's Groundwork for the Metaphysic of Morals*. Continuum, 2007; Beck: *A Commetary on Kant's Critique of Pratical Reason*, The University of Chicago Press, p. 161.

必然是理性的，不会产生非道德的行为，一个是中立的意志，这种意志可以选择理性的或者非理性的，因而可以表现出道德的或者非道德的行为。厘清康德在第一批判关于先验自由，在《奠基》中意志的自由以及后期著作《纯然理性界限内的宗教》和《道德形而上学》中相关的论述可以消除这些误解。在第一批判中，康德提出了，先验的自由作为一种独立于外来的作用而自行开始的绝对自发性是行为归责的基础。为了说明这一点，康德还举了一个例子，一个恶意撒谎的人，可以从如教育、社会等外在的原因来对这个行为加以说明，但是他的行为的归责预设了一个理性的因果性，即这个行为是他自行开始的，他有先验的独立于外在规定的自发性，即一种理智的品格。但是，康德认为这种先验自由归于主体中的理智的品格只是调节性的，不是构造性的，所以先验的解释只是一种描述性的解释。这种意义上的归责是一种逻辑上的可能性。康德《奠基》是为了寻求道德性的最高原则，在这里意志的自由和作为道德性最高原则的自律是一个东西，自由的意志就是符合道德律的意志，在这个层面上，不存在作恶的可能。在后期著作中，康德明确地把前面的意志概念区分了意志（Wille，称作狭义的意志）和任性（Willkuer）。狭义的意志是立法的一种，也就是自律的意志，任性是选取和执行法则的意志。那么，作恶的行为就体现在任性违背了立法的意志，而选取和执行了恶的准则。所以，先验的自由为行为的归责提供了可能性，而作为执行能力的意志为归责提供了现实性。①

第二个质疑，在阿利森看来，“从拥有理性推至智性世界的成员身份，这一思路乃是演绎的关键；因为它既提供了所必需的非道德的前提，又提供了消除对于行为能力的全盘怀疑的基础。但颇为遗憾的是，在作出这一关键的推理时，康德利用了‘智性世界’这一概念的双重含义。更为确切地讲，康德既提到一个理知世界，又提到一个智性世界，他从前者滑移到后者，又没有对此作出充分的辩护”。② 本体这个概念在康德哲学体系中是非常重要的。首先，本体是在理论理性中作为限制的概念，即是将我们的认识限制在经验的领域。其次，本体在理论理性中是一个调节性

① 对这一问题有兴趣的读者，可参见阿利森、Morality and Freedom：Kant's Reciprocity Thesis，载于 *Kant's Groundwork of the Metaphysics of Morals*，pp. 273—303；And Timmermann：*Kant's Groundwork of the Metaphysics of Morals*，pp. 164—168。

② ［美］亨利·E. 阿利森：《康德的自由理论》，陈虎平译，辽宁教育出版社 2001 年版，第 344 页。

的概念，这集中体现在作为本体的灵魂、世界整体和上帝这三个理念上。三者有助于我们经验认识的系统性和目的性。最后，也是最重要的，本体概念在康德那里有着实践的实在性，不是知识上的确定性。然而，从阿利森的质疑出发，结合《实践理性批判》中“这个事实［即‘理性事实’］指示着一个纯粹的知性世界，甚至积极地规定着这个世界，使我们对它有所认识，亦即认识到一种法则”[①] 这一说法，康德的确表现出某种“滑移”。但我在这里要说的是，康德一直试图对知性世界作出一个积极的规定，当然这种积极的规定不是理论理性的实在性，而是实践的信念。在《奠基》第三章中，一方面，先验的自由把我们置于知性世界中，这一点康德在《实践理性批判》中也是肯定了的：“因为自由既然被赋予我们，就把我们置于事物的一种理知秩序之中，这在别的地方已经得到充分的证明”[②]；另一方面康德试图通过知性世界的概念捍卫先验自由的可能性，进而演绎定言命令。按照阿利森的质疑，未经辩护的知性世界对先验自由的捍卫是不成功的，换一个角度，之所以知性世界的积极规定未能得到辩护，是因为先验自由的实在性没有确立起来。

为什么在《奠基》中没能确立先验自由的实在性呢？因为《奠基》是直接以第一批判为基础的，而在第一批判中，先验的理念并没有实在性，甚至连其实在的可能性都没有，只是有着逻辑的可能性，也就是说只是和自然的机械性是相容的。这点，康德表达得很明确：“必须高度注意的是：我们本来并不想凭借这一点就把自由的现实性作为包含着我们感官世界诸现象的原因的那些能力之一的现实性加以阐明……现在，使这个二律背反基于一个单纯的幻相，而使自然与出自自由的原因性至少并不相冲突，这就是惟一我们曾经能够做到的，也是我们曾经惟一关心的事情。”[③] 如果一定要把这个演绎看做是成功的，那就要认为先验自由是有确定性的，即作为本体的先验自由在没有得到辩护的情况下做了积极的运用。

三 康德前后研究思路的变化

康德意识到了这个困难吗？我认为康德意识到了。可以体现为下面两点：

① 《康德著作全集》第五卷，李秋零译，中国人民大学出版社2005年版，第46页。

② 同上。

③ 《纯粹理性批判》，邓晓芒译，杨祖陶校，人民出版社2004年版，第449页。

（一）体系构造的问题。在《奠基》的前言中他表明：“我决意日后提供一部《道德形而上学》，如今我让这本《奠基》先发表。尽管除了一种纯粹实践理性的批判之外，道德形而上学真正来说没有别的基础，就像对于形而上学来说，已经提供的纯粹思辨理性的批判的基础一样。然而另一方面，前一种批判并不像后一种批判那样极为重要，因为在道德领域里，人类理性甚至在最普通的知性那里也能够轻而易举地到达重大的正确性和详尽性，与此相反，它在理论上、但却纯粹的应用中却完全是辩证的；另一方面，为了一种纯粹实践理性的批判，我要求：如果它要被完成，就必须能够同时显示它与思辨理性在一个共同原则之中的统一，因为毕竟归根结底只能有同一种理性，它惟有在应用中才必须被区别开来。但是，如果不引入完全不同种类的考察并把作者弄糊涂，我在这里就还不能达到这样一种完备性。为此缘故，我不使用纯粹实践理性批判的称谓，而是用道德形而上学的奠基这个称谓。”① 我把这段话都引出来，是因为从这段话里，可以看出康德在这个时期的实践哲学体系的计划。至少可以看出如下几点：第一，康德意图以《奠基》作为《道德形而上学》的基础。《奠基》之后，康德计划直接进入《道德形而上学》；第二，与理论理性不同，对实践理性的批判没有那么重要，因为普通的人类知性在道德领域的运用上都有对道德性的意识；第三，实践理性和理论理性不是不同的理性，而是同一个理性在不同领域的运用，二者应该在同一个原则中得到统一；第四，《奠基》实际上是纯粹实践理性批判，只是称谓不同而已。第二点和第三点是康德实践哲学一贯坚持的，第一点和第四点在其后著作中有了变化。考察这些变化，也许可以发现解决问题的线索。

按照第一点，康德的原计划是直接从《奠基》过渡到《道德形而上学》。那么，康德似乎就没有必要写《实践理性批判》了，因为后者与《奠基》都是为了确立道德性的最高原则。可是出乎意料的是，三年后（1788），康德写了一部《实践理性批判》。那么这两部著作有什么关系呢？康德在《实践理性批判》的前言中明确地说：“它虽然以《道德形而上学奠基》为前提条件，但只是就这部著作使人预先熟悉义务的原则、陈述和辩白义务的一个确定公式而言的；除此之外它是独立自存的。”②

① 《康德著作全集》第四卷，李秋零译，中国人民大学出版社 2005 年版，第 398 页。

② 《康德著作全集》第五卷，李秋零译，中国人民大学出版社 2005 年版，第 9 页。

也就是说，《实践理性批判》只是以《奠基》的前两章为基础，对于第三章也就是对定言命令的演绎，康德并没有在这里提及。为什么不提及呢？也许上述第四点可以给我们提供线索。

按照第四点，康德认为有必要对纯粹实践理性进行批判，这就是第三章的任务，即从先验自由出发来演绎定言命令。可是，在《实践理性批判》中，康德改变了思路，在前言中，康德直接否定了有对纯粹实践理性进行批判的必要性，为什么呢？康德认为“它应当阐明的只是存在着纯粹的实践理性，并且在这种意图中批判其全部实践能力”[①]，如果做到了这一点，那么“它就通过这个事实［即“理性的事实”］证明了它以及它的概念的实在性，而否认它有这样的可能性的一切玄想就是徒劳了”。[②]接着康德又说“凭借这种能力，从此也就确立了先验的自由”。所以，在这里，康德已经转变了在《奠基》中的策略，而是从纯粹的理性现实地是实践的作为一个事实，进而推出先验的自由。更值得注意地是，如前所述，康德否定了对纯粹实践理性进行批判的必要性。那么也就是说，康德否定了《奠基》第三章对定言命令演绎的必要性，当然，意志的自由和自律是可以分析得出（交互论）这个思想是康德一直坚持的，但是这一点还是属于道德形而上学的范围（《奠基》第二章中道德形而上学，不同于康德后来所说的《道德形而上学》）。

何谓“理性的事实”？囿于篇幅，这里不能详细地引证。借助于已有的研究成果，“理性的事实”就是对道德律的意识。[③]通过考察文本，可以看出，康德支持这个命题至少基于两个理由：一是，鉴于康德在“纯粹实践理性的诸原理”的第1节至第8节，通过驳斥经验论的幸福原则，康德说明了只有形式的原则才可以确定为无条件的法则，而这个无条件的法则就是定言命令。这也就是履行了康德对说明“存在着纯粹的实践理

---

① 《康德著作全集》第五卷，李秋零译，中国人民大学出版社2005年版，第4页。

② 同上。

③ 对于这个问题有很多争议。大致有两种看法：一种是对道德律的意识，另一种是道德律。前者如阿利森《康德的自由理论》，第353页；Andrews Reaths，*Agency and autonomy in Kant's moral theory*，OXFORD 2006，p. 19. 罗尔斯《道德哲学史讲义》第352页；以及Paul Guyer，*Kant's Groundwork for the Metaphysic of Morals*，p. 162；后者如杨云飞博士论文《定言命令研究》第57页等。我认为“理性的事实”作为对道德律的意识要更合理些，在这里囿于篇幅不能展开详细的论证。但是有一点是肯定的，即康德在这里转变了在《奠基》第三章的思路，从“理性的事实”来推演先验自由的实在性。

性”的承诺，即说明了纯粹理性现实地是实践的。纯粹实践理性作为立法的意志所立的法就是道德律，通过第1节至第8节的分析，康德为提出对道德律的意识作为“理性的事实”打下了基础；二是，这和前面所说的第二点即人类普通的知性也有对道德律的意识相关。在康德看来，即使是最坏的恶棍也有对道德律的意识。在康德看来，从对道德律的意识作为“理性的事实”出发，一个完全以道德律作为其根据的意志，必然独立于外在感官世界的规定而拥有先验的自由。

（二）文本变化的考察。康德关于本体的思想的细微变化，在修改后的第一批判中得到了体现（1787）。与本文相关，修改后的第一批判，在第二版先验演绎中，康德强调了对于“自我”的认识需要直观，但我们只有经验性的直观，所以我们只能认识经验性的自我，不能认识先验的自我。在第二版的“一般经验性思维的公设”中，康德加上了“驳斥唯心论”一节，试图论证外部经验是直接的，只有借助于它，内部经验才是可能的，我们对“自我”的认识只有通过外部经验才是可能的。在第一版的“把所有一般对象区分为现象和本体的理由”中，康德还认为范畴运用于本体虽然没有客观实在性，但是在逻辑上是可能的；而在修改后了的这一节中，康德则更加强调在经验的范围外范畴的不可使用性：“既然当我们将它们和一切感性分离开时，它们（单作为纯粹范畴）不应具有经验性的运用……但却不能仅仅由这形式而思维和规定任何一客体。”[①] 除此之外，康德还区分出了本体的消极含义和积极含义，并且强调“凡是被我们称为本体的东西，都必须作为某种只有消极意义的东西”[②]。在修改后的第一批判的“纯粹理性的谬误推理”中，康德更加强调我们对“自我”的认识必须具有经验性的直观。在批判了理性心理学之后，康德认为“因为我通过那种值得惊叹的，首次向我启示出道德法则的意识的能力，虽然将会拥有一条规定我的实存的、本身是纯粹智性的原则……虽然它们产生自完全不同的原则”[③]，自我的实践的应用是能够以对道德律的意识为前提而得到规定的。而在两年前的《奠基》中，康德还试图通过处于知性世界的具有先验自由的自我来说明定言命令的可能性。这些修改

① 《纯粹理性批判》，邓晓芒译，杨祖陶校，人民出版社2004年版，第225页。

② 同上书，第227页。

③ 同上书，第308—309页。

提示我们，康德意识到了，既然本体只可以做消极的运用，那么，作为本体的先验自由以及作为具有这种自由的自我也只有消极的运用，把它作为前提确立定言命令的实在性，是有困难的。康德对第一批判的修改也预示了第二年（1788）出版的《实践理性批判》在自由和道德律演绎的思路上的变化。

结　论

通过以上分析，可以得出结论，康德《奠基》第三章中这个引起众多学者争议的“演绎”的确是存在问题的，而康德本人可能也意识到了这点。因此，我们可以看得到的是，在康德后期著作中对具体问题的思考和处理上出现了相应变化。但是，我们要认识到的是，康德不是一个平面的人，康德在思考这一问题时，在对“先验自由”和道德律的演绎前后思路的变化中，我们不能简单地认为康德前后是不一致的。在处理意志的自由和自律等核心问题上，康德始终是一贯的。从康德本人的这种思路变化，以及后人对它的争论，我们可以确认这一点。因此，从另外一方面来说，通过《道德形而上学奠基》和《实践理性批判》对道德性最高原则的确立，康德进入了《道德形而上学》。康德实践哲学晚期著作的价值，也是需要我们认真思考的。

（作者单位：武汉大学哲学学院博士生）

康德先验哲学限制真理的自由了吗?

——评《真理的自由和自由的真理》

董文龙

[内容提要]《世界哲学》2009 年第 5 期发表的李科林《真理的自由和自由的真理》一文，首先考察了德勒兹对于康德先验哲学的批判，继而通过论述德勒兹关于“思想的内在性平面”，“作为可能世界的他者”的观点及先验经验论论述了德勒兹哲学是关于思想的自由的哲学，是对康德先验哲学的一种超越。笔者本文将为康德的先验哲学进行辩护，对德勒兹的批判进行回应，并通过对德勒兹的哲学进行考察及其与先验哲学的比较来分析其哲学是否真正的做到了对康德先验哲学的超越。

[关键词] 先验哲学　后现代主义　相对主义

《世界哲学》2009 年第 5 期发表了李科林《真理的自由和自由的真理》（以下简称“李文”）一文。李文通过德勒兹的哲学对康德的哲学进行了批判，认为康德的先验哲学是通过规定我们的先天的认识结构对我们的思想进行了束缚，使我们的认识成为一个不断重复自身的过程，同时李文中概括了德勒兹哲学的三个主要的观点即内在性平面的学说，关于他者的概念的解读以及由此引申出的可能世界的理论和德勒兹的“先验经验论”学说，并从这三个角度阐述了德勒兹对于康德先验哲学的批判。本文将首先对李文中通过德勒兹对康德的批判进行回应，同时考察德勒兹的哲学，并论述德勒兹的哲学是否是对康德哲学的一种超越。

一　对德勒兹批判的回应

李文首先表述了德勒兹对康德先验哲学的批判，在具体论证这个批判之前，李文首先对康德和休谟哲学的关系进行了总结，笔者认为这段总结是非常中肯的。李文提到“理性概念超越于经验之上且规定着经验的意义”，“知识的本质在于必然性和普遍性，而这些是经验所不具备的”，“康德以先验论超越休谟的怀疑论。康德强调范畴是先天地被给予，是先验的。它的有效性是不容置疑的。也正是这些范畴保证了知识的合法性，以及主体对于经验的超越性”。① 康德正是通过对“先天综合判断”如何可能这个问题的回答，提出了先天直观形式和知性十二范畴的观点，通过我们的先验认知结构保证了知识的必然性和有效性。李文指出德勒兹从这点出发，指责这些高于经验的范畴“对于经验的超越是需要代价的”，继而阐述了德勒兹对于康德哲学的批判。

李文指出德勒兹对于康德的批判基于以下三点：1. 康德的先验论哲学导致我们“所放弃的首先是感觉的多样性”。2. 我们还必须放弃“思想的自由”。3. 康德的先验哲学导致我们“最后的代价是情感”。最后基于以上三点提出“这是康德为生活，包括经验和思想所做的定义。我们将生活交给自己所设的律条，并且遵照这些律条构建生活——不停地重复同样的构架，复制已有的模式”。然后引用了毕希纳一段极富感染力的文字来比喻这样一种状态。下面笔者将对每一个批判的理由进行详细考察。

首先，李文指责康德先验哲学放弃了感觉的多样性是基于这样的理由：“将概念运用于感觉的过程事实上是对感觉进行过滤筛选的过程。感觉所包含的多样性要服从于概念的同一性。康德认为，概念总是先行于经验。这就意味着，我们只能经验到我们可以思考的，只看到符合理性概念的对象，只听到符合理性规定的声音。”②

康德的先验哲学本身就为经验留下了空间，它预设了一个物自体的世界，它们刺激我们的感官，通过我们的先天直观形式——时间、空间进入我们的认识领域，此时我们认识的还只是一些感性杂多，它们是孤立的、分散的。然后通过我们的先验逻辑——十二范畴对这些感性杂多进行

① 以上三段引文见《真理的自由和自由的真理》第一部分，《世界哲学》2009年第5期，第143—144页。

② 同上书，第144页。

“梳理”，这样才作为李文意义上的“经验”呈现在我们的认识领域。上面这个认识过程只是通过分解我们的认识过程阐明经验得到的方式，实际上先天的直观形式和先验逻辑在我们获得经验的过程中是决然不能分开的，两者本身处在同样的一个过程当中。康德先验认识论实际上是阐明了我们获得经验的过程，也正是通过这样的过程我们才能获得丰富多样的经验，才能认识这个色彩缤纷的世界。在这里我们仅以关系范畴中的“实体和属性”范畴为例。这个范畴是将我们的经验杂多综合为一个整体的范畴。例如我们看到一棵树，我们经验杂多直接给予我们的不外乎是一些颜色（比如树干的褐色，树叶的绿色等），一些气味（比如这棵树上的花香），一些声音（风吹动树叶的声音）等这些直接给予我们的经验。通过“实体和属性”的范畴我们才能将这些孤立的感性杂多综合为一个整体，把它看做一个实体。同样的我们在说我们经验到了任何一个个体的时候我们实际上都是通过“实体和属性”的范畴对这些感性杂多进行了综合。我们的经验世界虽然是主观的构建，但正是由于我们先验的认识结构的一致性，使这样一个主观的世界具有了客观性。而所谓的“把经验置于思考之下，这必然导致对经验本身的束缚”则把认识主体的作用过分的强化了，以为它足以改变经验的内容，所以才会产生所谓的“符合理性概念的对象”和“符合理性规定的声音”这种荒诞的概念。（难道还有不符合理性规定的声音？）

其次，李文中德勒兹批判康德的第二个观点是由于先验哲学损害了“思想的自由”。李文中写道，“既然这些法则（范畴：笔者注）是被给予的，那么，这些法则也是先天地被规定的，无法更改。这些法则不仅仅是为经验而设，也是为思想而设。我们只能在这些法则允许下思考。思想成了一种自我重复”①。

在康德先验哲学的体系之下，范畴一方面可以指在经验中体现出来的一些必然的关系，即作为我们的认识在经验中留下的“烙印”。另外一方面范畴本身就是思想的认知结构，我们是通过先验的十二范畴对我们的感性杂多进行综合。按照德勒兹的观点，他预设了我们的思想只是“一片空白”，其中没有任何的先验的认识结构，康德哲学的出现是在这片空白上加上了十二个先验的范畴，并用它们规定着我们的思维活动，使我们的

① 《真理的自由和自由的真理》第一部分，《世界哲学》2009 年第 5 期，第 144 页。

思维活动只能在这十二个范畴下进行，从而限制了思想的自由。但是这样一种设想本身就是存在巨大的问题的，这无异于经验论者洛克的“白板说”。如果这样他的理论就必然会面临这样的问题：如果思维本身是“一片空白”，那么思维是怎样进行思考的。难道这种什么思考都不能进行的思维才叫做“思想的自由”？康德的先验哲学恰恰是对这样一种哲学的回应，他认为我们正是因为先验的认识结构我们才可能进行思考，而这些先验认识结构正是思维本身。

“我们只能在这些法则允许下思考。思想成了一种重复”这句话本身仿佛就已经将这些法则（先验范畴）和认知主体进行了区分，范畴成了一些外在于我们思想的东西，每当我们想运用我们的思想的时候，这些规则就来规定我们思考。但什么是先验认知结构？它本身就是我们自身的思维结构，也正是因为这种先验的认识结构，我们才能够获得我们的思维的对象及作为我们生活的感性世界，也正是因为这样一点才保证了我们能够获得我们的认识对象，保证了这个认识的最初起点。根本不存在所谓的限制了我们思想自由的问题。

最后，李文中关于德勒兹批判康德先验哲学的观点是：“最后的代价是情感。这是康德一开始就要求我们抛弃的。为了知识的缘故，情感必须被放弃。显然，情感是主观的，它完全取决于个体的主观感受，情感绝没有必然性和普遍性，故此，它必须被排除在认识活动之外”；“情感，作为我们的精神状态，必然伴随我们所有的生命活动。那么，到底有没有可能将情感排除于知识之外？有很多科学实践的事例表明了知识和情感的相互纠结。康德，在理论上对排除情感作出的假设，不过是因为他担心情感的不确定性影响了知识的稳定性。”①

在这里李文之所以会得出康德要抛弃情感的结论，是基于情感作为一种主观的活动，缺乏知识所要求的必然性和普遍性。这样的结论，我认为是基于两方面的混淆。作者没有对认识活动和知识进行区分，同时没有对先验的认识活动和一般的认识活动进行区分。先天认识的必然性和普遍性在康德那里是相对于知识来说的，并且也不是要求所有的知识都要求要有普遍性和必然性。康德关于知识的划分可以见《纯粹理性批判》导言的第一章，“经验知识和先天知识的划分”，康德认为“所以必然性（neces-

① 《真理的自由和自由的真理》第一部分，《世界哲学》2009 年第 5 期，第 144 页。

sity）和严格的普遍性（strict universality）是先天知识的可靠标志”。[①] 认识活动可以分为先天的认识活动和一般的认识活动，先天认识活动在我们的认识活动中扮演着最基本的角色，也就是“立法者为整个世界立法”的活动。这种活动确切地讲是不受情感的影响的，而且如果这种先天的认识活动受到了情感的影响，那么认识主体在认识世界的过程中，偶然的情感也成了先天的认识结构的一个部分，按照这种理论去解释我们的世界，我们看到的将是一个不固定的世界，也就是说因为情感的不稳定性我们的世界也是不稳定的了。但是就我们的一般认识活动而言，这种认识活动的特点就是有一种自觉性，自己能够体验到自己在思考，在探究，这些活动都是在先天认识活动的基础上形成的。在这些活动中可以夹杂着我们的情感因素，因为这已经不是先验意义上的“人为世界立法”的认识活动，这种认识活动包含有后天偶然的因素。李文正是基于从一般认识活动体现出的情感因素（“有很多的科学实践表明知识和情感的相互纠结”），而对先天判断不依赖于情感因素进行批判，这种批判是做了一个跳跃的。

纵观李文这里表达出来的德勒兹对于康德先验哲学批判的三个理由即，“我们要放弃感觉的多样性”，“我们要放弃思想的自由”，“我们要抛弃我们的情感”，或是基于对康德哲学的误解，或是本身就存在的很大的问题，把康德解决过的问题再提出来，并没有能够对康德的哲学提出非常有见地的批判。在李文的第一章的最后引用了毕希纳通过丹东之口表现出的对生活单调性的抱怨，他认为康德哲学对我们的限制是“我们将生活交给自己所设的律条，并且遵照这些律条构建生活——不停地重复同样的构架，复制已有的模式”。这种批判无异于在水里自由嬉戏的鱼儿说：“我们整天只能在水里面游，它限制了我们的自由！”殊不知，没有水，恐怕鱼儿的生命都是个问题。综上所述，李文此一部分的批判是不成立的。

二　思想的内在性平面及其缺陷

李文在标题中给出读者的承诺是要阐明德勒兹哲学是对康德先验哲学

① 《纯粹理性批判》B4，参看 *Critique of Pure Reason*, Translated by Normann Kemp Smith, China Social Sciences Publishing House. Peking 1999. p. 44。下同。

的超越，在李文的第一部分只是对康德哲学中的一些问题进行了一些批评。在笔者看来这些批评都是不恰当的，如果谈到一个理论作为对另外一个理论的超越，那么首先不光是要对原来的理论进行批判，更为重要的是新理论的构建。同时新的理论必须具有解决或者消解原来理论所不能解决的问题的能力，否则这种新的理论根本不能算作是对原有理论的超越。

李文第二部分对德勒兹思想的内在性平面的阐释便是基于上面的方式对康德哲学进行了批判。这一部分阐释了德勒兹关于思想内在性平面的学说，并在此基础上对康德哲学进行了批判。在这一部分笔者要对德勒兹的思想的内在性平面理论进行详尽的考察，发掘内在性平面理论存在的缺陷及它和康德先验哲学之间的关系。

思想的内在性平面理论出现在《什么是哲学?》[①] 一书的第一章第二节。在第二节中作者德勒兹用了非常文学性的语言对思想内在性平面理论进行了阐述，作者对思想的内在性平面理论进行了如下的论证：

引文一："一种无限度的一统（U—Tout），一个把概念统统纳入一个独一无二的唯一平面之内的总括（Omnitudo）。这是一张台面，一片高原，一个剖面。这个概念具有坚实度，或者更准确地说，它是概念的一个内在性平面，一场漫游。"[②]

引文二："概念是一些事件，平面是事件的视域（horizon）或者把纯粹性事件储存起来的水库或者仓房：它不仅仅是起分界线作用的相对视域，还是以观察者为转移和将可观察的事态尽行纳入的相对视域。"[③]

从上面的两段引文进行分析，思想的内在性平面本身是作为概念被思考的"场所"出现的，从这个角度来看德勒兹的思想的内在性平面，它指的就是我们思维的本身，它不指我们思维中的概念，而是对概念进行思维的思想本身。它最大的特点就是没有任何的规定性，它是"一张台面，一片高原"，同时它又是我们概念的"水库或者仓房"。这样很明显德勒兹意义上的内在性平面的观点就是不受到任何概念规定的思维本身。

引文三："内在性平面既不是一个被思维过的概念，也不是一个可思维的概念，而是一幅思维的图景，是思维为了显示什么是思维行为，如何

① 德勒兹、迦塔利：《什么是哲学?》，张祖建译，湖南文艺出版社 2007 年版。

② 同上书，第 247 页

③ 同上书，第 249 页。

使用思维以及在思维中确定方向等而给自己规定的一幅图景……”①

引文三又在告诉我们思想的内在性平面本身并不是像引文一和引文二中提到的那样没有了任何的规定性，而是在这里用了一个概念“思维的图景”。什么叫做“思维的图景”？紧接着德勒兹解释道思维图景的作用是“显示什么是思维行为”、“如何使用思维”以及“确定思维方向”。内在性平面在这里已不完全是那样一个没有规定性的思维本身了，而是可以对我们的思维进行一些规定的东西，在这里德勒兹并没有对思维图景进行进一步的阐释，但是我们可以从这段引文中明显的分辨出它和引文一、二之间的差别。

引文四：“内在性平面，作为思想的平面，是为思想所敞开的领域。内在性平面随着时代的不同也有变化。思考所意味的事情，对于古希腊人而言和对于中世纪神学家，对于笛卡尔、康德，和对于我们而言，大相径庭。”②

从这段引文出发，我们将得到比引文三更进一步的结论，这段引文中明确的提到了不同时代认识主体的内在性平面是“大相径庭”的，那么这必然是在说我们的内在性平面是处于不断变化之中的，而且这种变化是我们后天和知识环境都能对其发生产生影响的，这种意义上的内在性平面首先不是一种我们的先验的认知结构，而只是更加倾向于在说内在性平面只是不同时代我们思维的一些基础性的概念和方法的集合。

引文五：“确实，我们无法想象有哪一位大哲学家未曾被人议论说：他改变了思维的含义，他‘想法不一样’（福柯语）。当我们在一位作家身上看到不同的哲学的时候，那不就是因为他自己改变了平面，又找到了一幅新的图景吗？”

到这里，德勒兹已经完全将思维图景看作是哲学家个人的创造了。总之，这段引文中显示出来思维的内在性平面并不是我们思维的本身，它可以随着个人的创造发生改变的。

通过上面的分析，我们看到了思想的内在性平面理论，一方面它作为我们的思维本身出现，是我们的概念得以被思维的依托；另一方面它又是开放的，是会随着时代的变化环境的变化得到更新的，也就是李文意义上

① 德勒兹、迦塔利：《什么是哲学?》，第250页。

② 《真理的自由和自由的真理》，《世界哲学》2009年第5期，第146页。

的“自由”。正是因为这些特点，一方面内在性平面的特质在于其“内在性”，它不嵌入任何对象之中；另一方面，它是一个不断演进的过程，是一个图景对另外一个图景的超越，以此获得知识的自由。但是德勒兹的内在性平面理论却是本质上存在着自身缺陷的，一方面它本身是一套不彻底的理论，另一方面它也没能解决或者消解康德哲学要解决的问题，更谈不上对康德哲学的超越。具体表现在以下几个方面：

内在性平面理论自身存在着缺陷，体现在理论的不彻底性，对此德勒兹没有能够明确地做出解释，而是在两个维度之间徘徊。上面的五段引文是笔者有意的按照一种逻辑顺序排列的，在最开始的两段引文中，我们能够分析出内在性平面是作为我们的思维本身出现的，它不具有任何的规定性，只是我们有那样一个思维的能力，可以对概念进行思维，这一点非常类似于洛克意义上的“白板说”。这里的内在性平面的理论就是在陈述这样一个观点，内在性平面不受任何概念的影响，它本身对我们的概念进行思维。在引文三中德勒兹对内在性平面的定义已经发生了变化，他开始对内在性平面有了规定了，内在性平面又成了思维本身的一些规定性的东西，这些东西规定我们思考的模式、方法以及方向。这一点又和莱布尼兹的“有纹路的大理石”说非常的相像，但它又是经验性的、后天形成的。

从这两个方面我们就能够清晰地看出内在性平面在这两个维度之内的徘徊，它本身是非常不严格的，其实这种徘徊后面更深层次的原因在于德勒兹对于“自由”的要求和对于知识的形成两者之间的抉择的不确定性。因为按照类似于“白板说”的观点来理解内在性平面，那么内在性平面必然要面临的问题就是我们的思维如何能够进行思维活动，因为如果思维本身没有任何的规定性，那么甚至连思维活动都无法进行，因此他又不得不对思维本身进行规定。但是一旦规定了思维本身，这就势必会损害到德勒兹要求的思想的“自由”。正是两者之间的这样一种张力，才使得德勒兹关于思想的内在性平面的观点始终处于一种徘徊的状态，这个概念是非常的不彻底的。

从引文四、五出发，我们不难分析出，从本质上来说，思维的内在性平面的观点更是一种典型的后现代主义的学说，在这个思维的内在性平面的概念上我们不难发现库恩的“范式”（paradigm）、拉卡托斯的“研究纲领”以及蒯因的“人工织造物”的影子。他们都强调我们对世界的认识是有自己的一个主观的范式的，引文四、五体现的正是这样一种观点，在某个特定的时期，特定的环境下，我们的思维即我们的认识活动是受到一些基本概念和模式的影响的，这些概念在不同的后现代主义学者那里被赋予了不同的名称，在德勒兹这里它被称作了内在性平面。这种范式不是一成不变的，而是会随着新概念的创造，新的思维方式的开启而发生改变的，这个改变的过程在德勒兹看来正是"大哲学家"们的创造活动。但是这样一来我们的知识就再也没有了必然性和普遍性，而只是相对一个内在性平面才有它的真理性，虽然在这个角度上保证了我们的思维的自由性，但是造成的后果却是自由的"泛滥"，我们根本没办法形成可以信赖的知识了。李文最后也表达了同样的忧虑，李文文中提到"德勒兹论述的自由因为没有任何的规定性，故而超越于任何有规定性的价值观。但是，当这种观点脱离于对真理的追求，关于价值的关切时，自由就成了吞噬思想意义的黑洞——在所谓的自由面前，任何思想的创造都只是思想运动时留下的轨迹而已"。[①] 正如李文中使用的"吞噬思想意义的黑洞"一句表达的一样，思维的内在性平面造成的是一种自由的"泛滥"，知识的普遍性和必然性被消解在自由的黑洞中。这是内在性平面学说不能回避的问题。

现在让我们来对康德的先验哲学和德勒兹的内在性平面学说进行比较。康德的先验哲学在本文的引言中已经做了明确的阐释，它是对我们思维结构进行探究的哲学，它并不是研究我们思维的一般的应用，而是解决我们的认识如何可能的问题（具体说是解决先天综合判断如何可能的问题）。康德通过先验哲学超越了以往的经验论和唯理论的缺陷，阐明了我们的认识如何可能，我们最基本的思维对象如何可能和我们对本体世界进行思维的理念。而我们通过上面的引文的分析可以明显的看出，德勒兹的思维的内在性平面理论并不是完全在这个层次上谈论问题，尤其是引文四、五更明显的是在探讨我们的思维的一些基本概念 、方法及思维模式的问题，这些都只是我们后天形成的一种思维的习惯，但是它们对于我们的先验认识结构是不构成影响的，内在性平面解决的问题和先验哲学谈论的问题不是一个层次的问题，更谈不上对康德哲学的一种超越。

通过上面的分析，我们可以看到，思维的内在性平面的理论本身存在着内部的缺陷，同时在对康德哲学的批判中，两者讨论的并不是一个层次

① 《真理的自由和自由的真理》，《世界哲学》2009 年第 5 期，第 152 页。

的问题，因此这种批判也是无效的。基于此，笔者认为思维的内在性平面的学说并未能够证明德勒兹的哲学超越了康德的先验哲学。

三 作为可能世界的他者的概念及其困境

在论述完思想的内在性平面理论之后，李文论述了德勒兹哲学的一个重要的概念——他者/别人，这个概念的提出是用来解决思想的内在性平面在转化过程中出现的问题。按照李文的逻辑，当认知主体习惯于同一个内在性平面的时候，就会产生各种僵化的思维模式和产生一些错觉和假象。只有“和陌生者的遭遇会触动我们的神经，动摇我们的冷漠，唤醒我们的漫不经心，使我们投入沉思”①。这里面提到的陌生者就是接下来李文要论证的他者的概念，这些概念作为一个内在性平面中的反例，促使我们去对我们内在性平面本身进行思考，进而完成内在性平面的不断交替。

他者的概念出现在《什么是哲学?》第一章第一节，本节的标题为：“什么是概念?”作者对于他者的概念给出了这样的解释：“某时某刻有着一个平静安闲的世界。忽然间浮现一张受惊的脸孔，在看着画面以外的什么东西。在这里，别人既非主体也非客体，而是作为——这可是另一码事——一个可能的世界出现的，代表着一个令人惊惧的世界的可能性。这个世界并不真实，或者说尚未变成真实的世界，然而并不因此而不存在。它是个仅仅存在于表达方式里的表达之物，一张脸孔或者相当于脸孔的东西。”李文对这段文字进行了详细的解读，李文认为这里“一个平静安闲的世界”就是指人们的思维方式包括概念能力被置入一个限定的规范之中，认知主体在思想和情感表达甚至是表达方式上都是相同的这样的世界。“一张受惊的脸孔”则代表了一个外在于这个规范的一个可能的世界，代表了一个陌生世界的可能性，以这种可能性对现有的规范进行突破。从这些观点出发，李文论证了他者的概念，文中提到“他者所包含的可能的世界仅仅是纯粹的可能，尚未具有真实性，除非他开口解释、表达新奇的经验”。从这段论述中我们看到他者这个概念代表的是一种纯粹的可能性，它是代表着一个可能世界的概念。

① 《真理的自由和自由的真理》，《世界哲学》2009 年第 5 期，第 147 页。

在论述了他者的概念之后，李文又追溯了他者概念的历史来源即莱布尼兹的单子论思想。这种追溯在《什么是哲学?》一书中也有体现。“不言而喻，凡是概念都有自己的历史。别人这个概念可以追溯到莱布尼兹，即莱布尼兹的可能世界以及世界的表达方式：单子。”① 李文以一座城市作为例子来阐述了莱布尼兹的单子论，认为每个单子就是我们了解世界的不同的角度，一座城市因此就有了从不同角度获得的不同的景象，“从来没有同一座固定不变的城市，而应是很多城市的集合”②。从这个角度出发，由于每个单子观察的视角的不同，可能世界也就无限得多，而且每一个被表达出来的世界都是可能的。

对于李文中他者的观念及可能世界理论的阐述，我认为存在着下述的问题。首先，对于莱布尼兹单子论的阐述，李文并没有遵循德勒兹原文的意思，甚至在理解上出现了偏差。德勒兹在原文中写道：“不过，这（别人概念和单子——笔者注）不是同一个问题，因为在莱布尼兹那里，可能性在真实世界里并不存在。这个概念还跟命题的模态逻辑有关，可是命题并没有把相当于真值条件的现实性赋予可能世界。”③ 按照这段引文分析，莱布尼兹的单子论中可能世界的理论只是一种对于判断中的模态关系进行思考的时候一种必要的假设，这种可能的现实性只出现在假设之中，而在现实世界之中，可能世界是不存在的，这是德勒兹在书中明确指出的，并不是像李文中提到的“由于单子的无限的多，可能世界也因此无限的多”。在莱布尼兹的单子论看来，可能世界的可能性只存在于我们的逻辑中，在真实世界中这种可能性是不存在的，但是李文恰恰做了相反的论证。

其次，李文以莱布尼兹的可能世界的理论对康德的先验哲学进行批判。每一个认知主体都可以被看做一个单子，每个单子都有自己认知这个世界的角度，“我”包含了一个可能的世界，这个世界通过我的表达成为现实的世界，同时别人作为另外一个单子，对这个世界自然会形成从他自己角度认识的世界，我认识的世界的现实性可能会消解在他认识的世界之中，这样我们对于世界的认识就不会再有一个统一的标准了，在我们的内在性平面上不会有任何的先入为主的规定，以此来反驳康德的先验哲学。对于这

---

① 德勒兹、迦塔利：《什么是哲学?》，第222—223页。

② 《真理的自由和自由的真理》，《世界哲学》2009年第5期，第149页

③ 德勒兹、迦塔利：《什么是哲学?》，第223页。

一点我们首先应当考察一下这种可能世界理论的实质。从本质上讲，这种可能世界理论是一种认识的相对主义，李文强调认识主体的相对性，因为每个认识主体的差别造成我们认识的世界的差别，这样依然就会产生本文在第二部分对内在性平面进行批判时认识到的问题即自由的“泛滥”，一切认识都会成为相对的认识，没有任何的规定性，这种意义上的自由成了“吞噬思想意义的黑洞”（李文语），如果不引入莱布尼兹的上帝的“前定和谐”以消解每个单子的自由的实在性的话，最终会走向认识的虚无主义。康德哲学恰恰能够很好地解决这个问题，虽然按照康德先验哲学的观点，我们的认识只是我们的主观建构，但是正是康德先验哲学中强调我们认识结构的先天的一致性，才保证了我们认识对象的一致性。

李文中阐述的德勒兹的他者的概念和可能世界的理论旨在对一种模式的反叛，不要求任何的规定性，不断地进行新的创造。但是这种理论走向极端往往面临的就是相对主义和虚无主义的困境，这是可能世界和他者的概念不可回避的问题。而康德的先验哲学则是通过确立认知主体先验认知结构的一致性来保证认识对象的客观性，可以很好地克服这个困境。从这个意义上来讲，无论是他者的概念还是可能世界的理论都未能很有效的对康德的先验哲学进行反驳。

四　关于“先验经验论”

在对他者的概念和莱布尼兹的可能世界理论进行一番论述之后，李文转向了另外一个理论即“先验经验论”（transcendental empiricism），通过探讨经验和认知主体之间的关系来论证经验的发生在逻辑上可以先于认知主体，确立一套以感觉为认识基础的认识论，进而否定理性的权威。这一部分笔者将对“先验经验论”这个概念本身进行分析，同时对李文中通过“先验经验论”对康德先验哲学进行的批判进行回应。

“先验经验论”这个概念出现在李文的关键词和第四部分之中，在李文中并没有给出这个概念的出处，笔者查阅了德勒兹的相关的著作，也没有发现德勒兹对这个概念的论述。[①] 这里暂且不论“先验经验论”的具体

---

① 该概念最早见于胡塞尔的现象学，见倪梁康《胡塞尔现象学概念通释》，三联书店1999年版，第458页。

内容，首先对这个概念本身进行分析，我们便会发现这个概念存在的问题。先验的首先必须是先天的（a priori）。关于先天的概念，康德在《纯粹理性批判》中有明确的标准："所以必然性和严格的普遍性是先天知识的可靠标志。"① 而先验的（transcendental）这个词本身属于先天的这个概念的一部分，《康德〈纯粹理性批判〉指要》一书中对这两个概念进行了区分：在康德那里，先验的（transcendental）和先天的（a priori）这两个概念是既有联系又有区别的。一般来说，"先天的"概念的外延上要比"先验的"更宽，先验知识肯定也是先天的，但是先天知识不一定是先验的。② 康德在《纯粹理性批判》中明确地指出："凡是不涉及对象而只涉及我们关于对象的认识方式（在这方式应当是先天可能的限度内）的知识，我们称之为先验的。"③ 我们从这些分析中可以得出先验的这个概念指的是我们关于我们认识结构的概念。而经验的（empirical）这个词首先是和先天的对立的一个概念，先天的就是指先于经验的，同样的，先验的和经验的也完全是相区别的概念。所以在这里"先验经验论"这个概念本身就是一个自相矛盾的概念。当然，如果这个概念在这里指包含有先验概念在内的经验论，那就是康德本人的意思，即由先验形式和经验内容结合成经验知识，并没有什么新意。但李文的意思似乎是说有一种经验本身就是先验的，这就不好理解了。④ 我想李文首先应当对这个概念进行澄清。

在这里，由于成文的需要，本文暂且使用"先验经验论"这个概念，不代表笔者接受这样的概念。按照李文的思路，先验经验论的内容是"思想需要感觉以澄清所思的内容，而感觉却未必受思想的规范"。⑤ 这句话阐释了先验经验论两方面的内容：一方面指在认识的顺序方面，感觉和思想（概念）孰先孰后的问题；另一方面是指思想对感觉有没有"约束"作用，下面笔者将分别对这两个方面进行探讨。

---

① 《纯粹理性批判》B4。

② 杨祖陶、邓晓芒：《康德〈纯粹理性批判〉指要》，人民出版社 2001 年版，第 63 页。

③ 《纯粹理性批判》B25。

④ 当然，如果是在胡塞尔现象学的意义上来谈这个概念，这倒是可以讨论的。但在李文中看不出有这个维度。他和德勒兹似乎基本上还是在和康德、莱布尼兹同样的意义上来谈先验和经验的。

⑤ 《真理的自由和自由的真理》，《世界哲学》2009 年第 5 期，第 150 页。

在认识的次序即感觉和思想（概念）孰先孰后的问题上，李文在第三部分和第四部分都做了探讨，他认为："我们可以从个别的知识逐渐推演到一般的知识，而知识的清晰度也会随着推演的前行而逐渐降低，最后变得含混不清"[①]，及"心灵之中晦涩不清的部分不是因为身体无法表达思想的内容的缘故。相反，正是因为心灵中有含混不清的内容，它才需要身体加以澄清"[②]。李文强调了直接经验的明晰性和概念的模糊性，举了我们对于鸟的认识的例子。我们关于鸟的种属的概念是非常的模糊的，而关于鸟的直接经验是非常的明晰的。"对一只鸟的感觉使模糊的鸟的概念得以具体而明确地表达出来。"[③] 李文借此批判康德的哲学，"康德认为，关于某物的认识先开始是模糊不清的，随着概念的引入，我们对于个体事物的感觉逐渐上升到一般的知识，对于事物的认识才会越来越清晰"。[④] 德勒兹批判康德哲学的认识顺序是颠倒的，把概念置于经验之上，这违反了认识的发生过程。"概念是出自于对个别对象的思考。故此，概念就不是先天地被给予，也不再有权力去规定个体。"[⑤] 李文借此批判了康德的先验哲学而确立了先验经验论的认识顺序。

这里李文对康德关于认识顺序的论述进行了较为模糊的概括，笔者认为李文的批判最大的缺陷就是混淆了先验层面的认识和一般理论层次上的认识，混淆了康德先验意义上的概念〔准确地讲叫做"范畴"（categories）〕和经验的概念。康德的先验哲学中，"关于某物的认识先开始是模糊不清的"，主要是指我们的感性认识阶段，我们只能被动地接受一些感性杂多，这些感性杂多是无序的，混乱的。从这个角度上讲，我们最开始的认识是"模糊不清"的。而我们的先验范畴通过概念的综合作用将这些杂多进行综合，才能使这些感性杂多形成我们的认识对象。以上这个认识过程是先验层次上的认识活动。而德勒兹意义上的认识是指一种一般理论层面上的经验认识活动，这种认识活动的起点（例如对鸟的认识或者鸟的一个部位的认识）实际上就已经包含了康德先验意义上的认识（如时空、实体、偶性等）。这种先验意义上的认识实际上给我们提供了一般

① 《真理的自由和自由的真理》，《世界哲学》2009年第5期，第149页。

② 同上书，第150页。

③ 同上。

④ 同上书，第149页。

⑤ 同上。

理论认识的经验对象，因此才有了一般理论意义上的认识即通过对具体的鸟进行总结，获得关于鸟的种属的经验概念。而李文恰恰将这种关于鸟的种属的概念与康德先验哲学中的先验范畴相混淆，因此才会对康德先验哲学提出不恰当的批判。从这个意义上讲，康德先验认识上的概念（范畴）的优先性也就不难理解了，它并不直接规定我们的认识对象，而是通过对感性杂多的综合来为我们认识对象的建构提供条件。通过上面的分析，我们可以明显的看到李文批判的缺陷。

再分析李文先验经验论的第二部分，即思想对感觉有没有“约束力”的问题。在这个问题上李文阐述了莱布尼兹的感觉持续理论，这一理论我们可以清楚的看到莱布尼兹单子论的影子。这个观点可以表述如下：“每个清晰的感觉都包含着无数微小的感觉分子”，感觉的出现是一个感觉分子逐渐聚集的过程，同时这种感觉分子的排列就如同构成世界的单子的排列顺序一样，是一个渐次变化的过程。如李文中概括到的“感觉分子的运动像是由此及彼的过渡一般，由快感到痛楚，由饥饿到饱足”[①]。感觉分子的逐步增多突破了意识的下限，这样才为意识所接受。基于此，李文对康德的先验哲学提出了批判，李文认为既然感觉是一个聚集的过程，只有感觉分子聚集到一定程度之后才能为意识接受，那么感觉的发生就不一定要求意识的参与，这也就反驳了康德认为意识是经验的先天条件的观点。同时那些没有达到意识下限的感觉分子就不能被感觉所捕获，这样就证明了超验主体“某方面的缺失”。最终李文以此得出结论：“感觉并非被动的。相反，新感觉的发生将刺激思想多样的表达。思想所呈现出的多样性，必然转而否定理性固有的权威，将理性从高高的宝座上拉下来。”[②]

对于这个批判我认为存在的缺陷是非常的明显的，对于感觉（sense），哲学史上尤其是近代哲学的讨论是非常充分的，包括洛克、贝克莱、休谟等人对这个问题都进行过深入的探讨。感觉首先需要一个认知主体，感觉不是一个物体的属性，我们永远无法想象一块木头是有痛觉的，因此离开认知主体谈感觉是没有意义的。当然，在莱布尼兹那里，万物（包括石头）都有“知觉”，只是程度不同而已。但对现代人而言，这只不过是滥用“感觉”、“知觉”这些字眼而已。就连弗洛伊德的“潜意

① 《真理的自由和自由的真理》，《世界哲学》2009年第5期，第151页。

② 同上。

识”也不是没有意识的石头所能拥有的。而李文第一个结论居然是“感觉不一定要求意识的参与”，这个结论的得出未免让人感到荒谬，作为只能通过意识呈现的感觉怎能不要求意识的参与呢？这不和说“一个孩子的降生不一定需要一个母亲”一样荒诞吗？第二个结论“微感觉如流水般经过主体，但又不为其所获。故此，理性作为经验的管理者，在经验上却有不能克服的局限”。这个结论和上面犯了同样的错误，感觉就是通过我们的意识直接呈现出来的，我们要么有感觉，这感觉就确实的存在于我们的意识之中；要么我们根本就没有感觉。怎么会有“微感觉如流水般的经过”？李文之所以会产生以上的错误，关键是设定了“感觉分子”这样的概念，他将感觉只能以主观方式存在的状况做了改变，使感觉成了某种“分子”，假定了感觉能够客观的存在，这实际上是不可能的。基于此，李文中预言的“（感觉）将理性从高高的宝座上拉下来”也是不可能的。

从以上的分析可以得出，从先验经验论的角度对康德先验哲学进行批判也是不恰当的，这个理论自身也存在着缺陷，因此这一部分的批判也是不成功的。

结　语

李文特别强调思想自由，这也是每个思考者的追求。但是通过对德勒兹的哲学和康德先验哲学的比较，我们可以说德勒兹哲学追求的是一种绝对的自由，不仅仅是我们对经验世界认识时思想的自由，也同时追求先验认识的“自由”。但是这种绝对的自由只是一种什么也不干的消极自由。如笔者前文所述，如果我们的先验认识结构是“空白的”，我们认识对象的形成就是不可能的。而康德先验哲学主张将限制划定在先验认识的层次，而在我们的一般的知识的探索中，认知主体是有自己的创造力的，可以说这是一种积极的自由。当然，康德自己并没有这样说，他的表述是能动性和自发性。通过先验哲学的这种划分，我们在一般认识领域的认识活动是自由的，同时我们的先验认识也保证了我们的知识的必然性和有效性。那种绝对的自由只能将我们的认识导向相对主义，最终连知识的获得都将是一个问题。

笔者在这里的讨论也不是旨在否定德勒兹的哲学，只是要阐明李文中通过德勒兹哲学对康德先验哲学的批判存在着的一些不足之处。笔者认为，德勒兹哲学探讨的主要问题并不在先验认识论的层次上，而是一些关于我们一般认识层次上的认识论问题。在这个层次上笔者认为德勒兹的哲学是很有启发意义的，他向我们阐明了我们的认识在一定的时期可能会受到一些基本的概念、思维方式以及社会文化环境的影响，难免在人的认识过程中会形成一定的思维定式，这些思维定式阻碍着我们的思想的创造，理论的创新。这样的实例在科学研究甚至是人们的日常生活中也是非常的常见的。而德勒兹倡导的思想的自由则是要打破这些思维定式，鼓励人们自由的思想创造。从这个意义上讲，德勒兹哲学也给我们许多智慧的启迪。

（作者单位：武汉大学哲学学院本科生）

简析定言命令的关系

胡　好

［内容提要］康德所说的定言命令大致有五种表达式，学界对它们关系的研究可分为分析派与综合派：前者持一主三从模式，认为普遍法则公式是主导公式，其他的为从属；后者持二—二递进模式，视自然法则公式为普遍法则公式的变形、目的王国公式为自律公式的变形，普遍法则公式—人性公式—自律公式呈递进关系。本文试图指出两者的不足，从而提出一种二—二主客模式，兼顾主客两方面：从主观方面看，呈二—二递进关系，然而从客观方面看，各个公式实质上是同一的。

［关键词］定言命令关系　主观递进　客观同一

定言命令是国内外研究康德哲学的热点和难点。国外方面，Paton 出过名为《定言命令》的专著，Allen W. Wood 在他的《康德的伦理思想》中也花了很多笔墨阐述定言命令，Paul Guyer 和 Timmermann 等人在对《道德形而上学基础》的解读性书籍中，也对这个问题作了相当多的阐述。国内方面，杨云飞老师的博士论文就是《定言命令研究》。除了定言命令的演绎，定言命令之间的关系也是研究的难点。

作为涵蕴合规律性与合目的性之统一的实践哲学公式定律，定言命令作为一个公式，大致有五种表达方式：普遍法则公式、自然法则公式、人性公式、自律公式与目的王国公式。它们分别为：

（1）普遍法则公式：要只按照你同时能够愿意它成为一个普遍法则的那个准则去行动。[①]（2）自然法则公式：要这样行动，就好像你的行为

---

① 康德：《康德著作全集·道德形而上学奠基》第四卷，李秋零译，中国人民大学出版社 2005 年版，第 428/421 页（注：前面的页码是译本页码，后面的则是德文本页码。下同）。

准则应当通过你的意志成为普遍的自然法则似的。[①]（3）人性公式：你要如此行动，即无论是你的人格中的人性，还是其他任何一个人的人格中的人性，你在任何时候都同时当做目的，绝不仅仅当做手段来使用。[②]（4）自律公式：只这样采取行动，即意志能够通过其准则同时把自己视为普遍立法者。[③]（5）目的王国公式：要按照一个纯然可能的目的王国的一个普遍立法的成员的准则去行动。[④]

学界对于这些公式的关系的研究，大致分为两派：分析派和综合派。分析派的代表人物主要有 A. R. C. Duncan，Timmermann 等。他们都不把目的王国公式当作独立公式，认为独立公式只有前四个。对于这四个公式，他们认为：普遍法则公式是其中的标准公式，处于主导地位，而其他三个公式是附属公式，处于从属地位，附属公式可由标准公式分析得出。他们主要的文本依据是"定言命令只有唯一的一个"。[⑤]我们把分析派的观点称为一主三从模式。综合派的代表人物主要有 Paton，Allen W. Wood 和杨云飞等。他们认为：自然法则公式是普遍法则公式的变形，目的王国公式是自律公式的变形，因此，五个公式的关系就简化成普遍法则公式、人性公式和自律公式这三个公式的关系。按照文中的次序，三者是一种不断进展和丰富的关系，自律公式是最高的主导公式，它综合了前面两个公式。我们称综合派观点为二一二递进模式。

对于一主三从模式，杨云飞提出了三个有力的反驳：

其一，所有准则都具有形式、质料和完整规定三个要素，而普遍法则公式只是种纯形式公式，无法包含全部要素，因而它不可能为主导公式；

其二，"以普遍法则公式为主导公式无法与康德后面的文本中始终以自律原则作为道德的最高原则这一点协调起来"；

其三，以普遍法则公式为主导公式只是以行动为中心，而非以行动者

---

① 康德：《康德著作全集·道德形而上学奠基》第四卷，李秋零译，第 429/421 页。

② 同上书，第 437/429 页。

③ 同上书，第 442/434 页。自律公式有很多，这是其中一个。

④ 同上书，第 447/439 页。目的王国公式也有很多，这只是其中一个。

⑤ 参见 Duncan，A. R. C. *Practical Reason and Morality*，Thomas Nelson and Sons LTD，1957，p. 173，以及 Timmermann，*Kant's Groundwork of the Metaphysics of Morals*，2007，pp. 50—115。

为中心，这与康德道德哲学以行动者为中心的基本精神不符。①

针对分析派主要的文本依据“定言命令只有唯一的一个”，他还反驳道：“康德所说的定言命令只有唯一的一个，是单纯从其概念来看，只能推导出唯一的普遍法则公式。实际上，推导人性公式的时候，康德就引入了理性存在者的意志被驱动的动因这一概念，或者说引入了行动的目的作为切入点。足见人性公式并不能够从定言命令的概念直接推出来。最后在引导自律公式的时候，更是以前两个公式作为起点，指出这两个公式要获得坚实的基础，就必须有某种预设，即普遍立法的意志的理念，这个理念使让准则成为法则、尊重人性这样的命令获得了确认。这也决不是仅仅凭借定言命令的概念就可以得到的。”②亦即，之所以说普遍法则公式是唯一的一个定言命令，只是因为它是单纯从定言命令的概念推导出来的，而人性公式和自律公式都加入了其他概念。单凭这一点不能说明普遍法则公式是标准公式。

然而，二一二递进模式把自律公式看作主导公式，过分强调三种公式的差异性，似乎自律公式真的不同于前两个公式，这同样成问题。如果三种公式截然不同，那么康德文本中的两种说法，定言命令只有唯一一个普遍法则公式与自律公式是唯一的道德原则，便无法协调。有鉴于此，圆通的解释只能是普遍法则公式与自律公式同一。实际上，杨云飞反驳一主三从模式的论据也成问题，不单单是普遍法则公式单纯从定言命令的概念推导而来，自律公式同样如此，后面会详细论述。

在我看来，无论是一主三从模式，还是二一二递进模式，都存在一定缺陷，因此有必要结合文本进行重新解读。

一、独立公式有几个？

分析派代表认为独立公式有四个，而综合派代表则认为有三个，其中自然法则公式和目的王国公式为变形。

首先，自然法则公式是否能成为独立公式？

康德在《道德形而上学基础》中说道，“由于意志作为可能的行为的一个普遍的法则，其有效性类似于事物的存在按照普遍法则的普遍联结，这种联结是一般而言的自然的形式因素，所以，定言命令式也可以这样来

① 杨云飞：《定言命令研究》，武汉大学博士学位论文，2006年，第62页。

② 同上书，第64页。

表述：要按照能够同时自己视为普遍的自然法则的那些准则去行动”[①]，意即由于普遍性的特点，自然法则公式能够通过类比与普遍法则公式等效。本可以不要它的，要它只是为了理解起来更为直观，因此，自然法则公式只是理解普遍法则公式时的一个辅助公式，不具有独立地位。其实，康德在《实践理性批判》中还说道，自然法则是道德法则的模型，类似地自然法则公式也只充当普遍法则公式的模型。

二、目的王国公式是否能成为独立公式？

目的王国公式出现在《道德形而上学基础》中，它有好几种表达形式，比如：1）“所有的准则都应当从自己的立法出发而与一个作为自然王国的目的王国协调一致”[②]；2）“每一个理性存在者都必须如此行动，就好像它通过它自己的准则在任何时候都是普遍的目的王国中的一个立法的成员似的”[③]；3）“要按照一个纯然可能的目的王国的一个普遍立法的成员的准则去行动”[④]。从第一个表达式可以看出，自律公式和目的王国公式结合到一个公式中，就像普遍法则公式与自然法则公式一样，这说明二者是一体的，并且，后者由一个自我普遍立法的理性存在者的概念，即自律公式引出来的[⑤]，因此目的王国公式不能独立存在，而只能充当自律公式直观、便于运用的变形。

所以，五个公式中独立公式只有三个，分别是普遍法则公式、人性公式和自律公式。这一点和综合派的结论是一致的，也是二一二模式。

一　独立公式间的关系

我认为，独立公式间的关系应从主观和客观两方面理解，主观上存在差异，客观上却是同一，只有这样理解才能全面把握它们的关系，协调好各种问题。我把这种理解称为二一二主客模式。关于独立公式间的关系的论述主要集中在《道德形而上学基础》第 421—441 页之间[⑥]，其中康德

① 康德：《康德著作全集·道德形而上学奠基》第四卷，李秋零译，第 445—446/437 页。

② 同上书，第 445/436 页。

③ 同上书，第 447/438 页。

④ 同上书，第 447/439 页。

⑤ 同上书，第 441/433 页。

⑥ 正文中的页码都是德文版页码，下同。

对此做了三轮阐明，第一轮阐明从第 421—436 页，初次涉及三者之间的关系，第二轮阐明从第 436—437 页，集中地论述了独立公式间的关系，是目前研究者引用最多、争论最多的材料，第三轮阐明从第 437—441 页，重新阐述了一遍三者的关系。下面从主客两方面，结合三轮阐明对三个公式的关系进行论述。

（一）主观递进关系

1. 普遍法则公式与自律公式的区别

普遍法则公式为："要只按照你同时能够愿意它成为一个普遍法则的那个准则去行动。"① 这一公式具有普遍有效性和逻辑一贯性，它在任何时候，对任何有理性者都有效，并且不自相矛盾、自我取消。它还是检验行动是否合乎义务的标准。自律公式为："只这样采取行动，即意志能够通过其准则同时把自己视为普遍立法者。"② 这个公式的表达式有很多，之所以挑这个，是因为它集中体现了自身特点：自我普遍立法。第一，自我立法，我是法则的创作者，我服从的法则全部是自己制定的，他人的立法我无须服从，包括上帝的诫命；第二，普遍适用，我的准则同时是条法则，具有普遍有效性，不仅适用于自己，还适用于他者。同时，我服从自己的法则就是服从大家的法则，因为我与他者立的法则是共通的。由于都具有普遍有效性，因此以往的研究者经常混淆两者，尤其是分析派，认为自律公式不过是普遍法则公式的条件。其实两者存在重要区别。

Allen Wood 认为，普遍法则公式仅仅是消极地检验给定准则能否成为普遍法则，而自律公式能积极地告诉我们必须依靠什么样的准则而行动。他抓住可能与现实这对范畴，指出两者之间关键的差别在于前者只是准则能否成为可能的普遍法则的检验标准，而后者需求的是能够成为一条属于法则整体的现实法则，可能不同于现实，从可能的普遍法则到现实的普遍法则需要许多条件，因此自律公式更为丰富和严格。③ 由此他把凡是具有普遍有效性的公式都视为自律公式，包括下列两个：1）要按照能够同时

---

① 康德：《康德著作全集・道德形而上学奠基》第四卷，李秋零译，第 428/421 页。

② 同上书，第 442/434 页。

③ Allen Wood, *Kant' s Ethical Thought*, Cambridge University Press, 1999, pp. 164—165.

把自己视为普遍的自然法则的那些准则去行动[①]；2）要按照一个同时在自身包含着自己对每一个理性存在者而言的普遍有效性的准则去行动[②]。

在笔者看来，两个公式的区别不在普遍有效性的区分，毋宁说，满足这些公式的准则都具有普遍有效性，二者的区别关键在于立法能力。康德指出，前人每次为揭示德性原则所作的全部努力之所以失败，是因为他们只看到自身受法则约束，却未能想到他服从的只是他自己的、但却仍然是普遍的立法[③]，而普遍法则公式，包括人性公式主要强调的是服从——你必须这样做，尽管这些公式都具有普遍有效性，但只有自律公式明确地指出了意志的立法机能。由此自律公式成为理性存在者尊严的根据。所以，立法机能才是判别普遍法则公式与自律公式的标志。由此上述两个公式都不是自律公式，第一个是自然法则公式，第二个是普遍法则公式，因为它们都没有明确说出立法的意思。

2. *由普遍法则公式向自律公式的过渡*

普遍法则公式自身的特点和作用，通过其变形公式——自然法则公式让人更容易理解，人们可以像看待自然法则那样来看待普遍法则公式。自然法则公式作为模型，提供了四个例子，分别是自杀、虚假承诺、发展才能和帮助他人。这场“思想试验”让人直观地了解到全部的义务，即对自己的完全义务、对他人的完全义务、对自己的不完全义务和对他人的不完全义务。违反义务与寻求例外必定同普遍有效性与逻辑一贯性不容。这一公式主要从结果方面来判断行动准则是否符合道德法则，因而与功利主义纠缠不清，例如在第四个例子中，英语世界很多研究者批评说，帮助别人原来只是为了日后得到他人帮助，义务只是出于利益考量，而非真正出自义务。其实，许多符合义务的行动却可能埋藏歹毒的恶念，发展才能为了欺凌弱小、帮助他人为了得到更大的回报，等等。这些行动严格来说，都不具有道德意义。符合义务与出自义务是截然不同的，只有后者才具有道德性。这就需要从结果进入动因，也就是进入人性公式。

人性公式再次运用上述四个例子，并逐个为前一公式奠基。例如在自杀例子中，自然法则公式指出了这一行动造成概念上的矛盾：同一种自然

① 康德：《康德著作全集·道德形而上学奠基》第四卷，李秋零译，第445—446/437页。

② 同上书，第446/437页。

③ 同上书，第440/432页。

的情感，一方面它的使命是敦促人增益生命，另一方面根据法则却要毁灭生命。然而，所谓“增益生命”涉及生命的目的，它是否仅仅意味着长寿、快乐，抑或道德，自然法则公式无法解答。而人性公式明确提出人格自身就是至上的客观目的，而它之所以能成为至上目的，就在于道德性。因此，增益生命不仅仅意味着长寿、快乐，最重要的是提升道德。通过动因方面的考察，人性公式使得定言命令摆脱功利主义的纠缠：后者总是在行动的外部设定一个目的，而前者则明确指出行动本身就是目的。这是人性公式在前一公式基础上的进一步深入。然而，尽管从人性公式中可以分析出对利益的排除，但不够彻底，至少它排除不了上帝的诫命，因为它仍然停留在服从法则的层次。因此，需要一条更为彻底的法则充当至上根据。这就是自律公式。

自律公式是三个公式中最牢固的根据。首先，它为普遍法则公式奠基。Paton 认为，自律公式可以直接从第一公式推导出来。第一公式主要强调道德法则的客观性以及对有限理性存在者的强制性，而自律公式只是把第一公式中隐藏的部分给点明了。[①]杨云飞对此不以为然，他认为 Paton 对自律公式从服从视角转向立法视角的革命意义过于轻描淡写[②]，我倒是认为 Paton 恰恰把自律公式的立法机能给点出来了，他所说的“第一公式中隐藏的部分”即是这种立法机能，因为唯有自身是法则的创作者，法则才具有客观性与强制性，行动者才必须服从。其次，自律公式为人性公式奠基。人性公式要求理性存在者将自身和他人的人格当作自在目的，它的条件就是必须将自身的意志永远同时看做立法的意志。康德总结说，“任何一个理性存在者作为目的本身，无论它所服从的是什么样的法则，都必须能够同时把自己视为普遍立法者，因为正是它的准则对普遍的立法的这种适宜性，把它凸显为目的自身”[③]，换句话说，自律公式就是人性公式成立的根据。正是由于揭示出自律公式的自我立法能力，理性存在者才变得崇高和具有尊严。[④]

因此，普遍法则公式—人性公式—自律公式呈现出一种递进关系，正

---

① H. J. Paton. *The Categorical Imperative*. University of Pennsylvania Press, 1971, p. 180.

② 杨云飞：《定言命令研究》，武汉大学博士学位论文，2006年，第51页。

③ 康德：《康德著作全集·道德形而上学奠基》第四卷，李秋零译，第446/438页。

④ 参见康德《康德著作全集·道德形而上学奠基》第四卷，李秋零译，第448/440页。

如杨云飞所说，从第一个公式到第三个公式是一个比一个丰富的，最后到自律公式得到统一。[①] 康德在第二轮阐明中将自律公式—目的王国公式这对公式称作全部准则的完整规定，也是统一于自律公式的一大证据。我认为三个公式的递进性表现在：普遍法则公式通过自然法则公式，从效果着眼来检验现实中的行为是否合乎义务，直观，便于理解，因而排在首位，然而，由于这一公式仅仅停留在符合义务的层面，不具有真正的道德性，因此必须上升到出于义务的层面。这就从效果深入动机，从客观转向主观，进入人性公式。人性公式强调每个人格中的人性，包括自己的和他人的，都是自在目的，排除了意志中感性爱好带来的内在强制，却由于与第一公式一样，只停留在服从的层面，因而没能逃过上帝的外在强制，免不了落入假言命令的可能。必须找到一个无条件的、彻底排除利益的公式，这就进入自律公式。自律公式凭借其自我普遍立法的能力，最终成为定言命令的最稳固的基础。至此，定言命令的完整含义就全部展现出来，既自我规定，又自我服从。但是，上述所有的差异和递进关系都是属于主观理解方面的，它们在客观上却是同一的。

（二）客观同一关系

康德在第二轮阐明中讲到，“上述三种表现道德原则的方式在根本上只不过是同一个法则的三个公式，其中一个公式在自身中自行把另外两个结合起来。不过，它们中间毕竟是有差异的，这种差异与其说是客观实践的，倒不如说是主观的，也就是说，是为了（根据某种类比）使理性的一个理念更接近直观，并由此更接近情感。也就是说，所有的准则都具有……”[②] 这段话解读起来相当复杂，历来是研究者们争论的焦点。它的意思是：上述三个公式体现的是同一个法则，它们在客观实践意义上是同一的，而在主观意义上是有差异的。这里出现两个关键问题：第一，同一个法则究竟指什么；第二，客观实践的同一性与主观的差异性该如何

---

① 杨云飞：《定言命令研究》，武汉大学博士学位论文，2006 年，第 52 页。

② 康德：《康德著作全集·道德形而上学奠基》第四卷，李秋零译，第 444/436 页。画线部分系笔者改译。依据德文，“deren die eine die anderen zwei von selbst in sich vereinigt”，此处没有每一个公式结合其他两个公式的意思，只是其中一个公式，亦即自律公式，结合其他两个公式。从义理上看，整句重点在讲同一个法则，后半句讲三个公式的差异，而这种差异只是主观的，亦即自律公式在主观上自行结合另外两个公式。

理解。

Allen W. Wood 与杨云飞等基于二—二递进模式，认为自律公式是主导公式，因而同一个法则自然是指自律公式。[①]这种观点固然可以圆通“其中一个公式在自身中自行把另外两个结合起来”，认为是自律公式结合其他两个公式，但一旦把同一个法则限定在自律公式上，它就与上述递进性相冲突，因为递进性表明的是三个公式的差异性，除非承认三个公式还有另外一种关系，即同一性。在此我想说明的是，Allen Wood 与杨云飞等过于强调公式间的差异性，而淡化了它们之间的同一性，尽管他们也承认这种同一性，但在具体论述中往往不予重视。笔者采用的是二—二主客模式，从主客两方面理解：主观方面三个公式呈现递进性，具有差异性，这同综合派一致；但客观方面三个公式却是同一的，在这个意义上，同一个法则指其中的任何一个都可以，只要毫无偏差地理解了法则的完整含义。因此，我的观点是：同一个法则是指定言命令的完整含义，它不局限于某一个特定的形式，只要充分理解了，任何一个公式都可以，包括普遍法则公式和人性公式，因为这三个公式就是同一个法则，讲的是同一番道理。所以，客观实践的同一性是指三个公式实质上是同一个，而主观的差异性是指同一番道理理解起来却有层次区别。我们讨论定言命令的关系时要兼顾这两个方面。

康德在引出自律公式后有这么一段话，“如果有一个命令式……那么，它只能要求从自己的意志的准则出发去做一切事情，这样一个意志同时能够把自己视为普遍立法的；原因在于，只有在这种情况下，实践原则和意志所服从的命令式才是无条件的，因为它根本不能以任何利益为根据”[②]，意即，定言命令只能是自律公式，因为自律公式能够自我普遍立法，结果是意志所服从的法则全部来自自身，这就将意志之外、与利益挂钩的内在或外在规定根据统统排除在外，因而实践原则和意志所服从的命令是无条件的，不以任何利益为基础，而定言命令区别于假言命令的特殊标志正是在出于义务的意愿方面排除一切利益，所以自律公式刚好符合定言命令的要求，“自律原则必定会是一个定言命令，而这一定言命令所命

① 杨云飞：《定言命令研究》，武汉大学博士学位论文，2006 年，第 62 页。

② 康德：《康德著作全集·道德形而上学奠基》第四卷，李秋零译，第 440、432 页（译文稍有改动）。

令的，不多不少正好是自律”。这说明两点：第一，自律公式与定言命令是同一的，第二，“自律原则是唯一的道德原则，这一点通过对德性概念的单纯剖析倒是完全能够揭示出来”①，从定言命令的概念能够单纯剖析出自律公式是唯一的道德法则，无须加入其他概念。

这里的表述与第421页的表述相冲突，那里说到从定言命令的概念即可得出普遍法则公式是定言命令的唯一一个。两处都说从概念分析可推导出唯一的一个定言命令，可得出的一个是普遍法则公式，一个却是自律公式，我们不禁要问：这里的“唯一”是在什么意义上使用的，两个公式之间究竟什么关系？显然“唯一”不像杨云飞所说，是在定言命令的概念的意义上使用，因为单纯从概念可以剖析出两个公式。关键是：如果过多强调自律公式的主导性，亦即两者的差异性，那么“唯一”就会自相矛盾。只有把两个公式看作同一的，“唯一”才能成立。我认为“唯一”是在同一法则的意义使用的，指从定言命令的概念可以分析出唯一一个具有定言命令完整含义的表达式，它既可以是普遍法则公式，也可以是自律公式。满足定言命令完整含义的公式尽管在理解上有层次差异，但其实是同一的，也是唯一的。

因此，笔者把定言命令的关系概括为二一二主客模式，它既不同于一主三从模式，也不同于二一二递进模式。与一主三从模式相比，二一二主客模式不认为普遍法则公式是主导公式，相反从主观方面看，它却是层次最低的；与二一二递进模式相比，二一二主客模式在强调主观递进的同时兼顾到客观同一，自律公式的主导地位只表现在主观理解方面，实质上它作为隐藏部分蕴涵在其他两个公式之中，所有公式表达的都是定言命令概念所要求的。

（作者单位：武汉大学哲学学院博士生）

① 参见康德《康德著作全集·道德形而上学奠基》第四卷，李秋零译，第449、440页（译文稍有改动）。

人类历史是一部全球普遍史

——论康德的普遍史理念

金寿铁

[内容提要] 康德依据目的论的判断构筑了他的历史哲学的基本原理，这种目的论的判断旨在统一自然与人、必然与自由，并把这种全体的统一视为人的存在的第一原理。人的历史显现为一种人与自然的结构关系，而在这种结构关系中，自然的必然性与人的自由融为一体，浑然天成。人类历史是自然的计划和人的自由的实现。自然不仅拥有极其隐蔽的意图，而且试图通过人的行动，即合目的性的自由意志来逐渐实现植根于人的自由的道德人格。康德历史哲学具有双重底蕴：一方面，倡导实现永久和平，贯彻普遍法，建设公民社会和国际联盟；另一方面，倡导实施普遍的道德教育，实现道德人格，建立目的王国。康德从普遍史视角考察历史发展，揭示了历史的统一性、目标和结构，这一普遍史的历史认识取向对历史哲学的总体走向产生了深远影响。特别是，他满怀信心地描绘了人类历史将更加合理地发展、人类自由将得到更进一步提升的前景。人类历史是一种全球普遍史，它将引导人类精神渐次发展其真正的可能性。康德的这种观点有助于我们从世界史视角构想普遍史观。

[关键词] 康德历史哲学　普遍史理念　自然的计划　历史认识　人的自由

在西方哲学史上，康德第一次凭借他的理性批判，阐明了普遍史的历史理念，从而使世界史的认识成为可能，由此奠定了世界公民观点之下的、以世界政治之统一为目的的历史观①的基础。

① I. Kant: Idee zu einer Allgemeinen Geschichte in Weltbuergerlicher Absicht, In: *ders*: *Geschichte Schriften zur Geschichtsphilosophie*, Stuttgart, Reclam1999, SS. 21—39.

康德普遍史的历史理念表明，人类历史乃是一种人与自然的结构关系，人类历史是自然计划和人的自由的实现。为此，本文拟从下述四个方面接近康德的普遍史理念的具体内涵，进而勾勒康德历史哲学的基本轮廓：第一，揭示康德的批判哲学与历史认识的关系；第二，阐明康德历史哲学中的历史认识原理与普遍史理念；第三，辨明康德历史哲学中的人类历史的起源与《圣经》框架；第四，考察康德历史哲学中的世界史认识与和平理念。

一 康德的批判哲学与历史认识

康德的第一篇历史哲学论文是1784年发表的《世界公民观点下的普遍史理念》，第二篇论文是1785年发表的关于赫尔德尔《人类历史哲学理念》的评论，第三篇论文是1786年发表的《人类历史的假想起源》。换言之，在1784—1786年间，康德业已构筑了自身历史哲学的体系，不过直到晚年他对历史哲学的关注始终如一，于是1795年他继而发表了《永久和平论》，1789年又发表了《学院之争》。这也表明，康德的历史哲学认识并不是节外生枝，画蛇添足，在自身哲学体系之外猎奇，而是围绕自身哲学体系，在自身哲学之内延伸到历史的理念。因此，他对历史哲学的关注除了表现为对历史的反省性考察，更表现为对历史的展望性预测。正是通过展望历史，预先推定未来，康德揭示了过去的意义和现在的正当性。

显而易见，他的历史哲学的基础是“三大批判”，其中尤其重要的当属《判断力批判》。这是因为康德本人把历史哲学的根本原理理解为一种认识能力，而这种认识能力只有在理性与知性的相互依存关系中才能成立。在《纯粹理性批判》中，康德认为人的认识能力具有先天形式，正是由于这种与生俱来的先天形式，人才能担保自身认识的确定性。换言之，所谓“认识对象”并非独立于认识主体的存在自身，而是源自认识主体的先天形式。这就是认识论中所谓“哥白尼式的转变”，康德本人把这种新的认识论称作“先验的”（transzendental）认识论，并把它当作纯粹理性批判的根本课题。“我把一切与其说是关注于对象，不如说是一般地关注于我们有关对象的、就其应当为先天可能的而言的认识方式的知识，称之为先验的。这样一些概念的一个体系就叫做先验论的哲学。"①

但是，凭借纯粹理性，人还不能认识超然于现象界的物自体。因为在康德看来，所谓认识乃是感性素材与知性范畴的结合，二者缺一不可，二者一同构成可能的经验认识乃至理论理性成果。"这两种属性中任何一种都不能优先于另一种。无感性则不会有对象给予我们，无知性则没有对象被思维。思维无内容是空的，直观无概念是盲的。"②但是，这种理论理性的认识对物自体束手无策。与此同时，康德探究人的另一种本性，即道德世界，开辟了实践理性批判之路。道德律具有普世意义，它告诉一切人"应当"做什么。这不是假言命令而是绝对命令，是道德实践的普遍法则。在这种普遍道德律的世界中，人的意志终于上升为自律的理性意志，唯当此时，人的自由才摆脱自然的必然性和因果律而成为超感性的自由。意志无拘无束，自我决断，这种意志就是自由。于是，在纯粹超越论的辩证论中，自由茫然若失、无家可归，但在实践理性的道德律中，它却柳暗花明，为自己开辟了一条新的形而上学之路。易言之，只有在这种超感性世界中，才可能有自由的因果关系。作为现象世界，感性世界是遵循因果律的纯粹理性世界，作为自由世界，超感性的道德律世界是遵循实践理性的世界。

然而，在这种自然概念的感性领域与自由概念的超感性领域之间存在一条不可逾越的鸿沟，因而由前者到后者的任何过渡都是不可想象的。看上去，这两个领域如此殊异，简直毫不搭界。但是，出于实践理性高于理论理性的信念，康德强调指出，即使后者对前者不能施加任何影响，前者也"应当"对后者施加某种影响。"我们全部的认识能力有两个领地，即自然概念的领地与自由概念的领地；因为认识能力是通过这两者而先验地立法的。现在，哲学也据此而分为理论哲学与实践哲学。"③这样，这两个领域既相互分离又相互联系，从而这一关系成了康德《判断力批判》所要考察的中心课题。

至此，康德从纯粹理性角度，把理论理性与实践理性、感性世界与超

① I. Kant: *Kritik der Reinen Vernunfut*, Hrsg. von Ingeborg Heidemann, Philipp Reclam Jun. Stuttgart1996, S. 74.

② I. Kant: *Kritik der Reinen Vernunfut* , S. 120.

③ I. Kant: *Kritik der Urteilskraft*, Hrsg. von Gerhard Lehmann, Philipp Reclam Jun. Stuttgart1963, S. 26.

感性世界、自然世界与道德世界、必然世界与自由世界等统统加以区别开来进行考察。但是，现在他又借助于情感/感觉（Gefühl）理论把认识论与道德论（意志论）统一起来进行考察，因为在他看来，人的道德性源自人的自由意志，但是这种道德性应当在必然的自然界中实现其目的。在两者之间，归根结底有一个目的概念。如果这种目的关系与人的情感有关，那它就是主观目的关系，如果它与自然秩序有关，那就是客观目的关系。由此出发，他把与人的主观“趣味”相适应的判断力称之为“审美”判断力（aesthetische Urteilskraft），而把与自然界秩序相适应的判断力称之为“目的论”判断力（teleologische Urteilskraft）。①

从审美判断力上看，我们之所以产生美这一判断的感情，是由于对象所具有的形式恰恰合目的地适合于让我们各种主观的认识能力协调的活动。与此相对照，目的论的判断力见之于客观自然有机体，而这种判断之所以可能，全赖于我们对自然有机体的目的性眼光。因此，审美的合目的性是主观形式的合目的性，而有机体的合目的性是客观质料的合目的性。对于人来说，在有机体中，一切都是恰如其分地按照有机体的目的组织起来的，因而在有机体自身之中就已经包含着合目的性关系。但是，这种有机体的自然合目的性并不意味着自然本身的活动具有目的性意识，而是意味着人从其机械运动中看出了这种自然的合目的性。即并不是自然本身有目的地活动，而是人戴着自己的反思判断力的眼镜从目的关系中辨认出这种自然活动。在康德看来，如果自然的必然性与人的合目的性的判断力相一致，从而我们能够推测自然的合目的性，那么就意味着我们在感性自然世界与超感性道德乃至自由世界之间可以看出一种彼此十分协调一致的关系。似乎在感性自然的基础之上存在某种超感性的东西，并且自然恰恰按照这种超感性的目的有机地组织起来，于是，自然本身尽管受到自然机械法则的制约，但它因为人的目的性眼光而带有了合目的性。这样看来，自然法则与道德自由法则并非非此即彼，而是在根源上相互依存、相互协调。

康德依据这种目的论的判断力，构筑了他的历史哲学的基本原理。这种目的论的判断旨在统一自然与人、必然与自由，并把这种全体的统一视为人的存在的第一原理。因此，在他看来，人的历史显现为一种人与自然

---

① I. Kant: *Kritik der Urteilskraft*, S. 67, S. 322.

的结构关系，而在这种结构关系中，自然的必然性与人的自由融为一体，浑然天成。自然不仅拥有极其隐蔽的意图，而且试图通过人的行动，即合目的的自由意志来逐渐实现其最终目的，亦即实现植根于人的自由的道德人格。在此意义上，康德历史哲学具有双重底蕴：一方面，倡导实现永久和平，贯彻普遍法，建设公民社会和国际联盟；另一方面倡导实施普遍的道德教育，实现道德人格，创建“人间神国”（das goettliche Reich auf der Erde）这一目的王国①。

这时，自然既不是机械论意义上的遵循因果必然性的现象界，也不是纯粹理性意义上的被超越地思考的自在之物。恰恰相反，此时的自然是旨在实现合目的性的有“超感性”机体的自然。于是，自然与人一道成为康德自身历史哲学的必要前提。在他那里，所谓思维机体就是自然的超感性机体。正因如此，他强调指出：“鉴赏力所展望的思维的东西，我们的高级认识能力正是为此而协调一致，没有它，在这些能力的本性之间当和鉴赏所提出的要求相比较时就会纯然地产生一些矛盾了。在这个能力中，判断力并不认为自己像在别处经验性的评判中那样服从经验法则的他律：它是就一种如此纯粹的愉悦的对象而言自己为自己提供法则，正如同理性对欲求能力所作的一样；并且认为自己既由于主体的这种内在可能性，又由于一个与此协调一致的自然的外在可能性，而与主体自身中的以及主体之外的某种既非自然、亦非自由，但却与自由的根据即超感性之物相关的东西有关，在这一超感性之物中理性能力与实践能力就以共同的和未知的方式结合成为统一体。”②

在这种理性能力与实践能力的联系中，在合目的的现象的现实世界中，自然不仅能够必然地实现自身的目的，而且能够自由地实现自身的目的。与此相对应，一方面，人作为一种合目的性的存在，通过历史实现自身的目的；另一方面，人作为自然自身，通过历史阐明人才是自然的最后目的。

如前所述，康德在差不多10年内一举完成了他的主要历史哲学创作。下面，我们不妨简要考察一下，1784年以前，即最重要的历史哲学论文《世界公民观点下的普遍史理念》问世之前他的若干历史哲学

---

① I. Kant：*Kritik der Urteilskraft*, S. 449.

② Ibid, SS. 308—309.

论文。在 1784 年以前，康德对历史哲学的关心与其说在于人乃至人性，不如说在于地球史乃至自然史。1754 年，他发表了《从物理学层面看地球的年龄问题》[①]，这篇论文首次提出了诸如历史主体等历史哲学问题，但是除了阐明政府、教会对人的心灵和伦理道德的巨大影响之外，有关历史哲学问题并未浓缩为哲学要素并提升为相应的历史哲学原理。在第二篇论文《普遍自然史与天体理论》[②] 中，康德严格划清了人的本性与动物本性。他认为，人首先是一个伦理存在，因而在一切生命体中，只有人才能成就他自身的历史使命。但是他强调，在每一个个体中，想要完全实现伦理存在是不可能的，因为不仅每一个个体的生命是有限的，而且每一个个体在生物学—伦理学方面是一个不完备的存在。不过，他同时强调人的伟大性，因为人是朝向未来的存在，人与生俱来克服这种不完备性的潜能。这种潜能就是内在于人之中的各种自然的禀赋、理性和合群性。在此，他首次涉及了历史哲学的两点重要内容：其一是，把人类规定为一种伦理存在；其二是，把这种伦理的人类存在进一步规定为一种种类概念。

此外，1755 年，他的教授资格论文《论火》（Nova diluidatio）同样对历史哲学问题给予了应有的关注。在此，他集中探讨了历史活动中的意志自由和必然性问题、善与恶问题等，由此他进一步追问历史的动因问题，有意识地把自然史和人类史归结为神的启示场所和人性复归的舞台。值得注意的是，他从泛神论角度接受这种历史性的神的启示论，认为任何时候人类历史都必须与神的善良意志相一致。因此，想要拯救人类，使其摆脱绝望和苦难，重要的莫过于立刻恢复神的睿智、全能及其伟大性。为了论证这个神学问题，康德总是分两步走：第一步诉诸教义主张，第二步诉诸伦理主张。这也说明，他一再把历史问题与伦理学问题一同加以考察绝非偶然的，尽管在严格意义上，这类神学问题不属于他的历史哲学领域，但事实上彼此之间有着千丝万缕的联系。

---

① I. Kant：*Die Frage*，*ob die Erde Veralte*，*Physikalisch Erwogen*，1754.

② I. Kant：Allegemeine Naturgeschichte und Theorie des Himmels，oder Versuch von der Verfassung und den Mechanischen Ursprunge des Ganzen Weltgebaeudes nach Newtonsichen Grundsaetzen Abgehandelt，In：*I. Kant*：*Werke in Sechs Bden*，Hrsg. von W. Weischedel，Bd. 1，Darmstadt 1960，SS. 225—400.

1755年，康德发表了《1755年末地震历史》① 一文，在此，他提出了神的天命概念，据此他把人类历史喻为一种变幻无常、潮起潮落的世界戏剧舞台。这样在他的历史哲学创作中，第一次出现了“世界”这一理念，从此开始谈论起人类史的多彩戏剧。这出人间戏剧的主题是战争问题。由于人类的劣根性，战争威胁是客观存在的，为了防止战争，人类只能寄希望于地上神的工具或使者，即这个世界上具有和平信念的贤明的君主。

1775年，康德开设了题为《自然地理学院的构想与预告》② 的讲座，着重探讨了气候和环境对人类思维方式和人的社会生活的影响程度。在此，自然环境和自然地理并非仅仅局限于自然本身之内，因为人首先要吃喝住行，然后才能从事哲学、艺术、文学和宗教的活动，所以自然环境对人的社会生活和政治生活有着直接而深远的影响。自然地理学关注与人类历史息息相关的气候环境，在此意义上，历史不仅包含地域及其产物，还包含地理、经济的风土人情乃至道德伦理要素。

此外，在《评默斯卡特著作》③、《论人种的差异》④ 等作品中，康德进一步探讨了若干历史哲学问题。前书评描写的是理性的成长史，历史通向理性的过程。人的理性萌芽与生俱有，在日常生活和社会实践中，这一萌芽日渐成长，开花结果，最终成为对社会有用的要素。人不仅因其理性区别于动物，超然于动物，而且作为自由的社会存在，凭借自律性实现自身的目标。《论人种的差异》描写的是善恶斗争史。人性中掺杂着善恶，历史中贯穿着善恶之战，善恶彼此对立，不断斗争，但是，最终结局是善战胜恶，这是自然的计划，亦即神的天命。

因此，真善美是统一的，真战胜伪，善战胜恶，美战胜丑，恰恰借助于此，真善美为自己开辟道路。这充分表明，康德从一开始就把自然与历史、自然历史与人类历史看作是历史哲学的基本框架。尽管康德历史哲学的基本线索见之于《世界历史的理念》，但其历史哲学的契机在早期著作中就业已赋形。

① I. Kant: *Geschichte des Erbebens an dem Erde des 1776sten Jahres*, 1756.

② I. Kant: *Entwurf u. Ankuendigung eines Collegii der Physischen Geographie*, 1757.

③ I. Kant: *Ressension on Moscati Schreft*, 1771.

④ I. Kant: *Von den Vershiden Rassen der Menschen*, 1775.

二　历史认识原理与普遍史理念

如前所述，综观康德最重要的历史哲学论文有以下三篇：第一，《世界公民观点下的普遍史理念》（1784）；第二，《评赫尔德尔〈人类历史哲学理念〉》（1785）；第三，《人类历史的假想起源》（1786）。但是，在这三篇论文中最重要的当属《世界公民观点下的普遍史理念》，下面，我们就以本论文为重点来考察康德的历史认识原理和普遍史理论。

首先，康德开宗明义，他所考察的人类历史不是特指某一民族的特殊历史，而是人类的普遍史（einer allegemeinen Geschichte），即超地域的、与人类种类有关的全人类的历史。正因如此，他启用“世界公民观点”一词限定了普遍史的内涵。这意味着每一个现存的国家都不是一种完备的、最终的国家，从而每一个现存的国家都必然伴随着一种历史的“理念”（Idee）。因此，康德不是把世界公民状态想象为一种展现在眼前的一蹴而就的事实，而是设想为一种朝向未来目标的可思考的“理念”。对他来说，这种理念不是经验概念而是理性概念。进言之，这种“世界公民观点下的普遍史理念”之所以可能，是基于人类学普遍主义和哲学世界主义的普世价值观，即地球只有一个，一切人、一切民族都是人类大家庭的一员。

特别是，康德历史哲学的焦点在于自然历史和人（自由）的历史：前者让我们回眸人类史的根源，后者让我们展望理性的目标，即通过人类的道德而实现人类的自由本质。道德的起源与目标构成这种展望的两极。在《人类历史的假想起源》中，康德阐明了这种道德的起源，而在《世界公民观点下的普遍史理念》中，康德则阐明了这种道德的目标。

在此，康德把人类的历史行为规定为一种意志自由现象，而且在他看来，人的历史乃是自然史的一部分。正如自然事件一律受到自然法则的支配一样，人类历史事件一律受到类自然法则的支配，尽管历史进程与每一个个体的主观意志和行为有着千丝万缕的联系，其个别画面显得扑朔迷离、变幻不定，但其基本事实还是“按规则进行”，有章可循。对此，他举例说，尽管各民族的婚姻、出生和死亡等仪式千奇百怪，很难一概而论，但全人类的历史进程大势所趋，犹如“百川异源，而皆归于海”。诚然，与动物不同，人既不像野兽一样按其本性行动，也不像海狸和蜜蜂一样按事先预定的计划行动，因而人不可能构筑一种“有计划的历史”。[①] 但是，康德坚信，人作为一个种类（Gattung），完全有能力把握自身的命运，因为人类通过自身的理性而能够创造最高程度的幸福，而这种理性能力乃是人所特有的一种预先推定的能力，他帮助人类超越自己而展望未来，并按其人类本性构想将来。

不过，康德并未因此而否定“自然的计划”，因为“不假定有一种自然的计划，人类就不能希望和展开一幅令人欣慰的人类未来的远景”。[②] 恰恰相反，唯有接受这种自然的计划，才能从历史中解读造物主的秩序，领悟统辖其进程的神的天命和手迹。由此可见，康德的关注天命历史和泛神论并非出于某种特定宗教信念，而是为了寻求历史哲学法则的蛛丝马迹。为此，他区分了自然概念的不同层次：第一，作为力学概念的自然，亦即遵循纯粹机械论法则的自然；第二，作为认识论批判之自然法则的自然概念，亦即遵循一般价值论的自然事物存在；第三，作为善的形而上学意义上的自然，亦即遵循神的天命（Vorsehung）的自然。这样看来，所谓“自然”（Natur）乃是关于历史进程的标志，是对未来的具体预测，是依照内在的隐蔽原理所展开的世界进程。对于康德来说，这种世界的造物主就是最高存在，即“善”，而这种善的造物主提示给人类的终极状态也只能是善。因为造物主不是随便别的什么，而是地地道道的善本身。因此，他跟莱布尼茨一道被誉为“历史乐观主义者”并不是偶然的。然而，与莱布尼茨不同，康德的主要兴趣不在宇宙论，而在道德哲学。康德执著地追问，能否像天文学家开普勒、物理学家牛顿一样，去发现历史运行的一条基本线索呢？果然不负众望，他拟订了关于普遍史理念的 9 条命题，以此把普遍史牢固地奠基在自然史基础之上。下面，我们就来逐一考察这 9 条命题的基本含义。

第一命题：“一个被造物的全部自然禀赋都注定了终究是要完全地并且合目的地发展出来的。”[③] 在此，康德提出了历史哲学的两个重要概念：合目的性与发展乃至进步。合目的性（zweckmässig）相当于自然概念，

---

① I. Kant：Idee zu einer Allegemeinen Geschichte in Weltebuergerlicher Absicht，In：*ders*：*Schriften zur Geschichtsphilosophie*，Hrsg. von Manfred Riedel，Philipp Reclam Jun. Stuttgart 1985，S. 22.

② I. Kant：A. a. O.，S. 23.

③ Ibid.

发展（entwickeln）乃至进步（fortschreiten）相当于启蒙主义哲学的时代精神。在他那里，这对概念均具有举足轻重的意义，但相对而言，“合目的性”概念比“发展”概念远为重要，然而，值得注意的是，这种重要性的优先性并不是“合法性的自然”，而是“无目的地回归的自然”。所以，他在第一命题的结尾处断言：“令人绝望的偶然性代替了理性的线索。”

第二命题：“这些自然禀赋的宗旨在于使用人的理性，它们将在人（作为大地之上唯一有理性的被造物种类的人类）的身上充分地发展出来，但却只能是在种类的身上而不是在各个人的身上。”[1] 在此，所谓理性充分发挥人类秉性、规则和意图，以此保障人类发挥一切潜在力量，并使其超出自身的自然本能。因此，理性自身不是依存于天生的本能，而是依存于后天的训练。在此，重要的同样不是单个的个人，而是种类的人类。只有从这一种类的人类出发，才能从世界公民观点之下考察人类历史，把各个民族、各个人融为一体，进而使全人类的普世价值观和伦理教育成为可能。

第三命题进一步补充和完善了第二命题关于理性和人类种类问题：“自然要求人类自己创造旨在超乎动物生存秩序的一切东西，并且要求人类摆脱本能，除了分享凭借自身理性获得的东西之外，不再分享任何其他的幸福和美满。”[2] 在此，一方面，人的理性能力是指人自我设计目标，另一方面是指人有目的地行动。但是，在此强调人的理性能力并不意味着这种理性与自然毫不相干，而是意味着人出于自然而超乎动物的一切生存本能。按照康德的观点，人的本性植根于善，所谓自然意味着与道德神学乃至神的天命协调一致。因此，人作为一个日臻完善的自然—社会存在乃是终极之善，并且作为善之良心的存在，人具有一个趋向善的意志，于是，这种善良意志也就顺理成章地成为历史哲学理念的始基。

第四命题：“自然使人类的全部禀赋发展所采用的手段就是人类在社会中的对抗性，但仅仅以这种对抗性终将成为人类合法秩序的原因为限。”[3] 换言之，对于他人来说，人的利己本性是对抗性的，而人的交往

---

① I. Kant：A. a. O.，S. 23.

② Ibid，S. 24.

③ Ibid，S. 25.

本性却是和解性的。究其原因，人因其理想性而具有合群的社会化禀赋，但同时因其利己心而具有非合群的个人化禀赋。因此，每个人，特别是未成年人的真正发展在于，按其本性朝向“文化”这一人类社会的基本价值。但是，这不等于说，在被造物中自然禀赋或素质都自然而然地转变为人类社会的伦理实践原则或社会道德原理。相比之下，第一、第二、第三命题的焦点在于目的论的自然观，旨在探讨一切被造物中的一般发展问题，而第四命题的焦点在于道德目的论，旨在探讨公民社会中每个人的特殊发展问题。

因此，第五命题是一个结论：“自然迫使人类去加以解决的最大问题就是建立一个普遍法则的公民社会。”① 这就是说，人类面对的最大课题是构筑普遍法制支配下的“公民社会”。在公民社会中，每个人的自由是不受限制的，但不应当妨碍他人的自由。与此相适应，公民社会必须制定正当的公民宪法，以此把人类行为的伦理准则，亦即法治国家的基本理念与法律原理相互一致起来。为此，必须制定一部相应的宪法，唯其如此，才能保障人的自由，才能奠定历史的理念。

因此，制定公民宪法是人类无法回避的最大问题，也是至高无上的问题。康德用第六命题表述了这一问题的紧迫性：“这个问题既是最困难的问题，同时又是人类迟早都要解决的问题。”② 在他看来，公民宪法不仅是维持社会秩序的“主人”，也是保障公民自由界限的“普遍意志”。这是因为人的本性中利己心和暴力尤其深刻的根源，只有法律才能解除私人特权，制止野蛮和暴力，保障人权、平等和自由。因此，康德强调，“法律面前人人平等”既是公民宪法中最崇高的、最正当的原则，同时又是最人性的原理。但是，就像从曲折的木头里雕刻不出笔直的木材一样，在任何国家中，想要完全解决公民宪法问题都是不可能的。因为自然向我们提出的无非是朝着这一理念“接近”而已。在康德那里，这种信念即表现为“善良意志”。

第七命题：“建立一部完美的公民宪法这个问题，有赖于国家合法的对外关系这个问题，因此，不解决后者，前一个问题就不能得到解决。”③

① I. Kant：A. a. O.，S. 27

② Ibid，S. 28.

③ I. Kant：A. a. O.，SS. 29—30.

建设公民社会不仅需要一种民主的对内关系，也需要和谐的外部环境。因此，这里强调指出，不解决国与国之间的关系问题，公民社会的任何问题都得不到解决。据此，康德要求建立一个把一切国家联合在一起的“国际联盟”（Völkerbunde)，以此一劳永逸地废除战争，实现永久和平，保证公民社会的持续状态 。

这样的国际联盟意味着自由国家的“世界共和国”或“共和国的共和国”，意味着世界公民的国家全体，进言之，意味着世界公民状态下的共同生活。事实上，康德关于国家之间的联盟构想渊源于启蒙主义哲学思想，即一切个别事件的发生都遵循机械法则，但其全体却有计划地得到调停。康德率先把“万变不离其宗”这一思想运用于历史哲学领域，开辟了世界公民状态下的普遍史观。在他看来，这种普遍史观不可避免地汇入世界政治哲学。因为如果人类不能开创一种全新的世界公民状态，那么人类就永远摆脱不了旷日持久的混乱、敌视和厮杀状态。当然，在他那里，世界公民概念猜测多于实证，就是说，他的世界公民概念是一种尝试性的目标概念，旨在引导世界各国政治意愿超越狭隘的自主民族国家概念，走向保卫国际公共安全的世界公民状态，进而实现世界政治的统一。作为一种目标状态，世界公民状态并不是一蹴而就的终极状态而是日臻完善的过程状态，因为人永远也不会完成，人类的伦理发展同样不会完结。由于此，创建十全十美的“理想王国”是这个世界的永恒课题。

由此出发，康德提出了第八命题：“人类的历史大体上可以看作是自然的一项隐蔽计划的实现，为的是要奠定一种对内的、并且为此目的同时也就是对外的完美的国家宪法，作为自然得以在人类的身上充分发展起全部禀赋的唯一状态。”① 可以说，这是基于自然计划的一种目的论的历史观。但是，问题在于，单凭人的经验并不能了解历史进程中所发生的一切发展，因为我们在经验上所能知道的历史十分短暂，以至于既无法与尚未到来的无穷未来世界相比拟，也无法与业已流逝的漫漫过去相比拟。尽管如此，如果在历史进程中，能够发现遵循自然意图过程的蛛丝马迹，那么我们就能在经验意义上确定历史进程中的基本发展线索。因此，他的历史哲学努力追寻世界历史的普遍史观，倡导一种类似

① I. Kant: A. a. O., S. 33.

“千禧年说”的历史观。

在关于普遍史理念的最后命题，即第九命题中，康德探讨了基于自然计划的世界史的成立可能性，即历史的叙述方式问题：“把普遍史设想为以一种人类种类的完美的公民结合状态为其宗旨的这一哲学尝试，必须看作是可能的，并且甚至还是这一自然的目标所需要的。”① 从历史学上看，“按照自然的计划”（nach einem Plane der Natur）来叙述历史，这里所涉及的是历史哲学的方法论问题。在康德那里，这种历史哲学的方法论恰恰植根于他的批判哲学认识论的方法论。

一般而论，历史学的主题是作为编年史的、文字标记的史料叙述，与此相对照，康德历史哲学的主题是按照理性所展现的世界历史的进程。因此，与历史学不同，按照普遍史理念来叙述历史，除了叙述历史中的合理因素，也要考虑到表面上看来是“荒谬的企图”。人当然有意志自由，但这种意志自由不能违反自然全体的计划，相反，人必须顺应自然的计划，在此意义上，历史哲学有必要先验地考察按照自然计划发展的历史进程。康德认为，普遍史的理念乃是一把“历史之钥”，借助于此，可以把人类行为的无计划集合体阐述为“一个体系”。这时，历史的理念不仅是放之四海而皆准的行动指南，也是能够引导政治意愿朝向世界公民状态的目标设定，进而也是人类必须加以成就的天职。

上述九个命题环环相扣，一气呵成，一同构成康德历史哲学的基本原理，借助于此，康德奠定了一种按照自然计划的合目的的历史哲学。他坚决否定所有事实性历史叙述的历史学，主张一种基于先验历史哲学的世界史理念。因此，他把历史理解成以“天命”（Vorsehung）为前提的一种目的关系，亦即把历史理解成按照自然计划设定的一种合目的的过程。当然，在科学家那里，自然法则普遍有效，可是康德现在套用所谓“自然计划”来说明历史进程，难道也普遍有效吗？康德有理由说，既然科学家用自然法则解释自然现象，那么历史学家同样有理由用“自然计划”来解释社会现象。但是，历史学家面对的并不是自然现象，而是历史科学或历史现场，在此，自然的计划说到底难道不是人的计划吗？事实上，康德有时也追问，理性赋予人的那个自然目的究竟是什么？在此，他不是根据幸福论而是根据道德论解答这个问题：这种自然目的不是让人尽情享受此在的幸福，而

① I. Kant：A. a. O.，S. 36.

是让人获得一种合乎道德的生活下去的力量。

这样说来，不仅人的行为依存于自然的某种计划，甚至历史进程也依存于自然的某种计划，因而，历史哲学只能按照自然的合目的性来考察历史的进程。换言之，历史—人—自然（神）是三位一体的。人类直面历史进程，也就是直面人的理性，直面自然的神的理性。尽管他把历史奠基在人的理性（ratio）基础上，但他并没有画地为牢一边倒，不是单从人的行为中寻求历史的存在根据，而是从诸如自然的神的睿智中寻求这种根据，从而他的历史哲学大力弘扬了一种大一统的世界史理念。在他看来，在这一世界史理念中，文化史、政治史以及人的伦理道德等要素占有极其重要的位置，这时候，所谓“自由”已不是人的内在的个人自由，而是朝向外在自由的世界公民的自由。

但是，我们同样无意否认，他的普遍史的历史哲学理念过分偏重人的自然禀赋，很大程度上忽略了人的社会关系、经济条件等物质要素，这一点不能不说是他的历史哲学的一个局限。正因如此，他的历史哲学著作《永久和平论》发表200年之后，诸如J. 哈贝马斯一类的当代西方学者不无理由地指责康德的历史哲学理论脱离实际，“与最高价值概念相悖，其价值概念仅仅停留在历史中的特定的自然价值判断上”①。

三 人类历史的起源与圣经框架

如果说康德的历史哲学论文:《世界公民观点下的普遍史理念》奠定了基于自然计划的“世界公民意愿的”历史观，那么，他的另一篇历史哲学论文:《人类历史的假想起源》则基于《圣经》神学视角，推测人类历史的起源，奠定了一种人类自由的历史观。

《人类历史的假想起源》发表于1786年1月《柏林月刊》第七期。在此，康德重新审视赫尔德尔的历史哲学问题，认为从历史哲学视角假定历史进程尤其重要，因为这种假定以经验的历史为根据并且从它自身中展开历史进程的模式，这种做法有助于理解历史性的当下并且展望未来。因此，他把如何推测人类历史的起源，如何猜测历史进程中的历史时间，看作是

---

① J. Habermas: Kants Ideen des Ewigen Frieden, In: *ders*: *Die Einbeziehung des Anderen*, Frankfurt/Main1996, SS. 192—217.

历史哲学的一个十分重要的问题。然而，追问这个问题应当必须以人类自由为必要前提，因为历史取决于人的时间性行为，即取决于人的当下自由抉择。如果思辨地考察人的行为历史，那么人充其量不过是一个虚构或杜撰而已。因此，康德认为，对于寻求遥远的人类起源而言，与其从抽象的思辨出发，不如从具体的诸假想（Mutmassungen）[①] 出发。但是，假想人类历史的起源并非想入非非地臆造所谓历史起源，而是通过启发性的推测来检验历史进程中的每一个具体原因，把历史进程当作一个统一图表来把握，以便从概念上把握从过去移向未来的具体路径。在康德的时代，这种历史观乃是一种新的尝试，其特点是以经验的历史为根据假想历史的起源，不过，此时所谓“经验”是指以自然为典范，又以不违反理性为前提，因此这种假想也就意味着按照自然计划，理性地假定历史的起源。

如果人类起源的根据在于人的本性之中，那么这种本性就是亘古如斯、善恶参半的人的本性。进言之，这种本性的先决条件是人的理性经验及其想象力，据此，康德把《圣经》（die ganze Heilige Schrift）视为历史的起源。尤其是，根据旧约内容，他强调人类历史的起源就在于“可能的自由”这一人的理性的根据。事实上，动物也不乏神的“声音”，但动物总是按其本性活动。与此不同，在自然状态中，即使是新生婴儿虽不能分辨善恶，但他也不是完全按其本性活动。相反，人因其理性而能够超越自身环境而自由自在，人的这种自由恰恰是其本性的实现，而历史也正是这种人类自由的发展。

全凭人的理性的自由，人才得以摆脱主客浑然一体的自然状态，这时人类的历史才得以破天荒地开始，这开始也就是作为善恶舞台的人类历史的起源。按照旧约圣经，在人性首次登场之前，在神的天地创造中，有的只是一片安乐和和平而已。“神看着一切所造的都甚好。”[②] 然后，“耶和华神用地上的尘土造人，将生气吹在鼻孔里，他就成了有灵的活人。耶和华神在东方的伊甸立了一个园子，把所造的人安置在那里。耶和华神使各样的树从地里长出来，可以悦人的眼目，其上的果子好作食物。园子当中又有生命树和分别善恶的树。只是分别善恶树上的果子，你不可吃，因为你

① I. Kant: Mutmasslicher Anfang der Menschengeschichte, *In*: *ders*: *Schriften zur Geschichtsphilosophie*, Hrsg. von Manfred Riedel, Philipp Reclam Jun. Stuttgart1985, S. 67.

② 《圣经 · 旧约》，《创世记》第 1 章，第 31 节。

吃的日子必定死”。

但是，由于人的活动，这种自然状态的和平状态终于被打破而开始了人类历史。“因为神知道，你们吃的日子眼睛就明亮了，你们便知道神能知道善恶……他们二人的眼睛明亮了，才知道自己是赤身裸体，便用无花果树的叶子，为自己编作裙子。”[①] 从此，开天辟地第一回，人开始了非神的“人的历史”，亦即罪的历史，尤其是能动的人的历史。

在康德看来，亚当夏娃偷吃“禁果”被驱逐出伊甸园而浪迹天涯，这一刻正是人类历史的起源。这里引人注目的是，康德率先把历史哲学的要素奠基在人的个体性基础之上，阐明了个体的生命与死亡和历史一次性。从历史性看，每一个个体之死与其他被造之物之死有着本质区别，因为这种个体之死不是种类概念，而是一种种类的个体概念。人一旦意识到个体之死的不可替代性、无可逃避性，也就意识到各个生存之死是最具体的、最赤裸裸的自身之死。

不过，人被逐出伊甸园固然是人的悲剧，但这也为人实现其自由开辟了道路。因此，康德强调，理性使人类意识到人才是真正的“自然的目的(Zweck der Natur)，大地之上所生存着的没有任何一种东西在这方面可以与它相匹敌”[②]。康德说“人是自然的目的”，有两层含义，一是，人类可以把全部自然用作手段和工具；二是，人类与所有有理性的生物一律平等。于是，作为理性性格，人不仅能够完全超出动物世界，也能够完全解除“自然之母腹”（Mutterschosse der Natur）的脐带[③]。

如前所述，在《世界公民观点下的普遍史理念》中，康德已经指出，人类历史不是一部人类个体史的发展，而是一部人类种类的发展史，即人类种类由恶到善的发展史。那么，康德又是怎样看待人的自由的呢？他写道：“自然的历史是由善而开始的，因为它是神的创作；自由的历史则是由恶而开始的，因为它是人的创作。”[④] 因此，他认为，一方面，个体仅仅把自由聚焦于自身，从而历史乃是一种“损失”；另一方面，自然把人及其目标聚焦于种类存在，从而历史乃是一种获得。人类历史恰恰在这种损失与

① 《圣经·旧约》，《创世记》第2章，7—8节。

② I. Kant：Mutmasslicher Anfang der Menschengeschichte，In：*ders*：*Schriften zur Geschichtsphilosophie*，S. 73.

③ I. Kant：A. a. O.，S. 73.

④ Ibid，S. 74.

获得的消长中向前发展。

自由是人的天职，所谓历史乃是人的自由的历史。但是，归根结底，问题取决于人如何理解自身的自由。在严格意义上，这个问题不是追问方法，即人“如何”获得自由，而是追问人“何时”意识到了自由，因为最重要的历史概念是“时间”，在此所谓时间意味着“何时”，从而追问时间也就是追问人何时意识到了自身的自由。原则上，“人之最初存在”这个问题并非取决于理性的自由决断，而是取决于历史的无限回溯。但是，在康德那里，对历史起源的肯定与对自然计划的肯定是固结在一起的：一方面，由于自然的计划，人丧失了自身的纯洁性和天真性；另一方面，由于自然的计划，人复归人性和文明化。这样，康德最终用《圣经》神学解释学结束了这个“人类历史的假想起源”，并从功利主义视角看待历史。人类历史进程尽在神的股掌之间，其结局就是让人接受神的天命，并使人从神那里得到拯救。因此他确信，历史不是一场充满鲜花的婚宴，但也不是一座死寂的坟茔，同样，历史进程不是一条坦途，但也不是一条死胡同。因为历史及其进程不是由善到恶的渐次发展过程，而是由恶到善的渐次发展过程①。

康德就这样探究历史进程及其结局问题，进而阐明了历史的成立可能性。历史的开始不在于人的先天的自由之中，而在于人的后天的自由之中。这意味着自由不是人的本性的自由，而是人的行为的自由，亦即人的自我抉择。康德之所以致力于“人类历史的假想起源”，是为了阐明人类历史中所呈现的诸如进展、进步一类的发展问题。他把这种发展归结为如下三个阶段：第一阶段，安逸与和平的阶段；第二阶段，劳动与不和的阶段；第三阶段，社会中的结合阶段。第一阶段以游牧民的生活为特征，这种生活不仅是安逸的，而且是最安全的谋生之机，因为在一片广阔无人的土地上不会缺乏饲料；第二阶段以农业和耕种为标志，这种生活是非常艰苦的，它有赖于变化无常的气候，因而是没有把握的；第三阶段以社会结合为标志，作为一种文明生活，这种生活是非常开明的，也是激动人心的，其最主要的功绩是奠定了某种“公民宪法和公共正义”。但是随着进入这个阶段，“开始了人类的不平等”，好事坏事同生共长，文明民族被卷入战争的

① I. Kant: A. a. O., S. 84.

可能性也与日俱增[1]。

康德历史哲学的结论是一个奇特的两重奏：一方面，我们应该感谢神的天命或自然的计划，因为神的天命或自然的计划给我们地上的世界计划好了一条艰辛却充满希望的道路；另一方面，暴力和战争在人性中有其深刻的根源，因此人类必须珍惜自由，用高尚的理性来指导行动，实现永久和平，在真正合理的情况下统一起来，走向一个"世界共和国"（Weltrepublik）或"全人类的国家"（civitas gentium/Voelkerstaat），否则人类将永无宁日，在劫难逃，将被拖入一场毁灭性的战争，数千年建成的文明将统统毁掉[2]。

四　世界史的历史认识与和平理念

在《历史哲学的历史》中，J. 泰森曾把康德的历史哲学归入启蒙主义的历史思潮[3]，与此相对照，R. G. 柯林武德则把康德与席勒、费希特、谢林、黑格尔并列为"科学历史学的开创者"[4]。

无论怎样，康德的历史哲学渊源于 J. 博丹、维科、孔多赛、莱布尼茨、莱辛等近代历史哲学家的思想体系，特别是他的思想发展与赫尔德尔的历史哲学理念有着最内在的联系。但是，自维科以后，近代历史哲学一分为二，逐渐呈现出两种倾向：其一是自然主义倾向；其二是唯心主义倾向。自然主义认为，历史是自然的舞台，在历史中既不存在先于自然的神的存在，也不存在先于自然的神的天命；唯心主义则认为，历史是理性的舞台，理性理念不仅作用于历史的一般进程，也作用于历史的终极目标。

康德继往开来，把这一唯心主义的历史理念提高到一个崭新的阶段，并使之推向一个高峰。他从人的存在的禀赋中寻求这种历史目的的展现，认为人首先是一种伦理存在，进而断言，只有在精神的真正自由中才有可能实现伦理人格这一人的根本特征。他不仅把人类自由的进步成长看作是世界史的终极目标，还把这种理想的实现归诸一种世界范围内的伦理共同

---

① I. Kant：A. a. O.，SS. 77—81.

② I. Kant：*Zum ewigen Freiden. Ein philosophischer Entwurf*，Hrsg. von Rudolf Malter，Philipp Reclam Jun. Stuttgart1985，S. 20.

③ Vgl. J. Thyssen：*Geschichte der Geschichtsphilosophie*，4. Aufl. Bonn1970，SS. 31—43.

④ Cf. R. G. Colingwood：*The Idea of History*，Oxford，1996.

体。只有这种全人类的伦理共同体才能为实现持续的世界和平、民族联盟和完备的国家宪法等提供必要的前提条件，而且只有确立这种前提条件，才能实现“伟大的文化共同体”，保障各民族崇高的文化艺术发展。

应当指出，康德的历史哲学是我们借以进入世界史的可靠门径。首先，康德把历史事件的发生称之为“理性的睿智”，而这种睿智把人用作实现其目的的工具。因此，从根源上看，人的行为并非出于自我利己主义的动机，相反，人的行为超出利己主义，无意识地追寻历史的最高目标。换言之，历史的进步体现神的天命。但是，在他那里，着眼点不是神在天国中按照天命设定特定的目标，而是人在历史中按照最高的理性行动。

康德的历史哲学视野辽阔，博大精深，其主要理念对当今历史哲学主题产生了多方面的影响，例如历史中的历史主体问题、进步问题、自由问题、合目的性问题、个人与集体问题，政治与伦理问题，永久和平与世界秩序问题，等等，从这些今日历史哲学的热门主题中，我们不难找到康德历史哲学思想的踪影。尤其值得肯定的是，他把这种进步和发展不是限定在单个人的个人之上，而是努力把人类种类的发展进步与单个人的发展进步区别开来，并在全人类发展进步的框架内考察单个人的发展进步。借助于此，康德把人类历史的发展方向重新设定为历史哲学的世界史，以此开辟了世界史的永久和平论的可能性。这是康德对未来一切历史哲学的创造性贡献。

在《历史的观念》一书中，柯林武德把康德的历史哲学思想概括为如下四个方面：（1）普遍史是一种可能的理想，但它要求历史学思维与哲学思维的统一；（2）历史以“计划”为前提，即显示出一种渐进式的进步；（3）由此产生人的“合理性”，即知性、伦理自由等；（4）使得这种合理性成为可能的手段是人的非理性，即激情、愚昧和自私等。[①] 对此，柯林武德逐一提出批判并提出了相应的反命题：第一，康德把普遍史与个别史、历史与哲学思维严格区别开来，甚至把它们对立起来，使之成为两个不能互相过渡的领域，这是一种批判哲学的偏见。第二，一切历史不乏进步发展，但康德把这种进步发展叫做“自然的计划”，是不适当地使用神学用语，因为这种进步不是寓于未来而是寓于现在。这也表明，历史不是终结

① 参见 R. G. 柯林武德《历史的观念》，何兆武、张文杰译，中国社会科学出版社 1986 年版，第 118 页。

于未来，而是终结于现在。据此，柯林武德强调，历史学家的课题不是描绘未来的前景而是说明现在的过程。第三，在每一个历史事件中，人的合理性固然重要，但这种合理性并不意味着消灭非理性，由此出发，柯林武德转而批判了合理性与非合理性的严格区别。第四，在以往历史中，不能排除人的情绪和无知的作用，但在这种情绪和无知中也贯穿着趋向善的盲目的、愚钝的意志或不透明的智慧等[①]。总之，在柯林武德看来，康德把“历史的计划称之为自然的计划”既歪曲了科学也歪曲了历史学，其实质就是，“正像在他的哲学著作中的其他部分一样，他整个地是过分僵硬地勾画了他的反题”。

但是，在此我们与其关注柯林武德对康德历史哲学中普遍史理念的批判，不如关注康德本人在其历史哲学中对“世界”（Welt）理念的专注和烘托。在他那里，世界意味着全体，更确切地说，意味着一种“综合的全体”。这种世界作为全体意味着人的理性的创造能力，即在理念上包容和统一一切自然的现象界。因此，世界是一种理念，它与物质的实在性或物理现象和实在对象无关。这就是说，世界全体决不是我们的经验对象，而只是全体表象中的构成原理，即一种理念或公设[②]。作为理念或公设，“世界”授予认识世界现象的“图式”，而“图式”则用抽象的、纯粹的概念形式表达一切感觉对象，把各种感觉对象通过内在思维活动而统摄在先天的概念之下，从而使知性的经验知识系统化、条理化。因此，康德的“理念授予图式”这一命题有助于我们把无限的全体作为想象的事实加以认识，以此不断接近世界全体。换言之，在康德的历史哲学中，一方面，世界全体作为一个综合理念，亦即一种进行解释的指导原则，把世界上的一切事物统一起来；另一方面，把世界上的一切事物调解在至高的人性基础之上，从而开辟了人类解放和世界永久和平的可能性。他的普遍史的历史理念表明，人类种类是怎样渐次变得越来越理性的，因而也就是变得越来越自由的，即一部人类精神自我发展的历史。

---

① 参见 R. G. 柯林武德《历史的观念》，何兆武、张文杰译，中国社会科学出版社 1986 年版，第 118—119 页。

② I. Kant：*Kritik der reinen Vernunfut*, SS. 258—259. “所以一个经验类比将只是一条规则，按照这条规则，是要从知觉中产生出经验的统一性来，而这种类比作为有关对象的原理不是构成性地起作用，而只是调节性地起作用。但同样的情况也将适用于一切经验性公设。这些公设仅仅是调节性原则，它们与构成性的数学原则相区别。”

继康德的历史哲学之后，费希特、谢林和黑格尔进一步阐发了历史过程中的自由和精神，把历史问题看作是人的自由问题，把历史看作是自由意识的进展。甚至这些人把历史视为精神自身的生成，把人视为神的现象，认为世界全体过程乃是按照内在必然性形成的过程，从而先验地（a priori）构成历史发展阶段。但是，事实上，自黑格尔以后，历史哲学开始远离这种思辨唯心主义的理念史。随着所谓“历史主义”① 思潮在历史哲学舞台上的闪亮登场，思辨唯心主义在历史哲学运动中开始退潮乃至无影无踪，这并不是偶然的。F. 尼采的永恒轮回史观②、W. 狄尔泰的历史哲学以及 20 世纪生存哲学的历史观③都可视为对传统思辨唯心主义历史观的批判和扬弃。

（作者单位：吉林师范大学马克思主义学院）

① Vgl. F. Meinecke: *Die Entstehung des Historismus*, Hrsg. von C. Hinrichs, Muenchen, 1965.

② 参见梦海《论尼采的历史哲学》，载于《史学理论研究》1998 年第 2 期。

③ 参见梦海《论雅斯贝尔斯的历史哲学》，载于《史学理论研究》1993 年第 4 期。

判断力与德性

——对第三批判的一个道德追溯①

奥特弗里德·霍菲（Otfried Höffe）/文　黄子明/译

20.1　引言

依照正规的阅读，《纯粹理性批判》首要涉及三方面内容：认识论；作为对比的补充的对象理论；最后，能够对各门具体学科有终极竞争力的一个新的哲学纲要，即以综合的先天性作为其本质问题的批判的先验哲学。一种非正规的、甚或是离经叛道的阅读（霍菲，2006②），既不修改这一哲学概念，也不修改那个本质问题，但也许会修改那个好像是自明地被假定的主导兴趣。虽然第一批判的主要部分"要素论"研究的是认知能力，包括它的可能性及界限。然而，篇幅较小的、被划分为第二部分并被宣称为同一层次上的"方法论"，却远远超出了认识论的范围。凡是不带偏见地读"要素论"的人，尤其在第三个二律背反中，就会不经意地发现该批判第二版再予强调的提示，因康德已经在（新版）题词并同样在新版"序言"中做出了这一提示：按照不同于学派概念的世界概念，哲学最终效命于那个唯一必要的目的，即道德。在此意义上康德寻求"在所有未来的时代一切反对道德［…］的异议都将以苏格拉底的方式，即最清楚地证明对手的无知的方式结束了"③（《纯粹理性批判》，Bxxxi）。

---

① 本文译自 O. 霍菲主编：《经典解读》丛书，第 33 卷，《判断力批判》第 351—366 页。——以下脚注均出自译者

② 作者 O. 霍菲先生 2006 年出版的《自然科学时代的道德》，详见文后参考文献。

③ 译文出自康德《纯粹理性批判》，邓晓芒译，杨祖陶校，人民出版社 2007 年重印本，序，第 23 页。

这种苏格拉底方式，尤其是否定的方式，即反驳道德怀疑论者和道德否定论者的方式，在第二批判中通过某种肯定的同时是建设性的措施得到了补充。康德指明，道德应作为纯粹实践理性被思考；他建立起道德的标准，即准则的可普及性；事实上他向理性展示了道德所特有的现实性。因而，许多读者在第一批判中还在忽略的东西，在第二批判中不可忽视地显露出来，这就是：康德的道德—实践的主导兴趣。

但在第三批判中情况又是如何呢？乍看来它很少涉及道德，在积极方面真正来说是无所作为的。为特殊寻求普遍的能力，即反思的判断力，针对的是对道德陌生的那些对象领域：审美判断力最详细地研究了美，而美是与（道德的）善明确脱钩的；目的论判断力的主要对象与道德也是相去甚远。

进一步的考察会做出根本性的修正。如果不考虑“导言”，《判断力批判》由七个较大部分组成：（1）“美的分析论”，（2）“崇高的分析论”，（3）“纯粹审美判断的演绎”，（4）“审美判断力的辩证论”，（5）“目的论判断力的分析论”，（6）“目的论判断力的辩证论”，（7）它的“方法论”。前四个有关审美的部分中每一个都与德性或道德有重要的关联：在“美的分析论”中审美理想被视为德性的表达；按照“崇高的分析论”其对象与道德有亲缘关系；按照“演绎”部分对自然美的某种兴趣让人猜想某种道德的素质；最后审美判断力在它的“辩证论”部分宣称美是德性的象征。在三个有关目的论的部分中，虽然一个重要的道德关联只是处于最后的部分，但在那里却是以两种相互补充、甚至相互提高的方式详尽地进行的：一方面，人只有作为道德存在者才理所当然地被视为自然界的终极目的，另一方面，康德发展出了一个上帝存在的道德证明。

由于与道德的这种令人惊异的多重关涉，我们可以将道德视为一个纽带，它促使第三批判的不同主题达到一个与标题概念，即（反思的）判断力相比虽然是下属的，但并不能被低估的统一性。准确地说，道德被证明为康德所有批判著作的一个统一性纽带。

所有三部著作中显著的标题概念“批判”虽然强调了另一些共同点，尤其是独断论与经验论（包括怀疑论）的法庭辩论，对那样一种认识方式即综合的先天性的探寻，这种方式使哲学能够成为独立的科学。因而，我们不能使康德批判思想的统一性简单化，即限定在某个唯一视点上。然而，出于要否决过度简单化这一理由，我们不能忽视在标题概念“批判”里所缺少却毕竟是本质性的那个统一性契机，尽管它不是康德之批判的先验哲学中排他的支配性动机；这个契机就在于对德性或道德的兴趣。

20.2 作为德性的表达的审美理想

起初道德在康德美学理论中只是否定地呈现出来的。在这个详细的“分析论”里，按照第一批判中判断表的四个标题，美以四种方式被规定。在此康德将美逐一与积极欲求的另外两种方式划清界限，也就是与对快适的乐滋滋的愉悦和对（道德的）善的被理性规定了的愉悦划清界限。如果撇开快适，那么美的事物就是那仅仅讨人喜欢的东西，相反，善的就是那被估价、被赞成的东西。对于美来说，某种自由的、无利害的愉悦，即惠爱，是特有的，与之相反，对于善来说则是敬重：按照质，美是不带任何利害而令人喜欢的，而善是与对对象的存有的兴趣[①]相结合着的。

事情按照同样的模式继续下去；凡不属于美的，都属于善：按照量，无概念的、令人喜欢的东西是美的，相反，有概念的、令人喜欢的东西是善的；按照关系，合目的性的形式是美的，只要我们知觉这个形式是不借助目的表象的，相反，对于善，我们知觉这个形式是凭借目的表象的；最后按照模态，不用概念而被认作一个必然愉悦的对象的东西是美的，相反，善的是借助概念而被认作一个必然愉悦的对象的。

由于这些一贯的、否定性的规定，令人惊异不解的是，康德在审美判断力被标为“演绎”的那一部分中，以及在审美判断力的“辩证论”中，却主张美与善的一个肯定性的、同时是建设性的关系。难道这里有不一致性、甚或矛盾吗？在一个四分法的概念说明的地方康德已先于这一肯定性的关系做出了举动。在“美的理想”（§17）中他将那些出自《纯粹理性批判》的熟悉的概念转用在审美上：鉴赏的原型是一个单纯的理念，也就是一个理性概念[②]。更准确地说应当只是某一理性概念，因为审美理念不像第一批判的一个理念那样关系到客观知识，而是与某种单纯主观的普遍性相关。但理想仍旧是一种个别的、作为一种与理念相适应的存在物的表象

① 原文 Interesse，兼有“利益”、“利害”、“兴趣”之意。

② 本文引文翻译均参考康德《判断力批判》，邓晓芒译，杨祖陶校，人民出版社 2002 年版，以下简称中译本。引文参考中译本第 68 页，德文原版第 73 页。

（第一批判，B596f.，将这个表象规定为一个“个体中”的理念）；这个理想是一个绝对的极大值，是最高的完善性。

然而第一批判从道德上来理解这个概念：德行被称为理念，作为德行的个别的化身，作为它的斯多葛式的理想。在审美判断力中，现在康德就从道德漫步到了鉴赏力，但审美理想、美的理想却仍然是一个个体化了的理念。这理想是鉴赏力的具体原型，但这原型不再像智者那样实存于思想中。因为思考在概念中进行，而按照质的定义，美是无概念的。出于这一理由，一个主管美的能力支持这一计划，这就是想象力，而美的理想仅仅是想象力的理想，而非理性的理想。然而康德没有将每一种美都看作可理想化的，只有那种“通过一个客观的合目的性的概念被固定下来的”美才被看作是可理想化的。理想又只可能存在于那些“在自身中可拥有自己实存的目的”[①] 的东西，也就是在人之中，但是也并不绝对就在他之中，而是只有当他还满足某种确定的资格的时候。

为了对这种资格加以规定，康德引入两个补充的概念：一个典范式的表现，即审美的规格理念，它也适用于非人类的存在物。例如希腊雕刻家米隆成功地对动物作完美的表现。在“规格理念”这一用语中“规格”不应被理解为想象力的平均形象这个意思（艾思拉，1964，251[②]）。规格理念指的是那个对于各个物种如一头母牛或一个人的本质相切合的“规范”（对比《德语词典》XIII899：“规格［…］用作规范或与之相适应”）。作为人的例子康德举了波吕克里特的著名的荷矛者（Doryphorus[③]）。尽管这类的表现给出了对于人体比例的完美和谐的典范，康德还是把它视为仅仅是合乎规矩的，作了较低级的评价（235）。

与规格理念相区别，德性的东西出现于理想中。它使如灵魂的善良或纯洁，坚强或宁静等“在身体的表现中［…］仿佛变得可见了”[④]（引文同上）。在此人们不能忽略那个小小的限定词“仿佛”。作为一个只能够被理性思考的概念，作为某种超感官的东西（本体之物），德性的东西本身是不能被感性化的。举例来说，甚至在那些我们并不通过一个人类的形象来象

① 中译本第 69 页，德文原版第 74 页。

② 鲁道夫·艾思拉（Rudolf Eisler）编：《康德词典》，1964 年重印本第 251 页。下文括号中出现的页码如未特别标明均出于此书。

③ 拉丁文：荷矛者。

④ 中译本第 72 页，德文原版第 77 页。

征灵魂的善良，而是能够表现它本身的地方，我们得到的也不是德性的东西的一个真正的和完全的感性化，而仅仅是它的类感性化。康德自己举出一个机械，“例如一个手推磨”来作为象征一个专制国家的例子，举出一个“赋有灵魂的身体”[①]（352）作为象征着按照公民立法来统治的君主制国家的例子。为了对灵魂的善良不仅仅加以象征，而且将其本身感性化，我们就必须描绘一个人，较切近地是描绘他的面孔，以至于人的眼神的方式表达出了所意味的德性的态度。

在§59中康德还区别了感性化的两种方式，即直接地在某个知性概念的图形中的方式，以及间接地、类比性地在某个理性概念的象征中的方式。尽管康德没有明确地将象征性的感性化与类可见化区分开来，二者之间仍存在一个区别。其中前者是在某个象征物中表达公正，例如一个蒙上双眼（为了无偏袒性），带着一个天平（为了谨慎的衡量和罪与罚的一个严格的比例）和一柄长剑（为了直至死刑的惩罚权）的女人，后者则是描绘某个公正的人。只有在第二种情况下，一种内心的力量才成功达到某种“身体的表现（作为内心的效果）”[②]，借此人们才使得“在内心支配着人”[③]的德性理念成为一个可见的表达（235）。

现在人们也许会提出异议：为什么说波吕克里特的荷矛者就不能达到同一个作用，因而表达出例如说聚集的力量，比方同时表达出坚强和宁静？康德会说，在德性的意义上，坚强被理解为勇敢，宁静被理解为“tranquillitas animi”[④]，理解为内心的宁静和开朗坦然。但这些属性在波吕克里特那里与其说表达在整个身体中，不如说表达在内心最清楚地找到某种外部表情的地方，正好是在面孔上。而这张面孔，如果一定要康德继续说下去的话，在波吕克里特的荷矛者身上，既不会使勇敢，也不会使开朗坦然充分清楚地感性化。

20.3 与道德的亲缘关系：崇高

在审美判断力的第二个对象崇高那里，道德的意义更加提高了。在此

① 中译本第199页，德文原版第212页。
② 中译本第72页，德文原版第77页。
③ 同上。
④ 拉丁文：心灵的安静。

道德不只是在对象的一个狭小的并且异常的领域，即审美理想那里出现。毋宁说道德对整个对象都是重要的，甚至是以一种亲缘关系的强烈形式存在。这种亲缘关系虽然与道德情感相关，并扩展到美（总注释 267，17ff.），但审美判断力与道德情感的亲缘关系却仅仅是对崇高而言的。原因可能就在于那个更大的重要性；只有在崇高那里这个亲缘关系才直达那个概念内核：自然界的一种纯粹的超强力，例如被风暴激怒的“海洋”（261），只在这种情况下显示为崇高，即当它鼓动人们抛开感性，致力于一个更高的、最终是绝对的合目的性的时候。

在康德那里，自然界的纯粹的超强力以两种形态出现。在数学的崇高那里它就是某种全然的（在无穷的、绝对的意义上）、超出于一切比较的宏大。在那里这种优越性，把握绝对与总体性的能力，即理性，仿佛被直观化了。相反，在力学的崇高那里自然界作为这样一种强力出现，它尽管有超强力却对我们没有强制力，人借此来把自己体验为胜过威力无比的大自然本身的。通过在崇高中将感性的自然现象评判为适合于某种可能的超感性运用的（总注释 267），一种“对感官利害的抵抗”[①] 产生了。审美判断力与道德情感之间的亲缘关系恰好在于对超感官之物的某种适合性的相应判断中。

康德在此涉及道德性的教养。因此教养不应理解为美的艺术的领域，美的艺术要服从于道德的要求。更进一步说，修饰、改进和精致化的原始意义涉及素质与禀赋的教化，人借此克服了自己最初的“粗野性”（对比 § 83 和理念，第四定理）。然而对崇高作出判断并不像对美下判断那样如此容易和如此自明。因为内心必须对理念已然是有感受性的。对此，康德说，它需要文化教养。在文化教养即相关禀赋的发展缺失的地方，也就还没有任何德性理念发展出来，所以在“粗人”那里，自然界的强制力不是被感知为崇高的，而仅仅是“吓人”[②]（265）。

在对粗犷的大自然的“大”的观察中，我们不可以直接预设对愉悦的感受，这是康德在“感觉的可传达性”[③]（§ 39）中所强调的。但我

---

① 中译本第 107 页，德文原版第 114 页。

② 中译本第 104 页，德文原版第 111 页。

③ 中译本第 133 页，德文原版第 142 页。

们可以"向每个人要求"[①]（292）愉悦，因而是苛求，甚至是务求。然而"每个人"这一表达，是很少如此清楚地见到的，必须加以限制。不能够真正对每个人务求愉悦，除非我们从某种原初—吁求开始，也就是请求每个人发展对自己超感官使命的情感。康德本人没有引入原初—吁求这一说法，因此按照他的意思，我们只能够在这种人身上期待愉悦，他已经预先发展好了对自己的超感官使命即道德使命的某种情感。这种情感当然可以是"模糊"的，在某种程度上可以是微弱地发展出来；它不需要清楚地、不含糊地在场。由于无论如何是在崇高那里，而不是在美那里，道德的情感得以被预设，那么与美相比，崇高表明与道德具有紧密得多的联系。

为了崇高性判断需要文化教养，这并不意味着这些判断例如说是约定俗成的。相反，康德说，这些判断在人的本性中，在"对（实践的）理念的道德情感的素质"[②]（265）中，拥有某种基础。康德甚至提到与道德情感类似的某种内心情绪，并将这种类似性限制在崇高上。即便是在美那里也有"愉悦对单纯感官享受的独立性"[③]。这里所涉及的当然与其说是作为德性的特征的自由，不如说是"游戏中的自由"[④]，前者是理性对感性施加强制力的地方。在崇高性判断中正相反，"强制力被表象为通过作为理性之工具的想象力本身来施行的"[⑤]（268，35—269，4）。崇高对道德的那个比较大的亲缘关系可能就在于此，这一亲缘关系甚至在外部也通过更集中的阐明而揭示出来。

20.4 道德在对自然美的兴趣中

尽管美在于一种摆脱任何利害的愉悦，仍可以向它发问，在美的东西上我们具有何种兴趣[⑥]。当然这是第二阶段层次的兴趣问题，也就是对无利害之愉悦的兴趣的问题。

---

① 中译本第 134 页，德文原版第 143 页。

② 中译本第 105 页，德文原版第 112 页。

③ 中译本第 108—109 页，德文原版第 115 页。

④ 中译本第 109 页，德文原版第 115 页。

⑤ 同上。

⑥ 此处"利害"、"兴趣"均为德文 Interesse，下同。

在审美判断力中，在标为“演绎”的那部分的中间，康德在这一观点下提出了这一问题，即对美的兴趣是否是“某种善良的道德品质的标志”[①]。他承认那种肯定的回答是一种“好意的看法”。然而正如反对者“不无道理”地所说的那样，他们受到了“经验”的反驳，即“鉴赏的行家里手们”通常“表现出爱慕虚荣、自以为是和腐朽的情欲”[②]（298）。

在上面概述的争执中康德没有介入双方中的任何一方。他区别了对艺术美的兴趣与对自然美的兴趣，然后，对艺术美他主张否定的回答，但对自然美则主张肯定的回答。尽管他在此主张自然美优越于艺术美；然而他并没有主张某一种审美的优先性，像人们常说的那样。康德既没有宣称，自然美在这种意义上胜过艺术美，即在自然界中比在艺术中有更多的美或者更大的美，说得尖锐些：自然美胜于艺术美；他也没有宣称，在美的标准方面，即无利害的愉悦方面有某种等级的提升，就好像人们能够增加纯粹的缺憾，增加纯粹的“没有什么”，即自然美能够比艺术美更加没有利害地令人喜欢似的。因为在无利害的愉悦这个概念中无利害性被认为是绝对的；根本没有丝毫利害可言，仅此而已；在此没有什么东西可以提升的。这也同样适用于间接性。每个人务求艺术美的愉悦并不比自然美的愉悦更少。在审美理想那里艺术美原来是倒过来对自然美占据优先地位的。因为在美的领域中审美的最高阶段就是表现德性的人。所以这个优先性也就取决于某种规定主题的、艺术的描绘。

§42 中所主张的区别涉及一个新的、不再是内心审美的视角。它不仅关系到鉴赏，而且还附带关系到某种间接的、被称为“兴趣”的、对于某个对象的实存的愉快。按照康德的意思，对存有的那样一种愉悦我们没有在艺术美那里找到，而只在自然美中找到了。对这个否定的回答，“没有在艺术美那里（找到那种愉悦）”，当然还缺乏任何论证。康德仅仅主张：“对艺术的美［…］的兴趣根本不能充当一种［…］倾向于道德的善的思想境界的证据。”[③] 相反，“对自然的美怀有某种兴趣”，“任何时

① 中译本第 140 页，德文原版第 150 页。
② 同上。
③ 中译本第 141 页，德文原版第 150 页。

候都是一个善良灵魂的特征”[①]。正如这句话一贯所表明的那样，这里的“善”应被理解为“道德的善”。而在“这种兴趣是习惯性的”那个地方就表明了“一种有利于道德情感的内心情调”[②]（298 f.）。

由于在某种道德性兴趣那里所有的经验性兴趣必须靠边站，康德做了一个思想实验，以便把在先行的§41中阐明了的在审美评价的传达上的经验性的、进而是社会性的兴趣完全排除掉。他从一个“孤独”的个人出发，这个人没有任何的“想要把他所注意到的东西传达出来的企图”[③]。当这个人“观赏着一朵野花、一只鸟、一只昆虫等等的美的形体，以便赞叹它、喜爱它”[④]时（299），当他不愿意失却这美的形体本身时，毋宁说他感觉到的是对这美的形体的存有的愉悦，尽管他不期待有任何好处，甚至还要担心损害（例如由于那朵花散发出某种有毒的芳香，那只鸟是有攻击性的以及那只昆虫像蚊子一样令人讨厌，或者像疟疾携带者那样危险），那么这个人就对自然的美怀有一种纯粹智性的兴趣，因为他与所有的经验性兴趣脱钩了。他感到“自己精神上的心醉神迷”[⑤]（300，3 f.）。能够达到一种这样的纯粹智性的兴趣的，只有某种通过理性被规定的先天的意志（296，28 f.）。

我们可以针对康德批判地思考，是否艺术美不能在同样条件下被赞叹和被喜爱。我们也能够“没有想要把他所注意到的传达给别人的企图”（299）、因而在康德所说的孤独中欣赏一首诗，一支歌，或者一幢美丽的建筑。我们也能够不带任何好处地（除了审美之外）去喜爱诗歌、音乐和建筑艺术，并能够拥有对它们的存有的某种愉悦，即使“这样会有些损害”（引文同上）。但自然美的“道德上的”优越却还不是很明白。

然而，一般来说究竟为什么会有一种道德上的意义？按照康德的意思，“内心若不是同时对此感到兴趣，就不能对大自然的美进行沉思”[⑥]（300，31 ff.）。但这种兴趣按照亲缘关系说是道德性的；这个心照不宣的理由是：对于道德来说典型的东西，我们是不具有经验性的兴趣的，毋宁

① 中译本第141页，德文原版第150页。

② 同上。

③ 同上。

④ 同上。

⑤ 中译本第142页，德文原版第151页。

⑥ 中译本第143页，德文原版第152页。

说有某种智性的兴趣。

为什么对自然美的兴趣仅仅与道德有亲缘关系，而并非本身就是道德性的，对于这一连带的问题，我们可以这样回答：这是由于这种兴趣仅限于对大自然的观赏。对于静观的而非实践的自然，这种兴趣只停留在判断力的领域里，它没有转入欲求并由此最终转入行动。

但为什么这种亲缘关系不具有象征或类比的朴素类型？为什么我们有"理由至少去猜测一种对善良道德意向的素质"[①]（301）？发生于对美的兴趣中的，对道德而言不仅是典型的，而且也是独有的、特别的东西。有某物被尊敬和被赞成，这超出了作为美的特征的惠爱。因为我们着手从事的是这样的事情，它不带来丝毫的好处，甚至可能损害自己的福利。然而它被限制在静观的东西之内，因为我们既没有介入自然，也没有介入社会。所以，关于我们是在自己的行动中是道德的，至少是具有某种道德的素质，这一点只能猜测。

20.5 美作为德性的象征

"审美判断力的辩证论"在把美作为德性的象征来思考时达到了高潮。按照康德的意思属于此处的二律背反就在于这样的对立，一方面，鉴赏判断不是建立在概念之上的，否则我们就可以对鉴赏问题进行争辩了（正题）[②]，另一方面，鉴赏判断正是建立在概念之上的，否则我们就不会对鉴赏进行争执了（反题）。康德对这一二律背反的解决是承认双方面都有道理，但只要加上一个限制：同意反题时，他将鉴赏判断建立在某个概念之上，但同意正题时，他将其建立在某个不可规定的、因而不适合于知识的概念之上。

由这一解决方法推出了关于美在道德方面的象征特性的主张。区别于审美理想，这种道德潜能不仅存在于人及其描绘中，不如说，任何一种美，即所有的艺术美和所有的自然美，都能够具备这种象征特性。按照康德的意思，一个象征是一个概念的感性化，这种概念的感性化区别于概念

① 中译本第143页，德文原版第152页。

② 原文意为"不会对鉴赏问题进行争辩"，不符合康德原意，当为作者笔误。参考中译本第184页，德文原版第197页。

的图形，它只是间接地表现概念。这个单纯的间接性在要表现出来的概念的性质中有其根据。对某个“只有理性才能想到”的概念，因而像德性这一概念，“没有任何感性直观能与之相适合”[①]（351）。尽管如此，为了不放弃一切努力，而是仍旧进行某种感性化，那就只能当做在某种类比形式中的经验性直观来做，这恰好就是作为一个象征来做。但对于直观的某个对象的反思也就转向某个完全不同性质的概念，也就是阻止任何直观的概念了。

在上面康德所举的那个例子中，一个像手推磨那样的机械作为一个专制国家的象征，并没有主张在机械与国家之间有丝毫的相似之处。就其自身而言，一个手推磨没有国家的特性，更没有专制的特性。这个相似之处仅仅存在于我们反思两者的因果性所遵循的规则之间。机械和专制国家虽然遵循不同的法则，但两者都属于法则的同一种机械主义的方式。

美作为德性的象征并不说明，唯有这样的对象或表现才是美的，在其中德性的善被表现出来，而不表现丝毫的坏事甚或恶事。否则，描述就会谈到恶习和罪孽，魔鬼或地狱，后来波德莱尔的《Fleurs du mal[②]》（恶之花）就会反对康德的命题。康德更没有主张，艺术应尽力追求审美理想，因而应尽可能将道德性的东西表达出来，因此就要集中表现灵魂的善良或者道德的坚强之类的东西。

按照“辩证论”的主要任务，它涉及的是鉴赏判断的能力，也就是可传达的、取得每一个人的赞同的能力。这种能力所处理的并不是某种可能极受欢迎的、但对美的本质来说可以弃置不顾的额外功能，毋宁说，这个本质本身面临争议：就像每一个先验批判那样，第三批判也在寻找某种先天综合的东西，并在无利害的愉悦的单纯主观的普遍性中找到了作为所有先天东西的特征的那种普遍性。那种对此负责的共同的感觉，也就是那种 sensus communis aestheticus[③]（295），已经由康德在审美判断力标为“演绎”的部分那些中间章节里研究过了。正如人们通常所忽视的，这本书直到“辩证论”及它的有关“象征”章节才算完成。直到这里康德才

---

① 中译本第 198 页，德文原版第 211 页。

② 拉丁文：恶之花。《恶之花》是法国象征主义诗人夏尔·皮埃尔·波德莱尔（Charles Pierre Baudelaire 1821—1867）的代表作。

③ 拉丁文：审美的共通感。

宣称，美仅仅（“被考虑”）作为德性—善的象征才使人喜欢。如果没有这一象征特性，因而缺乏与德性—善的关联，那么就不能实现对审美判断来说是本质性的普遍可传达性。为了予以强调同时更准确，康德补充道，这实际上涉及那种严格意义上普遍的喜欢，也就是某种带有“要每个别人都来赞同的要求”[①] 的喜欢（353）。

对于与德性的这种关系康德还给出了一些解释，这些解释似乎是与在“分析论”中被强调的美的独立性相矛盾的，此外也似乎是与艺术的自律性相矛盾的。一方面，美对德性—善的这种象征关系对“每个人都很自然”，另一方面，上面所说的这种关系必须被“每个人都作为义务向别人”[②] 强求，这种义务不言而喻地应理解为道德性的义务（引文同上）。

一种道德性的自我意识属于崇高的存在者（参见 20. 4 节）。康德突出地将美与道德鲜明地划分开来。令人惊异的是，他在此对道德赋予与崇高的概念相接近的东西：在美那里内心“意识到自己的某种高贵化”[③]。康德补充了“（美）和（德性—善）”的内容，我们对这些内容可以做阐释性的解读：内心的高贵化是通过其意识到自己“对感官印象的愉快的单纯感受性的超升”[④] 而发生的（353）。“感官印象”这一表达提醒人们所有美的感性特征，“愉快”这一表达则提醒，感性客体可以是令人快适的，但选择权在美那里，即使有“高贵化”这一表达，也被放弃了。

这种象征特性在哪里包含着或者表现出来？美和德性—善，这两者都具有某种理智的特征；甚至判断力也与“超感性之物相联系”[⑤]。在这些场合下，那种主管的能力，在美那里是判断力，在德性—善那里是欲求能力，并不“服从经验法则的他律”[⑥]。这种能力不如说是自己“为自己提供法则”[⑦]，借此康德将自律的资格也赋予了判断力（353）。

在《判断力批判》第一导言第八小节中，康德特别明确地谈到自律。但他是在自律与“在自由的实践法则中的理性”的客观自律的区别中描

① 中译本第 200 页，德文原版第 213 页。

② 同上。

③ 同上。

④ 同上。

⑤ 中译本第 201 页，德文原版第 214 页。

⑥ 中译本第 201 页，德文原版第 213 页。

⑦ 中译本第 201 页，德文原版第 214 页。

述自律的特性的，令人惊异的是，因为与第一批判和第二批判中的概念相矛盾，它同样也与知性的自然法则的客观自律相区别，而被描述为具有“单纯主观的”自律的特性。准确地说，他把这种自律称为再自律，“因为判断力既不是为自然，也不是为自由，而是仅仅为自己本身提供法则”①（XX 226）。

康德的进一步的阐明将美的非道德性的概念与道德性的象征特性之间的矛盾作为只不过是表面的矛盾悬置起来。美以四种方式与道德的善类似，但也只是类似。因而两个东西在内容上是不同的，只是形式上相似：(1) 两者都直接地令人喜欢，美却仅仅在反思性的直观中令人喜欢，相反，德性是在概念中令人喜欢；(2) 两者都是没有任何利害地令人喜欢，前者即美，完全没有任何利害，后者即德性—善，没有先行于判断的利害；(3) 自由在双方那里都居支配地位，前者是在想象力中，后者是在意志中，这在前者那里意味着再自律，只有在后者那里才意味着自律；(4) 在双方那里评判原则都被设想为普遍有效的，但在前者那里只是主观的，相反，在后者那里是客观的。

这四个层次的类比使人明白了，为什么我们把一些美的对象（既有自然的，也有艺术的）配上看起来是道德的属性，例如把大厦或树木称之为庄严的，以及把颜色称为贞洁的或者谦虚的。

这种象征特性并不意味着，美一反最初的概念规定，而具有某种道德特性，同样，道德性的东西也并不具有某种美的特性。在双方仍然有严格区别的领域中仅仅存在一种类比关系。我们必须能够从其他方面也读出这种类比关系。虽然康德没有表达出这一点，因为这并不是他讨论问题的关键之所在，然而出于这种类比特性而倒过来说必定是合乎实际的：德性—善是美的象征。

20.6 目的论和道德

在目的论判断力中道德迟迟出场，但它的出席也就更加有分量。康德从目的的多重含义那里着手，经过客观的和客观—质料的合目的性达到有

① Autonomie 和 Heautonomie 源自希腊文，Autonomie 意为“自律”，Heautonomie 意为“再自律”，部分译文参考中译本第 20 页，德文原版第 22 页。

机体的内在的合目的性。在有机体那里因果—机械的解释遇到某种界限，然而并非限制。因为连有机的过程也可以被机械地加以解释，这个相应的解释甚至应该被搜寻。但为了将有机的东西作为有机的东西来理解，例如理解为那种自己是自己的原因和结果的东西（“反思的因果性”），以及那种在其中整体与部分彼此互为前提的东西（“部分—整体—交互关系”），那么某种内在的合目的性就应该被假定，因而应该从目的论来思考。

所以目的论对自然科学来说是不可抛弃的，但却是以极其朴素的方式。虽然我们不是在每门自然科学中都需要目的论，尤其不是在物理学中，但在生物学中还是需要的。另外，目的论不是代替机械论思维，而仅仅是对它进行补充。凡是想要从严格意义上解释有机过程的人，都必须将其从因果—机械法则中推导出来。然而借助这些法则我们并不理解有机体的特质，既不理解其反思的因果性，也不理解部分—整体—交互关系。

每一个自然研究者都能够不假思索地赞同目的论的那样一种谦虚的要求。因为这里没有引入神秘的、科学上不可证明的力量。就连生物学家也保有在纯粹科学内部进行研究的权利，甚至他有义务这么做，因为只有因果—机械性的解释才被看作是严格的解释。

但为什么生物学家应该从谦虚的目的论过渡到道德，甚至经过道德过渡到某种上帝（存在的）证明？所预设的是某种认识上的好奇心，某种尚未被抑制的求知欲。为此，这种好奇心或求知欲不满足于生物学的一种科学理论，而是要进一步达到对自然整体的某种全面的理论。只有在这种理论中，人类学的、道德哲学的和神学的要素才保持着某种显赫的位置。在这种主题的过渡中论证的主体改变了。不是生物学家作为生物学家，也不是自然研究者作为自然研究者，而是哲学家在实行这个过渡。但在此哲学家并没有追求任何特殊的兴趣，更没有援引某种特殊的知识。不仅在动机方面而且甚至在认知方面，所有秘传的东西都仍然是排除在外的。同样没有渗入进来的是某些非哲学家人士在哲学中担忧的、而另一些人士则希望从中获得的假定：宗教的或世界观的假定。康德所担负的只是一种任务，这种任务一般是对哲学提出来的，并且是借助于每个人自己自然的求知欲向他们敞开的；康德既想要终极思考某个主题，又想要彻底揭示那些根据，直至它们的真正的根源。

这个被提及的过渡不具有某种飞跃的特性。正如在终极—思考中所暗示的，不如说进行的是某种内在的过渡。其论证的主要步骤是：机械的和目的论的解释是异质的；因而它们不能同时解释一物或一过程的可能性。不如说这需要双重方式，一个是只能够存于超感官之物中的高一级的视角，另一个是解释的等级制，因为它的缘故其中一个解释相较于另一个解释是低一级的。虽然一栋房屋的建造遵循机械法则，但它首先是为那种意图所决定的，即我们一般地想要建一栋房子，加上恰好想要建这样一栋房子。

因为在解释的等级制中目的论占有优势，第二个论证的主要步骤就是终极地思考目的论思想。第一个分步骤：我们把整个自然设想为一个由目的论安排的整体，一个目的论的系统。第二个分步骤：为此需要一个目的，这个目的不是同时作为手段存在的，因而是一个终极目的。第三个分步骤：每一个自然物都能够充当另一物的手段，因而自然物不能够是一个终极目的。第四个分步骤：某个并非自然的存在者是一种道德性的存在者。第五个分步骤：那个同时被我们认作道德性的存在者的唯一的“自然存在者”就是人。因而只有人才能是终极目的，但按照第四个分步骤，人不是作为自然存在者，而是仅仅作为道德存在者，才能够是终极目的。

我们不得不问的是，为什么论证不是在这里结束；为什么康德还要引入第三个论证的主要步骤，它为超感官之物寻找某种解释并在上帝存在的道德性证明中看出有这种解释？对于作为道德存在者的人来说关键的是一个从属于道德法则之下的世界，因而是一个德性的世界秩序。但人不仅仅是一个道德存在者，同时也是一个自然存在者，由于其自然特性，也就是实践的感性，这个自然存在者可以被引诱至非道德的行动，并且总是从事实上被引诱至此。因此德性的世界秩序（在康德那里也谈到道德目的论）仅仅通过人是实现不了的。为了道德世界仍然能够实现出来，需要一个最高的立法者，他以同一尺度主管两个世界，即自然的世界和道德的世界。为了完成他的道德任务，这个立法者除了全知、全能和全在之外首先需要全善和全义。

对于这个存在者、即某个道德的创世者的假定，人们没有推论性的证明，但完全有一个道德的理由。被理解为最高自然的善即幸福与德性的法则即配享幸福相一致的至善，在没有这个假定的情况下是根本不可能的。

就这样第三批判以那些康德在第二批判中展开的、甚至在第一批判中就已经草拟出来的思想作为结束，这就是：人按照道德存在者来说是终极目的；关于一个德性的世界秩序的假定；关于作为一个德性的世界秩序的可能性条件的一个道德创世者的假定；以及作为道德神学特有的认知状态的道德—实践的信仰。

20.7 暂时的总结

在从《纯粹理性批判》第一版到《判断力批判》第一版问世所经过的这不到十年的时间里，康德已经在一些细致的地方对他的批判的先验哲学做了修改。从他的影响所及但很少被注意到的本质方面来看，他的纲领仍然没有变化。康德鼓足了在论证上异常长的一口气来展开这个方面。所以这种共同性就被不能鼓足这么一口长气的读者忽略了。无论康德是从客观的知识那里（第一批判），从实践的原理那里（第二批判），还是从美、崇高和合目的性那里（第三批判）开始着手——以便对所有这些主题作彻底的终极思考，他都在临近每一部著作的结尾部分时作出道德的阐明。在这些对一个道德世界，对这个世界的创造者和对这种阐明的特殊“认知”方式的阐明中，批判的先验哲学达到了某一个，甚至也许就是唯一的一个最高点。

（译者单位：华中科技大学哲学系硕士生）

人类人格的人性

——康德与人类尊严的人类学

V. 格哈特/著　刘睿　刘作/译

［内容提要］理性是人性的主宰，但人性是其特性存在于行动和行为的不同性情的一整体中的经验性存在物之要义，因而康德论及的人性和道德原则都必须与人类和人类的生存有关。根据康德，每个人格追求凭自己的洞见和知性做决断，个体不仅把自己看作一个类型的示范性象征，而且看作一种给出范例的行动。人性正是那由以能够完美地完成或实现人类整体努力的东西。理性是个体和种群的一种特殊器官。通过理性，个体理解自身并将自己理解为人性的一个典范，即人格，文化是示范性的本性。个体与以相似的方式理解事物的所有其他人相联系。每个个体人格中的人性自我概念平等地赋予个体人的尊严。"人性"绝对地要求我们每个人按照理性的尺度和标准来公正地对待。

［关键词］人性　理性　人类　经验性　康德

1. 经验性的或先天的？

在《道德形而上学基础》序言中，康德特别讨论了一种批判伦理学的先天径路，他写道，这样一种伦理学"必须与一切经验性的事物仔细地分离开来"（4，388）[①]。"道德法则""在本质上"和"在总体上"不同于所有经验性的经验，因为这些法则甚至丝毫没有假定"人类的经验性知识"（4，389）。

这个众所周知的出发点直接对照于批判伦理学的结果，一个康德以多

① 《康德全集》第4卷，普鲁士科学院版页码，下同。——译者

种方式清楚阐述的结果。一种尤其简洁而又令人信服的阐述这个结果的方式，是通过把人类人格援引为自在目的的绝对命令式的那种表述方式：

> 你要这样行动，永远把你自己人格中的人性和每个其他人人格中的人性同时用作目的，而决不仅仅用作手段 。(4，429)

我的简单问题是：把一切经验性的东西排除出去（这将导致把伦理学的范围缩小到仅为“理性存在物”和免除其作为真实存在的人）如何能与前所未闻的每一个人类人格中的人性的表述式相容？

我对这个问题的回答简短地说就是，康德本人在《基础》的序言中可能更少坚持这一观点。我也确信，彻底排除人类的经验性的自我知识是不必要的。尽管把伦理学奠基于理性之上不仅是正确的、而且是必要的，但是人们不可能避免对于他自己实存的自然条件的系统思考。更有甚者：人类在其有死性、肉欲以及从未相当充分地以理性的方式存在等诸方面的状况是某一批判伦理学的一个建构条件，即便这种伦理学从理性推导出它的规范。如果康德使其与他自己的人类学之间的联系变得明确并得到承认的话，那么他就会实质性地推进他为道德形而上学奠基的工程。

我已经在其他地方为这个观点做过详细论证。[①] 在此我想要表明，康德自己含蓄地坚持这一立场。

2. 人性

如果康德事实上要把他的批判伦理学出发点想象为独立于所有那些根据经验为我们所知的自然进程，那么他将根本不能谈及“人性”。因为人性是其特性存在于行动和行为的不同性情的一个整体中的经验性存在物的要义。不像其他动物，人类以借助于洞见来证明其行为的正当性（至少偶尔地）这样一种方式来行动。并且人类总是在考虑到经验性条件下这样做的，这些经验性条件是人们在自己作为个体中、在自己与同类他人的关系中、在把自己与他人联系在一起的生活情形中观察到的。而且，只有

① 格哈特：《自我规定：个体性的原则》，斯图加特，1999 年；《康德：理性与生命》，斯图加特，2002 年。

通过一种人类生活的理念我们才能超越以这种方式根据经验所可能发现的东西。

简而言之，西塞罗阐述的人性观念就是这样的。在此我们具有一个并不仅仅与理想化了的高贵的罗马人（正如通常错误地宣称的一样）、而且更确切地说与所有人类的开端相关的规范。康德追随克里斯坦·加维的翻译（稍稍在《基础》的写作之前）中对西塞罗《论义务》的一个前所未有的重新解读，吸收了人性的观念，并且他着重把这一概念运用于人性整体。然而，只要人们承认人总是处于其所有弱点之中，这一理念就只能是劝导性的。

如果康德曾认真地寻求放弃生活的经验性意义，那么他就从根本上不可能借助于人性。他将不得不使之与“目的王国”或“纯粹理性的存在物”相关。当然，人们也可能质疑在所有关于经验性的现实都不在场的情况下，这些概念实际上能否保持清晰一致。可理解性的概念本身不是立足于仅能在动物行为中观察到的某种东西吗？没有物质条件及作为有机事例的目的明显的具体行为，目的究竟能是什么？除了为了理性的存在物向彼此表述清晰的和合理的要求而需要的注意、践行、特定的技艺最后甚至文化的自然能力，“理性”能指称任何事情吗？并且“自由”的观念不是总是假定从特定的强制性束缚中解放出来的经验性经历吗？

所有这些并不必然地以清晰地谈到“纯粹理性”和“纯粹理性的存在物”为前提。这些和其他词语的转换表明人根据他的洞见及随之而来的理由而行动的确是可能的。人类的行动并不是一半出自理性智慧，另一半出自冲动。人们能以洞见为根据而充分地行动，这是因为知识和智慧能把人的本性每一相关条件与某一行为的特殊境遇的经验性条件结合在一起。如果我克服了我的疲乏并且为了我可以最终完成我的论文并履行我对编辑的承诺抵抗了去看电影的诱惑，那么我就独自遵循了要求履行某种承诺的理性洞见。洞见和行为仅在身体的、生理的和对人的本性作精神抵抗的语境中才具有意义。

我们可以做出结论：［人的］本性和理性被有理解力的知性及随之而来的理由所调解。但是如果我们考虑到经验性条件，我们只能谈到这种调解。在这种情况中，我们当然可以援引“纯粹理性”，但我们不需要放弃所有与“人性”相关的东西。

3. 人类的经验性整体

“你的人格中的人性”这一表达形式很少出现在康德的学说中，但单词“人性”出现得相当频繁。在我看来，康德对人性概念广泛的使用毫无疑问是寻求将实践理性的能力运用于人的自然的、历史的、从而人的社会性维度。并且很明显，就《基础》中著名表述式来说，为了使它具有某种意义，康德也必须首先从人既定的经验条件中得出他的表述式。这一点利用“你的”和“我的”之间的对立和目的与手段的区别而在一个基本的层面上得到体现。如果它们与个体之间经验的区别无关，或者如果它们并不涉及具体目的和为了实现这些目的而需要的手段之间的功能性区别（一种仅可能在技术的使用中经验到的区别），这些术语能意指什么呢？

我们能找到无数与人类生存的经验性现实相联系的理由。20 世纪社会学的时代精神特别聚焦于人的社会本性。这种标准充分体现在康德对含蓄交流绝对必要的功能的强调中，它渗透在理性的所有功能中。它“自由地”获得并可以“公开地”讨论与处理，这一事实对所有的知识都有重要影响。① 公共领域的确是政治的一个“先天”条件并且可以被平等地称之为是所有知识的先天条件。但它也是人的社会性生存的一个领域，是一个通过讨论、阅读、写作和出版的程序而公开的领域，它依赖于无数的技术和组织条件。

对康德而言，首先，人实际的贫乏和有死性引起了对理性某种批判的需要。道德性仅在考虑到人的能力的有限性时才有意义。上帝或纯粹理性存在物，例如所谓的“天使”，由于他们“不会必须这样”这一简单理由而将不是必须成为道德的。因为他们不会被诱惑成为不道德的。他们将会与凭自己的意志具有的洞见相一致。因此，伦理学对于上帝或他的“幕僚”将没有意义（从 Giorgio Agamben② 借来的一个短语）。

因而无论道德的原则可能或必须是多么纯粹、无条件和理智的，它都必须与人类和人类的生存有关。因为人是唯一能成为他自己的主人的动

① 康德：《纯粹理性批判》第一版“序言”，科学院版第 4 卷，第 9 页。

② 阿刚本：《天体的管理者》，美茵法兰克福，2007 年。

物[1]，并且他要求道德性以实现这一他置于自身的需求。这由必然包含了自然因素的“自我规定”这一观念而得到表示。正如我在不久前试图展示的[2]，“动物的基本原理”是那种“具有理性的动物”。因而它是那种能给自己提供一个范例的动物[3]。在服从它自己的理性中，是人这种动物使自己服从自己的理性能力，因此它必须被赋予统治他的动物性存在的力量。在古代，这种“自治”（autokrateia）被理解为德性的实质。它是某种只能在个体生活中找到表述的关系。

4. 人类的自我概念

假定正常和健康，每个人格只是追求凭自己的洞见和知性做决断。我并不意指人们不能或多或少自我规定；因为即使勇敢的人当他们反思经过自己深思熟虑的行为的结果时也能发现令他们恐惧的原因。然而，我否认即使胆怯的孩子在他的所有行为中都是被规定的。且即使让妻子决定生活的实际事物的男人也需要一些零花钱。无论谁把自己理解为一个人格（且由此拒绝仅被当作一个物体或事物），也都有一个关于他自己的自我的完美设想。

在这种对独立性和自我规定的主张中，经验性的个体拥有的是一种不仅可理解的，而且还是他可以借此提升自己至一种自律状态并要求来自他人的约束的合乎规范的内核。问题是：这种对人的明确的求助会导致我们偏离理性原则吗？我认为这种异议能得到驳斥：

任何能把自己理解为一个人的人，都具有一种把自己理解为一个自发的能动整体的能力。简洁地说来，这是一个分析上的真命题。尽管可能包含矛盾，但我承认自己是仅能作为某某种类的一个整体而被言说的某一事物。在自我认识的行动中，人作为一个在自我概念中创造统一性的程序整体而行动。这种统一性类似于他的著作，并能充当具体洞见的基础。以这种方式，三种独特的统一能力在人的自我设想中发挥作用，得到了恰当地

① 康德：《世界公民观点下的普遍历史理念》，科学院版第 8 卷，第 23 页。

② 格哈特：《自我规定》，第 295 页以下和第 323 页以下。

③ 格哈特：《康德：理性与生命》，第 360 页；亦参见其《自我规定》，载《什么是人》，甘腾、格哈特、尼达－雨梅林主编，柏林/纽约，2008 年，第 1—10 页；“公共的人”，载同前书，第 97—102 页。

理解。当这种自我变得对行为具有意义并被付诸已确定的实践中时，我们就可以引证具体认识的完整体系及技术和行为的程序性统一。——在自我的统一和人格的同一的所有阶段中，经验性时刻都在场。

行动中的每个人格的构成亦是如此。在所有这样的人格中，感觉、情感和知性作为组织力量和谐地运行。如果我们不把它们与根据自然条件而出现并依照自然结果而发生的不同情景相联系，我们就不能理解这些力量。自然代表心灵赋予事物以意义和实现深思熟虑的能力的条件。具体显现的东西是所有行为得以执行的不可替代的物质和肉体因素。正是生活的物质因素使意图和洞见作为组织引发那些能被称作人的行为的活动的事例而成为能动的。

5. 通过范例而生存

如果我们要赋予康德一种自我隔绝的主观主义、自我陶醉的最高纲领，或者甚至是某种理性存在物的绝对理性中心主义，那么这将是完全不合宜的，而且恰当地说，也是无意义的。正确的是：实际上，在面对道德问题时，“我们该怎么办?”替自己承担责任的人是个体。但在他将这种理性的要求置于自身之上的每一时刻，他超出了他自己唯一的个体性并将自己看作了一个示范性事例，或者更确切的是：作为一个他自己算作其中的一般类的典范。

每一个体事物，就我们所知，都是一个它属于其中的一般类（在我们认知的范围内）的实例。因而可以说每一个体事物都是示范性的。

这也对了解自身的存在物同样适用。如果我能注视自己并以一种坚定的男高音宣称“我是一个人”——那么我显然属于群居的，缺少毛发、翅膀、羽毛和鳍，掩盖裸体要不然就相当羞愧的动物种类。这能充当某个体作为一个类的成员纯粹认知识别的范例。但事实上它比这更多。那个以这种方式识别自己的人包括由其本人对之负责的描述中的行为模式。并且在做这些时，他不仅正像在他关于他自己的种—成员关系的特定事例的知识中得到清楚表述的这个种的某一成员那样行动，而且，他正就像这样一个成员一样对待自己。他掩盖了他的裸体，然而知道在生活的很多情形中这种行为不足以掩盖他的脆弱。他不仅承认自己是一个类的示范性例子，而且也根据这一描述的含义来对待他自己。

在这样做时，他把自己不仅看作一个类型的示范性象征，而且看作一种给出范例的行动。他变成了一个他属于其中的种的活跃代表。只有认知被转变为——让我们称其为——人类实践。

正是这种实践我想要将之置入示范性行为的主题之下。[①] 在这一行为中，我不仅是我所是的那个人，我还把自己展示为某某种类的某事物。我把自己呈现为一个种类的代表，并且知道自己仅仅是这个种类的一个成员。这就是在历史条件之下，以可感知的形式执行并伴有经验性结果的一个具体行为。它是某一个体自我给予范例的呈现。然而它在某人（他在正在认知的行动中把自己理解为理性的）的洞见与知性中具有排他性的理由。

6. 自我概念中的一致性

已知的允许我们把某一个体认知为某个种群的成员的一般类型，在所有真实的情况中都是一种本性的联系。所有事物都生存于与他的本性的联系之中，以自我知识示范自身的存在物能是某种例外吗？

让我们假定人完全并纯粹的是一种自然事物。在那种情况中，他将不需要为他自己提供特定的自然法则。因为他不管怎样都服从自然法则。这就是为什么只存在一种事物的一般类型，这一事物因个体总是为之提供一个示范性事例而被考虑为类。不顾所有的怀疑、质疑，建议一定向一追寻和匮乏，人最终令人吃惊地决定了他自己。并且因此人的范例存在于得到理性地理解的联系中和某个将道德需求置于自身、理解自身的存在物的语境中。然而它是在某种洞见的条件之下理解自己的，这一洞见能以合理性或理性的形式变得具有实际上的关联性。

在康德的学说中，我们发现这种一般的语境和用各种不同的概念描绘的联系。有时他称之为“理性存在物的王国”，有时他称之为“目的王国”。他通常只是简单地称之为“理性”，因为理性的确是最一般的可想象的语境，只要他使用自己的理性能力及与之相随的知性形式，每一个体都可以将他自己纳入这一语境。因为一个人格具有的理性也总是和另一个人格具有的理性相同。在这种情况中，事物具有与我们对逻辑或语法的使

① 参见《范例性的思想》，慕尼黑，2008年，第11页以下。

用几乎一样的方式：通过使用它们——即使以一种夸张的方式——正如我同所有其他人所做的一样操作，从而在我对推论和概念的个别使用中，我自己是某个一般而又极具包容性的语境范围内的一个实例。

因而人，通过洞见把握自身的存在者，恰恰通过他作为某一个体的自我概念将自己置于与他自己的类的其他人的关系之中。这个存在者不仅仅在其意识的理论功能中基本上被指向他人。在它对自身审慎的和经验性的设想中及在其被理想化的自我形象中，人是一个根据他人对自己的理解被定向的人格，或者至少以他人可以理解的方式——即使在那些他寻求超越以前所发生的一切事情的情况中。因而所有通过自己的智慧指导自己的存在者，即人类，关于生存的自我参考经由引用既定的和想象的人的社会性在规范上和描述上都得到了调解。

7. 人性作为一种理想的整体

任何把自己理解为一个人的人都知道他不是独一无二的；他知道他与其他人联系在一起。这并不意味着他能够像读一本书一样读懂每一人格，或者他喜欢每一个所遇见的人。但它的确意味着他必须不仅重视他自身中的、也要重视他人中的真正允许他想要任何似乎对他很重要或有价值的事物的东西。

因此，人性概念不应被理解为所有生存着人的经验性平均，也不应仅被看作贯穿历史进程的政治、文化和宗教的表述的总和。人性意指具有当其处于最佳状态时所展现出来的特征的人的整体。我们不能否认在关于所有个体的正义中理性偶尔的弱点甚至是失败。我们清楚地注意到存在着各种可以想象的形式的污秽、欺骗和某种固执的摧毁欲望。然而，总体上我们假定一种更大的善良意志的比例，并且我们把个体和群体的经验性能力当作一种改善的机会。以这种方式，我们得出一个有希望的人和人性的概念，它对所有能领会它的人构成一种规范性义务。

因此，人性正是那由以能够完美地完成或实现人类整体努力的东西。这一概念吸收了人的经验性品质，并且将这些品质理解为像那些我们可以期待比历史进程中所实现的更多的东西一样的能力。正如在我们假定我们自己的学习、创造及发展丰富的想象、批判理性的能力时的情况一样，人的机会和可能性被理解为某种功能和一种我们必须奋起迎接的挑战。

人是一种“由于他自己更高的力量而导致的残疾者”这一解释具有很好的批判感，正如赫尔穆特·普莱斯纳所做的，因为人显然遭受他的超常能力之苦。进步使他紧张。然而如果他并非要通过对科技的怀疑而变得软弱无能，那么他必须把自身领会为他自己可能性的代理人。[①] 以这种方式，人的理想化的自我描述采取了一个规范的转换，每一个体面临隐含于人性真正概念中的某种挑战。因为每一个体都寻求超越使用由自然赋予人类的那些能力的历史界限，尽管作为一个体，他仍然受其生存的经验性条件所赋予的自我实现的出发点和手段的约束。

以康德来说：人性的概念包括了种的完善能力观念及其个别范例作为一种生活目标。作为一个具有自己理性的存在物的人无论何时开始试图为他自己的行为找到好的理由，他的标准一定来自人性，它充当他的一个参考点和他自己成功的标准。作为一个道德存在者，无论谁为他自己的行为寻求好的理由，总是必然将他自己归于人性中——归于一种理想的人类整体中，在其中，他的合理性可以得到理解，至少在其动机方面，可以被看作为全体利益而作出的某种贡献。

8. 适宜性的实现

作为人类全体成员的理想整体，人性在自然中具有其位置和起源。它从来没有避开自然。在更近的文化演化进步中，自然在一种日益发展的自我决定的历史帮助下得到了理解。作为人，我们从出生起就与这种进展有关，并且我们永远做不到避免自然的历史发展。政治哲学如此常常说起并具有如此不幸的结果[②]的“自然状态”是一种人决不能逃避的状态。他作为一个活着的存在者的幸福就在那里，他作为一个公民和政治存在物的机会也在那里。

因而“绝对命令”仅要求我们认真地考虑那个在此我们一直谈到，并创立于自然和历史两者中的理念。我们将在其可能的最佳状态中想象我

① 顺便说一下，这与普利斯纳的意图完全一致，见《有机体的等级与人》（1928），载《康德全集》第4卷，美茵法兰克福，1981年版，第383页以下；《对人的状况的追问》（1961），载《康德全集》第8卷，第136页以下。

② 参见格哈特《契约主义的政治赤字》，载《水星》第714期，2008年10月；《参与：政治的原则》，慕尼黑，2007年，第122页以下。

们的本性；我们将根据一种适宜性来想象我们自己并把自己理解为堪称楷模（的自己）。我可以作为某个在全体提出的理想需求下工作的个体做到这一点。而且我可以无须超越我作为一个道德存在物的意义并同时保持与我们自己的本性的和谐做到这一点。这发生在与我的同类中也具有自己的理性能力的他人有关的方面之中，他们使用理性能够赋予他们自己的本性一个独立的轨迹（或随着时间推移甚至可能是一种“品质”或“性格”）。因此，我一定要尊重“我自己人格中的人性”。

要点是：伦理的普遍性并不是作为一个外来的命令提出的要求；它仅通过我们对自己提出的一个要求而实现。并且，在这样做中，如果个体把自己理解为一个种的典范，那么他实际上援引了共同体和他作为一个人已包含在他的自我描述中的整体。作为一种自在目的，对他自己和他自己的类而言，个体是那种可被理解为人性理念的目的。

我希望，通过它我已表明人成为人性典范的要求能够在没有忽视个体及其中的经验性自然的情况下得到理性的辩护。

我以上描绘的因素能以许多方式得到扩展和支持。只列举一个：我们可以求助于与康德对自然有机体的杰出表述相当的绝对命令的重要版本。根据这一表述，动物的每一部分从未被仅仅理解为一种手段，而总是作为目的。①

但我不再进一步追求这种论证的途径。我将在此把自己限制在一个关于一种批判伦理学特征的一般评论。这一评论的目的是展示这种伦理学，特别是在考虑到生活的经验性条件的情况下，可能具有什么重要性。

9. 示范性的生存

康德道德哲学的精华是人必须赋予自己一个范例。如果这不应是一个秘密，而在我们的行为中应是明显的，那么我们不得不把每一道德行为领会为一个示范性行为。因而政治不是依赖于公众注意的唯一领域，一个道德存在物也生存于一个他希望在视野中见到的不仅只有自己，还有每一其他这样的存在物的宇宙中。这就是为什么根据康德，所有的德性最终可以

① 参见格哈特《一种批判的生命哲学——康德哲学中的理性、实存和革新》，载《康德活着》，瑞克、迈耶尔和阿尔主编，帕德博恩，2006 年，第 46—67 页。

在一种单一的德性中得到总结：真实的德性。[①] 道德性和政治之间的区别存在于这一事实中，即在道德性中，每一个体最终自己对他决定的事情负责。

道德性的要求指向一个单一个体，他寻求解决他引起的与自己有某种关系的冲突。然而，他在一个被同类的其他人所感知并且他希望尽可能被关注到的公共领域中面临他的难题。即使可能有几个个体以类似的情形结束，但没有人夺走他的精确位置，所有的人都以他们自己的地点和视角保持为观察者。这就是为什么个体在他的行为中事实上仅提供了对他同类的一个示范。

对自己提出与此有关的要求仅在人脆弱的、有死的和持续濒临危险的生存条件下才具有意义。既然我们每个人共享一种不可挽回的偶然性和相互依赖性中的生存，我们能够承认我们的脆弱性及作为一种我们与其他存在物共有的命运：有死性。许多东西都代表了某种谨慎、为了植物和动物的生存而面向未来的准备。人们也可能指向伴随着种的消失和创造的痛苦而来的美感的丧失。但这些不是保护我们的同类存在物的决定性的论据。决定性的论据是道德论据：在与植物和动物一起生活的共同体中，每个人格应以这样一种方式来行动以至于能保卫他自己的尊严。这意味着我们每一个个体在与我们的同类相处中必须是示范性的。

这也适合于那些与人类生存的常态不相符合的存在者。康德给出了一个例子用以说明自然的创造性，但按照他的意思，我们也必须从道德上理解这一例子。在所有活着的事物中，正如他在《判断力批判》的第二部分中所说的，存在着一种活动有机体的“自我援助”。这一点即使在那些个体功能不知何故有残疾并且不能实现正常功能的情况中也能看得到。在这些情况中，“成长中的流产或畸形”证明了即使在不可能完全替代被损坏的器官的那些情况中器官功能也相互适应。以这种方式，那些“非正常生物”的机能可以被看作“最令人惊奇的生命特质”的一部分。[②] 这是一个对残疾的崭新的和完全不同的视角——一个超出了道德尊重和团结的箴言，并应促使我们尽可能为那些由残疾遭受痛苦的人提供社会舒适的视角。

---

① 康德：《实用人类学》，科学院版第7卷，第295页。

② 康德：《判断力批判》，科学院版第5卷，第372页。

于是人类人格必须尊重自身中的人性被证明不仅与他对自己及同类中的他人的态度相关联，而且与他对那些只有理性才能清楚表述其痛苦的沉默的生物的态度也相关联。以这种方式，生命的统一为人与自己的关系及与他居留于其中的世界的关系赢得了意义。

10. 文化作为示范性的本性

然而，在一切事物都互为手段和目的之生活条件下，某一东西如何竟能被称为“目的自身”？为了表明理性存在者全体并不与经验上证实的应被呈现为每一个体人格中的范例的“人性”相矛盾，我们必须解决这一问题。

让我们假定理性没有设定目的。那么我们就根本不能谈起目的或者手段。因此区分目的和手段是我们必须首先保证的事情。根据一个古老的哲学传统，并且依照对在我们日常行事中发挥作用的理性的理解，理性必须被认定为是任何目的规定的条件。没有理性，我们将既不可能了解目的，也不可能按照它们而行动。因此理性本身必须被认可为一种“自在目的”。

如果我们进一步追问理性在生命和生物领域中所处的位置，那么人依然是一个对理性公开宣称自己的原始所有权的存在者。但是我们绝无意于称其他生存者为非理性的，或者暗示理性能力是把我们提升为一个更高的存在者的一个形而上学的赞美词。我们理解理性与人的关系不是一种使人在生物学上完满的能力，而是为了使人自己在文化上成为人。这就意味着如果人想要成为人并保持这样，那么他就必须使用他的理性能力。

但是如果理性能力是一种自在目的，也就是说，人将也是一种自在目的。因为尽管人可能是不完善的，但他是理性的主体和承载者。因此康德所说的“德性”的东西必须仍然有效：它是“一个理性存在者能够成为自在目的的条件”。

人作为个体只有在他属于人类文化时才拥有理性。因此，人必须捍卫文化作为他自己人性中一个杰出和本质的标志。这种对理性的捍卫被置于每个个体的责任中。那么，每一个体必须在事实上保证“在他自身的人格中”的人性。因此，这无非是我们发现在人类人格尊严中得到表达的一种自在目的的保证。在这尊严中，且由于它，有着任何人类个体也不能回避的要求，只要他尊重自身的自主性和独立性。

通过这种考虑，我们可以了解康德在他的实践哲学中转向人的突出重要性：康德，论及个性、原则和普遍性的哲学家，不可避免地同时也是论及生存的哲学家。在这方面，他也是一个挑战自身的人道主义者，他在保证他自己人性的示范性中为所有人性的保存提供了一个范式。康德的个人主义和原则主义，他的普遍主义和存在主义，都必须理解为他的人道主义的方方面面——不管萨特通过这些事物理解到什么。

11. 一切事物都取决于人类生存

对于康德来说，仅仅那些可被具体经验到的事物才是“实在的”。理论上，所有生物的感觉都可以被包括在此。但是事实上只有人的感觉才具有意义。在人的感觉的帮助下，沟通是便利的，康德将感觉假定为所有形式知识的一个基本条件。因此无论如何没有根据认为康德的理性概念是“独白式的”。

对于沟通和感官知觉两者而言，存在着一个不被察觉但总是很明显的条件：为了能够有一个知觉经验和评估“现实”，人自身必须在场。这意味着他必须肉体上在场和保持足够的注意力去感受感觉的刺激，这种刺激是他经验或者思考任何事物的能力的物质条件。并且这意味着为了有能力以任何方式分辨现实，人必须以具有所有感觉和理智能力的肉体方式在场。在他能够这么做的范围内并且仅仅在这个范围内，他能够接近我们理解为经验的东西。

这似乎不重要，且关于确定的经验事物它很可能是这样的。但是，如果把我们的视线转移到关于我们自身和这个世界的知识的古老的形而上学前提，持续到近代唯理论的形式中甚至在康德时代的前提，那么这一对人类知识的存在条件的洞见很快就显示出它的重要性——至少当我们谈到人的存在时。在形而上学的伟大传统中，人类坚持要求认识真理的每个行动都取决于上帝的存在。

这个传统以康德论证上帝存在证明的不可能性而结束。这种情况的直接后果是人的生存发展到为我们知识辩护的理论的前列。根据康德，上帝存在的形而上学优先原则变成了人类生存实践和理论的优先原则：在我们所理解和安排的关于我们自身和我们世界的所有事物中，我们必须总是从我们自身开始。

为了阐明这一点，如果康德自己从一开始就强调下列事情将会更好一些：不仅他的批判伦理学建立在人类自我知识和自我经验的基础上，而且他的批判哲学在其最深广的层面上也建立在这个基本原理上。如果康德清晰地阐明这一点，那么理性要求的无条件性绝不会被限制。因为理性只是由于它与我们相称并且和我们的能力和建构相适应，我们人类就把自己臣服于它的主宰。

12. 理性：个体和种群的器官

我们研究康德关于“在你人格中的人性”表述式，揭示了批判伦理学并不只是单单建立在纯粹理性上。绝对命令也总是建立在以肉体方式存在于时空之中的存在者的有死性基础之上，这个存在者有感受和感性，它意识到它自己的具体状态，它的需要，它的有死性，以及它对于自身和同类的其他存在者的依赖。

这一存在者，这一在其他动物中具有意识天赋的动物，具有认识自身的能力。凭借自我概念，它将自己认知为一个肉体性的对象，一个生物，一个动物，因此——在它的种群的语境中——认知为一个人。

为了以这种方式了解自身，人们需要我们可指定的理性（以康德看来）作为人们特殊的“器官”。在这种联系中，理性在单一的行动和进程中拥有作为个体和种类的器官前所未有的特质。通过这种器官，人们独自进入与他自身的关系中（他领会为一种自我概念）。通过理性器官，人们也在他领会为一个整体的环境内（这是他的世界）形成对自身的一种理解。通过理性施加于他之上的概念的一致性，人可以把自身认可为一个种类（他称之为人类）的独立的个体成员。他需要在他理论的自我描述中仅把自身视为人性的一个典范。

现在，人不仅是一个知识的存在者。他对自身也具有一种情感和情感驱动的关系。求生的本能（每一个生物的典型特性）就人而言及在他作为自爱和自我尊重的理性生存的条件下是十分明显的。这些至少在康德所一再强调的“理性的自我保存”中得到大量表达。理性的器官通过创造统一性和方向性，并且通过给予理由寻求对自身的保存。在作为个体和人类人格的器官的双重功能中，理性从未专门地关注一个单独的个体；而总是关注种群的生存。因此，理性器官不仅在它的统觉中，而且也通过它的情感期待与人的种群束缚在一起。理性工具必须把自己认可为人，而且它也寻求这样。如果它的确渴望这些，那么它就已经要求证明自身为人性典范。因此，我们拥有一种理性的双重性：

在第一个双重性里，理性是与手、心灵或大脑类比的个体器官，在它的自我保存中履行一种功能。同时，理性属于种群，它在所有可能的成员中履行沟通媒介的职能。因为人通过理性亲身单独理解某物，但通过理解它，他变得与以相似的方式理解它的所有其他人相联系。

在第二个双重性里，理性是纯粹洞见的主宰，在这种洞见中，个体知道自己与某个已知事态以及与他同类的其他人联系在一起。但是，这种知识不能仅仅通过知道和理解而被满足；它也作为一种情感的关系和伴随情感的需求而存在着。个体寻求自我保存——因为他明白自己。事实上，只有与他人的自我保存相联合这才是可能的。由于他自己的理性能力的要求，个体寻求自愿与他的同类相联系。他寻求对他们具有某种意义，特别是当没有他人的尊重和评价的情况下，他的意义就不能被领会。以这种方式，我们达到理论与实践、知识和行为、认知和行动的联系，这些联系通过感性和理性的媒介而实现。

在我、我们和事实之间，在理性、自然和世界之间以及在理智、情感和行动之间的多重联系中，人类个体认识到自身是某一已是自然事实的种群的典范，但由于人类成员所提出的要求，这一种群致力于它的个体成员成为其典范的理想。这其中存在着人类个体人格与人性的尊严。

13. 第一人格中的人性

生物界是一个生物不断被强制的不可探测的宽广领域，并且由于很多原因，它们超越自身。内部的、相关器官的、外部的以及相关生态环境的复杂性不仅在物种之间，而且在个体之间创造了区别。这就是为什么我们不能坚称每个人格事实上和实际上努力证明自己是一个示范性的人。但是让我们假定一个人的确完全了解自己，从某种程度上来说是适合他本性的条件的。让我们进一步假定他懂得他必须关心他的官能和能力的维持和发展，懂得他的目标的实现——至少在长期内——取决于他把握他的职责和使命的机会和可能性。那么在他实际上正希望和想要的事情中，他将响应这个与人性的概念束缚在一起的标准。因为他已经把自己设想为示范和典范。

我有意地选择这个费解的陈述，以表明当一个特殊个体的人格中的人性被看作纽带时有多少前提条件在起作用。可是我们可能也领会到仅仅是少数人将会以我刚才描述的方式把自己理解为人性的部分。因为，首先，他们不可避免把自身想象为种群的成员。其次，大多数人希望改善他们的环境——重要的是通过他们个体能力和可能性的增强。在没有别人的帮助下，这将仅仅只有在极少情况下是可能的。因此他们必须依赖于推动他们自身的能力与其他人的能力的发挥相协调。这里，他们必须把自己看作一种构成他们自身责任和义务的人性的一部分——假定，就是说，他们关注自己。最后，我们可以假定尽管所有已发动的战争和犯下的罪行，尽管所有的恶意，违背诺言和虚伪，我们许多人仍将不会漠视德性。即使不是大多数，我们中也有许多人关心根据我们自己的理性来行动，并且我们承认我们必须允许其他人有相似的要求。如果问起为什么我们给其他人这么高贵的地位，并且尽管我们对其他生物有着巨大的同情心，为什么我们对我们的同类保留与自由相伴随的平等，那么常见的答案可能在于指出他们是人这个事实。在日常道德中，存在着一种对那些在人们将之认可为人类的自然历史进程中得到发展的经验特性的特定喜好。人们可能把这些经验特性看作一些个体普通的自我保存事实，这些个体没有完全偏离同类其他人的标准——至少不是在任何时候。

14. 人类人格作为人性的一个代表

自由也属于根据经验确立的人的自然[①]。自由是有机体自发性的特殊人类表达，有机体即使在变化的环境下也寻求维持它典型的刺激—反应图式。有机体依靠自然的因果关系，因为只有通过这些因果关系，出于它自身原因的持续作用才成为可能的。以这种方式，生物可以根据其生理能力在战斗或逃跑之间、在各种各样的习惯之间、或者在不同的同伴之间进行

① 参见《生命是更大的问题——对自由的自然史的哲学研究》，载《柏林—勃兰敦堡科学院通报和论文》第13卷，科学出版社，柏林，2007年，第195—216页。文章修订版见《自由的自然史》，让-克里斯托夫·海林格主编，柏林/纽约，2007年，第457—479页。

选择。[①]

对于人而言，在给定的条件下选择的意识是一个额外的因素。这种能力通常与列举某人在选择的空间内行动的理由的能力相结合。由于这些原因，人们寻求赋予自己（根据他自身的洞见和智慧，以及他自身的自由意志）一个人格的持续性。在面对行为随形势的多变性时，这为他提供一种同一性，在社会的空间内，这个同一性与他身体的肉体统一性相对应。

现在，当个体寻找赋予他在自我及他人之前的统一性（同一性）和必要的公开性（变化性）的理由时，那么个体可以把关于自己的理性概念作为一个人格置于他的自我知识（作为一个人）与自我保存（与人性相关）相联系的条件之下。这出现在自我的概念中，自我是一个把自身领会为人性的示范或者典范的人格概念。每个个体，在把自身理解为人性的典范时，把自身理解为人格。通过这种不可能犯错的典范，所有他人都在发言。这很符合人格的词源学起源，它是指在舞台上戴着的、普通人物和神借以发言的面具的一个拉丁词。正是如此，在一个特定个体的人格中，人本身也总是在场的。

根据这种理解，人是我们所知道的唯一寻求给予自己和他人一个如何理解他自己的范例的存在者——并且，在这样做时，他认识到他与这样一个范例的真正观念所需要的与其他人的联系，还有这个同一星座中成为事实的世界。人格、人性以及世界之间的这种联系受理性调解。理性的力量在于“推理的力量”，这种推理的力量允许理性把语境称作一个整体，以赋予因果链条一个根据，或者使一系列的行为与目的相关。理性的特殊地位完全归于这种把所有的事物都与一个特定点和特定意义相联系的能力。没有理性，就没有对目的的意识，就没有手段的智慧属性，没有一个我和其他的我之间的关系概念，当然也不会有我们称为世界或者现实的共同客观语境。

① 在我看来，迄今为止，即使神经生理学也没有否定生物有反应和选择的能力。如果这点被认可，那么我们也将赋予人有在不同的行为策略之间进行选择的能力，因为人是一个生物。然而，如果有人怀疑自由的存在，那么他将不得不怀疑人可以为他们的行动寻求理由的经验事实。如果他这样做了，那么他就把自己陷入了一个明显的自我矛盾之中。由于他必须为人们不能赋予事物理由的论点寻找理由——至少，如果他想造成他对自由的存在的怀疑建立在科学基础之上这一印象的话。

这样看来，理性是人之为人的最佳力量的真正缩影。假定了解自己的人也关心他自己，那么有一个最佳表达——鉴于同类的他人——它将最终也适用于种群。因此，通常，根据它为他自己及其后代的未来提供他所希望的可能性，他珍惜他所属的人类。

在人的尊严的概念中，指向一种最佳能力的尊重得到了表达。在这个观念中，人认真地把自己看作个体和类。因而，在这个概念里他发现他和他的同类的他人服从的规范。因此，每个个体人格中人性自我概念给个体赋予人的尊严。由于我们不想否认任何人有以这种方式理解自己和表现自己的机会，作为原则问题，我们赋予每个人格以人的尊严。

尊严存在于这样一个事实中，即：与自由相伴随的个体人格具有自律性以及因此有做出自我决定和发展自己能力的可能性。如果我们承认这些能力仅仅只有小部分分配给我们自身，而且它们的培育至少相当部分取决于他人的存在与支持，那么人们不能否认它们与人类的经验存在的关系。这就是可以把个体诞生的事实看作认识他的人类尊严的充分条件的原因。即使人类可以被由特定标准测量的能力加以识别，然而仅仅属于人类就足以认识到一个个体人格毫不含糊的尊严。如果我们希望能够把所有人理解为人的尊严的主体和承担者，我们必须给他们成为人的机会，一个我们必须恭敬关注的机会。这里，我们不能在一个新生婴儿和成人之间做出区别。①

理性对构建互为责任（它形成对一个社会整体的约束关系）的规范内容的个体充满期待。使得自己屈从这种约束力的联系就是可以负责的。在责任的意识中，人格中的人性是一个当且仅当我的自尊处于危险之中时我们必须面对的挑战。

据此，我已勾画出（尽量简洁地）人把自己设想为一个具有作为他的道德主宰的人性的人格的语境。现在我们接下来要求的无非是一种由知性指引的洞见。我们所谈的洞见关注每个人格开始把他的统一性领会为一个人格以及构成他和其他人交流媒介的事态。在世界中每个个体运用和通过这种认知的能力与他人相联系。在他开始知道的那些事物和他开始交往的这些人的语境中，每个个体具有他的同一性。如果个体关心那种统一性

① 生病和伤残不能动摇我们由以否认人的尊严。然而，一个存在者为了获得这个地位必须诞生：在这之前，即在他作为胎儿或胚胎的依赖性的存在时，它属于这个未来母亲的尊严。

(它保证关于指向他行为的期望的可靠性),那么他就必定把自身领会为一个人格。

15. 世界中人性的整合

康德赞成关于人作为自在目的的表述决定性地把人提升到所有其他的生物之上。但是在自然界中,每一个目的总是可能变为一个手段,而每个手段总是可能变为一个目的。所以作为一个被理解为“无条件目的”(因此“不能仅仅作为手段”)的存在者似乎在自然之外。他比在生理的构造上与自己相似的动物更接近于天使和上帝。这种超越植物和动物王国的高贵地位与人要求自己如同一个创造者处理所有事物和决定什么“仅仅算作一种手段”的权利这一事实相一致。那么一切不是自在目的的事物,就会把自己理解为自在目的的存在者为它自己的目的而被利用。

现在,这一立场遭到了反对。首先,人和上帝的类比是值得怀疑的。这里可以引证坚实根据的论证是这种类比超越了康德的理性批判划定的界限。其次,有些人挑战天赋理性的人类拥有处理其他生物存在的权利。因为,他们认为恰恰是理性向我们表明动物和植物也有生存的权利。他们宣称批判理性阻止人们仅仅为了自己的目的而利用这些存在者。至多,在必须保持自己生存的情况下人们可以有某种紧急权利去这样做;否则,他应该尊重其他生命形式的主权——至少在理性可以识别它们的范围内。这种人得出结论,首先,是这种痛苦构成比较的通行尺度,且其他生物的痛苦必须与人的痛苦相衡量。

关于这些对象的范围和有效性的争论在这几年一直在激烈地进行。如果我们在所有细节方面评价这一争论将超出了讲座的范围。但关于人类人格中的人性的表述式能在某种程度上澄清我在结论中想要指出的问题。

为了我们的目的,我们可以把那些所有目前已经成为问题的事情放在一边。理性作为一种“神圣能力”,人通过它成为超自然的“目的王国”中的一个环节,从其特征中获得一种合理的现世意义是可能的。毕竟,通过理性的帮助,人能够把整个世界置于与他的自我的整体关系之中。神圣的概念就代表这一点。超越神圣的实体最终变得不可思议:在这里,理性达到了只有神学才能够跨越的界限。但只要我们愿意,无须这种参考,我们同样也能言说这些关于我们的问题。康德自己在一个段落里通过这种方式着手，在这个段落里，为了理解人的自然和文化的发展，他试图展示我们如何可以解释《创世记》的故事。

在他的关于人类历史起源的推测的简短论文中，康德谈到人从动物中摄取的“特权”是他不敢要求“任何人”的。康德认为，人可以把动物仅用作“手段”，然而在他和同类相处时，他获得对其权利的明确限制。因为每个人格都有“自身作为目的”的要求。[①] 那么为何如此？因为“所有理性的存在者平等”赋予人使目的的确定成为可能的地位。正是这一地位允许人把动物和植物当作手段，这是一个受理性决定并且在目的由以确定中得以实现的地位。

初看起来，这似乎证实了现今对所谓种族主义东西的批判。据说这是人的一个荒谬尝试，凭借它，人由他的身体优势造成一个原则问题：这种通过他纯粹偶然被赋予理性而给予他的力量被解释为一种权利。从而人骗取了按照他的意志和兴致处置在他权力中的生物的合法性。

然而，进一步审视，又揭示了某些别的东西。它向我们显示了理性不仅仅给予人某种身体优势，尽管理性确实可以被描述为那种“器官”，用那一器官，每一个类似人的生物都可以把自己称作一个“人”。但是理性也是一种“推理的力量”，因而它也包括比较的能力。它能够识别分歧和共同点。它能够根据知识和智慧评价这些。因而在实践的先例中它能自动地尊重这些。

当这些生而正常并具有通常的特性的存在者的要义被指定为平等和相同时，这正是发生在人类相互作用中的事情。但是想想我们没有人和别的人完全相同这一事实，想想矛盾和仇恨，冲突和战争，不可预见的虚荣心的欲火，想想人性的真正概念所暗示的人的平等中存在哪些异常的挑战！除了显著的抽象行动之外，人性的概念也要求我们按它而行动。没有理性洞见的能力，没有在对象世界中定向的相关能力，没有内在合乎理性的逻辑以及没有通过缔结协议和承诺而生成的相互责任，我们发现暗含于人性的概念中的这种要求甚至从来也不可能形成。

并不是仅仅因为在人类进化历史中的一个偶然事件而产生的器官使得人们处置其他生物的权利是正当的。我们整个关于自身和世界的知识是为这一境遇辩解的一部分。理性不是种群追求权利和支配地位中的任意器

① 康德：《人类历史起源臆测》，科学院版第 8 卷，第 114 页。

官。理性也不能够用作塑造某种意识形态的统治工具，并借以成为种族、阶级、民族或者精英。理性可以在它们的谋略中被使用，但是批判性的潜力远远超出在此置于其上的界限。理性以统一性为目的，它是世界、自然、社会和人性在其中充当评价的权威的不可分割的整体。

在这些条件下，理性通过其被应用的整体来调节每一种对权力的要求。这种以人性的名义提出的权力要求，原则上考虑每一个人。甚至它需要受源于理性的可感知的洞见的修正。就它也是我们所能知道的东西的一个指数而言，理性是唯一的人性主宰。在这里，理性不能够代表种群的利益，而是代表种群在其中发现自己的世界的利益——同他所知道的其他人一起。理性在其可验证性的前提下占主导地位，从而在对它自身领域的客观性的依赖中占主导地位。在理性的帮助下，人处于评估在其自然栖息地中的植物和动物的重要性的地位上，并且拥护物种的多样性；但是这还不是全部。他可以清楚地表达经验，这种经验源于他对其他存在者生存的同情以及源于他对它们的怜悯，并且在清楚地传达这种情况时，他可以使它们成为他自身行动的准则和戒律。在理解人的“旅伴”[①] 的生活中理性准备穿越的距离已在上述中得到显示。[②]

我们可以推断，“人性”是指人在与世界的联系中寻求理解他的独立性和独创性的概念。这种“在每一个体人格中的人性”赋予它开启给每一个体的能力，并且它“绝对地”要求我们每个人按照理性的尺度和标准公正对待它。

（译者单位：武汉大学哲学学院博士生）

---

① 康德：《人类历史起源臆测》，科学院版第 8 卷，第 114 页。

② 以上参看第 9 节。

现代性的紧箍咒：一个评注

王悦之

［内容提要］自由就是现代性的紧箍咒。本文选取邓晓芒先生对于康德自由观的解读作为评注的对象，这是因为康德自由观作为现代思想的巨大源头，具有充分的重要性，而邓先生的解读不仅使其深化了，也使得当下有关自由的讨论无比复杂化了。通过考察这些方面，本文试图探明的是一种独特与彻底的一贯立场，以此见出当下有关自由的讨论中包含着怎样的深刻和偏激。最后，作为一个评注，本文尽力为这种自由学说提供公共讨论的自我反思平台，毕竟，我们不仅仅是“他们”意义上的听咒者，我们还是“我们”意义上的念咒者。

［关键词］自由　紧箍咒　评注

一　解题

自由也许算得上是现代性的紧箍咒。这体现在两个方面。一方面，自由可以说是时下所谓的两种现代性的联结枢纽。社会现代性作为一种规范建制不但以自由为出发点，它似乎还意欲把自由作为目的地来设想。批判这种现代性的审美现代性则恰恰执著于此在瞬时性的具体自由。另一方面，现代性作为一种“反传统之传统”① 在自由观念中总有着最佳的表现。从自由内在分裂的特性上，我们常常可以看到一种形式的自由提倡者去批评另一种形式的自由提倡者，而每一种形式的自由提倡者都会自我标榜为“真正的自由”。今天，不管幸与不幸，我们是深深纳头于这个紧箍

① 马泰·卡林内斯库：《现代性的五副面孔》，顾爱彬、李瑞华译，商务印书馆2004年版，第74页。

咒之中了，以至于在我们这里，早已经不是要不要自由的问题，而是要什么样自由的问题。正是后一个问题为我的评注提供了最初的诱因。

可以在几种意义上把康德视作一个自由理论家。其一，源于自由在康德哲学中的无比重要性。自由概念既构成纯粹理性体系的拱顶石，又是开启道德实践原理的钥匙。[①] 在第三批判中，相对于让人轻浮的快乐与使人沉重的尊敬，审美只是单纯地在“惟一自由”中令人愉悦。[②] 以至于有人说：“从根本上看，康德的批判哲学是一种自由的哲学。”[③] 此外，康德意义上的权利政治从根本上就是处理如下一个核心理念，即每一个人的自由如何与所有人的自由协调一致。[④] 即使在今天，这个理念由于一种骄狂（因此而被宣告“历史的终结”）与一种诋毁（因此而被指责为“末人的愚妄”），声誉似乎变得不是太妙，但康德的本意原不在此，而是一个道德世界[⑤]，这个世界对每个人或所有人都有一种无比严苛的资格要求，它因为其超验性是不可能被终结的，又因为其崇高性看起来也难以被鄙视，虽然肯定总是抵挡不住流俗的开涮。其二，也在于康德哲学对于自由理论的独特贡献。康德提供了一种原则性激进化的自由观，“一个纯粹自我活动的场景，在那里我的行动不是由仅仅被赋予的本性（内在本性）因素确定的，而最终是由作为理性法则阐释者的我的主体确定的。这是现代思想的源头”。[⑥]

为此笔者将选取邓晓芒先生对于康德自由理论的解读作为评注的对象。作出这种选取，首先是因为邓先生是笔者私下景仰已久的学者之一。其次，当然也因为他在康德研究上的力度是有目共睹的。另外一个不可或缺的因素在于，邓先生本人对自由有着别具一格的关怀情愫。邓先生说

① 康德：《实践理性批判》，邓晓芒译，杨祖陶校，人民出版社2003年版，第2、7页。

② 康德：《判断力批判》，邓晓芒译，杨祖陶校，人民出版社2004年版，第45页。

③ 亨利·阿利森：《康德的自由理论》，陈虎平译，辽宁教育出版社2001年版，导言第1页。

④ 康德：《纯粹理性批判》，A316 = B373，邓晓芒译，杨祖陶校，人民出版社2004年版，第272页；康德：《历史理性批判文集》，何兆武译，商务印书馆1996年，第181页；康德：《法的形而上学原理——权利的科学》，沈叔平译，林荣远校，商务印书馆2005年版，第40页。

⑤ 康德：《纯粹理性批判》，A808 = B836，邓晓芒译，杨祖陶校，人民出版社2004年版，第614页。

⑥ 查尔斯·泰勒：《自我的根源：现代认同的形成》，韩震等译，凤凰出版传媒集团、译林出版社2006年版，第561页。

过："要在旧标准已经崩溃，已经没有任何标准的地方创造出一个当今时代的新标准，来衡量哪些是积极的、进步的，哪些是消极的、反动的，而不能沿用现成的标准或早已经过时的标准去对现实生活作道德化的批评。"① 有很多地方暗示出来这个标准似乎就是自由。而且，邓先生有可能是深化了康德自由理论的研究，也的确是复杂化了我们当前关于自由的讨论。

最后解释一下笔者为什么要采取评注这样一种形式。这是因为目前关于自由的讨论实在是过于多姿多彩了，笔者完全没有必要再去提供一家自说自话的有关言论。此外，也源于笔者个人的一种想望，即为一种从原则上审视可以自成一贯的自由学说提供公共讨论的自我反思平台。毕竟，我们不仅仅是"他们"意义上的听咒者，不幸似乎还是"我们"意义上的念咒者。

二　自由的三层划分及其关联

邓先生带来的深化与复杂化就在于他对于康德自由观的三层划分。之所以说深化，是因为一般的研究者只注意到康德的先验自由与实践自由，相对来说比较忽视自由感的问题；之所以说复杂化，则似乎是因为邓先生不满国内学界有关自由的讨论过于受英美学界笼罩，几乎完全缺乏先验和超验的形而上学讨论。现在我们来看他的三层划分及其关联。

第一层次是先验自由，这是认识论层次上的，指那种与自然原因性相对照亦相并存的自由原因性，消极地说是摆脱经验世界的独立性，积极地说则是理性自行开始一个因果系列的自发性。第二层次是实践自由，包括自由的任意与自由意志，两者同属自由本体，但前者属于一般的实践理性，只是一种片断地使用理性，最终并不自由；后者属于纯粹实践理性，这是逻辑一贯地使用理性，所以是真正的永恒的自由。第三层次是自由感，它是自由主体本身的感性活动（情感活动），其先天原则是从人类的审美判断力中被发现的（自由美），然后扩展到自然目的论，最后集中于社会历史和政治方面（自由权）。②

① 邓晓芒：《黑格尔辩证法讲演录》，北京大学出版社2005年版，第86—87页。

② 邓晓芒：《康德哲学诸问题》，三联书店2006年版，第191—204页。

三个层次的逻辑关联是："这三者各自从可能性、必然性和现实性三个方面对自由进行了全面描述。也就是说，先验自由给自由留下了可能性，实践的自由是自由的必然性，自由感和自由权则从内部经验和外部经验两个方面使自由在现实中向人呈现出来。"[①]

三 作为事实的自由与作为价值的自由

现在我们首先来看邓先生的深化。邓先生的这种深化立场似乎很早就确立起来了，比如说他从一开始就把康德的实用人类学视作整个批判哲学或者说先验人类学的归宿。[②] 这可能要涉及作为事实的自由与作为价值的自由的复杂关系。

康德把自由作为一种特别的事实来处理是在第三批判之中。邓先生恰好也是在处理第三批判的过程中赋予自由一种格外的价值意蕴："由此可见，整个《判断力批判》，乃至于作为先验人类学的整个康德哲学的最后归结点实际上在于：整个世界的最高目的是人或人的价值，人的价值首先是个人的价值（人格），个人价值就在于自由。"[③] 他依据的文本是这样一句话："只有通过他不考虑到享受而在完全的自由中，甚至不依赖于自然有可能带来让他领受的东西所做的事，他才能赋予他的存有作为一个人格的生存以某种绝对的价值。"[④] 这句话的确容易造成一种误解。但是，某种人格的绝对价值"通过自由"并不完全等同"在于自由"，前者只是提供一种前提，后者却几乎成了目标集中地。而且康德在此比较的是快适与善，大体上的意思也只是说，一种人格的绝对价值总是决不计较个人的一般幸福，因为只有道德才是最高利益的善，如何可以做到这种决不计较的境界呢？条件就是无条件的自由！这就是为什么康德会认为自由给人带来的是强制，是痛苦，它能够得到的巨大补偿仅仅是道德价值。[⑤] 假使我们认为这真是太强人所难了，康德可能

---

① 邓晓芒：《康德哲学诸问题》，三联书店 2006 年版，第 228 页。

② 同上书，第 211—227 页。

③ 同上书，第 163 页。

④ 康德：《判断力批判》，邓晓芒译，杨祖陶校，人民出版社 2004 年版，第 43 页。

⑤ 康德：《道德形而上学原理》，苗力田译，上海人民出版社 2005 年版，第 73—74 页。

会板着脸孔教训道：你们这是最大的无耻！[①] 此外，康德也有过类似的直接表述，比如说："个人价值（这种价值不和道德律相一致就被贬为一钱不值）"；还有："人的价值，甚至在最高智慧眼中的世界的价值，毕竟都是惟一地取决于这种道德价值的。"[②]

不过，我并不愿意单纯从文本上来说明这个问题，这是因为我向来比较信服这样一句话："在原则性论争的园地里，这种论争不可仅仅拘泥于可以从文本上把握的论题，它还必须以提出问题的实质倾向来判定方向，哪怕这种倾向本身并不超出通俗把握事物的方式。"[③] 而且邓先生本来就不是完全同意康德，所以也许字面上的不同并不说明实质问题。此外，康德自己也区别过价值的几个层次。[④] 因此，只要不是在一种绝对的伦理意义上来理解，在字面上把自由当作一种政治价值来处理原是普遍的事实。也许这样反而会触及邓先生深化自由观的实质倾向。

自由感在反思的判断力范围之下指向审美领域与社会历史和政治方面。但在审美视野下，从自由方面来说，"万类霜天竞自由"，小鸟的歌唱似乎还远胜人类的歌唱，所以除了特殊的天才（因为其独创性），对于常人而言，这种自由所求无多，意义也不显著。[⑤] 只是在后一个领域，由于涉及的是人与人之间的关系以及每个人或所有人的感性活动，这才是邓先生的根本关注处。而康德政治观中的核心要素本来就是自由，公共权力不过是自由权利规范下的工具性机能而已。所以从政治视角看，康德很有可能会同意把自由作为一种价值。

但是，严格说来，这种折中方式可能既够不上康德的高度，也达不到邓先生的深度。的确，在康德那里是有可以根本区别开来的两种共同体与两种立法。[⑥] 或者可以这样说，作为事实的自由是为道德服务的，作为价

---

① 康德：《纯粹理性批判》，A318—319 = B375，邓晓芒译，杨祖陶校，人民出版社 2004 年版，第 273 页。

② 康德：《实践理性批判》，邓晓芒译，杨祖陶校，人民出版社 2003 年版，第 108、201 页。

③ 海德格尔：《存在与时间》，陈嘉映、王庆节译，熊伟校，三联书店 2000 年版，第 115 页。

④ 康德：《道德形而上学原理》，苗力田译，上海人民出版社 2005 年版，第 55 页。

⑤ 康德：《判断力批判》，邓晓芒译，杨祖陶校，人民出版社 2004 年版，第 80、151、164 页。

⑥ 康德：《单纯理性限度内的宗教》，李秋零译，邓晓芒校，中国人民大学出版社 2005 年版，第 97—98 页；康德：《法的形而上学原理——权利的科学》，沈叔平译，林荣远校，商务印书馆 2005 年版，第 23—26 页。

值的自由则是用来规范政治的。但是，前者是得到先验承诺的，作为超验理念虽然无法测度和不可限定，却是可以说明道德律为什么能够存在的充足理由，正是凭此，有限理性者（比如说人）足以到达人性的高度，即一种无上价值的尊严地位。而后者由于其政治规范性则必须是能够量化的，所以就必须是外在的，当然它可以通过形式性与普遍化而赋予每个人或所有人一种低度尊重，并且首先预设一种潜在性的最浅意义上的道德人格。[①] 然而，康德总是忍不住就会鄙视这种过于外在的心理学自由。邓先生是把这种鄙视继承下来了。

邓先生不会满意笔者则可能是出于立场上的差异，即一种笔者称为有限自由论与唯自由论的立场区别。这种差异不在于人所能够争取到的现实自由度，不管如何努力，人的自由度在特定时空总是有限的，不是无限的，这是由人的本性决定的。真正的区别在于自由本身对于像人这种存在者的意义究竟如何。有限自由论的回答是，自由对人来说是相当宝贵的一种价值，就现代世界而言，这种价值本身显得是如此不可或缺，以至于似乎是无比重要的，但是，自由本身不能实质性地赋予人以任何价值，人单纯在自由中与其说是适得其乐的，不如说是百无聊赖的，因为自由本身只是一条道路，只有在这条道路被堵死的时候，才会显得它至高无上，这就好像人饿急了就会觉得吃饭才是天下一等一的大事。但是唯自由论者不会这样看，因为他从根本上就不满意自由只是这样一种媒介地位，相反，媒介必须成为核心，“真正的自由就是对自由本身的追求，而不是对某个对象的追求”[②]，看起来，自由在唯自由论者那里几近于成为一种类似于情欲对象的东西了。[③] 但似乎也只有这样，唯自由论者才可以说，个人价值就在于自由，而不仅限于自由成为一种价值。可能也正因为这样，邓先生才特别需要那种先验的和超验的形而上学洞见，因为只有在那种洞见的开启中，自由才能够变得无法测度和不可限定。由此，通过各种各样的批判，邓先生的确使得问题在当前无比复杂化了。

---

① 罗尔斯就是这样做的，参看《正义论》，何怀宏、何包钢、廖申白译，中国社会科学出版社 2003 年版，第 507—509 页。

② 邓晓芒：《黑格尔辩证法讲演录》，北京大学出版社 2005 年版，第 249 页。

③ 康德：《实用人类学》，邓晓芒译，上海人民出版社 2002 年版，第 176—178 页。

四 批判的自由与自由的批判

针对一种思想学说，也许可以区别开两种批判：内在批判与外在批判。内在批判必须深涉于这种思想学说的整体性之中，以便追索学说的历史变迁并且探寻思想的逻辑路线。在历史变迁方面，依照学说材料的时间顺序，尊重思想主体的自我理解，据此在前后不同的各种事实表象中作出有效性判断；在逻辑路线方面，则可能需要依赖某种解释性的抽象视角，以此尝试得到这种思想学说的一贯性与内洽性究竟如何，再据此作出有效性判断。外在批判比较直接，因为它可以从根本上立足于那种整体性之外得到有效性判断。但也正是后者这种直接性，最足以反映出种种互相关联的历史意识，有时因为迫切性而过于执著于当下，历史意识也就开始转化成政治意识了。

依据这样的区分，笔者将不涉及邓先生的内在批判。不是因为邓先生的内在批判不够深刻，恰恰相反，只是因为邓先生的外在批判最足以说明他个人那种独特与彻底的一贯立场。一个评注的目标正是要指向这种立场的清晰性。

1. 对于中国传统的批判

依据自由，对于中国传统的批判由来久矣。因为自由本身的复杂性，所以这些批判也千奇百怪，异彩纷呈。笔者大致关注于这样两类批判：第一类是政治（经济）的；第二类是哲学（伦理）的。由于邓先生的批判领地基本上是在第二类，所以除了必要，笔者的论述也限于此。同时因为这个论题过于庞大而且艰深，所以笔者试图先作一点简单的基础分析，然后进入正题。

哲学（伦理）上自由的第一个基础命题源于对这样一个根本问题的不同回答，即在善的存在秩序上的哲学立法究竟如何。通过对这个问题的不同回答，可以把西方对于自由的强调划分出三个有区别的粗略阶段。在第一阶段，善的哲学立法依赖的是对于宇宙秩序的形而上学洞见，所以自由仅仅是对于自然内在原则的自主追求；在第二阶段，随着近代天文物理学的长足跨进，纯粹理性依据普遍化的形式原则开始主体性立法，自由就变成相对于自然的超验性的自律要求；到了第三阶段，伴随针对理性一元论的热烈批判，根本性的善零碎化为单纯性的偏好，所谓自由的真谛散落在完全经验性的场域之中，成为防范原则（即对任何根本性善的警惕）与宽容原则（即任何偏好本身都是无可非议的）共同支撑下的一种无限消极态度。所以依据自由对于中国传统进行批判，我们总是需要首先问明，这种批判依据的是何种自由。[①] 事实上，把自由视作一种对于先在善理念的自主追求，这样的伦理底蕴，中国传统中向来就不缺乏。假使因为自由概念在中国传统思想中缺乏重要的伦理地位，所以便不能说中国古代有自由意识，那么，我们能因为“道”在除海德格尔以外的西方思想中缺乏哲学意味，就说人家连道都不会走吗？我们当然没有这么愚妄；同样，也不希望我们在别人的愚妄下再自我愚妄化。

哲学（伦理）上自由的第二个基础命题还取决于对另一个根本问题的回答，即恶的来源是什么。这个问题由于基督教创世论对于古希腊宇宙观的侵入，就开始变得极为尖锐了。[②] 康德为了解决这个问题，把自由的任意升格成为本体世界的一种智性行为。但是，在上帝的权能之下，康德也不得不承认这个问题是不能无限制地追究下去的。[③] 事实上，在康德的宗教哲学（不必说道德哲学）中，上帝仅仅成为必要的信仰对象，而不再是根本性的完全规定者了。中国自古以来没有这样一个无所不能的上帝，今天看起来也不像要再去供奉这样一个上帝，所以自由命题在此的缺失倒使我们的古人少受了一种折腾。

哲学（伦理）上自由的第三个基础命题是责任问题。这个问题以前也与上帝密切相关，近代以来开始与科学难分难解了。康德也是激进化处理这个问题的第一人，这导致他的两重世界说以别具一格的面目出现：从现象来说，我们都必然受自然规定，而且这是可知的；但从本体

---

① 为此，在我们看来，芬格莱特在比较中西伦理思想的时候完全缺乏时间意识，这种缺乏导致他认为，在孔子那里只有一条康庄大道，而西方自古以来就有自由选择的悲剧性承担意识。针对他的这种肤浅比较，史华慈作出过严厉地批评。参看芬格莱特《孔子：即凡而圣》，彭国翔、张华译，江苏人民出版社 2005 年版，特别是第二章；史华慈：《古代中国的思想世界》，程钢译，江苏人民出版社 2004 年版，第 79 页。

② 可以参看林国基先生的有趣讨论，见氏著《神义论语境中的社会契约论传统》，上海三联书店、华东师范大学出版社 2005 年版。

③ 康德：《单纯理性限度内的宗教》，李秋零译，邓晓芒校，中国人民大学出版社 2005 年版，第一篇论文。

而言，我们必须设想自己是自由的，虽然穷根究底这是不可知的。[①] 但是，依另一种说法，责任问题实质上与任何一种形式的决定论或非决定论都不相关，甚至根本就没有必要把这个问题与关于意志自由的烦琐讨论联系在一起，那种无聊的讨论只适足以证明哲学的耻辱，而不是光荣。事实上，责任问题仅仅是在内在意识方面才与一般性的可以得到鉴定的自由相关，后者本质上就是政治（法律）领域的事情。[②] 此外，自由意志的强形式（即意志自由就是理性自我调控的形式）往往并不愿意下降到与责任问题相关。[③] 而不管是哪一家说法，在某种底线上都会达成一致，即任一个正常人在正常情况下都要为自我行为负责。这种一致是政治必然要限制哲学带来的。中国传统中向来就不缺乏这种政治智慧。

据此，我们可以来看邓先生的批判了。邓先生认为，“两千年来儒学作为统治意识形态的历史就是一个不断走向伪善化的历史”，所以“只有建立在人的自由意志上的道德才是真正的道德”，而自由意志之所以能不伪善，则是由于它没有任何外在标准与可靠根据作为自己的底线，还因为它只是一种本体的悬空状态，可以为善，也可以为恶。[④] 这里有些含混：自由意志为善是真正的自由，为恶又不是自由了，但正因为自由可以选择不自由，所以自由选择自由才是真正的自由，反过来说也成立，总之就是要为自己负责。不过这个含混是康德自己引发的，因为他把一种强形式的自由意志下降到与责任问题相关了。[⑤] 除去这个责任问题，从伦理视角看，把自由意志下降到在善与恶之间进行选择其实是不够严肃的，想想萨特为存在主义辩护的时候，他的自由绝对性就不是要在善与恶之间进行选择，

---

① 叔本华视此为“最美妙、最深刻的论述”，参看《伦理学的两个基本问题》，任立、孟庆时译，商务印书馆 2004 年版，第 119 页。

② 石里克：《伦理学问题》，万俊人主编：《20 世纪西方伦理学经典》第一卷《伦理学基础：原理与论理》，中国人民大学出版社 2004 年版，第 170—178 页。

③ 哈里·法兰克福特：《意志自由与人的概念》，应奇、刘训练主编《第三种自由》，东方出版社 2006 年版，第 106 页。

④ 邓晓芒：《从康德的道德哲学看儒家的“乡愿”》，《浙江学刊》2005 年第 1 期。我希望以后能有机会专门讨论此文，这不仅仅是因为此文作为一篇依据西方思想家批评中国传统学派的大作，在精致方面堪称典范，特别的还因为此文触及了道德政治的一根软肋，即乡愿问题。

⑤ 亨利·西季维克：《伦理学方法》，廖申白译，中国社会科学出版社 1993 年版，附录，第 516—517。

而是源于一种在各种善的冲突中再无依据标准的承担意识。[①] 的确，自由在现代社会的极度重要性，是因为形而上学意义上的终极善难以再在公共层面获得一致认可了。但是，这与其说是自由的伦理处境，不如说是自由的政治处境；把这里的自由问题换算成宽容问题更合适。至少历史地看，中国儒家在处理宽容问题上远比西方宗教要稳妥得多。此外，乡愿问题的根本症结存在于道德与政治之间的敏感地带，即使如邓先生所言，自由主义一劳永逸地解决了这个问题，也并不意味着它解决了道德问题。

2. 对于英美学界的批判

前面已经提到，邓先生认为来自于英美学界的自由讨论缺乏一个先验的和超验的形而上学层次，不说伯林，就是罗尔斯，也是如此。邓先生的这种指认是正确的。罗尔斯的确在很多地方明确表示过自己要避免那样一个层次。但这可能是存在争议的，因为也有人批评罗尔斯并不如他自我宣称的那样就真的避免了。[②] 这里的关键可能是，罗尔斯的根本考虑是从政治处境出发提供哲学规范，所以有关论证方式的问题就必须依赖公共论证的说服方式。当然我们也完全可以改进或推进或发明新的先验论证，使之成为有效的公共论证方式。对于这样一种努力，不管其成败如何，我们总是抱有崇高的敬意。

不过邓先生的实质批评对象是伯林的两种自由概念。这个问题比较麻烦。但不管怎么说，把两种自由完全对立起来，然后要求我们只能择一，这肯定是错误的。对于伯林来说，关键总是在于两种自由的政治滥用问题："两种自由都是人类的终极目的，两者都必须受到限制，两种概念在人类历史上都可能被滥用。"[③] 但看起来伯林就是过于钟情于消极自由，将之视作一个最低限度的神圣不可侵犯的领域；同时也过于恐惧积极自由，以为容易导致一个邪恶的高压统治。[④] 在这里，邓先生是洞若观火的，清楚积极自由的滥用依赖这样一个形而上学前提："即有些人有自由、

---

① 萨特：《萨特哲学论文集》，潘培庆、汤永宽、魏金声译，安徽文艺出版社 1998 年版，第 118—119 页。

② 罗尔斯：《正义论》，何怀宏、何包钢、廖申白译，中国社会科学出版社 2003 年版，第 253 页；罗尔斯：《政治自由主义》，万俊人译，译林出版社 2002 年版，第 78、253、29 页注 31。

③ 伯林：《自由论》，胡传胜译，译林出版社 2003 年版，第 371—372 页。

④ 同上书，第 191、373 页。

有理性，另外一些人则没有自由、没有理性，需要他人灌输自由和理性。"[①] 伯林为塞住这样一个滥用之源，所以拼命坚守经验论的自由的外在底线。据说这种坚守其实是靠不住的。[②] 而邓先生要说的似乎是，积极自由并不需要那样一个错误前提，也完全没有必要恐惧形而上学，一种来自先验根据的本体自由反而可以更好地防止政治滥用问题。

3. 对于康德的批判

邓先生对于康德的批判其实可以归结为这样一个根本看法，即康德的自由太抽象，不现实，反而把感性的人衬托得越发不自由了，毛病就出在康德的那个乱发命令的理性概念之上。[③] 据此可以看出，邓先生在对康德的最终处理上，与伯林是何其一致，与罗尔斯又是何其不一致。罗尔斯虽然淡化康德的先验主义和超验主义，但是却一直拥护康德的理性主义，在他那里，本体自我是原初状态下由理性原则与合理性原则双重支持下的自由。[④] 邓先生就比较贬斥这种理性主义，却极力扩张康德先验观念论中的不可知论，由此得出来的本体自我是任何人（包括现象自我）都不知道是谁的一种深渊。据此邓先生很有理由看不起那种自以为是的修身养性，也可以因此鼓励我们说："当然你是为了私欲，为了出人头地，但如果你有了历史意识，把握到了时代精神，你就会意识到你的行动是符合历史发展的，是历史发展的方向，是时代精神的需要，是社会和民族的呼唤，有一种更高的必然性在命令你去创造，去决断。这种双重的自由才是具体的自由，是有血有肉，充满激情但又具有普遍号召力的自由。"[⑤] 这才是真正的自由人，而自由人当然不是什么圣人、君子、孝子等不自由的人了。

韩水法先生说："康德哲学是由几个基本的学说组成的，而这些学说是相互依赖的，其中一个学说的坍塌就会导致整个大厦的崩溃。"[⑥] 据此我们可以说，邓先生的自由观实质上是逸脱出康德的核心范围了。因为一

---

① 邓晓芒：《康德哲学诸问题》，三联书店2006年版，第234页注2。

② 查尔斯·泰勒：《消极自由有什么错》，刘训练编《后伯林的自由观》，凤凰出版传媒集团、江苏人民出版社2007年版，第167—183页。

③ 邓晓芒：《黑格尔辩证法讲演录》，北京大学出版社2005年版，第284页。

④ 罗尔斯：《正义论》，何怀宏、何包钢、廖申白译，中国社会科学出版社2003年版，第254—255页；罗尔斯：《政治自由主义》，万俊人译，译林出版社2002年版，第50页注1。

⑤ 邓晓芒：《黑格尔辩证法讲演录》，北京大学出版社2005年版，第278页。

⑥ 韩水法：《康德物自身学说研究》，商务印书馆2007年版，再版前言第3页。

种康德意义上的自由只是把先验根据视作一个必要条件，而不是充分条件，假使缺乏理性因果性的话，则这种自由必定挡不住一个批评，即这种本体自由似乎是过于泛滥了。[①] 不过邓先生也是失之在此得之在彼，彼处即积极自由的那个错误前提可以就此一笔勾销，因为既然每个人或所有人从根本上说都不过是深渊中的幽灵，当然是谁也不晓得谁，也就是谁也不比谁好到哪里去，谁也不比谁坏到哪里去。从这样一种视角看去，我们的确是过于自由了，而且看起来也像是完成了从一种康德式的"完全自由"向与历史主义联姻的"本能自由"的根本转化过程。[②] 令人奇怪的仅仅是，为什么从康德的自由观总会导向一种肆无忌惮的境地？之所以引出这样一个令人百思不得其解的问题，也是因为两句话，那是施特劳斯的两位中国传人说的。其中一位说："奠定自由的途径因此绝不能像康德、罗尔斯那样先把所有人都提升到'绝对自由'的状态，这等于把所有人都连根拔起，等于必须以'虚无主义'才能奠定政治社会根基，结果只可能是彻底动摇政治社会的根基。"[③] 另一位则重述尼采的话：康德这个伪善的家伙！[④]

我们并不希望事实只是这样。

（作者单位：清华大学人文学院历史系博士生）

---

① 亨利·阿利森：《康德的自由理论》，陈虎平译，辽宁教育出版社 2001 年版，第 101—102 页。

② 查尔斯·泰勒：《黑格尔》，张国清、朱进东译，译林出版社 2004 年版，第 860—863 页。

③ 甘阳：《政治哲人施特劳斯：古典保守主义政治哲学的复兴》，见施特劳斯《自然权利与历史》，彭刚译，三联书店 2003 年版，导言，第 56 页。

④ 尼采：《善恶之彼岸》，宋祖良、刘桂环译，漓江出版社 2003 年版，第 143 页；刘小枫：《刺猬的温顺——讲演及其相关论文集》，文艺出版社 2002 年版，第 103 页。

黑格尔教化认识论初探

——兼与儒家比较①

黄小洲

[内容提要] 在黑格尔这里，教化作为向普遍性的提升而成为一个精神的存在，不能仅仅理解为一种道德的驯化或陶冶，也不能仅仅理解为一种服务于政治需要的规训和控制，它有着认识论上的根据。黑格尔的教化认识论首先表明，知识是一个科学体系，而不是碎片化的主观意见；其次，真理是一个发展的过程，它是具体的；最后，教化知识是通过理性的概念而得到清晰明确的表达的。

[关键词] 黑格尔　教化　认识论　发展

在黑格尔这里，教化（Bildung）作为向普遍性的提升而成为一个精神的存在，不能仅仅理解为一种道德的驯化或陶冶，也不能仅仅理解为一种服务于政治需要的规训和控制，犹如传统国人所理解并且尊奉的那样；而是要把教化的践行，即把人提升到普遍性的精神存在，理解成是有它的认识论根据的。当然，黑格尔的教化思想包含着道德与政治的层面作为其环节与中介，但是这都是以认识或知识的普遍性为根基的，而不是依赖于外在榜样的示范作用或者政治权威的震慑。

1. 传统国人教化观的反认识论倾向

如前所说，传统国人对教化的理解基本上是局限在道德驯化和政治规训的层面上，它根本不考虑教化的认识论根据，而且对教化的认识论思考

① 本文受广西大学公共管理学院青年基金项目资助。

表现出一种漠视与排斥，因而它在总体上呈现为一种反认识论的倾向。

孔子说："民可使由之，不可使知之。"（《论语·泰伯》）统治者只管驱使民众跟从就是了，而不能让他们知道这是为什么。因为一旦把事情的缘由告诉老百姓，让老百姓"知"，那么老百姓就有可能独立运用起自己的理智来思想、分析和判断，很可能就不听统治者的规训，于是就会把统治者的事情搞砸。盘庚要迁往殷，老百姓知道了，都不愿意跟随，于是盘庚只好下硬命令了。为了使有益民众的事情成功，往往不能让民众有"知"。其实，在古代中国，所谓"民主"就是统治者"替民做主"的意思。

教化，在传统中国只是为了实现政治有序、社会稳定、民风和顺的手段。而那些用来实现教化的道德规条和政治诫命是从何而来的呢？它不是来自每个人自觉的理性反省而达成的共识，而是来自三皇五帝、文王武王、周公孔子等大人、圣人的超群才智、高瞻远瞩与深谋远虑，是他们体悟了天命，洞彻了华夏族群运行的不二法则，至于小民、小人即一般老百姓，就只好等着大人、圣人来教化自己，之后谨遵行事就行了，这叫"先觉"觉"后觉"、"先知"启"后知"、"先进"带"后进"。孔夫子不是说得很清楚吗："子为政，焉用杀？自欲善而民善矣。君子之德风，小人之德草。草上之风，必偃。"（《论语·颜渊》）小人的道德觉悟性就像小草，在君子浩荡如风的德性面前，基本上丧失了独立的反省与认知能力，只好俯首听命了。

詹世友先生说得很好："在中国古代，教化是出于统治阶级的提倡，其侧重点在于使朝政美好和风俗淳厚……总而言之，从一开始，中国传统的礼乐教化就是以培养统治者为目标的，并通过统治者的施教，推行到民间社会中，成为风俗，即所谓'化民成俗'。这种见解为后来的人们不断的强化着。这一切，使得中国传统教化有着强烈的政治实践性格。周代以后，教化被定型为一种上对下的精英政治、牧民政治，把国运系于统治者的道德品质是否高尚之上，把百姓看作没有任何主动性的被动的受教者。"①

然而，这种古典主义华夏人文教化观正是在传统儒学那里得到了强有力的宣扬。孔子说："上好礼，则民易使也。"（《论语·宪问》）"上好礼，

① 詹世友：《道德教化与经济技术时代》，江西人民出版社2002年版，第36页。

则民莫敢不敬；上好义，则民莫敢不服；上好信，则民莫敢不用情。”（《论语·子路》）荀子接着说：“君者，仪也；民者，景（影）也，仪正而景正。君者，槃也；民者，水也，槃圆而水圆。”（《荀子·君道》）汉代董仲舒更是说得直接：“夫上之化下，下之从上，犹泥之在钧，惟甄者之所为；犹金之在熔，惟冶者之所铸。”（《汉书·董仲舒传》）以至于东汉的许慎在撰写《说文解字》时也就给“教”字下定义说：“上所施下所效也。”而所谓“化”就是：“教行也。”直白点说，在传统中国，教化就是上行下效，即统治者在政治与道德上作出榜样，老百姓跟着仿效。

如何能做到“下效”呢？传统儒家深知单凭刑戮是不行的，它需要礼乐的慢性浸染，从而使得外在的政令法规内化为人自然化的道德情感，从而消解教化的外在束缚感。“导之以政，齐之以刑，民免而无耻；道之以德，齐之以礼，有耻且格。”（《论语·为政》）有了德、礼、乐等软性陶冶，老百姓便会自觉遵守秩序服从统治了。我们可以从孔子关于“三年之丧”的解释中看到，外在的政治道德规范最终被诉之于人自然性的血缘亲情，因此政治道德的合法性被归结于一种自然的情感本性。当宰我抱怨三年的居丧守孝太长，从而质疑这一礼的合理性时，孔子所给予的解释则是：“子生三年，然后免于父母之怀。夫三年之丧，天下之通丧也，予也有三年之爱于其父母乎！”（《论语·阳货》）在孔子看来，这个三年居丧守孝的一般规则来源于儿女生下来三年之后才脱离父母的怀抱之爱。显然，这种关于道德合法性的解释在本质上是生物性的，它把道德还原为一种动物本能，因而从根本上是缺乏反省意识的。难怪邓晓芒先生说：“父母抱大他到三岁，所以父母死后就要守三年之丧，如果当作一种定量化的推理来看的确是很可笑的，哪里有什么道理；……幸好没有人来和孔子竞争说父母养你到十八岁，因此要守丧十八年，因为这毕竟只是一种权力话语，而不是真正的权力。”①

这就难怪李泽厚能够从《论语》中发掘出中国人思维的特征——“情感本体”，他甚至有点自豪地说：“儒学之所以不是某种抽象的哲学理论、学说、思想，其要点之一正在于它把思想直接诉诸情感，把某些基本理由、理论，建立在情感心理的根基上，总要求理知与情感交融……孔学儒家教义的特征之一，从所谓‘三年之丧’，到孟子和王船山所说‘人禽

① 邓晓芒：《新批判主义》，北京大学出版社 2008 年版，第 164 页。

之别’，首先强调的正是这样一种‘家庭’中子女对于父母的感情的自觉培育，以此作为‘人性’的本根、秩序的来源和社会的基础；把‘家庭价值’（family value）置放在人性情感的层次，来作为教育的根本内容。”① 把情与理交融，情商与智商并举并且把情感置于奠基的位置上，从而压制理智的发展，把知识、理智视为有害政治道德的洪水猛兽，使人根本丧失超越于感性本能的能力，所有这些都从另一个方面表达了传统教化观的反智主义导向。

总之，诚如陈嘉明先生所言：“中国哲学教化的目标是求‘善’，并且以‘诚意正心’之类的自我道德修炼为手段。这样的认识使得中国哲学将求真从属于求善。而西方哲学教化的目标是求‘真’，它以‘理性’的培植为教化的手段。这样的认识使得西方哲学将求善从属于求真，强调理性的规导。”②

2. 知识是一个科学的体系

“认识你自己！”这句古希腊德尔菲神庙古老的箴言，从另一个层面上说，表达了人类求知的本性。当亚里士多德用“惊奇”（或“诧异”）来描述人类本性中求知的自主萌发状态时，他是十分正确的。“求知是人类的本性。”③ 教化作为人向普遍性精神存在的提升，必定以普遍性的知识（认识、真理）为前提条件，否则人是不可能从其植物性的营养生长与动物性的感觉本能中超拔出来，而真正成为人之为人的理性存在物。在西方，一般认为人与动物的区别就在于人能思想；然而人要想思想，离不开普遍性的知识。反过来，传统中国人的教化观则可以说是一种没有知识的教化观，并且固执于把教化仅仅局限在政治与道德范围之内，因而也是一种泛政治主义、泛道德主义的教化观。马尔库塞说：“真正的实践以真正的知识为先决条件。”④ 没有知识的道德与政治实践，只会落入盲从、

① 李泽厚：《论语今读》，安徽文艺出版社 1998 年版，第 31 页。同样的论调可以参看蒙培元《情感与理性》（中国社会科学出版社 2002 年版），他认为儒家不仅将情感视为生命中最重要的问题，而且是整个儒学的核心内容。

② 陈嘉明：《哲学与教化》，《光明日报》2010 年 1 月 19 日。

③ 亚里士多德：《形而上学》，吴寿彭译，商务印书馆 1996 年版，第 1 页。

④ 马尔库塞：《理性与革命》，程志民等译，上海世纪出版集团 2007 年版，第 107 页。

蛮干以及非理性的狂热之中。

黑格尔的教化认识论包含着知识，这里面可以隐约听到苏格拉底“德性即知识”的回响。在黑格尔这里，要想真正获得知识的美誉，那么这种知识必须要是科学，或者更准确地说是一个科学的体系，一个有生命的整体，简言之，必须是真理。黑格尔正确地表达道：“对于天真纯朴的人，真理永远是一个伟大的名词，可以激动他的心灵……真理是在知识里，但我们只有在反省时，不是在走来走去时，才能认识真理；真理既不能在直接的知觉、直观里，亦不能在外在的感觉直观或理智的直观里（因为每一个直观作为直观，就是感性的）被认识，而只能通过思维的劳作才能被认识。”① 由此，教化的真理或知识，只能在反省（或反思）的思维劳作中获得，而不能在外在的直观、感觉中收获到。

然而，首先，教化的真理或知识不能是碎片化的偶发奇想，不能是一堆杂乱无章的意见，因为一个老农也可以从自己的直观感受出发，对国家的政治大事发表一通自己的意见，但是意见不可能是真理，这在古希腊巴门尼德那里就已经被清楚地表达了，黑格尔是十分赞赏这一看法的。其次，教化真理（知识）也不能是范畴或概念的简单罗列与堆砌，犹如历史学家只是简单地机械地展览历史事实那样，这样历史内容便沦为一堆僵死的古董与瓦片，毫无生命气息；它必须是概念或范畴有生命的发展运动而构成的科学体系或整体。

所以黑格尔经常强调说：“真理就是全体……哲学若没有体系，就不能成为科学。没有体系的哲学理论，只能表示个人主观的特殊心情，它的内容必定是带偶然性的。哲学的内容，只有作为全体中的有机环节，才能得到正确的证明，否则便只能是无根据的假设或个人的主观的确信而已。”②

“真理就是全体”这句话可以简明扼要地表达黑格尔教化认识论的一个鲜明特点。因而在教化中，人所获得的就不是一个片面化的存在，而是人能超越于植物、动物之上的整体性的精神存在。教化的知识不能片面化地理解为只是一种技艺、一种谋生的手段，譬如一个修鞋匠懂得修鞋这种知识，而是要从中发现人类一般的精神普遍物——无差别的自由的人类劳

① 黑格尔：《哲学史讲演录》第一卷，贺麟、王太庆译，商务印书馆1996年版，第20页。

② 黑格尔：《小逻辑》，贺麟译，商务印书馆1997年版，第56页。

动，正是劳动使人成为人。

黑格尔明确地说："知识只有作为科学或体系时才是现实的，才可以被陈述出来；而且一个所谓哲学原理或原则，即使是真的，只要它仅仅是这个原理或原则，它就已经也是假的了；要反驳它也就很容易。反驳一个原则就是揭露它的缺陷，但它是有缺陷的，因为它仅只是共相或本原或开端。"① 一个知识原则如果仅仅只是一个抽象的共相或没有发展的开端，那么它是软弱的，还缺乏现实性，因为它本身就包含有缺陷，我们很容易就能反驳它。只有当知识作为科学的有生命的体系（整体）时，它才具有现实性和力量。

然而如何使教化的知识成为一个科学的有生命的整体？黑格尔进一步解释说："科学只有通过概念自己的生命才可以成为有机的体系；在科学中，那种来自图式而被从外面贴到实际存在上去的规定性，乃是充实了的内容使其自己运动的灵魂。存在着的东西的运动，一方面，是使它自己成为他物，因而就是使它成为它自己的内在内容的过程，而另一方面，它又把这个展开出去的他物或它自己的这个具体存在收回于其自身，即是说，把它自己变成一个环节并简单化为规定性。在前一种展开运动中，否定性使得实际存在有了区别并建立起来，而在后一种返回自身运动中，否定性是形成被规定了的简单性的功能。就是通过这种方式，内容显示出它的规定性都不是从另外的东西那里接受过来外贴到自己身上的，而是内容给自己建立起规定性来，自己把自己安排为环节，安排到全体里的一个位置上。"②

可见，教化的知识体系是概念自己运动的结果，它一方面使自己过渡到他物，即异化；另一方面是从他物返回自身，但这种返回自身并不是对始点的简单回复，而是一种充满内容、富有成果的高层次的回复，因而这时的始点已经是一个崭新的始点，为下一轮的异化和返回运动准备条件。小孩子的天真纯朴固然是可爱的，可是一个历经岁月打磨的老人在道德性上却仍想固守这种天真纯朴，那就显得可笑，乃至是一种虚伪。所以，当亚里士多德探究一个人在何种意义上有道德德性时，他认为除了行为上的合乎德性之外，还要出于某种状态，即行为主体首先必须对道德德性有认

① 黑格尔：《精神现象学》上卷，贺麟、王玖兴译，商务印书馆1996年版，第14页。

② 同上书，第35页。

知（知识），其次是出于自主的选择，第三必须是出于确定了的、稳定的品质而这样选择①。这样，亚里士多德就十分全面而正确地指出了道德的认识论基础。“没有知识，理性和自由是不存在的。”② 马尔库塞如是说。

3. 真理是一个发展的过程

其实，教化的知识作为一个有机生命整体，它已经内在地包含着一个发展的过程了。我们在上面的探究中或多或少已经触及这点。然而，随着思维不断深入，“发展”与“具体”这两个概念便成为此时的主题。

“思维的产物一般地就是思想；但思想是形式的，思想更进一步加以规定就成为概念，而理念就是思想的全体——一个自在自为的范畴。因此，理念也就是真理，并且唯有理念才是真理。本质上，理念的本性就在于发展它自身，并且唯有通过发展才能把握它自身，才能成为理念……说理念是发展的，并且说它首先必须使它自己成为它自身，从理智看来，似乎是一个矛盾，但哲学的本质正在于消除理智的对立。”③

在黑格尔这里，只有理念才真正配得上真理之名，而理念之所以成为理念就在于它要发展自身，并且在这种发展中认识自身，因而这种发展也就是具体的。在抽象的理智看来，理念作为真理应该是不变的“一”，即绝对无差别的自身同一，“A = A”。说理念有发展，这在抽象的理智主义者眼中，是荒谬不堪。然而黑格尔正是要破除这种抽象的理智主义的偏见，他一再辛辣地讽刺道：“那提出一些抽象的论证或借口、一味坚持哲学的分歧性的人，由于他厌恶或害怕特殊性，不知道特殊性也包含普遍性在内，他是不愿意理解或承认这普遍性的——在别的地方我曾经把他比做一个患病的学究，医生劝他吃水果，于是有人把樱桃或杏子或葡萄放在他前面，但他由于抽象理智的学究气，却不伸手去拿，因为摆在他面前的，只是一个一个的樱桃、杏子或葡萄，而不是水果。”④

---

① 亚里士多德：《尼各马可伦理学》，廖申白译注，商务印书馆2003年版，第42页。

② 马尔库塞：《理性与革命》，程志民等译，上海世纪出版集团2007年版，第25页。

③ 黑格尔：《哲学史讲演录》第一卷，贺麟、王太庆译，商务印书馆1996年版，第25页。

④ 同上书，第23页。

因此在黑格尔这里，教化的真理就是一个具体的发展过程，它本身也就包含着普遍性在内了。那位学究患上了抽象理智主义的病，固守于抽象的同一律，把“水果”这个共同具体的水果如樱桃、杏子或葡萄等抽象地对立起来，并且固执地坚持这种对立，那么他当然最终吃不到任何“水果”。我们甚至可以推断，如果这位学究在生活的一切方面都坚持这种抽象理智的学究气，坚持“水果是水果”这种抽象的同一律，那么显然他将无法生存，因为他对任何具体存在物都熟视无睹。

这样，我们就不难理解当黑格尔谈到“上帝”这个词时，他很精辟地说：“这个词就其本身来说只是一个毫无意义的声音，一个空洞的名称。只有宾词说出上帝是什么之后，这个声音或名称才有内容和意义。”①显然，当用一个宾词说出上帝是什么时，这个宾词就包含着对主词（上帝）的一种否定，即否定它的抽象同一性，因而是一种具体的发展运动，同时也就真正赋予主词以真实的内容和意义。“上帝这个理念如果内中缺乏否定物的严肃、痛苦、容忍和劳作，它就沦为一种虔诚，甚至沦为一种无味的举动。”②

为了进一步弄清“发展”的真正意义，黑格尔区分了潜能、能力或所谓的“潜在”与“自为自在”，即真在或“实在”。一个事物光是以一种“潜在”或者天赋的能力而存在，那么这算不上是“发展”，它的存在还停留在抽象之中，可以看作是“虚无”，因而是软弱无力的；只有当它经历一番自我否定的历程，因此在严肃、痛苦、容忍和劳作中获得自己的真实存在时，这才是真正的发展。

所以小孩潜在地是一个理性的存在者，但理性在小孩中仅是一种潜在的禀赋，还不是一个实在的理性存在者；如果他要真正获得自己的理性，他必须对自己的感性存在进行一系列的自否定，即经历发展。“我们说：人是有理性的，人的本性具有理性；是指人之理性，只是在潜能里、在胚胎里。在这个意义下，人一生下来，甚至在娘胎中，就具有理性、理智、想象、意志。小孩也是一个人，但是他只有理性的能力，只有理性的真实可能性；他有理性简直和无理性几乎没有什么差别，理性还没有存在它里面，因为他还不能够作理性的事情，也还没有理性的意

① 黑格尔：《精神现象学》上卷，贺麟、王玖兴译，商务印书馆1996年版，第14页。

② 同上书，第11页。

识。首先由于人是由自在（即潜在——译者）而成为自为（即实在——译者），因此，也就成为自为的理性。所以人如果从任何一方面看来具有实在性，就是说，他真实地具有理性，这样他就是为理性而存在的。"①

从潜在到实在，这固然是发展，但是其中还包含另一层意思，即发展意味着从一个低层次向更高一级层次的攀升，也就是我们通常所说的"进步"。"在生存中，从不完美的东西进展到比较完美的东西，便是'进步'。"② 显然，当我们谈论"发展"这个词时，往往是把它放在时间中来审视的，因为发展离不开时间的前后相继。但是这并不意味着，所有在时间长河中的事物都毫无差别地一同经历发展或进步。例如，黑格尔就认为，在自然界里是"太阳下面没有新的东西"，它永远只是表现一种周而复始的循环，因而根本谈不上有什么进步与发展。这就是日常所说的：山还是那座山，河还是那条河。当然这只是就自然事物而言的。但是，即便是面对有着悠久历史和灿烂文明的中华帝国，黑格尔也毫不客气地评价说："中国很早就已经进展到了它今日的情状；但是因为它客观的存在和主观运动之间仍然缺少一种对峙，所以无从发生任何变化，一种终古如此的固定的东西代替了一种真正的历史的东西。中国和印度可以说还在世界历史的局外，而只是预期着、等待着若干因素的结合，然后才能够得到活泼生动的进步。"③

黑格尔的教化认识论拒斥抽象不变的片面化的理智主义，它揭示了真理具有"发展"和"具体"这两个本性。值得指出的是，教化真理的这种发展历程是出于它自身的本性，即它天性就要趋向一个更高的目的，因而是一种自否定的发展，它不依赖外界的强迫。然而我们却可以继续追问：教化认识论以什么媒介表达自身呢？如此，我们就过渡到黑格尔教化认识论的概念特性的探究。

4. 真理在概念中获得清晰明确的表达

依照黑格尔，教化的真理只能在概念中获得清晰明确的表现，因而只

① 黑格尔：《哲学史讲演录》第一卷，贺麟、王太庆译，商务印书馆1996年版，第26页。
② 黑格尔：《历史哲学》，王造时译，上海世纪出版集团2003年版，第57页。
③ 同上书，第117页。

有概念才是教化认识论的表现媒介，如果没有概念这种媒介，那么教化认识论将是一个空谈，或者说在根本上就是虚无。黑格尔旗帜鲜明地表达说：“完美的认识只属于用概念进行认识的理性的纯粹思维。”① 所以不是理智的直观、虔敬的情感、或艺术宗教表象，而是概念才是教化真理的真正载体。

“真正思想和科学的洞见，只有通过概念所作的劳动才能获得。只有概念才能产生知识的普遍性，而所产生出来的这种知识的普遍性，一方面既不带有普通常识所有的那种常见的不确定性和贫乏性，而是形成了的和完满的知识，另一方面又不是因为天才的懒惰和自负而趋于败坏的理性天赋所具有的那种不常见的普遍性，而是已经发展到本来形式的真理，这种真理能够成为一切自觉的理性的财产。”②

从这里，我们可以把捉到黑格尔对于当时泛滥于整个德国的浪漫主义的批判。浪漫主义在哲学上的代表人物谢林在其著名的《先验唯心论体系》一书的导论中即说：“哲学的工具总论和整个大厦的拱顶石乃是艺术哲学。”③ 谢林甚至在该书的最后部分给予艺术最高的热情洋溢的赞颂：“艺术是哲学的唯一真实而又永恒的工具和证书，这个证书总是不断地重新确证哲学无法从外部表示的东西，即行动和创造中的无意识事物及其与有意识事物的原始同一性。正因为如此，艺术对于哲学家来说就是最崇高的东西，因为艺术好像给哲学家打开了至圣所，在这里，在永恒的、原始的统一中，已经在自然和历史里分离的东西和必须永远在生命、行动和思维里躲避的东西仿佛都燃烧成了一道火焰。”④ 自然，谢林这种把艺术置于思维的最高层次的观点，得到了当时浪漫主义众多作家、诗人、艺术家的共鸣，并且对德国浪漫主义运动起到了极大的推波助澜的作用。然而，谢林的这种艺术直观崇拜，最后走向的却是一种非理性的神秘主义，它要求人们去建立“新神话”。

但是，诚如马尔库塞所说：“理性的概念是黑格尔哲学的核心。”⑤黑格尔理性主义的整体特征不可能让神秘的非理性的“艺术直观”被放置

① 黑格尔：《精神哲学》，杨祖陶译，人民出版社 2006 年版，第 263 页。

② 黑格尔：《精神现象学》上卷，贺麟、王玖兴译，商务印书馆 1996 年版，第 48 页。

③ 谢林：《先验唯心论体系》，梁志学、石泉译，商务印书馆 1983 年版，第 15 页。

④ 同上书，第 276 页。

⑤ 马尔库塞：《理性与革命》，程志民等译，上海世纪出版集团 2007 年版，第 20 页。

在哲学的“至圣所”，艺术直观作为“无意识事物及其与有意识事物的原始同一性”在黑格尔看来恰恰是比较低级的东西，绝不可能获得至高的赞誉。黑格尔径直批判道：“人们常常想像，诗人，如同一般的艺术家那样，必须单纯直观地去工作。情况完全不是这样。相反地，一个真正的诗人在完成其作品之前和过程中必须沉思和反思；只有在这条道路上他才可以希望从所有包裹着事情的外在性中找出事情的心或灵魂，而且正是通过这样来有机地发展他的直观。”① 那么显然，黑格尔不可能让教化真理沦为谢林所吹捧的神秘主义的艺术直观。

黑格尔的教化真理也不可能在虔敬主义的宗教情感中得到表现。虔敬主义宗教情感论的重要代表施莱尔马赫是黑格尔理论上的死对头，他主张把理性的知识归属于宗教的信仰之下：“我不能主张宗教是最高知识，甚或是任何知识……知识只是附属于宗教的东西罢了。”② 施莱尔马赫一边鼓吹天赋宗教论，一边痛击世人对宗教的贬抑：“人是生来赋有宗教的性能，像一切其他性能一样。只要是他对自己本性的最幽深处之直感不被粉碎，只要是他自身和元始本原的交通不被遮断（这无疑是宗教的两个本素），宗教就会照它自己的样子发展无坠。然而在我们今日，嗳！恰正相反的现象，大规模地发生。我痛苦地天天目击那种计算狂和理智分析狂怎样压抑直感。我看到一些事物都联合着把人绑给有限，且给有限的一个极小极小的部分，以致无限者尽可能从他们眼中消失。”③ 在施莱尔马赫这里，最高真理是对上帝神秘的虔敬情感体验，即直感。

然而，这种神秘的直感归根结底是个人主观的东西，它缺乏理性的现实性。黑格尔颇有些愤愤不平地描述道：“注重虔敬信仰的人会公开宣称，理性或思维不能够认识真理：正相反，理性只会引导到怀疑的深渊，于是我们必须放弃理性和独立思想，必须使理性或思想屈服于盲目信仰的权威之下，才能达到真理……它坚持本能和情感以反对理性，因而就把主观的东西当作真理的标准。”④ 作为近代理性主义集大成者的黑格尔，坚决反对把理性屈服于盲目信仰的权威之下，宗教的本能和情感也不能是认

① 黑格尔：《精神哲学》，杨祖陶译，人民出版社2006年版，第264页。

② 施莱尔马赫：《宗教与敬虔》，中国基督教协会2006年版，第111页。

③ 同上书，第133页。

④ 黑格尔：《哲学史讲演录》第一卷，贺麟、王太庆译，商务印书馆1996年版，第18页。

识的表现方式和最高目的。伽达默尔说得好："由于黑格尔在一切地方，甚至在历史上强调理性，他成为古代逻各斯（即理性）哲学的最后一位最全面的代表。"①

理性，即 logos，在古代的起源中本意就是说话；而在黑格尔这里，真理就是通过理性来表现的，换句话说，真理是通过这种"说话"得以表达的，进一步清楚地说就是，真理将自身表现在思想、范畴或者概念中；只有概念充分地体现了真理的理性本性。"哲学是以思想、范畴，或更确切地说，是以概念去代替表象。"② 艺术或宗教的神秘表象，如果没有概念的把握，那么它还是飘忽不定与稍纵即逝的东西，因而是个人的主观幻想。清楚明晰是概念的本性或它的自身。可见，是概念使教化的真理获得表现，获得自身的清楚明晰性，乃至客观现实性。

然而我们要注意到这样一个重要的区分，即区分教化真理的概念上的清楚明晰性与数学上的清楚明晰性。在黑格尔看来，以清楚明晰性或自明性自居的数学知识是有缺陷的。在这里我们有必要引用黑格尔下面这段精彩的分析：

"数学以这种有缺陷的知识的自明性而自豪，并且以此而向哲学骄傲；但这种知识的自明性完全是建筑在它的目的之贫乏和材料之空疏上面的，因而是哲学所必须予以蔑视的一种自明性。——数学的目的或概念是数量，而数量恰恰是非本质的、无概念的关系。因此，数学知识的运动只是在表面上进行的，不触及事情自身，不触及本质或概念，因而不是一种概念性的把握。——数学给人提供可喜的真理宝藏，这些真理所根据的材料乃是空间和一。空间是这样的一种实际存在，概念把它的差别登记到这种实际存在里就像登记到一种空虚的、僵死的因素里去一样，而在这种空虚的僵死的因素里概念的差别也同样是不动的和无生命的。现实的东西不是像数学里所考察的那样的一种空间性的东西；像数学事物这样非现实的东西，无论具体感性直观，或是哲学，都不去跟它打交道的。在这样非现实的因素里，也就只有非现实的真理，换句话说，也就只有些固定的、僵死的命题；在每一个命题那里都能够停住，随后的命题自己再从新开始；

① 伽达默尔：《真理与方法》上卷，洪汉鼎译，上海译文出版社 2004 年版，第 286—287 页。

② 黑格尔：《小逻辑》，贺麟译，商务印书馆 1997 年版，第 40 页。

而不是从前一个进展到后一个去，更不是因此而通过事物自身的性质产生出一种必然的关联来。而且，由于它出于这样的原则和要素——数学自明性的形式性就在于这里——所以数学知识也就是沿着同一性的路线进行的，因为死的东西，自身不动的东西，达不到本质的差别，到达不了在本质上对立或不同一的东西，因而到达不了对立面向对立面的过渡，到达不了质的、内在的运动，到达不了自身运动。”①

总的来说，教化真理的概念清楚明晰性是一种本质的、概念自身差异化、自己过渡到自己的对立面又返回自身的运动的结果，因而是一种有生命历程的逻辑的清楚明晰性。数学的清楚明晰性是一种僵死的、无生命的、抽象同一的、无差别的、非本质的清楚明晰性。

至此，我们将以雅斯贝尔斯简明扼要的一段话结束关于教化认识论的探讨：“教化是生活的一种形式，其支柱乃是精神之修养和思想的能力，其范围乃是一种成系统的认识。教化作为其实体内容而言，包含对已经存在的诸形式的思索，包含作为高度准确的洞见的认知，包含关于事物的知识以及运用语词方面的熟练。”②

结语

综上所述，黑格尔的教化认识论首先表明，知识是一个科学体系，而不是碎片化的主观意见；其次，真理是一个发展的过程，它是具体的；最后，教化知识是通过理性的概念而得到清晰明确的表达的。

（作者单位：广西大学公共管理学院哲学系，武汉大学哲学学院博士生）

① 黑格尔：《精神现象学》上卷，贺麟、王玖兴译，商务印书馆 1996 年版，第 28—29 页。

② 雅斯贝尔斯：《时代的精神状况》，王德峰译，上海世纪出版集团 2003 年版，第 134 页。

实践理想的穷尽[①]

贺伯特·博德/文　戴晖/译

[内容提要] 理论之知、实践之知和诗性之知从康德经费希特传承到黑格尔，“意识的经验科学”恢复了对实践之知的人类学的理解，但已是历史意义上的教化。《精神现象学》实质上就是实践意识的展开。在感性确定性中意识就不单纯是理论的，而是道德教化；在知性阶段，知性并非现成的能力，而是自由认知的运动，意识中的反思不过是自由理念的假象；自我意识则直接显现了实践的本质，随之出现了精神的概念，它体现在“承认”上，生死斗争、主奴关系和劳动把自我提升为普遍环节；理性中潜伏着的是精神，理性先把精神视为观察的对象，然后在行动中追求快乐、追求个体的独特性，继而投身于世界进程以实现自身的普遍法则；但首先扭曲为“精神动物的王国”，然后进到“审核法律的理性”，这时真正的精神才出现了。但精神最初还未意识到自己是精神，而是表现为道德教化的实体，精神在行动中把自身区分为实体和对实体的意识，建构起

---

① 原文选自贺伯特·博德《形而上学的拓扑学》，弗莱堡/慕尼黑 1980（Boeder, *Topologie der Metaphysik*, Freiburg/München1980），第 584—627 页，内容涉及《精神现象学》的完整内容。原文标题是“Die Erschoepfung des praktischen Ideals”。少量［ ］内的文字为译者所加。注释为译注。

此译文是国家“985”工程南京大学宗教与文化创新基地课题成果。

引用版本：

费希特：Fichte, *Werke*, Akademie - Ausgabe, Stuttgart 1964 ff.

黑格尔：Ges. *Werke*, ed. Poeggeler et al., Hamburg 1968ff.

Saemtliche Werke, ed. Hoffmeister, Leipzig 1911ff.

Werke, ed. Freunde des Verewigten, Berlin 1832ff.

Wissenschaft der Logik, ed. Lassion, Leibzig 1932/1934.

康德：Kant, *Schriften*, Akademie - Ausgabe, Berlin 1910 ff.

个体法则和普遍法则互相对立的伦理世界。家庭和国家权力的对峙导致精神实体的毁灭和人格意识的产生，在人格基础上建立的法制是异化了的精神，但这种自我异化揭示了伦理精神的实践意义。自我异化的精神就此分裂为个人权利和国家权力的对立及此岸和彼岸的对立，此岸的纯粹洞见和启蒙瓦解了彼岸的信仰，精神作为绝对自由而实存，但它带来的是暴力和恐怖。经历此种矛盾和瓦解，精神才从现实的现象中返回到道德世界，并由此转向彼岸和“良心”。但良心和“优美灵魂”脱离现实、逃避罪恶，未能达到主客观的统一。当良心提升到对罪的承认和宽恕，与客观现实和解，就达到道德宗教，精神意识到自己是精神，这就是绝对精神。宗教本质上是近代宗教即启示宗教，它首先在自然宗教中把自己启示为“工匠”，然后在艺术宗教中通过史诗和悲剧、喜剧而反思到了历史性，但最终造成了“不幸的意识”：伦理实体的分裂和信仰的丧失。基督教作为启示的宗教则在主体之上重建了精神的实体，这已经体现在早期的三位一体论中；第二阶段是基督教的世俗化，把启示变成实在的和有限的“时间历史”；新教构成第三阶段，即从外在表象中回归到思想，成为超越现实的团体精神，但这团体精神仍然关怀着世界的荣耀，只不过它的实践理想不在历史中，而在历史的起点和终点。宗教对自然理性的排斥只有在绝对知识中才得以和解，这种对立在康德的现象和物自身的划分中已经显示出来了，但只有在《精神现象学》中，才通过精神自我意识的客观性和外在化解决了这一矛盾。《精神现象学》是纯粹理性的科学，它揭示出这个推动一切意识经验现象的后面的动力就是绝对知识，即概念把握的知识。实践的第一哲学必须放弃自身，让位于创造的第一哲学。《精神现象学》穷尽了实践理性的理想，却并没有真正实现自由，这种自由还必须以《逻辑学》的形态完成自身，再投身于之后的精神哲学，才得到概念的把握。《精神现象学》是对精神的历史外在性的牺牲以及对这种牺牲的回忆，为的是在逻辑的基础上进入精神自身的更深处。与历史的诀别才赋予历史一种整体规定性，只要绝对自由只是我的自由，即仅仅是实践的自由，则绝对自由的理念就摆脱不了绝对痛苦。《精神现象学》的结论无非是重建了这一痛苦，这是为神所弃的痛苦，也是精神为自身所弃的痛苦。

[关键词]《精神现象学》　实践之知　精神　理性　自由　概念

知 [Wissen] 分为理论的知、实践的知和诗性的知，其有序的呈现曾从康德传承到费希特，同样也从费希特传承到黑格尔。这已经让对黑格尔著作的阐述从《精神现象学》开始，《精神现象学》作为实践之知的形态；在费希特的《知识学》中的最后一次运动就已经具备这样的规定性了。

《知识学》的最高思想——涉及我们作为理性本质存在的规定——曾是统一的理想观念，这是因为我与其理念的齐一或者与已实现的要求的齐一，这个要求是“一切行为应该与我的行为相同”（396，20）；这也就是说：“它［我］包含一切实在于自身，并且完成无限性。这一要求必然以绝对设定的无限之我为根据。”（409，14）我却不能够停留于这一理念的确定性，而必须为真理的缘故“反思自身，它是否现实地包含一切实在于自身。这一反思以上述理念为根据，因而和理念一道迈向无限性”——“理想是我的绝对产品”（403，16），因为只有通过我获得每一个规定性——“就其为实践的而言：非绝对的，因为它正是由于反思的趋向而超出自身”（409，26）。作为实践的我，无法满足的渴望抓住它，而这种不可满足性——由于我自身的理念的缘故——并不能够造成对我的异议。正是作为实践的，我必然意识到它与自身的区分，自身作为无条件地设定自身的绝对之我。面对它自身的要求，这一由自身理念所论证的要求，它不得不问，是否真的包含一切实在于自身。它不得不怀疑自身。并非因为它不是其所应是，而是因为所应是对于它不是具备绝对规定性的内容，或者因为理想本身对于它是每次都只具备有限规定性的对象，于是理想踏上无限的序列，总是重新唤起渴望。“我能够把它追求的对象扩展到无限；假如它在某一特定时刻达到了无限，那么它就会根本不再是客体，无限性的理念将会实现，而这本身是一种矛盾。”（403，32）在解决这个矛盾的过程中，黑格尔发现了可以实现的无限性理念。

“我是无限的，但只是按照其追求；它追求无限的存在。在追求概念本身中就已经包含了有限性，因为凡是不受到抵抗的［行动］就不是追求。”（404，7）我没有其他办法——它必须基于它自身的理念而把自身对象化，也就是通过它自身而是意识，而并非通过外在于它的现成某物：意识即我和对象的关系。它自身作为绝对我的观念表象恰好具有这样的重要性，突出与自身的差异，知道自己是既有限又无限的我，并且在这一种张力中是“实践的”。我的理性连同其是一切实在的确定性，在本质上是实践的；作为如此之理性，它必须排除对自在者的绝对认识，具体地说

（必须排除）对真实的认识。

我在规定自身的同时追求与其理念的齐一。这种规定却直至无穷，只是对具有透彻规定性的理想的接近。假如它认识到自身实在的整体，无限性的理念就会实现；假如我将不再具有与其对象相区分的根据，这个对象就是我自身，那么意识将完全被扬弃掉。

相对于人的精神的必然行动，费希特的意识是自由行为，其完成亦是必然行为的“实用的历史”（365，4）——从“观念演绎”出发——这些必然行动构成理性的自然。知识学是这种自然的历史（Historie）。当谢林相反地把“客观”意义的自然置于这种“主观”的自然之前时，其科学才仅停留于历史，因为谢林不是按照反思的顺序，而是按照生成的顺序来考察科学的对象。

即使是黑格尔哲学的抽象开端也已经分开了科学与历史，无论是费希特的历史还是谢林的历史，也就是说，开端处在这样的洞见中：科学首先必须是逻辑科学。由此可见，逻辑，即使作为“形式”逻辑，也不在技术意义上来看待，逻辑在这里不仅等同于“超验”逻辑，而且是优先的。随着这种决断，与其说黑格尔的思想关涉谢林，不如说关涉费希特，具体说它紧扣第一哲学的进程。

相关的耶拿体系草稿（Ges. *Werke* Ⅶ）仍把逻辑理解为形而上学导论，在导向形而上学之同时放弃自身；逻辑在这里完成那样一种关涉，意识的形式行为处在关涉行为中。相反，《精神现象学》的出发点已经是：逻辑本身是形而上学或者第一科学；因为科学和意识的分离已经完成，这样的作品才是必要和可能的；而费希特的知识学才是意识的完成，为了意识的自由，知识学理解自身是道德的行动。

《精神现象学》恰好针对它的道德性，后者作为“自我实现的怀疑主义”（*Werke* Ⅱ，61 / 同上 Hoffmeister，67）。怀疑的暴力抵达意识，只是由于与之不同的科学的概念。只有科学是“自由的，在它独特的形态里运动的科学”（同上），与科学相反意识是“自然的”意识。并非仿佛它在人们所认为的“自然态度”的意义上是自然的。在这种自然态度的对面，意识由于并且也为了近代形而上学而始终是最高人工性的——既通过意识关涉行为的独立性，也通过其符合方法的实现。

与自由概念的科学相反，所有意识皆为“自然的”，束缚于其诸必然行动。其必然性对于意识始终是不透明的——既在行动的诸形态的环节上，亦在其目标上。虽然意识的实践或者“通往科学本身的路已经是科学”（69/74）；但是科学不是意识所胜任的，意识不过成为科学的内容，即作为“现象的知识”（61/66）。意识的各种形态是科学的现象，这样，黑格尔的现象学也与人们所认为的“意识的现象”根本无关——正如把诸如此类强加于费希特的我已经就是荒谬的一样。

科学的现象是通向科学的道路。意识本身不了解它的目标，也没有展望到目标而行动，只有在科学的视线中意识的行动是一种唯一的经验运动。谈论“意识的经验”已经表明，由于和科学的分离，意识已经从“超验的”地位上被放逐出来。然而它的经验和自然现象的经验不属于一类；不如说意识只在自己设定对象的过程中获得经验，对象被设定为真实的。在经验中，关于什么应该是真实者的确定性陷入怀疑；或者说，所造就的确定性是对非真理的确定性，这是关于意识过去自以为真实的东西的非真理。随着这种真实的消失，产生出新的对象——并非任何一个对象，仿佛意识随意撞上一个现存者，而是更高真理的对象，具有更丰富的规定性的对象，这种规定性要求观念形式的转变，并规定了意识自身的“教化”。

“新的对象包含前一个对象的虚无［Nichtigkeit］，它是关于前一个对象所获得的经验。”（68/73）不过，经验和对象的连环并非延伸至无穷，而是终止于“启示宗教”所设想的最后的——因为是绝对的——对象的虚无［Nichtigkeit］。意识的经验不仅穷尽了理想的自身［Selbst］，即我［Ich］，而且也耗尽了理想的本质。一方的否定性和他方的肯定性其实皆没有根据。而两种绝对者皆无根据的经验消解了意识对绝对知识的抵抗，而绝对知识知道纯粹概念是根据。正如意识误以为自身是科学的现象，意识也是那种假象，它交付给它的真理作答。

智性［Intelligenz］和自然，两者是有限的实在，它们的积极性和创造性是意识的对象而不是科学的内容。无论是智性还是自然都没有能力把意识规定为这样一种教化，在教化中意识最终献身于绝对知识，而这一绝对知识就是逻辑。意识自身既没有认识到也没有估计到的科学，将意识带入毁灭过程或者回归科学之途。就自身而言意识固执于它的每一个形态，通过空洞的相同者的重复来维持其对象的真理。于是意识变得呆板，以至于从自身而言在对科学进行抵抗时从来也不可能退让。它自身的教化并非出于本己的冲动；不如说其教化的历史是它蒙受概念的力量的历史。

意识所具有的反抗力在于，它确实设想出一个绝对者，也就是理想的自身或者理想的本质；无论哪一个对于它都是真实的——智性的真实或者自然的真实。即使两者中的任何一个真实提升到双方的统一或者甚至上升为双方的无区别性［Ununterschiedenheit］，它仍旧保留其片面性。或此或彼，皆非整体。只有概念是既否定又肯定的整体，它不是由部分所组成的整体，而是来自诸环节的整体，每个环节又自成整体。

《精神现象学》的实践不仅仅是向绝对知识的进发，而且是突出在绝对知识中的区别，正如绝对知识其实是“纯粹的知识”或者科学本身，表面上属于有限的意识或者属于尚不知道自己是概念之宣示的精神。

“意识经验的科学”作为科学必须让其经验的逻辑运动得到认识。然而它遵循哪一种逻辑？根据这部著作的序言，这里只考虑那样一种逻辑，它完成了科学和意识的彻底分离——即使黑格尔在《精神现象学》之后才具体阐述其科学。科学的纯粹概念只在反思形态中与意识相适应；因为意识的对象其实是其诸对象的真理，它区别于我和对象的直接关系，它在关涉这个关系时，检验这个关系，检验它每一次设定为真实的东西，确定认识和对象的一致。“精神作为我是本质”（Ⅶ，2. Abt.，252），它的显现也遵循“本质的逻辑”。

（Ⅰ）虽然黑格尔对此做了最具有规定性的明确表述，却无法避免人类学的理解方式在《精神现象学》上所造成的有效性——凭借众所周知的我，而无视早在笛卡尔就已经将意识之我与人之我区分开来。这个人是什么，这根本不可以插入意识的教化历史或者成为这个历史的前提，尤其是因为人的规定正是在这个历史的征程中才形成的；具体说是在那里，在因为人的物性而必须将人的观念表象化的地方。

我，《精神现象学》以之为开端的我，立刻表明自身是意识之我，因为它是关于意识对象之真理的确定性的第一个契机并且仅仅因为确定性的缘故而被引入。这个确定性是直接的，意识在它身上获得了第一个经验。如果知识在这里沦为意谓，那么这只说明，为了抵达知识，恰恰不能够从意谓开始；意谓总是已经丧失力量的知识——丧失了确定性的力量——并且因此对教化毫无益处。意谓不是直接的知识，而只是其非真理的经验的结果。

（Ⅱ）第一个确定性是“感性的”，它已经不是从以直接者的知识为开始的要求来理解自己了；显然，本质上为实践意识的真正的直接性是

“道德教化世界”的显现。相应的世界本质是“精神”。对精神的诸环节的分析因为精神教养历史的缘故是必要的，这种分析要求回溯到无世界的意识的极端抽象之中，在这种抽象中意识只是“理论的”——在知性活动的意义上，知性活动通过知觉从感性确定性走向规定性。

（Ⅲ）这个规定的进程甚至开始就已经排除了把知性作为“能力”[Vermoegen]来看待。作为意识的形态，知性像意识本身那样无法是某种给定之物[Gegebenes]，而是和意识对象一样是“建筑出来的”[“gemacht”]。人只有为自己拿起那种知的自由，意识才存在，这种知为了先行地设定必须在怎样一种观念表象方式中寻找关于特定对象的真理的确定性，就已经扬弃了直接的 conformitas ad obiectum [客体观念]。这并非任何一种反思的事，而是这样一种反思，它本身是一种设定和扬弃的唯一运动，对于意识它却是关于在我和对象之关系中的真理的经验。在这种经验上，纯粹概念把握在其反思中本有的扬弃只是作为怀疑而生效，怀疑取消了确定性——直至确定性不再可能是意识的确定性，而必然是科学的确定性。

自然哲学曾经以这样一种方式了解知性和真理的关系，知性的任务是在对事情[Sache]的印象中确保真理，而真理是事情本身。这种关系是随着被关涉者而被给定的。在自然形而上学中情况则不同。对于它，虽然知性如同事情本身一样仍然是某种给定的东西；但是，被关涉者作为我和对象，其规定指向对真实者的设定，这种设定是来自与真实者的确定性关系。只是因为检验[die Pruefung]在这里属于后一种而并非前一种关系，事情本身才被放到我和对象的一致中——两者都是事情——而知性过去之所是，现在则是从方法上检验真理的确定性——无论真理在理性本身中，还是须在诸事实[Tatsachen]中寻找真理；即使诸事实，作为如此之事实它们也已经是诸真理。

但是如果确定性，尤其是关于这些真理的确定性，必须能够是我们的确定性，而不只是事实的创造者的科学，那么，认识对象就不可能被当作物自身，而只被认为是现象。在近代形而上学的康德的开端，我就被分为“经验的”和“超验的”，只有后者被当作认识的独立主体，它本身不可能成为对象。它不是作为自我意识而成为对象；它仅仅为科学而成为对象，科学是对我们的认识能力的批判；主体仅在方法的意义上成为对象。

如果反思首先不是别的，就是从方法上掌握的对对象的注意力，那么，在这里反思是对对象与我们认识能力的某种特殊表象方式的关系的注意力。然而，只在对象作为现象要求不同的形式化［Formieren］时，诸表象方式相互才为特殊的，显然形式化依赖于一种材料，这种材料并非通过观念表象，而是只能够在感觉中得到。

反思变得独立，这是由于诸表象方式的区分本身——因为表象方式的规定本身——过渡到反思身上，也就是反思成为意识的科学的呈现方法，而意识是对人的精神的原本行动的意识。费希特的科学不再只面对意识，而就是意识自身的实施和完成，由此我对对象的规定完善了。

黑格尔认识到由纯粹我自身释放出的反思是假象［Schein］，自由的理念自己将自身错置于这种假象中。

他的《意识经验的科学》虽然一开始就已经在感性确定性中清楚地反映出反思逻辑的开始，也就是本质和非本质的区分，但是反思的诸环节却不是为意识经验而显示出来，而只是在意识经验上显示出来。其实反思并不属于意识，而是属于纯粹概念及其科学。然而因为意识在它从自身形态的真理那里所获得的经验中是概念科学的现象，所以纯粹概念在意识身上以反思的方式确立自身。如果黑格尔把反思与意识的诸形态分开——意识的每一个形态皆求自我保存，即使这是徒劳的，如果黑格尔认为反思是概念的权利和运用，那么，这并不是为了把反思从意识上升到科学，而是为了在科学之内阐明，反思即使在其纯洁性中也不是概念的自由。科学和意识的分野在属于逻辑本身的证明中才完成自身。只有逻辑能够显示离开“反思立场”的必然性。

反思立场已经容许一种绝对的知识，这又已经表现于经验在感性确定性中的开端上：在经验进入把对象作为“这一个”的规定之前，它已经知道费希特在纯粹自我的第一个确定性上所强调的：“事情存在，它是，仅仅是因为它是。”（72/80）事情却是两者：自我和对象。仅仅因为意识在其每一种形态中都绝对地知道某事，所有这些形态都直接地反对事情的关键：把绝对知识带向科学的唯一规定性。

感性确定性认为能够通过一种指示［Weisen］或者显示［Zeigen］来证实那种“因为”并且赋予真理性——通过在“此时”、“此地”的“这一个”并且为了就它［“我”］那一方面作为这一个而出现的我。但是意识经验的这个开始决没有给予显示及其模态一种“原始”证明的地位；相反，显示在此仅仅是意识的抽象行为，这种意识作为“理论的”无疑已经从其实践本质中抽象出来。在显示中使种种纯然个别性变得观念表象化，这在真理意义上是如此的贫乏，以致它一次也不能够弄错，更无法是假的——只要以为其实总是只有“某个”当下，它既能够是那个也能够是这个。抽象意识的经验——对象对于抽象意识是外在的——恰恰丰富了其各个形态的不过仅为理论上的非真理，这是由于物［Ding］的明确的感知［知觉］或者感性普遍的明确感知以对特定某物的错觉为要素，最终对诸现象的非感性内核的理解，具体说对力量游戏的理解，以及从超感性世界的规律性来解释诸现象，［这种理解和解释］为一种同形异义所迷惑，在这个令人迷惑的现象中世界的诸规定颠倒过来了。

（Ⅳ）在对象“既是我也是对象”的地方，也就是作为自我意识的对象时，方才可以见出意识的实践本质。随之出现的虽然不是精神本身——精神具备世界的具象——但却是精神的概念。只要把绝对形而上学视为精神的发展，那么，以精神概念为目标才可以规定绝对形而上学的开端。历史地看，这个开端在康德的位置上。

但是在自我意识知道自身是自律的——因为在自由理念的规定下——之前，它必然是专制的［autokratisch］，这是因为自我意识作为如此之自我意识担当着它的特殊的生命，优先地知道自己是类的自足的普遍生命的分支。最先作为其欲望对象出现的，必须作为其自身而向自我意识公开，而这是在自我意识只还在自身的法则中对象化的地方——专门通过良心这个中介。与其说自我意识所经验到的非真理不了解对象的丰富，不如说是在所生活的与自身一致的格调的逐渐衰退中可以看出这种非真理——按照反思规定的同一性、区分和矛盾的顺序。正是在这里，在最高的自主行动中承受了非真理本身。

承认和赞同对于自我意识是本质性的并且规定着这种经验的中间阶段，从针对生命的暴力出发，这种生命是与之等同的自我，却又每次都是另一个自我，进而通过平息这种暴力而达到对统治的区分，最后进入奴役的区分；后一种区分只鉴于“绝对主人”而理解自身，这位绝对主人就是死亡本身（143/148）。绝对者的第一次显现就与一切传统的绝对者观念相反，无条件地显示为否定性的。这位主人隐含着创造性的自由理念；对他的恐惧是进入智慧的入口，这种智慧首先教会劳动，通过劳动传授教养，一如这种教养就是意识的任务。“在服务和服从的训练中”（145/149）才从对死亡的恐惧中培养出这样的主体，它拿起自由，做自身的法规的主体，同时也是普遍的法则的主体。

自我意识没有了解概念本身所具备的普遍性——由于科学和意识的分离而无法了解，这就意味着：近代形而上学的各个位置在“意识经验的科学”中只能够显现为缺少概念的、因此也丧失灵魂的诸立场。对于自我意识，普遍法则不仅是一种与之不同的法则，而且是与之对峙的、有着天壤之别的普遍意志的法则。自我意识承认这种普遍意志是在自己的意志的彼岸。然而，自我意识的意志的此岸和彼岸却自在地是同一个实在［Realitaet］，具体说，是理性的实在。

（Ⅴ）生命与自身的一致分裂了，这曾是自我意识的非真理；自我意识的痛苦最终是自在者或者真实者的隐蔽性；精神的普遍在自我意识设定和规定的假象［Schein］之中始终是隐蔽的。而理性确定自身是一切实在，它试图以歪曲精神的方式来保持其确定性。理性的现实性是非真理，而非真理甚至也变得富有创造性。

作为意识的抽象形态，理性与精神的不同之处仅仅在于精神隐藏在理性中。这一点才赋予抽象以真实的面目，费希特的知识学以这种抽象直接地站在纯粹我的立场上，我知道自身是一切实在。

首先理性这样来歪曲精神，理性只把精神认作自身，把精神规定为观察的对象。观察首先把“自然的意谓”本身作为“面前之物”，并且局限在对自然的“描写和叙述”上（217/220），“在法则和必然性的声望上”，这种观察不超出“巨大的影响”（217/221），也就是说，观察并不抵达概念；时间历史观念造出的不是概念，而是在作为自然而表象化的实在之整体中设想一种“无精神的意谓的自由”。接着，观察面临在自我意识的双重世界中的精神性假象，这双重世界源于外在诸状况和内在个体性，它们的相互作用只是幻化出某种必然性和法则。最后，观察在精神的直接现实性中理解精神，这个直接现实性就是头盖骨。这样一种物化是对精神无动于衷的自然死亡的表征。显然，在精神不可能存在的地方，精神自身被颠覆了。

但是理性（所做的第一步）不得不执著于精神是精神，第二步，它在精神的实现中，也就是在行动中，歪曲精神。首先行动本身仍然是自然的；由于个体追随着欲乐，放任其欲望的驰骋，他才仅仅知道自由是行动的形式根据，就把自由挥霍在他无法透视的、因为是丧失了精神的或者说没有概念的必然性上。

然后，行动的个体自身就是必然性并且确定“直接在自身中具备普遍或者法则”（267/266）。这个根据充满了意蕴或者说是实在的：人性的福祉。这里对精神的歪曲在“自大狂”中实现了，甚至必须反对人性自身来营构人性的福祉，显然在业已存在的秩序形态中人性自己对普遍福祉的经营和关怀同样是实在的，就是说，这个理性对象的一种规定性与另一种规定性相对立。

这种根据的区分最后这样完成了。此外，也就是世界进程，不仅丧失了精神，而且要求个体性的牺牲，以便自我意识——它自以为是理性的——把自己当作普遍法则的自我意识来加以实现。承认现实性是“普遍的现实性”，孤单的个体自己剥夺了自己的精神，这给予个体性的承认行动以意义，即这种认可就是目的自身。

正如理性把自身作为自我意识因而作为个体性加以实现，它同样歪曲了已经成为现实的精神；最后理性歪曲了精神的定在［Dasein］。这首先是通过理性在动物性的基础上看待精神的王国。无根据的根据或者无条件的绝对是自然的生命，鉴于行动的个体性，它相对地更接近动物的生命。在精神动物王国里每一个人都“尽其所能地”表现自己——没有好和坏的绝对区别。然而对于个体，与他恒久的本质相比，他在工作中的自我呈现为某种正在消失的东西。与本质相分离，工作［das Werk］只不过是一件事情［eine Sache］——不过不仅限于此；由于个体从自我呈现中撤回自身，由此他的工作同样变成了相关的“事情本身”。精神动物王国的统一性恰好在这里表现出来：所有人皆在欺骗中联合起来，这种欺骗在于混淆事情本身和向他人表现自我的兴趣。这个王国的动物以在本质上自我表现的精神为方方面面从事欺骗的手段，欺骗是鉴于其本质而论。用这种方式，理性的普遍完全为个体性所渗透。

接着，动物王国作为动物王国而达到规定性，具体地在其立法上。从事情本身中产生出绝对的、脱离了动物局限性的事情。无法认为特殊的——因为具有规定性的——立法的诸内容是绝对的，因此，立法只剩下“普遍性的纯粹形式或者实际上只有意识的同义反复，这种同义反复与内容相对立，它们不是关于存在着的内容或者本来的内容的知，而是关于内容的本质或者内容的自我等同性的知”（308/305）。精神的存在被歪曲成为抽象普遍的应该。

随着这个应该，“审核法律的理性”最后来收拾场地。它针对精神的最后假象，具体说是那种在普遍法则中的假象。审核的结果“似乎是，既不能产生确定的法律，也不能产生关于确定法律的知识”（312/309）。在普遍欺骗的彼岸，它们自身甚至仍表现为一种欺骗性的真理。并非为了审核，并非为了抽象的意识，然而这里自在地保留着歪曲了的理性所不再企达的但却揭露的东西：伦理实体或者不成文的法律，它简单地“存在着”：就像已经世界化了的“精神本质”。精神本质早已经显现了——在所有从中抽象出来的意识诸形态之前。这里开始真正的《精神现象学》，或者“在此”的理性的现象学。

（Ⅵ）纯粹概念的运动显示出：“当一件事情的所有条件皆具备了，它就踏入实存。”（Ges. Werke Ⅺ，321，5）历经意识的诸抽象形态，回忆起所有的条件，就像它们是精神的各个孤立的环节。因为没有一个环节能够是整体，它们自己的确定性每一次都不得不转而为其所知的非真理。真正的——因为是整体的——精神显现相反地成为这样一种关于真理的确定性的经验，即没有一种以意识的形态造就的确定性证明自身是绝对知识。

精神的意识向精神隐瞒，精神是概念的宣示。直接出现的理性曾遗忘了它的来源。而直接显现的精神没有它可能会遗忘的源泉，因为源泉不在后面，而在精神之前。精神诸环节的孤立“以精神自身为前提和持存，或者诸环节只在本身就是实存的精神中才孤立地实存着”（II，319/314）。以何为据的实存？反正不是曾作为意识的一种形态而出现的理性的根据。不过在意识经验的科学中，精神概念必须先行于精神之所是的这唯一实存。这个概念却不是包含了 existentia［实存］的 essentia［本质］。在这一点上意识哲学还蒙在鼓里，更进一步说：它是站在“内在反思”立场上的哲学——简明地说：“唯心主义。”在诸环节中分析精神并且分析这些环节本身，这只在以下意义上导向精神的实存，即分析经受住了精神的非真理，直至经受住精神的歪曲，这种歪曲在精神的呈现中自己放弃了自己；然而，最高立法的理性因为对于意识是本质性的确定性而屈服于自己对理性事业的审核。

先行于理性立法的是实存，这种实存不是感性确定性的存在，按照审核法律的理性所必然承认的东西，这种实存是道德教化的实体。精神的实存包含这一实体的所有规定性于自身并且恰在这里表明自身是纯粹概念的现象，概念作为整体在它的诸环节中相区别，诸环节就自身方面在自身中相区别并且这样来造就整体的完整规定。精神在行动中显示的正是这种规定："行动把精神分为实体和实体的意识；并且既分开实体也分开意识。"(320/317) 精神的经验是：在行动中上升到知，知道精神是谁。

精神的实存直接是伦理世界或者实体。它合乎概念的自然本性而区分自身，为了行动而分为"个别性的法则和普遍性的法则"(322/318)。不过，这种区分同样既出现在人的或者公开的法则之内，也出现在神性的或者隐蔽的法则之内；第一种"是在普遍性形式下的众所周知的法则和现成存在的伦常习俗；而在个别性的形式下"，精神就是"在个体中"的自身的现实确定性(322/319)，它最后就是国家权力。与之［第一种法则］在普遍的"直接性元素"中相对峙的是家庭——一种伦理的形态，它守护着隐蔽的神性法则。在死者的丧葬中它以最高的方式证明与自然行为的区别。死者的自然腐朽在送葬这种行动中被扬弃了，它把死者作为个体交还给大地，大地本身具备伦理意义，具体说是作为冥界。这里却也触及人的法则的方面，由人的法则规定的共同体的政府在战争的大动荡中强令公民离开他们的单独活动，让他们感觉到冥界的主人。

但是，自我意识的方面针对伦理实体的方面而要求单个个体性的权利。他们的行动每一次只让这一种或者另一种法则有效——这要么是因为不知道人的实体之知，要么是因为不知道神性的实体之知。于是，在罪责中形成我自身，而罪责不再在于法则本身的片面性，而是在于对法则的知的片面性。每一次对另一种知的遗忘和误认表现为最终不可透视的命运。

无论在实体中还是在意识中，精神的诸现象的片面性都是一种无知，它在精神的行动中败坏精神；精神毁灭于"无精神的共同体"(348/342)，不再有法则对于这个共同体生效，而只有抽象法权有效——在单个法人的现实内容的彼岸，无论法人在其特性中作为占有者还是具备天赋资质者；他们彼此只呈现在相互排斥性的财产占有中。在伦理实体的瓦解过程中死者的冥界来到光天化日下，此后，在这种抽象法权的此岸，现实的统治落在"世界的主人"身上。这位主人，既是普遍的也是个别的法人，他是"惊人的自我意识，知道自身是现实的神；可由于他只是形式上的我自身，这个我自身无法驯服（精神的诸种力量），因而它的运动和自我享受同样是惊人的挥霍和奢侈"(352/345)。伦理精神在人格中来到它自身的第一个意识，它通过人格否认自身是伦理的精神。在它直接所是的实存中，它把一种本质带向规定性，而在这个本质中它无法了解自身；

在伦理精神“来到其本质的抽象的知”的地方，它自我异化了。往回察看，这种自我异化是通向伦理精神的直接真理的实践意义的钥匙。伦理无法维持在法则的双重性中；而法则从各个法人的任意武断中接受法则的统一，法人的武断代替了精神的自由。

自我异化的精神必须意识到它的我自身，这是通过它把那种对自身的抽象的知具体化，也就是世界化。不仅外在的而且陌生的世界是异化精神的分裂的反映——一方面是权力的“坚硬的现实”，权力在这里分为国家的普遍权力和个人财产的权力；另一方面是彼岸的非现实的当下，它属于信仰的再现和纯粹洞见。在两个世界上精神都必须通过教养工作取消陌生性。

在权力的现实性上，精神在判断中行动，它在权力对面有步骤地完成只在语言中可以完成的：个别化的自身，也就是让我显现为否定的力量，从而把权力接受到语言因素中。语言是实践的并且在意识经验中有其所在，即在精神于陌生的现实性中确立自身的地方，精神说出现实的虚荣心，但是同样也经验到富于精神地言说的我的虚荣心，正因如此精神逃向现实世界的彼岸。

在那里它的信仰在自己的王国里发现对手：纯粹洞见。因为纯粹洞见瓦解所有出现在精神自我意识对面的独立的东西，所以，它必然表明自己优越于精神的信仰。纯粹洞见把握住这种独立的东西并且试图通过“启蒙”把这种概念把握变成“所有自我意识的固有财产”（392/382），以这种方式给概念造出现实的普遍性——在现实世界的我的现实性中，这个我仍然处在辞藻的虚荣心中；但是在另一个世界的方面它［我］却束缚在迷信中，把信仰的依据放在诸对象中，对于纯粹洞见，这些对象只是感性确定性的对象；正是这种信仰仍在阻止纯粹我自身只与自身绝对齐一的洞见。

启蒙将之与所谓的否定神学相提并论，这是由于启蒙剥夺了所信仰的本质的所有自然规定性和人的规定性——不过不再是为了按照绝对区分的规定评价和尊敬绝对本质，而是为了把每一个如此之规定性放回到现实的世界，这样，它要求所有感性确定性的对象是由洞见所带来的对象，而不再只是现成的；只有单个的东西是现成的。

“洞见到意识的所有其他形态的虚无，从而洞见到感性确定性的所有彼岸的虚无，建立在这个洞见的基础上，这种感性确定性与其是意见，不如说是绝对真理。”（409/397）由此可见：《精神现象学》在感性确定性的直接性上的开端掩盖了抽象的自然本性，而这种抽象是精神的分析经验所本有的，因而也是唯心主义所本有的。通过启蒙对实在整体的纯粹洞见，成为观念表象诸形式的内容的东西，在意识教化中已经与意识的第一个对象相沟通。纯粹洞见把对象从信仰的彼岸拉下来，以至于也按照自然认识的对象方面实践地规定了理论理性的使用。这种启蒙认识的动因在自我异化的精神的行动上。

把经过中介的感性确定性看作绝对真理，这是精神对自身的极端无知并且标志着一种危机的开始，这种危机实现了在这种绝对真理中的非真理，也就是精神自身的现象的非真理，而精神的我自身这里是行动的自由。

启蒙把信仰的彼岸的绝对者作为脱离一切有限规定性的空虚［das Leere］，这种评价和推崇是为了把从绝对者那里收回的诸规定性当作自然的，而这又不只是以理论的方式。虽然有限的现实性似乎由绝对本质所造；绝对本质“关心和维护它”（410/398）；但是它既是所营造的有限的现实性，也是为他者而存在的东西的多样性。它是互以为用的诸物的现实性。“人是觉悟到这种关系的物，对于人，从中得出他的本质和他的地位。如他直接地所是，作为自在的自然意识，他是好的，作为个别的［意识］是绝对的，而其他的是为了他；并且他作为意识到他的动物，对于他诸环节具备普遍性的意义，因此一切都是为了他的享受和愉悦，而他就像出自神之手一样，在世上周游，世界作为一个为他而栽培的花园。”（410/399）

历史地看，这里正是卢梭的自由情感的发源地[①]；这里，意识——随

---

① 作者在最近的论著中把卢梭的情感和启蒙的世界化的自我意识区分开来。卢梭的自然人源于对人性自由的赞歌（《新爱洛漪丝》），其教养合乎目的却超然于功用（《爱弥尔》），其最后的具象在公民的自由意志上（《社会契约论》）。卢梭的情感源于划时代的创造性想象力，康德在《判断力批判》中合理地阐述了这种创造性想象力的具体规定性，它是近代理性认识的不可或缺的要素。所谓理性认识不局限于现象域，没有停止在知性立法的自然因果性范围，而是深入实践理性的立法领域。因此理性不仅仅是观念能力，而是理念，其所思从根本上是全体性。理性概念具备严格的普遍有效性，是独立的生命，康德称之为理性本质【Vernunftwesen】或者精神。自由的理念在主体方面要求道德自我意识的启蒙，实现自由的人格；在客体方面要求达到至善，实现作为世界本质而存在的人的幸福和尊严。康德在第三批判中对自然合目的性和对天才及其想象力的论述与上述世界性的智慧相应和。

之精神——也才是由此规定的，即它是自然人的意识，自然人是同一个感性现实的物，这一物就像他知道是为他自己而在此的所有物一样。他是动物，这个动物以益用为目标具备所有的理性，他评价理性本身，认为就万物的益用而言理性是最有用的——特别有助于通过在享受中的节制而自我保存，其次有助于享受的计划，以便不中断这种享受。

互为存在［Fuer – ein – anderes – sein］的普遍性也向人这一方面提出要求，他们使自己变得有用：成为“群体的普遍需要的成员”（411/399）。就信仰把“最高本质”表象化为最高的公益而言，意识在其人的现实性中的启蒙甚至把信仰提升为某种有用之物。被利用的信仰的愤怒之所以软弱无力，是因为信仰在其自身的人化中已经渗透了它所厌恶的东西。针对已经启蒙的人的清醒，留给虔信者的没有别的，只剩下“抑郁的精神的渴望，精神为丧失其精神世界而悲哀”（419/407）。

启蒙的信仰却在绝对本质的纯洁性上发生分裂：是存在的纯洁性还是思想的纯洁性？这些对立面统一在作为无私［Selbstlose，无自身］的益用概念里。正如有用之物的自身来到人的自我意识里，由于人从他这个方面在普遍本质的普遍意志上放弃了刚愎自用的自然的我自身以及他的我之个别性，并且这样把普遍本质作为此时此地的加以实现，因此人的启蒙完成了。“就此精神作为绝对自由而现存。”（428/415）经过信仰的发展，它所陌生的现实的权力世界作为个人的意志而归来，所有这些个人都经过了启蒙，直至自愿地放弃我自身，他们是架空了的个人。普遍的我自身，“这个绝对自由的未作区分的实体上升到世界的王位上，没有任何权力有能力抵抗它”（同上）。世界的主人从无可无奈地任凭各个法人的无度挥霍，转入自然人的普遍意志之权力。世界之主操办起普遍的益用。

精神的我自身从自然人的种种自身来到现象，它只还知道一种抵抗，也就是一种对象：被剥夺了自身的诸个体的变得抽象的自然此在。他们为自己所保留的个体实存处于普遍意志的暴力中，在他们仅仅引起嫌疑之处，他们对占统治地位的党派意志的普遍性抱有怀疑，普遍意志就威胁要毁灭他们，占统治地位的党派意志设想自身是“普遍意志的理智”（432/419）；这些人一次也无法追问这种意志的理性。

“死的恐惧”是精神本身的否定本质的“直观”，亦即绝对自由的“直观”；绝对自由甚至在这种直观中上升到感性确定性。死，自由借此来威吓，其恐怖在于它是丧失伦理的，它绝对不带有完满而只是对个体生存的不经意的勾销。这里表明，既自然又经过启蒙的人不能够仅拥有用来服务于人的理性；理性本质上的自由是精神自身，精神虽然在自我异化中把自身交给了人，但这是为了在人的情感教养中使用自由。上升到普遍意志的绝对自由的观念，自由的这种显现转而对立于人，尽管人似乎已经把精神赋予了自身。经验了人的自然存在的虚无［Nichtigkeit］，绝对自由或者精神自身是感性确定性的对象——这样一种矛盾解决了。这种感性确定性内化为纯粹的、但却不再是抽象的精神之知的确定性。精神的世界对于它不再是陌生的，而是只还由它的意志来规定的：道德世界。

精神曾直接就是伦理世界；在它的瓦解和荒芜中，世界变为精神所陌生的现实世界，其陌生性尤其在对彼岸的信仰中得到证明，彼岸是与现实世界相对立的世界。只有通过向矛盾的深入和在矛盾中的瓦解，精神才成为与这种世界对立的主人，而矛盾是精神自身作为绝对自由的感性显现。从现象中回到自身，精神对于自身才是直接当下的，亦即直观的：在精神自由的直接之知的形式中的现实世界，或者“道德世界观”（438/424）。这并非又是精神曾经直接是的伦理世界，而是从自身的异化转变为精神自己的世界。精神与道德世界的关系并非与外在物的关系；因为精神自身是这整个关系，这里，世界只是相对于精神对自身的意识这第一个方面的另一个方面。

两者各自自为地是全体性并且作为全体性而首先相互独立甚至互不相干。作为环节来看，第一个方面是道德意识：不只是表象化的自由的确定性，而是成为精神的或者为概念所把握的自由的确定性；另一方面是对此漠然无知的自然全体性。对于第一方面只有义务是本质的，自然必然性作为非本质的。可是，因为按照逻辑两个方面属于“本质关系”，若被逐出这一关系，它们就表明自身“在漠然的差异中相互对立，在自身中破裂”（全集Ⅺ，353，12）。义务因而仅在和自然的关系中而自然仅在和义务的关系中是独立的。

作为世界意识，精神的道德意识必须寻找现实的福乐并且在与道德的和谐中经验它——不能够对感性意志漠不关心。通过设定适合的对象，道德意识摆脱这种依赖性和由此而来的“理性和感性的斗争”（Ⅱ，441/427），这种符合道德意识的对象“在意识之外，作为它的彼岸”，而道德意识自身则降而为现象。

绝对自我规定与在自然中行动是矛盾的，道德意识隐蔽在这个矛盾中，它直接从表象化的道德存在这一方面过渡到相应的非存在但却有效的另一方面。因为两个方面都落入意识，意识与它们的关系不可能是严肃的。双方的区别具有颠倒的意义。道德意识外化为与自身有别的他者，同样也从外化中重获自身："现存的只是一个空洞而透明的区别，假象[Schein]，但是这一假象却是中介，而中介是独立的持存自身"（Ⅺ，364，31/*Lasson* Ⅱ，150）——这里是道德精神的持存。

道德和自然的和谐落入在意识彼岸的对象，对象在自身方面应该是一种意识并且是至善的行动的意识。然而在这种彼岸之主的恩惠下，此岸的行动或者不是自身的，或者是毫无内容的行动。由于道德意识把对于道德为本质性的完善驱逐到无法企达的无限性那里，具体说是理想的无限性，所以道德意识颠倒了这个真理。由此可见，彼岸的意识，"它必然被思考和被设定，但却同时是非本质的"（Ⅱ，459/443），道德意识自身与彼岸意识的区分本身对于意识全然无效。恰从这里产生了新的并且也是道德意识的最后对象：良心之事。作为良心，道德自我意识"在自我确定性中既为从前空洞的义务、也为空洞的权利和空洞的普遍意志拥有了内容；并且由于这种自我确定性同样也是直接的，而拥有了此在自身"（462/446）——它在良心自身，而不再在一种与之分离的现实性上，无论是在自然，还是在造物主那里。在权利状态中的直接实存、在绝对自由的恐怖中的异化实存统统已经瓦解，随后精神在良心中把它本身的实存规定为与精神本质的齐一，也就是为它带来了完整的规定性。

对启蒙真理的追问发现，感性确定性在世界的因而也是实践的意义上是经过中介的直接性。一种实践的信念属于这种直接性，它确认所有超出感性确定性的东西都是虚无的。但是随着良心而大白于天下的是：启蒙的确定性只是良心这第一个方面的另一个方面。其实良心就是精神的第一个形态，一如这个精神本质上是近代的精神；良心的确定性甚至是近代"自然"—哲学的动因。

直接地实体性精神完成对其真理的确定性，从而知道自身是主体；并且是用这样的方式，精神的自我甚至也完全渗透到义务的实体性的普遍之中，并且使之成为本己的："义务不再是出现在自我对面的普遍，而是已经知道在这种分离中没有效准；现在法则是为了自身，而并非自身是为了法则。"（465/449）

良心取消了义务的外在性，这首先是由于良心脱离了义务所偏爱的内容多样性并且作为唯一合乎义务的而确信良心的自我规定。之后，良心才注意到须完成的义务每一次皆是具有规定性的因而也是不同的内容。在普遍意义上有良心的我为义务找到其他我的承认，而在关系到特殊内容的地方，我脱离了这种承认；并没有考察种种个别的行为是否出于义务而做；评判者利用相关的不稳定性，把他人的行为变坏。然而，对此良心能够确认自己；这是因为它只知道“绝对的事情”。

行为的外部和判断的内部的区分对于良心始终是外在的，两者可能的对立也是如此；某一行动合乎义务，这种思想只是表面上把在行动中所表达的与内部相比较。外与内在这里不过是“一回事”（Ⅺ，365，13/*Lasson* Ⅱ，151），而它们的合义务性仅立足于自身的信念。这保证良心的“道德天才”的意义，“它知道自己直接知识的内心声音是神性的声音”（Ⅱ，477/460）。

至于良心之事的真理，它从行动中撤回而进入良心责任的表达，虽然这种言说在事情自身中不造成区别，但是，事情若没有如此之表达就什么也不是，想说的是：连现象也没有，因此，言语的表达为良心之事造成区分。义务的普遍性必须至少显现在如此之表达中，以便道德性领域保存下来。行动只还是自我的自身道白，它把行动的内容“从知道自身的知识或自为存在即是本质的那种自身直接确定性，在形式上”转移为“那种保证的形式，即保证义务的意识得到确信，并保证从自身中知道义务就是良心；因而这一保证就是保证意识确信自己的确信就是本质”（476/459）；而在这种规定性中信念是绝对无可非议的。

“良心语言的内容是知道自身是本质的自我。”（同上）关于实存的本质，精神直接作为实存而亮相，其本质最后是在良心的规定性中的纯粹的我自身。正如良心自身是直接的自我确定性的形式，同样，良心的语言不带任何其他内容而就是那种稳定和保证的形式的内容。尽管一种形式同时是另一种形式，但两者在其可交换性中仍然作为内与外而得到中介。对于良心，这种内外区分却只有这样的意义，即良心在义务意识中，也就是在它的善意中变得可直观。在我自身的直观中，良心对于自身是“优美的灵魂”。在其美德的自我享受中，良心的自我满足是无法超越的，这种自我满足同时是对这样一种我自身的启示的最顽强的反抗，它虽然允许这个我自身作为自己良心的神性的声音，但却将之隐藏在暗处，以便我自身不打扰良心“在自身内的神性祭拜”和“对自身神圣性的直观”（478/

460）。

良心的自我表达转向一个尚无规定性的世界，而优美的灵魂的外化则转向它的同道。优美的灵魂于是形成一个自身的世界和团体，不过它没有进一步的规定性和体系，只有本质的内核及其表达建立团体的共性；其共性在于相互承诺的良心责任和善的意图；团体“为知和表达的庄严和荣耀”而欢欣，“为关怀和维护如此之卓越性”（478/461）而感到光荣和喜悦。

精神的我自身在这里不再是义务的抽象普遍性，而是在这些人身上，他们已经是善贤并且相互关照这一点。可是，维系着他们的确定性最终没有根据；就像我与自身的同一性的直观，确定性似乎自身直接地就是最后根据。更有甚者：我为我而在此的确定性，被我为我而是善的确定性所超越；我绝对地是我为我之所是；因为我是善的，所以我绝对地存在。这里扬弃了存在和应该的区分。优美的灵魂的直观表达在“必然判断”［“apodiktischen Urteil”］中，“概念判断”的发展以必然判断为终结和完成（*Werke* V，112/*Lasson* Ⅱ，306）；这种确定性的顽固正在此处。然而：“实体已经瓦解于绝对确定性，绝对确定性是绝对非真理，它崩溃于自身”（Ⅱ，479/462）。

经过中介的感性确定性的“绝对真理”以良心的“绝对非真理”为前提。精神在前者中——因为对象性的缘故——知道其意识的真理，而它在后者中——作为脱离了对象的——知道其自我意识的非真理。良心虽然在隐蔽中是精神的自我意识，它却通过外化为意识来保存自身。即使它知道我自身是本质，这个我自身在自我意识之外却只是最贫乏的对象，也就是在与自身的抽象同一性中的单纯我，这里的自身是善。因为良心才只是脱离对象性的意识，并非已经是精神的自我意识，它以为自己在言说中的外化是意识，所以，它“缺乏外化的力量，即把自己变成物并且承受存在的力量。它生活在恐惧中，害怕它的内心的荣耀为行动和此在所玷污；为了维护心灵的纯洁，它逃离和现实性的接触并且坚守冥顽不化的软弱，无力弃绝业已走向最后之抽象的极端的我自身”（480/462）。它不仅不再于行动中外化——不需要重复它的经验；相反，它在最后的外化前止住脚步，这个外化是对我自身的背弃。

是什么迫使它背弃呢？既不是表露良心的世界，也不是表露满意的团体，而只是自身概念的普遍。这个最内在的普遍，一个人即使知道自己摆脱了义务，也仍然没有对它毫无牵挂，对良心得安稳的保障，和优美灵魂对彼此善意的保证一样，在这个普遍面前表现为伪善。发现了在自身中的非真理，优美灵魂消失了。在恶的坦白中，它的洁身自好的排斥性的冷酷被打破了，这里要说的是：灵魂的个别性对其普遍性的排斥。这就是说个别获得这样的洞见，精神“在对自身的绝对确定性中是凌越所有行为和现实性的大师，能够甩掉它们并且使之没有发生”（488/469）。使业已发生的没有发生——在这个不可能性上精神公开它对其现实性的绝对权力；它不仅能够掩盖恶，而且甚至宽恕恶。

期待着如此之宽恕，可是个别却看到自己为其普遍所欺骗；普遍直接地出现在它面前，作为为精神所离弃的，原因是在同样的排斥性的片面性中，而个别已经承认恶，从而先一步弃绝了这种片面性。普遍由于对个别的排斥而将自身特殊化了，这是对精神的犯罪，因为否认精神对其现实性的绝对权力，这种罪行是不可饶恕的。这种恶拒绝回答，具体地说拒绝在坦白中的平等。沉默的冷酷来自不变的判决，这个判决只表达了另一方自己已经表露的恶——认错没有变成事实，这种坦白的徒然，它摧毁丧失现实性的优美灵魂的意识。就像灵魂的个别性环节被剥夺了“特殊的自为存在的此在”，同样其普遍性环节的判断也必然被剥夺了；“正如前者呈现精神对其现实性的权力，后者则呈现对其特定概念的权力”（489/471）；一如精神的权力在第一个方面公开于宽恕之中，在另一个方面则公开于通过双方的中介而达成的和解之中。

并非普遍的方面和个别的方面一样有勇气为自身而坦白承认恶——它并不仅仅停止于此，而且这个表白同时提供双方的中介、协调的界限。“和解这个词是在此的精神，精神在其对方中，在其作为绝对地此在于自身里的个别性的纯粹的知中，把对它自己的纯粹的知直观为普遍的本质——即一种相互承认，它就是绝对精神。”（490/471）这种和解才是得到概念把握的我与自身的同一性——源于个别的自为存在和（有义务）进行判断的普遍这两个环节。在此和解的精神是“它们当中的显现的神，它们知道自身是纯粹知”（491/472），在这位显现之神身上它们有统一的实体。精神已经获得自我觉悟，然而，这个精神实体的现象已经属于对“宗教”地阐述了。

在观念表象中，道德教化精神似乎不是别的，而就是我的自我规定：首先我是所有人之所是——具体说是法人，支配某项财产和某种天赋。其次我愿所有人之所愿——具体说实现自由，正如最高的自由是普遍意志的自由。最后，我知所有人之所知——具体说，人人都能够有权利要求依据良心做事。从这种具有规定性的我之中产生出精神的自我意识，这是通过经验到非真理的真相，而这个绝对的非真理就是单纯地说出自身良心的清白。良心清白只过渡性地是审判的真理——不是上帝的法庭，而是在我自身的概念中尚为片面的普遍的法庭。由于个别化的且片面的我承认它的恶，放弃它的独特方式，因此精神抵达个别；精神同样抵达起初丧失精神的普遍那里，这种普遍对和解之言辞的铁石心肠被打破了。这不是人与神的和解，而是我的个别性与我的普遍性的和解，在道德之我及其绝对知遭受的动荡中建立这种相互关系，建立我的或者其“自身”的概念，这导向近代之知的隐秘的开端，导向其道德性的宗教根据。与自身和解的行为，万有的和解，这里的万有是重新树立起来的知——不是良知——和解本身是显现的神。他是作为意识的绝对对象的我自身。

（Ⅶ）近代宗教是精神的“自我”被意识［“Selbst” - Bewusstsein］。从中世纪的角度人们可以判断：尤其是道德意识是为神所弃的。然而意识作为如此之意识——因为来自对于意识为本质性的我与对象的关系——就是为神所弃的，其宗教的运动［610］其实就是领悟这一点的运动。由于意识完善了绝对对象的观念表象，它耗尽了自身的宗教；对于意识不可能产生超乎其上的新的对象。道德精神的衰竭与宗教的衰竭同时发生，印证了实践的意识形而上学的灭亡。

与精神不同，宗教不需要辨别和总结其全体性的各个环节；宗教是单纯的全体性，全体性只还将那些环节作为它的方方面面而充分展开。诸方面的富有规定性的内容就是宗教，一如这个宗教曾是“时间历史的”——处在种种内容的外在性中，这些内容属于古老的世界，具有东方的、希腊的或者罗马的特征；虽然宗教在所有这些世界里本质上始终是近代的宗教。对宗教的阐述也只能够“自在地”是清晰明了的——这里要说明的是：在其诸形式的区分中；形式的本真内容已经落在绝对知识的逻辑中。精神的自我意识首先来到语言的生命中；其次，走向自身的对面，来到语言构成的形象中；最后，语言的主人向精神的自我意识启示自身。然而语言的本质只是概念的最后隐蔽性。恰是绝对对象的观念表象——一如它为“客观的”主观主义所特具——掩盖了绝对知识的匮乏和宗教的软弱，直至宗教最后表明了这样的观念：神的对象性的荣耀不在，也就是缺少已获得光荣的世界。缺少绝对者的当下，在这种扑朔迷离的经验中，意识作为一切知识的确定性的主体走向灭亡。这不是承认意识的恶，而是承认其衰竭：宗教尚不是精神的理性，也就是说宗教在自身中没有根据。

知性和不幸的意识已经是“宗教的”，但却不是作为理性的理性；“理性独具的诸形态没有宗教，这是因为理性自我意识知道自身在直接的当下现实中并且于此寻找自身”（492/473）；理性确定自身是一切实在，在完成这一确定性的过程中不可能出现上帝。道德教化的精神却只在直接性中知道宗教，也就是说作为冥界的宗教。由于死者王国的主人来到白昼，他是“惊人的自我意识，它知道自身是现实的神”，并且在自我异化的精神的普遍意志中把知识与暴力结合在一起。精神意识的信仰，正如这个信仰扎根于启蒙，它根本不知道有上帝，只知道相对于现实世界的天国般的彼岸。启蒙让人清楚，信仰在洞见面前的怯态只是见证了其对象自身的混浊不洁。“绝对本质是肯定的内容，这在道德宗教中终于重新建立起来，但是肯定的内容是与启蒙的否定性结合在一起”（493/474），因而是片面的个别和片面的普遍的对立。

在《精神现象学》前言中谈到这样的观念，“它说出绝对者是精神”，它是“最崇高的概念，并且属于近代及其宗教”（19/24）。只要这种精神必然显现为意识，它的宗教就开始了，或者它的自我意识的形态塑造就开始了。这是由于理性的自然之光把“其诞生的创造性秘密”（503/483）设定在自己本身中——不再置之于与理性之光不同的造物主的光明中，而是置之于自身尚未发展的、因而也不具规定性的本质的“黑夜”中。“这个秘密在自身中有启示”，也就是说，并非对从前那种在三位一体内的秘密的“揭示”，就这种“揭示”作为可行的而言。道德精神造就了内与外的统一，隐蔽在这种统一里的［东西］与在其中所启示或者所创造的［东西］平等不二。

精神的诸宗教形态总体上是精神之对象的启示，作为这样一种对象，其中所有的思想和所有的现实都已经相互渗透——精神已经确定自己本身是普遍的对象。关于这一确定性的诸真理就是宗教的不同方面。

这种将自身对象化的自我意识的第一个形态是发展与自身的单纯关系，它在“上升的光明本质”与“黑暗”的分裂中展开，黑暗是光明自身的他在，所以无力抵抗光明在万物中升起，正因如此万物皆接受上升的实体的诸偶性的规定性；这些偶性只是“实体力量的使者”（504/484）。分崩离析在自任的意志中，它们相互征服。个别化的生命带有动物性的敌对，其宗教是仇恨的宗教。精神的自身的自我确信在独立的劳动中才获得平静。起先只是散漫纷扰的精神把它在劳动中练就的独立形象或者模态融入世界性居住的秩序中。精神在世界性居住中启示自身是“工匠”。

工匠的第一个作品是为居住性［Wohnlichkeit］安立世界建筑；他的另一个作品是灵魂与个别的身体的相互渗透，目的的起因和机械的起因在“雕塑的”个体造型中的和谐；他最后的作品却是通过语言力量表达尚封闭于自身的个别者。源泉的晦暗思想抵达言辞的清晰，自然宗教在这里达到完善。随着言辞，自我觉悟的精神走出直接的无意识性［Bewuβtlosigkeit］。它的宗教从自然的自身转向艺术家的自身，以便以自由的方式而在此。

艺术宗教首先是抽象的艺术作品的宗教——抽象，这是因为艺术家的自我意识对于作品的规定性是外在的，作品在这里作为某物。即使自然性是经过扬弃的，是经过形象塑造而呈现的，作品的规定性仍然和某一自然存在共通。现实和可能的关系、作品和艺术家的自我意识的关系在这里是一种偶然，然而所呈现的具有这样一种规定性，这种规定性未必产生于作品和艺术家本身的关系，例如公牛。作品的内容和形式与艺术家的知的内容和形式才刚刚综合起来——不仅在造型艺术作品中，而且也还在祭祀礼仪中；甚至这种相互感激的行为也并不导致神的纯粹本质与它在行动者的自我意识中的现实性之间的相互规定性。抽象艺术作品的完善形态也从未达到这一点，一如它在语言因素的形态中：神谕说出一切，又什么都没有说，它从来无法排除现实性与可能性的矛盾。

抽象的艺术作品让绝对本质不带任何作品可能由自身出发来规定的现实性。相反，在“有生命的艺术作品”中属于可能性的现实性具有这样的规定性，在此精神把自身对象化了——首先，作为酒神似的陶醉般的感悟和欣喜，精神在它的自然现实性中直接地为其自我意识所摄受；其次，在种种节日游戏中呈现“美的形体性”和塑造形象的运动；最后，精神从如此之外化中回归与外化相等同的这样一种内在性：胜利赞歌。于是艺术宗教的作品作为有生命的作品也再度成为语言作品。

赞歌文学“把各个特殊的美的民族精神”统一于“一座万神庙［Pantheon］，语言是其元素和屋宇。直观到自身是普遍人性，这种纯粹直观”为精神建造一种在“个体性聚会”(527/506)中的此在(527/507),这种聚会成为“精神的艺术作品”的内容。神性本质首先显现为物的、然后显现为身体的,最终以精神的方式显现——这是因为它贯穿在人的自我意识的行动中而发挥作用。

在抽象的艺术作品中,可能与现实的关系始终是偶然的;在有生命的艺术作品中它是相对必然的;而在精神的艺术作品中它却是绝对必然的。按照《逻辑学》中的论述,绝对的必然性同样是单纯的直接性,或者如单纯自内反思的存在,或者本质;“它是这样,两者是一和同一。——绝对必然存在,只因为它存在;此外它既没有条件也没有根据。——可它同样是纯粹的本质;它的存在是单纯的自内反思;它存在,因为它存在。”(Ges. *Werke* XI, 391, 9/*Lasson* II, 182);前面重音落在“存在”上,而现在落在“因为”上。

史诗完成了第一个方面,也就是存在方面;对于在史诗中所呈现的行动有效的是:“无论是众神还是人都做了一和同一[件事]。”(529/508)精神自我意识普遍的自身仍然飘摇在行动所充实的世界之上,这是直接的道德教化的世界;悬挂在世界之上的是“必然性的无概念的虚空[Leere]”(513/510)或者命运的虚空。它是如此的空虚[leer],就像纯粹的存在是未经规定似的。但是,第二个方面,也就是自内反思的直接之“因为”,也是未经规定的,只有把“自己作为根据和条件”(Ges. *Werke* XI, 391, 13/ *Lasson* II, 182)。史诗的英雄是中心,观念世界——并非概念把握的世界——的内容围绕着他“散漫而自为地游戏”(*Werke* II, 53/510),既不为人也不为众神所把握。以逻辑观之(Ges. *Werke* XI, 391, 31/ *Lasson* II, 183),两者在英雄行动中的接触“因而显现”在其行动之必然性的对立面,作为“空洞的外在性;一方在另一方中的现实性只是单纯的可能性,偶然性”。

悲剧才让人认识到:“这种偶然性却更是绝对必然性;它是那些自由的、自在地为必然的现实性的本质。”必然性在这里不再是盲目的;不如说这个本质是“惧怕光明的,因为在这些现实性中”——在道德教化世界里它们分散在神的法则和人的法则中——“没有照耀,没有反思,因为它们只是纯粹地在自身中安立根据,为自身而塑造形象,只向自己宣示自身——因为它们只是存在”;因此,悲剧的行动者每每不知不觉地凌越另一种法则的权利。“但是诸现实性的本质从中脱颖而出,并且启示它是什么，诸现实性又是什么。”显然，就像本质直接地遣散诸现实性，它也把它们设定在同样的必然性之中。这种“更高语言的、悲剧的”启示（Werke Ⅱ，531/510）是矛盾的启示，在一和同一的形式中相互对峙的诸内容的矛盾。这里，“概念的严肃”在表象之内露出曙光，“正如概念在这些人物形象之上”，也就是超然于人物或者“现实的人所戴的”戏剧面具，“伴随着他们的毁灭而大踏步地进来”（533/511）。过去，同样法则的本质在不同的内容上虽然是不可误认的，但却隐藏在内容的差异之中，害怕光明。揭去它的遮蔽，对于在片面规定中的行动者，也就是对于必然的负罪者，这意味着毁灭。

黑格尔这里在悲剧中所指出的——更准确地说：使之成为悲剧现象的［东西］，是历史向概念本身的运动的回流［Gegenwurf］，概念从历史中破土而出，而概念的运动也预先勾画出《精神现象学》的轨迹。在行动完成其规定的地方，蓦然揭示所应是，这种“悲剧的”历史当下现实地是这样一种所在，在这里前形而上学的知和形而上学的概念相互接触。但是不可以把这种接触变成一种误解，悲剧本身作为自我意识的精神的现象在概念的运动中具有其地位，但它并非某种去蔽的、因而也是遮蔽的历史，后者是历史省思的经验，尤其是海德格尔的历史省思经验了如此之去蔽和遮蔽的历史。

“悲剧的”历史的另一面是日常生活及其喜剧。现实的人放下面具，也就是丢下人格，只还说着他的无区分的人的语言；他扮演着对于他不再是陌生的角色；他甚至看见自己在演戏。“个别的自我是否定的力量，通过它并且在它身上众神以及众神的诸契机，在此的自然及其诸规定的思想，全都消失了。”（541/520）脱离历史的日常喜剧也还把在哲学中的神性的余晖，也就是善和美的单纯思想及其“绝对有效性”，交给偶然的个体性的意见以及臆断的游戏。“于是外在性即内在性，它们的关系是绝对的同一性；现实向可能的过渡，存在向虚无的过渡是与自身的汇集；偶然性是绝对必然性，它本身是那种第一绝对现实性的前提条件”，这种第一绝对现实性曾是法则（Ges. *Werke* Ⅺ，392，21/ *Lasson* Ⅱ，184）。诸法则是按照需求来造的——就像它们服务于“安逸和让自己安逸”（*Werke* Ⅱ，542/ 520）。偶然表明自身是有资格做主的。

由于神性本质变成了人，更准确地说，变成“民众社团［Demos］，普罗大众”（540/518），艺术宗教瓦解于快感。喜剧的意识用这样的句子来表述其轻率："我自身是绝对本质"（542/ 521）；绝对本质或者实体"降而为谓词，没有什么以本质的形式出现在这种自我意识的对面，精神在这种自我意识中丧失了其意识"（543/521），也就是其自身的对象性的确定性。这种自我意识不再是宗教的，它幸运地建立了无神性。尽管如此，它必须通过自身并且为自身把它的轻率的确定性倒一个方向，这就是：只有绝对本质是我自身，这是由于"绝对本质通过牺牲而创造作为主体的实体"，它并非只是把实体吞没到主体之中（543/522）。

日常意识是幸运的，知道自身是绝对本质；然而这种确定性转向不幸的确定性，丧失了确定性的所有内容。因为人格消失了，曾赋予人格在家庭、国家中的直接价值和间接价值，也就是他所赢得的价值，这一切都架空了。他恰好在消逝的世界的诸见证上发觉这一点，消失的世界的景象激起不幸意识的"痛苦，它把自己表达为冷酷的话语：上帝死了。"（523）丧失了命运，这令人回忆起从前的命运，一如它在艺术宗教的作品中，尤其是在悲剧中已经得到表达。

绝对本质的真实的宗教，也就是其本质性的启示宗教，以艺术宗教所造成的无神性为前提条件。回忆本质之所曾是，这同时是对绝对本质的启示的期待，启示发生在唯一的人身上，他面对"普罗大众"而造成整体区分。只有通过他才能够重新建立被吞噬的实体。实体之所曾是不再在此；相反，现在实体必须把自身作为主体来创造：它必须从直接的概念出发，通过观念表象的中介，把自身规定为作为概念的概念。这首先意味着从纯粹实体下降到此在并且成为个别性；然后，实体抵达变为他者的意识或者把观念表象作为观念表象加以发展；最后"从观念表象或他在中回归"（555/533）。启示宗教所呈现的正是这个中介过程；它带来精神意识的内容——内容作为对象——与精神自我意识的内容的齐一，也就是把内容付诸真理。

"首先在纯粹实体的形式中精神是其意识的内容，或者是其纯粹意识的内容。思想的这个元素是运动，下降到此在或者个别性。"（同上）它开始于三位一体的区别的展开，完成于精神踏入此在。精神直接是三位一体的关系自身并且在这个意义上是这种关系的代表；它为自己本身呈现自身。然而精神同样变成他者，在世界和人的创造中；它把自身表象化。精神在创造中的启示是观念表象活动本身；表象活动将自身表象化的精神设定为对象。

开启这种“绝对关系”，这才把绝对本质作为力量而公开化，因而绝对本质是作为创造者。但是因为绝对本质作为三位一体而在自身中得到反思，它也并不过渡到受造物之中，而是与受造物相区分——以这样的方式，即启示在创造的意义上始终是实体的偶性。

第二阶段是成为他者的意识，意志进入绝对关系，由此开启了第二阶段：人封闭在其自任的意志中；他是走进自身的受造物，以便经验到善与恶的区分。以逻辑观之，这里从实体性关系变为因果关系。走进自身的、达到自身意志的人懂得他的恶，恶是作用，他在恶的精神中看到这种作用的起因，恶的精神就是绝对本质本身，具体说它以愤怒的方式是恶，也就是偏离自身，偏离它的善意。神从他的他者那里，也就是从创造那里转过身来，正是于此，神作为主人让另一位主人听任自身，把人释放到自由意志中，而自由意志之所愿直接地只能是：与神相齐一。于是，作用所包含的东西，没有什么不是起因也包含的，而起因所包含的，也都在作用之中（Ges. *Werke* Ⅺ，398，15/ *Lasson* Ⅱ，191）。

然而这样因果关系才是“形式上的”；被“规定”在“它的实在和有限性”中，这是由绝对本质变成人而带来的实在和有限性。神可能有一位人性的母亲，这与“作用不可能大于起因”的洞见相矛盾。因而对于把握现实性来说，一位人性的母亲的思想是最严重的妄想。它与“综合联系”的环节相矛盾，一如这个环节出现在“变成肉身的神性本质的外化中”（*Werke* Ⅱ，565/541）。鉴于已外化者，观念表象活动本身抵抗概念，并且把整个启示排斥进“历史”［“Historische”］。然而这却表明，历史的东西以及观念表象活动本身恰好无法经受在道成肉身的神的历史中所启示的外在性。在最高对象的观念表象中，也就是说，在这位神的观念表象中，自然意识紧紧抓住母与子的自然关系，为的是能够“历史地”［historisch］停留于这一基础。可是，只在它抽象地理解绝对本质的期间，它才维持得住自己。

这种表象观念的抽象却消失在启示的第三阶段——并非借助于观念表象活动本身，而是凭借从对象化中脱身，绝对本质与人的抽象同一性枯萎了，于是绝对本质自身完全脱离了对象化。在此它最终表明自己是起因，作用于作为他者的自身，也就是作用于“被动的实体”（Ges. *Werke* Ⅺ，405，1/ *Lasson* Ⅱ，199）。起因作用于自身，而自身作为外在于它的力量，这就是说作为暴力。因为世界对于神性的本质尚是陌生者，所以世界以一种暴力行为要求对神性本质的权利。“然而，暴力发生于某种东西，对之施加暴力不仅是可能的，而且它也必须蒙受暴力；对他者具有强力的[东西]，之所以具有强力，只因为它是同一个他者的力量，这种力量于此宣告自身和他者。”（406，2/200）力量在其外化中，具体说作为暴力，只是一种从实体借来的力量。因此，变成人的神其实仅仅针对自身是强大的。这个人的死亡取消了世界相对于绝对本质的外在性，同时也取消了绝对本质的抽象。在一切中是一切［Alles in Allem zu sein］，这是它自身的意志，而这个意志在此圆满了。

这种圆满打开启示的第三阶段。启示的现实性的第一阶段在纯粹的、也是单纯的思想中，其现实性的第二阶段在作为观念表象活动的观念表象活动中，第三阶段是“从观念表象或者他在中的回归”——逻辑上看是相互作用的关系，或者是仅还关涉自身的起因关系。“首先它包含那种对直接实体性的原始执著的消失”（407，26/202），具体说神人［Gottmenschen］的自然性方面的消失——与其说这是通过身体的离去，不如说是通过身体的转化；神人在知的形式和知的透彻性中赋予身体以荣耀。其次，它包含“起因的产生，因此原始性是作为通过否定而与自身相中介的。”起因关涉自己本身，它知道自身因为恶而已经变得积极行动，这种恶扬弃了原始的实体关系。

无命运的、日常的意识是无内容的，过去在这种空洞的内容中精神不仅规定自身去享用无神性，而且同样也注定为被神所弃而痛苦，现在精神使自己成为团体的精神，它把［相互作用关系的］双方面的知唤入记忆并且在这种知上赢得了真实的绝对的内容。不过这种知尚缺乏一种形式将其自我意识放到与自身的齐一中。那种内容原本不再是观念表象的内容，却还保留观念表象的形式。所以，团体的精神用怀念的方式对待那绝对内容；精神的自我意识对于自身仍然是一个他者；显然拯救的行动显现为“陌生的抵偿和满足。或者它没有意识到这一点，纯粹我自身的深处是暴力，抽象的本质被强行从抽象中拉下来并且通过这种纯粹怀念的力量而升华为我自身”（*Werke* Ⅱ，571/547），“纯粹我自身的深处”具体地说是我与自身的真实同一性的深处，“真实”是因为绝对地经过了中介。怀念的团体的我自身并不在如此的升华中。因为团体注视着所发生的暴力的外在性并且正因如此停留在表象观念中，所以对于团体来说在暴力行动中发生的神与世界的和解也是某种外在的，“粘带着一种彼岸的对立”；或者说，这种精神自我意识的和解没有达到与其意识的和解的平衡。主的身体虽然显现为已获得荣耀的，但却带着这样的对立，即仍缺少世界的荣耀。

这令人想到费希特，回忆起纯粹自我向自我与其理念的绝对同一性的开端的回归。在向理想的无限接近中，这种同一性对于我停留为应该的；直观我的理想的实在，而这直观对于它始终是禁果。对于团体的精神，自身与绝对本质的和解“作为远方而出现在意识中，作为将来的远方，就像另一个我自身所完成的和解，它显现为过去的远方”（572 / 548）。表象观念活动不仅使和解时间化，而且使之远离当下；更准确地说：表象观念活动由于时间化而自己背离了和解的当下。意识的这一最后的形态，因为意识的直接性方面的缘故，不得不先抛开整个历史，把它当作横亘在自身与和解事件之间的过去，然后却把宗教本身看作是隔离所期待的将来的屏障——作为“迄今”之思——而抛弃。正是在这里，宗教宣告它与近代原则的划时代的联系，也仅与之相联系。

作为当下的而进入宗教自我意识的东西，具体说“直接性和此在的方面，是世界，这个世界仍然期待着它的荣耀”（同上）。这表明，“团体精神在其直接意识中与其宗教意识相分离，宗教意识虽然说出它们自在地并不分离，但却是一种没有实现的自在，或者还没有成为绝对的自为存在的自在”（同上）。因此，有一点对于近代的自我意识的精神并且仅对于它是本质性的，这就是其团体此时此刻亲自关怀世界的荣耀，同时却又无法放弃实践理想的彼岸，对于精神的团体来说理想恰好不在历史之中，而是落到历史开端和结束的彼岸。

精神的自我意识和意识的结合尚不在，精神必须自己从它的作为意识的现象中解放出来。在启示宗教中它没有“克服作为意识的意识，或者同样的是，它的现实的自我意识不是它的意识的对象；精神自身和在精神中相区分的诸环节属于观念表象活动，落到对象性的形式之中”（574/549）。虽然在宗教中知道了科学的绝对内容，但是没有在科学的绝对形式中创造出这一内容。自然意识穷尽了它的观念表象活动；通过在绝对知识中毁灭，也就是通过取消彼岸，这个把当下作为世界的当下而将之排除在荣耀之外的彼岸，自然意识完成了它的表象活动。绝对知识是宗教与精神世界整体的经过中介的统一，是在两者中的单纯此在。

在近代形而上学的开始，为近代宗教所排斥的自然理性和科学规定自身为“就在世界此在中”（495/476）的精神意识；意识直接地为造出世界智慧的信心所推动，世界智慧的果实在所有知识中，人通过知识持续不断地改善他的处境，既在与自然力量的关系中（机械学），也在与人的身体的关系中（医学），同样在与自身的关系中（道德）。这种意识在道德精神中完成了它的教化历史。虽然宗教按照其概念以这个教化为前提，但是按照时间却并非如此；宗教是在精神意识中相区分的诸环节的“单纯的全体性或者绝对的我自身”（同上）。这里在自然形而上学的开始所看见的东西，在这个我自身的运动的结束处得到证实：自然理性并非通过自身而独立并且成为自然意识，而是通过宗教自我意识的排斥，它把自然理性排斥在外，并且是以绝对不可把握的方式，给予荣耀的恩惠是不可把握的。这样，意识的教化历史回到近代的开端，回到时代在艺术和宗教中的绝对始源，为的是把这个始源作为科学之肇始，迎接它并且获得它。

（Ⅷ）在绝对形而上学的开始，康德——因为自我意识的自由——曾把对象区分为物自身和现象；他把对象的认识限制在现象上，或者限制在那里：一如对象对于意识所是的那样。只有道德自我意识明白物性或者物自身的真理，它是道德自我意识所设定的真理。相反，自然一物的物性听任其他的设定。而《精神现象学》在其结论上却公开：“设定物性的是自我意识的外化。”（574/549）

精神的意识无法明白这一点；在道德中，精神的意识只是发展它的确定性，以为自然的外部什么也不是，唯一真实的外化是它自身的——而这甚至不再在行动中，而只还在言说中。作为良心，精神的意识曾是单纯的我与自身的同一性，确定这种同一性的真理并且为他人保证这种确定性；作为优美的灵魂，这个我在它的存在和应该的区分和协调中看见自身，确信它的善并且在同道中称道善。然而它在空洞同一性中变得枯槁，最后经验到在自身中的矛盾，具体说作为个别的它与作为普遍的自身之间的矛盾；矛盾的解决从坦白个别者的恶开始，经过普遍者的僵化而达到特殊，到达特殊的相应，也就是和解的言辞。用这种言辞精神既证明对其现实性的力量，也证明对其特定概念的力量：精神能够使已经发生的没有发生并且扬弃个别者的排斥性的规定性。

然而精神是如何让已经发生的发生并且于此规定自身的，启示宗教的发展显示了这一点。绝对本质首先实现在世界和人的创生中，与此同时它却停留于自身的抽象同一性。接着，它出现在与自身的区分中，成为人并且承受恶，不过恶处在他的力量中。这一个别者与世界和解；然而只要他同样——具体说在他的诀别中——是在团体精神意义上的普遍，这里就出现了矛盾：对于团体来说世界现实性的荣耀仍然让自身处于等待中。但是，在这种矛盾中的运动同时是思想在“我思”中的转化——并非像从前的我的转化。思想在这里是在精神自我意识中的绝对对象的因素。这个对象首先显现在纯粹思之中，带着绝对本质的那种抽象同一性，其次显现在作为观念表象活动的观念表象活动里，一如它自身与自己相区分，最后显现在既是现实的又是普遍的自我意识中。然而即使这个因素也还不是纯粹概念把握的因素；这种自我意识在世界方面始终束缚于对象的表象观念活动，而这种对象对于它同时是反抗。

自我的最顽强的反抗过去在其存在与应该的齐一上，同样在绝对对象方面，现在反抗在相应的非齐一上，就像这种非齐一对于变得普遍的精神自我意识而言显现在世界上并且强迫精神的当下变得时间化。在这种非齐一中，绝对本质与世界的和解只能是观念表象的。由此可见：虽然整个启示已经发生，可实际上什么都还没有做——和解才只是在历史的对象性方面，但不是自我意识的行动。作为已经发生的和解，它虽然自在地完成了，但对于团体自我意识的意识来说却没有作为本质上为本己的行动而在此。

如果“在认识和绝对者之间有一道最终分开它们的界限”（63），那么，它实际上是宗教意识的局限，宗教意识颠倒了它所知道的和解的当下；因为对于它所发生的似乎没有发生，它在世界上找不到那所发生的。显然，绝对本质与世界的和解也不再属于实践理性，而是属于创造性理性。宗教意识被蒙蔽在它的观念表象中，不知道不可形成表象的并非一定也是不可概念地加以把握的，相反，对象的观念作为现象而出现，这只能以把对象把握为物自身为根据，而物性必须被把握为精神自我意识的外化。

不再是现象及其世界的意识，而是精神自我意识的客观性的意识，知道物自身或者物的真理是被设定的——被设定，这是由于精神外化，原因是精神必须表达自身呈现自身。它“同样也扬弃这种外化和对象性并且将之收回自身，也就是说在作为他在的他在中在自身［bei sich］”（575/549），因此，意识仅还以精神的自我意识为对象，这个意识是精神的理性。但是这个理性并非又是精神的最后的抽象形态，既不单纯是理论理性，也不单纯是实践理性，而是自为地外化的理性，也就是一种创造的理性。而创造其实并非精神的自我创造，而是推动精神显现的理念的自我创造。显然，精神自身已经是纯粹概念的宣示，就是对象，而作为对象同样既是物自身也是现象。

《精神现象学》是纯粹的理性科学，这是因为意识的经验为精神的理性所推动和掌控——两者按照它们独具的推理行动，概念诸环节的衔接，普遍性和个别性，经过它们的规定中介。精神自我意识外化在意识的对象中，意识对象作为回忆起的对象是“推理或者普遍经过规定而抵达个别性的运动，一如相反的运动，从个别性通过作为扬弃了的个别性或者规定而抵达普遍”（575/550）。

这种运动对于意识是其经验——如果人们回想康德的开始——这种运动的考察和科学既不属于理论理性，也不属于实践理性，而是属于反思性判断力，而反思性判断力所关涉的与其说是现象，不如说是物；不过并非以寻找某种普遍的方式，而是像推理所得出的那样去发现根据，并且是物的第一根据，而不只是现象的第一根据。在物的自然中，反思判断力曾假定一种理性的作用，这种理性曾向实践理性提供可能性的先行赋予［Vorgabe］，在自然中实现至善并且创造出世界本质存在的真正世界。随着费希特的自我，有限理性自身踏上先行赋予者［des Vorgebenden］的位置，却不曾能够实现自我的理想的实在之整体。理想的实现显现为“优美的灵魂”，它停留于单纯的概念，没有真正地外化，对它自身的神性和慈爱的直观阻止它去外化。这个精神的我自身在那里造出它的绝对形式，这个形式却缺少一个同样绝对的内容，就像这个内容是启示宗教的结果，或者说概念的结果，这个概念“放弃它的永恒本质，它在此，或者说行动”（580/554）。

“精神的最后形态是绝对知识，这个精神同时给予它的完整而真实的内容以自身的形式，并且由此既实现了它的概念，也在这种实现中驻留在它的概念中；绝对知识是知道自身在精神形态中的精神或者是概念把握的知识。”（582/556）精神曾经作为伦理世界的精神而直接是“实存”，在其此在退回到无所作为的我的非现实性中之后，精神在启示宗教中才赢回作为其现实性的实存。然而，为了让真理与确定性完美地齐一，必须知道精神的此在是自身的此在。团体的知并非已经是这个我自身的真实普遍性，真实的普遍性是关于绝对对象的知，在自身创造的确定性中知道它，而这种确定性仅是理念的科学，这种理念在每一种理性中创造自身。只要精神在概念因素中向意识显现，“或者，这里相同的是，在概念因素中由概念所创造，精神就是科学”（同上）。科学必须是我的并且同时只能够是这样一种知：人人必须知道它，而不只是想要它。实践的第一哲学必须放弃自身，让创造的第一哲学成为真正的第一。

就像《道德形而上学的基础》从“通俗的道德理性认识”来寻找这种认识的原则，同样，《精神现象学》把所有认识——只要它属于意识经验——引向纯粹概念的科学，而现象学已经为纯粹概念的科学所渗透。然而这种向真正开端的引导对意识施加暴力，既从我的方面也从其对象性的自身方面实现实践理性的理想——结果是：穷尽了这个观念表象，也没有实现绝对自由。一如自由为意识所造，无论对于我还是在世界方面，自由都是已经架空的观念表象。

自由没有实现就是虚无。为了自由的确定性能够把自己付诸真理，把自由当作理性概念加以设定或者设定为前提，把自由区别于知性观念表象，这些都还不够；为了自由的理念，理性必须自己与作为意识的一种形态的自身相区分。道德理性曾把自由设定为前提，宗教理性则设定了自由，在绝对意义上，自由无法为观念表象所规定，而是从纯粹概念来到观念，这是已经达到绝对理念而实现了的纯粹概念。在随《逻辑学》之后的精神哲学中，意识才概念地把握自由。在那里意识才是这样一种意识，在意识中理念留驻于自身［bei sich］。

在“自然的”或者直接出现的意识中，精神却是自我异化的，这是因为这种意识令精神忘记其科学，也就是忘记绝对理念，意识因为本质上为有限的观念表象的要求而歪曲绝对知识。这种遗忘内在于自我教养的意识历史并且在意识的每一个形态中寻求支撑。在意识中展开其历史的精神完成它的历史，从它的作为意识的此在忆入纯粹知识，它完成了这个回忆。意识经验的科学作为科学证明：精神已经牺牲了它在时间外在性中——因在历史外在性中——的此在。黑格尔的《精神现象学》是对这种牺牲的当下现实的回忆，牺牲就自身方面是精神本身的回忆，也就是它走进了自身，具体说进入它的逻辑基础。并非精神显现为意识就是它的自我遗忘，而是这一点，即它对自身的知曾被设定在“自然”意识的局限里，或者说，它对自身的知停留为意识形而上学，或者说，实践哲学曾确信自身是第一。这种实践哲学的精神不得不永诀了。

在《信仰与知》的结束处，黑格尔已经谈到这样一种必然性，重新为哲学建立“绝对自由的理念，因此，在为神所弃的完整真相和艰难中［重建］绝对痛苦或者思辨的受难日，［重建］受难日本身，否则它是时间历史的”（Ges. *Werke* Ⅳ，414，7）。受难日在“自我完善的怀疑主义”的结论中得到重建；显然，寻常被看作时间历史的［东西］，即被看作为从前的事件的［东西］，现在由于得到概念把握的近代精神历史而再度成为当下。这个历史——近代精神诸形态“显现在偶然性形式中的自由的此在”——和历史概念或者概念显现的科学“一道形成绝对精神的回忆和墓地”（Werke Ⅱ，591/564）。精神长逝，从自然意识的世界进入自身，它与历史的诀别才赋予历史一种整体规定性，整体既脱离了观念表象活动的时间顺序，也脱离了观念表象诸形式的顺序。纯粹概念的发展无时间地是当下的，不知道诸形式的“概括的全体性”。

在“绝对痛苦”中——在精神的死亡中——精神回忆起绝对自由的理念，绝对自由是绝对形而上学的基本思想。在自由理念作为理念得到概念把握的地方，自由才绝对地得到理解和把握。只要绝对自由只是我的自由，因为是意识的自由而相应地被理解为实践的自由，绝对自由的理念就献给了绝对痛苦，因为在它的实现过程中关涉到非我或者一个世界，这个世界并非绝对地自己创造了自身。

《精神现象学》在结论中重新建立了为神所弃的痛苦，其艰难由此可见：精神不是失去历史性的此在，而是出于对这种此在的偶然性的洞见而牺牲此在，而恰是在这种牺牲中为神所弃的情感必然侵袭精神。其实，只要意识作为“自然的”意识颠倒了概念，而在这个概念上意识具备了它的显现和教化的唯一动因，那么，精神就是为自身所弃。

这里却必须记住：意识不得不一度是“自然的”并且反抗理念的真理，原因是意识正是自然理性的自身构成形态，这样一种自然理性看到了自身与绝对者的自由的直接之知相互排斥，而绝对者的自由在近代艺术和宗教的开端处就已经呈现出来。

（译者单位：南京大学哲学与宗教学系）

自然辩证法的源流

周祝红

［内容提要］本文重新审视了自然辩证法学说的思想源流、核心理念、学说“范式”，进而相信，作为单纯的自然哲学理论，自然辩证法依然是我们思考自然本性、自然与精神关系的可能“进路”，依然是深邃而有魅力的哲学学说。

［关键词］辩证法　反思　内在目的论

一　自然辩证法学界的潜台词①

“自然辩证法”一词源自恩格斯的一部未完成的自然哲学著作，苏联人于1925年将之公开出版，并以“自然辩证法”名之。在中国，“自然辩证法”首先意指一种自然哲学理论，属德国古典哲学传统，是马克思主义哲学的组成部分；其次是指一项较大规模的研究事业，拥有意识形态的正统地位、超出学术之外的社会资源和较完善的社会建制。20世纪八九十年代，自然辩证法事业兴旺发达，以海纳百川的胸怀接纳并庇护蜂拥而至的新知识、新思潮、新学科，介绍引进西方科学哲学著作，成为思想解放运动的亮丽风景线。自然辩证法一度还是“科学技术哲学”学科的名称，经过30年的学科建设，已形成自然辩证法和科学哲学两大学术传统，哲学和社会学两大学者群体，研究领域涉及自然哲学、科学哲学、技术哲学、科学思想史、自然科学哲学问题、STS（技术社会学）、科学社会学等诸多方面。

① 关于“科学技术哲学”学科历史、现状和未来命运的论述，参见吴国盛的系列论文，“北大科学史和科学哲学”网站，“学科建设”版。

自然辩证法学说既是一项宏大事业的指导思想，又是一门综合学科的理论基础，地位显赫如此，理应受到学界的尊崇和深入研究才对，但事实上，自然辩证法学说本身的研究在自然辩证法学界（科技哲学界）却渐渐受到冷落甚至暗中拒斥，其中的潜台词大致如下：

1. “自然界不存在辩证法”

科学哲学本是自然辩证法的分支，经过不断的分离、对峙、共处逐渐成为与自然辩证法传统相区别的科学哲学传统，甚至有占据主导地位的趋势。在思想倾向上，科学哲学主张逻辑分析，注重实证，反对黑格尔式的思辨。我们的科学哲学学者，虽说没有如波普那样公开表态，说黑格尔辩证法是所有荒谬哲学中最为荒谬的一个，自然界遵循辩证规律完全是胡说八道，但私下里，以“自然变戏法”指称“自然辩证法”却是心照不宣。

2. “自然辩证法无用”

自然是怎样的，科学会告诉我们，哲学无权说三道四，哲学也不能给科学以方法论指导。

起初，自然辩证法是严肃的政治事业，自然辩证法工作者承担着严肃的政治任务，即联系科学家，指导他们的科学工作，批判他们的错误思想。现在，没有哪个科学家愿意接受这种所谓的哲学指导。但是除去意识形态的因素，依然存在着哲学与科学的关系问题。就现代西方经典科学哲学而言，那些科学哲学大师往往是喝自然科学乳汁长大，热爱科学，亲近科学，然而对他们总结出的科学方法，科学家也只是勉强容忍，接受指导是谈不上的；而对于后现代科学的人文批判、科学的社会研究，科学家们就忍无可忍，甚至奋起反击。这就导致了20世纪90年代著名的“科学大战”，科学家起来揭露哲学工作者的无知。

3. “应淡化对前沿科学思想的哲学诠释”；甚至认为现代科学哲学已搞不出什么新花样了；现在是直奔后现代科学哲学的时候了

如前述，科技哲学界已分化为哲学和社会学两大学者群体，年轻一辈的学人则多青睐科学社会学研究。社会学研究看上去门槛相对较低，容易出成果，又是西方学界的热点，可以直接与国际接轨；而要想进入真正的自然哲学或科学哲学研究，所需要的科学背景、哲学素养非“十年磨一剑”的功夫不可，这导致了哲学群体的萎缩和社会学群体的膨胀。

然而，如果我们的“自然辩证法”（科技哲学）不再拥有意识形态的正统地位，不再有一门叫做“自然辩证法”的理工农医研究生的政治必修课，科学哲学学者投奔外国哲学，科学社会学群体划归社会学，那么，自然辩证法作为单独的自然哲学理论，是否依然是我们思考自然本性、自然与精神关系的可能“进路”，是否依然是深邃而有魅力的哲学学说呢？

我的回答是肯定的。

信心来自于对其思想源流、核心理念、学说“范式”的重新审视。

二 哲学与自然

西方哲学中，自然哲学传统最为古老，可以说西方哲学由自然哲学开端。当泰勒斯说出“水是万物的本原”，便开启了哲学的历史。泰勒斯的水已不是单纯的感性事物，而是万物存在的根据，万物产生于它又复归于它，是变化中那不变的普遍性，这已经是哲学性的“水”了，因为哲学正是对最高普遍性的叩问。

哲学由追问“自然是什么”开始，但最终要回答的是：“人是什么？”

哲学最古老的名字是爱智慧。爱是追求，追求智慧，追求真理。其表达形态是思想，是思想自身的纯粹化和深入化。于是，爱智慧成为科学—知识体系。

智慧相关人的规定，人的规定通过人与自然、人与人的区分来实现。

人们说中国智慧是“天人合一”，西方智慧是“人神同在”。

在中国传统智慧中，人与自然、与自然性从未真正分离过。

人神同在的“人”与“神”在西方历史的不同阶段也呈现不同形态。理想的人性、理想的人格是通过与自然、与自身自然性（动物性）的区分来实现的。正是在人与自然不断区分、同时又与自身相区分的过程中，确立了每个人的主体性，个体才能在与他人的交往中建立社会关系，才能把自然作为对象来探索其奥秘，才能开辟出一个精神空间，让精神独立自主地发展，才能展开其诸方面的丰富性和深刻性，最后达到与神和解。

西方智慧要求人与自然、与自然性经历不断分离，以便回到神的怀抱。

可见，追问“自然是什么”是哲学内在逻辑的要求，因为只有回答了“自然是什么”，才能回答“人是什么”，以及自然与人的关系。这就是为什么现代之前，所有大哲学家都要有自己的“自然哲学”。

进一步的问题是“如何知道自然是什么”，现代的回答是“科学会告诉我们”；科学又是何以可能的？——这便是现代科学哲学的主题。

除了科学，追问自然还可以有常识、宗教、艺术、哲学诸维度。

科学将自然看成认识和征服的对象，建构起关于自然本质的世界图景，但这绝非自然唯一的模样。

朴素的意识中，自然是日月星辰、山川河流、飞潜动植这些自然物的总和，即“自然界”、“大自然”；信仰者眼中，自然是神的创造，是上天的恩惠；自然还是美的“显现”，是艺术创造不竭的灵感之源，所谓“巧夺天工”便是美的极致了。

自然的含义区分为“本性”和“自然界”，前者更为本源。现代欧洲语言的“自然”（英语 nature）以及拉丁文 natura、希腊文都具有本性和自然界两种意思；现代汉语的“自然”同样有自然性和自然界双重含义。自然是“自己所是的那个样子”，是“自自然然”、“自然而然”，这个意思在古汉语最早使用“自然”一词的《道德经》中就有了。

哲学和科学一样，追问自然的本质、根据，但科学追问的是自然界中的有限事物，即自然物存在的根据；自然哲学则是追问自然作为整体的内在原则及自然与人类精神的关系，因此，哲学或隐或显地要以科学的自然图景为参照，但这仅仅是出发点，而不是归宿。

自然辩证法所理解的自然，是由人类的认识和实践活动展开的自然，是人的自然。

三 哲学与辩证法

追问了自然，接下来要追问：“什么是辩证法？”在我们的哲学教科书中，辩证法意指用普遍联系的、发展的、整体的眼光看世界，与之相对立的是形而上学，是孤立的、静止的、片面的思维方法。但西方哲学传统中形而上学的原来的含义并不是如此。我们来看看黑格尔是如何诠释形而上学的。

1. 形而上学

西方哲学传统中形而上学最本原的意思是 metaphysics，物理学之后，

“自然之学”之后，是事物背后的根据、根据的根据、原因的原因、最后的原因和根据，也就是亚里士多德的“第一哲学”。形而上学所追溯的那个终极的本质往往是无限的存在，最为抽象，是感性和经验所不能达至的，所以在西方哲学传统中，与形而上学相对立的不是辩证法，而是“形而下学”，或是“经验科学”。

※黑格尔对形而上学有自己独特的诠释。

首先，形而上学是普遍思维规定的范畴系统。如同认识之网，所有材料纳入其中，变得井井有条，可以理解。在这个意义上，每一个有理性的人都有自己的形而上学。

其次，意指知性思维、形式思维，体现在形式逻辑和自然科学中。黑格尔盛赞知性思维，认为它是对感性不确定性的超越，非常了不起。或者说，形而上学非常了不起，它从个别事物中寻求普遍性和永久性，从变化中寻求不变的思维规定。但同时，黑格尔又认为这还不够，知性思维达到了确定的思维规定就满足了，忘记了这确定的思维规定其实具有不确定性，是可能变化的，并且不同的思维规定之间有着内在的逻辑关联，这种关联可以通过“范畴自己运动”来实现。辩证思维正是要揭示确定思维规定内在的不确定性、差异、矛盾，以及产生的原因，并最终超越矛盾达到和解。可见知性思维和辩证思维、形而上学和辩证法不是截然对立的两种思维方式，而是同一思维过程的不同层次，不同阶段。

再有，黑格尔认为，传统形而上学追求关于自然、精神、上帝以及他们之间的关系的终极真理，这是第一哲学理应从事的事业，但是思考的方式不对。形式思维能够运用于有限的存在者，自然、精神、上帝却是无限的存在，将形式思维运用于无限的存在必然会使无限事物有限化，并使思想陷入自相矛盾。

黑格尔在《小逻辑》中曾开宗明义地规定了形式逻辑与辩证逻辑、形而上学与辩证法的关系，它们是同一个逻辑，同一个思想形式的不同阶段，“思辨的逻辑，包含有以前的逻辑与形而上学，保存有同样的思想形式、规律和对象，但同时又用较深广的范畴去发挥和改造它们”[①]。可见，那种形而上学与辩证法僵硬对立、你死我活的认识是对形而上学极大的误解。

---

① 黑格尔：《小逻辑》，贺麟译，商务印书馆 1997 年版，第 49 页。

与之相应的误解是认为不需要经过知性思维、形式思维的磨砺，就可以直奔辩证法。“自然辩证法”曾以“辩证法”的名义侵入了几乎所有科学与人文领域，我们急着发现和印证无处不在的“辩证法”，却忽视了“确定的思维规定”的建设，结果虽然经过了近30年的“发展”，与其他学科相比自然辩证法（科技哲学）依然理不直，气不壮，“辩证法”沦落为“变戏法”，成事不足，败事有余。

2. 辩证法

西方哲学传统中，辩证法最早的意思是论辩的技艺，到柏拉图那儿辩证法成为一种探讨纯粹理念之间的内在联系和相互转换的学问；辩证法的现代意义通常指相关精神和自然领域的对立统一、矛盾运动；自然辩证法学说所理解的辩证法则是由黑格尔完成、马克思推崇的“作为创造原则与推动原则的否定性的辩证法”。我认同邓晓芒先生对这种辩证法的诠释，即辩证法拥有否定的灵魂，反思的结构①。

否定的灵魂

否定一词源自形式逻辑对判断的区分，肯定或否定。西方哲学传统对否定的基本规定有两个，一是没有，缺乏，不存在，彻底的不存在是虚无；另一个意指能动的活动，是否定的意志、决心，是说不。最彻底的“意志”是对“虚无”说不，让虚无虚无化。

黑格尔则将“否定”的能动含义升华为辩证法的“否定原则”，使其成为自然和精神的创造和推动力量。

※辩证否定原则作为逻辑原则可表达成：任何规定都是否定，任何否定都是否定之否定。

形式逻辑的同一律：$A = A$，可改写成：$A = -(-A)$，通常的理解是，先有一个否定，再有否定之否定，从而两个否定构成一个肯定。

辩证逻辑却这样理解，一切规定都是否定。否定什么？否定无规定，否定对自身规定的否定。这样的理解不违反形式逻辑的同一律、不矛盾律，却已将其改造成辩证法的原则了。

※辩证否定原则作为本体论，是事物自己否定自己，自己超越自己。

作为辩证唯物主义的自然观可表达成：世界普遍联系，永恒发展，发

① 参见邓晓芒《黑格尔辩证法讲演录》相关章节，北京大学出版社2005年版。

展的动力来自事物自身。

黑格尔、恩格斯都曾用过“种子”的喻象。植物的种子可能被碾碎，也可能腐烂掉，这也是否定，但这种否定是外在的；真正内在的否定是种子自身的发芽、生长、开花、结果，展现了生命所有的丰华之后复归于新的种子，这个生命进程正是通过生命自身的自我否定、自我超越完成的。

不但万物“自己运动”，自然界作为整体也必然经历机械的、物理的、化学的、生物的等一系列自我否定阶段，最后在生命中完成自己，成就能思维的精神。

否定推动自然和精神生成并展开其本性，否定自身却是绝对的，是最后的无根据者也即是最后的根据，是生成的力量本身。否定之否定是自然辩证法的根。

反思的形式

自否定、否定之否定将否定的锋芒指向自己，这种反身性、自返性、返回自身的特质注定了辩证法具有反思的结构。

※反思，德文 Nachdenken，日常语意是沉思，深思熟虑，反复思索。

哲学意义的反思有明确的方向，是追溯事物来源、本质的思索，是思想的追溯，也即追溯性的思想。“反思作用总是去寻求那固定的、长住的、自身规定的、统摄特殊的普遍原则，这种普遍原则就是事物的本质和真理”①，这里的“普遍原则”无疑是思想性的，所以思想的追溯也是追溯到思想。

哲学反思不会就此停留，会进一步追问：“普遍原则真的就是事物的本质和真理吗?”事物的客观性、个体性与思想的主观性、普遍性是完全异质的，如何一致？一句话，真理是何以可能的？可见，反思又是对思想的思想——思辨。

上述过程体现了黑格尔所说的反思的三个层次：知性的反思，追溯到普遍原则、知性概念；否定的反思，揭示知性概念的自身否定性；思辨，扬弃思想对自身的否定。

※反思的结构也是自我意识的结构。

自我意识是把自我看成对象，同时把对象看成自我的意识。

反思的结构则可表达为：“在自身中反思”；“在他物中反思”；“思

① 《小逻辑》，第76页。

辨——对反思的反思”。

在自身中反思：我要开始反思了，反思什么呢？就反思我罢，我不是别的，只是我的思想。我的思想成为我思想的对象。

在他物中反思：世界万物呈现在我的思想中，被我的思想所把握，是属于我的，是我的世界。对象世界成为我的思想。

思辨——对反思的反思：我思想中的世界和世界万物本来的样子是同一的吗？黑格尔的回答是肯定的。只要反思进程不断深入，世界非人的面具就会打破，成为人的世界，我的世界和世界本身的固定边界完全是虚幻。随便说一句，在黑格尔，要把“我”换成“绝对精神”。

我与世界融会贯通，这就是自由的境界。

误读

※对辩证法较严肃的批判是认为辩证法不要逻辑，违背形式逻辑的矛盾律，这几乎成了辩证法的原罪，但也是对辩证法最大的误解。

首先，辩证逻辑和形式逻辑是同一个逻辑，只是层次有所不同。辩证逻辑是对形式逻辑的深入理解；而形式逻辑一旦开始自我意识就会展现出辩证本性。例如，形式逻辑的同一律要求“A = A”，或是不矛盾律“A不能既是A又非A”，但即便是朴素的理智也不会据此说话，任何一个有内容的判断都说出这样的命题：“个体是普遍”、“主词是谓词”，个体与普遍、主词与谓词是有差异的，但在判断中都表达为同一①。

其次，逻辑通常仅被看成是思维规律，是形式的科学，仅相关于推理的有效性，而不涉及内容的真理性。但是黑格尔却认为：“逻辑形式作为概念的形式乃是现实事物的活生生的精神。现实的事物之所以真，只是凭借这些形式，通过这些形式，而且在这些形式之内才是真的。但这些形式本身的真理性，以及它们之间的必然联系，直至现在还没有受到考察和研究。”②

黑格尔的逻辑学正是要考察形式逻辑本身的真理性，以及诸范畴之间的必然联系。

※对辩证法最荒谬的理解是将其诠释为中国特色的斗争哲学。

由于中国数千年的官本位和缺乏反思的文化传统，辩证法的“对立

① 《小逻辑》，第338页。

② 同上书，第331页。

统一”被理解成对立双方你死我活的斗争，一方消灭了另一方就统一了。而“矛盾运动”则是有“矛”另外还有“盾”，矛盾激烈斗争之后同归于尽。数千年王朝兴衰和建国后所走的弯路告诉我们，无“反思”和“自否定”的“对立统一”、“矛盾运动”只能带来破坏，而不是真正的进步。

四　由自然追溯到精神的反思传统

前述“反思的结构”也体现了“从自然追溯到精神，用精神观照自然”的西方思想的反思传统。反思传统源远流长，古希腊的哲人们就已经以这种方式思考自然和精神的关系了，在他们眼中，客观对象世界如同镜子，能映现出人的本性模样（以颠倒的方式）。人要认识自己，要先从认识对象开始，再从对象上回过头来思索自己的本性；同样，人要认识自然整体和生命，也要把我们对自身生命的感悟作为范导原则去指导对自然的认识。这是从外向内、从内向外不断深入的探索过程。反思（反射）需要光（镜中的形象是光的反射汇聚成的），它贯通于自然和精神。光的反射层次不同，反思所能达到的认识层次也有深浅之分，达到对自然的科学知识只是“看见”对象，最高层次的反思是达到关于自然和精神内在本性的纯粹理性知识（哲学思想），即看见“光”。

1. 康德的“光”是理性之光

在康德，照亮自然和精神的光是理性。

理性是人的神性，是原则的能力，建立根据的能力，人拥有理性意味着人能够规定对象和规定自己，并因此拥有自由。

康德反思的主体和对象都是同一个理性，是纯粹理性的自我意识，反思的结果是众所周知的，即：人为自然立法；人为自身立法。

人为自然立法。自然律何以可能？我们的理性并没有在自然中发现普遍规律，也没有被动地接受自然给予我们感官的感性材料，而是能动地运用我们理性的先天范畴和先天原理整理和吸收感性材料，把它们形成和组织成一个有序合规律的宇宙，即自然界。理性规定自己的规律并把它们加于自然，所以自然和理性相似，自然和精神相似。

人为自身立法。道德律的前提条件是自由意志，人拥有自由意志，能够建立定言命令的自律，所以每个人的自由不只是因为人生来自由，而且是因为他生来为自由负责。人是否遵从一个命令，都由自己来批判地决定，并承担随之而来的命运，哪怕这个命令来自上帝。

自然和自由、真与善又如何关联起来？通过反思判断力的原理。

美本是人内心所感受的自由的愉快情感，目的性本是能体现人类意志的实现目的的活动，但自然的美和合目的性却无处不在，启发我们“反思”到：“好像”有一个更高的意志设计、创造了自然，引导人类从事科学和艺术，进而追求道德生活。美是沟通真与善的“桥梁”。反思之光使自然界具有了目的。

2. 黑格尔的“光”是绝对精神

黑格尔反思的基本含义是“思想的追溯”，是思维从事物的直接性里（感觉、直观、表象）追溯到事物的本质和真理，即事物的普遍原则，而思想所追溯到的普遍原则又无非是“思想规定”或说“思想范畴”，这是属于精神的，因此反思又是“追溯到精神”。那么，对自然的反思就是要在自然中发现精神，同时也是将人自身的精神性用于对自然事物特别是对自然整体的把握。

在黑格尔，反思的主体并非“人”而是“绝对精神”，也称作“理念”、“客观精神”、“上帝”。上帝不是抽象的存在，也不是感性的存在者，上帝是无限的精神，贯穿于现实的活生生的自然和精神。“上帝的这两个形态是他的庙堂，他充满两者，他呈现在两者之中。上帝作为一种抽象物，并不是真正的上帝，相反地，只有作为设定自己的他方、设定世界的活生生的过程，他才是真正的上帝。”① 在自然中发现精神，以精神观照自然，是上帝的自我意识，是绝对精神的反思结构。

3. 马克思的“光”是实践

在马克思，那贯穿于自然与精神，照亮世界的“光”是人类现实的感性实践活动。

马克思将反思的结构理解成实践的结构，可表达为：自然的人化，人

---

① 黑格尔：《自然哲学》，梁志学等译，商务印书馆 1997 年版，第 18 页；G. W. F. Hegel, *Hegel's Philosophy of Nature*, Trans. A. V. Miller, Oxford: Oxford University Press 2004, p. 13。

的自然化。

反思说到底就是要在对象上确认自己，即在自己所创造的对象上确认自己。这个“创造”在康德仅仅是理性能动地把握世界、认识世界；在黑格尔是绝对精神的外化和自我意识，实践仅是其中的一个环节；但马克思却认为，实践活动比认识活动更为根本，因为人类是在改造世界的过程中认识世界的。在改造自然的过程中，人类捕获自然力量为己所用，把握自然规律使其成为人的思想，这是自然人化的过程；同时，人类又在自然身上打上人类精神的烙印，在自然身上确证精神的创造本性，这是人类本性的对象化、自然化的过程。

实践是人有意识的、普遍的、主客合一的自由生命活动，这意味着人能“使自己的生命活动本身变成自己意志和自己意识的对象”[①]，即不但从理论上，而且从实践上把自身对象化；同时，生命活动的自由本性不但能够被精神所认识，而且可以在自己所创造的对象世界中确认和直观，“人不仅像在意识中那样在精神上使自己二重化，而且能动地、现实地使自己二重化，从而在他所创造的世界中直观自身”[②]。人在自己创造的世界中确证了自己的自由本性。

五 内在目的论：自然和精神的统一

内在目的论源自古希腊，是一种将自然与人看成是有生命的统一整体，其内在目的指向人类精神的哲学思想。

1. 康德：自由意志、道德存在是自然的终极目的

近代，康德在知性的水平上恢复了这一主张自然和精神和谐统一的思想。康德首先将整个自然理解为一个有生命的有机整体，有其内在目的，再通过考察同样作为生命的我们，作为自然整体中的一员在自然中的位置及与其他自然事物的关系进而相信——人是目的，人类的幸福、科学与艺术是自然作为巨大目的系统的最后目的，而绝对的无条件者——人的自由意志、道德存在则是自然真正的终极目的。

---

① 马克思：《1844年经济学哲学手稿》，人民出版社2000年版，第57页。

② 同上。

康德还特别阐述了目的论原则在科学认识中的地位、作用及其合法性。目的论原则作为反思判断力的原理，在对自然的考察中不是规定性的，而是启发性的或说范导性的；我们不能指望据此获得具体的科学知识，只是当我们遇到一些仅仅运用纯粹知性的因果规律无法说明的事物时，目的因果可以引导我们做出合乎人类理性的把握。这其实已经不自觉地表达了自然的（超越知性之上的）辩证法。

2. 黑格尔：精神是自然的家园

黑格尔的自然“自在地是一个活生生的整体”，自然作为整体演进的最终目的是把“自己创造成精神的现实存在”，自然只有打破自己非精神的外壳达到精神才能展现自己的本性。精神和自然，如同亚当和夏娃，有着本性的相同模样，它们必然相互结合，并由精神所规定。

自然与精神的统一不是开端，而是目标；不是直接的统一，而是被创造的统一，“人必须从善恶认识之树取食，历经劳动和思维活动，以便仅仅作为他同自然的这种分离的克服者，成为他所是的东西”①。自然必将通过自我否定而展现出自身所潜藏着的精神，这就是自然中的辩证法。

3. 马克思、恩格斯：自然向人生成

马克思、恩格斯认同自然和精神统一的内在目的论思想，同时进一步揭示出，自然和精神统一的内在力量是人类现实的感性活动——劳动（包括科学实践活动）。这也成就了自然辩证法的主题：自然向人生成。

※自然与人是同一个主体。

自然是精神的潜在，精神是自然最高的花朵（德文 höchste Blüte）、最高的创造（英文 highest creation），自然以“铁的必然性”发展出思维着的精神（德文 Den denkenden Geist；英文 the thing mind ）。

※自然是人的身体，人是自然的自我意识。

这里的“人”是指人的普遍人性、人的精神，人通过劳动、科学、艺术等实践活动“意识”自然，同时扩展自身的精神空间；而自然则向着人、向着人的存在、人的认知、甚至人的精神、人的自由发展而生成，并展开其本性。

---

① 《自然哲学》，第 12 页。Hegel, *Hegel's Philosophy of Nature*, p. 9.

※人的精神、人格的自由发展是自然的最终目的。

一旦失落或遗忘了这个目的，自然和精神都会受到伤害。恩格斯曾敏感到了近代科学技术飞速发展以来人与自然的紧张关系，警告人们“我们统治自然界不像征服者统治异民族一样，决不像站在自然界以外的人一样，相反，我们连同我们的肉、血和头脑都是属于自然界、存在于自然界的，我们对自然界的整个统治，是在于我们比其他动物强，能够正确运用自然规律”①。自然辩证法中的人和自然的关系不是外在统治的关系，而是内在生成的关系。

六　什么是自然辩证法

1. 依据上述，我们可以更深入理解“自然辩证法”学说的经典诠释

笔者认为，“自然辩证法不是单纯的客观规律，也不是单纯的主观方法，而是一种主客观统一的学说，是自然主义和人本主义统一的学说”②。它应该探讨如下问题：

※思想来源：古希腊哲学、德国古典哲学（辩证法）；

※逻辑主线：自然的人化，人的自然化（由自然追溯到精神的反思传统）；

※主题：自然与人相互规定，自然向着人生成（内在目的论：自然和精神的统一）；

※基本规律：从客观性向主观性转化；发展观；在改造世界的过程中认识世界。

2. 可以对“学界的潜台词”做出判断

※自然的自身区分。

朴素意识将自然看成现成的存在，与人区分并对立，这样的“自然”当然无所谓辩证法，这样的意识还未进入哲学的庙堂。

“非人”的自然，自在的自然只是自然的“面具”、“外壳”，自然作

---

① 恩格斯：《自然辩证法》，曹葆华等译，人民出版社1961年版，第146页；Friedrich, Engels, *Dialektik der Natur*, Berlin, 1955, p. 191.

② 邓晓芒：《黑格尔辩证法讲演录》，北京大学出版社2005年版，第96页。

为整体辩证演进，最终必定打破自己非精神的外壳达到精神，达到自我意识，成为人的自然。

※辩证法不是外在的工具而是内在的范导原则

辩证法不能形式化，不是可以随意取用的工具。它不能告诉我们一个实验该如何做，一个方程该如何写，或是充当事后诸葛亮，在具体的科学成果上附会出辩证规律，就如同把形而上学简单化为“孤立的、静止的、片面的”，这是让辩证法和形而上学一起犯傻。

但是，辩证法也有自己的规范，有如音乐般的内在节奏，可以学习和传授。辩证法具有反思的形式和自否定的内在灵魂。思维活动首先是知性的形式思维，是要达到普遍必然的知识，实现确定的思维规定；这很了不起，但还不够，接下来辩证思维活动进一步揭示出思维规定自身的差异、限度、矛盾、矛盾的根源；最后超越矛盾达到和解。

※科学对自然的理解是哲学反思的出发点。

同样依据理性，但层次不同。每门自然科学学科都给哲学留下了独特的问题，他们不能解决，但哲学必须永久面对或至少暂时面对。例如：

数是什么？虽然我们有宏伟的数学大厦；

时间的本性是什么？虽然我们有精确无比的原子钟；

生命的本性是什么？虽然我们画出了人类基因图谱；

……

给科学前提以根据，给科学方程以意义，最终使科学成为“人学”的一部分，这是哲学不可逃避的责任。遗憾的是，常常是科学家最先意识到这一点。

结　语

即便朴素的意识也会认同，自然向着人生成。谁说不是呢？自然孕育了生命，又以她的丰饶给予我们幸福，以她的美引导我们从事科学和艺术。可是，她为什么要降临如汶川地震这样的灾难，要拿走我们的生命，让我们承受难以承受的痛苦和悲伤？

但接下来——震撼，我们倾举国之力救援的是一个个普通百姓；在这块土地上，五千年来第一次，把普通百姓的伤痛视为国殇。在那个时刻，几乎每个人都将自己当做汶川人，当做灾难的幸存者。我们在用行动

诠释这样的理念 —— 人是目的，每一个人都是目的。一个人不论他多么卑微，他的生命都是无价的，都应得到珍视；他的精神都是高贵的，都应得到尊重。

几乎是在瞬间，在物欲横流和精神破碎中，我们完成了一次人的启蒙，一次人性的觉醒。在痛苦与灾难中，我们看到了重建精神家园的希望。

自然向着人生成，谁说不是呢？

（作者单位：武汉大学哲学学院）

论胡塞尔《第一哲学》对休谟哲学的现象学解读

匡　宏

［内容摘要］本文阐述并分析了胡塞尔在其《第一哲学》中对休谟哲学的解读，系统地刻画了休谟在胡塞尔心目中的现象学史上的地位。文章的第一部分梳理了胡塞尔的五阶段现象学史框架，指明了休谟居于其中第四阶段向第五阶段过渡的转折点地位。第二部分对作为一种直观主义形态的休谟内在自然主义进行了分析，尤其注意了这一直观主义形态和休谟的直接先驱笛卡尔、洛克、贝克莱等人的关系。第三部分通过休谟和康德的对比，说明了胡塞尔是由于休谟直观主义的相对彻底性才更加推崇休谟。总之，休谟不是一位纯粹消极的怀疑主义者，而是在比人们通常所承认的要深得多的层次上，继承和启迪了西方哲学的理性传统。

［关键词］休谟　胡塞尔　现象学　自然主义　直观主义

本文主要探讨的是胡塞尔在《第一哲学》中对休谟哲学（主要是《人性论》）的解读[①]。这个探讨的目的，既是为了从总体上发掘休谟哲学的现代意义——因为英美分析哲学虽然津津乐道于休谟，但关注的只是休谟谈到的几个具体问题（语句的意义标准问题、因果性问题、“是”与“应当”的区分问题等等），而我国对休谟的研究则基本上依然受制于黑格尔对休谟的那一番不以为然的评论：“这种怀疑论在历史上所受的重视，有过于它本身的价值。它的历史意义就在于：真正说来，康德哲学是以它为

---

① 胡塞尔在其他著作特别是《欧洲科学的危机与超越论的现象学》（“超越论的现象学”一语，据王炳文译本，商务印书馆 2005 年版。但笔者认为，译为“先验现象学”更好）中对休谟哲学也有解读和评论。但《第一哲学》中对哲学史的梳理要更加完整一些。

出发点的。"[1] 都没有能够真正让休谟哲学在当代"活"起来；笔者循着思想史的线索，希冀由此找到一条进入胡塞尔现象学核心的可靠途径。

胡塞尔在《第一哲学》中将休谟的《人性论》称为"有关纯粹现象学的第一个构想"[2]。我们知道，《第一哲学》的上卷《批判的理念史》实际上就是一部"现象学前史"或曰"现象学的观念史"，系统清理了从柏拉图（及苏格拉底）开始，现象学作为"第一哲学"理念发展的必然结果的生成史。胡塞尔的评价表明，休谟哲学在这一历史中占有一个极具开拓性的地位。但是，为了弄清胡塞尔赋予休谟的这个历史地位究竟意味着什么，我们有必要先勾勒出胡塞尔心目中作为"现象学史"的西方哲学史的总体框架。

总的来说，胡塞尔把西方哲学史看作某种"有关主观性的科学"的生成史。在他看来，哲学史首先是"第一哲学"的历史，因为第一哲学是一切哲学的逻辑开端，换言之，一切哲学学科（在究竟意义上，其实也就是一切科学）都有赖于这样一门"第一哲学"："这个学科应该先行于其他一切哲学学科，并从方法上和理论上为其他一切哲学学科奠定基础。"[3] 那么，这样一门哲学为什么必然是一门"有关主观性的科学"呢？这就和哲学的"反思"性质有关。一切科学当然都是一种思维活动、认识活动，但是这种思维活动的正当性却必须通过对这种思维的"反思"而得到说明。从事实上说，我们当然是先有认识，然后才能有对认识的反思，或者套用胡塞尔的术语，作为不同的"事实科学"来说，物理学总是先于心理学的；但是从逻辑上说，反思却要先于认识，认识的正当性要奠基于反思的正当性，那么在这种意义上，"心理学"又要先于"物理学"——不过，这种意义上的"心理学"已经不是作为"事实科学"的心理学，而是一种"本质科学"了。胡塞尔正是这样认为的，他说："科学家由于为了证明他的行为的正当性而偶尔决心进行的反思目光的转变，使自己明白了，在他对他在心目中总是作

① 黑格尔《哲学史讲演录》，贺麟、王太庆译，商务印书馆 1983 年版，第四卷，第 203—204 页。至于究竟该如何理解黑格尔的话，这是另外一个问题。实际上，不妨这样理解：休谟哲学作为怀疑论，"所受的重视有过于它本身的价值"。他并没有说休谟哲学只能够作为一种怀疑论来看。

② 胡塞尔：《第一哲学》，王炳文译，商务印书馆 2006 年版，第 212 页。

③ 同上书，第 33 页。

为同一的东西而想到的对象作规定时，确实是对象借以呈现给他的对象之多种多样的显现方式是决定性的。”① 而科学家这种反思行为，虽然还只是单个的，“好像它本身就是个别科学行为的组成部分”②，但已经蕴含着一种理论课题：对普遍的认识行为的研究。不过，虽然个别的认识活动逻辑上就已经蕴含着对认识的反思作为自己的基础，但哲学走到真正完整、系统地建立一门彻底的对主观性的反思科学这一步，却经历了漫长的道路。胡塞尔以一些有代表性的哲学家为范例，对这个历程（他之前的哲学发展）进行了阐述。我们从胡塞尔的阐述中把这个历程可以分为五个阶段③：理念论阶段（苏格拉底、柏拉图）、逻辑学阶段（亚里士多德，斯多噶派）、一般心理学阶段（亚里士多德——笛卡尔之前）、自我（内在）心理学阶段（笛卡尔、洛克、贝克莱、休谟）、先验心理学阶段（康德）。

胡塞尔对苏格拉底和柏拉图推崇备至（这两人基本上被他视为一体），认为“对于真正的和标准的科学理念的创造，或者哲学理念的创造（这两种说法长时间都准确表达相同东西），以及对于方法问题的发现，要追溯到这两位思想家，而作为已完成的创造，要追溯到柏拉图”④。他们所创造的这种“哲学理念”就在于，这种哲学应该是“绝对被证明为正当的科学……它在每一个步骤和每一个方面都力求达到最终的有效性，

---

① 胡塞尔：《第一哲学》，第 73 页。

② 同上。

③ 笔者意识到，在这里使用“阶段”一词是有风险的，因为胡塞尔的哲学史观不同于黑格尔，他并不认为哲学史是线性地朝着某个绝对理念的“螺旋式上升”，也就是说，每个阶段的哲学并不见得“高于”前一阶段。毋宁说，这整个历程都是围绕着那一门“主观性的本质科学”——先验现象学——兜圈子，因此，在这个过程中的每一阶段上的哲学家都是站在不同的角度，都对这门科学既有所见，也有所蔽，后人所见不一定高于前人，即使高于，也并不是因为他在后。但是，胡塞尔也看到了哲学史中有一种有根据的“目光”（或者说“问题意识”）的转换，不过他往往（但有时也并不这样！）只是把这当作后人根据某种先定的理念而对前人作的一种外在的补充，而不是前人学说本身的一种有机的发展，例证之一就是：他经常说某某哲学家（例如笛卡尔、洛克）“忽视”了什么，如果不“忽视”，他当时就能“发现”先验现象学之类的话。无论如何，我们可以将“阶段”用作一种“操作概念”来把握胡塞尔的哲学史观（关于“论题概念”和“操作概念”的区分，参见芬克《胡塞尔现象学的操作概念》，载《面向实事本身——现象学经典文选》——附带说一下，这个区分对于我们理解任何自称达到了最大严格性和彻底性的哲学家都是极为重要的）。

④ 同上书，第 36 页。

并且根据实际实现了的正当性证明而力求达到这种最终有效性"[①]，而一种哲学要"绝对被证明为正当"，从逻辑上讲，不能永远只是被"别的东西"证明为正当，而必然要求最后追溯到一个"自己证明自己为正当"的前提，也就是要找到这样一种"第一哲学"——"一种绝对证明自身正当的普遍的方法论……一种关于一切可能认识之纯粹的（先验的）原理之总体的，和关于这些原理中系统地包含的，因此能纯粹由这些原理演绎而来的先验真理之总和的科学……由此，一切确实能实现的先验科学的那种由一切原理性根本真理的本质关联而不可分割地联结起来的统一体，就被划定了范围。"[②] 于是，柏拉图的理念论及辩证法在"现象学史"中既是开端，也提示了最终的目标——整个哲学史都被处理成了追求被认为柏拉图树立的这一目标的进程。

不过，这似乎就产生了一个问题：哲学史的事实是，柏拉图理念论的确为科学或者认识划定了等级分明的层次，但他划定这种层次的依据，是在于他把"世界"划分为由高到低的层次（理念世界和感性世界），其中"善"的理念主宰一切，换言之，柏拉图的理念实际上是一种"客观"的理念，他对认识的划分是一种以"客观"的东西为依据的划分，而现象学的观念史正如胡塞尔不断提到的，是一种"主观性的本质科学"的生成史，它怎么会以柏拉图式的客观理念论为自己的目标呢？这又得用胡塞尔自己的话来回答了："主观主义只有通过最普遍、最彻底的主观主义（先验主观主义）才能得以克服。在先验主观主义的形态中，主观主义同时又是客观主义，因为它代表了所有通过一致的经验而可证实的客观性的权利，当然也使这种客观性的完整的、本真的意义得以有效，实在论的客观主义正由于其对先验构造的不理解而败坏了这个意义。"[③] 因此，柏拉

① 胡塞尔：《第一哲学》，第 43 页。

② 同上。

③ 胡塞尔：《现象学》，载倪梁康主编《面对实事本身——现象学经典文选》，东方出版社 2000 年版，第 104 页。值得指出的是：倪先生在这一段一开始把"Subjektivismus/Obejetivismus"译作"主观主义/客观主义"，但在上引的那句话里不知为何又都译成"主体主义/客体主义"。笔者将其都改作"主观主义/客观主义"，是为了照顾到上下文的统一，并且笔者认为"主观主义/客观主义"在这里比"主体主义/客体主义"要恰当些。一般人不会认为"主体主义"有什么需要"克服"的，但都会认为"主观主义"是一种不好的倾向，而胡塞尔正是看到了这一点，才会说：主观主义恰好要通过彻底的主观主义来克服。如果译成"主体主义"，那他这话就显得缺乏针对性，更没有那种振聋发聩引人深思的效果了。

图的理念论可以理解为一种对“完整、本真、有效的客观性”的追求，而这在胡塞尔看来必须通过“彻底的主观主义”来完成。柏拉图之后的现象学观念史的四个阶段，就是实现这种彻底的主观主义的一些历史尝试。不过，如果说作为一个逻辑的起点，柏拉图那里已经蕴含着“第一哲学”（本质科学，或者说“绝对证明自身正当”的科学）和“第二哲学”（以合理的方法被阐明的“事实科学”之总体）的划分[①]，那么作为一个历史的起点，这个划分的意义，以及那种对第一哲学的追求之意图，还是不完全清楚的：柏拉图的“线喻”，似乎一开始还只是——或者还很容易被认为是——“事实科学”内部普遍性大小的区别罢了。因此，作为历史的、事实的起点，柏拉图学说首先推动的是“事实科学”或曰“客观科学”（如数学、逻辑学、一般形而上学，以及物理学、生物学、心理学、伦理学、政治学等）的发展，而这些学科只是柏拉图理念的“不充分的实现”，甚至柏拉图追求一切科学充分合理性的那种彻底性，正是由于在这些科学中达到了“合理性的低级阶段”而减弱了。[②] 于是，此后的现象学观念的四个阶段，其实都是从“事实科学”的层面出发，向着“第一哲学”之领域的某种回溯。当然，柏拉图的划分尽管还没有显示出其全部意义，但至少也体现出了“事实科学”内部的不同层次，而在这些不同层次中，当然是那些具有较大普遍性的层次更容易发现那些与“本质的主观性”有关的问题，而哲学家在讨论这些问题的时候，也更容易有意无意地进行向第一哲学的追溯。胡塞尔认为，柏拉图以后，有两门学科具有这样的特点：即属于“一切科学的普遍方法论”的逻辑学和属于“关于主观性的普遍科学”的心理学。[③] 众所周知，在亚里士多德

① 胡塞尔：《第一哲学》，第 43 页。

② 同上书，第 47 页。

③ 同上书，第 78、89 页。有学者认为：现象学应该被定位在逻辑学与心理学之间（见倪梁康《现象学运动的基本意义——〈面对实事本身——现象学经典文选〉编者引论》，东方出版社 2000 年版，第 10 页，以及倪梁康《现象学与逻辑学》，《现代哲学》2004 年第 4 期）。胡塞尔对哲学史的梳理，也正好从历史维度印证了这一观点。从哲学史的事实看，柏拉图的理念论想为一切认识奠基，一方面，采用了“分有说（摹仿论）”来直接解释感性事物和感性认识，但陷入了亚里士多德所批判过的矛盾，于是采用了“通种论”（即柏拉图式的辩证法）。在通种论中，“理念”已经是一些普遍谓词，柏拉图通过推演这些谓词之间的相互关系而力图间接地为一切认识奠基，而这些互相推演已经带有纯形式逻辑的色彩；另一方面，柏拉图的灵魂三分法、回忆说等等，也表现了某种从心理学上对人的生活和认识进行说明的企图。

那里就已经有了这两门科学的最初构想。当然，在胡塞尔看来，正如柏拉图的理念论，作为一个哲学史的事实性的起点，还不如一个充分的现象学纲领一样，在亚里士多德那里，逻辑学和心理学也还没有充分实现各自作为“一切科学的普遍方法论”和“关于主观性的普遍科学”的全部意义。不过，也正是因为这种意义的不充分性，才使得希腊人必须从逻辑学追溯到心理学①，并且形成了这两门科学之间的一种隐秘的互补性。这种互补性在于，逻辑是研究判断之间的统一，而“判断是进行判断的行为中被判断的东西，而进行判断的行为是主观的生活”②。胡塞尔认为，“所有的对象都被归入客观的科学之中；然而所有的对象同时也属于我们的关于意识主观性的科学”③。研究判断的逻辑学可以被看作“有关一般客观性的合理科学”。④ 而判断作为对象，作为“被判断的东西”，归根结底是从属于作为意识的判断行为的，因此逻辑学所研究的判断的统一是如何形成

① 当然，胡塞尔指出：古希腊人向心理学的追溯不只是从逻辑学出发，也是从伦理学出发的（《第一哲学》，第 88 页）。不过，第一，既然胡塞尔把逻辑学看作是“有关真正的认识的和真正的科学的方法论”的，把伦理学看作是“有关实践上合理的行为的，‘合乎道德的’行为的方法论”的（同上），那么这就已经把逻辑学和伦理学都归结为提供某种合理性的方法论；第二，他又说，希腊人在苏格拉底和柏拉图那里达到的成就正好就在于勾画了这样一种文化形态，“在这种文化形态中，科学有能力承担一切共同体生活的，因此一切一般文化的君主的职能……一切真正东西的最后证明，最后认识，都具有判断性认识的形态，并且作为这样的东西，服从科学的规范”（《第一哲学》，第 44—45 页），那么由以上两点，可以推论：既然实践合理性的基础是判断性的认识，是科学，所以，作为真正的认识和真正的科学的方法论的逻辑学肯定也为规范共同体生活的伦理学提供了基础，因此，从伦理学向心理学的追溯，也是要通过逻辑学的——实际上，他在接下来对哲学史的梳理中，也一直都没有直接谈伦理学和心理学的联系。不过，虽然在以上意义上讲，胡塞尔也是一位“科学主义者”，但胡塞尔远远高于我们通常所讲的“科学主义者”的地方在于：第一，他始终把科学放在与“共同体生活”的联系中来谈，科学的意义就在于为合理的共同体生活奠基；第二，他不认为某种具体的科学（例如物理学）就能提供现成的方法论来实现这种奠基。因此，在论述哲学史的时候，伦理学由于其与共同体生活的最直接联系，又总是被胡塞尔单独提出来，与其他一切科学及其方法论对举——这恐怕正是胡塞尔对现实中的“其他一切科学”的不充分性的一种洞察和忧虑的体现，众所周知，这种忧虑是他建立先验现象学的最深层动机所在。我认为：他说古希腊人是由逻辑学和伦理学两个起点走向心理学的，其意图也在于此，因为正如笔者在正文中指出的，逻辑学作为普遍科学方法论的意义，并不是一开始就充分实现了的，所以伦理学还不可能一开始就完全通过回溯到当时的那种逻辑学而得到奠基。

② 胡塞尔：《第一哲学》，第 63 页。

③ 同上书，第 80 页。

④ 同上。

的，必须到认识活动、意识活动中去寻找答案，这也就是说：逻辑学内在地要求从作为“存在方面的”或者说作为客观科学的“纯粹形式逻辑”，发展到“作为认识论的”主观科学，即“真理的逻辑学”。这种主观科学在当时的条件下，只能是一种“一般心理学”，一种研究认识理性和实践理性的能力的科学。这一主观领域（“作为对某物之意识的意识”）及其研究方法在当时还不可能得到真正的把握，只能沦为“研究宇宙的经验系列中的诸客观科学之一”。[①] 这就构成了现象学观念发展的第三阶段——一般心理学阶段。

第四阶段，即自我心理学阶段，则是由笛卡尔以“我思”（ego cogito）为基点开创的——休谟就是这个阶段的终点。按胡塞尔的看法，由于主观科学没能真正确立，所以哲学从古代起就一直面临着怀疑论的挑战。怀疑论使“世界的素朴的预先给予性第一次成了问题”，从此“实在宇宙被在与主观性的关联中考察”（对于主观性而言，它应该能够以意识的方式在此存在）[②]。——不难看出，这一问题情境的变化，其实也就是近代哲学所谓“认识论转向”。笛卡尔复活了柏拉图从根本上证明自身正当的普遍科学理念，并试图以一种新的方法实现之——他第一个发现了作为先验主观性的绝对无可怀疑的自我。[③] 但他把“我思”仅仅当作一个起点，或者一块跳板，而不是当作一个主题，他由“我思”立刻进入了对世界的客观主义构建——心物二元论。因此，在笛卡尔那里还并没有一种自我心理学。而洛克与笛卡尔相反，他对“我思”并没有进行笛卡尔那种追根究底的追溯，因此，笛卡尔以这个“我思”为出发点的心物二元论，对洛克来说是一个不言而喻的起点。但也正因为心物二元论（或者说，客观主义的世界构建）对他只是一个操作上的起点，属于“我思”领域的心理学对洛克才成为了“论题”，当然“他完全是按照自然主义观点这样做的，这个自我被当成预先给予的世界中的心灵”[④]。由此，我们已经可以看到胡塞尔的基本观点：主观性科学的问题意识总是受到“客观主义”、“自然主义”的阻碍、干扰，是主观性科学在近代之所以难

① 胡塞尔：《第一哲学》，第 89—90 页。

② 同上书，第 97 页。

③ 同上书，第 196 页。

④ 同上书，第 115 页。

产的原因。[①]

现在我们就来集中讨论《第一哲学》中对休谟的解读。胡塞尔指出：休谟对经验主义的感觉论进行了“完全有意识的和全面的阐明”[②]。洛克和贝克莱实际上都只是在涉及外部事物时，才是感觉论者——洛克甚至在这方面都还是不彻底的。休谟则把一切物理的和精神的存在都还原为心理事实，还原为没有自我的感知。而我们知道，“通常意义的心理学”至少必须设定有“心灵”这个“东西”存在，而洛克和贝克莱也正是受制于这一点，才不能成为彻底的感觉论者。不过，这不是些哲学史上老生常谈的事情吗？如果胡塞尔对休谟哲学的解读只达到这一点，即：休谟由彻底的感觉论达到彻底的怀疑论，那么他对休谟的评价和我们开始提到的黑格尔所作的评价又何以会大不相同呢？

但是，有了上文对胡塞尔心目中现象学观念史框架的分析，我们就能够把握住这个不同的角度了。参照那个框架，胡塞尔对休谟作出了两点总的定位：“休谟在哲学史上的无与伦比的重要性，首先在于，他在贝克莱的理论和批判中看出了一种新型的心理学的出现，并且将这种新型的心理学认作是一切可能的一般科学之基础科学；其次在于，他试图运用由贝克莱完成的，部分地也是由洛克以不纯正的形式完成的工作，系统地阐明这种科学，而且是以一种具有鲜明一贯性的内在自然主义风格进行这种阐明。正是因此，休谟奠定了一种本质上新型的彻底的心理学主义，这种心理学主义将一切科学建立在心理学之上，而且是建立在纯粹内在的，同时是纯粹感觉论的心理学之上。”[③]

当然，我们必须先弄清楚，休谟奠定的“新型的心理学”、“本质上

① 不过，“客观主义”、“自然主义”又是从何而来的呢？仅仅是一个巨大的历史错误吗？胡塞尔的解释是，这都是受近代“自然科学的典范作用”影响的结果（《第一哲学》135—136页）。那么近代自然科学为什么会发展成这样？胡塞尔在《第一哲学》中没有回答。后来，在《欧洲科学的危机与超越论的现象学》中他详尽地分析了这个问题，认为伽利略以来的自然科学的数学化，使得自然科学与生活世界的联系被遗忘了，其本来的意义被抽空了（参看该书第二部分第9节）。这里再次体现了胡塞尔哲学史观中，哲学的发展只不过是后人对前人的一种外在补充的特点，因为这一切历史局限最后被他归结为伽利略的“疏忽”（《欧洲科学的危机与超越论的现象学》，第64页），似乎我们今天就是把伽利略五百年前本来可以做而忘了做的事情补上就可以了。

② 胡塞尔：《第一哲学》，第213页。

③ 同上书，第210页。

新型的彻底的心理学主义”之“新型”，是相对什么而言的？胡塞尔自己立即给出了回答：是相对于一种“通常意义上的心理学”即“一种有关客观世界中人的心灵生活的客观科学”[①] 而言的，在“通常意义的心理学”中，“心灵被纯粹以自然方式认为是一种与物理实在平行的实在”[②]。于是，胡塞尔对休谟解读的关键就在于：休谟的纯粹感觉论和怀疑论究竟是如何超越了这种通常意义上的心理学？[③]

胡塞尔挖掘了近代“感觉论”或曰“经验论”的另一层含义。近代经验论不同于那种“有意要成为否定主义”的古代怀疑论——这种怀疑论实际上“没有任何肯定的认识领域和肯定的工作领域”，而且“除去它的构造怀疑论悖论的技术之外，它不知道任何真正的方法”——而是想正确地解释客观科学。[④] 古代怀疑论既然“没有任何肯定的认识领域”，那么心理学当然也就不是他们的“认识领域”了。而近代经验论如果说一开始也有怀疑论色彩的话，这种怀疑却只是针对有关“天赋观念”学说的笛卡尔式的柏拉图主义和剑桥柏拉图主义的。[⑤] 虽然到最后会引出怀疑主义的结论，但近代这种心理学色彩的经验论的实质，是一种首次出现的直观主义方法，其潜在意图是对纯内在的意识领域进行“描述”。[⑥] 当然，在洛克那里，这种描述事实上和它的心物二元论预设是矛盾的，因此它在贝克莱那里得到了进一步的纯化，并在休谟那里终于变成了“对于有关纯粹意识的被经验物之科学的第一个尝试”[⑦]。休谟通过这种他自认为是“无前提的心理学”，想“把一切存在，连同一切所属的以及被认为独立的法则性”都“还原为感知和感知的构成物”[⑧]。而正如我们说过的，

① 胡塞尔：《第一哲学》，第 210 页。

② 同上书，第 150 页。

③ 应当指出：胡塞尔在分析休谟哲学时，从不引用休谟的原话，也几乎从不完整地追踪休谟的对某个具体问题的讨论，处处都是根据自己的选择、理解、引申和重构来加以评述——他对其他哲学家也无一例外都是如此，这也是他那种哲学史观决定的：只要在整体上构造出一个可以用来和他理想中的现象学体系进行对比的休谟（或其他哲学家），并在这种对比中指出其主要思想倾向上的洞见和缺失，就可以了——因此要把他的那些评析都一一坐实到休谟的具体原文中是极为困难的，也是本文的容量所不允许的。

④ 同上书，第 198 页。

⑤ 同上书，第 126 页。

⑥ 同上书，第 199 页。

⑦ 同上书，第 203、211 页。

⑧ 同上书，第 215 页。

“通常意义上的心理学”，只是建立在自然主义基础上的“客观科学”，具体些说，它的效力是基于对心理—物理的联系之把握，或者将心理的东西当作一种与物理东西平行的类似物来把握。但这样的心理学既然自身都需要独断地预设“心理—物理”的对立才能成立，很显然就无法招架怀疑论的攻击，也就无法为一切科学奠定稳固的基础。

胡塞尔认为，从洛克到休谟的心理学主义认识论由于忽略了笛卡尔“我思”的意义，并没有能够完全走出这种心理学。但值得注意的是，他们从那个自然主义的出发点一旦迈开步子，这个出发点对于他们来说就越来越不重要了：洛克还需要这个出发点来为他解释一些认识论本身的具体问题，比如“简单观念”的来源、“第一性质”与“第二性质”的区分，“名义本质”与“实在本质”的区分，等等；在贝克莱那里，由于“存在就是被感知”，这些问题实际上已经被取消了，只是既然说“被感知”，那似乎就总还有一个“被谁感知”的问题，因此应当分别设定一个有限的感知主体“我”和一个无限的感知主体“上帝”，这虽然看起来还具有“主—客”对立的自然主义形式，但意义已经变了，因为这两个东西实际上已经不是作为感知的现实承担者和外部来源①，而是出于对这种感知进行最起码的确认的逻辑需要而设定的；休谟则对这个“逻辑需要”又进行了澄清，即认为：就“感知”本身的确认而论，实际上并不需要某种具有超乎“感知”以外的同一性的感知者，“我自己”其实也不过是一串感知②，完全不具有我想象中作为一个“实体”的那些特征——很明显，休谟的逻辑结论只能是：“感知”和“感知者”之间，正如“感知”和“存在”之间一样，也并没有截然分明的界限，这个界限已经彻底化为了一大堆互相孤立但又没有原则区别的感知之间的交互作用③。这样一来，原来那个自然主义前提对休谟来说已经不起什么实质作用了，只是作为一个隐隐约约的背景，某些时候为他提供一些比较方便的说法。而休谟所做的这一切，都是为了把我们的全部认识稳固地保持在可以“直观”的限

① 这里且不提贝克莱认为一切观念来自上帝的看法，因为那明显是出于宗教的而不是认识论的理由。

② 参看《人性论》第一卷第四章第六节。

③ 胡塞尔分析过贝克莱哲学和莱布尼茨单子论之间的异同（《第一哲学》第208—210页），不过我认为，就消弭主客观间的最后界限来说，到了休谟的“感知原子”，才算和莱布尼茨精神性的“单子”是真正对应了。

度内。因此胡塞尔认为，休谟把洛克的直观主义方法彻底化了，他们朝向的实际上是一个认识论的正确方向，是“我思”标题下的“一切起源之自身封闭的领域，惟一绝对自身给予东西和直接自明东西之领域”①。

休谟的这种直观主义诚然是彻底化了，诚然是把自然主义远远地推到身后了，但从另一方面讲，这又恰好是把自然主义也彻底化了。胡塞尔认为，休谟把一切都还原为心理事实，还原为无数原子式的感知，这其实就是“意识的自然主义”，“将主观性化解为意识的原子，化解为服从于共存与相继这种单纯事实性法则的最终的事实性要素”②。这也就是胡塞尔说的，休谟那种“远远超过了贝克莱的”“内在的自然主义”③。需要注意的是，所谓“自然主义”者，其实就是朴素地设定了“心理—物理”的对立，而不去把握这种对立之得以显现给我们的内在根据，因此，自然主义本来就是“外在”的，本来并不存在什么“内在的”自然主义。但是，这种外在的自然主义要彻底化，又会要求用物理的东西来解释心理的东西，并从而导致自然主义的内在化。在这种解释过程中，正如我们上面已经谈到的，就形成了自然主义心理学。一般来说，自然主义心理学的要义有两点：第一，内在心理必有外在起源，或者说心理的东西必有物理基础；第二，心理规律和物理规律最终是有一致性的——这两点就构成了他们认为的心理的东西的合理性依据。但是，这里的关键又在于，自然主义心理学的这两点之间其实有一种矛盾：心理的东西必有物理基础，这就要求心理的东西是依赖于外在的物理基础的，换句话说，要求心理规律实际上是不独立于物理规律的；但是，在近代科学中，物理规律实际上是独立的，不再需要用物理以外的东西来解释了，那么，如果真的按照第二点所要求的那样，心理规律与物理规律充分一致的话，则心理规律就也应该是独立的，不需要用心理以外的东西——物理规律——来解释的，而这就与前面所说第一点的要求相冲突了④。

笛卡尔心物平行论的困难实际上就在于此：既想以某种方式连接心理

---

① 胡塞尔：《第一哲学》，第 199 页。

② 同上书，第 214 页。

③ 同上书，第 210 页。

④ 可能正是这个困难导致了当代心灵哲学提出了“随附性”等概念来解释心理现象和物理现象的关系。可参看高新民《随附性：当代心灵哲学的新范式》，《华中师范大学学报》（人文社科版）1998 年第 3 期。

活动与其物理基础，又想保持心理东西的独立性，而他之所以想要保持心理东西的独立性，却正是因为，他认为心理的规律（即思维的规律）和客观世界的规律是一致的——在自我意识中清楚明白的东西，以及从清楚明白的东西中按照逻辑演绎出的东西，也一定是符合对象及其规律的。而在休谟这里，这一矛盾已经发展到了这种程度：内在的心理东西已经完全原子化了，思维规律已经被用类似于原子间的机械动力作用那样的原则（各种印象、观念的组合、分离、强力与活泼性的传递、增强与衰减等）来解释了；而正因为如此，心理的东西——印象与观念——自己就形成了一个独立自主的解释系统，于是，正如我们上一段所分析的，任何心理的东西就无须借助于外在的物理的东西来解释了。因此，休谟一方面把心理的东西的外在起源置之不论，一方面仍然试图把物理规律的模式套用在心理的东西上。这也就是说，自然主义的心理学发展到他这里，就是以彻底的内在自然主义把外在的自然主义完全驱逐出了心理学领域。

这确实如我们所说的，是自然主义的彻底化，但它偏偏又正是用这样的方式使得内在心理学的基础和领域从物理学那里独立了出来。其中的道理就在于，休谟既然已经把事情做到了这一步，即表明：心理的东西在完全不考虑物理东西的情况下，也仍然是可以想象和可以把握的，那么接下来人们就不禁会问：那为什么一定要如同休谟那样，参照物理运动的那些机械原则来考察心理活动呢？为什么不能设想主观性世界的有些性质是根本不同于物理世界的呢？为什么不能设想主观性世界的根本活动原则其实并不类似于物理规律呢？这其实就已经是直接通向真正现象学的思维道路了。胡塞尔说："休谟的实证主义是现象学的预备形式"①，其逻辑根据我认为就在于此。休谟哲学与现象学的密切联系，是学界早就注意到了的问题，但究竟怎么具体地把握这层关系，国内学界似乎多年以来一直似乎没有一个明确一贯的解说。本文通过对《第一哲学》的解读和阐释，可以说初步给出了一个系统的回答。

（作者单位：武汉大学哲学学院博士生）

① 胡塞尔：《第一哲学》，第385页。

浅析《逻辑研究》中的“意识”概念

庄　威

［内容提要］在《逻辑研究》中胡塞尔指出纯粹逻辑学的哲学澄清或起源须以语言阐释和分析为开端，而语言分析直接指向了思维和认识体验，这也就自然地引出了对意识的探究。意识行为本身和其内在的意义内涵就成为胡塞尔现象学研究的对象。可是出于《逻辑研究》的体系安排以及现象学分析的多种困难，胡塞尔把对意识概念的澄清放到了第五研究。那里，胡塞尔从三个视角看待意识问题，分别是：作为经验自我所具有的整个实项〈reell〉意义上的意识，作为内觉知意义上的意识，以及我们所熟悉的意向性视角下的意识。这三个视角可以相互过渡，是彼此包容，而不是彼此排斥的。胡塞尔用意向关系扩展了康德和那托普的统觉思想。在意识的意向性层面上，在讨论了一些重要的相关概念之后，胡塞尔重点分析了意向内容。在对意向行为的意向对象进行分析中，胡塞尔提出了意向行为中质料和质性的重要划分，二者结合构成了意向行为的意向本质，其中质料确定意向行为的对象朝向方向和方式。意向本质和质料作为意向行为的刻画方式包含了意向行为之对象的外延和内涵两个方面的内容。胡塞尔并未从本体论上对意识进行判断，他把意识视为现象学分析的引导框架和现象学描述手段，但是一些批评者跳出了这个框架对胡塞尔的意识哲学加以批评，例如罗蒂的核心步骤就是质疑意识或心理空间的一些常规说法（如“纯感觉”问题）的未经证实的合法性。这表明和康德一样胡塞尔的现象学实际上在表达人与命题之间的关系，是在用一种命题（体现为以意向性分析为中心的现象学本质描述）来表明认知的本质关系而不断定存在问题，这完全是一种纯粹理论和科学的追求，意向性层面就是这门科学的语言和初始规则。但是我们可以更换另一种语言符号和初始规则。这种评论对胡塞尔的意识现象学起到了一定的消解作用，表明了胡

塞尔现象学的合法性问题实际上是实践的问题了，反过来，亦正因如此，胡塞尔现象学的意义还远没有穷尽。

[关键词] 现象学 胡塞尔 意识 意向性 意向本质

"意识"概念时刻隐藏在胡塞尔的论点之下，研究者们往往也直接接纳它作为背景。但是"意识"就像眼睛一样，我们用它看却看不见它。本文目的在于梳理胡塞尔在《逻辑研究》第五研究中展示出来的"意识"概念。之所以叫浅析是因为，本文虽然篇幅不算短，但仍无法囊括胡塞尔《观念1》中的相关观点。即使成了"浅析"，面对胡塞尔烦琐复杂的文本要说清其中的内容和问题仍是一件很吃力的事情，笔者只能尽力为之了。

Ⅰ "意识"概念所处的理论位置

在《逻辑研究》第一卷[①]《纯粹逻辑学导引》中胡塞尔提出了一门作为科学最终基础的"纯粹逻辑学"。纯粹逻辑学有三个任务：1）"建立初始［原初］[②] 概念，它确立知识之间的联系，即联系的初步形式（析取，合取，主词，谓词，多数［复数］等）和更根本地确立客体［对象］的形式范畴（客体［对象］，事态，多数［多］，数，现实等等）"。（Idee Ⅰ，n. 31，p. 497）；2）"建立客观有效法则，它们建立在先前的范畴上，并从其产生'理论'：推导理论（如三段论），复多性理论［流形论］……"（Idee Ⅰ，p. 497）；3）笔者认为，任务三对应于《观念Ⅰ》的本质学理论中的实质本体论或区域本体论[③]。因为，在任务二中胡塞尔

① 本文所引胡塞尔的论著有：《逻辑研究·第一卷》，倪梁康译，上海译文出版社1994年版，版本为简称"LU Ⅰ"；《逻辑研究》第二卷第一分册，倪梁康译，上海译文出版社1998年版，简称为"LU Ⅱ/1"；《纯粹现象学通论》，简称《观念Ⅰ》或"Idee Ⅰ"，李幼蒸译，商务印书馆1992年版（页码均为中译本页码）。

② 方括号中文字为引者加，表示倪梁康和李幼蒸两位先生对同一术语的不同译法。

③ 形式本体论和区域本体论的分析参见拙文《胡塞尔的纯粹逻辑学》，载《德国哲学》2008年号，脚注11。在《观念Ⅰ》中胡塞尔和《逻辑研究》要求建立和澄清的纯粹逻辑学的目的不同，而明确地提出一种本质学，这门本质学划分为形式本质和实质本质，分别对应形式本体论和区域本体论。在《逻辑研究》中现象学是作为澄清纯粹逻辑学的工具或方法论出现的，而按照《观念Ⅰ》的结构现象学似乎是由胡塞尔带有独断色彩的本质理论所导引的，当然这种对现象学的看法是很初步的（《观念Ⅰ》第一章以及利科注65）。

已经提到由狭义的形式逻辑、算术、集合论组成的纯粹逻辑学是一门包罗万象的理论，在此基础上“……一门有关一般理论可能性的科学的观念便得到充分展示”（LU Ⅰ，p. 215），但胡塞尔接着说随即可以看到，“这门科学超出自身又指明了一门补充性的科学，这门补充性科学先天地探讨理论的本质类型（形式）以及探讨理论所具有的关系规律的本质类型（形式）……”（LU Ⅰ，p. 215）

胡塞尔把接着《导引》的六个研究视为：“……对纯粹逻辑学这门科学的哲学方面所做的准备性工作，这些研究将揭示，哪些是数学家不愿做也不能做的工作，然而却是人们非做不可的工作。”（LU Ⅰ，p. 222）这里提请读者铭记在心的是，这段话表明纯粹逻辑学具有形式和“起源”这两方面的内容。[①]在笔者看来，现象学实际上属于后者并可以看作是纯粹逻辑学的哲学准备或者方法论。[②]《逻辑研究》第二卷引论第一节标题也说明了“为了对纯粹逻辑学进行认识批判的准备和澄清，现象学研究所具有的必要性”（LU Ⅱ/1，p. 1）。

胡塞尔看到了逻辑学以语言阐释和分析为开端，“不这样做的话，我们便没有可能去研究定律的含义，它（语言分析）是一种位于我们科学的‘门槛边’的对象”（LU Ⅱ，p. 1）。前面提到纯粹逻辑学的任务中的初始概念和客观有效法则，它们产生数学学科式的定律系统，但是这些概念和定律的观念的运用中的起作用的认识方式及其意义，给予其客观有效性的本质，都需要语言和意义上的阐释。

上述语言分析不是经验、历史意义上的，“而是那种隶属于客观认识理论以及——与此密切相关——思维和认识体验的纯粹现象学的更广泛的领域的最一般性阐释”（LU Ⅱ/1，p. 2）。现象学研究的范围和动机在此处都已给出。现象学的范围包括了思维和认识体验，它“……仅仅研究那些在直观中可把握、可分析的体验的纯粹本质一般，而不研究那些作为实体事实、作为在显现的并被设定为经验事实的世界中体验着的人或动物的体验的经验统摄后的体验”（LU/1 Ⅱ，p. 2）。他提出现象学的动机在

① 德里达的论文《“生成与结构”及现象学》正是对胡塞尔哲学中的这两个层次进行了理论挖掘。见《书写与差异》，张宁译，生活·读书·新知三联书店2001年版，第277—304页。

② 笔者仍然对于胡塞尔的纯粹逻辑学的具体形象感到困惑，胡塞尔本人似乎从来没有明确展出它的具体状貌来，而总是处在澄清它的前期工作中。

于打开和澄清纯粹逻辑学的基本概念和观念规律来历的“泉源”，“只有在把握住这些基本概念和观念规律的来历的情况下，我们才能赋予它们以‘明晰性’，这是认识批判地理解纯粹逻辑学的前提……”（LU Ⅱ/1，p. 2）。

胡塞尔没有把现象学作为纯粹逻辑学的原本领域，而把它视为纯粹逻辑学研究的一种必不可少的促进（LU Ⅱ/1，p. 4）。因为，“任何逻辑之物（如纯粹逻辑学的初始概念和定律——笔者）只要作为研究客体而成为我们的东西并使建立于它之中的先天规律得以明见〈Evidenz〉[①]，它们就必定是在具体的充盈〈Fülle〉中被给予”（LU Ⅱ/1，p. 4）。理解明证性十分重要。明证性和直观在胡塞尔那里都不是神秘的认知能力。笔者看来明证性和感性材料的充实相关联。“但逻辑之物起先是以一种不完善的形态被给予我们：概念是作为或多或少动摇不定的语词含义被给予我们，规律则因由概念构成而作为同样动摇不定的论断被给予我们。尽管我们并不因此而缺乏逻辑的明察，尽管我们仍然可以明见地把握纯粹规律并认识到它奠基于纯粹思维形式之上；但这种明见性受那些在现时的规律判断中起作用的语词含义的制约。语词所带有的隐秘的双重意义会使其他的概念补加进来，定律的含义有了变化，但人们往往错误地认为，它仍具有原有的明见性。另一种可能是：这种双重含义引起的误解歪曲了纯粹逻辑学定律的意义（例如：将这些定律解释成经验心理学的定律），从而使纯粹逻辑之物失去其原有的明见性和特有的含义。”（LU Ⅱ/1，p. 4）这里语词含义对于逻辑学明察的制约被胡塞尔分成了两种表现形式：1）歧义；2）心理主义，解决之道就是依靠现象学在认识论上对纯粹逻辑概念或定律进行澄清。

其实，在笔者看来，这种语词的影响对于胡塞尔澄清纯粹逻辑学的

① 明见性概念参见论文 Husserls Priciple of Evidence. Elisabeth Stroker，from Edmund Husserl：*The Critics of Leading Philosophy*，Routlege，Tayor&Francis Group，2005，pp. 117—118。这篇论文专论胡塞尔的明证性问题，十分出色。作者认为明证性在胡塞尔那里是意识的一种样式，是和意向行为、方式以及行为对象并立的一个方面，胡塞尔自己没有专门详论。作者认为空乏意向或符号意向和带有直观充实的意向之区分是胡塞尔现象学的一个相当本质的方面，并且对于理解胡塞尔的明证性是最为关键的。因为明证性是对于某物自身给予经验的最终分析。对象自身给予的行为构成了直观充实的模态。同时，明证性也是关于“真”的经验，真必须理解为自身给予，即和对象相关的自身给予。真、自身给予、明证性是相互关联的。作者认为胡塞尔的明证性概念是不带神秘色彩的，其建立是一个艰苦的过程。

概念、规律并没有胡塞尔自己讲的那么重大，表面上是语词的澄清，实质上是要对意识和体验行为采取现象学的分析，笔者赞同哈贝马斯把胡塞尔现象学归属于意识哲学传统这一看法①。胡塞尔的现象学仍遵循着意识哲学比较传统的感知模式。“作为思维统一性的逻辑概念必定起源于直观；它们必定是在某些体验的基础上通过观念直观的抽象而产生并在新的抽象中不断得到其同一性的新的验证。”（LU Ⅱ/1，p. 5）胡塞尔要找到的纯粹逻辑学的规律是一种形式化的本质之物，需要用直观把握其“起源”。现象学的分析要求的是反自然态度的直观方向和思维方向，要求反思，使“意识行为本身和其内在的意义内涵成为对象”（LU Ⅱ/1，p. 8）。胡塞尔认为现象学自身有很多困难（LU Ⅱ/1，pp. 8—9），但是，他似乎并没有从更深层次上仔细考虑过这些困难，胡塞尔对自己的道路比较自信，他说：“……无论纯粹现象学，特别是逻辑体验的纯粹现象学所遇到的困难有多大，它们绝不是那种使任何克服它们的企图都显得毫无指望的困难……这里（指现象学领域——笔者注）是一组可及的、对于一门科学的哲学②的实现来说根本性的发现。”（LU Ⅱ/1，p. 10）

无论如何，胡塞尔自己认为需要对逻辑体验的语法和表述、含义、含义意向、含义充实问题加以关注。他说：“……这种分析的现象学首先涉及‘表象’，更准确地说，它首先涉及表述的表象。”（LU Ⅱ/1，p. 10）对行为进行分析的一个常见的术语，即表述的表象，胡塞尔把它视为一种“复合行为”，或者说仅把它作为对于和表述行为一同出现并行使着含义意向和含义充实之功能的体验等和表述相关的行为进行分析的一个概括性“标题”。类似上述的宽泛用法胡塞尔一直经常使用，读者在不同阶段的胡塞尔著作中都会遇见。虽然这里表象的用法宽泛，仅具有意识哲学的划

---

① 参见哈贝马斯《现代性的哲学话语》，曹卫东等译，译林出版社 2004 年版，第 194—195 页；以及哈贝马斯《后形而上学思想》，曹卫东、傅德根译，译林出版社 2001 年版，第 30—31 页。

② 这里又涉及科学的哲学含义为何的问题。可参考 Karl Schuman（卡尔·舒曼）：Hussels concept of Philosophy，from Edmund Husserl：*The Critics of Leading Philosophy*，p. 9。舒曼认为对胡塞尔的哲学的完整理解应当是，它有两个层次：作为意识科学的现象学，以及以前者为基础的意识对象的普遍科学。它还被划分为理论知识学、价值学、实践学三个领域。这实际上和康德的整个哲学体系划分十分相近。

分讨论范围的指导意义，但是在第五研究中胡塞尔专门就表象进行了较为烦琐、深入的探讨，不再是泛泛而言的了[①]。表象和含义、表述、语言不是本文要讨论的项目。在讨论它们之前必需讨论“意识”概念，因为从第一研究含义和表述开始的对纯粹逻辑学的相关构造性的概念和形式的澄清，正是在“意识”框架下进行的（和康德一样），意识和上述纯粹逻辑学的基本任务是一种间接关系。胡塞尔了解这个顺序，但之所以把表象放到意识问题、放到第五研究中来处理，是因为现象学描述本身的困难。下面的分析将越过前面四个研究，具体涉及第五研究的意识问题时，笔者将按第五研究的章节顺序从引论依次分析至第21节，读者可对应参照。

Ⅱ 作为“表象”寓所的意识概念；胡塞尔对意识概念的处理；意识的三种视角

第一研究的论述就是在意识框架中进行的，但是由于语言阐释的重要性，胡塞尔不得不首先处理表述和含义的问题，这在整卷研究的引论中已经说明了：“要从现象学上对逻辑学进行奠基，我们还须克服这样一个困难：[一方面] 逻辑学想澄清许多概念，[另一方面] 它自己又必须在阐述中运用几乎所有这些概念。”（LU Ⅱ/1，p. 14）所以，第一研究（还有第二、三、四研究）是在默认了意识框架及其下诸概念的前提下进行分析的，而它们本身如何还没有澄清，胡塞尔将这个问题放到了第五研究来进行。

胡塞尔十分清楚上述情况：“在现象学（以及认识论）基本研究的系统顺序方面还存在着某些始终无法弥补的缺陷。如果我们认为思维是我们首先必须澄清的东西，那么就不能允许在澄清的阐述本身之中不加批判地运用那些有问题的概念或术语。”但我们又不能要求先把所有的概念都澄清之后才开始研究，相反，我们“需要不断地打破这种系统的顺序”，

① 表象及其相关问题被胡塞尔列为逻辑研究的相关具体任务之一：“……在于澄清并区分在表象这个词中所包含的各种概念，这些概念将许多心理学、认识论和逻辑学搅得一团糊涂。”（LU Ⅱ/1，p. 13）胡塞尔认为判断理论和表象理论相关，“判断理论实际上就是表象理论。当然，我们在这里所从事的绝不是一门心理学理论，而是一门受认识批判的兴趣规定的表象体验和判断体验的现象学”（LU Ⅱ/1，p. 13）。

“这些研究的进程可以说是之字形的；尤其当我们由于密切地依赖各种认识概念从而必然要一再地回到原初的分析并不断地在新的和更新的分析中证实原初的和新的分析时，这个比喻就更为恰当了”（LU Ⅱ/1，pp. 14—15）

胡塞尔认为了解到了这种考虑，就不会把现象学解释为描述心理学，现象学的纯粹描述即：“在对体验（即使是在自由想象中臆造的体验）的范例性个别直观的基础上进行的本质直观以及对在纯粹概念中被直观到的本质确定，并不是经验的（自然科学的）描述，毋宁说它排斥所有自然地进行的经验（自然主义）统觉和设定……”（LU Ⅱ/1，p. 15），现象学谈论的“……不是动物生物的状态（甚至都不去谈论可能的自然的动物生物状态），它谈论的是感知、判断、感情等本身，谈论它们先天地、在无条件的〈unbedingt〉一般性中作为纯粹种类的纯粹个别性所拥有的东西，谈论那些只有在对‘本质’（本质属、本质类）的纯粹把握的基础上才能明察到的东西……”（LU Ⅱ/1，p. 16），胡塞尔提醒人们，误解其现象学为描述心理学，跟自己论著的结构安排有关。在笔者看来对意识问题的分析安排靠后正是导致这误解的重要原因之一。

可以看到胡塞尔所谈论的意识也不是自然科学的经验的意义上的意识，而是循着意识这个标题所给出的领域中的“作为纯粹种类的纯粹个别性所拥有的东西”。所以这个意识框架中的感知、判断等都是意识标题下的项目、种类，它们的本质、属性是讨论的对象。

上述现象学的困难对于读者理解胡塞尔的文本、术语造成了不小的麻烦，也给笔者行文带来了麻烦，要在有限的篇幅讲清楚胡塞尔需要逐渐展示出来的概念的真正含义的确困难。但是也有一个很大的好处，就是胡塞尔的做法使得我们必须习惯于在每一个概念处——即使是来自于传统的概念处——停留并思考其意义。①

在笔者看来“意识”概念是一个得自于传统并已经为人所习惯的难以从词典里消除的概念。胡塞尔属于这个使用意识的传统，表象、感觉、判断、直观都是属于这个领域的。胡塞尔对意识的处理如前所述并非经验

① 笔者时常感到，由于胡塞尔分析之深入，这些概念被逼到了其产生的边缘，使人思考它们的来源、合理性，笔者甚至感到在这种深入的概念的逼迫中，语言转向呼之欲出。

主义的，而带有他开创的现象学的自身特点。第五研究更为具体地讨论了他自己眼中的意识概念。

第五研究标题叫“关于意向体验及其‘内容’”。在此项研究的引论中胡塞尔讲，在分析含义意向通过一致性的直观而达到在明见性中被给予的充实这个任务（实际是第六研究的内容）之前，还需进行一项“更为普遍的研究”（LU Ⅱ/1，p. 379）。需要澄清“行为〈Akte〉”概念。如果只在第一研究的背景下，“行为”仅仅指意指的体验，充实性的直观和充实本身也都属于行为特征和行为体验。由后面的分析可以看到，“行为”成了“意向行为”（意指体验当然在其范围中）的代名词。而为了进一步说明行为的本质，就需要深入分析表象的现象学，行为和表象“两者之间紧密联系的联想是由这样一个著名的命题所唤起的：任何一个行为或者是一个表象，或者以一个表象为基础”（LU Ⅱ/1，p. 379）。然而问题在于，对于表象的理解分歧很多，在这里应当引用不同表象概念中的哪一个呢？在进到这个问题之前，胡塞尔看到表象问题与意识领域相关，意识概念也有不同理解，所以分析表象问题之前，需要澄清胡塞尔眼中的“意识”概念。这才是本文所驻足的地方。

意识概念歧义多，胡塞尔举出下列三个不同视角（注意这三个视角仅仅是角度或层次上的不同而并非彼此不容）分别加以分析。

意识作为经验自我所具有的整个实项〈reell〉现象学组成，作为在体验流的统一之中的心理体验。①胡塞尔指出现代心理学将其学科定义为具体意识统一的心理个体学科，或者定义为关于一门体验个体的意识体验的学科，或者定义为一门关于个体的意识内容的学科。“在‘体验’和‘内容’这两个标题下，现代心理学所指的是实在的事件〈reale Vorkommnisse〉（冯特合理地将它们称之为：发生的事情〈Ereignisse〉），这些每时每刻都在变化的事件在杂多的联结和穿透中构成了各个心理个体的实项

① 第一版为：“意识作为精神自我所具有的整个现象学组成。”意识在这里作为现象学的自我，作为心理体验的“捆索”〈Bündel〉或交织〈Verwebung〉”；第一版中胡塞尔把现象学、描述这两个词只同实项的体验组成相关联，可参见第五研究胡塞尔自注（28）。在第二版中胡塞尔由于发展了意向性理论，意向的一面变得更为强调，更加成为现象学的主要层面，所以在第二版的一些补充中常出现“观念—现象学”和“经验—现象学”的提法，笔者认为这就是出于对应意向层面和实项层面的原因，在《观念Ⅰ》中它们可以分别对应意向对象和意向活动。

的 reell（第一版作‘实在的’real①）统一。在这个意义上，只要感知、想象和图像表象、概念思维的行为、猜测和怀疑、快乐和痛苦、希望和恐惧、期望和意愿等等在我们的意识中发生，它们就是‘体验’或‘意识内容’。随着这些体验在其整体上和在其具体的充盈中被体验到，构成这些体验的各个部分和抽象要素也一同被体验到，这些部分和要素是实项的意识内容。”（LU Ⅱ/1，p. 382）

胡塞尔指出可以纯粹现象学地把握上述实项的体验概念，即：“……可以在排斥所有与经验—实在此在（与人或自然动物）的关系的情况下来把握这个概念，这样，描述心理学意义上的（即经验—现象学意义上的）体验概念就成为纯粹现象学意义上的体验概念。”（LU Ⅱ/1，p. 383）胡塞尔举例说，在外感知中，颜色这个感觉因素构成了一个具体的看的实项组成部分，它也是体验的内容，但是颜色客体并没有被体验或意识到，所以颜色感觉并不同于颜色客体。所以说在实项的体验概念之下容易混淆或难以区别显现和显现的客体，在这个例子中颜色感觉在被赋予灵魂的立义之后才能作为颜色客体被统摄。胡塞尔看到了在体验之中存在实项地组成体验的东西，和非本真的（即意向层面）意义上的东西，即实项内容与意向内容之间的差异；并且这种区分必须扩展到感知行为以外的行为中去（参见 LU Ⅱ/1，p. 386）。

所以，因为上述实项内容与意向内容间的差异，现象学的体验概念和通俗的体验概念也不一致。胡塞尔举例说明：“……有人说，我体验了 1866 年和 1876 年的战争”，这个体验由感知、判断和其他的行为所组成，

① “‘实项的’一词在日常用语和在哲学文献中的意义与实在的〈real〉相同。但在胡塞尔现象学中，这个词有其特殊的术语框架。‘实项的’在这里是指意生活的意向活动内涵的存在方式，更确切地说，这种存在方式作为权能化反思的同一个体在内在时间的一个特定现在上（或一个现在序列上）是现存的，并且在这个意义上是‘现实的’……‘实项的’在他那里同样也有别于‘观念的’，后者被用来标识那种可以从本质上把握到的东西的存在方式，它们不定位在某一时间段上，而是全时性的〈Allzeitlichkeit〉。实在之物与观念之物对立于实项之物，前两者是两个意识相关物领域，后者属于意向活动的方面。”参见倪梁康《胡塞尔现象学概念通释》，生活·读书·新知三联书店 1999 年版，第 400 页。“‘实在的’概念不是胡塞尔自己的现象学术语，他只是在传统的意义上用它来标识在自然观点中被看作在感性感知中时空地被给予之物的存在方式，即个体之物的存在方式，胡塞尔本人始终试图用‘实项’〈reell〉的概念来取代‘实在的’：后者已经隐含着对意识内容的超越，而前者仅仅意味着对感性材料的拥有。”同上书，第 388—389 页。《逻辑研究》第一版也把实项的、描述的称为现象学的。参见本文Ⅲ中的相关分析，以及胡塞尔自注（28）（LU Ⅱ/1，463—464）。

这些过程成为对象性的显现，成为一个具体的和经验自我相关的对象，这种意识的体验当然可以在实项的层次上去讨论，但是没有多大意思的，实项的组成内容就是回忆中出现的图像、感知等以及这个体验本身。而这些内容可以看作是包含在意向体验下的材料。意向的体验按照胡塞尔的文本也应当属于意识统一的部分，作为在一个经验自我的现象学统一意识流[①]中的组成部分，但是这条意识流本身是一个实项的整体，它的每一部分都可以叫做“被体验”（参见 LU Ⅱ/1，pp. 386—387）。所以在笔者看来，似乎实项体验和意向体验只是考察角度和层次的不同。如果把上述例子看作一个体验，那么可以分别从意向和实项角度加以考察；可以说在整体上这个体验是实项的，因为该体验归属为意识流的一部分。

上述实项和意向的层次关系似乎影响了胡塞尔在《逻辑研究》阶段对于“自我”的看法，胡塞尔讲：“在通常说法的意义上的自我是一个经验的对象，本己的自我和陌生的自我都是如此，任何一个自我就像任意的一个物理事物一样，就像一所房子或一棵树等等……如果我们将自我身体〈lchleib〉与经验自我区分开来，并且，如果我们然后再将纯粹经验自我限制在它的现象学内涵上，那么纯粹经验自我就还原为意识统一，即还原为实在的体验复合……”（LU Ⅱ/1，p. 388）这里对于纯粹经验自我的还原仅仅还原到实在的体验复合，虽然对于实在或实项的体验可以在现象学意向的层面去考察，但由前述表明，意向考察的结果仍然可以归结为意识流的一部分，因而仍然带有经验的意味。所以，在《逻辑研究》阶段似乎还没有明显的先验自我的自觉考虑。还原出来的实在体验复合的内容，胡塞尔认为它们相互聚合融化为一，并到达现象学的自我或意识统一，除此之外不再需要一个负载这些所有内容并再次加以统一的自我原则，胡塞尔认为这种原则令人费解。（参见 LU Ⅱ/1，p. 388）显然这里并没有先验自我的问题被提出。

意识作为对本己心理体验的内觉知。“意识的第二个概念在内意识这个说法中得到表露。它就是人们说的那种……伴随着现时的、体现的体验并且将这些体验它的对象而与体验发生联系的‘内感知’。人们通常认为这种内感知具有明见性，这种明见性表明，人们将这种内感知理解为相应性〈adaquat〉感知，这种相应性感知不把任何在感知体验中自身非直观

① LU Ⅱ/1，397 注 4 提到：“第一版中，整个意识流都被称之为‘现象学自我’。”

被表象的和非实项地被给予的东西附加给它的对象；相反，它完全就像它的对象事实上在感知中和随感知一同被体验到的那样来直观地表象和设定这些对象。”（LU Ⅱ/1，p. 389）可见内感知是相应性感知，相应性感知也只能是内感知，并且可以在实项意义上谈论。这里的“内”还不是自然词义或心理学意义上的内感知体验，后者显然比较宽泛。胡塞尔说，“对于这里出现的‘内感知’这个表述的双重含义，我们最好是坚持在术语上区分内感知（作为对本己体验的感知）和相应性的（明见的）感知。这样，在内感知和外感知之间的被曲解的认识论和心理学的对立[①]也就会消失，取而代之的则是在相应性感知和不相应感知之间的真正对立，它建基于这些体验的纯粹现象学本质之中”（LU Ⅱ/1，p. 390）。

胡塞尔反对这种观点：第一个意识的概念意义上的关于内容的意识（或关于内容的体验）可以同时理解为第二个意义上的意识，即二者是等价的这种观点。胡塞尔似乎认为，实项意义上被意识到的东西是指作为在意识统一中的体验而体现的东西，和相应感知内部地感知到的东西有区别。这种差异十分微妙。在笔者的看来，实项的意识如前一点所分析，和意向的意识是对意识的不同考察视角，实项的意识具有经验色彩，不仅仅包括内感知，而且作为一个经验自我的现象学统一的意识流本身是一个实项的整体，它的每一部分都可叫做“被体验”，那么作为相应性的内感知的意识范围就要狭窄些。胡塞尔认为视两种意识为等同的观点会导致人们把意识含糊地理解为一种会引起循环的直观的知识（“内感知”的看待方式造成了这种结果：内感知本身是一个体验，因此又需要新的感知，如此反复）。[②]

如上所述，内感知有狭义和广义之分，狭义的内感知是相应性感知，实项意义上的意识领域显然和两种内感知领域是重合的；但是应当铭记的一点是，实项和内感知意义上的意识只是层面上的不同。胡塞尔认为实项的意识概念“起源于”内感知的意识概念也是上述关系的一种说明。他说：“第二个意识概念是‘更原初的’概念，并且是一个‘自在更早的’概念。”（LU Ⅱ/1，p. 390）从这个“较为狭窄的”（LU Ⅱ/1，p. 391）

① 关于内感知和外感知可以参看倪梁康《胡塞尔现象学概念通释》，第497页。

② 由此也可以看到“意识”本身不是一种“知识”而最好理解为一种讨论模式，本文Ⅵ会涉及这个问题。

意识概念出发，可以进一步达到第一个较为宽泛的意识概念，即实项意义上的意识概念。

胡塞尔将“我在〈sum〉”看作是一种在所有怀疑面前都能够保持其有效性的明见性，他虽然意识到这里的自我具有并非经验意的意味，但没有深入，而是认为如果只考虑“我在”这个命题的明见性，那么就无需诉诸哲学上的始终可疑的自我概念的认识和设定（这又是《逻辑研究》阶段胡塞尔没有深入考察先验自我的可能效应的一个例子）。“因此我们最好是说：在‘我在’这个判断中，明见性取决于某个没有在概念的明晰性中得到划界的、经验的自我表象的核心。”（LU Ⅱ/1，p. 391）这个没有在概念上得到理解并且因此无法说出的核心所包含的东西，或者说，在各种情况下明见无疑地构成在经验自我上的被给予之物的东西，就是相应性的内感知。胡塞尔认为这种作为经验自我表象核心的内感明见可靠地确定了被感知之物是作为它被意指的那样被给予的，我对它的把握就是它自身所是。这里的被感知之物是不能从概念得到完整的理解和表达的，它们只在生动的、无法通过语词来衡量的间接意向中是明见的，它们构成了认识论上第一性的、绝对可靠的领域（胡塞尔在此反思到了一个前语言、前概念的领域，类似的前语言的领域在胡塞尔的众多文本中经常遇到，胡塞尔努力用语言去把握它们，好像在虚空中做游戏一样，或者说仿佛“以无厚入有间”）。

胡塞尔在这个感知领域中还注意到了时间问题。在内感知领域中，“还包含着那些被回忆展示为以前曾对我们明见当下存在过的、因而属于本己曾在的自我的东西……”（LU Ⅱ/1，p. 401，注［46］）它们和相应感知共存、连续统一的相互属于，构成整体统一。这个统一形式就是作为实项地寓于整体之中的因素一同真实地属于整体内容的东西。并且共存的统一在每一时刻相互过渡，构造出一个变化的统一、意识流的统一。与这个整体统一不可分割的一个因素或功能就是时间意识。这里的时间，即第一版中“时间”，前面带有定语“主观”二字，因而具有非先验观点的色彩（参见 LU Ⅱ/1，p. 401 注［48］）。通过时间意识的整体同一层面，内感知就进到体验流的统一之下的经验自我现象学的内容中了，即来到了实项意义上的意识概念层次上。

胡塞尔虽然没有深入思考先验自我的层次及其可能带来的效应，但还是对以那托普为代表的康德式的纯粹自我或纯粹统觉的自我的观点进行了评论和思考。那托普认为和所有意识内容都发生联系的纯粹自我是一个统一的关系点，意识就是与自我的关系；但是那托普认为自我本身不能成为内容，任何描述都无法切中，并且“自我被意识到”这个事实也无法描述，它是一个无法定义和推导的心理学的基本事实。胡塞尔反对纯粹自我和它被意识到这个事实无法加以描述的观点。胡塞尔认为“自我可以和其他任何外在事物一样被感知到”（LU Ⅱ/1，p. 396）。显然，胡塞尔没有把自我看作一个无法描述的抽象的关系点，他说：“……这里的问题首先也在于广义上的对象概念。如果我们对一个思想、一个感觉、一个不舒服的感受等等进行关注，那么我们也就使这些体验成为内感知的对象，虽然这种对象并不是在事物意义上的对象；与此完全相同，那个被关注的自我中心以及自我与一个内容的确定关系也是对象性的被给予的。”（LU Ⅱ/1，pp. 394—395）所以，胡塞尔看到在那托普认为无法描述的地方是可以进行描述的；自我和其下内容同样构成了一种对象关系，它是可以加以分析的。当然这个和对象发生关系的自我如果从经验内容层面考察就会得到实项的和内感知意义上的内容和关联，但如果只是抽象地考察上述关系本身则需要一个新的层面了，由此胡塞尔就过渡到第三个层面上的意识概念了。他用“意向”来表述自我和其对象的被意识到的那种关系，经验自然意义上的实项体验相应地就成为意向体验。从纯粹统觉自我的相关问题过渡到由意向体验加以划界的意识概念，看起来就像胡塞尔动用了一部新的语言转换机器，用在了那托普无法置喙之处，并获得了新的研究领域。

在第二版的一段补充文字中（参见 LU Ⅱ/1，p. 397），胡塞尔表示这里从实项概念层面向意向概念层面过渡，并不受纯粹自我问题的影响。他认为这个过渡不需要先验自我的深刻说明也能完成，并且对于《逻辑研究》中普遍涉及意向体验的实项内涵及其与意向客体的本质关系的问题域没有影响。

意识作为任何一种“心理行为”或“意向体验”的总称。胡塞尔的老师布伦塔诺认为，心理现象或行为的本质是这样的：“……任何一个心理现象都可以通过这样一种东西而得到描述，中世纪经院哲学家们将这种东西称作一个对象的意向的（或心灵的）内存在〈Inexistenz〉，而我们……则将它称作与一个内容的关系、向一个客体（在这里不应被理解为一个实在）的朝向，或内在的对象性。任何一个心理现象自身都含有作为客体的某物，尽管不是以同样的方式。”（LU Ⅱ/1，p. 408）布伦塔诺对于心理现象的定义（“并非所有心理现象都是心理行为，而且另一方面，在布伦塔诺那里模糊地起作用的标题‘物理现象’也包含着很大一部分真正的心理现象”[LU Ⅱ/1，p. 407]）和分类（布伦塔诺将心理现象划分为表象、判断和情感运动〈如爱与，恨〉[参见 LU Ⅱ/1，p. 409]）是否妥当，胡塞尔在这里不想讨论，他认为至关重要的一点是：意向关系，或简言之，意向，构成了“行为”的描述性的种属特征。胡塞尔举了一系列具有不同种属特点的意向行为的例子，比如对事态的单纯表象和对该事态认之为真或假的判断，这些差异性“建基于这个属的纯粹本质之中（而不能仅仅理解为是将那些此类因素补充成为具体统一的体验的区别。第一版原有文字——笔者），并且因此作为先天而先行于经验心理学的事实性”（LU Ⅱ/1，p. 409）。胡塞尔还认为对复合行为（比如建基于表象意向或判断意向的情感意向）的分析最终可以分析到不能再还原为其他心理体验的原始的意向特征。胡塞尔认为不可能不借助意向属的因素而将行为还原为那些织入进来的表象和判断的区别。比如美学的赞许、厌恶和对美学客体的单纯表象或理论评价具有明见的和本质不同的特性，这种价值层面上的行为的意向种属或差异就不好用别的理论语言来描述，而通过意向层面或者意向这种“语言”加以把握才比较清晰。

由意向性或意向关系划分出来的意向体验层面，这些体验，“将所有那些在某种确切意义上被描述为心理的此在、被意识的此在的东西都包含在自身之中。一个实在的生物，如果它缺乏这类体验，如果它自身仅仅具有像感觉体验这样一种内容，同时它无法对这些内容进行对象性的解释，或者通过它们而使对象被表象出来——并且更无法在进一步的行为中与对象发生关系，无法判断对象、无法为对象感到高兴或沮丧，无法爱对象和恨对象，无法欲求和讨厌对象——那么就没有人会愿意将这样一个生物称作是一个心理的生物”（LU Ⅱ/1，p. 407）。一个仅仅是感觉复合的生物和现象上是外部的事物没有区别，它们丝毫不具有上述诸心理或意向体验，胡塞尔认为：“只有在这些体验中，而且仅仅当它们是在现象学的纯粹性中为我们所把握时，才能找到对这样一些基本概念进行抽象的具体基础，这些概念在逻辑学、伦理学、美学中，并且是作为构造这些学科的观念规律的概念，而发挥着系统的作用（读者可以回顾纯粹逻辑学的任务的实现对现象学的需要——笔者）。”（LU Ⅱ/1，p. 407）

胡塞尔认为上述意向关系也可以在心理学联想的实在层面上进行谈论，于是它就“……变更为一个动物生物（无论这是一个事实自然的生物，还是一个带有各种观念可能‘动物’生物的观念可能的自然的生物——即在后一种情况中排斥了此在的设定）所具有的心理状态的概念。进一步的结果是，‘意向体验’这个纯粹现象学的属观念〈Gatungsidee〉变更为平行的和相近的心理学的属观念。根据对心理学联想的究竟是排除还是引入的不同情况，这同一种分析或是获得纯粹现象学的意义，或是获得心理学的意义”（LU Ⅱ/1，p. 461，注 7）。这里是第二版中胡塞尔附上的一段话，胡塞尔指出，通过对心理学意义上的意向体验进行观念直观〈Ideation〉可以得到现象学意义上的意向体验或行为。这里的论述也可以看作现象学和心理学的平行论[①]的体现。意向性是胡塞尔所看重的布伦塔诺对心理现象的重要规定之一，另一个重要规定就是表象，“‘它们（此处指心理现象——笔者）或者就是表象，或者建基于作为其基础的表象之上。’‘如果一个东西没有被表象，那么它也就不能被判断，也不能被欲求，不能被希望和被惧怕……’在这个规定中表象当然没有被理解为表象的内容（对象），而是被理解为表象行为”（LU Ⅱ/1，p. 411）。但这个规定不适合作为胡塞尔意识研究的开端，因为这个规定预设了表象概念，首先需要澄清歧义。比较适合的开端是“行为”，尤其是“意向行为”（参见 LU Ⅱ/1，p. 411）。这是下一部分要来分析的内容。

Ⅲ　意向性层面上的基本概念和问题之分析

现象　胡塞尔认为布伦塔诺使用的“现象”概念除了心理现象和物理现象并非如他所绝对分划的那样外，还有相当不利的多义性，而且布伦塔诺还含有一个十分可疑的理论信念，即：任何一个意向体验都是一个现象（参见 LU Ⅱ/1，pp. 411—412）。这就意味着除了具有与对象的关系，意向体验本身也是某些意向体验的对象。由于任何对象都是内意识的对象，意向体验作为对象就会造成类似于在Ⅱ中对内感知意义上的意识的分析中提到的无限循环。所以胡塞尔建议“在涉及有关类型的体验时，我

① 可参见德里达《声音与现象》，杜小真译，商务印书馆 1999 年版，导言部分，特别是第 11—17 页。德里达对胡塞尔的这种平行论进行了关注和深入剖析。

们最好是既不谈论心理现象，也根本不去谈论现象”（LU Ⅱ/1，p. 411）。

两种误释 胡塞尔认为布伦塔诺有些说法值得怀疑且使人误入歧途。比如：“被感知、被想象、被判断、被期望的对象等等（或者说，以感知、表象的方式等等）‘进入意识’，或者反之，‘意识’（或‘自我’）以这种或那种方式与这些对象‘发生关系’，这些对象以这种或那种方式‘被纳入到意识之中’等等”（LU Ⅱ/1，p. 412）；又如这样的说法：“意向体验‘自身含有作为客体的某物’等等”。上述两组例子对应两种误释：“第一个误释在于，这里所涉及的是一个实在的进程或在意识或自我与‘被意识’的实事之间的一个实在关系；第二个误释在于，这里所涉及的是在两个可以用相同方式在意识中实项地找到的实事，即行为与意向对象之间的一种关系，是一种类似于一个心理内容与另一个心理内容之间的相互套接关系。”（LU Ⅱ/1，p. 412）

胡塞尔首先考虑的是第二个误释，这个误释中的“关系”概念他实际也不想使用，但是如果无法避免使用，那么也不应将意向行为和意向对象之间的关系误释为一种心理学—实在的关系，或误释为一种属于体验实项内容的关系（参见 LU Ⅱ/1，p. 412）。显然，胡塞尔不满的是布伦塔诺对上述关系做实项意义的理解。这个误释是由于下述经院哲学的同义表述的影响的缘故：被用来标识意向体验的本质特性的内在对象性这个表述以及一个对象的意向的或心灵的内存在（参见 LU Ⅱ/1，p. 413）。

胡塞尔认为“意向体验的特别之处在于，它们以不同的方式与被表象的对象发生关系（如表象意向，判断意向等——笔者）。它们恰恰是在意向的意义上做这件事情”（LU Ⅱ/1，p. 413）。胡塞尔说“某些体验是体现性的，它们具有意向的特征（具体如：具有表象意向、判断意向、欲求意向等等——笔者）”（LU Ⅱ/1，p. 413），而不是说体验的对象和意向体验是被体验体现〈presentation〉[①] 的两个事实，这里“……只有一个东西是体现性的，即意向体验，它的本质描述特征正是有关的意向”（LU Ⅱ/1，p. 413）。对于体现性的体验，它和对象的意向关系确然地被进行，对象可以说是意向当下的（参见 LU Ⅱ/1，p. 41）。体验及其意向特征可以说都处在意识框架之中。对于对象不存在的那种意指行为，该意

① 关于“体现”，倪梁康在第二研究的注释中有说明：“……意味着事物在意识的原本被给予方式，相当于在意识中对事物的感知或当下拥有”（LU Ⅱ/1，p. 194），它和具体的充盈相关。

指依然是一个体验，具有意向特征，对象依然且仅仅被意指，但事实上是得不到充实的无。比如对朱庇特的表象和对千角形的表象。所以，经院哲学讲的“内在”“心灵”对象不好用实项体验层面来刻画，而最好用意向对象代替之；“内在内容”也毋宁说只是一些意向的（被意指的）内容而已。胡塞尔建议鉴于有了意向和意向对象的概念，最好完全避免内在对象这个说法。

胡塞尔认为像对象在行为中被包含以及和它类似平行或等值的说法：对象是被意识的、在意识之中、内在于意识等，都带有极为有害的歧义性，它们不具有胡塞尔之前讲的意识的前两种理解的明确性，胡塞尔认为：“整个近代心理学与认识论都受到这些以及与它们相近的歧义性的迷惑。”（LU Ⅱ/1，p. 415）

笔者对胡塞尔下面这段话有些看法，如不澄清则会引起误会：

> 如果这些所谓的内在内容毋宁说只是一些意向的（被意指的）内容而已，那么另一方面，那些属于意向体验实项组成的真正内在内容就不是意向的：它们建基于行为之上，作为必然的基点而使意向得以可能，但它们自身并没有被意指，它们不是那些在行为中被表象的对象。我看到的不是颜色感觉，而是有色的事物，我听到的不是声音感觉，而是女歌手的歌，以及如此等等。（LU Ⅱ/1，p. 414）

读者在这里可以回顾前面提到实项和意向的划分，“实项”实际上涵括了一切意识流中的组成部分，即使是有看到颜色的事物、听到女歌手的歌这种意向行为，依然是归属于意识流的，但是实项的意识概念，对于区分显现和显现者很不方便，这就需要“意向”层面进行补充或代替。所以实项和意向是讨论意识的不同视角，而并非后者对前者的全部推翻摧毁。所以上文“属于意向体验实项组成的真正内在内容就不是意向的”，在笔者看来“意向体验实项组成”就不是一个矛盾，而是说，意向体验可从实项层面上加以把握；而“实项组成的真正内在内容就不是意向的”不是说实项的内容绝对不是意向的，而是说，对于一个具体的意向行为而言，比如听到女歌手的歌，在某些层面最好相对地用“实项的”加以说明（声音感觉），而对另外的描述目的最好选择“意向”层面（听到那首歌）。其实，实项的“声音感觉”可以在意向层面上进行描述，同样的，意向的“歌”也可以从意识流的实项意义上看作是实项的。所以，笔者强调实项和意向的区分是方便现象学描述分析的权宜之举，并不是截然不相容的东西。这里又可以看到胡塞尔现象学的语言机器控制着概念术语的选取。

胡塞尔自己也没有决然分别使用实项的、内感知的和意向的三种描述层次，所以他明确地说：“由于我们第一个意识概念——这个概念，从经验—心理学来理解，将那些属于心理个体之实在统一的体验流以及所有实项地构造这个意识流的因素都同样地标识为被意识〈bewusst〉——已经表现出穿越心理学的趋向，所以我们在前一章中就已经决定（但仅只是在排斥真正心理学之物的前提下，亦即在现象学的纯粹性中）偏好这个意识概念，这样，在无法避免的情况下（要想避免几乎是不可能的）我们就必须带着必要的谨慎来使用这种在内感知意义上和在意向关系的意义上的关于意识的说法。”（LU Ⅱ/1，p. 415）这里表明胡塞尔在《逻辑研究》阶段甚至还十分偏好实项意义上的意识概念，因为它具有后两个概念所不具备的描述上的普遍性，但是后两个层次也是在分析问题时无法避免的，它们的使用须特别保持谨慎而避免歧义出错，到了《观念1》，意向层面就完全占据了现象学分析的立足点。

正是由于上述关系胡塞尔在第一版中把实项的也称为现象学的，对于习惯了将意向层面和现象学相联系的读者，读到第五研究的这个地方，或许会因此十分困惑。理清了上述关系之后就容易理解了。胡塞尔本人在第二版的注（28）中对此进行了说明：“事实上，‘现象学的’这个词与‘描述的’这个词一样，在本书的第一版中所指的都仅仅与实项的体验组成有关，并且在这一版中至此为止（第五研究第16节——笔者）也主要是在这个意义上被使用。这与心理学观点的自然出发点相符合。但在对已进行的各项研究的再次沉思中以及在对被探讨的实事的更深入考虑中——尤其是从这里开始——有一个问题会变得敏感起来，并且还会越来越敏感，即：对意向的对象性本身（就像它在具体的行为体验中被意识到的那样被理解）的描述展示了另一个描述的方向，即纯粹直观地和相应地进行的描述的方向，这个方向不同于对实项的行为组成的描述方向，并且这种描述也必须被标识为现象学的描述。如果人们遵循这些方法的暗示，那么，这里得以突破的问题领域就会得到必然的和重要的扩展，而且，通过对描述层次的完全有意识的划分，我们就会获得长足的进步。”（LU Ⅱ/

1, pp. 463—464)

这里可以看到胡塞尔对实项、意向关系的理解的发展。现象学的提法起初偏好实项层面，且具有心理学观点的自然态度；后考虑到意向的对象可能具有的新的且宽广的领域后，实项的层次退居次要，新的描述领域同样称作现象学，并且这个层面比实项层面要更深入。

这里的第二个误释涉及的是自我或意识和对象的关系。这两者在布伦塔诺那里是实在意义上的，是一种自然的反思，这种反思把自我作为一个关系点，第二个关系点是处在对象之中（把自我看作纯粹关系的中心的观点前面已经加以拒绝，参看前面讨论“意识作为对本己心理体验的内觉知”的部分）。胡塞尔在此则认为这种关系是实在的，从下面这句话便可以体会出这一点：“……如果我们生活在有关的行为之中，如果我们沉湎于例如对一个显现的过程的感知考察之中……那么我们根本不会注意到作为这些被进行的行为之关系点的自我。”（LU Ⅱ/1, p. 416）这里的“自我”显然不具有先验含义而是一种自然的理解；但是，在这个自然的态度中，仍然可以说自我在每一个行为中都意向地与一个对象有关，那么自我就获得一种反思的态度：自我在对对象作判断，判断的命题在自我中，在反思的描述中无法回避与进行体验的自我的关系，但是各体验自身并不处在包含它们的自我的表象复合体之中。但可以注意到，胡塞尔是想说自我和对象的关系对于具体体验本身来说并不是主题、更不是实在关系(当然它可以作为反思中的一个层次)。由于此时的胡塞尔并没有提出先验自我的观点，所以他说必须排除的误释是：“与自我的关系是一种属于意向体验本身的本质组成部分。”（LU Ⅱ/1, p. 417）读者如果考虑到这里的自我不是先验自我就好理解了；若考虑到后来先验自我的提出，这里的一些说法就必须得重新洗牌了，先验自我是一种关于意向体验本身的本质。胡塞尔的某些论述容易造成误解的确是个事实。

意向的、意向、行为、注意、充实 在烦琐的说明之后，胡塞尔只是说，在需要正确性的地方就使用“意向体验”这个说法，“意向的”这个定语“所指称的是须被划界的体验的集合所具有的共同本质特征”，即意向的特征，是“以表象的方式或以某个类似的方式与一个对象之物发生的关系”。这种意向的关系，胡塞尔用“行为”〈Akt〉简称之（参见 LU Ⅱ/1, p. 418）。对于“（意向）行为”来说，原初词义 actus（行动）以及关于活动〈Betätigung〉的想法必须始终被排斥。这里讲的“需要的被划界”和“需要正确性的地方”，笔者认为是指需要对意向性意义上的意识加以分析时，也就是其他两种意识概念不方便或不适于分析的时刻，比如听到歌声而不是声音感觉。这里再次体现了胡塞尔的意向性理论受到了语言机器的控制。

胡塞尔提醒区分“注意”和“意向”。人们经常在对某物进行特别的关注和注意的意义上来谈论一个意向，但是意向对象并非始终受到注意和关注，有时候它们相互交织在一起。注意力有其专门含义：以一种突出的方式在众行为之中的一个行为中“证实”自身（参见 LU Ⅱ/1, p. 418）。“意向”这个表述还有一个歧义，根源于它自身带有的难以消除的瞄向〈Abzielen〉的形象，“因而非常适合于那些可以顺当地和易懂地被标识为理论瞄向［意图］或实践瞄向［意图］的行为。但这个形象的说法并不同样也适合于所有行为……”（LU Ⅱ/1, p. 418）瞄向形象这个意义上（笔者认为“注意”也应归入这一形象。这个问题本文第 17 页还有涉及）的意向是狭窄意义上的意向。胡塞尔说“与瞄向的活动形象相符的是作为相关物的射中〈Erzielen〉的活动（发射与击中）”（LU Ⅱ/1, p. 419）。和这个形象相应的是某些意向行为，如判断意向、欲求意向，其中可以找到“射中”和“充实”〈Erfüllungen〉行为的形象，胡塞尔认为射中当然是狭窄意义上的意向行为，“但充实也是行为，即也是‘意向’”（LU Ⅱ/1, p. 419），这就不限于狭窄意义上的意向了。他说只要涉及狭窄意义，就须提醒说明；另外，意向行为的“行为特征”这个表述会提醒人们注意诸意向行为所包含的差异。

对概念的界定胡塞尔自己也时常感到棘手，这也是进行现象学分析的困难之一，一方面需要在新的意义和层面上使用传统概念，同时又要和根深蒂固的传统因素相区分，且往往不能引进“……全新的、有别于所有生动语感和所有历史传统的人造语词”（LU Ⅱ/1, p. 419），所以，在进行理论讨论的同时，胡塞尔自己不停地在梳理各种概念。这也给读者和笔者本人的理解和耐心都带来了挑战。笔者也因此喜欢把胡塞尔的现象学看作一架不停地工作的语言机器，因为对概念语词的处理随处可见，并且，表面上虽然是澄清概念和问题，实际上往往却是把传统的概念或观点，还有胡塞尔自己的观点（也许他本人没有意识到这一点）逼到了一个对其合法性进行讨论追究的境地。

立义、感觉、感知 胡塞尔此时进入第 14 节，他总结说：“在所有这些术语性的阐释中，我们已经相当深地进入我们的逻辑学—认识论兴趣所要求的那种描述分析之中（参见本文Ⅰ——笔者）。但在我们继续这种描述分析之前，有必要顾及到某些涉及我们描述之基础的指责。”（LU Ⅱ/1，p. 420）首先，依然是对行为或意向体验标题下的体验划界的怀疑，比如那托普的坚决反对（这个问题之前已经有所涉，见前面）。胡塞尔再次强调一点：“……内容的此在和内容之间的区别，前者是被意识到的，但本身并没有成为感知客体的感觉，后者则是指感知客体。”（LU Ⅱ/1，p. 420）那托普没有强调这种区分，胡塞尔则认为：“……‘一个为我内容的此在’是一个可以并且需要进一步现象学分析的实事”（LU Ⅱ/1，p. 420），即它在意向层面上的分析大有可为。

为了体现出现象学分析的特色，这里笔者也不妨列举一下这种进一步的分析。例如对同一个此在内容在注意方式上的不同（比如隐含或者在整体中突出该内容，附带注意或者优先注意）和立义〈auffassen〉（在第一版中作“释义”〈deuten〉）的不同（比如同样的声音感觉可以立义为鸟鸣和刺耳噪声）[①]；所以，在同一内容的基础上可以有不同的对象被感知到。这些正是有了现象学意向体验层面之后才能完成的分析。胡塞尔强调：“立义本身永远不能被还原为新的感觉的涌入〈Zufluss〉，它是一个行为特征，‘意识’的一个方式，‘心绪’的一个方式：我们将在这种意识方式中对感觉的体验称作对有关对象的感知。”（LU Ⅱ/1，p. 421）另外，此处给出了感觉和感知的用法区别，感觉似乎未经立义（但按照后文的论述感觉具有立义结构，见下页。笔者认为这是胡塞尔的一个未处理妥当的内容，本文最后部分也有涉及），他说：“以自然科学心理学的考察方式在自然此在的范围内所能确定的东西，在排除了所有经验—实在之物的情况下，为我们产生出它的纯粹现象学组成。如果我们观看纯粹的体验及其特有的本质内涵，那么我们便观念地把握住纯粹的种类和种类的实事状态，在这里是指纯粹的种类：感觉、立义、感知、与其被感知之物相关的感知，以及所属的本质关系。然后我们也可以明察到这样一个总体性的本质事态：被感觉的内容的存在完全不同于被感知的对象的存在，后者

---

① 后文424页提到：“立义的区别首先是描述性的区别；并且与认识批判者相关的唯有这些区别，而不是在无意识的心灵深处或在生理发生的领域中的某些隐蔽的和假设的过程。”所以立义不是在心理学、生理的意义上的，而可以从意向性的层次上看待。

通过前者而得到体现〈prasentiert〉，但却不是实项地被意识（LU Ⅱ/1，p. 421）（笔者认为这里如果按照本文Ⅱ中的分析，准确地应该这样说‘却不是在实项意义上被谈论’）”。另外，胡塞尔还举了视觉感知领域的例子，大意和上述听觉感知的结论一致，这里不再多言。除了感知领域，胡塞尔还想把上述结论推广到各种体验上去。

胡塞尔这样总结性地说道：“我们相信能够发现在两种意向体验之间的明见区别：在一种意向体验中，意向对象通过各个体验的内在特征而构造出自身，在另一种意向体验那里，情况则不是如此，也就是说，它们是这样一种内容，这种内容虽然可以作为行为的基石而起作用，但本身却不是行为。”（LU Ⅱ/1，p. 423）这里胡塞尔谈到两种意向体验，前一种的地位相当于前面论述的感知的地位，后一种则相当于感觉的地位。不过胡塞尔没有把后者称作行为，这有点儿奇怪，因为行为按前所述就是意向行为。笔者认为这里可以看作胡塞尔的用语不严格，但他的意思是清楚的，后一种意向体验相对于具体的一个体验而言在进行现象学分析描述时不具有主题性（尽管它是前者的基石），比如回忆的内在体验、回忆的内感知就处在后一种意向体验的位置上，作为主题的是回忆行为本身。不过，对于非主题的意向体验而言同样可以进行主题化的分析，比如作为内感知的回忆，在内时间意识的分析中就可以作为主题。胡塞尔还分析了表述体验，再次说明上述结论，这里不再多言。

统觉 “现代统觉学说[①]是不充分的，它甚至忽略了对于逻辑学—认识论兴趣来说至关重要的方面。”（LU Ⅱ/1，p. 424）在胡塞尔看来，这种统觉学说不可能开启意向性理论所带来的深刻广泛的新领域，而胡塞尔自己关于“立义”的相关观点可以说提供了关于统觉的新理论：“对我们来说，统觉就是在体验本身之中，在它的描述内容之中相对于感觉的粗糙此在而多出的部分〈übershuss〉：它是这样一个行为特征，这个行为特征可以说是赋予感觉以灵魂〈beseelt〉，并且是根据其本质来赋予灵魂，从而可以使我们可以感知到这个或那个对象之物……感觉以及这些对它进行‘立义’或‘统摄’的行为在这里被体验，但它们并不对象性地显现出来；它们没有被看到，被听到，没有带有某个‘意义’被感知。另一方面，对象则显现出来，被感知，但它们没有被体验……我们在这里要排除

① 可参见本文Ⅱ中对康德和新康德主义的统觉或自我意识的相关论述。

相应性感知〈adaquate Wahrnehmung〉的情况”（LU Ⅱ/1, p. 424），胡塞尔实际利用意向性的立义分析取代了传统的统觉学说，并扩大了统觉的内涵。类似的情形还适用于想象行为、图像化行为。

通过上述围绕着意向概念的相关分析和整理，胡塞尔（通过批评那托普的观点）指出：说意识的所有丰富性都在它的内容之中是不妥当的，因为通过意向性层面的体验的分析可以得到事实上存在着本质不同的意识方式（感知、想象、表述等等），它们的意向特征属于不同种类的特征，人们可以在个别情况中直观到、直接相应地把握到这些区别，并“在概念中对它们进行比较，并因此而在不同的行为［中］使它们重又成为直观客体和思维客体”（LU Ⅱ/1, p. 425）。由于有了意向性的观点，意识或体验可以进行上述比较细致的分析，我们再不能粗率地说世界是思维者的体验，因为体验是对世界的意指，世界本身成了意指的对象。那么，胡塞尔由此看出来，在这样的描述结构下，构成世界或随意一个其他对象的客观存在和真实、现实的自在存在是什么的问题，和“人们如何将客观存在规定为相对于主观的被思存在〈Gedacht - sein〉连同其‘杂多性’的‘统一性’”的问题，“以及在何种意义上可以将形而上学的内在的存在与超越的存在对立起来”（LU Ⅱ/1, pp. 425—426）等问题，就不再重要了。因为意向性的描述结构本身成为一个新的命题领域，这个领域不考虑本体论的问题而自成一派；“在这里所涉及的毋宁说是一个先于所有形而上学的并且处在认识论门口的区分，因此在这里没有什么问题被预设为是已回答了的，这些问题恰恰还应由认识论来回答才是”（LU Ⅱ/1, p. 426）。这样胡塞尔实际上通过他的现象学语言机器将传统的本体论问题消解或非主题化了。在笔者看来，胡塞尔利用了现象学意向性概念的自身特点完成了消解形而上学问题的任务。当然，如果要对胡塞尔挑刺的话，胡塞尔还没有达到——借用哈贝马斯的提法——“哲学的语用学转向”这一层面。

Ⅳ 围绕意向体验继续展开的诸问题分析

胡塞尔在以上基本概念的说明之后更为明确地专注于意向体验这个层次上的问题，故笔者作为新的一节。这里的问题同样带有概念辨析同时夹杂问题分析的特点。

意向体验的种属统一问题：意向感受（或体验）和非意向感受（或体验） 由于意向体验的新提出，人们可能会怀疑“意向关系的特征是否足以划分‘心理现象’（作为心理学的区域）”（LU Ⅱ/1，p. 426），会考虑将体验划分为意向体验和非意向体验。这个问题前面已经涉及了。借助之前的术语分析直接就可以得出第一个回答：当然存在意向体验，因为意向层面乃是意识本身具有的一个层面，而所谓非意向体验只是在并非意向这个层面来说的。但是胡塞尔在这个问题上显得很犹豫、甚至矛盾。胡塞尔自己想细细加以说明其中的意向结构特征，他以感受〈Gefühle〉领域为代表进行分析，“我们首先要考虑，在感受这个类别的行为中是否可以发现这样一类体验，它们本质上具有一个意向关系；然后，我们要观察，这个类别的其他体验是否可能缺乏这种关系”（LU Ⅱ/1，pp. 426—427）。

胡塞尔认为有意向感受。这里他赞同布伦塔诺的看法，后者“……一方面维护感受的意向性，另一方面自己在并不自相矛盾的情况下主张：感受与所有不是单纯表象的行为一样，必须以表象为基础”（LU Ⅱ/1，p. 427）；“在布伦塔诺看来，这里有两个意向建造在一起，奠基性的意向提供被表象的对象，被奠基的意向则提供被感受的对象；前者可以脱离后者，但后者却不可脱离前者。而在对立的观点看来，这里只有一个意向，即表象意向”（LU Ⅱ/1，pp. 427—428）。对立的观点胡塞尔不赞同，他认为表象和奠基其上的感受都具有意向性，两种意向性的关系是前者可以独立于后者，后者却不行；比如一个没有喜欢之物的喜欢是不可思议的，没有一个欲求不带有被欲求之物，没有一个信念不是关于某物的信念，没有一个赞同或准许不带有某些须得到赞同或准许的东西，等等。这里——“感受和所有不是单纯表象的行为一样，必须以表象为基础”（LU Ⅱ/1，p. 427）——这种结构统治了胡塞尔对意向体验的具体分析。另外，上述结构不能理解为“奠基性的表象引发〈bewirken〉被奠基的行为”（LU Ⅱ/1，p. 429），这种说法给人一种因果性的假象；“在这里以及在任何地方将意向关系看作因果关系，也就是说，将一个经验的、实体—因果的必然性联系强加于意向关系，这都是一种悖谬。因为意向客体，即被理解为‘引发者’〈bewirkendes〉的那个客体，在这里只能是意向客体，但却不可能是在我之外现实存在并且实在地、心理物理地规定着我的心理生活的东西”（LU Ⅱ/1，p. 429）。胡塞尔完全是从意向的层面来解读奠基和被奠基行为的关系，而不是从物理、自然的层面看。他举例说："美的感受或美的感觉并不'从属于'作为物理实在、作为物理原因的风景，而是在与此有关的行为意识中从属于作为这样或那样显现着的、也可能是这样那样被判断的、或令人回想起这个或那个东西等等之类的风景；它作为这样一种风景而'要求'、而'唤起'这一类感受。"(LU Ⅱ/1，p. 430)

现在来看看胡塞尔的第二个回答，即有非意向感受。这个问题有些复杂，笔者认为胡塞尔的论述有勉强之处。初看起来似乎有非意向感受，因为看起来很明显"……感性的疼痛显然不能与一个信念、猜测、意愿等等置于同一个层次上，而应与粗糙或光滑、红或蓝这样一些感觉内容相提并论……这些感性感受与从属于这些或那些感官领域的感觉融合在一起，完全就像感觉自身相互融合一样"（LU Ⅱ/1，p. 430）。这些似乎就是非意向性感受①。胡塞尔对待这种类型的感受似乎有些模棱两可，他认为：尽管这些感受具有意向体验关系（如灼烧感一方面和自我〈被灼的身体部位〉有关，一方面和灼热的客体有关），"尽管这种关系是在意向体验中进行的，人们却不会想把这些感觉本身标识为意向体验。这里的事态毋宁说是这样的：感觉在这里是作为感知行为的展示〈darstellend〉内容而起作用……"（LU Ⅱ/1，p. 431）胡塞尔注意到这类并非感知的感受感觉自身只是展示性内容；却也认为它们还是经历了有关对象性的立义或释义。既然如此，这类感受和感知、信念、意愿等就并没有结构上的差别。然而胡塞尔依然认为它们不是（意向）行为，"但行为是用它们构造起来的，即当感知立义这一类的意向占据了它们，可以说是赋予它们以灵魂的时候"（LU Ⅱ/1，p. 431）。所以胡塞尔自己在这个问题上受展示性的感觉不具有灵魂和瞄向、射中这一意向形象的束缚，而不把它们视作意向行为；胡塞尔的说法，"它们至多只是展示性内容或意向客体，而本身不是意向"（LU Ⅱ/1，p. 431），难道不是自相抵牾吗？由于胡塞尔自己破了例，所以读者应当把它看作一个例外，借用胡塞尔的说法：这类非意向性的体验是作为一个经验的、对象性的立义的起点，我们应在意向行为的"起点"这个意义上去看待它们。胡塞尔显然不倾向于把意向感受（或体

① 德里达：《现象学中的"结构"和"生成"》，见《书写与差异》第294—296页；笔者注意到，胡塞尔这里谈到的非意向感受和《观念Ⅰ》中"质素〈Hyle〉"有一致性（参见《观念1》§85，第213—214页，以及利科注346）。

验）和非意向感受（或体验）看作同一种属。胡塞尔说布伦塔诺在阐释有关感受的意向性问题时就已指出了这里讨论的“歧义性”（参见 LU Ⅱ/1，p. 432），布伦塔诺把痛感与快感和感受意义上的疼痛与愉快相区分，前一组被归属作“物理现象”，后一组归属为“心理现象”，并认为后者属于本质不同的更高属。胡塞尔同意这个看法，这也就是他把非意向感受称为经验对象性立义的起点和意向行为的起点的原因，“起点”和“物理现象”这个表述倒是相互对应的。

胡塞尔指出在分析所有感受感觉与感受行为的复合体时，必须始终关注并充分利用这个区分（参见 LU Ⅱ/1，p. 432）。比如对一个幸运事件的喜悦，这个行为是一个具体的和确然复合的体验，“它在其统一中不仅包含着对可喜之事的表象和与此相关的喜欢〈Gefallen〉的行为特征；而且还有一个快感与表象相联结，这种快感一方面被立义为和定位为〈lokalisiert〉对感受着的心理物理主体之感受引起，另一方面被立义为和定义为客观的特性……这个以此方式而带有愉快色彩的事件本身现在才是喜悦的朝向、喜欢、欣喜以及人们所说的其他这类状况的基础”（LU Ⅱ/1，p. 432）。显然，在其中我们可以找到意向的感受（喜欢）和非意向的感受（心理物理主体的感受、快感）。在欲求和意愿的领域中也可以作类似的解释。胡塞尔尤其分析了一下缺乏有意识的目标表象的仅仅存在欲求感觉的行为，或者说那种缺乏意向关系并因此而在属上有异于意向欲求的本质特征的体验。这里“缺乏意向关系”准确说来应理解为：“……具有不确定朝向的意向，在这里，对象朝向的‘不确定性’不具有匮乏〈Privation〉含义，而是必然标识着一个描述性的特征，亦即一个表象特征。”（LU Ⅱ/1，p. 433）类似地不确定的表象还有：“某物”在动、“它”吵吵作响、“有人”摁铃等等。这里的不确定朝向的表象先于所有陈述和动词表述，其意向本质在于“这些意向的确定性恰恰在于，表象一个不确定的‘某物’”（LU Ⅱ/1，p. 433）。胡塞尔指出这里的非意向的（不确定的）欲求和意向的欲求不具有属共同体〈Gattungsgmeinschaft〉关系，“而只承认它们之间的歧义〈Aquivokation〉关系”（LU Ⅱ/1，p. 434）。读者要注意这里讲的欲求的和对事态感受的非意向不同于前面那种作为经验和意向行为起点的感觉感受的非意向，胡塞尔只是在利用后者的结构并扩展到别的行为中；不过他的概念论述仍然容易造成误解，并且如前所述，非意向性感受的划分在笔者看来严格来说有些不妥，但如果坚持着这种说明后的区分也行，这时可以说意向性实际受到被意识性的规定，那么作为经验起点的感受性就还谈不上这种被意识性，因此才可以列在意向体验之外。

实项内容和意向内容 以上烦琐的说明，表明了胡塞尔意向行为所含括的范围和特点。接下来的一个现象学区分就是实项内容和意向内容的区分。前文实际已多次提到它们，在对意识理解的三种层次区分时尤其重要，读者可以参见本文Ⅱ。这里且引用胡塞尔的话再强调一下：“我们将一个行为的实项现象学内涵理解为这个行为所具有的无论是具体部分还是抽象部分的整体概念，换言之，实项地建造着〈aufbauend〉这个行为的部分体验的整体概念。阐明和描述这些部分，这是在经验观点中进行的纯粹描述心理学分析的任务。这种分析的目的完全在于，对内部经验到的自在自为的体验进行剖析，一如它们在经验中所实项地被给予的那样，而且同时不去顾及那些发生的〈genetisch〉联系，也不去顾及它在自身之外可能意味着什么，以及它可能对什么有效”（LU Ⅱ/1，p. 435），“在实项意义上的内容是对最一般的、在所有领域中都有效的内容概念在意向体验上的素朴运用”（LU Ⅱ/1，p. 436），而意向内容是以心理科学—经验科学的观点转变后的现象学—观念科学为背景的。现象学—观念科学排除了经验科学的统觉和此在设定，“……根据其纯粹的体验组成来接受被内部经验到的东西或以其他方式被内部直观到的东西（如单纯想象），并将它们当作观念直观的单纯实例性基础；我们从它之中直观出观念一般的本质和本质联系——即在总体性的各个层次上的观念体验种类和观念有效性的本质体验，它们对于有关种类的观念可能体验来说具有先天的和绝对一般的有效性”（LU Ⅱ/1，pp. 435—436）。“观念直观”〈Ideation〉是胡塞尔的术语，即人们可以直观地“看”到并把握到“观念”。“观念”、“观念之物”对应的领域极广，其本身却很难下一个清楚的定义，笔者只能说它不是实存之物，不是心理学意义上的体验，不在意识之外，也不是在思维体验中的实在组成部分意义上的思维内容，也不是在含义内涵意义上的思维内容。我们可以说它是一个被思考的对象，比如说2这个数，红这个质或种类，矛盾律等等。毋宁认为“观念”是胡塞尔自己所采用的一套独特的有关相应对象的用法，如同洛克用“观念”来表示人在思想时作为理解对象的任何东西，或表示在思想中的每一对象的做法是另外一套关于“观念”的用法一样。胡塞尔对“观念”也使用“存在的”作为其谓词。这类似于奎因对于“存在”的理解，准确地讲，奎因把存在理解为符号逻辑中的量词所刻画的变元的值，而无论这个值取“观念”还是“苹果”。胡塞尔相信：“如果我们将所有那些存在着的东西都合理地看作是存在的、看作是就像我们在思维中明见地把握为存在着的那样的存在，那么我们就不可能去否认观念存在的特有权利。实际上在这个世界上还没有一门诠释术能够将这些观念对象从我们的言语和思维中消除出去。”（LU Ⅱ/1，p. 132）

胡塞尔说：“……意向内容这个词已经暗示，它所涉及的是意向体验（或行为）本身的特性。”（LU Ⅱ/1，p. 436）他指出在“意向内容”这个现象学标题下有三个不同的概念呈现出来，它们都建基于意向行为的种类本性之中，是看待意向内容的三种方式，它们是：行为的意向对象、它的意向质料（与它的意向质性相对）、它的意向本质。这些在下面专辟一节说明。

Ⅴ 意向内容

意向对象意义上的意向内容、意向对象被胡塞尔称作意向内容的第一概念。意向对象完全不同于实项内容：既不是行为所朝向的外部对象，也不是本已体现性的体验内容（除了当意向朝向在意向行为本身中被体验到的东西时，例如相应性感知的情况，意向对象才和实项的内容局部重合，但依然属于两种不同的分析层面）（参见 LU Ⅱ/1，p. 437）。意向对象的意向内容可以做如下区分：“一方面是那个如其被意指的对象〈Gegenstand，so wie er intendiert ist〉，另一方面就是那个被意指的绝然对象〈schlechthin der Gegenstand，welcher intendiert ist〉。”（LU Ⅱ/1，p. 437）后者指变幻不定的具体的（如判断、感受、欲求的）所意向的目标，该目标表现为同一个对象客体，其属性可能和眼前的意向根本没有关系；这个对象可能会产生许多新的表象，但其中被不同的意向所意指的对象是同一个（胡塞尔举的例子是：德国皇帝，腓特烈三世皇帝的儿子，维多利亚女皇的外孙，他们是同一人）。要注意的是，这个对象的规定不是从实项的意向层面上从逻辑同一性的角度加以规定。那么，前者就是指各具体的、眼前的意向行为带有自身意向特征的所指向的对象，同样这也是在意向层面谈的。

还有一个更为重要的涉及行为的复合关系的区分，即对象性〈Gegenst*an*dlichkeit〉与对象〈Gegenstände〉（复数）之间的区分（这个区分和《观念Ⅰ》的意向对象的相关观点相关联）。前者是就一个完整行为的总体朝向而言的，后者是就这个总体行为的组成部分的行为朝向而言的。对象性是第一性的；而对象一般不等同于对象性即整个行为的对象；当然也可以在第二性的意义上说整个行为和对象相关。实际上完整的行为是由第一性地意指这些对象的行为所构成，“这些对象协助构造出这个完整行为的本真对象，并且是以它被意指的方式”（LU Ⅱ/1，p. 438），在以上意义上才说完整行为的意向同样意指这些对象，后者才同样是完整行为的对象。“这些对象大体是作为各个关系的关系点而起作用，这个第一性的对象正是借助于这些关系而被表象为相关的关系点”（LU Ⅱ/1，p. 438）。胡塞尔举例：“桌上的餐刀”，整体行为对象是餐刀，部分行为的对象是桌子，餐刀在与桌子的这种状态关系中被表象；可以在第二性的意义上说，桌子是这个称谓的整体行为的意向对象。胡塞尔还要说明新的重要问题。他考察句子：“餐刀躺在桌子上”这里餐刀还不能说是第一性的对象，不是完整判断的对象，只是判断主体或主词的对象，这里的完整对象、第一性的对象是被判断的实事状态（Sacheverhalt），即餐刀躺在桌子上这种状态。这状态不等同于判断、不等同于对此判断的表象。相应的问题不是餐刀而是餐刀是否处于这种状态。

在进入对下两个意向内容概念的说明之前，胡塞尔又分析了几个重要概念的情况。前面数次涉及复合行为，不是说若干行为的机械地排列组合就是复合行为，复合行为的“每一个部分行为都具有它的特殊意向关系，每一个行为都具有它的统一对象和它与此对象的关系方式……杂多的部分行为组合成一个整体行为，它的整体功能就在于这个意向关系的统一性”（LU Ⅱ/1，p. 440）。复合行为的对象性统一及其意向关系不是并列于部分行为而构造起来，“而是在它们之中并且以联合它们的方式构造起来”（LU Ⅱ/1，p. 440），通过联合得到体验的统一性、一个统一的行为。可以看到复合行为的讨论是接着对象性和对象的区分来的。显然，部分行为必须在整体中发挥作用。前面的复合行为“桌子上的餐刀”的部分行为表象的是总体对象的部分，复合行为的部分行为还可以是和总体对象的外在关系环节或关系形式。以断言的或假言的谓语陈述为例，断言陈述的主语环节是奠基性的行为，谓语设定（肯定或否定）建立其上；假言陈述包括前设及建基其上的结论作为其部分行为。这两种情况的整体体验都为一个判断行为，带有一个整体的对象性或实事状态。显然判断不与主语行为和谓语行为、前设行为和结果行为相并列，而是和实事状态相关的客观统一，该统一由那些部分行为所构成。胡塞尔也把复合行为泛泛叫做多环节行为（LU Ⅱ/1，p. 441）。还有更为复杂的情况：在多环节基础上还可以建造起一个新的行为，例如在实事状态的基础上建立起一个喜悦，对该实事状态的喜悦。实事状态或判断对喜悦来说是奠基性的行为，规定着喜悦的内容，没有它喜悦便不能存在。同样，判断还可以为怀疑、提问、期望、意愿等行为奠基；而且后者也可以作为奠基出现。所以，存在着杂多的组合，行为在组合中相互交织、相互奠基；其中奠基、交织的方式的区别，胡塞尔认为迄今从未得到系统的研究，言下之意，观念—现象学会承担起这项研究。

胡塞尔以语音和意义之间的现象学关系这个他极其偏爱的例子来说明上述奠基方式的差异。他注意到了在行为中的主动性行为和从属性行为的区别：我们总是首先生活在主动性行为之中，也生活在从属性的行为之中，"但却只是根据它们对于整体行为及其意向所具有的功能含义的标准才生活在这些行为中"（LU Ⅱ/1，p. 442），这种功能含义标准有利于一些部分行为而不利于其他的部分行为。比如表述行为，它涉及一些完全不同的行为的统一：表述作为感性的语音而被接受、被构造以及作为含义被构造。两种行为，联结方式上有本质差异，"而且一种行为与另一种行为在被进行时所带有的主动性也各不相同"（LU Ⅱ/1，p. 442）。例如表述会被感知到，但是这种感知是从属性的行为，"如果我们不分心的话，我们不会去注意标识〈Zeichen〉，而毋宁会去注意被标识之物〈das Bezeichnete〉；因而，起主导作用的主动性应当属于赋予意义的行为"（LU Ⅱ/1，p. 442）。而伴随着赋予意义的行为的阐明解释（比如作为含义充实的直观，如看到了"桌上的餐刀"，然后陈述："餐刀在桌上"这个事态）或其他作用的直观行为（如对表述的感知），有可能被一同织入整体行为之统一中。可以说这些直观行为在不同的程度上利用了主导"兴趣"。但在一些情况下，这些行为也可以占据主导地位，比如只想表达我们生活于其中的那个感知或想象的图像性判断，或者是明见无疑的规律判断；它们也可以是完全附带性的，"例如在对主导思想的不完整的、甚或完全非本真的直观化的情况中（比如没有直观充实的表述行为——

笔者)，这时，它们便只是一些几乎不带有任何兴趣的仓促的想象材料”(LU Ⅱ/1，p. 443)。但是这种从属和主导性的区分并不阻碍我们有一个确定的意向统一，如同胡塞尔所说，表述性的愿望不是表述与愿望的单纯并列，而是一个整体、一个行为，我们直接将它称作愿望（参见 LU Ⅱ/1，p. 444)。

还要注意，对于表述而言其作为物理语音显现的从属性行为，它对表述行为整体所作的贡献不同于之前的奠基性的例子中谓语环节对于谓语陈述总体所作的贡献，因为它“……不应被看作是在这个整体行为中被意指的对象性组成部分，并且根本不应被看作是某种‘在实事上’属于这个对象性、以某种方式规定着这个对象性的东西”（LU Ⅱ/1，p. 444)。当然，这种实事的无关性并不排斥确定的意向统一，表述的物理显现和给予意义的行为是联结在一起的。另外，对表述的物理显现的朝向也是可能的，这种情况下原来主导性的体验特征就会发生本质上的变化，人们看到的就不再是一个正常词义上的表述了。

胡塞尔还联系注意力问题来讨论意向对象问题。注意力的问题在前面谈过。此处胡塞尔指出人们这样谈论注意力，“就好像它是对各个被体验到的内容的偏好性突出样式的一个标题……就好像这些内容（各个体验本身）就是我们通常所说的被我们注意到的东西”（LU Ⅱ/1，p. 445)，这固然不错：的确对被体验内容的注意是可能的，但是这里所注意的东西实际上就是一个意向对象、一个对象性行为，就是感知、回忆、期待的对象，或实事状态。胡塞尔似乎仍要强调意向对象对于注意力概念的优先性，“只有当我们‘在意识中具有’我们所注意到的那些东西时，我们才能谈及注意力”（LU Ⅱ/1，p. 446)。所以在意向对象或意向内容的意义上来谈及注意力，就比日常词义上的针对感知对象的注意力的适用范围来得广泛，这样可以对非直观的意向行为（如前述赋予含义的行为）谈论注意力；那么这种扩展了的注意力可以和前面关于意向对象的诸种分析融贯起来，因而人们也可以说注意力在本质上影响着复合行为的现象学建构。可见胡塞尔对由复合行为、奠基性问题所引发的行为交织情况的分析是非常细致的。

质性和质料意义上的意向内容 前面意向对象意义上的意向内容的分析，胡塞尔主要是在对象性和对象、奠基和被奠基行为、复合行为、主动性行为和从属性行为等层面上进行。“与此完全不同的方向上还存在着一个极为重要的、并且首先是完全自明的区别，即在行为的一般特征与行为的‘内容’之间的区别。”（LU Ⅱ/1，p. 447）这就是读者比较熟悉的质性和质料之间的区别。

质料胡塞尔这里论述得并不清晰完整。笔者这里参考倪梁康教授的说明：“首先，‘质性’是指一种使某种行为能够成为这种行为的东西，例如，它使表象成为表象，它使意愿成为意愿。胡塞尔也将这种‘质性’称之为‘行为特征’〈Aktcharakter〉。一个表象之所以不同于意愿，是因为表象作为一类行为具有自己的特殊特点……其次，在胡塞尔那里，‘质性’还意味着这样一种东西，它决定着一个行为是否带有‘存在设定’。一个行为或者具有‘设定的〈setzend〉质性’，或者具有‘不设定的〈nichtsetzend〉质性’，‘前者是指在某种程度上对存在的意指；……后者则将存在置而不论’……”[①]而质料所涉及的不是第一个意义层面上的行为的各个组成成分及其聚合统一，而是完全不同的东西，“质料意义上的内容是具体行为体验的一个成分，这个成分可以为这些行为体验以及完全不同质性的行为所共同具有”（LU Ⅱ/1，pp. 447—448）。对于不同质性的行为，质料内容可以始终保持同一，如：“同一个内容这一次可以是一个单纯表象的内容，另一次则可以是一个判断的内容，在其他的情况中又可以是一个问题、一个怀疑、一个愿望等等的内容。”（LU Ⅱ/1，p. 448）胡塞尔举例可以陈述“火星上存在着智慧生物”，也可以把这一陈述变成表象、提问和期望。这样，对于质料的同一性，语法构成的一致性是一个极好的提示。

质性是行为的抽象因素，质料是不是胡塞尔没有明说，但在意向层面的描述本身都是观念—现象学领域的，所以笔者认为它也应当是抽象因素。质料和质性各自离开对方都是无法想象的。

也可以联系意向对象层面更具体深入地来说明质料和质性的情况（参见LU Ⅱ/1，p. 449）。之前在意向对象层面进行分析时，我们看到了在行为中对象性关系的变更（例如表述行为变更为对表述的物理语音的关注）及其相关问题，但这些不足以穷尽意向行为的全部本质。任何一个质性都可以与任何一个对象性关系相组合；质性相同，对象之物的朝向可以变换不定。和上述对象性关系的变更以及质性变更不同的是质料变

① 《胡塞尔现象学概念通释》，第383—384页。

更。质性将一个行为（例如）标识为表象或判断，质料则赋予这个行为以对对象之物的确定朝向；但是不能认为这两者就能单独规定一个行为，因为即使同时确定了质性和对象性方向，仍可能有某些变更。两个带有表象质性因而质性相同的行为，可以朝向同一个对象，但"方式"却可以不同，例如这两个表象"a + b 的长度"、"b + a 的长度"。所以，"对象性方向"、"对象之物的确定朝向"还不足以刻画这里的不同"方式"，胡塞尔认为质料在确定行为的对象性朝向的同时也应包含对这种"方式"的刻画，即质料这个意向特性确定了行为对各个对象的立义（关于"立义"可参见本文Ⅲ），还确定了将这些对象性立义为何物（参见 LU Ⅱ/1，pp. 450—451）。质料因此也可以理解为"……为质性奠基的（但无视质性区别的）对象性立义的意义（或简称为'立义意义'）"（LU Ⅱ/1，p. 451）（这里也可以看到立义被胡塞尔拆分为两个组成部分：立义的行为层面和立义的意义层面）。胡塞尔说："相同的质料永远不可能给出一个不同的对象关系；但不同的质料却能够给出一个相同的对象关系"（LU Ⅱ/1，p. 451）。前一点很明显，后一点亦即不同质料的对象性方向、对象之物的确定朝向可以相同，如"a + b 的长度"、"b + a 的长度"这个例子表现出来的。由此可以看出对象关系、对象性方向、对象之物的确定朝向实际是从同一个逻辑外延等值的抽象角度来谈的，又如"等边三角形"和"等角三角形"的表象；但是朝向"方式"就不是逻辑层面所能描述的，这属于现象学的意义层面①。由此也可以看到，对象的关系方式〈Weise der gegenst*and*lichen Beziehung〉不仅可以从前面意向对象的层面去分析，在意向质料和质性的层面也可以得到分析。

意向本质意义上的意向内容 胡塞尔这里进一步认为质性和质料的统一仍不能穷尽一个行为的特征，"事实上，即使两个行为在质性方面和在质料方面相互相同，它们也仍然有可能在描述上相互不同"（LU Ⅱ/1，p. 452），例如对同一个苹果的两个表象在生动性上，以及感性内容的充盈上的差别。这种差异或变化并非是本质性的，且并不归诸对象而是归诸显现〈Erscheinung〉（参见 LU Ⅱ/1，p. 454）。同样的情况也适用于想象表象，但这些情况并不妨碍感知或想象行为的本质内容的立义。

① "意义"作为一条"伏线"是一个贯穿于胡塞尔现象学的重要问题，这个问题亦须长文分析，此处不能论述了。

所以，胡塞尔认为质料和质性乃是一个行为完全不可或缺的组成部分，这两者的统一被标识为行为的“意向本质”。在特别顾及表述行为时胡塞尔除了意向本质还专门引进了一个与之等价的概念（笔者如是认为），“合乎含义的本质”（LU Ⅱ/1，p. 452）。对这个合乎含义本质的观念化抽象产生出观念意义上的含义。在笔者看来表述行为的意向本质可以用合乎含义本质的提法替代。

引进意向本质以及合乎含义的本质，可以从逻辑等值的角度[①]说明诸行为的同一性。例如，众多表象在同一个立义意义或根据同一个质料被表象给我们，那么我们所具有的实际上是同一个表象。涉及表述行为则有，例如“如果在两个表象中的任何一个表象的基础上，并且纯粹自为地看（即分析地看），可以对被表象的实事作出完全同一而非不同的陈述，那么这两个表象在本质上便是同一个表象”（LU Ⅱ/1，pp. 453—454）。又如“如果关于一个判断的实事状态的一切在这一个判断看来（纯粹根据判断内容本身）都是有效的，并且这一切对另一个判断来说也必然有效，那么这两个判断在本质上便是同一个判断。它们的真理值（即“真值”——笔者）显然是同一的，因为‘这个’判断、作为判断质性和判断质料之统一的这个意向本质是同一的”（LU Ⅱ/1，p. 454）。所以，可以认为在胡塞尔那里，表述或其他行为逻辑等值的根据是和意向本质相关的：首先必须是对象性的性质相同（这是同时也可以看作是在意向内容第一概念的层面上谈的），即不能一个是表象、一个是判断；再来看质料是否相同，质料如前所述，不仅规定了对象性朝向的方向（这一点是抽象地就外延而言的），而且还规定了朝向方式（这一点决定更为细微的并非外延所能描述的层次区别，如前面两个表象的例子：“a + b 的长度”、“b + a 的长度”）。在此也可以看出胡塞尔对于逻辑等值的处理不是单从形式逻辑来看待的，而是从更为基础的意向性层面来看待的。

逻辑等值层面要求对象性特性一致，如果不要求这一点，那么在例如想象和感知这两种不同对象性特性不同的情况下，意向本质可以相同，例如：一个想象表象以表象的方式，一个感知以感知的方式，可以将表象和

① 正如这句话背后暗示的等值性：“一个个体可以在不同的时间，或者说几个个体，无论在同一时间还是在不同的时间，可以具有同一个表象、回忆、期待，可以进行同一个感知、陈述同一个断言、抱有同一个愿望、同一个希望等等。”（LU Ⅱ/1，第 453 页）

实事状态立义为一个东西。这说明直观行为的种类区别（想象和感知都被胡塞尔纳入他的直观标题之下）并不受到意向本质的规定，或者说是独立于意向本质的（参见 LU Ⅱ/1，p. 455）。反过来说，意向本质并不受直观行为的种类区别的限制。这种情况不仅适用于直观，还“……适用于任何一种行为”（LU Ⅱ/1，p. 455）。比如愿望，几个人抱有同一愿望，“也许在一个人那里，这个愿望是清晰的，而在另一个人那里则不是；在一个人那里，这个愿望在奠基性表象内涵方面是直观清楚的，而在另一个人那里则或多或少是非直观性的，如此等等”（LU Ⅱ/1，p. 455）。对象性关系存在这样那样的差异，但诸情形下的赋予含义的行为所要求的是同一个东西，这些行为的合乎含义之物，“即在它们之中构成观念含义之实项现象学相关物的东西”，与其意向本质是相同的（LU Ⅱ/1，p. 456）。笔者认为，这是指和含义相关联的实项意义上的体验，它本身还不是含义本质或意向本质。

由以上可见，意向本质（包括就表述领域而言的含义本质）是一个立足于前两个意向内容层面且不同于它们而对其加以综合说明了的新层面；读者也可以看到胡塞尔在分析具体行为时这三个意向内容层面是交织着进行说明的，的确烦琐，但仔细分析还是可以辨认的。

Ⅵ 对胡塞尔“意识”理论的评价

“当现象学家把一个本体论概念或原则认作构成性本质关联体时，当他把它们当作直观证明的导引，而后者仅在自身内就有其正当性时，他并未从本体论上进行判断。”（Idee Ⅰ，p. 370）这是胡塞尔在《观念Ⅰ》末尾部分说的一句话，那里涉及形式本体论和实质本体论所起的对现象学分析进行导引的作用，它们以其自身的层级序列规定了现象学分析的层级序列（如逻辑研究的几个研究就是可以看作由形式本体论和实质本体论的层级序列所引导的）。胡塞尔并没有从本体论上进行判断，所以物、精神在胡塞尔那里都是起引导作用的，而对它们本身存在与否并不追究，它们只是一种原则，并形成本质关联体。“意识”也是这样一个起导引作用的本体论概念和原则。意识框架和其下的分析本身可以看作是形式本体论的一部分，但是它同时也作为整个现象学的描述分析手段。胡塞尔对意识的系统描述或分析是不可能再归结到比意识框架本身更深的基础层次上来的。所以笔者强调胡塞尔是属于意识哲学传统或范式的。

处在这个意识框架中的内容，尽管处处都要经受意向性的分析，仿佛经过一部编好程序的机器的改写，然而，表象、想象、感受、感知、表述、体验等传统说法仍然保留下来了，尤其是对于感知和表象的基本处理和传统一致。重要的不是胡塞尔从传统继承下来了一组概念，而在于他从传统继承下来的这幅意识图像或范式。这种意识哲学范式或图像在现当代受到了挑战。胡塞尔的意向性分析强调的只是一种本质关系的把握，并且和纯粹逻辑学的原逻辑在认识、起源方面的澄清相关，而并非在无意识的心灵深处或者在生理发生意义上进行分析，所以他的论述在传统意识哲学的框架之下是正确合理的；但是，由于意识哲学的范式本身在现当代受到了质疑或怀疑，并且还有一些替代性的或同样能够说明问题的范式能行得通，所以人们可以在这个范式背景转换的意义上指出胡塞尔现象学可能的前定假设和条件，以表明其有限性。

涉及这一点的哲学家有德里达、哈贝马斯等，笔者认为罗蒂是其中表述得很有说服力和明确清晰的一位。本文最后借助他对感知的观点来对胡塞尔的意识理论做一个评判。

罗蒂认为笛卡尔和洛克在哲学史上，赋予了观念〈idea〉以新的意义。笛卡尔用“思想”一词包括了怀疑、理解、肯定、否定、意愿、拒绝、想象和感觉[①]，他“……把思想这个词理解作我们意识到在我们心中起作用的一切……因此不只是理解、意愿、想象，而且连感觉在此也与思想是同一种东西”（MPN，p. 58，注17）。与此对应的，洛克用“观念”来表示“‘人在思想时成为理解对象的任何东西’，或表示‘在思想中心的每一种直接对象’”（MPN，p. 41）。罗蒂认为，“在希腊和中世纪传统中没有一个词，哪怕是哲学性的词，在用法上与笛卡尔和洛克对‘观念’一词的用法相符合。也没有一种作为内在空间的人心概念，在其中痛苦和明晰的观念二者都在一个单独的内在眼睛前受检验……在这个空间里，身体的和知觉的感觉（用笛卡尔的话说：‘感觉和想象的混合观念’），数学真理、道德规则、神的观念、忧伤情绪以及一切其他我们现在称作‘心的’东西，都成为准观察的对象”（MPN，pp. 41—42）。虽然这样一个

① 罗蒂：《哲学和自然之境》，李幼蒸译，商务印书馆2003年版，以下简称MPN，第58页注17。

具有其内在观察者的舞台，在古代和中世纪思想的各个时期都被提出过，但是只有在17世纪才被人视为讨论认识论问题的基础，认识论开始成为哲学的核心。罗蒂说，笛卡尔用“明晰知觉”“……代替了作为永恒真理的‘不可怀疑性’。这就使不可怀疑性解脱出来被用作心理事物的一个判准……其结果是，自笛卡尔以后我们必须在有关我们对内部状态确定性的特殊形而上学根据（‘没有什么比心本身更接近心的了’）和作为我们有关其他事物的确定性根据的各种认识论理由之间加以区别了”（MPN，p. 46）。罗蒂认为正是这种区分，导致了对某物存在的确定性和某物性质的确定性之间混淆的驱散，经验主义开始取代唯理主义。在他看来17世纪的经验主义同样是由笛卡尔对于内部空间的开启而产生的。罗蒂认为贝克莱将笛卡尔的学说纯化和正常化，把广延实体去掉后，出现了完全成熟的“‘观念’的观念（笔者理解为把追求观念中视为具体对象的东西转变为追求其背后的条件）”（MPN，p. 47）。这样，一门以认识论为中心的哲学学科才有可能，“哲学可以说超出了古代哲人追求的那种实践智慧而成为专业性的研究，其专业性几乎类似于数学，后者的主题象征了心灵特有的不可怀疑性”（MPN，p. 47）。这可以说是：“……确定性寻求对智慧寻求的胜利，从那时以后敞开了哲学家达到数学家或数学物理学家的严格性，或者达到这些领域严格性外表的大道……科学，而非生活，成为哲学的主题，而认识论则成为其中心部分。”（MPN，p. 48）在罗蒂看来，对于古人而言，心是能够分离的存在，是因为它思索不变的事物，而且本身就是不变的（比如柏拉图的哲学）；对于现在人来说，心极其明显地能够有分离的存在，是因为它是一团丰满、频繁流动的感觉集合（如现代的心理学的一些理论），古人和现代人都没有接受笛卡尔堆积在“思想”之下的一切项目的可分离性的明晰知觉；在笛卡尔以后哲学所关心的问题就是关于眼睛不能看、耳朵也不能听的问题。笛卡尔提供的将一切都带到内在眼睛前受检验的内在空间被罗蒂比作镜子的形象。

可以看到胡塞尔的描述现象学、观念现象学虽然都没有假定内部存在，但却仍然“假定”或“继承了”笛卡尔以来的内部空间，罗蒂实际已经表明这个空间本身是可怀疑的。

支持这个怀疑的在笔者看来是罗蒂的一个关键步骤，即在对于笛卡尔带来的心的内部空间有了解之后，罗蒂要对进入该空间并达到其中的心理事物的“特殊通道”的观点进行讨论。对此他以感觉这一心理事物为例做出了典型性的分析。罗蒂举了一个十分有趣的对跖人①的例子。对跖人有没有感觉呢？他们不理解地球人说的疼痛是什么意思，对于一个引发地球人感到疼痛的刺激他们用另一种语言进行报道：我的C神经纤维被刺激。他想通过这个例子表明，说对跖人有或没有感觉都不得要领。对这个问题，他主张一种认识论的行为主义的观点——他也称认识的行为主义为实用主义②——不可改变的或者追求确定性和必然性的知识（如这里的对跖人有没有感觉的问题——笔者）只是关于什么样的正当性的实践为其同伴所采取的问题，而不是被引导去说某一类行为形成了感觉归属的必要和充分条件（MPN，pp. 92—93）。他认为我们可以抛弃对于一个实体存在一个直接认知的特殊通道的看法（这些“实体”比如“纯感觉”、“精神”等，这些“通道”指比如，直观、感知的通道等），那么，我们就会注意到：“除非存在有典型痛苦的行为这类东西，我们就永远不可能教一个儿童明白（例如）‘牙痛’的意义。”（MPN，p. 101）“疼痛”看起来是我们学会的对某种事件——比如，用针扎一下手臂——的反应。可以这样定义疼痛吗？婴儿有没有疼痛呢？按照罗蒂的观点，他会认为这样的提问本身令人误解，它仍然为寻找某种对应实体的本体论思想所控制。

读者可以回忆前面讲到的，胡塞尔认为在感知之前“有”感觉，并且感觉被胡塞尔归为非意向的行为，它就相当于罗蒂怀疑的感觉（虽然罗蒂采取的是心理学的态度，但从胡塞尔继承了这种意识图景的意义上

---

① 罗蒂假想的一个星球上和我们一模一样的生物。他们的神经学和生物化学技术发达，“当他们的幼儿奔向热炉灶时，母亲喊道：‘它将刺激他的C纤维。’当人们看到精巧的视觉幻想时就说：‘多奇怪！它使G14颤动，但当我从旁边看时可以看到，它根本不是一个红的长方形。’他们的生理学知识使得任何人费心在语言中形成的任何完整语句，可以轻而易举地与不难识别的神经状态相互关联起来”（MPN，第67页）。

② “参照社会使我们能说的东西来说明合理性与认识的权威性，而不是相反，这就是我们将称作‘认识论的行为主义’的东西之本质，这也是杜威和维特根斯坦共同具有的态度。我们最好把这种行为主义看作一种整体论，但它不需要唯心主义形而上学的基底。”（MPN，第162页）“认识论的行为主义（它可以被简称为‘实用主义’，如果不嫌这个词含义过多的话）”主张：“哲学只不过提供有关知识和真理的常识……成为行为主义者就不是提供还原论的分析，而是拒绝尝试某种说明：即这样一种说明，它不只是在环境对人的影响和人对这种影响的报道之间插入‘认识意义’或‘认识感觉现象’一类概念，而且利用这类概念来说明这类报道的可靠性。”（MPN，第163—164页）

说，他的“感觉”是和罗蒂的“感觉”相对应的），亦即胡塞尔认为须加立义以成为感知的东西，这是前语言的东西，其存在是不是纯感觉都是未知的。但是在理论表述中，胡塞尔显然预先设定了感觉的存在（即胡塞尔回答说有感觉）。那么通过以上罗蒂的观点可以看到，胡塞尔还是通过现象学的语言机器控制了这个前语言的过程，并命名为“感觉”，并且提出对它“立义”以成为“感知”。读者如果对照对跖人的例子就可以看到，这种控制和命名只是体现为众多控制和命名的途径之一，而被命名者的存在无法判定。如果说胡塞尔坚持认为自己的控制是一种本质的话，他就是不合理的了。胡塞尔遵循的传统实际上正好控制了他本人的意识图景，那么我们也可以认为胡塞尔的“本质”概念具有社会性、历史性。① 罗蒂认为婴儿在学会报告疼痛之前或者开口说话之前“……知道疼痛的方式，也就是自动换唱片装置知道螺纹已到尽

① 上述问题德里达先于罗蒂注意到了，这里引述一段德里达的话可以和罗蒂的观点相对照：“质素是在被意向形式激活前的情感之感觉（被体验而非实在的［这里的非实在应当是就情感感觉的行为质料这一抽象层面而言的——笔者］）质料。它是纯粹被动性的极端，也是非意向性的极端，而没有这种非意向性的极端，意识就会接受不到任何除了它自身外的别的东西，因而也就无法进行它的意向性活动。这种接受性也是一种本质性的敞开。如果说胡塞尔在《观念Ⅰ》所持的那个层次上，拒绝为了质素本身并就其纯粹之天赋去描述并考察它的话（《逻辑研究》也没有就感觉进行考察，仅有一句暗示，见本文第Ⅳ部分所引 LUII/1，第 431 页的一段话——笔者），如果说他不打算验明无形之质料与无质料之形（此即质素的特征，参见《观念Ⅰ》第 215 页——笔者）的可能性的话，如果说他限于已构成的质素—形态的相关关系的话，那是因为他的分析依然在某种已构成的时间性内部展开。（难道他的分析不将总是以这种方式展开吗？）既然质素在其最深处及其纯粹特性中首先是时间质料，并且就是生成本身的可能性所在。因此，在开放的这两个极端（即质素既被规定为非意向性的、纯粹被动性的，又被看作是内时间意识的质料、生成本身的可能性——笔者），从一切意识的先验结构内部，就可能显现向生成构成和这种新的‘先验感性论’（即质素问题完全有资格成为一门先验感性论——笔者）过渡的必然性，而这种新的先验感性论将会不断地被预示但又总是被后延，在这种新的先验感性论中，大写他者和大写时间这些主题应当让它们不可还原的共谋性显现。这就是他者和时间将构成现象学指向一个其‘原则之原则’（在我们看来即其形而上学原则：原初自明性和物本身的显现）被根本地质疑的地带（这里可以看到德里达和罗蒂同样都通过对质素或感觉问题的细致分析指向了胡塞尔直观、自明性的可疑性，但二人途径不同，前者追溯到胡塞尔的时间和他者领域让质素解构，后者则通过其独辟蹊径的语言哲学观点质疑感觉所属意识图像的可靠性——笔者）。无论怎样，如可看到的那样，这种从结构的向生成的过渡之必然性就是（与从前的哲学家态度的）断裂或（向现象学态度的）宗教皈依的必然性。”《“生成与结构”及现象学》，引自《书写与差异》，张宁译，三联书店 2001 年版，第 294—296 页。

头、植物知道太阳的方向以及阿米巴知道水的温度的方式”（MPN，p. 101）。他认为我们谈论感觉的同时，接受了这样一幅图画，“这幅图画按照人（而不只是人的心）是何物的某种形象把某种行为（内省报道）与其他行为（物理对象的报道）联系起来。行为主义者注意‘痛苦’概念的社会作用，而并不企图越过这种作用去探索痛苦具有的不可表示的现象性质”（MPN，p. 95）。以上说明，把感觉视为穿过了人类固有的感知通道的“自然所与物”是不合适的，因为根本没有自然所与物的地位；但是我们可以合理地谈论“直接知识”，如果这种“合理”是这样表现的：直接知识是这样一种知识，其所有者并未进行任何有意识的推论，但是也没有暗示，某些实体特别适宜以这种方式被认知；这种非推论地认识的东西，与我们碰巧熟悉的东西有关（参见MPN，p. 98）。罗蒂认为：“‘本质主义的直观’和‘明晰的知觉’永远诉诸由我们的前人在语言中确立的语言习惯。”（MPN，p. 44）以上在笔者看来是适于胡塞尔的评论。

所以，对于婴儿有没有感觉的问题，回答是不能判定。因为“痛感”在提问中已经被假设为某种“自然所予物”了，而这种“所予物”没有现实存在的地位，只是一种类似于C神经的报道。“痛苦”在这个问题中是一个前语言的东西，对于它，知道它像什么和知道它是什么是不同的。我们并无理由反对“知道痛苦（或红色）像什么的观念”，但是它和痛苦是什么没有任何联系①。罗蒂总结说，“知道事物是什么样子不是在一个陈述命题时被证明的问题”（MPN，p. 171）。人们将婴儿和机器自然地加以区分，认为婴儿有痛苦和心灵而机器没有，罗蒂对此表示怀疑。在他看来——认为婴儿有“痛苦”这一自然所予物的观点伴随着将感觉和区别能力进行结合或混淆的这一隐含看法：“运用前者（感觉——笔者）的欠缺来排除掉机器和容纳进婴儿，然后运用后者（区别能力——笔者）的存在来使婴儿所有的东西类似于命题知识。”（MPN，p. 171）——是不恰当的观点。如果这种批评合理的话，那么本文前面引述胡塞尔关于心理生物和外部事物相区别的话也是值得怀疑的。

罗蒂认为洛克也犯了类似的错误：“即在对我们心智作用的机械论描

① 罗蒂这里的分析来自于美国哲学家塞拉斯的学说。

述和我们知识主张的‘基础作用’之间的混淆。”（MPN，p. 129）罗蒂认为这种混淆恰使得认识论得以产生，因为笛卡尔只是提供了内部表象和空间，只有一种对于对内部空间的构成和机能的系统描述才能构成关于认识论的系统理论（MPN，p. 129）；但是，洛克把“关于……的知识”看作“先于……的知识”，即把知识看作是人与对象之间、而非人与命题之间的关系（MPN，p. 130）；而人与对象之间的关系（这里表现为人与内部空间的关系）是可疑的，因为内部空间或心灵只是一种发明，洛克的“白板”也只是一个比喻的图像。罗蒂把洛克的混淆称为说明和证明之间的混淆。他认为：“洛克和十七世纪一般作家根本不把知识当做被证明了的真信念。因为他们不把知识看作在一个人和一个命题之间的一种关系。”（MPN，p. 130）胡塞尔显然不像洛克那样假设心灵空间的存在，他的现象学不证明内部空间是否如此存在，而是借助于这种内部空间展开分析，但是，即使“借助于”，由于凭借的东西本身可怀疑，那么，胡塞尔的现象学就显得的确只是在一个可怀疑的框架内对该框架引起的分析的严密性追求进行导引。

在罗蒂看来，康德转向了寻求“……的知识”的模式，即转向了人与命题之间的关系。“康德的发现被认为是，在‘心的构成性行为’之前不存在‘有效的事物’（客体）。因此一个客体（其若干谓词为真的东西）永远是一种综合的结果。”（MPN，p. 135）但是由于“康德进行这种转变的方式仍然停留在笛卡尔的框架内；他的措辞仍然像是对我们如何从内部空间达到外部空间这个问题的回答”（MPN，p. 135）。罗蒂认为《纯粹理性批判》中有一个未被质疑的假定：“杂多是‘被给予的’，统一是被造成的”（MPN，p. 139），在他看来，我们不能合适地得出原初的可感受性中的感性给我们一种杂多，因为我们不可能内省到这样的情况；同样地，我们无法在综合之前得到我们关于直观的消息（罗蒂大概是指康德关于先天综合判断中先天范畴连接感性经验的情况是值得怀疑的，因为康德继承的内部空间形象是可疑的）。他假设如果康德从命题不应与呈现于感觉的单一性等同以及不应与呈现于理智的单一性等同这一观点出发，达到人与命题之间关系的知识观，就不需要“综合”概念了（MPN，p. 139）。罗蒂并没有直接反驳康德，他只是怀疑康德所依据的那个内部空间的图像的合理性，他的建议是换一种显得合适些的谈论方式或者图像。[①]读者可以看到胡塞尔自觉地排除本体论、存在设定，借用意向性的本质层面进行分析，这就和康德一致（当然康德还不彻底，他认为有物自体）也转向了人与命题之间的关系寻求，等价于是在用一种命题（体现为以意向性分析为中心的现象学本质描述）来表明认知的本质关系而不断定存在问题。这完全是一种纯粹理论和科学的追求，意向性层面就是这门科学的语言和初始规则，罗蒂所作的只是小声提议一下“我们可以换一种语言符号和初始规则”。显然，现象学的方式和别的方式并没有一个绝对优劣，这就足以消解其“本质的”这个修饰语了。

罗蒂的见解的获得，来自于他对许多英美哲学家的理论及真理观的吸收与批判，这里只指出他从戴维森那里得来的启示：“关于真理符合显示方式的讨论摆脱了关于天地间存在着什么的讨论……对戴维森而言，符合是一种关系，它并无本体论的偏好，它可使任何一种词语与任何一种事物相联系。这种中立性表现了这样一个事实，按照戴维森的看法，自然对自己被再现的方式并无偏好，因此对标准符号系统并不关心。自然也不可能较好地或较差地符合，除了在我们可以有较多或较少的信念这样一种简单的意义上。”（MPN，p. 279）

罗蒂虚构了这样一种预测声音发出的科技，但是“……即使我们能预测公元四千年时科学研究者集体所发出的声音，我们仍然不能加入他们

① 在笔者看来，现象学的开拓者胡塞尔的确信——“反思现象实际上是一种纯粹的和完全明晰的所予物领域。它是一个由于是直接的所以是永远可以达到的本质洞见……”（《观念Ⅰ》，第 198 页），“这里的任何一个语词都指示着内在构成部分的丰富性”（胡塞尔：《哲学作为严格的科学》，倪梁康译，商务印书馆 1999 年版，第 25 页）。——前提仍然是带有离作为所予物的本质最近的反思的这样一种特点的镜式空间。如果这个内部空间的形象本身是可疑的，那么，现象学实际也就失去了存在的可靠基础了。这种基础本身的合理性和以这种基础为假设的理论内部观点的一致性应当加以区别。在笔者看来，罗蒂对于“痛苦”“自然的所予性”“表象”的批评同样适用于胡塞尔的某些具体观点的：比如本质直观和表象的观点。罗蒂并不仅仅对大陆哲学家作了一些怀疑和批评，对于英美的语言哲学他也进行了批判。他认为“语言哲学”这一学科有两个来源，“其一来自由弗雷格提出并由（例如）维特根斯坦在《逻辑哲学论》和卡尔那普在《意义和必然性》中讨论过的一系列问题。这些问题是有关如何使我们的意义和指称概念系统化，以便于使我们利用量化逻辑，保持我们对模态的直观，以及一般地产生一幅清晰的、直观上令人满意的关于这样一种方式的图画，按照这种方式，像‘真理’、‘意义’、‘必然性’和‘名字’等概念都可彼此协适”（MPN，第 241 页）。这个系列的问题，罗蒂称之为“纯的”语言哲学，它不含有认识论的偏见，与大多数近代哲学传统的关注点无关。其二是“不纯的”语言哲学，“……来源是企图保持康德的哲学图画，以便为知识论形式的探索提供一种永恒的非历史的构架”（同上）。

的谈话……我们能预测声音而无须知晓其意义的事实，正是这样的事实，产生声音的必要而充分的微观结构条件，将极少类似于用于描述该微观结构的语言中的语句和由该声音表达的语句之间实质的相同。这不是因为任何事物在原则上都是不可预测的，更非因为自然与精神之间的本体论区分，而只是因为在适于对付神经细胞的语言和适于对付人的语言间的区别”（MPN，pp. 331—332）。再套用罗蒂的一句话，“这两种说明之间的区别并不比对桌子进行的宏观结构描述和微观结构描述之间的关系更为神秘”（MPN，p. 458，附录《非还原的物理主义》）。那么，胡塞尔的谈话方式也可如是看待，是一种对世界的描述和回应方式。而回应世界的方式的并不一定非得通过谈论心灵、观念、感觉、意义、直观等概念而获得，且不论这些概念是否真有其对应物。

但是，也正是因为现象学所遵循的意识哲学传统，才使得它的生命能量和这个传统的生命相关联。笔者认为只要人们还会经常使用意识、精神、表象等表达以及它们所暗示的形象和背景，那么现象学就依然能够发挥它的深刻性，为人们思考和行动提供可参考和选择的视角和建议，发挥其理论资源的潜力。这些问题在笔者看来已经不再是现象学的问题或哲学的问题，而是实践的、社会的问题了。

（作者单位：昆明林业大学人文学院）

视阈：扩展？限制？还是突破？

——论胡塞尔物知觉中视阈与类型的关系

杜战涛

[内容提要] 胡塞尔的"视阈"是一个有待澄清的概念。Smith & McIntyre 认为视阈是对对象的进一步的特性所划定的界限，但这种观点是胡塞尔本人所反对过的。视阈不仅不是对对象的进一步的特性所划定的界限，自身反而是要受到限制的。这种限制就是类型（共相）对视阈的预先规定。但这种限制并非是不可以突破的。经验性共相预先规定着具体的对某物的知觉的视阈，但视阈自身是运动的，它不断增加着新的东西从而改变着经验性共相，由此二者形成交互关系，在交互关系中推动认识的发展。

[关键词] 视阈　可能性　类型　预先规定　交互关系

本文的问题起源于海德格尔《存在与时间》的英文译者 Macquarrie & Robinson 所持的一个观点：英语国家的读者的习惯看法是，视阈是我们可以扩展或者超出的东西；而海德格尔则好像不把它看作是可以扩大或者超出的，而是它对于在其之中进行的理智活动设定了界限。①这一观点被 Smith & McIntyre 所接受，他们认为，这一观点"好像不仅适用于海德格尔，也适用于胡塞尔"②。由于"好像"一词意味着对此问题并未完全澄清，所以本文试图对这一观点是否适用于胡塞尔进行分析。通过分析本文

---

① Martin Heidegger, *Being and Time*, trans. by Joan Macquarrie and Edward Robinson, New York: Haper & Row, 1962, p. 19.

② David Woodruff Smith and Ronald McIntyre, *Husserl and Intentionality*. Dordrecht: Reidel, 1982, p. 264.

得出结论：视阈并非是对理智活动设置了界限；此外，本文发现，视阈非但不是对理智活动设置了界限，视阈本身却是要受到限制的；而且，视阈可以突破这种限制，并与预先规定它的“类型”构成交互关系。以下分三个部分分别对这三个问题进行讨论，讨论的范围限于物知觉（Dingwahrnehmung，即对具体的物理对象的知觉），因为物知觉是胡塞尔先验现象学的导引，而且视阈概念最初是在物知觉中出现的，并且与物知觉是密不可分的。

一 视阈：可扩展的还是作为界限

在对 Macquarrie & Robinson 所持的观点是否适用于胡塞尔进行分析之前，需要引入 Smith & McIntyre 对视阈概念的划分。Smith & McIntyre 把视阈分为行为—视阈（act－horizon）和对象—视阈（object－horizon）：行为—视阈指与被给予行为相关的一系列可能的感知行为；对象—视阈则指在行为中意向对象的可能的诸“规定性”。①

下面进入对 Macquarrie & Robinson 的观点中所涉及的“英语国家的读者的习惯看法”的讨论。视阈概念首先是在《观念 I》中明确地提出来的，比如在§83 中：“因此一个成了某一自我目光对象的，因而具有所予性诸样式的体验，具有其未被注视的体验的视阈；在‘注意性’样式中而且或许在渐增的明晰性中被把握者，具有一个非注意性视阈作为其背景，这个非注意性具有相对差异的明晰性和晦暗性以及突出性与非突出性。根植于其中的诸本质的可能性（*eidetische Möglichkeiten*）即为：使未被注视者成为纯目光的对象，使模糊地被注意者成为主要的被注意者，使未被突出者成为突出者，使晦暗者成为明晰者和更加明晰者。”②从这段文字可以看出，虽然胡塞尔并未像 Smith & McIntyre 那样明确区分了行为—

① Smith & McIntyre, *Husserl and Intentionality*, p. 232. 胡塞尔对意识的描述和分析主要是依照 noesis－noema 结构的两极的相互关系来进行的。而 Smith & McIntyre 关于行为—视阈和对象—视阈的划分实际上也是依照 noesis－noema 的结构的两极来对视阈进行划分的，虽然 Smith & McIntyre 并未明确说明这一点。引入这种分法对于理解胡塞尔本人以及 Smith & McIntyre 的视阈概念都是有帮助的。

② 胡塞尔：《纯粹现象学和现象学哲学的观念 I》§83，李幼蒸译，人民大学出版社 2004 年版，第 138 页（以下简称《观念 I》）。

视阈和对象—视阈，但胡塞尔所谓的作为对象背景的当下未被注视的视阈，会随着行动的注意由未被注意的转为被注意的，由晦暗的转为明晰的。这实际上已经暗示着视阈的两极，即行为—视阈和对象—视阈，因为没有与主体无关的对象，对象作为是行为所意向的对象而显现的。一方面，在对象—视阈方面，视阈意味可扩展的和可超出的，即存在一个可以得到扩展并超出当下注意范围的可能成为注意对象的背景；在行为—视阈方面，也意味着可扩展和超出的，即行为有超出当下的注意行为的可能性，从而以另外的某种可能的方式指向对象。从行为—视阈和对象—视阈来看，都支持了“英语国家的读者的习惯看法”。

另一方面，Smith & McIntyre 所持的“视阈对在其中进行的理智活动设定了界限”这一观点并没有充足的文本和理据上的支持。虽然视阈的希腊文（*horos*）确实是指“界线、限制、前线、边界；地标；定义（一个词的定义）”[①]，但从文本上看，Smith & McIntyre 并未引及过胡塞尔对视阈的此类用法的文本。Smith & McIntyre 对他们自己的这一观点是基于对胡塞尔的部分文本的解读之上所作出的断言，但很快我们会看到，这一断言恰恰是胡塞尔本人所明确反对过的，也是站不住脚的。

Smith & McIntyre 是这样来表述的：“关于意向对象的行为的意义（*Sinn*）所敞开的可能性……胡塞尔称之为意向对象的视阈。我们可以把这个视阈看作是对象的更进一步的特性和它在意识中的‘构造’的所划定的界限（the circumscribed limits）。”[②] Smith & McIntyre 得出这样的结论是基于对《观念 I》§44 中的这段文字的解读基础之上的：“物体必然只能‘在一个侧面中’被给予，而且这不只意味着它在某种意义上是不完全的或不完善的……物体必然只能在‘显现方式’中被给予，在其中，‘现实地被呈现着’的核心必然被统握为由一非本然‘共同—所予物’的视阈所围绕，而且这个视阈具有某种模糊的非规定性。而这种非规定性的意义又是被一般知觉物本身的普遍意义，或被我们称做物知觉的这类知觉的普遍本质所预先规定的。的确，非规定性必然意味着一种在严格规定的方式下的可规定性。它预先指出了诸可能的知觉复合体，它们彼此不断地

① Michael Inwood, *A Heidegger Dictionary*, Oxford: Blackwell, 1999, p. 98.

② Smith & McIntyre, *Husserl and Intentionality*, p. 231. 本段中的下面部分所涉及的 Smith & McIntyre 的观点在此书第 230—231 页。

相互融合，共同汇为一个知觉统一体，在此统一体中连续持存的物在一永远更新的侧显系列中显示着永远更新的侧面……必然永远存在一个关于可规定的非规定性的视阈，不论我们在自己的经验中进行得多远……”[①]关于这段话，Smith & McIntyre 举了这样一个例子：我从远处看到一棵果树，树的颜色和形状——这些从树的前侧可以看到的部分是被我的行为的意义（Sinn）的谓词—意义（predicate - sense）所规定的。[②]树的颜色和形状等这些“规定性”是在知觉行为中被“明确地”给予的。此外，还有一些可能的未被规定的但可被规定的规定性，而这些是由“被知觉到的东西”的“一般意义”所预先规定的。比如，“是一棵橘子树（is a citrus tree）”这个意义，暗示了关于对象的更多的东西：这棵树是果树而不是针叶树、这棵树的背侧有与前侧一样的树叶和果实，等等。于是，我的知觉的意义规定了对象的更多的属性。由此，如前文所引述的，Smith & McIntyre 认为，行为的意义（*Sinn*）所敞开的可能性（尚未被规定的），就是胡塞尔所称的对象的视阈，我们可以把这个视阈看作是对象的更进一步的特性和对象在意识中的构造的界限（the circumscribed limits）。

但事实是，Smith & McIntyre 把视阈（无限的可被规定的未被规定的可能性）视为对象的进一步规定的最终界限，这种观点恰恰是胡塞尔明确反对过的。在《观念Ⅰ》§149 中，胡塞尔指出，支配物知觉的现象学法则是“一致性直观‘进程中的无限性’的观念可能性（*ideale Möglichkeiten der “Grenzenlosigkeit im Fortgange” einstimmiger Anschauungen*）”，也就是说，物知觉不是可以最终被完结的，而是可以无限地扩展和增加的，也就是说，对于同一物“X”的规定内容是处在无限丰富的进程中的。但这个无限的进程不能设想为有限的封闭的进程统一体，否则就会产生“一种矛盾的、有限的无限性”[③]。或者，让我们回到 Smith & McIntyre 对视阈的两种划分。从行为—视阈来看，行为—视阈本身就是诸可能的知觉行为，又怎么能够为诸可能知觉行为划定界限？从对象—视阈

① 胡塞尔：《观念Ⅰ》§44，见李幼蒸译本，第 64 页。

② Smith & McIntyre 所使用的意义（*Sinn*）和谓词—意义（predicate - sense）是指：“每个意义（*Sinn*）都是一个复合的意义—结构（meaning - structure），这个结构可以分为两个部分：一个是谓词—意义的集合体，它规定了作为被给予的对象所具有的属性；另一个是不同类型的意义成分，‘X’或‘可规定的 X’。”见 Smith & McIntyre, *Husserl and Intentionality*, p. 195.

③ 胡塞尔：《观念Ⅰ》§143，见李幼蒸译本，第 254 页。

来看，同样，对象—视阈作为意向对象的诸可能规定性，怎么能够为对象的可能规定性划定界限？再或，即使视阈可以作为一个具有某种特征的所有可能行为或对象规定性的集合，但这个集合却是没有界限的，因为这个集合中的行为及其相关的对象规定性是无限的，所以视阈绝不能为无限的行为和对象的无限的进一步规定设定某个确定的界限。

对 Smith & McIntyre 的观点的叙述和反驳到此结束。但从上文引用过的《观念 I》§44"……视阈……又是被……预先规定的"来看，这里涉及另一个问题，即视阈作为可扩展的可能性，自身又是受规定和被限制的。

二 视阈：作为被限制的

从胡塞尔的文本看，视阈概念是与可能性、潜在性和自由有本质关联的；而可能性、潜在性、自由三者又是密切相关的。上述引文中与视阈相关的部分都涉及了"可能性"："根植于其中的诸本质的可能性（*eidetische Möglichkeiten*）"（《观念 I》§83）、"诸可能的知觉复合体"（《观念 I》§44）、"一致性直观'进程中的无限性'的观念可能性（*ideale Möglichkeiten der 'Grenzenlosigkeit im Fortgange' einstimmiger Anschauungen*）"（《观念 I》§149）。此外，虽然胡塞尔在《笛卡尔式的沉思》中作了"视阈是被预先规定的潜在性"的界定[①]，但这种潜在性又是跟可能性十分相近的："任何现实性都有自己的潜在性；这些潜在性并不是空洞的可能性，而是在内容上，也就是在每次现实的体验本身中预先被意向性地规定的可能性。"[②]此外，与"可能性"相关的还有"自由"："时时处处都存在这种可能性——我能够做而且正在做，但也能够以与我现在做的不同方式来做。但这种自由与其他自由一样，总是受到限制的。"[③]可以看出，潜在性和可能性是被预先规定的，而自由也是受到限制的自由。[④]

作为可能性、潜在性和自由的视阈是受到限制的。物知觉受到现象学

① 胡塞尔：《笛卡尔式的沉思》§19，张廷国译，中国城市出版社2002年版，第61页。

② 同上书，第60页（译文有改动）。

③ 同上书，第61页。

④ 可以看出，"自由"很明显地指涉到行为—视阈方面；而可能性、潜在性则对于对象—视阈和行为—视阈都适用。

法则“一致性直观‘进程中的无限性’的观念可能性”的支配，在这种“进程中的无限性”中，我对同一物的知觉行为会有无限多的可能侧面和可能方式，因此，视阈具有超出当下知觉行为而指向其他可能知觉行为的广泛自由。通过这种潜在的但可以实现出来的行为方式，与其相应的诸可能的对象视阈会被现实化，或者说，那些未被规定的可规定性得以现实化。比如我可以把我面前的一栋房子的背面墙壁想象为大理石的，但我也完全可以不把它想象成大理石的而想象为砖砌的；或者我可以把它想象为平面的，或者不想象为平面的而想象为圆形凸起的；对此，我有非常广泛的自由，而且这些都有可能得到直观上的充实；但是，无论我如何对其进行变样，“背面墙壁”都只能是隶属于“物一般”的规则的，即必须是在空间和时间中持存的；而且，只能是“墙壁”类型的，因为这种“进程中的无限性”是“朝着类型上规定的预定方向的”。[①]所有这些对“墙壁”的可能的进一步规定都要与更一般的物的先天规则（时空等）和较为具体的物的经验类型相容。或者，换一种说法，这种自由或可能性是“有动机的可能性”而非“空的可能性”。胡塞尔举过这样一个例子：我看到一张桌子的桌面而没有看到桌腿。关于未当下看到的桌腿的数目，“4”条腿是“有动机的可能性”，而“10”条腿则是“空的可能性”。因为“4”条腿的可能性是被我的知觉的意义所预先规定的，是与我过去对桌子的一般经验相符合的，而且是有可能得到充实的；而10条腿则不然。[②]所以，行为—视阈的这种自由并非是完全的自由，而是总要受到诸多可能的限制的自由。相应地，对象—视阈（作为诸多可能的对象意义）的诸可能性或者潜在性也并非完全没有条件的可能性或潜在性，而是受到诸多预先规定的限制的。

视阈作为行为意义所敞开的诸可能性，自身要受到已“预先规定”的诸多限制，基于此，胡塞尔在《笛卡尔式的沉思》中做了这样的界定：“视阈是被预先规定的潜在性”（vorgezeichnete Potentialitäten）。[③]这里的问题是，“预先规定”视阈的因素是什么，或者有哪些因素？

---

① 胡塞尔：《观念Ⅰ》§149，参见李幼蒸译本，第266页。

② 同上书，第249页。

③ 胡塞尔：《笛卡尔式的沉思》§19，参见张廷国译本，第61页。这一界定被Smith & McIntyre认为是胡塞尔对视阈的成熟定义，参见Smith & McIntyre，*Husserl and Intentionality*，p. 239.

Smith & McIntyre 回答是："一个行为的视阈，不仅仅是由行为自身的'明确'的意义（Sinn），也是由主体的相关背景信念（先天的或经验的）的意义（Sinn）所'预先规定'的和'推动（motivate）'的。"[①]这里所说的"背景信念"（background beliefs）"尤其是指这个意义（即行为自身的当下的意义）所规定的对象的种类的宽泛信念"[②]。为方便起见，我们将这两种因素称为因素 1 和因素 2，即因素 1：当下行为自身的意义；因素 2：对象的背景信念——即对象种类或类型。稍后，Smith & McIntyre 又加上了第 3 个因素："行为的视阈会被更具体的背景信念的意义所限制——不是对象的类型，而是关于特定对象自身的具体信念，比如这样的信念：基于这种信念主体回忆起这个对象。"[③]这里所说的具体信念，是指已经过去了的对某物的具体体验，虽然这种具体体验被忘记了，但还会作为某种积淀而随时被再度唤起，从而也参与"预先规定"对象—视阈。从胡塞尔的文本来看，因素 3 确实加入了对对象—视阈的预先规定："其积淀物现在就成为了知觉的理解意义的成分"。[④]

实际上，Smith & McIntyre 所提出的参与对象预先规定的三个因素都可以一并归入"类型"之下。首先，因素 1——即当下行为自身的明确意义——就包含有对具体的对象的统握（立义）——即，通过统握使得某个具体的对象作为某个对象而对我给予出来。但同时，对这个具体对象的统握已经包含了对象类型。回到前文所提到的 Smith & McIntyre 所举过的例子"是一棵橘子树（is a citrus tree）"这个谓词—意义，我的构造行为首先把我面前具体的这棵树——统握为"一棵橘子树"，而这"一棵橘子树"已经包含了所有作为"类型"的"橘子树"的规定性，因为"本质的单个体也包含着在它之上的一切一般项……较高项永远在较低项之中"[⑤]。或者甚至可以说，假若没有"橘子树"的经验性的对象"类型"预先（逻辑上在先）起作用，我就不能把这棵具体的树统握为"一棵橘子树"。其次，就因素 3 而言（因为因素 2 很明确地是指"类型"所以略过不谈），所有对某个具体物体的已经过去了的具体经验也都同样包含了

① Smith & McIntyre, *Husserl and Intentionality*, p. 252.

② Ibid., p. 249

③ Ibid., p. 252

④ 胡塞尔：《笛卡尔式的沉思》§25，参见张廷国译本，第 146 页。

⑤ 胡塞尔：《观念 I》§12，参见李幼蒸译本，第 17 页。

因素 1 和因素 2，也就是说，对已过去的对某物的具体体验也首先包括了"类型"的预先规定，因为这种过去了的体验是以前的某个"当下"的体验，因此也不能不包含"类型"的预先规定。在 Smith & McIntyre 对因素 3 的论证时所引用过的胡塞尔文本的稍前部分已经指出："任何对象都不是什么孤立自为的东西，而总是已经在自己的某种类型的熟悉性和预知性的视阈中的对象。"所以，对过去经验的唤起建立在过去的"当下"知觉的基础之上的，而过去的当下感知也首先是处在某个对象类型的框架之中的知觉。

在《经验与判断》中，胡塞尔概括性地指出，"经验的事实世界是类型化地被经验的。"[①]更具体地说，"一开始就对扩展了的意识预先规定下来的不仅仅有作为'对象''一般可说明物'的普遍理解，而且已经有对一切对象的某种已规定了的类型化。伴随着任何新型的、首次建构起来的对象，一个新的对象类型总是已被预先勾画出来了，其他与之类似的对象一开始就是根据这个对象类型来理解的。这样，我们的预先被给予的周围世界就已经作为被赋予各种各样形式的东西而被预先给予了，被按照这世界的各个局部范畴赋予了形式，并按照各种各样的特殊的类和种等等而被类型化了"[②]。

对象类型是被预先给予的，对于对象—视阈起着预先规定的限制作用。但对象—视阈是否被预先给予的对象类型所完全限制？或者说，作为可能性的对象—视阈有没有从这种预先规定中得到一定程度的突破的可能性？

三　视阈：对限制的突破

物知觉受到现象学法则"一致性直观'进程中的无限性'的观念可能性"（它"是朝着类型上规定的预定方向的"）的支配[③]，这个法则设定了"一致性的连续综合"。在这种"一致性的连续综合"中，视阈似乎被牢牢限制于"预先规定"中，必须形成一个一致的意识统一体。胡塞

① 胡塞尔：《经验与判断》§83，邓晓芒、张廷国译，三联书店 1999 年版，第 383 页。

② 同上书，第 55 页。

③ 胡塞尔：《观念 I》，参见李幼蒸译本，第 358 页。

尔甚至在《经验与判断》中这样来界定视阈：“‘视阈’就意味着在每个经验本身中、本质上属于每个经验并与之不可分割的诱导(Induktion)……并且预先指示着这种归纳在按其实际的理解进行解释时最终要归结到原初的和原始的预期上来。”① 这似乎是在说，作为行为—视阈所敞开的对象—视阈，至多是通过诸可能规定性的可能实现，在预先给予的预先规定它的因素所设定的界限内，对同一的“X”增加新的谓词—意义；或者说，这些谓词—意义被牢牢限制在被预先给予的“预先规定”之中，即，视阈被限制在对象自身的预先给予的“类型”（或概念、共相）之中。作为自由和可能性的视阈，它有没有突破预先规定的可能性？胡塞尔的最终回答是：经验的具体的物知觉的视阈能够突破经验性（类型）概念的框架。下文将从两个角度对此进行讨论。

首先，视阈作为可能性，是与其限制因素即“预先规定”和“有动机的”密切关联在一起的，而动机又是可以被改变的。

在《观念I》§47中，胡塞尔说：“……它属于我的每时每刻经验现实的尚未规定的可被规定的视阈。然而这个视阈是本质上与物经验本身联系在一起的未规定成分的相关物；而且这些未被规定的成分——永远按其本质方式——敞开着被充实的可能性，这些可能性绝非完全任意的，而是按其本质类型被预先规定的（nach ihrem Wesenstypus vorgezeichnete）、有动机的（motivierte）。”②以及在前文所引述过胡塞尔的桌腿数目的例子中：“有动机的可能性的知觉……是能够以相应的方式变为一系列确定性的知觉，是被我的知觉意义所预先规定的。”③ 可以看出，在相关于视阈的时候，“预先规定的”与“有动机的”可以做相同或至少类似的使用。Smith & McIntyre也持这种观点，这一点可以上文所引述过的他们对视阈的限制因素的论断文字中看出来：“一个行为的视阈，不仅仅是由行为自身的‘明确’的意义（Sinn），也是由主体的相关的背景信念（先天的或经验的）的意义（Sinn）所‘预先规定’的和‘推动（motivate）’的。”

关键在于，这种“动机”是可以被改变的。“动机”概念首先是在《逻辑研究》中出现的：“……把一些事物存在的信念体验为一种动机，

---

① 胡塞尔：《经验与判断》§8，参见邓晓芒、张廷国译本，第48页。

② 胡塞尔：《观念I》§47，参见李幼蒸译本，第72页。

③ 同上书，第249页。

即信仰或者推测另外一个事物存在的动机。”①动机不是严格的逻辑推论，它比逻辑关系要弱。“它是描述性的或偶然性的关系，在这种关系中，一个人的判断内容和结论的关联与前提和结论的关联不同。当动机被客观地证明为正当时，推动性的信念就为它所推动的信念提供了偶然的‘或然性的基础’。”②具体到对视阈的预先规定上来，所有参与对视阈进行预先规定的因素会形成动机，这种动机形成了对作为诸可能性的视阈的预先规定。但因为动机不是严格的必然的逻辑推论，它只是作为偶然的或然性的基础，所以它是有可能得到改变或改造的。胡塞尔确实承认了这一点。“可经验性绝不意味着一种空的逻辑可能性，而是在经验联结体内有动机的一种可能性。这个联结体本身彻头彻尾是‘动机’的联结体，它永远纳入新的动机和改造那些已形成的动机。”③胡塞尔的这段话意味着，虽然经验联结体是有动机的联结体（即被预先规定的），但这种联结体总是把自身置于新的动机中，并且这种经验联结体会对动机进行改造，从而形成新的动机。或者说，经验联结体与动机形成了交互关系：经验联结体是有动机的联结体，它是由动机所推动的经验联结体；但经验联结体并非完全被限制于动机的作用之中；相反，经验联结体能够突破动机的限制，自身不断纳入新的动机，改造那些过去已经形成的动机并且现在预先给予的动机，并且会形成新的动机，这种新的动机又会推动新的经验联结体，二者从而形成交互关系，在交互关系中二者得到不断的更新。

其次，从后期胡塞尔对物知觉中经验性概念的发生和形成基础的界定来看，视阈可以从经验性概念的预先规定的限制中得到一定的解放，并与经验性概念形成一种交互关系。

胡塞尔认为，普遍类型是一种共相，是在对具体的物理对象做类型上的把握时，在对其各个部分或各个因素之间的相同性关系进行比较的基础之上得到的共相。胡塞尔对于共相的看法和柏拉图有所不同。柏拉图把关于处于空间中的物体的共相也看作是与任何认识主体都无关的自在存在，而且这种共相是静止不变的；胡塞尔则认为共相是主体自发性构造出来

① 胡塞尔：《逻辑研究》第二卷第一部分，倪梁康译，上海译文出版社 2006 年版，第 33 页。

② Hussel, LI I, §3, p. 272，转引自 Smith & McIntyre, *Husserl and Intentionality*, p. 248.

③ 胡塞尔：《观念Ⅰ》§47，参见李幼蒸译本，第 72 页。

的，而且经验性的共相是运动的。

经验性共相是主体自发性的产物：“……它正如一切知性对象性那样，本质上指示着相关地属于这个自在存在的生产的自发性的过程。”[①]而从其产生基础来看，经验性共相既可以来自于对实在的空间物的真实经验，也可以来自于自由的想象。首先，共相根植于对实在对象的经验：“共相尽管与这些对象相反是非实在的东西，但毕竟是植根于这些对象的，它显现为从它们身上凸显出来的东西、寄居于它们之中的概念。”[②]此外，由于共相是通过比较两个或者更多事物的相同东西，那么，也可以通过“自由想象”来虚构一些相同的个别性，从而形成共相。

由于经验性共相是认识主体所产生的，这就意味着经验性共相有可能随着主体的认识进程中所出现的诸种可能性而产生变化，而这些可能出现的现实的或者自由想象中的诸种可能性本身就是视阈。也就是说，这里存在着共相随着视阈的发展和改变而改变的可能性。这一点完全可以得到文本上的印证：“任何对象都不是什么孤立自为的东西，而总是已经在自己的某种类型的熟悉性和预知性的视阈中的对象。但这个视阈不断地处于运动之中；伴随直观把握的每个新的步骤，都会产生一些新的东西加入其中，产生对被预期之物的更切近的规定和修正。”[③]因此，随着视阈的不断运动和可能性的现实化，会产生一些新的直接给予直观的东西，胡塞尔称这些东西为新的“类型标志”。经验性的物一般的概念或者共相，就是由这些类型标志（概念规定性）来规定的，而随着视阈的不断地实现和扩展，经验性概念会不断得到新的类型标志，随之也就“改变了自身”，而且是“按照一个经验性的理念，一个开放的和可以不断地校正的概念的理念改变自身的”[④]。由此，胡塞尔就赋予了经验性共相不同于柏拉图的性质：运动或改变自身。因此，经验性概念和视阈的关系就在于，预先给定的经验性概念预先规定了视阈，但视阈并不完全局限于经验性概念的预先规定，而是在诸可能性的运动过程中（知觉的或想象的）不断地产生新的类型标志，从而改变经验性概念，如此形成无穷的运动过程中的认识

① 胡塞尔：《经验与判断》§82，参见邓晓芒、张廷国译本，第382页。

② 同上书，第380页。

③ 同上书，第145页。

④ 同上书，第385—386页。

过程。

通过以上对视阈概念的澄清，我们的结论是，视阈是开放的和可以扩展的，但视阈自身是要受到限制的，同时，视阈又与限制它自身的类型即具体的经验性的概念构成了交互关系。在这种交互关系中，视阈中所包含的新的可能经验不断地改变经验性的概念，从而在这一过程中不断丰富和扩展我们的认识。而在经验及可能经验与共相的交互关系中，共相无法限制住经验和可能经验，从而认识进程的落脚点最终又回归到经验及可能经验。

（作者单位：武汉大学哲学学院博士生）

作为"存在"之命运的技术的本质

师庭雄

[内容提要] 在海德格尔关于技术之本质的讨论中，希腊经验中的τεχνη与现代技术都是一种解蔽方式。两种解蔽方式之不同必须到西方人关于"在场"的深意中去找寻，考虑到"在场"乃是西方形而上学道出存在的基本词汇，我们才有理由把现代技术的本质——集置——理解为存在的一种命运的发送。由此而来，我们才可能在全面而又深入的意义上理解海德格尔关于技术的讨论。

[关键词] τεχνη　技术　集置　存在　本有

海德格尔关于技术的理解给我们提供了一个幽深的背景式瞻顾，他并不像其他哲学家那样去反对技术或者抓住技术的某个构成因素大加挞伐。技术作为一种解蔽方式，在希腊人那里已经以一种不同于φυσις的方式在运作，它在产出、创作（ποιησις）的意义上促成着非自然物的生成。现代技术也是一种解蔽方式，不过在这里起作用的不再是ποιησις，而是促逼（Herausfordern）。后者在一种把自然功能化、齐一化的意义上要求着自然提供出能量和蕴藏着的能效。在这里，人作为一个被要求者摆置（stellen）着自然，实施着对自然的订造（Bestellen），而作为这种摆置活动的聚集就是"集置"（Ge－stell）。[①] "集置"成了现代技术的本质，当

① stellen（摆置）；Ge－stell（集置）；Bestellen（订造）；Vorstellen（表象）这几个德语词都有一个共同的词根"stellen"。这个词有"摆，安放，放置，站立"等意思，海德格尔意在指出：在现代技术条件下，一切物都被"摆置（stellen）"于绝对的光之下（也是去蔽之一种），该"摆置"之集中就是"集置（Ge－stell）"；"集置"是现代技术的本质，但此"本质"应作动词化的理解——"集置"要求着人去"订造（Bestellen）"自然，同时，人自身也被"订造"了。按照海德格尔在《同一律》中的说法，在"集置"中发生着的"订造"活动表明了存在与人之

然，这里的“本质”还不是类属意义上那个抽象出来的本质，而是一种要求，一种让人把事物和自身带入（bringen）在场的方式。正是在这个意义上，我们才能说技术的本质——集置——也是存在命运的一种遣送，我们本来就居处于存在命运的要求中，试想我们又如何能像丢弃一个弃物那样来丢弃技术本质的种种规定呢？[①]本文在展示出现代技术与希腊意义上的τεχνη诸种比较的同时，也把现代技术的本质（集置）纳入那种关于存在命运的遣送的讨论中。一方面指出技术（不论是希腊的τεχνη还是现代技术）都与作为无蔽的真理有着一种难以排遣的纠缠关系，从而深究海德格尔关于技术的别具匠心的思考；另一方面则试图去深究西方人

间的那种紧张关系，亦即相互“摆置”的关系。不过，海德格尔也认为技术时代条件下以“stellen”为词干组合起来的话语体系并非凭空产生的，这一祸根已经深埋于借用着同一个词根的、我们在主客二分的立场上一再去援引的“表象（Vorstellen）”这个词中了。“Vor－”这个前缀指的是“在……之前”的意思，由此以来，形而上学的理解方式中，“表象（Vorstellen）”指的就是把客体作为一个对象放置于主体之前。但在海德格尔看来，该理解并非Vorstellen的源初意义，他在《论φυσις的本质和概念，亚里士多德〈物理学〉第一卷第一章（1039）》（详见［德］海德格尔《路标》，孙周兴译，商务印书馆2000年版，第275—352页）中谈到这个词时，认为该词只是表达了站立出来与我们面对面这个意思。基于这种考虑，陈春文先生建议把这个词翻译为“象前之表”，这样的翻译有两种好处：一是较为妥帖地符合这个德语词的构词法；二是在海德格尔这里，Vor－stellen显然不具有形而上学传统中那种“表象”的意义，它的意思只是让物站立出来并横贯于一个敞开域中。在这里显然没有主体把客体以某种观念或心理的方式表达（表象）出来的问题（详见［德］海德格尔《思的经验（1910—1976）》，陈春文译，人民出版社2008年版，第41页）。通过对上面以“stellen”为词根的诸词的一番考察，我们发现：如果说形而上学以追问“存在者”的方式来探讨了“存在”问题且把这种探讨的努力结实于“表象”中的话，那么，“集置”就是这种理论成果的进一步拓展——它们都是“存在”在不同时代抛出的命运。问题在于，我们既要识解到这种命运之不可避免，同时也要对“存在”的另一种命运了然于胸：这就是Vor－stellen这个词为我们昭示出的人与物的另一种关系：人和物一并站立于敞开域中，人对于物采取的是那种“泰然任之”的态度。

① Gregory Bruce Smith在《Martin Heidegger：Paths Taken，Paths Opened》一书中把西方诸时代的命运归纳如下：（1）以physis（它作为遮蔽/无蔽）之揭示为基础的前—苏格拉底命运；（2）希腊的（以柏拉图为基准）生成的形而上学（productionist metaphysics）所端呈出的命运；（3）萦绕着把存在（Being）改变为存在者（可以理解为基督教哲学的本体论神学）的命运；（4）主体的客观化表象的命运；（5）集置的命运。他认为这些命运总是以遮蔽着的、背景化的方式规定着它们的时代。我们永远不能让自身立于它们之外，我们只能自由地处身于它们之中并把遮蔽的东西至少部分地带进无蔽（请参阅Gregory Bruce Smith，*Martin Heidegger：Paths Taken，Paths Opened*，p.172，Rowman & Littlefield Publishers，2007）。

用当前化的在场（Anwesen）来展开关于存在的基本思考时如何褫夺性地罄尽了源初的在场的意义并因而为现代技术的本质埋下了根源这一情形，并进一步去探究技术时代条件下也孕育着拯救这种说法的深层寓意。通过这两个步骤，我们将能清晰地看出海德格尔关于技术的运思路线，同时也把海德格尔的这种运思置于关于他对存在的基本思考中，这样一来，我们就不是在一种单纯的技术现象中来找寻技术的意义，而是把技术的本质（集置）放在了存在的命运之遣送这个向度中来理解。

一　希腊经验中的 τεχνη 与现代技术的异同兼论现代技术的本质——集置

要想深入理解希腊经验中的 τεχνη，我们就必得首先去理解希腊人的 φυσιζ。希腊人称存在者为 φυσιζ，这个词一般被翻译为“自然”，拉丁文为 natura（意为“出生”、“诞生”）。但是，海德格尔认为这种拉丁文的翻译已经减损了这个词的哲学命名力量，沿着这种翻译和翻译所传达出的意义，近现代西方人都在“自然”的含义上来理解这个词。

如果我们跳过这个词的沦落过程而去获得语言和语词未遭破损的意指力量，那么，我们将看到，φυσιζ 意味着：“自身绽开，揭开自身的开展，在如此开展中进入现象并停留于现象中。”① 也就是说，φυσιζ 意味着既绽开又持留的强力。我们随时随地都可以经验到这种绽开：天空启明、大海涨潮、植物甦生、动物和人类的生育。依照海德格尔的这些论述，我们可以一方面看出：φυσιζ 是一个涵括能力极强的词汇。在《林中路》中，海德格尔说“φυσιζ［自然］意指天、地、植物、动物，在某种程度上、也意指人……亚里士多德把这种在 φυσει οντα［自然存在者］意义上的存在者与 τεχνη οντα［技术存在者］区划开来。前者是在其自行涌现中自己产生出来的东西，后者则是通过人的表象活动和制造活动而产生的东西”②；另一方面我们还可以看出：φυσιζ 绝不是一个木然不动的对象化的自然，而是一个充满着动感的词汇。它把事物从遮蔽状态带进无蔽，因

① ［德］海德格尔：《形而上学导论》，熊伟、王庆节译，商务印书馆1996年版，第16页。

② ［德］海德格尔：《林中路》，孙周兴译，世纪出版股份有限公司、上海译文出版社2008年版，第294页。

此，海德格尔也把 φυσιζ 之涌现称之为一种去蔽方式。海德格尔说：“φυσιζ 意指绽开着的强力以及由这种强力所支配的持留……φυσιζ 就是出—现（Ent－stehen），从隐密者现出来并且才使它驻停。”①

τεχνη 则是一种与 φυσιζ 的这种涌现着让事物入于无蔽的方式相对立的方式，人们把那些 φυσιζ 无法产出的东西（这些东西包括壶、盘子等等）制作出来，以此方式让事物显现出来。也正是这个原因，人们往往把技术视为某种手段，该手段又总是服从于某个目的的安排。于是，人们就在目的和手段的交互关系中来界定技术本身。也因为对技术作了这样的理解，人们就总是把技术理解为可以带来好运或厄运的东西，或是居于二者之间的中性的东西。这是因为，如果技术只是与目的纠缠在一起，我们就总可以出于一个好的、次好或中性的价值设定来要求技术并对技术的发挥范围进行适恰的调整。又因为这个目的总是规定着技术的实施方向，我们就可以顺理成章地把目的设置为一种“原因（casus）”。

> 手段之特性据以获得规定的那个目的，也被看作原因。目的得到谋求，手段得到应用的地方，工具性的东西占据统治地位的地方，也就有因果关系起支配作用。②

为了深入理解“原因（casus）”，海德格尔追溯了亚里士多德的“四因说”。他认为“原因（casus）”来自动词 cadere（落下、遭到、发生），相应的德语词是 fallen，“原因（casus）”一词的意义也就是发生作用而使某物有这样那样的结果。③ 但是，海德格尔认为，后世关于“因果性”的观念和意义都不是从这个意义上来援引的，后世的“因果性”已经没有了作用和起作用这种意义。由此，海德格尔把表达“原因（casus）”的希腊词 αι τιου 翻译为“招致”。亚里士多德的四因说，也就是相互联系在一起的招致方式。以银盘为例，银作为制作银盘的质料招致了银盘；这个银盘显现在银盘的外观中（而不是显现在银别针或银头饰的外观中），所以这个外观也招致着银盘；由于银盘被限定在祭器和献祭的领

① ［德］海德格尔：《形而上学导论》，熊伟、王庆节译，商务印书馆 1996 年版，第 16 页。

② ［德］海德格尔：《演讲与论文集》，孙周兴译，三联书店 2005 年版，第 5 页。

③ 同上书，第 6 页。

域内，它又服从于上述目的而获得招致；银匠则“考虑”并聚集上述招致方式而把银盘制作出来。海德格尔认为“考虑”（λεγειν，λογοζ）根源于αποφαινεσυαι这个词，这个词意味着“使……显露出来”。这样，“四种招致方式把某物带入显现之中。它们使某物进入在场而出现。它们把某物释放到在场之中，并因而使之起动，也就是使之进入其完成了的到达之中”①。海德格尔接着说，把事物带入在场的这四种招致由一个词所贯通，这个词就是ποιησιζ（产出）。某物从遮蔽状态而来进入无蔽状态，这就是产出。希腊人用αληθεια来表达“无蔽”，罗马人又用veritas（真理）来翻译这个词，这样一来，我们关于技术的追问就与真理的问题扯在了一起。但是，海德格尔认为这种做法绝不是谵妄胡为，如果我们不是简单地把技术视为一种手段，而是视为贯通四种招致的产出，而产出正在于把遮蔽之物带入在场，那么，我们就可以说技术乃是一种解蔽方式。

τεχνη在希腊人那里还有着另一种更为重要的意义，这个词很早就与επιστημη（认识、知识）交织在一起，两个词共同构成了最广义的认识（Erkennen）。它们都指示着对某物的精通和对某物的理解。认识给出着启发，而具有启发作用的认识就是一种解蔽。在τεχνη这里成长着一种见识，即把亚里士多德那里起着招致作用的四种方式聚集起来，把要待制作的物（船、房子等）预先纳入可以被直观到的外观中。一旦这种见识成型了，就有了一个对制作方式的选择和厘定的问题。预先纳入外观中的这种见识就是一种解蔽，所以George Pattison说：

> 如果techné首先被理解为认识（knowing）的方式而不是仅仅被视为某种实践态度或‘制作’方式，那么，它就必须也归属于无蔽/真理的范围。因为，作为一种认识方式，它乃是一种把诸存在者、诸实体和诸事物带出遮蔽并特别地把它们带进它们的现象之无蔽中去的方式。与这样的理解方式相应，海德格尔帮助我们去澄清艺术家本人正是在techné这个术语中得到很好的理解的原因。这并非因为艺术是某种制作，而是因为艺术积极地去揭示，积极地把存在者带进无蔽、带进显示的敞开域中，并因此让我们能够看到事物之所是，看到

① ［德］海德格尔：《演讲与论文集》，孙周兴译，三联书店2005年版，第8页。

(作为材料的)金属闪烁着光辉、七彩流溢。[1]

综合海德格尔对 τεχνη 的“产出”和“认识”的双重意义的诠释,我们认识到技术源初意义就是一种解蔽方式。技术的本质必得在无蔽(αληθεια)中才能得到最终的阐释。

那么,现代技术的情形又是如何呢?海德格尔认为现代技术也是一种解蔽。

德国哲学家冈特·绍伊博尔德通过翔实的资料向我们展示了现代技术的八大特征[2],这八个特征是对现代技术行解蔽之事的具体展开。应该说,海德格尔之外的其他哲学家往往就是依据这八个特征来攻击现代技术给人类带来的厄运的。海德格尔在展开现代技术的特征之时,更想告诉我们的是现代技术的本质之事。

虽然海德格尔认为现代技术也是一种解蔽方式,但是在这种解蔽方式中发生着的却不是 ποιησιζ(产出)而是促逼(Herausfordern)。这种促逼向自然提出蛮横的要求,要求着自然提供能够被开采和储藏的能量。为了与这种促逼自然的方式进行对照,海德格尔以农民的耕作来作比:

> 农民从前耕作的田野则是另一个样子;那时候,“耕作”(bestellen)还意味着:关心和照料。农民的所作所为并不是促逼着耕地。在播种时,他把种子交给生长之力,并且守护着种子的发育。而现在,就连田地的耕作也已经沦于一种完全不同的摆置(stellen)着自然的订造(Bestellen)的旋涡中了。它在促逼意义上摆置着自然。于是,耕作农业成了机械化的食物工业。空气为着氮料的出产而被摆置,土地为着矿石而被摆置,矿石为着铀之类的材料而被摆置,铀为着原子能而被摆置,而原子能则可以为毁灭或者和平利用的目的而被释放出来。[3]

---

① George Pattison, *The Later Heidegger*, First published 2000 by Routledge II New Fetter Lane, p. 50.

② 详见[德]冈特·绍伊博尔德《海德格尔分析新时代的科技》,宋祖良译,中国社会科学出版社 1993 年版,第 25—56 页。冈特·绍伊博尔德在这里把现代技术的特征总结为:物质化、齐一化、功能化、主客两极化、谋算、贯彻和统治、生产和加工、耗尽和替代八个方面。

③ [德]海德格尔:《演讲与论文集》,孙周兴译,三联书店 2005 年版,第 13 页。

促逼之所以能发生，乃是因为自然中遮蔽着的能量被开发出来，被开发的东西被转换，被转化的东西被储藏，被储藏的东西又分配，被分配的东西再次重新被转换。于是，在现代科技条件下，开发、改变、储藏、分配和转换都成了解蔽的方式。经由这些方式，自然被功能化、单一化和数量化了。

如果说在以往的形而上学经验中，客体还可以作为一个与主体相对待的东西并因此还部分地保持着自身的独立性和自为存在的话，那么，在现代科技时代条件下，这种客体的意义已经消失不见了，取而代之的是被称之为储存物（Bestand）的那种东西。物（Ding）只是因为被订造才入于在场。一架停在跑道上的飞机，我们确实可以用表象其他事物的方法来把它作为一个对象表象出来，但是这样一来我们就遮蔽了飞机这一物是什么和如何是。唯有当我们把它理解为储存物，由此才把它解蔽出来，我们才能看出这个技术产品为着保障运输的可能性而进行的那种订造。

考虑到海德格尔那种观点，即现代科学也已经被技术所统摄，我们对现代科学中发生着的那个关键词汇的转变进行一番考察，我们就会对海德格尔关于储存物的观点有更为深入的认识。这个词就是对置性（Gegenständigkeit），这个词与对象性（Gegenständlichkeit）有着词根的相近。在科学的这种对置性中，它所对待的东西按照某种可以计算的方式呈现给了表象。也就是说，如果自然科学就是可靠知识的代名词的话，那么可靠知识之可靠就在于在自然的对置性中被设定的可测性，当然也要求着进行测量的可能性。拿数学为例，数学所进行的也不是一种在数字运算上的为了确定数量结果的计算，相反，贯穿数学的乃是这样一种计算，它通过方程式来期待秩序关系的平衡，并因此先行预计到一个对所有仅仅可能的秩序而言的基本方程式。不难看出，这里的可测量与订造（Bestellen）是有着某种事质上的联系的，一切都预先被安置了、被放在了一个可控制、可计算并可转换出来的程序中。由这种对置性而来，理论更多地为方法所替代，方法本身更适合于对物的摆置，随之而来，关于方法的专门划分并形成专门的学科门类也就是顺理成章的事情了。也正是基于这种关于储存物的计算等级的考察，德国哲学家冈特·绍伊博尔德认为：

> 因此，不应该只在日常的“储存”的意义上去理解储存物，而是储存物应该确定一切处在多种多样的限定（物质化、谋算、统治等）的视野中的东西如何存在的方式。存在者必须处处与这种展现相一致。因为凡是限定统治的地方，动物和植物不再能够是独立的、活生生的或由最高物所创造的生物，它们从前才是这样的生物。技术展现要求它自己那种未隐蔽状态：技术世界中的事物没有其它的存在，而无非是“要立刻到位”，如此而已，它们只对技术操纵来说才有意义。处在这种状况中的东西就从根本上被剥夺了，在思想上不再是对象，因为对象在它的对立中总是还有某种程度的自身性、反抗性、相异性、不可捉摸性；而这些东西在日益增长的技术展现中已经看不到了。①

当然了，储存物也是从对象物那里延伸而来的，正是出于这种考虑，海德格尔刻意地在两个词之间突出了 stand 这个词干。但是，作为对象的物还不像储存物一样处于一个等级序列中，成为可供计算——接下来就是可供订造——的东西。在主客二分的思想中，客体站在主体的对面（Gegenstand），主体设置客体并作为客体的根据。但是，在 Gregory Bruce Smith 看来，颇有讽刺意味的是，当现代技术达到空前的繁荣之时，也就是在把所有事物都转变为储存物之时，再没有什么东西能站立于主体对面了。由于没有什么东西站立着，也就没有什么东西能显现出来。真理和存在的必要组成部分——无蔽或显现——也就被消解了。显现着并环围于我们周遭的诸事物迅速地隐逸不见了，不再在场也不再具有任何意义。留给我们的只是作为储存物的非客体（objectlessness）。②

人在现代技术的这种摆置自然的方式中起到一个什么样的作用呢？按照上面的理解，现代技术也是一种去蔽的方式，人能够以这样那样的方式把此物和彼物表象出来，使之成型并且推动它，但是人却不能去支

① ［德］冈特·绍伊博尔德：《海德格尔分析新时代的科技》，宋祖良译，中国社会科学出版社 1993 年版，第 74—75 页，译文有个别改动。

② Gregory Bruce Smith, *Martin Heidegger*: *Paths Taken*, *Paths Opened*, Rowman & Littlefield Publishers, 2007, p. 170.

配作为实在的物在其中显示出来或隐匿起来的那种无蔽状态。毋宁说，人只是应合于这种无蔽状态才能去行事，于是，在现代技术中那种订造着的解蔽对人发出号令，命令着人、促逼着人去订造自然。从这个意义上说，人比一切自然物更原始地受到了促逼，人也才因此未成为一个纯粹的储存物。

在《科学与沉思》中，海德格尔关于人的这种观点发生了些微变化。他认为对置性一旦实现了对自然和人的摆置，它就以一种突出的方式取消着一切思的可能性——人也成了一种储存物。如果说在对象性那里，我们还可以在主体和客体之间摆出一种思的姿态（即便是逻辑的方式或是其他），那么在对置性这里，一切主客关系都被吞噬了，也就没有任何可以去思的余地了。他说："对置性转变为那种根据集置而得到规定的储存物的持存状态。主—客体关系于是就获得了它纯粹的'关系'特征，亦即订造特征，在其中，无论是主体还是客体，都作为储存物而被吞并了。这并不是说：主—客体关系消失了，相反，它现在达到了它极端的、根据集置而预先被规定的统治地位。它成为一个有待订造的储存物。"[①] 海德格尔想说的是，主客关系的问题已经被那个隐在的规定，也就是集置（Ge - stell）规定了，成了一个储存物，成了可订造的东西。这是对以往主客对象性关系的剥离，通过对置性关系，主客体关系被纳入了集置之中并获得了某种更为可怕的力量，也就是订造者也被订造这种力量。人类学这样的关于人的学科非但没能深刻理解这种本质，反倒是由于自身也被订造而不自觉地把人放到了一个左右都不是人的地步。一切都从人出发来考虑问题，似乎很"人"化，其后却有一只看不见的手在操纵着这种"人"的诸种非人化行为。

接下来要追究的就是：作为技术之本质的集置（Ge - stell）究竟在海德格尔那里有着什么样的意义。

海德格尔在这里用集置（Ge - stell）来表达那种促逼着的要求，它把人聚集起来使之去订造作为储存物（通过计算和信息系统的方式）的自行解蔽者。Ge 意味着"聚集、集合"，集置（Ge - stell）则是诸摆置（stellen）活动的聚集。集置要求着人去定制自然，把自然作为一个储存物（Bestand）来看待。从这里看，现代物理学之所以是实验物理学，倒

① ［德］海德格尔：《演讲与论文集》，孙周兴译，三联书店2005年版，第56页。

不是因为它使用了探究自然的这套新奇装置而得以确立；反倒是因为物理学受制于这种集置，由此集置而来摆置自然，把自然先行地视为一个可计算的力之关联体来加以呈现，所以实验才得以订造，实验物理学也才顺理成章地作为一种现代科学的现代形式而出现。当然，从这种思考而来，我们也就可以断言，“现代物理学的自然理论并不是技术的开路先锋，而是技术之本质的开路先锋”。[①] 不难看出，这种由集置而来的去蔽与 ποιησις 即“产出”、“创作”而来的去蔽有着何等的不同，它把那些自古以来不可公开的东西无限制地公开了，并且是以一种储存物的方式公开了。

集置作为现代技术的“本质”，是一种让人把事物和自身带入（bringen）在场的方式。所以德国哲学家冈特·绍伊博尔德颇有见地地指出：“这里的‘本质’应该从动词上去思考，作为在持续或提供的意义上的‘存在并活动着’……这样，在此的搭配‘集置作为技术的本质’意味着：集置是技术的提供者，即向人提供存在者的存在的一种未隐蔽状态。”[②] 集置让人有可能以特殊的技术方式去展现存在，它向人提供作为储存物的存在的未隐蔽状态。所以，集置是在提供者的意义上的技术之本质；如果它并不支配着，即如果存在的这种未隐蔽状态并没有被交代给人，那么人也就不能在物质化、功能化、对象化和统治的意义上去对自然和自身进行展现。对于集置中所发生的实情，George Pattison 有着较为透彻的分析，他说：

> 集置是一种无蔽的方式，世界在其中对我们来说变得在场的方式，同时，我们把自身建立为一个在场者立于世界之中。集置并非某种幻觉，而是某种先天地施加于中性的或持驻的实在之上的图式。科学和数学乃是世界—揭示、无蔽和真理的形式。揭示于集置中的东西归属于存在（Being）——即便如同海德格尔反复强调的那样，集置只允许存在的这个方面进入视野，即那个用来规定诸存在者或诸实体的方面，只把存在独一地视为诸客体的本质这个方

① ［德］海德格尔：《演讲与论文集》，孙周兴译，三联出版社 2005 年版，第 21 页。

② ［德］冈特·绍伊博尔德：《海德格尔分析新时代的科技》，宋祖良译，第 186 页（译文有改动）。

面。不过，即便其只是部分地或从某个方面与存在相关也不意味着其与存在毫不相关；因此，集置（就其所有限制而言）乃是存在进入在场的一个模式。①

如果我们把集置置于存在的一种命运之遣送的情境中来理解，我们就不难看出：海德格尔关于集置的理解是对其存在思想的一种接续。西方思想从柏拉图和亚里士多德那里开始转而专注于（当前化的）在场的形而上学，主体以一种表象（Vorstellen）的方式来对待客体，这种方式的自然延伸必然会走到把客体当作储存物（Bestand）这个路子上去。澄清海德格尔关于在场（Anwesen）的理解将有助于更为深入地理解集置的意义。

二　集置作为存在的命运之遣送及本有(Ereignis)之意义

关于“在场”的理解，海德格尔说，事物都有时间的规定性，而存在并不是一物，但是，存在却仍然通过时间性的东西而被规定为了在场。流俗的理解把在场理解为当前化的在场，形而上学就是以这样的方式来追究存在者之存在的。亦即总是在存在者的现成状态（Vorhandenheit）和上手状态（zuhandenheit）的沉思中获知在场的。

亚里斯多德已经说过，任何具有时间的东西也就是说存在并活动着的东西都是当下的现在。过去和将来都是一种 μηον τι，即某种非存在者。它虽说不是纯粹的无，而是缺少某种东西的在场者，这种缺少是通过‘不再’现在和‘尚未’现在来命名的。由此可见，时间显现为现在的前后相继，每一个现在，在还来不及命名的时候就已经消失在刚才之中，接踵而至的是立即。②

在这种关于在场的理解中，未曾被思及的东西是那种在解蔽中被遮蔽

① George Pattison, *The Later Heidegger*, First published 2000 by Routledge II New Fetter Lane, pp. 67 - 68.

② ［德］海德格尔：《面向思的事情》，陈小文、孙周兴译，商务印书馆1999年版，第13页。

起来的给出（Geben）。海德格尔在这里没有径直去谈存在，而是说“有”（es gibt）存在，这个“有”没有被思想过，它给出存在、让存在、让在场。由此经验而来，我们发现：不在场也始终关涉于我们，不在场的东西虽然不以当前意义上的在场方式活动着，却以一种曾在的方式与我们相交涉；同时，将来也作为一种尚未而走向我们。于是，时间的三维有了一种共同的到时——这是《存在与时间》中讨论过的内容，从这些内容来考察“在场”，这就要求我们不能莽撞地把在场只是交托给这三维时间中的一维，而是要考虑到三维之间的相互传送。“这种传送把自己指明为本真的在时间的本性中嬉戏着的达到，仿佛就是第四维——不仅仿佛是，而且是从事情而来就是如此。”[①] 这个第四维的东西在将来、曾在和当前中产生出它们当下的所有在场，让它们澄明着分开，相互保持在近处。如此这般规定着存在与时间的共属一体的东西，就是本有。上述的“有”（es gibt）中，发生着给出这种行为的“它”就是本有。但是这个本有却有着一种自行隐逸，即“让在场”，亦即给出在场者，正是在这个意义上，本有消隐了。形而上学只是抓住那个当下的在场者来叩问，它自身中就发生着存在的被遗忘状态。

从这个意义上说，集置是西方思想单一地纠缠于当前化的在场而抛出来的一个事件。也就是说，西方人只是在当前这个时间维度中来展开他们关于存在的探讨，由此才延伸到集置这种极端状态中。但是，也正在于这种关于存在的单向度发挥中，作为给出着时间三维游戏的本有也隐在地发挥着作用。所以海德格尔才认为集置也是本有的一个先在形式，他说：

> 在时代性的存在形态和入于本有的存在转换之间，便有集置。这个集置仿佛是一个中转站，它呈现出双重的景象，可以说是一个守护门户的两面神。就是说，它仿佛还可以被理解为求意志的意志的一种继续，因此可以被理解为一个最极端的存在显形。但同时，它也是本有本身的一个先行形式。[②]

① ［德］海德格尔：《面向思的事情》，陈小文、孙周兴译，商务印书馆1999年版，第18页。
② 同上书，第63页。

正是因为集置是存在遣送出来的一个命运，它在单一地、唯一地从当前化的在场来展开存在的同时也暗喻着存在的丰富性，这恰好为我们开启了现代技术条件下可以仰赖的拯救之途。海德格尔借助诗人荷尔德林的诗句说道："然而哪里有危险，哪里也生救渡。"①

这是因为在集置这里也指示着本有自身，海德格尔在《在通向语言的途中》对集置和本有之间的转渡作了暗示。他说：

> 只有一种追思本有的思想才能够猜度本有，但毕竟已经在现代技术之本质中经验本有。我是用"集—置"这个总还令人诧异的名称命名现代技术的本质的。集—置摆置人，亦即促逼人去把一切在场者当作技术的储存物来订置，就此而言，集—置就是以本有之方式成其本质的，而且集—置同时也错置本有，因为一切订置看来都被引入计算性思维之中了，从而说着集—置的语言。说话受到促逼，去响应任何一个方面的在场者的可订置性。②

海德格尔试图告诉我们，在集置对人的摆置中，人成了可被订造的在场者，集置以此方式要求人。这恰恰就是按照本有的方式来要求人的，不过却是一种被错置了的对人的要求。这说明，集置仿佛是一个中转站，由此可以通向关于本有的讨论。不过，在本有对人（也还包括自然存在物在内）的要求中，不再是一种促逼着的摆置，而是一种柔和的泰然任之，一种人（自然存在物在内）与存在之间的相互让予。③

三　结语

海德格尔关于技术的讨论一如他对其他西方思想实情的讨论一样，他

---

① ［德］海德格尔：《演讲与论文集》，三联出版社2005年版，第28页。

② ［德］海德格尔：《在通向语言的途中》，商务印书馆1997年版，第264—265页。

③ Ereignis这个词在德语中本来是一个很普通的词，它的意思是"事件、发生的事情"；海德格尔却在其后期的运思中赋予它特有的意义，大致说来有这些意思：发生；共属、让予；温柔法则（泰然任之）；自行庇护。事实上，这些意思在海德格尔对于存在的理解中都不同程度地被述及。邓晓芒先生把这个词翻译为"成己"，以便把这个词作为横贯海德格尔前后运思的基本词汇，可谓用意深远（请参阅邓晓芒《论作为"成己"的Ereignis》，载《世界哲学》2008年第3期）。

把这种讨论置于希腊背景中来理解。由此让我们看到 τεχνη 这个词在希腊的源初意义上有着“产出”和“认识”的意义，两者都一并指示着解蔽（真理）之发生这回事。现代技术也是一种解蔽，不过，这种技术中蕴含的却是“促逼”的意义。作为对自然的摆置的集中——集置——由此成了现代技术的本质。更为深入地理解，我们发现：集置之发生乃是导源于西方人那种以当前化的在场方式来理解存在的一种自然的延续。由此，集置也才指示着那个给出着时间三维游戏的本有，技术时代条件下的拯救之途也就孕育于我们关于本有的另一个方面的诉求中（即诗与思的基本经验，出于文章篇幅的考虑，这一块的内容不再涉及）。这样，我们才可以断言：作为现代技术之本质的集置乃是存在的一种命运之遣送，唯有我们深刻认识到这一点，我们才不会去流于表面地对技术进行批判，我们也才能在一种关于存在命运的占有中深思解救之途。

（作者单位：昆明理工大学社会科学学院）

何谓非诗意的语言?

——海德格尔晚期的语言批判思想

王　俊

[内容提要] 海德格尔走的是一条思想的事情的规定的道路，此条道路经验着世界性、历史性和语言性。海德格尔的语言之思体现在世界的世界性和历史的历史性中，但在晚期更凸显出其批判性。海德格尔晚期的语言思想是通往纯粹的，因其通过对非诗意语言即日常语言、形而上学的语言以及技术语言的批判，努力克服了语言的不纯粹性及工具性的理解，为语言的本性即诗意语言的显现开辟了道路。

[关键词] 海德格尔　语言　思　非诗意

当海德格尔在思索世界的世界性和历史的历史性时，语言的语言性已扮演了一个关键的角色。正如海德格尔所说明的："因为关于语言和存在的思索从一开始就规定了我的思想道路，所以，此一讨论尽可能地处于背景之中。"① 在早期的《存在与时间》里，言谈和闲谈在不同层面显现为语言；在中期的《艺术作品的本源》里，真理是由语言而创立的；然而，直到晚期，海德格尔的思才真正转向了语言。此即，"语言在第一阶段只是显现为言谈，它揭示了世界的意义；在第二阶段作为创立，它建立了历史的真理。但是，语言必须作为语言走向语言，凭借于它自身理解为思想的事情的规定"②。因此，在世界的世界性和历史的历史性被解释之后，语言的语言性在此也必须显现出来。

---

① Martin Heidegger: *On the Way to Language* (Translated by Peter D. Hertz), Harper & Row Publishers, 1982, p. 7.

② 彭富春:《无之无化》，上海三联书店 2000 年版，第 107 页。

海德格尔要探讨的是语言自身，即纯粹语言，其纯粹语言显现为诗意语言。诗意语言为何是纯粹语言？因为它是诗人接受纯粹语言的言说，是世界内诗人的吟唱。

然而，语言的显现却凭借于语言的遮蔽。因为遮蔽，去蔽才是可能的。在海德格尔，纯粹语言即诗意语言本性的遗忘发生于思想之中，并具体化为非诗意的语言。通过思想和语言的清理、去蔽，海德格尔便已行走在通往语言的途中。

此处首要的问题是：海德格尔为何要思语言？海德格尔所处的时代是一个技术的时代，即不思的时代，也是荷尔德林所说的贫乏的时代。"世界之夜是贫乏的时代……它已经成为如此的贫乏，以至它不再将上帝的缺席看作是缺席。"[①] 在这个时代海德格尔所经验的，是无家可归。此无家可归表明于早期的此在为其"在世存在"之烦和中期形而上学历史中存在的遗忘，在晚期更显明为语言的沉默，亦即那非诗意的居住。海德格尔晚期无家可归的经验乃语言的经验。但无家可归正敞开了家园的意义，正如非诗意的居住敞开了居住的诗意本性。因此，正是无家可归召唤了语言之思。

海德格尔所处时代的哲学背景是语言学的转向。20世纪的大部分哲学都围绕着语言，均受逻辑实证主义的影响。大陆哲学和英美分析哲学都将语言作为自己哲学研究的核心问题。在分析哲学家看来，非分析哲学家的语汇总是含糊不清而需要澄清意义的。分析哲学试图揭示思想或语言的结构，他们认为只要澄清了语言使用方面的含混不清，就能使思想精确而明晰，以此消除哲学上的各种难题。如维特根斯坦把事物分为能用语句说、能用命题描绘的与不能说、不能用命题描绘的两类，后者是没有意义的。他认为传统哲学的大部分抽象命题均属后一种，哲学的任务就在于通过"语言批判"清理命题的意义。[②] 但很显然，海德格尔的语言思想是有别于这种受逻辑实证主义影响的语言哲学的。"英美的语言转向与现代逻辑密切相关，而且力图通过语言的分析来解决哲学的根本问题。而海德格

① Martin Heidegger: *Poetry*, *Language*, *Thought* (Translated by Albert Hofstadter), China Social Sciences Publishing House, 1999, p. 91.

② 参见蒋孔阳、朱立元主编《西方美学通史》第6卷，上海文艺出版社1999年版，第26页。

尔实现的语言转向则是让语言回到纯粹语言自身。”[①]

在分析哲学家看来，海德格尔关于“虚无”的论题是同义反复的，如同虚无之路一样，它不存在且必须不存在，因而是不可思议和不可言说的。但分析哲学却看不到虚无的虚无化，也似乎不愿意承认一个没有所指的纯粹的能指的语言游戏。这样，海德格尔认为，所谓的自封为真正科学与思想的语言分析哲学却是走向了与思想相背离的道路。为了避免哲学逻辑的统治，为了本源和本真地思，更源于思的召唤，海德格尔走向了开端处即前苏格拉底时期的古希腊。他对于语言的追问，回到了希腊语 Logos（逻各斯）。Logos 源于希腊语动词 Legein，该动词意为 to speak（说，言谈）。[②] 但海德格尔认为这个动词对于希腊人而言还有一个更早的意义，它是既聚集自身也聚集他者的放置与摆出。因此，逻各斯是聚集与庇护、在场的发生，这聚集也包括我们，是人与万物之规定。逻各斯具有展示的结构，展示出来即让人看，也即“使……公开”。正是话语把所涉的东西通过言谈公开出来，使人通达所涉之事物，语言的本性向希腊人开显为逻各斯。话语让看具体化为说，即以词语方式付诸声音。在海德格尔那里，被理解为逻各斯的语言，是经验存在的一条道路。因此，走向事情自身，就是走向存在自身，也就是走向语言自身。在海德格尔晚期思想之中，语言具有规定性的作用，但这却不同于一般地建立根据。比梅尔说：“在海德格尔的思想中很早就开始了的对原因或根据的探讨，在后来的著作中最终也被抛弃，或者说被当作一种形而上学的遗产被否定和克服了。”[③] 语言是最为本源意义上的无，它也返回到存在之思中，施皮格伯格说：“因此思想就失去了它作为一种自发性活动的性质，思想只是接受和聆听存在的声音。”[④] 这是海德格尔克服形而上学的努力，也正是思想的根本任务。

在这样的背景下，海德格尔踏上了一条沉思语言的道路。但此沉思，首先不再是追问，而是对纯粹语言的倾听。而纯粹语言在海德格尔看来，就是诗意语言。[⑤]“诗意语言在此既非言谈，它敞开了世界的意义，亦非

① 张贤根：《存在·真理·语言》，武汉大学出版社 2004 年版，第 202—203 页。

② 参见陆谷孙主编《英汉大词典》，上海译文出版社 1993 年版，第 1048 页。

③ 转引自张贤根《逻辑与逻各斯和思想》，载《安康师专学报》2005 年第 2 期。

④ 同上。

⑤ 参见 Martin Heidegger: *Poetry*, *Language*, *Thought* (Translated by Albert Hofstadter), China Social Sciences Publishing House, 1999, p. 194。

创立，它建立了历史的真理，而是语言的保藏，它让那自身言说的语言道说。”[①] 但海德格尔对诗意语言的思考，首先是从语言的去蔽开始，即对非诗意语言的清理。清理就是在开辟一条道路。

海德格尔对非诗意语言的清理是从抛弃关于语言的流俗的和形而上学的看法开始的，也是从对技术语言的批判开始的。这体现在对日常语言、形而上学的语言以及技术时代的信息语言的批判。人们通常认为，语言是人的言说，是人交流表达的工具和概念，在技术时代就是信息。这些看法好像是明确的，但对海德格尔而言，却只是明确的迷误而已，它们都非语言的本然样态。“因为语言的领域实际上是一个幽暗的王国。这种幽暗不在于没有光明，而在于它的自明，亦即人们用语言谈论一切的时候，无需谈论自身，这使语言的本性一直遮而不露。”[②] 因此对海德格尔而言，走上一条语言的道路，首先就是与似是而非或似非而是作斗争。

首先是对日常语言的批判。人们一般认为，语言是人的某种属性，人拥有语言，就像人拥有某种品格或许多其他东西一样。但拥有语言首先把语言表达为一个东西，不管它是抽象的还是具象的。同时拥有也意指此物可有可无，或至少不是本源的。因此在日常语言中，语言就被理解为人的言说。汉字中，“语、言、话、说”四字的意义在《说文解字》中被释为：语……言也……言……直言曰言，论难曰语……话，合会善言也……说，释也……[③]四者均被解释为人的言说或言说方式。在拼音文字如英语中，语言（Language）被定义为：人类需要后天学习的一种通过声音系统和语音符号进行思想、情感、意愿交流的方法。这个定义除了仍然突出人的言说之外（事实上，英文的 language 一词源于拉丁词 lingua，意为“舌头”）[④]，强调了语言作为一种表达、交流、计算的工具和概念语言，但也因此更加成为海德格尔所批判的对象。日常语言之所以是非诗意的，在于人可能言说真理，也可能不言说真理，尤其是当人把语言作为工具来言说欲望或愚蠢的时候，日常语言往往就变成了沉沦的语言。对于日常语言与诗意语言的关系，海德格尔说：“诗意语言绝不是日常语言的高级形态。

---

① 彭富春：《无之无化》，上海三联书店 2000 年版，第 112 页。

② 彭富春：《文学：诗意语言》，载《哲学研究》2000 年第 7 期。

③ 许慎：《说文解字》，中华书局 1963 年版，第 51—53 页。

④ 此处关于“language”一词的定义及词源学资料可参见陆谷孙主编《英汉大词典》，上海译文出版社 1993 年版，第 994 页。

毋宁说：日常语言是一种被遗忘、被耗尽的诗歌，由此不再响有任何呼唤。”①

其次是对理论语言即形而上学的语言的批判。“为了向语言的形而上学的观点明确地告别，海德格尔的语言性经验首先要求这样一种区分：谁在说话？既非神，也非人，而是在诗意意义上的语言在说话。”② 形而上学的本性就是追问存在者的整体，同时追问其存在的根据。也就是说形而上学坚守一个原则：即为事物的存在寻找一个最终原则。然而根据、原则总是外在于事物的，而根据的根据、原则的原则离事物的本性越来越远，因此形而上学造成了对事物的遮蔽。在古希腊原初意义上，语言即逻各斯与自然、存在是统一的，此时的逻各斯并非概念。但后来随着逻各斯发展为世界的尺度（古希腊）、上帝的话语（中世纪）和人类的理性（近代），语言在遗弃自身的同时其本性也被遗忘了，语言由存在变成了存在者。尤其在对洪堡特的本体论的语言观的批判中，海德格尔认为，“洪堡特把语言当作在人类主体性中制定出来的世界观的一种方式和形式而带向语言”③，从而遮蔽了语言的本性。如上所述，人们通常认为，“说”是发声器官和听觉器官的活动，是有声的表达和人类心灵运动的传达。这样就必然导致这样的看法，即语言是工具，人说话是在使用这种工具等。实际理论情况正是如此。在形而上学看来，语言总表现为言谈，它是人的器官口舌和声带等的运动，并因此是人的言说，是人心的活动。因此语言是思想的物质外壳，而思想也总是存在着的人的思想。这种情况就是，存在决定思想，思想又决定语言，人们有什么样的思想就用什么样的语言将其表达出来，语言就成为工具和概念。这符合人们的生活常识和理论思维，因为语言正如符号，表明了存在和真理。但问题是，常识仅仅是常识而已，常识只是表象，它往往是盲目的意见，我们需要的却是洞见。显而易见，语言的理论形态实际上是语言的日常形态的纯粹化，因此它保留了日常语言的核心，即它仍然是人的言说，同时又进一步变为工具和概念，从而由感性上升为知性和理性。同存在、真理本性的被遗忘一起，语言成为了形

① Martin Heidegger: *Poetry, Language, Thought* (Translated by Albert Hofstadter), China Social Sciences Publishing House, 1999, p. 208.

② 彭富春：《哲学与美学问题》，武汉大学出版社2005年版，第181—182页。

③ Martin Heidegger: *On the Way to Language* (Translated by Peter D. Hertz), Harper & Row Publishers, 1982, p. 119.

而上学中逻各斯的语言，即陈述、概念、工具的语言。虽然语言不从属于存在者甚至也不从属于存在，语言只是自身言说，它如其所是并是其所是，但在日常语言中，诗意语言被遗忘了，而在形而上学的语言中，这种遗忘也被遗忘了。因此，对海德格尔而言，深思诗意语言，就要求双重去蔽。

最后是技术语言。“按照海德格尔的观点，陈述的最后形态不是理解为形而上学的历史判断，而是理解为技术当代的信息，此信息已不再可能道说那不道说。”[①] 形而上学的历史表明为存在遗忘的历史，它的发展经历了本体论（古希腊）—神学（中世纪）—逻辑学（近代）三个形态。形而上学致力于为事情寻找根据，致力于设立。在形而上学的影响下，技术的本性即去蔽被遮蔽了。技术的现当代形态更表现为系统论、控制论、信息论，也就是说它成为一种极端性的技术构架。在技术构架的时代语言就变成了技术语言或信息语言，同时技术也变成了语言技术或信息技术，即我们的时代是一个信息时代。此时的语言就变成了信息。在这样的时代，语言的技术化如信息语言、技术的语言化如信息技术遮蔽了语言也遮蔽了技术自身。这是因为发生了这样的遗忘：在古希腊，存在和思想本源的统一表明为自然和逻各斯的统一，此时自然是涌现，逻各斯是聚集。然而，在形而上学本体论—神学—逻辑学的样式中，存在和思想发生了分离和对立，此时自然变成了观念，逻各斯由聚集、言说变成了陈述，真理由作为存在的无蔽的去蔽变成了思想和存在的符合。同样，技术的本性也由去蔽变成了人类学和工具学意义上的目的和工具，而现代技术更发展为挑战和采掘，其本性更极端化为构架，它表明自身为设定、支配和控制。[②] “随着现代科技的发展，语言的形式化、符号化和数学化趋向使语言具有单义性、精确性与齐一性特征，正导致语言生命力的衰竭。”[③] “但语言的技术化并不只是产生于技术的发展，而是产生于语言本性之中。因为语言自身沉默，所以它在现代的世界中萎缩为信息。”[④] 系统论将语言纳入技术之网，控制论设定了语言的设定地位即工具性，信息论使语言信息化即

① 彭富春：《哲学与美学问题》，武汉大学出版社 2005 年版，第 182 页。

② 参见彭富春《无之无化》，上海三联书店 2000 年版，第 141—149 页。

③ 张贤根：《海德格尔美学思想论纲》，载《武汉大学学报》（人文科学版）2001 年第 4 期。

④ 彭富春：《无之无化》，上海三联书店 2000 年版，第 151 页。

符号化和形式化了。这样一来，语言的自然性变成了非自然性，从而激动不再；语言的诗意更变成了非诗意，其本性遭到侵犯和遗忘。由此而来，人也不能诗意而只能技术性地居住。

技术语言在当代的极端形态是网络语言。这是海德格尔个人无法体验的，因为它所处的时代技术还没有如此发达；但却是他的语言之思所能经验的，因为海德格尔深思了技术的本性，对技术而言没有什么是不可能的。在网络中，我们当然会有审美的体验。我们可以到“榕树下”寻找诗意，到“天涯博客”中建一个“家园”，甚至可以凭借虚拟手段“看中并爱上”一个“人”。然而这一切却遮蔽了人的本性甚至人本身，它使人遗忘了真实和虚幻的边界。那些看似真的往往是假的，而那假的却往往逼近真实甚至超过真实。因此在网络里人们遗忘了真实的存在，这表现为网络依赖症，这也是人们遗忘了语言的本性的表现。当然，当技术越过它自身的边界时它也预示着一种拯救的可能，比如技术与艺术的结合也有向诗意语言转化的可能。因此正如海德格尔一样，我们既不是技术悲观主义者也不是技术乐观主义者，我们只是要深思语言的本性。

在海德格尔看来，传统的观点把语言看成是人对内心活动的表达，对理论的表达，以及信息技术的交流，这些观点的正确性却依赖于语言的本源——语言自身言说即纯粹言说，诗意语言才是这种纯粹言说。这样，对非诗意的语言即日常语言、形而上学的语言以及技术语言的否定就是对语言的去蔽，从而敞开了诗意语言的揭示和显现的道路。对于海德格尔来说，“纯粹已被言说的是那种，那里，那已被言说所特有的言说的完成，就它那方面而言是一开端。纯粹的已被言说是诗歌”①。由此，语言在本源意义上是诗意的。语言的本性乃是本性的语言，这种语言是诗意的语言。日常语言、形而上学的语言以及技术语言都不是诗意的语言，而只是非诗意的语言。非诗意的语言从事实层面表现为不是诗意的语言，但它却敞开了这样一种可能：即语言从本性上而言，乃是诗意的。

（作者单位：武汉大学哲学学院博士生）

① Martin Heidegger: *Poetry*, *Language*, *Thought* (Translated by Albert Hofstadter), China Social Sciences Publishing House, 1999, p. 194.

“此在”还是“我在此”?*

——随海德格尔与勒维纳斯一道思考“人之为人”

朱刚[①]

［内容提要］“人之为人”究竟何在，自古就是西方哲学的基本问题之一。对于这一问题，海德格尔与勒维纳斯给出了两种截然不同的回答：海德格尔把人规定为“此在”，而勒维纳斯则把人规定为“我在此”。这两种对于人之为人的不同理解源自两种不同的视野：一者是从人与存在的关系出发理解人之为人；一者是从我与他人的关系出发理解人之为人。前者导致把人的本质理解为存在的澄明；后者导致把人的本质理解为他人的人质。这两种理解标志着西方思想在理解人之为人上的两种极端可能。

［关键词］人；此在；我在此；海德格尔；勒维纳斯（Levinas）

1. 问题：人之为人，究竟何在?

“人之为人”究竟何在，自古就是西方哲学的基本问题之一。对于这一问题，海德格尔（M. Heidegger）与勒维纳斯（E. Levinas）给出了两种截然不同的回答。

在《存在与时间》中，海德格尔把人命名为此在（Dasein）：“我们用此在这个术语来称呼这种存在者。”[②] 此在，Dasein，即“在这里（Da）

* 本文得到“教育部人文社会科学研究项目基金资助”，项目批准号：09YJA720033。

① 作者简介：朱刚（1972—），男，江苏宿迁人，哲学博士，中山大学哲学系暨现象学研究所副教授，以现象学、法国哲学为主要研究方向。

② 海德格尔：《存在与时间》（下简称《存在》），陈嘉映、王庆节译，熊伟校，陈嘉映修订，三联书店 1999 年版，第 9 页；参见 Martin Heidegger, *Sein und Zeit*, Max Niemeyer, Tübingen: 1986, S. 7。下引该书文献皆于文中夹注，只标注中译本页码，德文版页码请参考中译本边码。

的存在（Sein）”。通过这一命名，人便被归属于存在，被还原为存在：人首要地是一种存在。必须从与存在的关系出发才能通达人之为人的本质。

与之相反，而且正是为了批判海德格尔对于人的这种理解（这也是我们为何能把他们二者关于人的思想放在一起讨论的原因），勒维纳斯认为，人之为人不能从人与存在的关系出发去理解，而应当从人与他人的关系、从我与他人的关系出发去理解。他说：“随着人的出现……有某种东西比我的生命更重要，那就是他人的生命……一个人在他的存在中，其更多的是委身于他人的存在而非自己的存在。我相信正是在这种神圣性中诞生了人。”① 于是人之为人的本质，恰恰就在于“委身于他人的存在”，在于回应他人、为他人负责。而这就是“我之中的人性”或“作为我的人性”。② 换言之，只有当我在面对他人的呼唤时回应说“我在此”（Me voici），③ 我才成为人。这一回应正是“我”的原本含义：“我（Je）这个词表示着我在此（me voici），回应着（répondant）……任何人的我在此。”④

于是我们看到，海德格尔把人规定为“在这里的存在”（此在），而勒维纳斯则把人理解为“在这里的我”（我在此）。针对这两种不同观点，我们可以提出一系列问题：首先，海德格尔与勒维纳斯分别是从何种视野出发理解人之为人、以致得出这两种对于人的不同规定？其次，由这两种不同的视野出发，他们如何理解“我之为我”的“个别性”或“不可替换性”？再次，由此出发，他们对于人的基本情绪的理解又有何不同？最后，他们由此把人之为人的本质或最终目的分别归往何处？下面我们就对这些问题逐一探讨。

2.“什么”或“谁”在“此”？——思考人之为人的两种不同视野

海德格尔为何把人规定为“在这里的存在”（“此在”）？因为他关心

① 莱维纳斯（勒维纳斯）：《道德的悖论：与莱维纳斯的一次访谈》，孙向晨、沈奇岚译，载《文化与诗学》第一辑，童庆炳主编，上海人民出版社2004年版，第202—203页。

② 莱维纳斯（勒维纳斯）：《伦理学作为第一哲学》，朱刚译，载《世界哲学》2008年第1期，第99页（下引该文文献皆于文中夹注）。

③ 为了与“此在”（Dasein）相对应，我们把“Me voici”翻译为“我在此”。但是为了更符合中文的表达习惯，下文也经常译为“我在这里”。

④ Levinas：*Autrement qu' être ou au-delà de l' essence*（《别于存在或本质之外》），Martinus Nijhoff, La Haye, 1974, p. 145。强调为原文所有。下引该书文献皆于文中夹注，书名简称AE。

的问题原本就不是人的问题，而是存在本身的意义问题。存在问题源自古希腊。对这一问题的追问原本并不必然涉及人。只是由于在海德格尔看来，作为此在的人在追问存在意义的过程中占有一优先地位——它"在它的存在中与这个存在本身发生交涉"，"对这个存在具有存在关系……在它的存在中总以某种方式、某种明确性对自身有所领会"（《存在》，14）。——所以海德格尔才选择人"作为出发点，好让存在开展出来"，以便从它身上"掇取存在的意义"（《存在》，9）。

可见，海德格尔之所以把人称呼为此在，完全是为了就人来追问存在的意义。人只是一个出发点，只是通向存在意义问题的一条道路。人所占据的这个"此"，只是存在由以展开自身、游戏其中的一个场所。在此意义上，人乃存在的接待者、迎受者。人之被称为此在，乃是因为占据着这个"此"的，其实并不是"我"这个"人"，而是"存在"。存在本身才是主词、主体。人属于存在。人之为人，要从人与存在的关系出发才能得到理解。对于人的存在论—生存论分析，只是为了"展露用以解释一般存在意义的视野"（《存在》，18）。

与海德格尔首先把人理解为"Dasein"（"在此的存在"）不同，勒维纳斯首先把人理解为"Me voici"："我在此"或"我在这里"。"我在此"：一句回应、应承，对来自他人之呼唤的回应、应承。这一回应表明，处于"此"或"这里"的，不是中性的、与人无关的存在，而是——我：不是你也不是他，而独独是"我"。为何？因为勒维纳斯首要关心的问题并不是存在本身的意义，而是对他人的回应与责任。面对来自他人的呼唤，我必须而且只能以"我在此"来回应。正是从我与他人的这种伦理关系中，准确地说，从我对他人的应承与责任中，勒维纳斯看到了人之为人的本质。

如果说，从人与存在的关系出发来理解人之为人是出自希腊传统，那么从我与他人的关系出发、从我对他人的责任出发来理解人之为人，就是来自希伯来传统。从《圣经·旧约》《创世记》的第22章中我们可以看到，当亚伯拉罕面对着上帝或他的独生子以撒对他的呼叫而应之以"我在这里"时，他之为人的本质完全是由他与上帝以及他的独生子以撒之间的关系决定的，或者说，是由他对上帝的应承（/责任）、对他的独生子的应承（/责任）决定的（《创世记》22：1—12）。

"Me voici"："我（Me）在这里（ici）。"

正是当我面对着他人的呼叫而回应着说“我在这里”时，“我”才成为“人”，才成为“人性主体”，成为“那在泪水与欢笑之边缘上被召唤向种种责任的人性主体”（AE，22）。如此这般的人性主体，如勒维纳斯所说，就“既非自然之化身，亦非概念之环节，也非‘存在……的明晰表达”（AE，22）。总之，“我”作为如此这般被理解的“人”，就不再是借以通达存在意义的一个通道，不再是那中性的、匿名的、与他人无关的存在之在此（此在），而恰恰是“我”：那处于与他人之关系中的、向他人敞开、回应/应承着他人的我，为他人负责的我。

3. “我”的“不可置换性”与“此在”的“个别化”

“我在这里”。一句回应、应承：对那来自他人的呼叫的回应、应承。那呼叫并非针对别人，而恰恰是对“我”：在众人中，呼唤的独独是“我”。于是，这一呼叫，就是对“我”的指定，对“我”的拣选、选召。于是，“我”就再也无法隐藏于众人，我不得不挺身而出：“我在这里。”于是，因了这一呼唤，以及我对这一呼唤的回应，我才成为我，成为这个不可置换的我。不是别人，恰恰是我，必须由我来回应、负责。因而：

> 这种对于责任的召唤毁灭了普遍性的各种形式……由于毁灭了普遍性的这些形式，在面对邻人的面容时，我就被揭示为能为他负责任者，并因此是作为唯一的——而且是被拣选的（élu）。凭借这种自由，在我之中的人性，就是说，作为我的人性……就意指着不可交互交换者的优先权和唯一性。（“伦理学作为第一哲学”，99）。

所以，“我在这里”的这个“我”，就不再是普遍抽象的大写自我，如笛卡尔的我思之我，或胡塞尔的先验自我，而恰恰是那具体的、小写的我：“我们已经从〔大写的〕自我（Moi）来到了（小写的）我（moi），那是我而不是任何其他人的我。”（AE，16—17）

于是，我之为我的个别性、唯一性、独一性、不可置换性，就既不是由我 = 我这样的抽象的同一律所保证的形式同一，也不是通过占有和扬弃作为非我的对象、作为我之对象化的对象而实现的辩证统一，而是由他人对我的拣选、选召所指定，由他人对我的“无端的纠缠”所强加：“正是在纠缠的被动性中……一个同一者才将自身个别化为独一者，一个求助不了任何参照系统、且不可能逃避他人之指派而不受谴责的独一者。”（AE，142）正是在此意义上，罗朗（J. Rolland）在谈到这种小写之我（moi）时才说道：它“只是在他人……的他异性的撞击下才冒出头来；它是作为对降临到它身上的呼唤的回应（résponse）而被动地萌发，由此，是作为责任（responsabilité）而诞生”（“伦理学作为第一哲学”，97）。

与之相对，在海德格尔看来，又是什么使得“此在”获得其唯一性或——用海德格尔自己的话说——“个别化”（Vereinzelung）？是此在自己的死亡——此在的那一“最本己的、无所关联的、无可逾越的而又确知的可能性”（《存在》，305）。正是这样一种“最本己的、无所关联的”可能性，使此在“个别化”：

> 死并不是无差别地‘属于’本己的此在就完了，死是把此在作为个别的东西来要求此在。在先行中所领会到的死的无所关联状态把此在个别化到它本身上来。这种个别化是为生存开展出‘此’的一种方式。这种个别化表明，事涉最本己的能在之时，一切寓于所操劳的东西的存在与每一共他人同在都是无能为力的。只有当此在是由它自己来使它自身做到这一步的时候，此在才能够本真地作为它自己而存在。（《存在》，302，强调为原文所有）

所以，“造就个别化”的、使“我”无法被别人置换的，是死——不是他人之死，恰恰是此在自己之死——亦即那“作为无所关联的可能性的死”（《存在》，303）。

于是我们看到：在勒维纳斯那里，“我”的“不可置换性”（同一性）是由他人对我的呼吁和拣选所造成；而在海德格尔那里，“此在”的“个别化”（同一性）则是由此在自己之死所造成。一者是在向他人的应承中获得自己、认同自己，一者是在对本己之死的先行领会中获得自己、认同自己。自身同一性的这两种不同获得方式，也从根本上决定了“我在此”与“此在”处于两种完全不同的基本情绪之中。

4. 为自身的畏怕与为他人的忧虑："此在"与"我在此"的基本情绪

"此在"与"我在此"：一者向本真的独在筹划自己，一者向他人敞开自己、超越自己。前者为此在自身而畏怕，后者为他人而忧虑。

在《存在与时间》中，海德格尔把"畏"（Angst）这一基本现身情态（Befindlichkeit）视为此在之别具一格的展开状态。畏必然有其"畏之所畏"与"畏所为而畏者"。"畏之所畏"与"畏所为而畏者"为何？海德格尔说：其所畏与所为而畏者，皆不是世内具体存在者，而就是此在之在世本身。也正因此，畏这一基本现身情态才是此在之别具一格的展开状态，因为它展开的就是此在的在世本身，并且把此在"抛回到此在的本真的能在世那儿去"：

> 畏之所为而畏者，就是在世本身。在畏中，周围世界上手的东西，一般世内存在者，都沉陷了。"世界"已不能呈现任何东西，他人的共同此在也不可能。所以畏剥夺了此在沉沦着从"世界"以及从公众讲法方面来领会自身的可能性。畏把此在抛回此在所为而畏者处去，即抛回此在的本真的能在世那儿去。畏使此在个别化为其最本己的在世的存在。（《存在》，217，强调为引者所加）

畏之所为而畏者，是在世本身。而在世本身，乃指"此在的本真的能在世"，亦即作为"个别化"的"最本己的在世的存在"。所以，畏"把此在个别化并开展出来成为'solus ipse'［唯我］"（《存在》，217）。虽然海德格尔马上补充说："但这种生存论的'唯我主义'并不是把一个绝缘的主体物放到一种无世界地摆在那里的无关痛痒的空洞之中，这种唯我主义恰恰是在极端的意义上把此在带到它的世界之为世界之前，因而就是把它本身带到它在世界之中存在的本身之前。"（《存在》，217）但毕竟，在由畏开展出来的"世界"中，"他人的共同此在"已"不可能"了。因此，由畏而个别化出来的此在，从根本上恰恰与他人无关。它虽然有一个世界因而不是绝缘的主体，但它却与他人绝缘，与他人的痛痒绝缘。它只为它本身而畏，而对他人却麻木不仁：一种本源性的麻木不仁——因为在此在之本真的在世中、在其本己的存在中，没有他人的位置。这一点也同样表现在海德格尔对作为"现身样式之一"的"怕"的现象学分析中。

与畏之所为而畏者是在世本身一样，怕之所为而怕者也恰恰是此在本身："怕之何所以怕，乃是害怕着的存在者本身，即此在"（《存在》，165）。因此，怕同样与他人无关。当然，海德格尔不会忽视我们日常生活中总会有因他人而怕这样的现象，在这个意义上我们也说"为他人害怕"："人们可以因……害怕而并不为自己害怕。"但这在海德格尔看来乃表面现象，因为"细究起来，因……害怕就是为自己害怕。这时'所怕的'是同他人的共在，怕这个他人会从自己这里扯开。"（《存在》165，强调为原文所有）所以，无论我们是因世内的什么存在者而怕，最终返回到的都是为自己而怕。"因……"总是返回到"为自己"。对此，勒维纳斯巧妙地用法语中的代动词所表现出来的反身结构加以重构，他说：

> 《存在与时间》所提出的那种关于感受……的卓越的现象学分析……涉及一种由代动词所表现出来的反身结构，在这种结构中，情绪一方面总是关于某种触动［我们］的事物的情绪，但另一方面也总是为［我们］自己本身的情绪；在这里，情绪在于因/自己触动①——既是因（de）某物而惊吓，因某物而陶醉，因某物弄而伤悲；但同时也是为（pour）自己而陶醉，为自己而伤悲……于是，在因……（de）与为……（pour）中就有着双重的意向性，也因此，就有一种向自身的返回，向为其有限性而感到的畏（angoisse）的返回：在因狼而引起的怕（peur）中，有一种为我的死亡的畏。（"伦理学作为第一哲学"，99，译文有改动）

与"此在"的这种为此在本身的畏怕不同，"我在此"所具有的基本情绪则是为他人的忧虑或不安："为他人的忧虑（crainte），为其他人的死亡的忧虑，是我的忧虑，但却绝不是一种为自己的担惊受怕（s' effray-

① "因/自己触动"原文为"s' émouvoir"。该词在语法上属于"代动词"，既可以表达被动之义，也可以表达反身义。勒维纳斯在下面就是利用这两种语法含义来说明任何一种情绪所具有的双重意向性。所以我们这里将之译为"因/自己触动"。

er)。因此它也就与《存在与时间》所提出的那种关于感受、关于Befindlichkeit［现身情态］的卓越的现象学分析形成鲜明对照”（同上）。之所以“形成鲜明对照”，是因为这种“为其他人的担忧并不返回到为了我的死亡的畏。它溢出了海德格尔式的关于Dasein［此在］的存在论以及Dasein之着眼于存在本身的关于存在的安好意识”；所以“这是感受性的不安中的伦理的苏醒和警觉”（同上）。与之相对，在海德格尔的Dasein中，虽然有畏、有怕，但就是没有这种“不安”：这种对他人的面容的不安，对他人的痛苦的不安，以及在这种不安中的“伦理的苏醒和警觉”。所以，当海德格尔说此在的向死而在为此在标画出了它的“为这个存在本身而存在”的“终结”，并因此得以从整体上把握此在时，勒维纳斯却说这种终结本身恰恰是“丑闻”，因为这种终结恰恰意味着，此在到死都与他人无关，都对他人麻木不仁或无所谓（indifférence）；到死都“没有任何对存在的犹疑被唤醒”（同上）。

是为自身而畏怕，还是为他人而忧虑？这取决于究竟如何理解人的本质或人的最终目的：人之为人，究竟在于为自己的本己存在、最终为存在本身而在（海德格尔），还是在于回应他人，为他人负责，直至成为他人的人质（勒维纳斯）？

5. 人：存在之澄明，还是，他人之人质？

——人之为人，归于何处？

在其日常的沉沦中，此在与他人共在。就此而言，此在并非与他人无关。但这种沉沦，这种与他人的共在，在海德格尔看来，虽然是源始的，但却是非本真的。而此在之为生存，之为能在，恰恰在于要向其本真的存在筹划自身。然而此在如何才能本真地存在？在其本真的存在中，其与他人的关系又如何？

在海德格尔看来，正是当此在先行到死，并由此造成它的无所关联的个别化的时候，“此在才能够本真地作为它自己而存在”。亦即，“只有当此在作为操劳寓于……的存在与共……而操持的存在主要是把自身筹划到它的最本己的能在上去，而不是筹划到常人自己的可能性上去的时候，此在才本真地作为它自己而存在”（《存在》，302—303）。因此此在，就其本真存在而言，与他人无关，是解脱了与他人的关系的。亦因此，海德格尔把此在日常与他人的共在称为"沉沦"(Verfallen)(《存在》,203—209)。虽然这里的"沉沦"并不是价值上的判断,但毕竟,它是非本真的。本真的此在,乃孤独的、无所关联的向死存在:

> 对从生存论上所筹划的本真的向死存在的特征标画可以概括如下:先行向此在揭露出丧失在常人自己中的情况,并把此在带到主要不依靠操劳操持而是去作为此在自己存在的可能性之前,而这个自己却就在热情的、解脱了常人的幻想的、实际的、确知它自己而又畏着的向死的自由之中。(《存在》,305—306)

这种自由,与他人无关,与对他人的责任无关:"不依靠操劳操持而是去作为此在自己存在。"恰如勒维纳斯所说:它是一种"异教徒的生存","存在指挥着它,毫无伦理上的顾虑,如一种英雄的自由,与所有关于他人的罪责无关"[①]。所以,此在在其自由中,在其本真能在中,所要承担的只是它自己的"最本己的存在"(《存在》,303)。亦因此,它唯一能听到的呼声,就不是他人的呼声,而是"良知"的呼声。而良知的呼声来自何处?恰恰来自此在自身:"此在在良知中呼唤自己本身"(《存在》,315)。为何要呼唤自己本身?因为此在沉沦于常人。呼唤是为了要把此在"从沉沦于常人……的状态中""召唤出来"(《存在》,318),唤"向本己的自身"(《存在》,313)。[②]

此在所要负责的,首先是它自己的存在,最终是存在本身:因为它"在其本质中为存在所要求"[③]。所以它的"此",就不是向他人开放、以接纳他人、款待他人的"家园",而是"存在本身的敞开状态"(Offenhe-

① 莱维纳斯(勒维纳斯):《哲学与无限观念》,马俊译,孙向晨校,载《文化与诗学》第一辑,第168—169页。

② 但海德格尔也并非不知道呼声也可以来自"闯入此在的异己力量",但他说,沿着这种解释方向走下去,就会把良知解释岔了,因为它会把良知理解为一种现成存在(《存在》,316)。但问题也许并不在于外部的异己声音是否是现成的,而是在于我们在思想的开端处为何必须以存在的意义问题为首要的问题?为何不是对他人的责任、对自身存在之权利的质疑以及由此而来的辩护,才是首要的问题?这就涉及究竟是存在先于善还是善先于存在,究竟存在论是第一哲学,还是伦理学才是第一哲学。

③ 海德格尔:《关于人道主义的书信》,参见《路标》,孙周兴译,商务印书馆2000年版,第379页(下引该书文献皆于文中夹注)。

it）（《路标》，439）。因此最终，“人是存在之澄明（Lichtung）”，而且“人就是这样成其本质”（《路标》，381）：人是“作为存在之真理的处所（Stelle）也即地方（Ortschaft）而被经验、进而相应地被思考的东西”（《路标》，439—440）。因此决定着人之为人或人之本质的，便是存在，是人与存在的本质关联。从人与存在的本质关联出发来思考人之为人，这几乎是海德格尔“人学”思想的一以贯之之道。

这当然不是人道主义，而是一种存在论：把人还原为存在的存在论。勒维纳斯从其思想出发，把它称为“耻辱的唯物主义”：

> 将存在的中立置于存在者之上，存在以某种方式神不知鬼不觉地决定着存在者，将本质事件不知不觉地放到存在者的头上，这就是在宣扬唯物主义。海德格尔的后期哲学就是这种耻辱的唯物主义……这种哲学用风景或“死的自然”来解释人的本原。存在者的存在乃一没有人言的逻各斯。①

在这种“耻辱的唯物主义”中，人不再是人，而是被还原为存在者，被还原为非人，被归属于某种匿名的、中性的力量——存在。人被中性化了，非人化了，成了一种“失去面容”的存在者：“在存在中，在光的境域中，存在者映出其侧影，但却失去其面容。”②

这是西方存在论对人施以的最彻底的暴力。而勒维纳斯的哲学，如扬·本特松（Jan Bengtsson）所说，从一开始就是为了反对这种暴力，反对这种对人的中性化的做法：“莱维纳斯作为出发点并加以抵制的是他认为具有致命性危害的一种西方思想。这就是‘有’的可怕的‘中立性’。”③

与海德格尔从人与存在的本质关联出发理解人之为人不同，勒维纳斯从我与他人的本质关联出发理解人之为人，把人首先理解为向他人的应承：“我在这里。”我之为人，不在于向存在敞开、开放，不在于充当存

---

① Lévinas, *Totalité et Infini*（《总体与无限》），Martinus Nijhoff, La Haye, 1961, p. 275。

② Ibid., pp. 35—36.

③ 扬·本特松：《实践的至善和伦理的要求》，参见《现象学与伦理》（《中国现象学与哲学评论》第七辑），上海译文出版社2005年版，第304页。

在显现的境域或存在的看护者、守护者，而在于对向我发出呼叫的他人说："我在这里"，在于我对他人的回应、负责。所以，这里的关键就不是保证"人在存在论上的尊严"，恰恰相反，是要"质疑存在的哲学特权"。因为，诸如"我在此"这种对他人回应的可能性，恰恰"颠倒了生命之自身偏爱的自然倾向，颠倒了存在之努力坚持于其实存的自然倾向"，换言之，"我在此的可能性见证了有某种比存在和生命更高的东西"。①

这种"比存在和生命更高的东西"，就是善，就是对于他人的责任。在勒维纳斯看来，正是在这种为他人的责任中，我才超出自然的存在法则之外而真正成为人：

> 存在的目的就是存在本身。然而，随着人的出现——这是我的整个哲学——有某种东西比我的生命更重要，那就是他人的生命。这是没有理由的。人是一种不讲理由的动物。在大多数时间里我的生命对我是更亲近的，大多数时间人在照看他自己。但是，我们不能不仰慕神圣（saintliness）……即，一个人在他的存在中，其更多的是委身于他人的存在而非自己的存在。我相信正是在这种神圣性中诞生了人。②

存在只为存在自身而存在，即使是作为此在的存在也是如此："此在作为为存在本身而存在的存在者生存"（《存在》，459）。存在的法则是经济的法则、同一性的法则。存在的一切活动、努力，都是为了肯定自己、坚持自己。它把遭遇到的一切都吸收为、同化为自己的营养、环节。人，作为存在者，当然也受存在法则的支配。但人之为人，却恰恰在于可以不受这种法则支配。而且只有在它不受这种法则支配时，在它颠倒存在的自身偏爱、自身坚持的自然倾向时，它才是人；只有在它向他人超越、为他人负责时，它才成为人。这就是人"别于存在"、"异于存在"之处。所

① 转引自 Beyand：*The Philosophy of Emmanuel Levinas*, Northwestern University Press, 1997, p. 15。

② 勒维纳斯：《道德的悖论：与莱维纳斯的一次访谈》，参见《文化与诗学》第一辑，第202—203页。

以人是存在的“例外”（l’ ex - ception）。

因此非如海德格尔说的那样：唯有人才能向存在敞开，通达存在；而是：唯有人才能从存在中抽身而出（AE，10），才能颠倒存在的法则，为他人负责。

而且这种负责是如此彻底，以至于我不仅要为他人负责，而且还要为他人的责任负责。我完完全全成了他人的“人质”和“替代”。[①] 也正因此，这种对他人的责任便成了非对称的责任：我不能要求他人对我负有同样的责任。我是被指定的，被选召的，我是彻头彻尾的被动性。

6. 未完的结语

然则，人之为人，究竟是作为存在之澄明的“此在”，还是作为他人之人质的“我在此”？在海德格尔与勒维纳斯之间，我们究竟该何去何从？

任何选择都有其根据。它取决于我们究竟是把存在还是伦理视为最终的本原、根据。关于这一点，笔者在其他地方已经有所讨论[②]，此处不再重复。在此我们想提醒注意的倒是另外一个问题：当我们问在“此在”与“我在此”之间、在海德格尔与勒维纳斯之间究竟该作何选择时，我们其实已经先行认可了这一被划定的选择框架本身的合理性。显然，这一框架本身标志着西方思想在理解人之为人的问题上的两种极端可能。但真正的问题或许恰恰是：我们为什么必须要在这两种可能之间进行选择？或者说，存在与伦理的分离本身，是最终的实事状况吗？这一区分本身难道不恰恰应当得到追问吗？在这一区分之外或之前，有没有其他的可能？因而人之为人，在作为存在之澄明的“此在”和他人之人质的“我在此”之外，还有没有其他的可能性？但这个问题，我们只能在其他地方再讨论了。

（作者单位：中山大学哲学系）

① 参见勒维纳斯《别于存在或本质之外》第四章。亦可参见拙文《伦理学作为第一哲学如何可能?》，载《南京大学学报》（哲学·人文科学·社会科学）2006 年第 6 期。

② 参见拙文《从作为本原的存在到前本原的伦理》，《启示与理性》第四辑，2009 年 7 月。

海德格尔的诗意居住

谢劲松

[内容提要] 本文从中西思想的大背景下来理解海德格尔晚期思想中的人的诗意的居住，诗意的居住是对于技术主义和无家可归的克服，亦即对于虚无的克服，同时也是对于存在的经验。此经验是对存在作为虚无的思想的经验。诗意的居住是对于存在的倾听、是接受存在给予的尺度，是温柔和温顺，不再是理性的思想，不再是理性对于存在的设定，存在的人比理性的人更具有原初性。

[关键词] 无家可归　诗意居住　技术主义

海德格尔探讨了技术与人的居住的关系。人居住于家园，但技术社会毁灭了思想曾有的家园，无家可归成为现代人对于虚无的经验。唯有诗意的居住才是对于无家可归和虚无主义的克服。

居住乃人之本性。人居住于世，居住于家园。家园是家宅、是建筑物、是田园、故乡，也是各人的宗教信仰与文化信念，如西方的上帝与中国的天道。家园是那离我们最近、能为我们遮风挡雨，庇护并指引我们生存的地方。那最近于我们的是语言，那能庇护并指引我们生存的是智慧的语言。因此在技术世界里，真正能成为家园的是智慧的语言。然而在西方思想中上帝死了，在中国思想中天人分离了。技术无情地摧毁了我们曾经拥有的家园。技术在本性上的去蔽性使世界敞开了一切：未知之物不未知了，神秘之物不神秘了，崇高之物也不崇高了。在技术的世界里，诸神逃逸、大地瓦解、天空崩塌，人无家可归。

1. 无家可归

无家可归是技术世界的现代人的命运。

居住于大地，却是大地的异乡人。大地已瓦解，自然已破坏。大地不再是家园。人居住在家里，却被电视广播和网络带到了家外，带到了一个陌生的想象的或虚拟的世界。人们被媒体愚弄，被各种消息扰乱或影响，焦虑、无聊，在希望和失望中左右摇摆。从相信技术到崇拜技术、到走向反面拒斥技术，都是无家可归的症状，都是虚无的体现，是虚无的虚无化。如果西方的诸神、上帝、神性与理性都曾是西方人的精神家园，那么中国的儒、道、禅（佛），天人合一的天道观与人道观也一直是中国人的精神家园。然而技术世界中上帝死了，天也塌了，中西思想曾有的家园已被毁灭，那能够成为家园的只有道与智慧的语言、只有思索的独白，只有思想的漫游，只有时刻的警醒。

在西方思想中，各时代的智慧形成了各时代的精神家园。古希腊的诸神、中世纪的上帝，近代的神性，这是神在形而上学时代以不同的语言形态成为家园。形而上学时代的智慧确立了三个时代的不同原则分别是正义、恩惠和自由，确立了人的规定分别是英雄、圣人和公民。这是形而上学建立的家园。现代思想虽然瓦解形而上学，但马克思仍有共产主义社会理想，尼采仍将超人作为未来人的形象，海德格尔晚期思想中仍将天地人神四元共在作为居住的家园。后现代不再寻找家园，它解构了家园。人不再有任何规定和理想，人成为一个漫游者。

一个已有的家园之毁灭不是哪个人的过错，而是哲学终结之必然后果，是科学走向技术，技术走向设定，并带来了无蔽的必然结果，是虚无之虚无化体现。无家可归与虚无是同时到来的。虚无使人无家可归，并寻找各种替代的家园。在技术世界，人们以为技术世界所带来的一切成果与文明就是人理想的家园，是人安居之所。然而技术世界的成果都是物质，人的生存要有物质基础，但人却不只是一个物质的人，人还有情绪、情感、思想、想象，有美的需要，有浪漫与幽默的需要。人也是精神的人，但作为精神的人，人不只是一个理性的主体，也不只是一个感性的人，人就是人自身，就是人的存在。海德格尔将人规定为此在。在此在的深处，不再有人的本质，如善如恶。此在深处有的只是虚无。

此在诧异于虚无，如同诧异于存在。存在者存在，我们不诧异，如地球存在于此，我与他存在于此，我们不诧异；然而如果地球竟然不存在了，我与他不存在了，我们才诧异。亦即地球与他人的消失、虚无化才是令人诧异的。正如他人活着我们不在意，他人的死我们才会惊异。因此那最让我们惊异的是虚无。

无家可归是现代思想对于虚无的经验。技术的无蔽本性敞开了这一经验。技术对万物加工改造，设定储备，在它永不停息的作为下，掩盖了它对于自身本性的思考，人在技术的忙碌中遗忘了对于自身作为的意义的思考。无家可归是现代人的命运，而对无家可归的遗忘则是无家可归的真实写照，是虚无自身的显现。遗忘无家可归，拒绝思考无家可归，正是虚无直面此在，此在无法拒绝和回避虚无。

独在异乡为异客。异乡感与异客感是人对于家园的向往，是人远离家园，尚未安居于家中。技术所建立的技术世界只能是一个物质的家园。技术既不叫人思考家园，也不描绘已有的与尚未有但将有的家园，技术只是生产与征服。技术自身试图扮演成家园。对于有思想能力的思想者来说，此家园不是家园。人（此在）越是寻找真正的家园，就越能发现技术世界的非家性，越能发现此在自身的无家可归性。在这里家非家，道非道，唯虚无虚无。这是技术世界的真实。作为此在的人是大地的异乡者。异乡者渴望回家，还乡的思念与渴望就是乡愁。然而还乡有可能吗？还乡的乡愁在技术世界中能抵抗虚无吗？异乡者的还乡只是一种可能性。这种可能性在于对自身存在的深切把握，在于实现诗意的居住和面对技术世界能泰然让之。异乡者在海德格尔的思想中首先是此在，其次是天地人神中的一元。此在对于虚无的经验即经验到自己是异乡人，对于还乡的渴望、思念和喜悦，乡愁的持续与保藏是技术世界的人的本真的生存与诗意的居住，是作为能死者的此在的泰然让之。

人是大地上的要死者，居住是人生存在于世的方式。人居住于家园。此家园是一个在此获得休养与庇护的地方。此地方不只是一空间概念，而是一个正在生成并不断生成的地方，此生成与此在一同完成。此完成乃是家园的建成。居住作为居住，只能居住于家园。居住于家园是人的本性。

在技术世界中，作为此在的人以多种方式经验到虚无。人的焦虑、无聊、羞耻、盲信与不信、绝望与拒绝都是虚无的经验，而无家可归则是一切虚无经验的根本。“技术世界遭遇的困境不仅应该理解为无家可归，而且必须首先理解为这一无家可归的遗忘。”① 一个已经意识到无家可归的人，是在盼望着家园，试图克服虚无的人，而一个遗忘了无家可归的人则是一个遗忘了虚无的人，或者是找到了家园的替代物的人。在技术时代技术一度成为家园的替代物。对于技术的盲信与崇拜就是将技术当家园。

技术时代人们不信诸神，也不信上帝，唯信技术。相信技术能改变一切，不仅能改变世界，也能改变自身的命运。我们熟悉“科学救国”、“科技兴国”、“科学技术就是生产力”、“知识改变命运”这样的口号。这样的口号没有什么不对，但过于相信了科学与技术的力量，在突出科学与技术的意义时没有看到那导致科学与技术的理性力量。另外这样的口号掩盖了科学与技术的危险。科学与技术的背后依靠的是理性，理性是知识之所以成为知识的根据。这是近代思想的产物。在近代思想中理性既是认识主体的本质规定性，又是推进认识过程的主要力量，也是最后确定认识结果的原则，因而它必然也是认识活动得以可能的先决前提。因此只有去培育人的健全的理性才能使科学与技术得以实现，并健康与合理地发展，实现其功能与社会价值。只有让理性成为人的自觉的需要，科学与技术才自然的发生并改变世界。与其说是科学与技术改变了世界，不如说是人的理性改变了世界；与其说知识改变命运，不如说理性规定了自己的命运。命运之为命运，总是被理解为人生必经的过程或某一必然发生的事件，或是那规定人生的必然性力量。在现代思想中，形而上学中那具有规定性和必然性的力量被瓦解了，命运只能是那条人生走过的道路本身。命运无所谓改变，无所谓不改变。与其说知识改变命运，不如说知识就是命运。我们学习、发现和创造知识就是使自己成为人，成为一个合乎理性的人，成为一个顺应理性成长的人。

科学技术不仅被认为是生产力，而且认为是第一生产力，为什么？“第一”无非是强调科学技术在生产力中的基础地位。但什么是生产力？生产力被规定为人类改造自然的实际程度和实际能力的哲学范畴。它由劳动对象、劳动资料和劳动者构成。劳动资料即劳动手段和工具。科学技术是智能性要素。科学是知识，技术是方法、能力和手段。它既是属于劳动资料，也是劳动者的构成要素。劳动者的科学技术水平越高，他改造自然的实际程度和实际能力就越高。科学技术的成就，如理论发现、技术发明

① 彭富春：《无之无化》，上海三联书店 2000 年版，第 15 页。

直接导致劳动资料的发展与变革，直接导致了劳动力认识世界与改造世界的能力的提高，甚至也使劳动对象发生转变。总之它直接改造了外在的自然世界，所以说科学技术是第一生产力。但问题是世界作为一个整体不能不包括人自身，作为人自身的心灵的改变、提升，科学技术是无能为力的。如果世界是要改变的，那心灵也同样要改变。因为人的心灵是世界的一个部分。心灵的改变就是寻找精神的家园。科学技术改造世界只是对自然的改造。这一改造也直接地破坏了传统的自然观。它毁灭了中国人历史性的天地人的自然世界和西方人天地人神共在的神性世界。这两个世界曾经是中西思想的精神家园。

2. 诗意的居住

人的居住有诗意的与非诗意的两种。诗意的居住与非诗意的居住是居住的两种可能性。诗意的居住是居住于家园，非诗意的居住是尚没有家园的居住，是人的无家可归。无家可归是人的非诗意的居住。诗意的居住与非诗意的居住都是居住的可能性，诗意的居住属于居住的本性，非诗意的居住则不属于居住的本性，正是诗意的居住才使非诗意的居住有了可能，非诗意的居住凭借于诗意的居住而成其为居住。“在技术世界里，越是存在着非诗意的，也越是存在着诗意的。因此技术世界的人的居住也是诗意的，凭借于他非诗意地居住。”① 诗意的居住之所以可能是因为诗意的居住源自于存在。

诗意的居住是让存在存在，接受存在对于思想的规定，接受存在给予思想与居住的尺度。这样的存在是不从人自身的意志、需要、欲望、情感出发的，是深入存在者之中去，倾听存在的呼声，聆听存在的奥秘。让存在存在，就是让存在者自身成为自身，如同让物成为物，让树成为树，让人成为人。这也就是不把物和人当工具，特别是不把他人当工具。不把物当工具就是以诗意的态度看待物，接受物的物性，接受物的本性；不把物当工具，就是不利用物，而是与物建立一种伙伴关系，与物相互游戏，人与物没有彼此剥夺和占有，也没有自身的消耗。这不是浪漫的理想，而是天地人神的和谐共处。这里的神不是上帝，而是一个与人对应的超验维

① 彭富春：《无之无化》，上海三联书店 2000 年版，第 157 页。

度，它让人意识到自己的必死性，是作为能死者的人的必要限制。如果没有一个超验的不死的神，人就必然是人类中心主义的。诗意的居住也是让居住成为居住，它是天地人神的和谐共处，而不是天地人神的彼此规定与相互限制，这种和谐共处是游戏式的，不是相互占有与被占有，利用与被利用，主体与客体的关系，而是相互的亲密与共同的欢乐。

诗意的居住是居住于家园。家园是诗意的，是对于存在的接受，那么无家园则是非诗意的，是对于存在的拒绝。那非诗意的既不给予亦不接受，既不给予尺度亦不接受尺度，既不亲近存在亦不聆听存在。那非诗意的遗忘了存在，但凭诗意的而仍然成为居住的可能性。诗意的规定了非诗意的。"因为一居住能够是非诗意的，只有当居住在本性上是诗意的。"① 居住的本性不是居住，居住的本性使居住成为居住，它规定了居住。诗意的居住规定了非诗意的居住。居住可以是非诗意的，居住的本性却是诗意的。居住的非诗意在于无家可归，无家可归而使居住者经验到虚无，尤其是经验到家园的虚无。家园的虚无通过无家而显现出来，虚无只是显示了无家。家园的意义正好敞开于无家可归之中。诗意的居住正好敞开于非诗意的居住，亦即非诗意的居住遮蔽着诗意的居住。敞开与遮蔽不是独立的，而是相互游戏的。诗意的居住不是非诗意的居住，非诗意的居住亦不是诗意的居住，两者都是居住，唯诗意的居住是居住的本性。诗意的居住与非诗意的居住亦不是对立的，而是相互依从的，若无非诗意的居住，存在的遗忘就不会敞开和显现，若无诗意的居住，非诗意的居住就无可能，技术世界的无家可归就不可能成为一种居住。技术世界的无家可归乃是非诗意的居住。非诗意的居住的显现与敞开促使人去追问居住的本性，促使人回归到诗意的居住。诗意的居住成为居住的本性，也成为人的家园。人要经验家园的本性，并要建筑家园，且居住其间。

然而，生活在现代世界的人，即是生活在技术的世界里，技术规定了人，人受技术的支配和制约。但危险同时也是拯救。海德格尔从技术的古老含义中找到了根据。技术的希腊词义也是技艺，技艺也是艺术。技术是物的改造，艺术则是非物质的创造。改造与创造都是诗意的。技术改造的诗意在于给予尺度，如技术生产加工一物，使其物从无走向有，加工的每

---

① 海德格尔：《演讲与论文》，引自彭富春《无之无化》，上海三联书店2000年版，第157页。

一工序都必须接受设计者给予的尺度；而艺术创造的诗意在于接受尺度，让物如其所是，不从改造而从接受角度看物，物是物自身，让物成为它自身。由此技术的危险在艺术的诗意的态度中得到了扭转和克服。

在诸神存在的古希腊，人们接受诸神对于人的命运的规定，人无须对自己的命运担忧，也不去抗拒命运，不去改变自己的命运。俄狄浦斯的悲剧乃是对人对抗神试图改变自己命运的告诫，西西弗斯的神话也是以另一方式告诫人不可对抗神，否则会遭到神的惩罚。在这样的时代人把自己交付给诸神，人有诸神的守护，人不可能经验到虚无。在中世纪，那是上帝存在的世界，上帝以他的全智全能全善行使公义，人们在信望爱的实践中凝望着彼岸世界，此岸的苦难得到了缓解和消除，此生此世的罪恶得到了赦免，肉体生命的终结在灵性生命的重生中得到了拯救。在这样的时代，人再痛苦，也相信有美好的未来，也永远不会走向如临深渊的虚无。近代是理性的时代，也是神性依存的时代。人们相信理性，相信理性可以保证美好生活，相信理性能控制这个感性的世界，也能建立一个合乎理性的世界，不仅理想世界是可能的，现实世界也就是理性的。黑格尔说"凡是现实的都是合理的，凡是合理的都是现实的"，就是对于理性与现实之必然性关系的充分信任。在这样的时代，人自身就是理性，虚无不仅是不可能的，而且也绝不会进入人的生命的真实经验中。这个时代依然保持了人的神性，神性与理性是统一的。只有到了现代，才进入了一个技术的时代。诸神、上帝、神性都退场了，或沉默或离席，任凭技术作为，也任凭人的作为。人没有神的守护了，也不再畏惧一个全智全能的神会始终凝望着自己，在自己死亡的时刻来审判。斯特林堡笔下的一个人物曾自言自语地说：如果神始终看着我们，难道他不要打瞌睡吗？难道他连眼也不眨一下吗？这样的说法正是用人的理性来思考神，以一种消极的怀疑来对待熟悉的观念与传统。消极的怀疑也可理解为幽默，它没有怀疑的目的，不直接导致一个思维的成果。然而即使是幽默也有着超乎想象的否定效果，这种否定是不能通过理性的论证来肯定，来弥补其瓦解力量的。神打不打瞌睡？一个神的信仰者没有这样的问题和困惑，即使被问到也一定有十分肯定的答案来否定和排除这样的问题。神学家和哲学家也能提出多种多样的答案，但对一个生活中的人，甚至一个信仰尚不坚定、或正在追求信仰的人来说，这样的问题是从他的内心生出的，或者即使是听到的，却将这一怀疑转化为了自身真切的怀疑，转化成了自己的真实的问题，那神学家与哲学家的理论论证就不一定能消除这一问题。有了这样的问题存在，一个万能的神就不万能了。这样的问题听起来开心，它的确比千篇一律的话语更能打动人。这样的话语表明，人能自由地想象，而这自由正是人的理性的自由。相比于斯特林堡的委婉，同时代的尼采则说得更直接了，尽管尼采是借疯子的口说出的“上帝死了”。

一个上帝死了的时代，也是人什么都敢做的时代。陀思妥耶夫斯基在《卡拉玛佐夫兄弟》中深刻地指出了这点[①]。上帝死了，技术生了。技术世界的出现源于对自然的去魅。马克斯·韦伯（Max Weber，1864—1920）称之为世界的去魅化，去魅也是去魔咒化。一个曾经是神创的世界，有神灵出没的、布满魔咒的世界不再有神、神灵的任何痕迹，神及神所布的魔咒无效了。人开始了狂欢。自然世界成为人的对象世界，可以改造利用和征服的纯粹物质世界。随着两次工业革命的实现，人对世界的改造达到了前所未有的程度。第一次工业革命是对人的双手的解放，手工技术改变为机械技术，第二次工业革命是由机械技术导向了自动化，控制论成为基础科学。机械技术将对象技术化，自动化则是人自身的技术化。自动化解放了整个人。现在开始了第三次工业革命，即信息技术革命。由电子信息走向了生物信息。这是一场整个社会的革命，更是一场观念的革命。与其说是革命，不如说是挑战。从克隆羊到克隆人，科学与技术已不知道自己的禁区。人们熟悉和认同“科学无禁区”。由于现代科学与技术的一体性，技术自然也无禁区。且不说这是对与否，这一观念和说法正是什么都敢做在科学与技术领域的表现。由于什么都敢做，人们不顾行为的后果，或者只顾实现一个想象得到的目的，凡想不到的后果是不必畏惧的，甚至为了获得一个可能的事实，不惜一切一试。

在一个技术世界中，技术是冒险。那导致冒险的是利益、好奇、求真。冒险之为冒险是全不知其危险，或者是对危险的遗忘。人冒险的冲动与勇气、对危险的遗忘乃是对于虚无的盲目，而不顾危险乃是对于虚无的抗拒。危险感、危机感正是对虚无的经验。危险之为危险，是担心和意识到某物的即将失去和毁灭，试图抵抗这种失去和毁灭但又无能为力。危机则即是危险又是机遇。危机在危险的同时隐藏了机遇，隐藏着改变或扭转危险的力量。

① 陀思妥耶夫斯基：《卡拉玛佐夫兄弟》，人民文学出版社 1981 年版。

人生的根本是居住。那能居住的是家园。家园是田园、住宅、故乡，也可以是文化的思想的，如西方的上帝之道或中国天人合一的儒道禅，但这只是历史上家园的各种形态。那居住的作为家园的家园，是那离我们最近，能庇护我们的。离我们最近的是我们的语言。语言有欲望的、工具的与道的，能作为家园的语言只能是道的语言①。此在居住，居住在道的语言中，居住在智慧的和真理的语言中。道与智慧的、真理的语言是诗意的语言，此诗意的语言不是文学的作为创造的语言，也不是给予尺度，而是接受尺度，亦即接受存在对于思想的规定②。道与智慧的、真理的语言是思想。思想接受存在规定就是让，让思想思想，让存在存在。

3. 克服技术主义

海德格尔技术的思想和诗意的居住给予我们一条克服技术主义的思想道路，这条道路同时也是克服虚无主义的道路。

享受着技术文明的人是不可能回到技术文明之前的生活状况的。人一方面是接受享受，另一方面也要批判，批判是不使享受遗忘了人自身的目的，不要遗忘了人性。批判不是要放弃技术的可享受的成果。舒适的享受有上瘾的一面，易把享受当成人生的目标。一旦体验过坐汽车胜过走路，安步当车只能在短暂的闲庭信步中。要一个民族和国家保持过去艰苦的生活为什么难以响应？甚至艰苦年代中的过来人恐怕也只是心理上和精神上的恋旧，要把过去的记忆唤醒，也只是一种话语而已，而难有自我行动。技术创造了视野的全球化。人们可以从电视、书报和互联网中迅速了解他国的情景。西方现代文明国家的生活方式，可以很直观地了解到。它是一种强烈的诱惑，成为人们未来的生活目标。它逼迫着人们去认同和追赶发达国家的技术文明。如果不愿处于落后，任何民族和国家的追赶都是必然的。但无论怎样追赶，差距总是存在的，即使差距永远不能消失，也仍然要追赶、要引进。技术引进了，文明依然引进不了。因为文明不仅仅是在

① 参见彭富春《人的家园》，载于《哲学与美学问题》，武汉大学出版社 2005 年版，第 304 页。

② 参见彭富春《无之无化》，上海三联书店 2000 年版，第 177—179 页；彭富春《庄子、海德格尔与我们的对话》，载于《哲学与美学问题》，武汉大学出版社 2005 年版，第 293 页。

技术中，它是一个民族的素质、传统、文化相互渗透的结晶。技术文明是物质化的文明，是技术的运用导致了人们整个生活方式的更新与发展，导致了人们的更多的自由时间、更轻松的工作、更理想的环境，但技术不能提高人的人性。技术文明并不就是人的文明。文明不能代替人性。技术主义对技术的盲目相信与崇拜，是颠倒了技术的手段性与人的目的性的关系。人作为目的应该始终引导着手段的运用。人凭借于自身的智慧和理性，应该能够克服技术主义。

技术主义的出现和产生，源于理性的终结。这一终结也是形而上学的终结，即理性不再规定存在，思想不再决定存在和现实，理性和思想不再能成为根据了。它与古希腊到近代以来哲学的终结、形而上学的克服是一致的。哲学的终结与形而上学的克服导致了虚无主义的产生。虚无主义将存在理解为虚无，因此没有根据，没有目的、没有理想。虚无主义成为我们时代精神状态的基本特征。技术主义是与虚无主义伴生而来的。虚无主义毁灭了我们的历史家园和文化传统，而技术主义则逐步使人变成物。因此如何克服虚无主义与技术主义，成为我们时代的思想任务。

由于技术主义与虚无主义的伴生性，要克服技术主义首先要克服虚无主义。虚无主义是最高价值的去值，即最高价值没有意义了。对于尼采来说是通过重估一切价值来克服虚无主义，而生命自身的价值，即权力意志是根本的价值。对海德格尔来说，虚无的历史就是存在遗忘的历史，重新追问存在的意义是他早期思想的目标，他得出存在就是虚无。这是一个悖论。既然他们走出了形而上学，揭示了形而上学的虚无性，肯定了人的此在与生命的意义，克服虚无主义的途径则是肯定人的生命与生活本身的意义，不管这生命和生活是处于一个什么状态，不对它的高下优劣作判断和选择，不设定任何外在的理想和崇高的目标，因为各种虚伪的崇高论和理想主义实际上是虚无的填充物，由此它们也是虚无主义的表现形态。因此肯定自己的存在，肯定活着的意义就是对虚无主义的克服。活着就有意义，人生本身就是意义。这是一切意义的意义之源。

与此相关，克服技术主义便是正视技术对于人的控制和压抑，看到技术对于人的破坏性，看到现代技术的强迫性和挑战性而使人与技术的关系变成了一种紧张的危险的关系。也要看到技术的诗意只是在技术的原初意义上才具有。技术在运用中因为明确的实用目的掩盖和偏离了技术的诗意本性。因此恢复技术的诗意与人的诗意，是克服技术主义的一个途径。这一恢复的诗意不再是给予尺度，而是接受尺度，即思想接受存在的规定。存在是现实的存在，是技术世界的存在。技术世界的存在本性就是构架。思想则由此而是技术的思想，是对技术的本性、对技术与人的关系的思想。这一思想敞开的将是人与存在的关系，它是真正自由的关系。技术的诗意本性和人性的诗意本性将阻止人的物化（机器化）并实现物（机器）的人化，将单纯的人与技术、人与自然和人与物的关系转变为人与人、人与自我的精神关系。人与人、人与自己的心灵交往和精神价值寻求成为人生活着的一项日常活动。这一活动的完成将依靠诗。诗将是技术主义的解毒剂，使人对技术世界的诱惑具有免疫力。诗是语言呼唤的世界。依此语言我们冷静地与技术交友，与技术交流，我们倾听技术的存在本性，保持对它的敏锐的知觉，懂得它的各种可能性和有限性，同时我们也与自身交友，与自身的有限性和必死性交友。冷静将是一个克服虚无主义与技术主义的方法。在冷静中我们将懂得："人类真正的财富是包含在他的自觉自愿的贫困中的。"① 自觉自愿的贫困可以消解技术的神话与魔力，可以消除技术的诱惑力。在冷静中我们还将懂得：冷静带给我们自由，冷静带给我们智慧。通过冷静，世界将作为家园向人真正敞开。

（作者单位：华侨大学哲学与社会发展学院）

① 格·施密特：《人性与超验》，载《哲学与人》，张世英、朱正琳编，商务印书馆1993年版，第80页。

神圣奥秘的启示和倾听

——卡尔·拉纳论基督教启示神学的本质

车　桂

［内容提要］20世纪基督教神学的核心论题，是作为基督教奥秘的启示神学的本质。在《圣言的倾听者》中，卡尔·拉纳根据托马斯关于存在和认识的形而上学提出本体论的基本命题：存在的本质是认识与被认识的原初统一。形而上学的唯一主题是在者之返归自己。此在的主体性即此在的认知的自在性，此在的认知的自在性的根基是此在对于神圣奥秘的先验把握，即作为上帝的普世性恩典的先验启示。上帝在此在历史中可能发出的启示，是启示的神圣逻各斯—言辞形式。启示神学的奥秘，是上帝在历史中发出的启示言辞和此在对于启示言辞的倾听。

［关键词］神圣奥秘　先验把握　逻各斯—言辞　圣言的倾听者

卡尔·拉纳①先验哲学的神学鹄的，是为基督教的启示神学奠定先验认识论的根基，揭示作为基督教奥秘的启示神学的本质②。20世纪基督教神学的先验认识论的核心论题，是启示神学的本质：上帝启示的必要性、可能性和启示范畴的规范。康德的《纯粹理性批判》将启示神学逐出知识殿堂，基督教神学必须重新建筑启示神学的知识论。第一，基督教神学必须阐明形而上学和神圣启示的可能内容的关系，即先验启示和范畴启示的关系；第二，基督教神学必须阐明对于上帝启示的倾听、沉思和顺从禀

① 卡尔·拉纳（Karl Rahner，1904—1984），20世纪最卓越的天主教神学家，先验神学大师，德国明斯特大学教义学、教义史和宗教哲学教授。除16卷（德文版）《神学论集》外，主要著作有《世界中的精神》、《圣言的倾听者》、《基督信仰基础教程》和《论三位一体》等。

② See Daniel Donovan，"Revelation and Faith"，*The Cambridge Companion to Karl Rahner*，ed. By Declan Marmion and Mary E. Hines，New York：Cambridge University Press，2005，pp. 83—97.

赋是此在的先验本质，即此在是圣言的倾听者；第三，基督教神学必须阐明上帝启示的神圣奥秘如何在此在精神中形成观念，形成关于上帝确凿可靠的理论知识，即启示神学的知识论。[①]作为基督教神学的根基、源泉、主题和规范，上帝的神圣启示何以可能？作为神圣启示的倾听者，此在的理性和自由的根基何在？卡尔·拉纳揭示启示神学的先验认识论的基本论题："自身作为宗教哲学的形而上学必须是这样一种学说，这种学说把上帝作为自由的未知者来认识，把人理解为出于先验的主体性之历史性的生命，以人的这种历史性引导人面对自己的历史，要求人在自己的历史中聆听那自由而未知的上帝可能发出的启示话语。"[②]

基督教的启示神学和先验认识论面临着相同的形而上学问题："在形而上学的思考中，人是否有权容许对自己作出规定，即规定人必须是这样一种生命，这种生命在自己的历史中仰望而期待着那位在人的形而上学中以完全未知者的形象出现的上帝所可能发出的启示。倘若这个问题能够获得肯定的回答，那就获得了关于宗教哲学的正确概念；那就给神学奠定了前神学的唯一可能的基础。"[③]作为对于基督教神学唯一可能的自下而上的奠基，先验认识论的鹄的是揭示启示神学的本质。先验认识论如此规定此在的先验本质：第一，此在是精神，此在精神在先验本质上面对着未知的上帝；第二，此在是历史性的生命。就此在的原初本质而言，此在始终期待着那可能发生的历史事件：可能来临的上帝启示。[④]先验认识论的神学鹄的在于阐明："对可能发生的上帝启示……的开放性，属于人的本质。"[⑤]先验认识论作为关于此在对于启示的顺从能力的本体论，"能够成功地揭示启示神学的本质"。[⑥]作为对于启示神学奥秘的形而上学论证，卡尔·拉纳把先验认识论推崇为真正的宗教哲学："真正的宗教哲学极而言之只不过是向人发出的吁求，即吁求人在自己的历史之中倾听，以确认在人的历史中是否曾经传来上帝的话语。"[⑦]

---

① Karl Rahner, *Hearers of the Word*, New York: Herder and Herder, Inc, 1969, pp. 18—19.

② Ibid., p. 14.

③ Ibid., p. 15.

④ Ibid., pp. 15—16.

⑤ Ibid., pp. 26—27.

⑥ Ibid., p. 27.

⑦ Ibid., p. 31.

一　神圣奥秘的照亮状态：存在的自身认识

先验认识论所阐述的是面对上帝的此在已经知道而亲身经历过的神圣奥秘："此在之存在，从根本上说只不过是对于上帝福音的倾听能力，上帝福音是永恒生命和永恒光芒，始终照耀着永生上帝在恩典之中向此在敞开的深邃境地。"[①]先验认识论对于此在进行形而上学的分析，阐述此在作为启示言辞的倾听者的先验本质。形而上学探讨的是在者作为在者的在问题。在问题必然产生于此在之中，因为在问题必然包含在此在所思考的每一命题之中，包含在此在对于特殊在者的全部认识和行动之中。关于在自身的形而上学问题，同时是关于那个必然提出在问题的在者之在问题，即关于此在之在问题。在这个意义上，"毕竟在"[②] 问题和此在问题"构成了原初的和恒久完整的统一"[③]。作为形而上学出发点的毕竟在问题，在此在对于毕竟在的发问中蕴涵三个方面：第一，毕竟在问题。毕竟在作为在自身而为一切在者所分享，形而上学探讨的是这样的毕竟在。第二，此在对于毕竟在发问。毕竟在问题包含在此在对于特殊在者的全部认识和行动之中。第三，此在以探索在者之在的方式，即把在者和在区分开来的方式向毕竟在发问。[④]

形而上学首先探讨的在问题，是作为本体论开端的在问题。根据托马斯关于存在和认识的形而上学，卡尔·拉纳提出一般本体论的基本命题：存在的本质是认识与被认识的原初统一。在本体论命题的基础上，拉纳提出形而上学的先验人类学的基本命题：此在的本质是对于作为神圣奥秘的毕竟在的开放性。拉纳在毕竟在和此在的本体论关联中所揭示的这两个形

① Karl Rahner, *Hearers of the Word*, New York: Herder and Herder, Inc, 1969, p. 32.

② "毕竟在"，德文 Sein ueberhaupt，语出莱布尼茨在《论天性与恩典的原理》一文中所提出的著名问题："为什么不是无，而是在毕竟在?"此问题被视为形而上学的基本问题，始于巴门尼德的存在论问题："为什么存在存在，非存在不存在?"海德格尔指出，这是形而上学问题中最普遍、最深刻、最原初的问题："为什么不是虚无，而是在毕竟在?"根据卡尔·拉纳的基督教先验人类学，"为什么不是虚无，而是此在毕竟在"? 因为此在毕竟在存在和虚无之间自由地选择存在——此在在自由的爱之中倾听那可能以人的言辞形式来临的历史性的上帝启示，这是作为自由精神的此在的先验本质的完满实现。

③ Karl Rahner, *Hearers of the Word*, New York: Herder and Herder, Inc, 1969, p. 36.

④ Ibid.

而上学命题奠定了启示神学的先验认识论的根基。[①]存在的本质是原初统一中的认识和被认识。在者之存在，作为认识和被认识的原初统一，即存在的照亮状态，亦即存在的主体性。托马斯关于存在和认识的形而上学揭示出存在与认识的原初同一性。此在向毕竟在发问，揭示出此在对于毕竟在的已有知识。对于此在而言，毕竟在是已知者，这揭示出毕竟在的可认识性。毕竟在问题是所有形而上学问题的根源和归宿，毕竟在就自身在形而上学中被发问的视阈而言，对于此在而言是已知者，揭示出在者之在原则上的可知性。毕竟在问题以毕竟在原则上的可知性为前提，作为在者之在的本体论规定，在者之在是可认识者。[②]

在这个意义上，任何在者都与可能的认识和认识者处于本质关联之中，这种关联是由在者之存在的本质规定的先验必然的关联。卡尔·拉纳的本体论命题在于，在者之存在与认识是原初统一的。在者之存在和认识处于本质关联之中，因为在者之存在和认识在原初本质上就是同一的。只要在自身作为存在并作为表现着本体论差异的存在而呈现，存在就是认识，是与存在处于原初统一之中的认识，是存在的自身认识，这种存在的自身认识就是作为在者的认识者自身。存在与认识处于原初统一之中，在者之存在的本质是在者的自身认识，作为存在本质的认识是在者之存在的自身认识。在这个意义上，认识的原初意义即在者在认识自身之中把握自身，在者在认识自身之中把握自身的禀赋就是在者之存在的禀赋。存在的本质是原初统一中的认识和被认识，是在者之存在的自身认识，是存在自身的照亮状态，存在自身的主体性。[③]

在这个意义上，在者的可知性是对于在者的先验规定。就在者而言，可知性先验而内在地属于在者的本质。在者的可知性彰显着在自身已经包含的本质。根据托马斯关于存在和认识的形而上学命题，作为在者之存在，可知性是在者的先验本质。这个形而上学命题是先验认识论的入口处：根据在者之秉有自身的禀赋，深刻理解处于存在之照亮状态的存在和认识的原初同一性。托马斯强调认识和可认识者的原初统一性：认识和可认识者必然出于同一根源。托马斯提出的根据是：除非认识和可认识者就

① Karl Rahner, *Hearers of the Word*, New York: Herder and Herder, Inc, 1969, pp. 37—38.

② Ibid., pp. 38—39.

③ Ibid., pp. 39—40.

其现实性而言原本是同一个东西，认识和可认识者两者现实统一的可能性便无从理解。对于托马斯而言，存在与认识同出一源，处于原初的统一之中。存在即认识，认识即在者之存在的自身认识，存在的自身认识必然产生于存在的本质构成之中。在这个意义上，认识即在者的自身理解，即在者的自身认识，亦即在者的主体性。[①]

揭示形而上学之认识本质的开端在于：认识和可认识性是在者之存在的本质特征。在者之存在即认识和被认识，即存在之自身认识。在者认识的实际完成即在者实际的被认识。此认识论命题的另一表述是：可认识者为了现实地被认识，原则上必然是作为在者理智本质与在者之存在相当的现实认识。对于托马斯关于存在和认识的形而上学而言，认识和被认识是同一个东西——在者的被认识即在者认识的完成。在者唯独与认识者处于原初统一之中，才可能被认识。在者是现实的，同时是可认识者和认识者，任何现实的在者都是可认识者和认识者。作为托马斯关于存在和认识的形而上学基石的命题是：认识的首要和原初意义是在者之存在的自身认识。在者只有与认识者呈现出内在而本质的同一，才可能被认识。在者之存在是在者的认识和被认识的原初完整的统一，即在者的自身认识。[②]

就认识的首要而原初的本质意义而言，认识是在者之存在的照亮状态，是存在的主体性。托马斯把在者之存在的照亮状态称为主体返归自己。对于托马斯而言，认识就是认识者之返归自己。在者在认识自己之中返归自己，就是在者之存在的主体性。托马斯把主体返归自己理解为在者之存在的本质。托马斯明确地根据主体返归自己的禀赋确定一个在者之禀赋。唯独当在者享有这种在认识自己之中返归自己的禀赋时，在者才享有存在自身，即存在的可能性或未来性。在这个意义上，在者之秉在，就是在者在认识自己之中返归自己的禀赋。正是托马斯关于存在和认识的形而上学为卡尔·拉纳的本体论命题奠定根基："在者之存在的本质即处于原初统一之中的认识和被认识"，即存在的自身认识，存在的照亮状态，存在的主体性。[③]

---

① Karl Rahner, *Hearers of the Word*, New York: Herder and Herder, Inc, 1969, pp. 40—43.

② Ibid., p. 43.

③ Ibid., p. 44.

二 形而上学的唯一主题：倾听存在的奥秘

在者之存在是认识和被认识的原初统一，存在的本质即存在的照亮状态。那么，是否所有在者永远处于原初统一之中的认识和被认识？存在的本质是认识与被认识的原初统一，此命题是下述命题得以确立的前提：在者在其存在之中，原则上是可认识的。关于存在的照亮状态的形而上学命题必须从此命题所由产生的场所获得精确规定，必须从此在对于毕竟在发问来规定此在作为存在的照亮状态。[①]有意义的发问只能产生在同时存在着被询问者的可知性和可问性的地方，即在发问者和被询问者之间存在着真正间隔的地方。在关于毕竟在的本体论命题中，存在的可知性即存在的照亮状态。既然存在即存在的照亮状态，何以必须向存在发问？倘若发问者向在自身发问，发问者必定就是存在，发问者在发问之中已经知道在自身。然而，发问者并非自己所发问的在自身。发问的在者不是毕竟在。同时，发问者必然秉有本体论命题所规定的毕竟在，毕竟在问题包含着此在作为发问者自身的秉在。在者的秉有存在，即在者返归自身的禀赋。[②]

关于毕竟在的照亮状态的形而上学命题，总是在一定条件下并以一定方式起作用的。在者的照亮状态，在者所呈现的认识和被认识的原初统一，与在者之秉在相契合。在者之秉在，即在者秉有存在、存在之可能性。只要存在显明自身属于特殊在者，在自身在其纯粹形式概念中便是无法规定的，存在的照亮状态便仅仅是在自身和特殊在者之间的类比概念。在类比的意义上，在者即存在的照亮状态，认识自己，返归自己，面对自己，秉有存在自身。此处，可类比者不是存在自身，而是在者与在自身之间的本体论差异，这种本体论差异表现在存在的照亮状态、存在的主体性，即在者之秉有存在。在这个意义上，在自身是在者自身被照亮的照亮者，是在者的认识和被认识的同一的同一者。在这个意义上，毕竟在不仅被设想为绝对存在，而且被设想为享有绝对存在的在者，自身呈纯然照亮状态的在者，享有绝对的自身关系的在者。[③]

---

① Karl Rahner, *Hearers of the Word*, New York: Herder and Herder, Inc, 1969, p. 45.

② Ibid., pp. 45—48.

③ Ibid., p. 47.

无论托马斯关于存在的本质即存在的照亮状态这种论述是多么清晰，托马斯始终以在者之秉在的类比方式来表述关于存在和认识的形而上学的基本范畴。对于托马斯而言，任何在者只要实际上存在着，这个在者便是可以被认识的。根据认识和被认识是同一个东西的原则，任何在者只要实际上是在者，便拥有认识能力并且是可认识的。既然在者存在着，在者便拥有认识能力并且是可认识的。在这个意义上，在者内在的照亮状态和被照亮状态，在者内在的自身认识和被认识完全取决于类比意义的在者之秉在。根据在者之秉在的类比概念，托马斯精辟地揭示出在者返归自身的这种内在存在，认为这是个别“存在梯级”的构成基础：一切在者都力求返归自己，都渴望着秉有自身，因为特殊在者享有自身的禀赋，即特殊在者之存在的禀赋。①

对于托马斯而言，关于存在和认识的唯一的形而上学主题，是在者之秉在。所有在者的存在作为，从纯粹质料到三位一体的上帝的内在生命的全部存在，都是唯一的形而上学主题的呈现：在者之秉有存在。在者之秉有存在，即在者认识自己，返归自己，秉有自己，即在者的照亮状态，在者的主体性。在者之秉有自己，在其自身之中经历着一种双向进程：在者的本质从自身深处的流溢，从自身深处流溢出来的犹如启示出来的本质的自身返归。对于自身流溢和自身返归的在者而言，这两个进程越是具有内在性，在者越是能够表达自己并在自身保持着所表达的本质，越是能够聆听自己所表达的本质，越是清楚地揭示自己并表现为在者自身的照亮状态。在所有特殊在者之中，唯独作为精神的此在以自己的思想和行动表达自己的本质，完全返归自身。作为精神的此在以自己的思想和行为表现自己的先验本质，这样，此在认识自己，返归自己，秉有自己，在自己的思想和行为之中“倾听着”并“理解着”自己。②

对于托马斯而言，存在与认识的原初同一性，在于作为绝对者的存在的主体性。存在即认识，即存在的照亮状态。在者之存在的照亮状态取决于在者之秉在。倘若一个在者是绝对秉在的在者，这个在者就呈现出绝对秉在的本体论上的绝对同一性而处于纯然的照亮状态，毕竟在的可问性不复存在。作为绝对秉在的在者完全秉有自身所询问的毕竟在，处于绝对同

① Karl Rahner, *Hearers of the Word*, New York: Herder and Herder, Inc, 1969, pp. 48—49.

② Ibid., p. 49—50.

一和纯然的照亮状态。毋庸置疑，这个绝对秉在的在者只能是作为神圣奥秘的上帝，纯然照亮状态的上帝。然而，存在的可知性和可问性同时属于作为有限精神的此在，此在必须发问。发问是此在的基本本体论规定，是此在的本真存在。发问的必然性揭示出此在精神的有限性。即使在自身的形而上学之中，此在也不是绝对精神。此在对于毕竟在的发问，揭示出作为先验意识的此在依然是有限精神，尽管这依然表明，存在的本质即存在的照亮状态。在这个意义上，毕竟在问题始终是关于上帝可能启示的对象，即此在的本体论问题的出发点。①

关于毕竟在和秉在的意义的思考，使问题的探索进入真正的先验认识论的核心。对于卡尔·拉纳而言，形而上学的先验认识论是对于上帝启示之可能性的论证。倘若神圣启示是绝对者向有限精神的自我彰显，那么，上帝启示之可能性的首要前提在于：在者原则上可以进入一场真正的言谈，了解那向精神发出的传言。在这个意义上，“存在与认识的原初同一性”这个本体论命题，是上帝通过启示言辞向作为精神的此在彰显自身神圣奥秘的终极前提。只有当存在从起初就是神圣逻各斯，道成肉身的逻各斯才可能用启示言辞说出蕴藏在上帝神性深处的神圣奥秘。只有上帝的神圣奥秘不是幽暗的深渊，而是作为精神的此在从自身无法企及的永恒光芒，上帝的启示言辞即道成肉身的逻各斯才可能是所有恩典和真理的现实载体。②对于上帝启示的可能性的论证，对于基督教启示神学的本质的揭示，是卡尔·拉纳以一般本体论和先验人类学的基本范畴所阐述的先验命题，是卡尔·拉纳所奠定的基督教神学的先验认识论的形而上学根基。

三　作为精神的此在：对于神圣奥秘的先验把握

启示藉以成为可能的第二个前提在于：此在必须具有对于作为神圣奥秘的毕竟在的开放性，以便接受绝对者以神圣言辞发出的启示。在这个意义上，此在对于毕竟在的开放性，是此在倾听启示言辞的先验条件。卡尔·拉纳根据关于毕竟在的本体论命题，把作为精神的此在规定为对于可能来临的上帝启示始终开放着的在者。形而上学的先验人类学的基本命题

① Karl Rahner, *Hearers of the Word*, New York: Herder and Herder, Inc, 1969, pp. 50—51.

② Ibid., pp. 51—52.

是：此在的先验本质是对于毕竟在的绝对开放性。“存在的本质是认识和被认识的原初统一”，关于毕竟在的本体论命题揭示出：此在是精神——作为精神的此在的先验本质是对于毕竟在的绝对开放性。卡尔·拉纳从寓于此在的全部思维和行为之中的毕竟在问题出发，揭示先验人类学的基本命题的根据和内涵，运用先验认识论的分析方法，揭示出在此在的毕竟在问题中所蕴涵着的此在对于毕竟在的前理解结构和构成此在的思维、语言和行动之间的内在关联，揭示出此在对于作为神圣奥秘的毕竟在的开放性。①

作为精神的此在，生活在作为对象的在者构成的客体世界中。此在在经历世界之中判断世界，在对于世界的判断之中成为独立于客体世界的自在的主体。因此，认识不仅是主体与客体之合一，同时是此在作为主体在进入世界时返归自己，从作为对象的客体世界之中返归自己。在对于客体世界的判断中，此在作为存在之主体达到存在的自身反思，成为存在的主体。根据托马斯关于存在和认识的形而上学，此在的主体性即主体完全返归自己。此在作为主体而完全返归自己即此在的认知的自在性，是此在作为精神的本质特征。此在的认知的自在性，表现在此在对于客体对象的判断中。正是此在对于客体世界的判断，将作为主体的判断者与作为客体的判断对象区分开来。此在的自在性同样表现在此在的行动中。此在是自由的行动者，只有当作为主体的行动者独立于作为客体的行动对象时，自由的行动才可能发生。作为精神的此在只有在判断之中获得认知的自在性，才可能在行动之中获得行为的自在性。在这个意义上，此在的认知的自在性，是作为精神的此在的主体性，是作为精神的此在的本质，是作为精神的此在的自由。②

何谓此在的认知的自在性的先验条件？作为精神的此在，是在认识自身之中完全返归自身的在者。此在的所有判断和行动的对象都是特殊在者。此在之把握特殊在者，乃是以普遍概念理解特殊在者。正是对于特殊在者的概念把握，使特殊在者成为独立的客体，使此在享有认知的自在性。在这个意义上，此在以普遍概念把握特殊在者的先验条件，就是此在的认知的自在性的终极根据。此在以普遍概念把握特殊在者的认识，在托

① Karl Rahner, *Hearers of the Word*, New York: Herder and Herder, Inc, 1969, pp. 53—54.

② Ibid., pp. 54—55.

马斯的认识论中乃是称为主动理智的抽象，即此在对寓于特殊在者之中的本质的无限性的洞悉。抽象的先验条件，就是此在的认知的自在性的终极根据。此在在抽象中经验到特殊在者的有限性，把握在者的本质的无限性。此在认识特殊在者的有限性，乃是由于此在在把握特殊在者之前已经在对于毕竟在的先验把握的绝对视野之中逾越特殊在者，揭示特殊在者的有限性，把握特殊在者的本质。因此，此在对于毕竟在的先验把握是抽象的先验条件；抽象的先验条件，即此在的认知的自在性的终极根据。在这个意义上，此在对于毕竟在的先验把握，即此在的认知的自在性的先验条件。①

何谓先验把握的鹄的？先验把握在此在的认识中逾越特殊在者而及于何者？先验把握是作为精神的此在向着毕竟在的动态运动的内在禀赋。既然毕竟在问题是对于承载着此在全部思维和行动的所有判断的形式化表述，作为精神的此在在所有判断中就必然发生向着毕竟在的动态运动的先验把握。此在是自由的判断者和行动者，此在对于毕竟在的先验把握，就是作为精神的此在的先验本质。②此在对于毕竟在的先验把握，不是直接把毕竟在作为此在的认识对象。然而，在作为此在的所有认识和行动的先验条件的先验把握之中，作为精神的此在肯定着呈现为绝对存在的在者——上帝的存在。在先验把握的无限视野中，作为精神的此在肯定着作为先验把握自身之可能性的终极根据。作为先验把握自身之可能性的终极根据在于，在先验把握的无限视野之中呈现为绝对存在的在者。先验把握的鹄的，是呈现为绝对存在的上帝自身。此在对于毕竟在的先验把握不是直接指向毕竟在，而是以先验把握的绝对视野肯定着作为神圣奥秘的毕竟在。作为精神的此在对于特殊在者之有限性的肯定，要求以作为神圣奥秘的毕竟在在此在精神之中的临在作为抽象的先验条件，这种肯定在首先认识到特殊在者之有限性的先验把握的无限视野中得以实现。卡尔·拉纳指出，这里所揭示的作为神圣奥秘的毕竟在在作为精神的此在之中的临在，是关于上帝存在的本体论证明的认识论表述，毋宁说，是以先验认识论的术语表述的关于上帝存在的本体论证明。③

① Karl Rahner, *Hearers of the Word*, New York: Herder and Herder, Inc, 1969, pp. 55—59.

② Ibid., pp. 59—63.

③ Ibid., pp. 63—64.

在此在对于特殊在者的认识之中，抽象是此在的认知的自在性的先验条件，而此在对于毕竟在的先验把握是抽象的先验条件。事实上，作为主动理智的抽象是此在对于毕竟在的先验把握所规定的天赋能力。抽象是此在的内在之光，以此在对于毕竟在的无限意识照亮特殊在者。抽象把特殊在者呈现在毕竟在的无限视野中，揭示出特殊在者对于毕竟在的分享。同时，藉助此在对于毕竟在的先验把握，毕竟在将自己的无限性呈现于此在意识面前。在这个意义上，毕竟在是作为精神的此在全部认识的形式客体。此在藉助毕竟在的无限视野把握特殊在者，这就是说，此在是对于毕竟在始终敞开着的有限精神。此在拥有毕竟在的无限视野，作为精神的此在是对于毕竟在敞开着的精神。根据托马斯的认识论，此在的全部认识，此在对于任何在者的认识，都同时是对于上帝的认识。先验的上帝观念是此在全部认识的终极根据，此在被照亮着的先验把握趋向着毕竟在，趋向着作为神圣奥秘的毕竟在的照亮状态。此在对于毕竟在的先验把握，是此在的概念思维的先验根据，是此在的抽象的先验根据，是此在的认知的自在性的先验根据，是此在对于毕竟在的开放性的先验根据。①

作为基督性的形而上学，基督教的先验认识论将自身扬弃在上帝的启示神学之中。基督教的先验认识论所要论证的是对于此在的神圣启示的可能性。毋宁说，形而上学的先验人类学所要论证的是作为神圣启示之主体的此在的先验本质。形而上学的先验认识论旨在阐明：此在是对于毕竟在保持着开放性的精神，此在对于毕竟在的开放性是此在的全部认识的先验条件。在毕竟在的无限视野中，此在认识特殊在者并在这种认识之中保持此在的认知的自在性，作为精神的此在自由地采取对于自己的态度进而决定自己的命运。此在是精神，这是说，此在是在对于作为神圣奥秘的毕竟在的开放状态中实现自己的完满本质。此在作为此在而存在，因为此在始终行走在通往作为神圣奥秘的毕竟在的途中。在这个意义上，先验人类学的基本命题是关于此在先验本质的原初命题：对于作为神圣奥秘的毕竟在的绝对开放性，是作为精神的此在的先验本质。②

只有当此在对于可能的神圣启示拥有先验视野时，上帝的神圣启示才

---

① Karl Rahner, *Hearers of the Word*, New York: Herder and Herder, Inc, 1969, pp. 64—66.

② Ibid., p. 66.

可能来临。只有此在对于神圣启示的先验视野具有绝对的无限性，神圣启示的信息才是永恒的神圣奥秘。在这个意义上，对于此在的先验本质——"此在对于作为神圣奥秘的毕竟在的开放性"——的形而上学论证，即以先验认识论的术语表述的上帝存在的本体论证明，是关于此在对启示之顺从能力的本体论的基本命题，是形而上学的先验人类学的基本命题，是基督性的形而上学的基本命题，是基督教神学的先验认识论的基本命题，是对于启示神学的前神学的唯一可能的自下而上的奠基，是对于托马斯神学的崭新开拓。在作为精神的此在面前，作为神圣奥秘的毕竟在已经被照亮：毕竟在是上帝的神圣逻各斯，借着上帝的神圣逻各斯启示自己。此在是精神，此在的先验本质是对于作为神圣奥秘的毕竟在的开放性。作为精神的此在拥有一双"开放的耳朵"，可以倾听任何可能出于永恒者之口的神圣言辞，这是把握此在的先验本质的基本命题，是形而上学的先验认识论的基本命题。[①]

四　上帝启示的神圣逻各斯—言辞形式

上帝神圣启示的真实言辞一旦发出，上帝对于此在"位格性的慈爱所表现出的无价的令人惊诧莫名的行动，使此在俯伏在上帝面前屈膝敬拜"[②]。作为关于上帝的绝对存在的陈述，卡尔·拉纳提出一般本体论的第二个基本命题："上帝的绝对存在是自由的存在。"[③] 作为精神的此在所面对的作为神圣奥秘的上帝，是自由的上帝。此在伫立在作为神圣奥秘的上帝面前，乃是伫立在那位自由的自我揭示者或自我缄默者面前。作为精神的此在是自由的存在者。作为神圣奥秘的上帝在绝对的自由之中向此在发出可能的启示，面对可能来临的上帝启示，此在做出自由抉择：或者拒绝、或者倾听。此在的自由决断规定着此在对于上帝恩典的态度，规定着此在与上帝之间真实的位格关系，规定着此在的存在本质和历史命运。"对有限在者的这种规定，有限在者将自身奠基于上帝的绝对存在之中这

---

① Karl Rahner, *Hearers of the Word*, New York: Herder and Herder, Inc, 1969, pp. 66—68.

② Ibid., p. 82.

③ Ibid., p. 94.

个事实，必须被理解为意志和自由的现象。”[①]此在的自由，是作为位格性的存在者从作为创造者的上帝所接受的禀赋，是指向上帝的此在先验本质的自身实现。此在的自由，指此在在所有特殊而具体的抉择中，对于作为创造者的上帝的抉择：委身或拒绝。[②]现在，卡尔·拉纳提出形而上学的先验人类学的第二个基本命题：“人是在自由的爱之中伫立于一个可能发生的启示的上帝之前的在者。人在自由的爱之中对启示的上帝以言说或沉默所发出的福音保持着开放，在这种情况下，他倾听着上帝的言说或者沉默。”[③] 作为精神的此在是这样一个在者，这个在者在自由的爱之中伫立于可能发生启示的上帝面前。

卡尔·拉纳关于上帝启示的神圣逻各斯—言辞形式的阐述，肇始于对于托马斯·阿奎那《神学大全》第一卷第 84 题第 7 条的主题信息的发现和诠释。[④] 阿奎那指出：“对于我们在今生状态之中的智慧存在者而言——在今生状态之中，我们作为智慧存在者乃是和作为感官的身体相结合——倘若不是转向显现，就无法真实地认识任何事物。”[⑤] 卡尔·拉纳先验认识论的基本结论是：此在必须转向显现，才可能认识作为神圣奥秘的上帝。倘若在作为神圣奥秘的上帝和作为感官对象的显现之间存在着一道鸿沟，跨越这道鸿沟的桥梁就是作为上帝启示言辞的神圣逻各斯。上帝启示的神圣逻各斯同时意味着超验的否定和被否定的显现，蕴涵着两者的综合。此在必须转向显现，依托显现而通过神圣逻各斯—言辞形式认识作为神圣奥秘的上帝。[⑥]作为从显现方面以否定方式获得的关于超世界的在者的概念载体，神圣逻各斯—言辞形式是超验的否定和被否定的显现的综合。卡尔·拉纳提出一般本体论的第三个基本命题：“一切存在者都可以通过圣言—神圣逻各斯在世界显现的视野之中被给予。”[⑦]先验认识论的基本结论是：“一个超世界的在者，单单依托显现并通过人的言辞形式——

① Karl Rahner, *Hearers of the Word*, New York: Herder and Herder, Inc, 1969, p. 97.

② Karl Rahner, *Theological Investigations*, VI, Baltimore: Helicon Press, 1969, p. 182.

③ Karl Rahner, *Hearers of the Word*, New York: Herder and Herder, Inc, 1969, p. 108.

④ See Karl Rahner: *Spirit in the World*, London: Sheed and Ward, 1968, pp. 1—54.

⑤ Saint Thomas Aquinas, *Summa Theologiae*, I Question 84, Article7. The Solution.

⑥ See Karl Rahner, *Hearers of the Word*, New York: Herder and Herder, Inc, 1969, pp. 143—144.

⑦ Ibid. , p. 150.

作为从显现方面经过否定而获得的超世界的在者的概念载体——便可以向人敞开自己。"[①]

此在的先验认识结构，是对于神圣奥秘的先验把握和对于作为特殊在者的显现的感性承纳的统一。作为神圣奥秘的上帝——超世界的在者，乃是通过否定的方式，依托显现而借助神圣逻各斯—言辞形式向作为精神的此在敞开自己。通过否定方式依托显现而藉助神圣逻各斯—言辞形式向此在敞开自己的上帝，是作为神圣奥秘的上帝，是在无限的自由中启示自己的上帝。上帝的启示一旦发生，必然在人类历史之中并作为历史的最高现实以人的言辞形式来临。此在的先验本质，是上帝启示的神圣逻各斯—言辞形式的倾听者。卡尔·拉纳提出形而上学人类学的第三个基本命题："人是这样一个在者，这个在者必须在自己的历史之中倾听着那可能以人的言辞形式来临的历史性的上帝启示。"[②] 作为精神的此在是伫立在上帝面前的圣言的倾听者，这是把握此在的先验本质的基本命题："人是具有承纳性的对于历史开放着的作为精神的在者，这个在者在自由之中并作为自由的存在者伫立在可能启示的自由的上帝面前，而上帝的启示一旦来临，便在人的历史中并作为历史的最高现实形式以人的言辞形式发生。人是在自己的历史之中聆听自由的上帝启示言辞的倾听者。只有如此，人才是自身所必然是者。"[③]

上帝对于此在的历史性启示言辞和此在对于启示言辞的信心，作为彼此相关的神学范畴，构成卡尔·拉纳神学著述的核心论题。卡尔·拉纳先验哲学的神学鹄的，在于"确立上帝在以色列历史和基督耶稣里的历史性启示的可能性和确凿性"[④]，这是在康德《纯粹理性批判》的理性法庭的时代精神处境之中，重新奠定上帝在以色列历史和基督耶稣里的历史性启示作为基督教神学的根基、源泉、主题和规范的确凿无疑的知识论地位。在这个意义上，卡尔·拉纳的先验哲学是20世纪基督教卓越而精湛的护教神学。晚年康德宣称：哲学不是科学或奥秘的主题，而是关于实践和智慧的教导；卡尔·拉纳同样具有炉火纯青的实践智

① Karl Rahner, *Hearers of the Word*, New York: Herder and Herder, Inc, 1969, p. 155.

② Ibid., p. 161.

③ Ibid., p. 162.

④ Daniel Donovan, "Revelation and faith", *The Cambridge Companion to Karl Rahner*, ed., By Declan Marmion and Mary E. Hines, New York: Cambridge University Press, 2005, p. 83.

慧："康德为了上帝的实践公设而拒绝关于上帝的理论知识，拉纳为了教会的教牧神学和生命实践而尝试论证基督教的理论神学的适切性。"① 卡尔·拉纳为了普世基督教会的神学实践而阐述启示神学的形而上学根基和知识论地位。作为先验认识论的纲领性论述，《圣言的倾听者》是对于基督教的先验认识论根基的深邃思考：倘若作为精神的此在理解自己的先验本质，此在必须追寻上帝在历史中发出的启示言辞。《圣言的倾听者》的神学论题，不是上帝启示的奥秘信息，而是此在的先验本质：启示的倾听者。启示神学的先验认识论揭示着卡尔·拉纳的神学鹄的："对于生活在现代世界的人而言，对于上帝奥秘和福音奥秘的信仰，依然保持着真实的可能性。"②

基督教启示的神圣奥秘是上帝的神圣奥秘。基督教的上帝启示不是消除神圣奥秘，而是加深此在对于上帝奥秘的意识，以崭新而深邃的方式吸引此在进入上帝的神圣奥秘。对于卡尔·拉纳而言，唯一的神圣奥秘是启示自己的上帝奥秘。上帝在圣言和圣灵中启示自己，上帝启示自己的彼此相关而区别的双向维度，在上帝与此在的关系之中启示自己，在作为圣父—圣子—圣灵的神圣奥秘的上帝自身之中启示自己。对于卡尔·拉纳而言，犹如对于所有伟大的基督教神秘传统而言，基督教的核心论题是上帝和此在的本体论关系。作为精神的此在蒙召进入与上帝的真实关系，进入上帝的神圣奥秘，将自身存在抛向上帝的神圣奥秘。在这个意义上，基督教神学是对于神圣奥秘的启示或诠释，引导此在进入自身的神圣奥秘，进入上帝的神圣奥秘。③先验认识论的神学鹄的，是帮助此在倾听上帝的神圣启示，更深邃地进入自身的神圣奥秘，进入上帝的神圣奥秘，这位上帝已经在基督里并在福音中启示自己。基督教信息的终极使命是神圣奥秘的启示或诠释，引导此在"更深邃地进入无限的复兴生命的转变生命的上帝奥秘"④。

---

① Francis P. Fiorenza, "Introduction: karl Rahner and the Kantian Problematic", See Karl Rahner: *Spirit in the World*, London: Sheed and Ward, 1968, xix – xlv.

② Daniel Donovan, "Revelation and faith", *The Cambridge Companion to Karl Rahner*, ed., By Declan Marmion and Mary E. Hines, New York: Cambridge University Press, 2005, p. 85.

③ Ibid., p. 91.

④ Ibid., p. 96.

五　先验认识论：在启示神学中扬弃自己

形而上学的先验认识论是对于基督教的启示神学唯一可能的自下而上的奠基。基督教的启示神学作为对于上帝启示言辞的倾听、沉思和顺服，奠基于上帝自身的神圣逻各斯。神学成为神学，因为上帝在言说，上帝在言说之中向作为精神的此在启示自己。倘若没有倾听上帝启示的此在，上帝的启示言辞就无法被倾听。在基督教神学的先验认识论中，上帝以神圣逻各斯—言辞形式向此在揭示自己先验本质的终极结构，使先验人类学成为基督教的启示神学的先验认识论的奠基性阐述。形而上学的先验人类学的意义在于：使此在的自身理解成为启示神学得以奠基的先验结构。对于可能来临的上帝启示的倾听、沉思和顺服，以作为精神的此在的先验本质为前提。作为上帝启示言辞的自由的倾听者，此在必须肯定自己的先验本质。在这个意义上，基督教的启示神学以形而上学的先验人类学作为自己的认识论前设，卡尔·拉纳把形而上学的先验人类学称为基础神学的人类学。①

在卡尔·拉纳的先验哲学中，基础神学的人类学就是原初意义上的先验认识论。作为对于此在的先验本质的形而上学分析，先验人类学的研究对象是作为精神的此在，先验人类学把此在理解为在历史中倾听上帝启示言辞的在者，先验人类学对于此在的形而上学规定是此在得以倾听上帝启示言辞的认识论前提。这种基础神学的人类学就是原初意义上的先验认识论，而先验认识论就其真实而完整的范畴而言，只能是基础神学的人类学。作为对于基督教的启示神学的形而上学奠基，先验认识论从此在的先验本质来揭示启示神学的本质，把启示神学理解为作为神圣奥秘的上帝与作为精神的此在之间的本体论关联。在这个意义上，基督教的启示神学的先验认识论自身便蕴涵着形而上学的人类学。第一，从形而上学的视野认识作为神圣奥秘的上帝，这是基督性的先验哲学的核心。第二，一般本体论始终蕴涵着形而上学的人类学，因为此在关于毕竟在的探索指向毕竟在的本体论范畴，而本体论的内在载体就是形而上学的先验人类学，即此在对于自身的认识。基督教的启示神学的先验认识论只有和形而上学的先验

① Karl Rahner, *Hearers of the Word*, New York: Herder and Herder, Inc, 1969, pp. 167—168.

人类学保持原初而恒久的统一，方可以奠定自身。[①]

启示神学的先验认识论和形而上学的先验人类学之间更深刻的关联在于，作为对于上帝与此在之间的本体论关联的阐述，先验认识论不仅必须认识作为神圣奥秘的上帝，而且必须认识作为精神的此在。启示神学的先验认识论必然同时是关于此在先验本质的阐述，同时蕴涵着形而上学的先验人类学。在这个意义上，作为先验认识论之核心内涵的先验人类学，必然成为基础神学的人类学。作为先验认识论之核心内涵的形而上学的先验人类学把作为精神的此在揭示为这样的在者，这个在者在自由中伫立于可能启示的上帝面前，这表明了形而上学的先验人类学的基础神学性质。倘若先验认识论从形而上学的先验人类学出发而断言，作为精神的此在必然面对着上帝，这种断言要求此在时刻准备着，在自己的历史中倾听上帝神圣启示的言辞。先验认识论是一种基础神学的人类学，这种基础神学的人类学的终极鹄的在于论证要求此在倾听上帝启示言辞的形而上学命题。既然上帝的启示言辞已经发出，既然基督教的启示神学已经存在，先验认识论必须阐述的就只是基础神学的人类学而已。[②]

在这个意义上，启示神学的先验认识论就其本质而言只能是基础神学的人类学。作为关于此在先验本质的形而上学，基础神学的人类学的原初而内在的终极目标是：向启示神学保持开放状态。基础神学的人类学揭示出这样一个作为精神的在者：这个在者当上帝的神圣逻各斯已经来临的时候，能够倾听上帝的启示言辞。既然上帝的神圣逻各斯已经来临，既然上帝的神圣逻各斯已经被倾听，作为精神的此在的使命在于，在认识上帝启示言辞的领域承担使命，如此上帝必赐下超自然的恩典。作为先验认识论的基础神学的人类学，以关于此在的先验本质的本体论分析为启示神学奠基，成为基督教的启示神学的认识论根基。基础神学的人类学以形而上学的严谨论证确认此在对于神圣启示的顺从能力，是关于此在对于神圣启示之顺从能力的本体论。在这个意义上，基础神学的人类学是以形而上学的先验人类学而实现的基督教启示神学的先验认识论。[③]

作为先验认识论的基础神学的人类学，将自身的存在根基放在上帝的

① Karl Rahner, *Hearers of the Word*, New York: Herder and Herder, Inc, 1969, pp. 170—171.

② Ibid., pp. 171—172.

③ Ibid., p. 173.

启示言辞之中。先验认识论作为关于面对着可能启示的上帝的此在的确凿知识，不在于预言上帝启示的奥秘信息，不在于预言上帝启示的现实发生。作为上帝启示言辞的倾听者，此在在自身本质中实现着真正的基督教：此在根据已经发生的上帝启示探索自身本质。此在对于上帝启示言辞的倾听、沉思和顺服，是此在带着对于上帝与自己之间的本体论关联的深刻理解的自由行动。上帝启示言辞的倾听者正在形成中的完满本质，在此在对于启示言辞的倾听中得以实现。上帝启示的神圣奥秘固然是超越而自由的奥秘，作为神圣启示倾听者的此在仍然沐浴在上帝超自然的恩典中。既然上帝使此在对于神圣启示之倾听的准备状态成为倾听启示言辞的先验条件，启示神学的依据便绝对存在于自身中，存在于上帝启示的神圣逻各斯—言辞形式中。在这个意义上，作为先验认识论的形而上学的先验人类学，是启示神学的前提条件，是被启示自己的上帝自身所规定的启示神学的前提条件。[①]

卡尔·拉纳的先验认识论是对于托马斯神学的崭新开拓：关于此在对于启示的顺从能力的本体论，关于此在的先验本质的形而上学。卡尔·拉纳的先验认识论的神学鹄的在于阐明：上帝启示的神圣奥秘如何在此在精神中形成观念，构成此在关于上帝的确凿可靠的神学知识。作为精神的此在在自己的先验本质中已经被规定，此在必须通过并只能通过上帝的启示言辞形成关于上帝的确凿可靠的神学知识。[②]基础神学的人类学把此在理解为承纳着上帝启示言辞的在者，把上帝启示言辞理解为此在自身本质实现的途径和鹄的。基础神学的人类学把此在理解为上帝启示言辞的倾听者。在这个意义上，基础神学的人类学作为基督教的启示神学之先验认识论的形而上学根基，是关于此在对于神圣启示之顺从能力的本体论。卡尔·拉纳的先验哲学，作为基督教的启示神学之先验认识论的奠基性论证，是20世纪的基督教神学对于康德先验认识论的历史性扬弃。[③]

形而上学的先验认识论就原初意义而言，是基督性的形而上学。形而上学的基督性不在于神学保存着形而上学的否定原则，不在于形而上学对于神学论题的沉思。形而上学的基督性在于：作为关于此在先验本质的形而上学，

① Karl Rahner, *Hearers of the Word*, New York: Herder and Herder, Inc, 1969, pp. 173—174.

② Ibid., pp. 18—20.

③ Ibid., p. 175.

基础神学的人类学恰恰在启示神学中扬弃自己。当形而上学的先验人类学成为对于作为圣言的倾听者的此在的形而上学论证时，这种形而上学始终扬弃着自己，使自己最终扬弃在作为神圣逻各斯的启示神学之中。在对于启示的倾听中，此在在某种意义上成为上帝关于此在的历史性阐述的神学家。对于形而上学的先验人类学具有本质意义的奥秘是：先验认识论随时准备放弃自己为此在奠基的生存论维度，将为此在奠基的生存论归于作为神圣逻各斯的启示神学，将自己完全扬弃在启示神学之中。在这个意义上，作为关于此在本质的形而上学，先验认识论是福音的预备，是启示神学的根基，是对于基督教神学唯一可能的自下而上的前神学的奠基。先验认识论在形而上学阐述中造就着倾听启示的此在，这种倾听禀赋存在于此在的先验本质中。启示神学的奥秘，是上帝在历史中发出的启示言辞和此在对于启示言辞的倾听，以及此在对于所倾听的启示言辞的沉思和顺服。[①]

在卡尔·拉纳对于启示奥秘的阐述中，“先验启示”和“范畴启示”构成彼此相关的认识论范畴。“先验的”（Transcendental）指向此在精神的卓越性：作为先验的存在者，此在渴望超越关于特殊对象的知识而进入毕竟在的无限视野即对于神圣奥秘的先验把握。在这个意义上，先验启示是上帝的普世性恩典，是上帝对于此在的普世性启示。卡尔·拉纳确信，此在作为精神而存在，必然沐浴在上帝超自然的恩典中，无论此在是否意识到上帝的恩典并回应上帝的恩典。上帝的启示和此在对于启示的回应是人类历史进程的深邃维度和终极意义。根据笔者的观察，在作为普世性启示的“先验启示”和作为特殊启示即神圣逻各斯—言辞形式的“范畴启示”的彼此关联上，卡尔·拉纳给予“先验启示”过高的估价，偶尔运用“先验启示”的普世性原则阐述作为特殊启示的“范畴启示”的神学论题，在相关的神学论题上引起争议[②]。毋庸置疑，卡尔·拉纳的先验哲学是20世纪基督教神学对于康德先验认识论的扬弃，而以“先验启示”的普世性原则阐述“范畴启示”的神学论题，付出了“矫枉过正”的代价。

（作者单位：武汉大学哲学学院）

---

① Karl Rahner, *Hearers of the Word*, New York: Herder and Herder, Inc, 1969, pp. 175—176.

② See Eamon Conway: *The Anonymous Christian – A Relativised Christianity? An Evaluation of Hans Urs von Balthasar's Criticism of Karl Rahner's Theory of the Anonymous Christian*. Peter Long, 1993.

精神科学真理的困境

——论伽达默尔对历史学派的批判

罗　久*

[内容提要]《真理与方法》的真正起点是伽达默尔在现象学解释学的基础之上接续了狄尔泰所提出的精神科学合法性的问题。为了解决这个问题，伽达默尔尤其着重讨论了历史学派历史哲学的思路，指出这些解决办法都囿于一种方法论的偏见，希望精神科学（人文科学）能够像自然科学一样获得最终的确定不移的客观真理。可是在伽达默尔看来，客观性的方法并不是精神科学真理的本质。对于一个好的解释学家来说，没有最后的定论，有的只是不断地教化培养，使人成为人的过程。

[关键词] 伽达默尔　解释学　历史　真理　精神科学

一　精神科学真理问题的提出

《真理与方法》这部巨著是伽达默尔的代表作，也是20世纪德国哲学最重要的几本著作之一。乍一看上去，《真理与方法》一书讨论了诸多相互独立，自成一体的问题，显得有些零散而不成体系，似乎不是作为一个整体来思考和写作的。对于任何一个研究者来说，如果要将《真理与方法》当做一个整体来理解，就必须弄清楚这些独立成章的部分是如何相互联系起来构成一个整体的。也就是说，这部著作的主旨是什么，它主要的问题意识是什么，它如何在这些相互独立的章节中论证和发展了这一主旨？

---

* 罗久，男，1985年生，江西南昌人，现为复旦大学哲学学院外国哲学专业博士研究生，主要研究德国哲学和比较哲学。

1.《真理与方法》的核心问题

通常人们认为，《真理与方法》所要讨论的核心问题正如它的副标题所揭示的，是哲学解释学的基本特征。似乎伽达默尔主要的成就就是发展了海德格尔早期提出的“事实性解释学”，从而发展出一套具有存在论意义，而不仅仅是作为一种方法的哲学解释学。纵然这种说法并没有什么错误，但是却不足以帮助我们了解伽达默尔哲学的主要关切。其实，哲学解释学只是伽达默尔为解决他所关心的哲学问题时选择的一条道路，但解释学本身并不是他的真正出发点，也不是他的理论的最终归宿。从部门解释学到普遍解释学，从作为方法论的解释学到存在论意义的哲学解释学，这一发展本身不是伽达默尔的目的所在。如果只是从解释学的角度入手，而不是从真理问题入手，很容易将伽达默尔的哲学解释学理解成一种方法论，虽然我们表面上会说这是一种存在论的思想，但却很少在我们自己实际思考问题的时候看到它的影响。更重要的是，这样一种理解的不彻底很容易使伽达默尔哲学陷入相对主义或视角主义，这绝不是强调它是存在论就可以解决问题的，我们必须首先批判和澄清自己的问题意识和立场，才能与不同的意见展开真正的对话①。那么这样一部以“哲学解释学”命名的著作到底关心的是什么问题呢？伽达默尔思想的真正闪光点到底在哪里呢？我们不妨先从分析这部著作基本结构入手。

通常我们大致会根据伽达默尔的编排，认为《真理与方法》可以分成三个部分：1）艺术经验里真理问题的展现；2）真理问题扩大到精神科学里的理解问题；3）以语言为主线的解释学存在论转向。简单地说，就是通过分别考察人类在艺术、历史和语言三个领域内的特殊经验，来探究人类一切理解活动得以可能的基本条件。可问题是，这三个看起来彼此

---

① 对于现象学解释学的批评可以参看 John Searle 的“The Phenomenological Illusions”一文，见 http://ist2socrates.berkeley.edu/~jsearle/articles.html，2004，以及徐英瑾的《塞尔对海德格尔“视角主义”立场的批判》，见《哲学研究》2007 年第 5 期。他们基本上持一种自然主义的方法论立场，从这个角度出发认为现象学解释学是一种否认有客观真理存在的视角主义。这样的批评完全没有弄清楚现象学和解释学所要讨论的问题恰恰是反对自然科学方法论立场的，它更多的是与人文主义传统有着更为密切的联系，要正确地理解现象学解释学必须注意到其问题的特殊性以及他们所揭示的一种完全不同于自然科学真理的新的真理观念。这是一定要辨析清楚的，否则就失去了一次真正对话的机会。

完全独立的部分会有什么内在关联呢？为什么伽达默尔要花如此多的笔墨去分别论述这三个看起来毫不相干的领域，这仅仅是一些特殊经验的简单拼凑吗？

如果伽达默尔只是意在讨论人的理解活动在三个不同领域的特殊经验，而没有一个中心议题的话，那么很难想象为什么这样一部编排零散的著作能够在现代德国哲学中取得经典的地位。其实，我们只要留心一下《真理与方法》的目录和标题就可以隐约发现有一个中心议题贯穿始终，那就是要追问什么是超出了方法论意识之外的真正的精神科学，以及什么使精神科学与我们的整个世界经验相联系。伽达默尔将《真理与方法》的第一部分命名为“艺术经验里真理问题的展现”，可是在以艺术经验为研究对象的这一部分中，伽达默尔一开始却花大篇幅讨论了人文主义传统对于精神科学的意义，尤其是将一个看似与艺术经验没什么太大关系的“方法论问题”提到了首要的地位。以至于著名的解释学家格朗丹认为，《真理与方法》的第一部分并不只是，也并不首先是关于“艺术”的，《真理与方法》的第一部分，同时也是整部著作的要点是精神科学的方法论的自我确证的问题[①]。也就是说，伽达默尔在《真理与方法》中所要讨论的核心问题是相对于自然科学而言的精神科学（或叫人文科学）的正确的自我理解的问题。可以说，《真理与方法》第一部分的第一节提出了整部著作所要解决的一个核心问题，它并不是单单在艺术经验中所要加以讨论的，而是贯穿了全书的始终。事实上，对精神科学的自我理解问题的论述是在《真理与方法》的第二部分，即“真理问题扩大到精神科学里的理解问题”中才得到全面地展开。那么到底什么是“精神科学”呢？为什么精神科学的自我理解会成为伽达默尔所关心的主要问题，这个问题到底与伽达默尔对艺术、历史、语言领域的讨论有怎样的内在联系呢？

2. 伽达默尔对精神科学方法论的批判

“精神科学”（Geisteswissenschaften）这个词最初是与英文里 moral sciences（道德科学）相对应的德文词，可以指广义的人文科学（human sciences）。这门科学主要是研究“人的问题”，包括对道德、艺术、宗教、社会、政治、心理等等与人切身相关的具体学科的研究。其中蕴涵着像

---

① Jean Grondin：*Sources of hermeneutics*，State University of New York Press，1995，p. 87.

善、美、意义、自由意志、情绪、愿望、正义这样一些形而上学的问题，而这些问题本身又具有一种精神性或主观性的特征，与人的现实活动，与人对自身处境的感受紧密相关。然而，具有讽刺意味的是，这样一门科学在诞生之初就被自身的合法性问题所困扰。因为精神科学是与近代自然科学的方法论变革以及由此形成的一个新的世界观相伴生的。

随着文艺复兴与启蒙运动大大丰富了欧洲人的生活和思想，人们开始大胆地运用自己的理性去发现和认识世界。新航路的开辟开阔了人们的视野，与不同文化的交流一方面为欧洲近代科学和社会的发展提供了重要契机，另一方面也使得原有的世界观、形而上学难以对不断丰富的生活经验做出合理的解释。人们感到了与不同的人、不同的文化之间进行交流的困难，也为这种交流的无奈付出了许多惨痛的代价。这种理解的鸿沟不仅仅是由不同的文化、种族、阶级、性别、国家、地域这样宏观的因素造成的，在人的个性、自由、创造力被空前高扬的时代，不同个体的差异有时看起来比人与动物之间的差距还要大。人类就是这样相互理解又彼此误解着，不同的观点之间缺乏宽容所导致的仇恨至今影响着我们的生活。人性的光明与阴暗就这样交织在一起，尤其是关涉到道德、宗教、政治等复杂的问题之时，原有的价值标准、信仰体系和道德规范就不断地受到来自不同观点的冲击。每一种观点在自己的体系之内都能够宣布自身的合法性，以此拒斥不同的观点，维护原本的价值观念的有效性。但是单一的和独断的价值标准在不断扩展的生活世界和生活经验面前越来越缺乏普遍性和说服力，人类生活弥漫着一种道德与知识上的怀疑论和相对主义。对确定性的探究成为这个时代思想家们的主要工作，人们希望能够在这样一个怀疑论畅通无阻的世界里寻求某些真正确定的东西，即人类社会历史发展的规律，以便为解决社会—政治冲突提供依据，精神科学的任务就在于此。

可是，既然分歧和混乱是由于人们各执己见，都想从自己的立场出发去达到某种对普遍性的要求，将自己的意见宣布为绝对的真理，那么对于确定性、对于知识和真理的探究首先就要避免主观因素的介入，确立一种由新兴的自然科学方法论程序保证的客观标准作为衡量知识与真理的尺度。对于确定性和知识本性的探究有一个双重的目的：工具的目的是要寻求解决经验科学中的问题；内在的目的则是要恢复人类生存在这个世界上应该享有的秩序与安宁。对于寻求人类生存的最终目的和人类存在的意义，并不是简单地强调方法论的客观性或者传统、权威和先天的独断论真理就可以解决的，这里涉及的问题要远为复杂得多。我们面对的是人与人之间交流和理解的鸿沟，是人生与自然的断裂，是被我们自己弄得支离破碎的真理。到底有规则可循，还是怎么都行，人生的意义如何在这个方法论支配的客观世界中得到安顿，人的情感、愿望等等主观的特性能够最终被还原或者消除掉吗，这是任何一个伟大的思想家都不能回避的问题。但是，我们今天许多的自然科学家、社会科学家，还有哲学家，都把追求真理作为自己的目标，却对自然科学的方法论不加批判地加以运用。伽达默尔也注意到了，随着19世纪精神科学实际发展而出现的精神科学逻辑上的自我思考完全受自然科学的模式所支配[①]。精神科学本身就是一个混乱的战场，似乎只有通过引进自然科学的方法论程序，对其加以规定，才有可能获得关于人自身的普遍客观的真理。

伽达默尔认为这种对精神科学的理解是不正确的，至少是不充分的。与自然科学中有效的归纳方法不同，精神科学概念具有一种唯心主义的意蕴[②]，这一点并未被充分认识到。精神科学在其产生之初，由于它自身所面对的尴尬处境，而与它所试图解决的问题之间不能相称。也就是说，它一方面想要避免人的主观因素影响到真理的普遍性和确定性，因此极力要将人的情绪、意愿和感觉排除出真理探究的范围；但另一方面，精神科学的真理又一定是与人的主观因素交织在一起的，因为它所要研究的对象本身就具有这样的特征，是无法被彻底消除的。在这样的矛盾之中，精神科学不得不为确立自身所追求的真理的合法性与可靠性而求助于自然科学的方法论。因此精神科学逻辑上的自我思考完全受自然科学模式的支配，似乎精神科学也在于认识齐一性、规则性和规律性，从而有可能预期个别现象和过程，精神科学被当作一种纯粹的经验科学来研究。但是，到后面我

① 伽达默尔：《真理与方法》（上卷），洪汉鼎译，上海译文出版社2004年版，第3页。

② 同上。在这里“唯心主义”一词所对应的德文词是Idealismus，它也有“理想主义”的意思，其中蕴含的主观性特征以及目的论的要素，使得精神科学能够摆脱自然科学方法论的控制，显示出自身的独特性。这个概念与德国古典哲学、尤其是黑格尔的“精神”（Geist）概念有密切的关联，是理解伽达默尔思想的一个重要线索。通过这个概念我们会逐渐发现，主观性、精神性并不表示私人性和任意性，它有其自身内在的法则。要达到关于人的真理并不是一定要、甚至根本就不可能排除掉人的主观性和精神性而完全用客观的方法来实现。正如黑格尔在其《精神现象学》的序言中敏锐地指出的：“一切问题的关键在于：不仅把真实的东西或真理理解和表述为实体，而且同样理解和表述为主体。”（黑格尔：《精神现象学》（上卷），贺麟、王玖兴译，商务印书馆1979年版，第10页）

们将看到，精神科学并非是一种经验科学，而是包含了一些明显的先验特征。那些将道德行为、审美活动和宗教经验都看作是摆脱了任何形而上学预设的人，他们完全从外在的、对象化的角度去研究这些具有内在、先验特征的活动，却忘记了康德早已提醒过我们，人类理论理性的适用范围在现象界，任何超越了人类经验领域的东西都不能成为我们知识的对象，试图从这些超越现象界的物自身中得出简单的、确定的规则，这是理性能力的一种滥用。

伽达默尔认为，这就构成了精神科学向思维提出的真正问题，即如果我们是以对于规律性不断深化的认识为标准去衡量精神科学，那么我们就不能正确地把握精神科学的本质。社会—历史的世界经验是不能以自然科学的归纳程序而提升为科学的。“个别事件并不单纯是对那种可以在实践活动中作出预测的规律性进行证明。历史认识的理想其实是，在现象的一次性和历史性的具体关系中理解现象本身。”①

那么这种科学是一种什么样的科学？这种理解又与自然科学对自然现象的说明有何不同？赫尔姆霍茨（Hermann Helmholtz）发现自然科学的特点是依靠逻辑归纳的方法来获得知识，而精神科学更多的是依靠心理学的机敏感来获得知识，他区分了两种科学运用的不同方法：逻辑的归纳法和艺术—本能的归纳法。也就是说，与自然科学家完全依赖于自身智力使用的自觉推论不同的是，精神科学的归纳程序与某种独特的心理条件联系在一起，它要求有一种机敏感（Taktgefuehl），以及一些其他的精神能力，如丰富的记忆和对权威的承认。精神科学的基础可以有这样一套特殊的方法来保证。赫尔姆霍茨敏锐地察觉到精神科学具有的特殊性，这对于伽达默尔思想的发展具有重要的启发作用，用格朗丹的话来说就是，伽达默尔在《真理与方法》第一部分中首要的对话伙伴就是赫尔姆霍茨，他提出的精神科学中认知方式特殊性的问题给《真理与方法》的讨论提供了原动力②，此说虽不中亦不远。赫尔姆霍茨与伽达默尔一样都认为精神科学主要关心的是实践的机敏，而不是对某些方法的运用。但自然科学的发展及其方法论的有效性远远超出赫尔姆霍茨的预料，以至于他为精神科学留下的地盘也在一步步被蚕食。这始终与精神科学自身的特点有关，它一方

① 伽达默尔：《真理与方法》（上卷），洪汉鼎译，上海译文出版社 2004 年版，第 5 页。

② Jean Grondin：*Sources of hermeneutics*，State University of New York Press，1995，p. 87.

面要求普遍必然的真理，另一方面又不得不面对不论是出于种族还是个体的主观心理活动所造成的偏见，而这种不可消除的主观性本身又是它的研究对象。不管是将这种真理诉诸主观性还是客观性都无法从根本上揭示精神科学的真理。近代自然科学通过在方法论上的革新，提出了一整套关于世界的说明，他们用氧化理论取代了燃素说，用分子运动取代了热质说，那我们是不是可以进一步用大脑的神经传导来解释我们的审美经验，用基因的遗传和演化来解释人的道德意识、道德行为，甚至是整个人类社会①？在精神科学领域，"拯救现象"的愿望和形势变得更加迫切了。

伽达默尔从历史学派的研究中看到了这个问题的突破口，那就是历史意识。历史学也无意于理论上的证明、限定和划界，历史不能像自然科学的研究对象一样可以在限定的时空中进行观察和测量。德罗伊森（Johann Droysen）在历史科学里发现了康德的重要意义，因为康德在历史的绝对命令中，"曾指明那种生发出人类历史生命的活的源泉"②。构成康德历史哲学的中心线索的是历史的两重性，即历史的合目的性与历史的合规律性；亦即人类的历史在两重意义上可以为人的理性所认识：一方面，它是根据一个合理的而又可以为人理解的计划而展开的；另一方面，它同时又是朝着一个为理性所裁决的目标前进的。就其应然而论，人类历史就是合目的的；就其实然而论，人类历史就是合规律的。对道德和人类历史的本质的探究不依赖于经验科学设定的方法论程序和客观主义立场，而有其内在的必然性。在深刻的历史概念中，精神科学的动乱不定性（即由于不同个体，不同性别、种族、文化等等造成的差异和理解交流的困难使精神科学被认为不具有确定性和科学性）将得到稳固并且能有继续发展的可能性。也就是说，精神科学的合法性在历史概念中有其根源。

另一位对伽达默尔产生了重要影响的思想家是狄尔泰（Wilhelm Dilthey）。狄尔泰虽然深受自然科学方法和经验主义的影响，却保留了精神概念里的浪漫主义—唯心主义的传统。真正使历史学派区别于一切自然

---

① 关于这方面的研究可以参看理查德·道金斯（Richard Dowkins）的《自私的基因》（*The Selfish Gene*），以及爱德华·威尔逊（Edward O. Wilson）的《社会生物学》（*Biosociology*）、《论契合》（*Consilience*：*The unity of knowledge*）等书。这些研究是通过生物学来综合其他学科的尝试，这种综合体现在利用生物学来解释人类及人类社会的其他特征，为人类的道德行为寻找生物学意义上的根据。

② 伽达默尔：《真理与方法》（上卷），洪汉鼎译，上海译文出版社 2004 年版，第 6 页。

科学思维方式的是历史的教养，狄尔泰声称，“只有从德国才能产生那种可取代充满偏见的独断的经验主义的真正的经验方法”①。伽达默尔指出，“事实上，狄尔泰为奠定精神科学基础所进行的几十年之久的艰辛工作，就是与密尔那著名的最后一章为精神科学所提出的逻辑要求的一切的持久论战”②。但狄尔泰终究没有从自然科学模式中完全摆脱出来，他看到了历史解释的对象所包含的历史性，却没有看到解释者自身的历史性。在狄尔泰心目中，消除与生命的联系，即获得一种与自身历史的距离乃属于科学的认识，唯有这种距离才使历史有可能成为科学研究的对象。

狄尔泰试图通过提出精神科学方法的独立性来为精神科学奠基，但是在他对精神科学方法的这种独立性的说明中却援引了陈旧的培根派的说法：“只有服从自然法则才能征服自然”。③ 这是一个与狄尔泰本想掌握的古典的、浪漫主义的传统不相符合的原则。这种方法论上的要求并没有从根本上超出赫尔姆霍茨的朴素论断。狄尔泰急切地想维护精神科学在知识论上的独立性，但是人们在现代科学里称之为方法的东西乃是到处同一的，即通过对象化的研究，对事物如何运作的规律作出说明，这种说明就是对其原因的解释。这种方法只有在自然科学中才得到其典范的表现，因此无论你是诉诸人的特有的心理条件或是感觉特征，自然科学都可以通过科学的方法对其进行还原，这种还原包括因果还原，甚至是更极端的存在论还原④，最终剩下的只是一些客观的对象和因果关系的说明，而精神科学的研究对象和精神科学自身的独立性可能不复存在。

因此，我们现在面临的问题是，如果我们像狄尔泰一样试图从方法论上为精神科学奠基，精神科学本身的特性就会消失不见，顶多它只是一个不够精确的科学门类。这种方法论立场更为极端的后果是对精神现象本身

---

① 伽达默尔：《真理与方法》（上卷），洪汉鼎译，上海译文出版社 2004 年版，第 7 页。

② 同上。密尔（John Stuart Mill）在他的《逻辑学》一书中提出，作为一切经验科学基础的归纳方法在精神科学领域也是唯一有效的方法，而不承认精神科学有某种自身的逻辑。

③ 伽达默尔：《真理与方法》（上卷），洪汉鼎译，上海译文出版社 2004 年版，第 8 页。

④ 因果还原（causal reduction）和存在论还原（onto*log*ical reduction）。例如，“日落”可以通过因果还原变成“地球绕着太阳转”，“日落”和“地球绕着太阳转”都是客观描述，且两者是不相容的。而“疼痛”和“C 纤维激发”是两件不同层面的事情，前者是主观感受，后者是客观描述，分属于两个话语体系，无法互相推翻，这种还原称为本体论还原。参见 http：//socrates. berkeley. edu/ ~ jsearle/articles. html 上约翰 · 塞尔（John Searle）的在线论文“Biological Naturalism”。

的取消。温和一些的立场是把人的意识活动、精神现象当做一种有用的工具，用来解释那些依靠对象化的方法无法给予完全说明的问题，但它们本身并不真实存在，没有存在论上的实在性。这是用借助自然科学方法论来为精神科学奠基的必然后果①。但是，如果我们不通过方法论这条道路来为精神科学奠基，而像赫尔姆霍茨所做的那样，强调记忆和权威，以及心理学上的机敏，我们又如何避免那些精神科学所受到的最初的质疑，即如何摆脱主观性的因素所造成的不确定性，使我们的知识和真理不至于陷入相对主义和怀疑论的泥潭呢？人的精神、意识这些主观特性中怎么会包含有内在的、普遍必然的知识呢？让我们先来具体分析一下近代自然科学的发展在哪些方面改变了我们对自己、对世界的认识，又造成了哪些它自身无法解决的问题。

二　近代自然科学的方法论变革与新世界观

在近代西方哲学的历史上，曾经发生了一个我们今天普遍称之为由存在论向知识论研究的转折。哲学的探究将它的目光从确定世界上何物存在的问题转向了对人的认识能力的考察，这个转折所要回答的是古老的怀疑论思想向人类知识的确定性提出的挑战。这种对人类知识的本质、知识的哲学基础和经验基础、知识的局限性以及知识的有效性的知识论研究，在近代西方变得尤其迫切。知识论（epistemology）在近代哲学中的中心地位绝非偶然；这是某种更深刻、更意味深长的东西的自然推理，这个东西就是人的概念，尤其是人与其周围世界的关系的思想。知识论，即知识的有效性和确定性问题在中世纪哲学中并不占据主导地位；人们理所当然地认为，人的心灵试图理解的整个世界对他来说是可理解的。人们学会把知识看做一个问题，这意味着他们已经被引导着接受某些关于人的本质、关于他们试图理解的东西的不同信念。

1. 目的论的隐退

对于中世纪的主流思想来说，与物理世界相比，人在宇宙中占据着一

① 我们应该注意到这种自然主义或工具主义立场具有的深刻的唯名论特征，这个古老的唯名论传统在当代英美心灵哲学的研究中占据着主流的位置。

个更重要和更确定的地位。可是对于近代主流思想来说，自然却比人拥有一个更独立、更确定、更持久的地位。对于中世纪来说，人在任何一个意义上都是宇宙的中心。整个自然世界被认为在目的论上服务于人及其永恒的命运。人，由于具有希望和理想，是宇宙中至关重要的乃至起支配作用的事实。

这个观点构成了中世纪物理学的基础。整个自然界不仅被认为是因为人而存在，而且也是直接呈现于人的心灵，并且能够为人的心灵完全理解。因此据以解释自然界的范畴不是时间、空间、质量、能量等这些范畴；而是实体、本质、质料、形式、质、量——当人们试图把在人对世界的无助的感觉经验及其主要运用中观察到的事实和关系投入科学的形式时，这些范畴便发展起来。在知识的获得中，人被认为是积极的，而自然则是消极的。当人观察到远处的一个物体时，某个东西是出于其眼而波及此物，而不是从物体到眼睛，当然，关于对象的真实的东西是其能够为人的感官所直接领悟的东西。看似不同的东西就是不同的实体，例如雪、水、汽。水一方面热一方面冷，这个著名的难题是中世纪物理学真正的困难所在，因为对中世纪物理学来说，热和冷是不同的实体。那么同样的水怎么可能既冷又热呢？能为感官所区分开来的轻和重被认为是不同的质，二者同样都是真实的。类似地，站在目的论的这一边，按照事物与人的目的关系来进行说明，与按照事物之间的关系的有效因果性来进行的说明，被认为是一样真实，而且前者往往比后者更重要。人们自由地使用从目的论的活动中引来的类比。

这种目的论版本在今天的科学哲学研究中的变种被称为“人类学原理”（anthropic principle），它的第一种表述是把它解释为一种目的：人类的存在构成宇宙的目的，决定各种基本力的强度和常量的值，是由人类能够存在来给出的。第二种表述断定，如果没有智慧的观察者，宇宙就不会存在。第三种表述，是基于一种称为“多世界诠释”的量子力学的奇怪解释，认为存在有无穷多种不同的宇宙，所有的宇宙都具有不同的基本常量值，但其中只有一个对人类是友好的，这种观点可以追溯到莱布尼茨关于上帝创造了所有可能世界中最好的一个世界的思想。这三种人存原理都意味着，我们发现自己处在一个其常量值要求我们存在的世界里。但是人存原理的目的论版本既不能证实也不能证伪，因而不能作为解释任何事物的科学模式而被接受[①]。而这种科学模式才是自然科学探究真理的典范，也就是说科学的方法构成了对真理本质的基本规定。

正如中世纪思想家认为自然屈从于人的知识、目的和命运是完全自然的一样；现在，人们自然而然地把自然看作是在其自足的独立性中存在和运转的，而且就人与自然的基本关系是完全清楚的而论，认为人的知识和目的是自然以某种方式产生的，他的命运完全取决于自然。这种观点正是古希腊悲剧中对于那支配着人的、无法逃避的命运的描写想要表达的东西。于是科学研究可以设想一个完全没有人的世界中，所有事物、事物运动的规律都客观存在着，知识和真理是不依赖于人的意志的客观存在。

2. 新的因果性概念

近代自然科学方法凭什么能够将人从这个世界中流放出去呢？这首先得益于它达到了一个新的因果性概念，这就是说，把可以在观察到的事实中发现的那种根本的数学和谐看作是那些事实的原因，看作是这些事实何以如此的理由。在现象中借以对因果和谐进行证实的严密性或严格性，是哥白尼、开普勒哲学的新的、重要的特点。因果性变成要按照数学简单性和数学和谐重新加以解释的。对哲学家来说，（数学）原因的发现就是导向真理之路。真实世界只是量的特征的世界，它的差异只是数的差异。这种新见解导致了一个重要的知识学说，即在呈现于感官的一切对象中，不

① 关于科学真理自身的独特性可以参看罗杰·牛顿《何为科学真理》，武际可译，上海科技教育出版社 2001 年版。在这本书中，作者主要是批判相对主义社会建构论（relativistic social constructivism），这种理论主张所有的科学理论乃至它们的基本事实，都是与大自然的任何事物毫无关联的社会建构（social construction）。而人类学原理则是这种社会建构论的哲学基础。由于社会建构论不是就科学研究的模式来理解真理的客观性和实在性，而是从人的目的、意图来规定真理，这恰恰是无视科学真理自身的客观性，更不用说什么知识的普遍必然性了。然而我们要注意的是，作者在这里所讨论的是何谓科学真理的问题，目的是抵御相对主义社会建构论对真理的随意践踏，说明科学真理自身的根据在科学方法之内而不在社会生活之中，他并不是要用科学真理来统一人类所有的认识和思维方式。换句话说，存在各种真理，但并不是说所有真理都是相对的。不同的真理不可通约。这里主要讨论的是真理的判据是什么，而不是真理的抽象定义。客观性是通向科学真理的一块路标。最重要的是，它的真理是公开的。可惜作为一名科学家，作者没有深入地思考一下为什么这种明显有些违背常识的社会建构论会有市场，这本身是不是对某种科学方法过度运用的反动？这部鸿篇巨制所涉及的问题之深之广，足以让一般的读者望而却步。这种困难一方面是由于伽达默尔所要关注的问题本身纷繁复杂，不是简单的描述可以说清楚的，另一方面可能也是由于伽达默尔独特的写作风格和运思过程所造成的。

仅我们确实能够发现在它们之间的数学关系；而且，所有确定的必定只是它们的定量特征的知识，完美的知识总是数学的。这种新的因果性概念完全取代了亚里士多德四因说的目的论思想，为科学真理的客观性提供了最坚实的保障。科学对因果性的说明突出的是事物之间的数学关系，而不是现象关系。

这种依靠数学来认识世界的实在性的方式，认为自然界存在的这种严格的必然性来自于它那根本的数学特征，如此势必会导致这样一种哲学观点，即哲学力图说明的东西不过就是感官所揭示的世界。对每一个否认了感觉可靠性的事实，他都有许多东西有助于确立起他的数学解决的有效性。一方面，我们无法否认正是感觉向我们提供了有待说明的世界；另一方面，我们也同样确信，感觉并没有给予我们这样一个理性的秩序，也还不能自己本身就向我们提供我们所期待的说明。这个理性秩序总是数学的，只有通过公认的数学证明方法才能达到。正如伽利略那著名的口号向我们传达的一样，自然之书是用数学的语言写成的，数学是科学发现的工具。

3. 取消心灵

基于这样的哲学观点，伽利略在世界上的两种东西之间进行了明确的区分，这种区分在后世的经验主义者那里得到了更系统的表达：一种东西是绝对的、客观的、不变的和数学的；另一种东西是相对的、主观的、起伏不定和感觉得到的。前者是神和人的知识的王国；后者是意见和假象的王国。哥白尼天文学和两门新科学的成就必定使我们放弃这个自然假定：感觉到的对象是真实对象。这些对象本质上是数学对象，它们表现出某些要由数学规则来处理的特征，这些特征把我们引向一种关于真实对象的知识，它们就是真实特性或第一性质，例如数、图形；量、位置和运动，这些第一性质不是靠我们行使我们的能力就能与物体相分离的，但是它们是能够在数学上完全得到表示的特性，宇宙的实在性是几何的；自然的唯一根本特征是使某一数学知识成为可能的特征。对于感官来说往往更为显著的所有其他特性，都是第一性质的次要的、附属的结果。

至关重要的是伽利略进一步做出的这个断言：这些第二性质是主观的。第二性质被认为是在自然中本身就真实存在的第一性质在感官上引起的效应。就对象本身而论，它们不是什么，只是名称。这个学说也受到来自于哥白尼天文学的考虑的支持。地球的虚幻的现象已经使我们假设它是静止的，这个假象来自于观看者的位置和位置运动。与此类似，这些虚幻的第二性质则起源于这一事实：我们对对象的知识是以感觉为中介的。

把人从伟大的自然界中流放出来，并把他处理为自然演化的产物，这是一个根本的进步；正是这个进步成为现代科学哲学的一个相当坚定的特点，成为一种大大地简化了的科学领域，但是却把现代哲学的重大形而上学问题尤其是知识论问题引入正规的方法。现在，在把第一性质和第二性质的区分翻译成为适合于对自然做出新的数学解释的术语的历程中，我们就达到了对人的理解的第一阶段：人是在真实的、基本的王国之外的东西。显然，人不是一个适合于数学研究的题材，除了按照最贫乏的方式外，人的行为不能用定量方法来处理。因此，真实世界必定是在人之外的世界，是天文学的世界，是地球上静止和运动的物体的世界。人和这个真实世界之间的唯一共同之处，便是他发现这个世界的能力，这是一个因为必然要预设因而容易受到忽视的事实，但是它无论如何不足以把人提升到与他能够知道的实在和因果有效性相等同的地位。人至多不过是一系列第二性质的集合。

由于把人从真实世界中排除掉，这样真实世界似乎是受机械必然性制约的。沿着这个趋势开始思考，在近两个世纪之后便导致了拉普拉斯那著名的论断："如果有一种至高无上的智者，能了解在一定是可支配自然界的所有的力，了解自然界各个实体的各自位置和初始数据，并且他还有足够的能力去计算这些物体的运动，那么从最大的天体到最小的原子的运动将被纳入同样的公式进行处理，对它而言，将没有什么不能确定的，未来和过去都将展现在他眼前。"① 近代科学并不是在目的的名义下提供解释：将自然现象归结为终极原因的目的论解释不是科学方法论的一部分，原因在于对这类问题的客观回答不能由观察和实验得到或证实。"怎样"（how）的问题比"为什么"（why）的问题更能体现科学的特征，因为"为什么"像是寻求目的，而"怎样"则寻求机制、规律或一种简单描述，任何具有普遍必然性的真理都应该是简单的，能够解释杂多的特殊现象。

---

① 转引自罗杰·牛顿《何为科学真理》，武际可译，上海科技教育出版社 2001 年版，第 129 页。

在伽利略那儿，自然的数学观与合理的实验主义的联合使得感觉的地位变得有些含糊不清。我们哲学试图说明的正是这个感觉得到的世界，而且通过利用感官，我们要对所得到的结果进行证实；在完成我们的哲学的同时，我们发现我们自己被迫认为，真实世界除了具有基本特征或数学特征之外，并不具有什么东西，第二性质的或不真实的特性是由感官的欺骗引起的。而且，在某些情形（比如说地球运动）中，必须完全抛弃直接的感觉证据，因为它们是虚假的，正确的答案是通过理性论证达到的。那么，感觉的地位何在呢？我们怎么处置那些由于感觉的虚幻性而被推到一边的第二性质呢？按照笛卡尔，为了试图解决这些问题，我们必须抛弃作为一种方法的经验主义，并且在一个同样真实但不太重要的实体即思想实体中为第二性质提供一个避难所。于是笛卡尔不得不采取一种心物二元论的策略。心灵是某种定位在并且完全限制在身体之中的东西。不仅人丧失了他在宇宙目的论中的崇高地位，而且在经院派学者那儿构成物理世界之本质的一切东西，那些使世界活泼可爱、富有精神的东西，都被聚集起来，塞进这些动荡、渺小、临时的位置之中，我们把这些位置称为人的神经系统和循环系统。

这种二元论在霍布斯（Thomas Hobbes）等人的攻击下走向它的庸俗化形式。在霍布斯看来，一切活动和变化不论是什么，它们都只是运动，既然一切形式的思想都是活动，因此思想也是一种活动，心灵不过是一个人的思想活动的总和的名称，因此也不过就是动物有机体中的一系列运动。把心灵提升为一种分离实体，一种在种类上完全不同于有形物质或其活动的实体，这在霍布斯看来只是经院哲学的神秘特性的残余。没有什么在我们之外的东西不是运动中的物体，没有什么在我们之中的东西不是有机体的运动。在这个专横的结论中，在把心灵看作是限制到大脑的一个部分以及循环系统中的某种东西时，霍布斯不仅为笛卡尔二元论的流行解释者开了风气，而且更极端的是，通过把精神实体处理为物质实体所具有的某种类型的运动的组合，他取消了精神实体。感觉成了按机械必然规律运动的物质世界的单纯结果。在这种形而上学的影响之下，现代科学—哲学研究的基本预设就是自然主义的，也就是说一切心理活动、心理状态实际上都是物理状态，他们将心灵定位于大脑的一个角落之中，并试图说明感觉和观念的机械起源。传统意义上关于人的问题的形而上学讨论都要求通过客观的研究来达到确切的知识，于是在心理学和社会学中大量使用统计，生物学变得越来越抽象，它的结构是建立在分子水平上，它利用的数学工具越来越多。然而我们真的更好地理解了吗?

4. 交流的无奈

我们都希望能够在一个世界整体中理解他人、认识自身，避免由于差异导致的各种误解与不和谐。所以很多哲学家都不愿意像康德一样将世界一分为二，一个是知识的世界，一个是道德的世界，认识自然与理解精神似乎是两个完全不相干的事情。为了寻找的世界的统一性，自然科学倾向于采取自然主义的还原论的立场，认为一切意义、心灵、感觉都可以还原为物理状态。世界统一于物质，意识、精神是一种物理过程产生的副现象，不是存在论意义上的实体，存在的只是物质对象。这种立场实际上取消了意义和心灵，所谓意义只不过是对客观事物的指称，是客观事物固有的属性。然而弗雷格（Gottlob Frege）对含义与指称的区分向我们表明，指称相同的情况下含义却可以有不同。意义不是对客观事物的指称，不是客观事物的固有属性，而必须与说话者、理解者及其在世界中的生存、实践活动联系起来。将意义还原为物质并不能够帮助我们更好地去理解那些我们感到陌生的人与物，可以说，那些客观知识本身是有待我们去进一步理解和解释的。对于意义的理解和把握不仅不能够通过取消心灵、将其还原为客观事物来获得，恰恰相反，意义依赖于心灵，在出现意义和理解的地方，就存在着人的主观活动和人的自由，这是对那种客观的机械因果必然性的校正。但是如何为这种直觉寻找哲学上的论证呢，洛克（John Locke）关于人类认识活动的考察可以给我们提供一些线索。

我们知道，洛克对人类认识活动的考察是基于一种经验主义的立场，反对理性主义的天赋观念。人生来就像一块白板，通过运用自己的理性能力就可以获得对事物的认识，不需要借助天赋观念。一切认识都是建立在通过感觉与反省获得的简单观念的基础上，比如我们可以通过自己的感觉器官感觉到事物的冷热、硬度、味道等等，这样形成的观念是最简单明晰的，不能分成不同的观念，也不能通过各种观念的复合来达到，它本身就是简单明白的。对洛克而言，人类理解中这些简单的成分既不是社会的，也不是语言的。知识的东西是被当做与他人分离的东西来感知的，这个感知是他人的禁区，只局限于我们个人的感觉器官。

这种经验主义的心理学使平等主义理论具有了新的合法性。任何心灵和境遇上的不平等都是外在的因素造成的，通过确立个人的感觉经验在认识中的权威地位，就可以根除这种不平等的根源。由这种感觉经验的特殊性及其作为人类认识的来源，我们可以得知，语词的意义是从使用者那里获得的，因为每个人都有不可剥夺的自由，他使词语按照自己喜欢的方式代表意义，谁也没有权利使别人和自己脑子里的意义相同。他的语词的意义，就是他使用的意义。

但是洛克的理论必然导致这样一个结果，个人确定语义时的自由，使思想的交流具有不确定性。个人不可侵犯的语义自由使个体得到保护，使他不至于受到他人意志的非法控制。然而，这个自由同时还有另一种含义：我们永远没有把握，我们是共享了彼此的思想呢，抑或是仅仅用声音去填塞空气而已。交流的观念已然成为一个悖论。一方面，洛克主张自由地组合语词和观念；另一方面，他又希望二者能够精确对应。

所以，洛克对感觉观念的强调和对第二性质的保留肯定了个体的主观因素对意义的确定所具有的重要性，但是恰恰由于这种个体性被推向极端导致理解和交流缺乏一个共同的基础，在一个没有共性和普遍性的世界中，单单强调个体的特殊性对意义形成所发挥的作用可能正好反过来使意义和理解成为不可能。个性反而成了理解的障碍，而不是意义的根据。要解决这个悖论，我们就必须进一步追问，个体是如何确定意义的，这些看似确定无疑的主观感觉是不是绝对的简单观念，而没有任何社会、历史和传统的因素在发挥作用。可能的解决办法就是引入历史性和社会性的概念，但是又要避免这些因素成为一种压迫个性的独断的外在力量。需要回答的问题是，在理解和意义确定的过程中，社会、历史和传统是如何被内在化于个体之中并使理解得以可能的。

三 历史主义的困境

如果我们要在关于知识与真理本性的讨论中加入主观性和历史性的要素，那么首先就要对历史意识的兴起及其意义做一番梳理。历史意识特别强调一切思想本质上都有着历史的关联，我们的思维方式、语言、概念系统、世界观，甚至我们的常识都是在历史的发展中逐渐形成今天所熟悉的样子的，我们的判断、认识都是我们作为一个历史存在的体现，正因为此，解释学在历史研究中，在对精神科学真理的探究中，具有比自然科学的知识论更重要的地位。

1. 从误解的普遍性开始

这里需要特别指出，历史意识的兴起与17世纪末至19世纪初的西方近代百年“古今之争”（die querelle des anciens et des modernes）的重要影响是分不开的。它原本是1685年至1694年间巴黎知识界就文艺美学展开的一场争论。但是同启蒙时代的多次著名的知识争论一样，古今之争的后果实际上远远超出了美学范围，扩展到整个欧洲精神文化领域，进而推动了整个精神科学的发展。这场争论要解决的基本问题是：古典主义所代表的根植于古希腊罗马的传统与现代方式孰优孰劣？这场争论摧毁了以古希腊罗马文化为典范的要求，因为我们对于古代世界是无法直接理解的，需要通过对古代流传下来的材料进行解释我们才能够获得关于过去的正确的认识。这种发展导致建立普遍解释学的想法，对于这种普遍解释学来说，传统的特殊典范性不再表现为解释学任务的先决条件。也就是说，解释的任务不再是以古代世界的典范性为前提，而是要去历史地理解古代世界对于我们今天而言仍具有的意义。历史并不是业已消逝的过去，通过对历史的追溯和解释，在历史的连续性和当下的历史性中重新认识我们自身在世界历史长河中的位置，历史正是通过这样不断的理解和解释成为现在的。理解已经变成了一种具有新意的任务，不再是简单地重复历史的教条。它的更深层的意义是拒绝任何未加批判和解释的独断论教条作为衡量意义的标准。我们没有任何理由宣称意义就是我们自己所认为的那样，正如洛克所宣称的意义的个人属性。在施莱尔马赫（Friedrich Schleiermacher）看来，正是这种个体性所造成的理解的鸿沟使得解释成为一种普遍的要求，他是对洛克的经验主义更进一步的深化。对个性的强调是对启蒙理性所发现的人性的共同本质的批判性拒绝，没有任何理由可以将这种理性推导出的形而上学的独断的人性观念强加于活生生的现实的个人的头上，虽然它是对人类的共性和理解的可能性的一种保障，但是它本身却是抵制一切解释的独断的要求，势必会将人性的复杂多样性抽象掉。只有承认个体差异、承认人与人之间出现误解的可能性，我们才能去讨论理解的可能性问题，以及解释学普遍性诉求的根基。“凡是在没有出现直接理解的地方，也就是说，必须考虑到有误解可能性的地方，就会产生解释学的要求。”[1]陌生性的经验和误解的可能性乃是一种普遍的现象。

因此，如果每一条通往理解的道路都包含一个主体的解释或观点，它既是理解得以可能的根据，同时又是我们获得普遍确定意义的障碍，那么一个试图成为基础的哲学探讨必须从解释的主体开始。解释学必须从个体的特殊性开始，必须从误解开始，最终达到避免误解的目的。“这里应当要理解的东西决不是一种共同的关于事物的思想，而是个体的思想，这种个体思想按其本质是一个个别存在的自由构造、表达和自由表现。”[2] 这一点最能够体现施莱尔马赫浪漫主义解释学的特征。

基于这种关于个性的美学形而上学，施莱尔马赫提出了心理学解释作为解释学的一个重要方法。心理学解释必须把每一个思想创造物理解为这个人的整个生命关系的一个要素。施莱尔马赫认为，真正的理解活动并不是简单地从字面上去理解作者的原意，而是把理解活动看成对某个创造所进行的重构，这种重构必然使许多原作者尚未能意识到的东西被意识到。这种心理学解释意味着，原作者，即作为特殊个体的自我并不是我的所思所想所行的各种表达所具有的意义的理想解释者，我作为反思者对我所表达的东西并不比我的理解者或对话者具有更大的权威性。思想一旦通过某种形式被表达，那么衡量其意义的标准就不是表达者的主观意图或者反思性的自我理解，而是表达本身所具有的意义或意蕴（Sinngehalt），它是超越于个体的特殊性之外的东西。所以，心理解释和天才创造说具有的重要理论创见在于，它取消了解释者与原作者之间的差别，以此填补了由于个体性差异造成的理解的鸿沟，为理解的可能性提供了依据。

施莱尔马赫的解释学普遍化诉求从个体的特殊性和差异性出发，最终走向对这种个体性的扬弃，在这一点上他确实比洛克看得更深一些。然而施莱尔马赫的心理学解释并没有为意义自身的确定性提供保证，如果意义是超越于原作者主观意愿和自我反思之外的，那么解释者对意义的重构难道不也是超出解释者自己的理解的吗？它还可以被其他的解释者的解释者进行再解释，如此以往，解释就成了一个没有尽头的无限的解释过程。这对于追求真理和意义的确定性的精神科学而言似乎是一个不能令人满意的

① 伽达默尔：《真理与方法》（上卷），洪汉鼎译，上海译文出版社 2004 年版，第 232 页。
② 同上书，第 244 页。

结果，意义到底有没有确定性？精神科学要为自身的真理性辩护，就必须避免这样的相对主义，即避免根据我们自己的标准来判断，相反，要按照被解释的对象固有的内容和表达来理解。这是历史学派在探究精神科学方法论过程中试图回答的问题，他们预设了一个基本的要求：公平对待历史现象。

2. 历史学中目的论与方法论的矛盾

历史学派的史学家们对历史知识的探究自然是不同于施莱尔马赫对个别文本的解释，历史研究的对象是整个世界史（Universalgeschichte），这就规定了历史学家将以理解整个人类历史关系为己任，从历史的偶然事件中寻找具有普遍必然性的历史规律，并为这种历史知识的可能性提供哲学上的论证。虽然历史不是个别文本，但是浪漫主义解释学及其背景，即泛神论的个性形而上学，对于19世纪历史研究的理论思考是起了决定性作用的，而这一点对于精神科学的命运和历史学派的世界观有根本性的影响。历史学派极力反对黑格尔世界史哲学，黑格尔的历史哲学是目的论的，历史朝着一个最终的目的发展，由此我们才能够理解历史现象的纷繁复杂中体现出的必然性。然而对于历史科学来说，其实并不存在任何历史的终结或任何超出历史之外的东西作为历史发展的动力因和目的因，他们极力反对这种先天构造的历史哲学，主张历史性地思考意味着承认每一个历史时期都具有它自身存在的权利，而不是为了实现某一最终目的的低级阶段而已。真正的历史科学需要一个方法论的基础以保证历史认识的客观性，剔除掉唯心主义的精神概念对于历史的目的论构造。对于世界史全部历程的理解只能从客观的历史流传物本身获得，只有这样的客观性才能够保证历史科学的普遍必然性。这种方法论的诉求不能不说是受到自然科学方法论的影响。所以，要把历史作为一个整体来理解，就必须把历史看作一部大书，运用语文学解释学的方法，从历史流传物本身来理解历史。历史学的基础就是解释学。

但是这里有一个特殊的难题，这关系到历史科学的方法论诉求是否具有合理性和可能性的问题。因为历史本身有一个显著的特点，就是普泛的历史关系缺乏一种封闭性，这种封闭性在语文学家看来是文本应当具有的，解释者应当站在历史之外来看历史，将整个历史作为一个认识的对象。正如许多科幻小说或电影里面，借助时光机器使人回到过去那样，一个历史之外的观察者可以通过这种方式来看看当时到底发生了什么，这样看到的历史总是确定无疑的吧。对于一个将历史等同于物理过程的人来说，进入当时的时空就已经使历史发生了改变而不再是物理意义上的历史本身了。但更紧要的是，即便你回到过去确认了一个历史事实的真相，比如吕不韦是秦始皇的生父之类的，但这个历史事实之所以有意义却是因为与其前前后后的历史进程有关。历史上发生的事情这么多，为什么人们偏偏爱好去讨论些帝王将相的家事呢？我们无法看到历史的全貌，就像我们看不到今天生活的全貌一样，因为我们就生活在这个历史的进程之中。历史处在不断地生成中，并不是一个像既成的文本那样具有完整意义的整体，历史是没有尽头的。因此试图通过客观化来达到对整个世界史的绝对、确定的认识似乎是不可能的，最多我们只能够将这种浪漫主义解释学的方法运用到相对独立的历史单元中去。不仅历史是没有尽头的，而且我们自身是作为理解者本身立足于历史之中，我们是这个连续转动的链条中的一个有条件的和有限的环节。对于经验主义者来说，世界历史实际上是一个超出了知识领域之外的康德意义上的形而上学概念，它对于历史研究具有一定的范导性，自身却不能成为历史科学研究的对象。

对于历史学派的努力我们可以先做这样一个小结：一方面，他们以赫尔德（Johann Gottfried von Herder）为出发点的历史世界观①，不承认某种超出历史之外的标准，历史自身内就有一种意义，这样也就取消了唯心主义的精神概念和观念论对历史设定的目的，历史科学应该以追求自在的、客观的历史知识为己任。另一方面，历史实在又不是关于自然科学对象的那种完全与精神无关的僵死的必然性，历史科学正是人类存在在时间中的展开才具有它自身的创造性。因此，历史科学面对着这样的两难，既要排除外在标准的影响，客观地认识历史本身，又不得不承认历史科学的价值在于不可中断的生命联系，这种生命联系是与人对自身当下处境的理解和对未来的期许紧密相关的。“真正世界史的行为并没有任何可在它之外被发现和被把握的目的。就此而言，并没有一种先天可认识的必然性支配着

① 赫尔德在批判启蒙运动时期的历史哲学模式时提出需要认识一切过去中的典范性和不可重复性之间的辩证关系，历史性的思考就意味着，承认每一时期都具有它自身存在的权利，甚至具有它自己的完美性。因此我们必须就历史本身来研究它，而不是运用什么外在的标准来衡量。

历史。但是，历史联系的结构却是一种目的论的结构。标准就是后果。”[1]历史意义本身所具有的重要性正是依据于这一点。也正因为此，历史科学体现了精神科学所具有的某些特殊性，不能够简单地运用自然科学的方法来进行研究，历史的实际发展并不是为了达到某个既定的目标，但历史科学的研究却不可能回避目的论，正是这种无意识的目的论规定了历史联系的要素，将这些要素统一起来，并且把无意义的东西从这种联系中排斥出去。

当然，这种目的论并不是通过哲学概念来证明的，也就是说它并不使世界史成为一个先天的系统，行动者被放置在这个系统中，就像被放置在一个无意识操纵他们的机械装置中一样。这样一种目的论其实是与行动的自由相协调的。离开了行动者的自由选择，历史联系将无从表现。与自然界中的事物之间所具有的因果关联不同，历史联系具有某种目的论的结构，并与行动者的自由联系在一起。用兰克（Leopold von Ranke）的话来说就是，历史联系的结构性链接是“自由的场景”(Szenen der Freiheit)[2]。历史不像自然科学的研究对象一样具有一种系统的统一性，历史不能完全独立于历史的解释者和人们当下的生活，历史的统一性不是对象性的统一性，但这并不表示历史没有内在的联系，我们事实上确实看到历史中有一系列彼此相继、互为制约的事件，但是这种制约不是绝对的必然性，而只能在一切人类活动的最初和共同的源泉——自由——中找寻其起源。历史学追求自由的场景，这一点是历史研究的最大魅力。那么这种历史联系的整体性和连续性是怎样通过行动者的自由得以确立的呢？

按照兰克的想法，当我们设想两个相互独立的事件或事物中间具有某种因果联系的时候，我们通常要借用一个我们习以为常的概念，这个概念的形而上学意味被我们淡化了，这就是“力”的概念。我们为什么把一件事称作另一件事的原因，因为我们假设在这两者之间存在着一种力的作用，重力、万有引力、摩擦力、因果力，甚至后来德罗伊森还提到了一种道德力。力就像场一样是我们无法直接观察的，它是我们用来说明事物间作用关系的一种方法上或语言上的方便的工具。正因为力本身是我们经验之外的一种假设，所以休谟通过这一点撼动了科学的基础，即因果联系的

① 伽达默尔：《真理与方法》（上卷），洪汉鼎译，上海译文出版社 2004 年版，第 263 页。

② 同上书，第 264 页。

实在性，使我们不得不重新反思科学的可靠基础到底在哪里。康德对人类认识能力的考察就是要回答这个问题。历史学家对力这个概念的引用是要解决历史发展的必然性与人的自由之间的关系，实际上也揭示了力这个概念具有比我们通常使用的物理学所规定的力的概念更原始的意义。

我们知道任何一个具有客观实在性的事物都是一种自在存在，其自身的实在性不依赖于其他事物而在自身之内，客观实在性或同一性就是不为某种其他事物的缘故而存在，也不由某种其他事物的实在所产生，那么那个与人无关的客观世界对我们来说就是不可认识的了。事实上我们并不总是在这种客观实在的意义上来理解事物，我们总是已经生活在这个世界中并以此出发来认识事物之间的关联，理解这些联系所具有的意义。因此，呈现在我们生活和认识中的事物就不完全是自在存在的，世界存在着一种深层的联系，包括我们人自身都不可能完全独立于这种联系。"自由之旁存在着必然性。必然性存在于那种已经被形成而不能又被毁灭的东西之中，这种东西是一切新产生的活动的基础。已经生成的东西（das Gewordene）构成了与将要生成的东西（das Werdenden）的联系。"[①] 已经生成的历史是那些将要发生的东西的条件和前提，正是这种联系使历史具有了某种连续性。在历史科学的构想中，这种历史事件之间的联系同样可以成为认识的对象，因为它不是任意接受的东西，特定的联系是有必然性的。

但是，与历史学派不同，伽达默尔要强调的是，这种历史联系不是自然科学的因果关系，历史中的力不是机械的作用，它不仅存在于它的外观之中，而且具有比其外观更多的东西。"力具有作用潜能（Wirkungsmoeglichkeit），这就是说，力不仅仅是某种特定结果的原因，而且不管它出现于何处，它也是产生这种结果的能力（Vermoegen）。"[②] 我们通过力的作用来追溯历史事件的原因，需求对历史意义的理解，但是却不能像自然科学一样对将要发生的事件做任何科学的预测。因为历史的结果不是确定的，它始终处在生成之中，因此它的意义是不确定的，是有待理解的。对于同一个历史事件我们可以追溯到不同的原因，这实际上是对历史意义本身有不同的理解。反过来，同一个历史事件也可能产生不同的结果，在不同的时间阶段和不同的人眼中都可能是不同的。所以，即使我们可以发现

① 伽达默尔：《真理与方法》（上卷），洪汉鼎译，上海译文出版社 2004 年版，第 265 页。

② 同上书，第 266 页。

历史联系中存在的一些必然性，但是历史意义始终具有一种不确定性，很难通过认识来达到，力的存在方式是不同于结果的存在方式。这样，对力这个概念的考察就转向了它与自由的意味深长的联系。

历史学中引用的“力”这个概念具有“犹豫”（Anstehen）[①] 的方式，也就是说，历史事件的因果联系不是简单的机械决定，而是要通过人对于自身处境的判断来做出选择，这种选择是自由的，因而往往让人踌躇不定。自由的人同时又是有限的人，对于许多因素我们无法作出全面的考虑，即便我们可以从空间上将所有影响判断的同时性因素考虑在内，我们也无法将时间的因素完全包含在我们的计划之中。时间距离增加了直接理解的困难，同时也开放了理解和解释的可能性。事件本身的意义不是行动者的主观意愿可以决定的，但是又离不开行动者的自由，在历史联系中体现了自由与必然的对立统一。由此可以推知，力是不可以从其外观而认识或度量的，而只能在一种内在的方式中被经验，这种内在性表现在人的意愿之中。

举个例子来说，如果我们要探究一个人向前行走的原因，我们可以从外力的作用方面来考虑，或许是有一个物理学意义上的力作用于人而推动人向前走；同时我们也可以设想一个人具有向前走的主观意愿，他想向前走所以他迈开了自己的脚步。这两种原因都可以看作是“力”的作用方式，不能因为这种引起行动的主观意愿不具备外在的可度量性，就认为它没有实在性[②]。在这里我们可以看到，对于历史学家来说具有决定性的意义的是，力始终就是自由。自由要受约束和限制，这一点并不与自由相矛盾。“因为在这里必然性并不指一种排除自由的原因，而是指自由的力所具有的一种对抗性（Widerstand）。”[③]

自由的选择并不是没有前提和条件的任意选择，我们是基于一种历史存在的方式，即已经生成的东西不是被简单地抛弃掉，来进行选择。“由于自由活动把许多东西作为不可能的东西排除掉，自由活动也把行动限制在那种是敞开的可能性的东西上。”“表现事件意义的，不是行动者的计

---

① Anstehen 这个词含有“延迟”、“有待解决”的意思。

② 关于人类行动的因果解释模式的研究可以参考唐纳德·戴维森（Donald Davidson）的论文“Actions, Reasons and Causes”, in *Essays on Actions and Events*, Clarendon Press, Oxford, pp. 3—4.

③ 伽达默尔：《真理与方法》（上卷），洪汉鼎译，上海译文出版社 2004 年版，第 268 页。

划和观点，而是效果历史（Wirkungsgeschichte），效果历史使得历史的各种力成为可认识的。”[①] 这里所超越的正是洛克的意义理论，他将意义归属于个体主体性。作为历史发展的真正承担者的历史力，并不是这样一种纯粹的封闭的个人主体性。一切个体化本身其实已经被历史、社会、传统这样一些相反的实在所影响，因而个体性不是主体性，而是富有生气的力。这就成功地将历史性与时间性引入了个体性的概念中，使人的自我认识获得了全新的面貌。

然而，力的概念对于历史科学而言还是不够的，因为它只解决了历史的连续性问题，而没有解决历史的统一性问题。历史学派的理想是要使历史科学完全立于经验的基础之上，以便拒绝一切先天构造的世界史的要求。所以兰克和德罗伊森都在这种历史联系中讲到历史是一种“正在生成的总和”（eine werdende Summe）[②]。说世界史是生成的总和，意味着世界史，即便未完结，它也是一个整体。但这一点却不是自明的。至少从历史学派的经验主义立场出发，我们很难推导出历史是一个整体，在我们的客观经验中看不到一个作为整体存在在那里的历史，我们自身不也是包含在历史的不断生成之中吗？当然兰克可能会辩解道，这种统一的历史整体只是出于历史科学研究的必要而在方法论上做出的一种形式的假定。而这一点却与前面所说的，在事件的连续性中有某种作为方向性的目的而存在的东西相矛盾。处在生成之中的连续性不能被简化为排除了目的、方向和时间性的对象。如果历史研究只是效仿自然科学的真理要求，希望从历史的统一性中得出具有普遍必然性的客观规律，那么这将是对历史的本性的一种误解，历史研究只不过是一种不够精确的科学而已。因为没有了时间性，历史意识就不会产生，我们也不会意识到我们今天对世界的认识与古代人之间存在着巨大差异，正是这种差异为我们的历史研究提供了最初的动力。连续性是历史的本质，因为历史不同于自然，它包含时间的要素。“与自然的单纯重复形式不同，历史是由不断提升自己的过程来表现自身特征的。但这种提升过程既是保留过程，又是对所保留东西的超越过程。”因此“历史不仅仅是认识的对象，而且它的存在也是被自我认识所规定的”，它显然表现出了历史的自为存在。所以德罗伊森宣称，“历史

① 伽达默尔：《真理与方法》（上卷），洪汉鼎译，上海译文出版社 2004 年版，第 269 页。
② 同上。

认识就是历史本身"[①]。他剥掉了历史学派的经验主义伪装，并承认历史学派的基本意义，是要追求一种不同于自然科学研究对象和研究方式的历史科学的独立性。

既然历史学是一门科学，而且是一门不依赖于先天构造的经验科学，那么这门科学所要追求的普遍必然性是通过什么途径达到的呢？在德罗伊森那里，历史科学对历史意义的探究不同于自然科学对客观知识的认识，它更多地涉及行动者的目的、意愿等精神性活动。但是，在历史实在中除了个性（Persönlichkeit）外，还有其他要素在起作用。行动者的实际愿望和计划不是历史理解的真正对象。对个别个人的心理学解释不能穷尽历史事件本身的意义。历史学家不需要探究特殊个人的内心奥秘，需要的是对表达（Ausdruck）的理解，在表达中，内在的东西是直接出现的。基于这种表达，个体的可理解性才成为可能，个体间才有可供交流的公共领域，并在理解活动中获得它的普遍意义。历史也不是完全依赖证物和证据的，只有当一个能认识的普遍性达到经验的特殊时，研究才能成为科学。那么我们如何定义普遍呢，如何将这些各自独立的事件联系起来，统一成一个具有普遍必然性的整体呢？也就是说，一个事件如何变成历史的问题呢？

德罗伊森认为，历史联系的普遍必然性在于"进步的历史的创造的连续性"，是历史本身固有的成长。不断发展着的历史连续性的本质只能是理想的和道德的。德罗伊森在这里提出了"道德力"（die sittlichen Maechte）概念，"它既奠定了历史的存在方式，又确立了对这种方式进行历史认识的可能性"[②]。在本质上，理解历史就是理解进步发展着的道德力量。处于特殊追求和目的的偶然性中的个别人并不是历史的要素，个别人之所以成为历史的要素，只是由于他提升自身到道德共同体的领域并参与了这种共同体。历史的意义是与自由的行动者相关的，但我们如何从行动者的个体性中去探究历史的普遍必然性？事实上，历史的意义虽然与主观性相关，但是却不是那种自我封闭的私人性，恰恰相反是主体间的共通性。这种共通性产生于人们将自身的特殊性提升到道德共同体的普遍性，而道德这种共同的理想就是推动历史发展的内在力量。人性只是所有这些

① 转引自伽达默尔《真理与方法》（上卷），洪汉鼎译，上海译文出版社 2004 年版，第 272 页。

② 同上书，第 268 页。

道德的力量和形式构成的整体，而每一单个的人只在这些道德力量的连续性和共同性中存在。我们总是已经与这些力相关联的。德罗伊森把必然性与无条件的“应当”（Sollen）联系起来，把自由与无条件的“意愿”（Wollen）联系起来：必然性和自由都是道德力的表现，通过这两种表现个别人隶属于道德领域。

个人的道德力由于积极进行一项具有伟大共同目标的工作而成为历史的力量，这种力量作为表现是达到历史实在的中介。虽然我们相信或希望，历史总是朝着好的方向发展，最终会抵达幸福的终点站，但是我们谁也不能够确定我们必然会实现这种最终的善。正是，由于历史对于我们而言总是未完成的，我们才有必要去研究历史。如果我们能看到历史的终点，那么历史研究本身也就没有意义了，因为这样每个历史事件、历史阶段只不过是朝向这个终点的必经之路，它没有更多的意义和更多的可能性。正是因为我们无法将历史作为一个完整的整体来经验，不知道历史最终将以什么方式谢幕，不知道自己的行动将收到怎样的回报，因此起中介作用的道德世界没有能力要求每一个人都以同样的方式参与这个世界。历史过程的连续性在于对那种通过批判仅按应当怎样存在而存在的东西的经常不断的克服过程。

由于与理解有关的历史整体从未被直接给予，所以历史探究就不能像自然科学里的实验研究一样具有单义的明确性。我们需要通过探究的理解（forschenden Verstehen）、通过无限的流传物的中介来探索那没有被直接给予的东西。进行解释的历史学家假定历史朝着各种道德的目标前进，但是历史的目标却不能在经验上被认识，我们唯一能说的是我们对这种目的的理解和表达在这一进程中的每个阶段都得到提深，正是这一点体现了人类的进步。

但是，德罗伊森最终还是没有将这种历史的自我理解坚持到底，他相信在对流传物的无休止的探究过程中，理解终究总是可能的。尽管历史的发展要经过许多中介物，对历史的理解对于德罗伊森来说还是保留了某种最终直接性的特征。这就是人与人之间本质上的相同性（Gleichartigkeit）和相互性（Gegenseitigkeit），人与人生活在同一个伦理共同体中，他们对历史的探究朝向同一个目标，因此对于生活在其中的不同个体而言，理解就具有某种直接性和自明性。根据德罗伊森，对道德世界的过程进行理解的探究，将某种秩序赋予历史的实质，并声称历史科学的框架、其理论的合法性是历史学或历史编纂理论的对象。然而，断言理解的探究提供了某种程度上与自然科学相当的方法论上的确定性，这是非常值得怀疑的，而且最终是无意义的。正如格朗丹所说，德罗伊森最后的成功与其说是宣称方法论的合法性，不如说是在面对科学企图使它们所运用的方法屈从于精确的数学的过程中，宣称了解释性学科的解释自主的合法性[①]。如果仅仅是这样的话，那么历史学派以及后来对历史学派的洞见进行系统的方法论反思的狄尔泰，就没有从根本上超越赫尔姆霍茨所做出的朴素论断。

3. 从历史学的知识论问题到精神科学的解释学基础

狄尔泰是第一个对精神科学的真理问题从知识论上做系统反思的人，他的历史理性批判和生命哲学都是要为精神科学提供知识论上的合法性。由于在历史学派中存在着一种唯心主义态度与经验主义态度之间的冲突，因此他们对历史科学自身合法性的反思是不彻底的。狄尔泰就是要在这两种态度中间建立一个新的知识论上可行的基础，通过历史理性批判来补充康德纯粹理性批判。

我们知道，康德通过对人自身的理性能力的考察，向我们表明，自然科学知识之所以是可能的，不是通过经验归纳的后天综合得来的，也不是通过对先天自明的命题进行演绎的先天分析判断，而是通过先天综合判断。这种先天综合判断来源于人自身的理性能力。知识的对象是通过人的感性直观和知性范畴先天地被构造而成的。我们能够认识的不是自在之物，而是通过我们的先天认识能力构造的现象世界。这样自然科学就有了它的知识论基础。

狄尔泰效仿康德的纯粹理性批判，通过将精神科学置于普遍有效的认知的基础上，从而在哲学上宣布它们的合法性。这样我们就可以对精神科学加以理论化的研究，而不流于单纯的意见的表达，同时捍卫它们不受自然科学及其方法论的侵犯。如果历史被认为与自然一样，并不是精神的显现方式，那么人的精神怎么能够认识历史就成了一个问题，正如通过数学构造方法的自然认识对于人的精神也是一个问题一样。所以，相对于康德答复纯粹自然科学如何可能这一问题，狄尔泰必然试图对历史经验怎样可

---

① 格朗丹：《历史主义的解释学问题》，何卫平译，《江苏行政学院学报》2006 年第 4 期，第 13 页。

能成为科学这一问题进行答复。

但是与新康德主义由于对事实与价值的二分所造成的对经验概念的狭隘理解不同，狄尔泰没有忘记在历史精神科学领域中的经验是“某种根本不同于自然认识领域内的经验的东西。在自然认识领域内所涉及的，只是通过经验而产生的可证实观点（die verifizierbaren Feststellung），也就是说，是那种与个人的经验相脱离，并且总是构成经验知识中可靠部分的东西”[①]。但是对于精神科学而言，承担历史世界构造的东西，并不是由这样的经验而来，而后又在一种价值关系中出现的事实。历史之所以不是被当做已经消逝的东西简单地抛弃掉，是因为历史世界的基础不是对对象的客观经验，而是属于经验本身的内在的历史性（die innere Geschichtlichkeit）。内在的历史性是一种生命的历史过程，它的范例不是直接被给予的具有自明性的固定的事实，而是那种使回忆和期待成为一个整体的奇特组合，狄尔泰称这种组合为经验，而且由于这经验是我们做出的，我们才获得了这种组合[②]。由于我们的期待和回忆，我们那些看似零散没有联系的生活经验和种种曾经发生过的事件被联系成一个整体。它们被认为是成长的必经阶段，是成功的阶梯，是使我们变得明智的苦难和教训。为什么我们会为已经逝去的东西感到痛苦或愉悦，是因为我们对未来生活的意义和方向有所期许和筹划，这种期许和筹划使我们的生活经验被联系成一个统一的可理解的整体。历史科学就是去继续思考那种生活经验里已经被思考和经验过的东西。

这样，历史精神科学里的知识论问题就根本不同于自然科学的知识论问题。它不需要首先探究我们的概念、思维与外在世界（对象世界）相一致的可能性的基础，通常这被看作是知识论所要解决的核心问题。因为历史世界始终是一个由人的精神所构造和形成的世界，历史的意义不是由历史流传物的单义的自明性直接给予我们的，而是我们自身的经验创造出来的，它的意义是敞开的，我们在这种历史事实中看到的更多的是可能性而不是必然性，历史始终是有待解释的，而且只有不断成为人的生活经验的一部分，历史科学才有可能。用狄尔泰自己的话来说就是：“历史科学可能的第一个条件在于：我自身就是一种历史的存在，探究历史的人就是

① 伽达默尔：《真理与方法》（上卷），洪汉鼎译，上海译文出版社 2004 年版，第 288 页。

② 同上。

创造历史的人。"[①] 正是主体和客体的这种同质性（Gleichartigkeit）才使得历史认识成为可能。我们甚至可以进一步说，在历史认识中已经不存在主体与客体的截然两分，在人的历史性中主体与客体的对立获得了统一。

但是在这里我们同样面临着前面历史学派的两个思想家所碰到的问题，那就是个人经验的相对性、个别性与历史科学要求的普遍性之间如何转换的问题。也就是说，个别人的经验及其对这种经验的认识是怎样提升为历史经验的。这里又涉及那个古老的解释学原则：个别的东西在整体里被理解，而整体则由个别的东西来理解。狄尔泰对这个问题的解决追随了他的历史学派的前辈，在兰克和德罗伊森那里使用"力"或"道德力"概念的地方，狄尔泰提出了生命概念（Lebensbegriffe）。按照狄尔泰的看法，认识历史世界的最终前提是体验阅历（Erlebnis），体验阅历具有直接的确定性，在体验阅历中不能再去区分内在的意识和意识的内容，不再去思考两者是如何能够符合的，体验阅历本身就具有这样的一致性和有效性。这种一致性和有效性来源于我们意识的先天结构，正如康德所指出的纯粹自然科学的基础源于纯粹的知性原则一样。因此，狄尔泰对精神科学方法论的研究不得不受意识中普遍的"现象原则"的引导，由于这种原则，一切实在受意识条件的支配。所以根据这一事实，要为历史科学知识的客观性奠定基础，只有通过对精神科学的心理学基础进行反思才能达到。狄尔泰在他的"描述和分析的心理学"观念里向我们表明，意识所具有的先天结构是一种不同于自然事物的因果联系的关系整体（Beziehungsganz），它是由某个人的内在生命而获得的联系（den erworbenen Zusammenhang des Seelenlebens）。作为一种关系整体，它不依赖于事物的时间性的因果次序，而依赖于内在的关系[②]。

但是，如果正如狄尔泰所设想的，每个人都是相似的内在的自明的精神结构，那么对意识结构的心理分析应该可以达到普遍的理解，但事实却是，你理解的我未必能够理解，你认为没有异议的东西，我可能仍然存疑。这种自明性并不一定是不存在的，而是仍然有待说明的。另外，狄尔泰也没有揭示描述心理学如何能使历史精神科学中的陈述客观有效。因为意识结构完全是一种主观的先天结构，它如何能够达到客观性却不是自明

---

① 伽达默尔：《真理与方法》（上卷），洪汉鼎译，上海译文出版社 2004 年版，第 265 页。

② 同上书，第 289—290 页。

的，它对于狄尔泰来说只是一种设想，却没有在学理上进行康德所做过的那种理性批判。虽然历史知识的有效性和客观性不依赖于自然科学的模式，但是仅仅停留在心理分析，它所得出的结论仍然是主观性的，甚至是主观任意性的，这反倒有可能导致历史的怀疑论。完全依靠心理学解释不能彻底说明历史科学的客观性依据，更谈不上为历史精神科学奠基。正是这个困难使得狄尔泰从描述分析的心理学转向了解释学。理解不是对主观心理活动的理解，而是对生命表现的理解，解释学就与生命概念联系在一起了。对个体的心理解释之所以能够上升为普遍的科学认识，是因为个性在生命的客观化物中表现自身。这种客观化物作为理解的对象是被人自身创造出来的，我们之所以这样而不是那样去表达，因为我们的个性是以客观精神为基础的，同时客观精神通过个性显现自身的意义。用黑格尔的话来说，自我在精神的客观化物中认识自身，并超越自身的特殊性和相对性。但是狄尔泰始终坚持，对历史的认识是为了达到历史的确切知识，可他和他的历史学派的前辈却一次次在寻找这个阿基米德点的努力中陷入一种自相矛盾。如果生命如狄尔泰所设想的就是那种不可穷尽的创造的实在，历史意义关系的经常变化不就必须排斥任何达到客观性的知识吗？伽达默尔则认为，与其在作为方法论的解释学中寻找历史精神科学的依据，不如到人文主义的教化传统中来思考为什么精神科学的目标不在于认识客观知识，也不可能达到这种排除主观视角及其自身历史性的客观知识，而在于不断理解和教化的过程。

我们总以为历史科学在于克服历史观察者的时空局限性和自身的主观偏见，去认识历史自身，从某个时代自身来理解该时代，而不能按照某个对它来说是陌生的当代标准来衡量它。可是如果按照这个原则，我们自己也应该从我们自己的时代来理解我们自身的处境，那么我们对于不同时代的认识本身就有其难以摆脱的前提。我们无法让自己消失在历史认识之中。从狄尔泰的努力中我们可以看到，精神科学实际上是以自然科学的知识论所追求的真理和知识为其典范的。实验方法的本质是超出观察的主观偶然性，凭借这种方法，自然规律性的知识才成为可能。同样精神科学也努力从方法论上超越由于接近的传统而造成的自我的特殊时空立场的主观偶然性，从而达到历史认识的客观性。但是狄尔泰自己也看到了，历史学不同于自然科学的地方恰恰在于它不能排除掉行动者、解释者的意向性活动这种目的论因素，所以从方法论上为历史精神科学奠基总是会使它陷入主观性与客观性、特殊性与普遍性这种无法调和的对立。如果历史精神科学的任务不是去认识关于历史事实的客观知识，而是通过历史研究理解人自身存在的普遍的历史性，通过认识自身的历史性而超越自身的特殊性，不断上升到普遍性。这样，整个精神科学的任务就不再是对客观知识的追求，而是在教化与自我教化中培养一种宽容的品格。这就是伽达默尔所提出的真正理解历史的一种可能的途径。

（作者单位：复旦大学哲学学院博士生）

论伽达默尔对“实践智慧”的解读

邵　华

［内容提要］伽达默尔的实践哲学是当代新亚里士多德主义的代表。这种实践哲学是建立在对亚里士多德的实践智慧概念的阐发基础之上的。它受到海德格尔对亚里士多德解读的影响，同时也具有解释学色彩。伽达默尔早年在《实践知识》一文中，已经初步阐释了实践智慧的本质，中期在《真理与方法》中通过实践智慧说明解释学的应用问题，而晚期进一步则通过阐发实践智慧来说明不同于科学技术理性的实践合理性，希望以此引导人们的生活，把科学技术纳入实践合理性当中来，避免技术文明对人造成的异化。伽达默尔对实践智慧的接受和阐发是创造性的解释学实践的产物，对我们反思现代生存处境，维护实践合理性具有重要意义。

［关键词］实践智慧　解释学　实践哲学　应用

众所周知，伽达默尔是哲学解释学的代表人物，《真理与方法》是其代表作。在《真理与方法》发表后，除了继续对哲学解释学进行辩护、发展之外，他对于社会现实问题也很关注，并且结合着他长期研究柏拉图和亚里士多德的心得，在晚年出版了《科学时代的理性》、《赞美理论》、《柏拉图—亚里士多德哲学中善的理念》等著作和文章，阐发自己的实践哲学。这种实践哲学与他的解释学思想紧密联系，可以看成是哲学解释学在实践哲学中的应用，因此也被称为解释学的实践哲学。国内对于伽达默尔的实践哲学研究主要集中于这些后期著述。不可否认，这些作品是他实践哲学的最成熟的表达。然而从伽达默尔整个思想发展来看，对实践问题的思考其实贯穿了他的学术生涯。在《真理与方法》发表之前，他的作品就已多以古典政治学为研究内容。研究伽达默尔早期思想的舒立文（Robert R. Sullivan）甚至认为伽达默尔早年就是个“政治哲学家”。可以说伽达默尔的实践哲学比他的解释学成型更早。在他那里不仅解释学影响了实践哲学，实践哲学也影响了解释学，实践哲学和解释学在他的思想发展中是一种互动的、相互启发的关系。伽达默尔连接解释学和实践哲学的一个关节点就是实践智慧（phronesis）概念。实践智慧来源于亚里士多德，而伽达默尔对于实践智慧的接受，又和海德格尔对亚里士多德的解读分不开。[①] 伽达默尔在晚年回忆自己的思想发展之路时曾说过：“我最重要的思想则学自海德格尔。首先要提到的是1923年我在弗赖堡参加的关于《尼各马可伦理学》第六卷的第一次研讨班。那时Phronesis，亦即‘实践理性’的德性，一种allo eidos gnōseōs，即‘理解’（Einsicht）的德性，对我还是一个充满魔力的字眼。”[②] 那么伽达默尔是如何接受和阐释实践智慧概念的呢？本文试图从历史发展的角度对这一过程进行梳理。

一 对实践知识的分析

伽达默尔早期学术生涯大致上是从1922年完成博士论文到1949年到海德堡大学任教。这一时期伽达默尔的研究中心是古典哲学，特别是柏拉图，无论是博士论文还是教授资格论文都是以柏拉图为题。这一阶段的主要成果是1931年出版的教授资格论文《柏拉图的辩证伦理学》。除柏拉图之外，亚里士多德也是伽达默尔关注的古代哲学家。虽然他很早就受到海德格尔对亚里士多德阐释的影响，但可惜他早期直接关于亚里士多德的作品并不多，主要集中在1930年所写的《实践知识》一文。[③] 从这篇文章中我们可以看到青年伽达默尔的第一次（也是唯一的一次）系统地对《尼各马可伦理学》第六卷中有关实践智慧的文本进行了较为详细的、“海德格尔式”的解读。这篇文章对实践智慧的阐释所包含的观点一直延续了下来，对于他后来的解释学和实践哲学都有深远影响。

伽达默尔从亚里士多德那里看到，对有益事物的实践考虑明显地不同

① 关于海德格尔对实践智慧的看法可参看拙文《海德格尔对亚里士多德伦理学的解读》，载于《德国哲学》2008年卷。

② 《伽达默尔全集》第2卷，第485页。本文所引《伽达默尔全集》是根据Tubingen：Mohr出版的十卷本。其中第一、二卷的译文根据洪汉鼎中译本，页码指德文原版页码，可根据中文版边码查找。个别地方根据德文版修改不再注明。

③ 收入《伽达默尔全集》第5卷，第230—249页。

于对永恒持存事物的理论态度，所以他对实践智慧内涵的分析主要不是根据实践知识与理论知识的关系，而是根据实践知识与技艺知识的关系来阐明。[①] 技艺知识也不同于理论证明的知识，而是属于实践的考虑，但它与实践知识考虑的对象不同，技艺知识考虑的对象是某种技艺的作品，而实践知识考虑的是“实践的生存本身”（praktischer Existenz selbst）。技艺知识的何所愿（Worumwillen）是一个作品，实践知识的何所愿是“好的实践”。在伽达默尔看来，对象的区分不是区分实践知识和技艺知识的唯一标准，否则的话，我们可能把实践智慧也当成一种技艺，即不是一种产生其他东西的技艺，而是产生自身的技艺，一种生存的技艺。伽达默尔明确地否定这一点。技艺知识是用以达到对事物的拥有和控制，从而支配事物的制造手段，它使制造获得了可靠的成就，它的本质在于“通过对正确手段的先行知识尽可能地为制造服务的探究方式”[②]。人可以从他人那里学习并且传授如何制造某物的技艺知识，但是人不能从他人那里学习人应如何去生存。人的生存要由自己的实践智慧去指导。“phronesis 是这种理性的反思能力，它有益于某人本身，即有益于本己的生存。”[③] 实践智慧作为一种独特的反思能力不像技艺那样先行规定个别的事情，因为并没有关于本己的“善的生存”的先行支配性知识。人总是在具体情况中寻求有益于人的生存的东西，我们总是称某人在确定事情上是有实践智慧的。所以伽达默尔说：“在有技艺的地方，人就能预先知道，而在首先要考虑的地方，恰恰就没有专家。”[④] 实践领域就是要不断地根据具体情况重新考虑的领域，在这里没有专家。实践智慧指导人在具体情况中寻求自己善的生存，因此实践智慧是善的自为知识（Für – sich – Wissen des Guten）。实践智慧为了人自身的存在而意识到善事物。技艺也意识到善的东西，即正确的手段，但这只是对一个作品而言，这个作品首先表现为被使用的

① 知识（Wissen）一词具有较广泛的含义，即可以表示系统的理论知识，也可以表示经验性的知识，或者对于具体情况的觉知、觉察。总之 Wissen 表达了人的理智的活动，可直接翻译成“知”，特别是对于实践而言，实践的知识不同于理论知识或技艺知识，而是和具体处境以及人的选择、决断不可分离的非抽象化的知识。伽达默尔的实践哲学就是要把不同的“知”的形式区别开来，阐明实践的知（识）的特点，而实践的知（识）产生于实践智慧（实践理性）的活动。

② 《伽达默尔全集》第 5 卷，第 241 页。

③ 同上。

④ 同上。

他物。

技艺的知识是所有人都能认识和学习的，在这种知识中包含了控制的理想。技艺中有德性，即卓越的技能，它能通晓技艺以至于完全控制它。人由于这种卓越的技能而能确定地支配制造过程，并不必然需要怀疑和思考。实践智慧给出的则不是对本己生存的卓越控制。人并不是已经预先知道了最好的东西，相反，实践智慧总是根据具体情况历久弥新地来质询自身，寻求最好的东西。所以伽达默尔把实践智慧称为“对自身的操心的觉醒状态”（Wachsamkeit der Sorgen um sich selbst）。它是能够本真地存在的东西，所以它本身就是德性。德性被翻译成“最好状态”（Bestheit）。作为德性的实践智慧不像技艺那样在它的知识和实践运用之间存在着分裂，“它的知识不是一种普遍的先有的知识（Vor－wissen）（这种先有的知识在决定的当下可能无效），而是在所有实践的生存中关于可能的和有益的东西的向来开放的看”[①]。实践知识在当下总是新的，这并不意味着它是无历史的。毕竟实践智慧是实践知识的持久的品质，而这种品质有伦理的基础。“不仅实践智慧的视阈（被意愿的或从属的东西）作为意愿的正确性和定向总是通过伦理（ethos）被历史地给予，而且在此视阈中向来新的善知识本身尤其是历史性的。”[②] 实践智慧作为从有益的方面正确地判断个别事物并找到正确路径的能力，总是出于生命经验，即源自一种被提升的前知识（Vorwissen）。在我们的具体的考虑中这种前知识总是被带进来。不过伽达默尔强调实践智慧的本质还是在于当下的看（Blick für den Augenblick）中，前知识是次要的。前知识的提升只是一种具体的实践意识的提升，当下的具体考虑能够使它在当下富有成效。

实践知识作为对本己最好状态的考虑，不像技艺那样有一种知识的距离，从而能够选择可以应用还是不可以应用。在制造中谁能够自由选择做错某种东西，谁就是更大的专家。这表明他支配着它的能力，他能用此能力做他意愿的东西。相反人并不支配着他的生存，自由地做出错误的事情就意味着错误的存在。人能选择和放弃某种职业，或加入另一种职业，但人不能选择作为一个人存在，他总是已经存在。他能取消一种职业要求的行动，但不能取消他的作为人的生存。实践知识与人的存在不可分离。它

① 《伽达默尔全集》第5卷，第242页。

② 同上。

不是像理论知识那样纯粹地具有一种观点（Eine－Ansich－haben），而是在实践中的曾经当下的视野（je gegenwärtige Sicht）。这种自为的知识涉及一种持久的态度（Haltung）。人能够遗忘他曾经具有的某种观点，遗忘他从事物中曾经获得的知识，但人不会遗忘对本己存在进行考虑的操心态度。这种态度持久地存在于这种操心中，人由此保持本真的存在，而不会遗忘它。

实践智慧保持着对自身以及本己最好状态的感觉，它就是实践感（praktischen Sinn）。实践感的实行方式明显与科学不同，它关乎的是个别的东西，即可行的东西。可行的东西不是在关乎普遍东西的逻各斯之中，而是通过直接的感知被给出来。但这种感知不是感官的感觉，因为可行的东西不是纯然的外观或声音，而是探寻的终极事物，如同看到三角形的平面而认出它是三角形，这里三角形就是最终的东西。可行的东西作为最终的东西被遭遇时，考虑的探寻停止了，而行动开始了。因此可行的东西是在推论的关联中（Zusammenhang eines Schlieβens）被遭遇，但结论（Schluβ）不是单纯的知识，而是决断（Entschluβ）。所以实践感和数学的类比并不充分。数学的洞见所获得的最终的东西是在纯粹的认识关联中的明见，而不是对最切近的可行东西的把握，“这种可行东西的知识是一种自为知识。它不是一种终极的所予物，而首先是放弃的东西。伴随着它的把握，人向着实践的行动决定自己”[①]。也就是说当人对采取行动做出决断时，他不再在实践的考虑中逗留于他所意愿的某物，这时被遭遇的终极事物就是首先要去做的东西。实践感具有探寻与考虑之决断的实行结构（Vollzugsstruktur），在其中努斯以两种方式起作用，一是对共同的东西即目的的意指，二是对切近的东西的遭遇，两者都在可行性的计算关联中实行。实践感是估量（Raten），这种估量会遇到一种飞跃，这里没有逻各斯和计算的引导，这就是说从实践的计算考虑达到了对于应当做的事情的决定。实践感不是直观的看，而只是一种估量方式，在这里善目的和切近的东西这两方面的规定都能起作用。无疑，实践感不同于可证明的知识，后者不是一种估量性的考虑。可行的东西不是被证明，而是被估量的。此外，可行的东西也不是作为不可证明的固执意见的事情，而是在对力求达到的东西及其可能性的考虑中显现出来的。实践智慧的正确实行就是计算

① 《伽达默尔全集》第 5 卷，第 244 页。

地找到可行事务，这标示了实践智慧的实行结构，“它是在本己事情中的自身估量（Sich－beraten）”[①]。

从伽达默尔对实践智慧的分析中我们可以看到，他基本上沿着海德格尔的生存论方向来解读实践智慧。不过他没有像海德格尔那样从实践智慧所体现的人的存在方式及其时间性出发来寻求存在本身的意义，也没有试图对在场形而上学进行批判。伽达默尔关心的是人的存在问题，而不是存在本身的意义或真理问题。从伽达默尔自己的解读中可以看到，他关注的是实践智慧和技艺之区别。实践智慧具有的实践知识不像技艺知识那样是可教可学的先有的知识，它对于应用的具体处境没有一种知识的距离，而是一种在应用中才真正存在的知识。因此实践智慧与人的具体存在密不可分，它表示此时此刻的此在的觉醒，这是种生存论意义上的知。所以不能把实践知识作为支配生存的技艺性知识，实践知识根据变化的情况总是常新的，在实践知识中没有技艺知识所具有的支配理想，而是要求人在当下的考虑中自己选择和决断。此外伽达默尔也表明实践智慧具有伦理生活的基础，以生命经验的前知识为前提。实践智慧的实行是以自我估量的方式获得可行的东西的洞察，这既不同于理论的知识，也不同于一般的意见。这种对实践智慧的阐释启发了伽达默尔维护实践知识模式的独立性，反对现代科学技术的知识模式的统治地位。他特别强调实践智慧不能作为人的生存的技艺，这种观点一直延续他后期的实践哲学，在那里他批判科学技术对实践领域的侵入产生了对人的技术控制，从而导致人的自由的丧失和实践（Praxis）概念的衰亡。他提倡要用实践智慧所体现的实践理性和实践知识来引导技术理性、技术知识，为善的目的服务。伽达默尔在后来的一篇文章里谈道：“今天已很清楚，在亚里士多德对柏拉图善的理念的批判以及亚里士多德关于实践知识的概念中，海德格尔发现了什么，又是什么东西这样强烈地吸引了他。它们描绘了一种知识的模式，这种知识的模式再也不能以任何方式建立在科学意义上的最终对象化了的可能性基础之上了。换言之，它们描述了具体的存在环境中的知识。”[②] 可以说在海德格尔的影响下，实践智慧所展示的不同于科学和技术的知识模式一开始就

① 《伽达默尔全集》第5卷，第245页。

② 伽达默尔：《哲学解释学》，夏镇平、宋健平译，上海译文出版社1984年版，第197—198页。

成为伽达默尔关注的焦点，这为他后来对科学主义和技术文明的批判提供了理论基础。

二 道德知识与应用问题

《真理与方法》是伽达默尔中期发展解释学理论的主要成果。在《真理与方法》中伽达默尔把解释学的应用问题作为解释学的基本问题。伽达默尔认为理解、解释和应用是解释学活动的三个不可分割的方面。对于文本的理解和解释总是要根据理解者的具体处境，受到理解者前见的制约，因而应用不是理解的附加成分，而是整个地规定了理解，是理解过程的本质要素。上文关于实践智慧与技艺的比较中已经涉及它们所具有的不同应用模式。可见应用问题不仅具有解释学意义，也具有实践意义。在伽达默尔看来，虽然亚里士多德并没有涉及解释学的应用问题，但是实践智慧所展示的将普遍东西应用于个别具体情况的模式，正合乎解释学的应用模式。这种应用模式不是简单地将预先给出的普遍东西应用于个别情况，而是应用过程本身就构成了普遍东西，因此特殊性是出发点并规定着普遍性的内容。对于两者的类似之处，本文不详论，这里主要关注伽达默尔是如何具体分析实践智慧的。

伽达默尔认为，亚里士多德正确评价了理性在道德行为中的作用，“今天使我们感兴趣的东西正是在于：他在那里所讨论的并不是与某个既成存在相脱离的理性和知识，而是被这个存在所规定并对这个存在进行规定的理性和知识”①。这个既成存在（gewordenen Sein）就是在伦理习俗中培养的人的道德存在。这里所谓理性和知识不是理论的理性和知识，而是实践智慧概念所表达的实践的理性和知识。在伽达默尔看来，正是认识到道德知识和道德存在不可分离，亚里士多德才批判柏拉图的抽象的善的理念，而用人的善的问题取而代之。这种批判表明将德性和知识等同起来是片面的和夸大的。关于善的普遍知识并不能规定人的善，因为善的基础是可变化的伦理（ethos）和习行（übung），道德知识应当建立在伦理和习行之上。另一方面，道德知识也不是关于道德存在的理论知识，因为人总是在个别情况中遇到善，所以道德知识就有一种任务，即考察在具体情

① 《伽达默尔全集》第 1 卷，第 317 页。

况中对他所要求的东西，或者说按照一般要求的东西去考察具体情况。在实践活动中人是作为行动者认识自己，他的知识不是为了发现什么东西，而是要指导他的行动，所以在实践领域中，不能应用于具体情况的知识是无意义的。“正如亚里士多德所描述的，道德的知识显然不是任何客观知识，求知者并不只是立于他所确定的事态的对面，而是直接被他所认识的东西所影响。它就是某种他必须去做的东西。”① 道德知识一方面与道德存在不可分离，一方面又要回应具体情况的要求指导人去行动，这使得它很容易与理论知识区分开来。所以伽达默尔认为，实践智慧的道德知识和科学（episteme）的理论知识的区分是一种简单的区分。古代的科学知识的范例是数学，它依赖于证明并且每个人都可以学习的，道德知识显然不同于这种知识。

在知识类型上，道德知识倒是与技艺知识相近，它们都是践履性的（vorgängiges）知识，并都具有规定和指导行动的要求，即应用要求。应用对于它们都不是外在的，相反它们内在地指向应用，它们本身就是被应用的知识。这就和科学知识不同。科学知识也可以应用，但这种应用是外在的，它已经预设了科学本身先于所有应用的独立存在。科学知识对于任何应用都是可利用的，恰恰因为它没有主导它的应用的能力。当然实践知识和技艺知识也有很大的不同。应用技艺知识所获得的经验有助于制作的成功，甚至一个没有学过手艺但具有丰富经验的制作者可能比学习手艺的人在实践效果上更好，而对于道德知识来说，要做出正确的道德决定，经验从不可能是充分的。在技艺知识和每次成功之间具有不确定的关系，道德知识则不能满足于这种不确定关系，而是要做出正确的道德决定。在这里道德意识要求完满性，这种完满性不同于技艺的完满性。“它们之间的区别无论如何是明显的。很清楚，人不能像手艺人支配他用来工作的材料那样支配自己。人显然不能像他能生产某种其他东西那样生产自身。人在其道德存在里关于自身所具有的知识一定是另一种知识，这种知识将不同于那种人用来指导生产某种东西的知识。”② 这种道德知识是自身知识（Sich – Wissen），即自为自身的知识（Für – sich – Wissen），它明显地区别于理论知识，同时也区别于技艺知识。

① 《伽达默尔全集》第1卷，第319页。

② 同上书，第321页。

当然道德知识和技艺知识更为接近，它们都具有应用的要求，但它们的应用模式是不同的。我们可以学习某种技艺也能忘记这种技艺，但我们并不学习道德知识也不能忘记道德知识。因为我们不是站在道德知识的对立面，从而能够吸收它或不吸收它，就像能够选择或不选择一种技艺一样。我们不是自为地占有道德知识，随后应用于具体情况。相反，“我们其实总是已经处于那种应当行动的人的情况中……并且因此也总是必须已经具有和能够应用道德知识”①。道德知识就是人关于他应当成为什么以及什么是正当和不正当的观念，它们表达在亚里士多德提出的德性范畴中，如勇敢、节制、诚实、慷慨等等。在伽达默尔看来，这些理想观念不是可学的知识，不是能够认识后再加以应用的固定标准，它们只具有图式的有效性，总是要具体化于行为者的具体处境中。也就是说它们的现实性就在于应用，它们不能独立于需要正当行动的处境而被规定。相反手艺人想要制作的东西的“观念”（eidos）是被完全规定的，而且是被对这个东西的使用所规定。也就是说制作者对于制作的对象具有计划，并且有执行规则，由此引导他的活动。

道德知识关系到整个正确的生活，而不是任何单纯的个别目的。它要求跟随自身的估量（Mitsichzurategehen），是行为者与自身商讨的完成。道德知识依赖于这种自行估量表明它不具有可学知识的先在性，因为并不能预先规定整个正当的生活所指向的东西。这和技艺不同。技艺只服务于个别的目的，不需要自我估量，学习技艺知识就能找到正确的手段。所以在制作中目的和手段都可以预先被规定，技艺根据目的找到正确的手段。而在道德实践中，正确目的和正确手段都不能预先获得，它们都不是某种知识的单纯对象。在亚里士多德那里实践智慧既与目的有关，也和手段有关。它不仅是正确选择手段的能力，而且在选择手段的时候指向道德目的，手段和目的都在应用中融合在一起。对手段的考虑不是单纯服务于达到道德目的，手段的考虑本身就是道德考虑，并且使目的的正确性具体化。“亚里士多德所讲的自我知识之所以是被规定的，是因为它包含完满的应用，并且在所与处境的直接性中去实现它的知识。”② 这种自我知识当时的知识（ein Wissen vom Jeweiligen），它是道德知识的完成。这种自

① 《伽达默尔全集》第 1 卷，第 322 页。

② 同上书，第 327 页。

我知识就是对直接可做的东西的看。它不是感官看，而是努斯（Nous）的看，即精神的觉察、觉知。这种看排除了激情的压抑，恢复自身的正确向度，从而能看到正当的东西。可见，道德知识掌握手段和目的的方式和技艺不同，它在应用中将目的和手段统一起来。

这些对比表明了实践智慧具有和技艺不同的应用模式，而通过实践智慧的应用模式可以阐明解释学的应用问题，即“应用不是理解现象的一个随后的和偶然的成分，而是从一开始就整个地规定了理解活动。所以应用在这里不是某个预先给出的普遍东西对某个特殊情况的关系”[①]。对于实践而言，人的道德行为总是始于通过教化形成的一般正当的观念，道德决定就是在具体情况中去观察和把握正当的东西，这种决定必须考虑到特殊处境的要求。同样，解释者要把流传的文本应用于自身的解释学处境才能使其获得真正的存在，理解只有在解释者的解释学视阈中才能发生，因而受到解释者的前见的规定。道德知识和理解知识都不是预先可教可学的，两者都包含应用的要求，在应用中不仅一般规定着特殊，特殊也规定着一般。“应用不是递归性的，而是创造性的，因为它不是单向度的。”[②]

三　作为实践理性的实践智慧

伽达默尔早期和中期对实践智慧的阐发，奠定了他后期实践哲学的基础。在他后期发表的有关实践哲学的文章中，除了用实践知识、道德知识表示实践智慧以外，更多地使用实践理性、实践合理性或实践（合）理性的德性来刻画实践智慧概念。[③] 他的实践哲学在很大程度上是通过对亚里士多德的实践智慧的阐发，批判现代生活中各种非理性的倾向，特别是批判科学技术理性的统治，弘扬实践的理性精神。

在伽达默尔看来，亚里士多德针对理论和理论哲学的理想而提出实践哲学，把实践提升到独立的知识领域，这充分考虑到了实践领域的独特性。实践不是行为模式，而是一种生活方式。动物也可以说有实践，但与

---

① 《伽达默尔全集》第 1 卷，第 329 页。

② Joel C. Weinsheimer, *Gadamer's Hermeneutics*, New Haven: Yale University Press, 1985, p. 192.

③ 实践知识或道德知识严格来说只是实践智慧所具有的知识，不能完全等同实践智慧。伽达默尔有时在并不严格的意义上就用实践知识或道德知识表示实践智慧概念。

人类的实践有着根本区别：人可以自由选择而动物局限于它的本能结构之内。正是由于人具有自由的实践活动，人才超出了自然的秩序，建立了文化的世界。随着人的实践的发展，人们对于自身的活动具有了规范意识，具有了正确和错误的价值判定，人的实践因而具有理性的特征。这种理性不是超验的理性，而是人性化的理性，它是人的自由的积极体现。“实践的真正基础构成人的中心地位和本质特征，亦即人并非受本能驱使，而是有理性地过自己的生活。从人的本质中得出的基本德性就是引导他‘实践’的合理性（Vernünftigkeit）。对此希腊语的表述是‘Phronesis’。”① 现代社会中实践合理性受到理论理性的威胁，这表现为实践概念（Praxis）在科学方法论的统治和科学的确定性理想中失去了合法性。科学变成了对自然和历史事件进行抽象的因果分析，而实践仅仅被当成科学的应用。这种实践是不需要实践智慧的实践。“于是技术概念取代了实践概念，换句话说：专家的判断能力就取代了政治的理性。”②

对于这样一个过程，伽达默尔进行了历史的考察。现代科学概念不同于希腊的科学概念（episteme），而是更接近希腊的技艺（techne）。古代科学的典范是数学而不是自然科学，因为数学对象是纯理性的存在，可以在封闭的演绎系统中得以展现。现代科学是通过与希腊和中世纪的科学的决裂发展起来的，它始于 17 世纪伽利略的科学革命。数学不再因其对象而成为典范，而是变成了最完美的认识方法。在现代科学中占统治地位不是对象而是方法概念，它规定了一种认识理想，即可验证性（Nachprüfbarkeit）构成了真理的特征，而衡量知识的尺度就是它的确定性（Gewiβheit）。笛卡尔的确定性规则成为现代科学的基本原则，满足确定性理想的东西才是真理的条件。这样一来“科学不再是知识的精髓和值得人们认识的东西，而是成了一种方式：一种进入和渗透到未开发和未被掌握的领域的方式”③。现代科学对于我们的现代生活产生了决定性的作用，从现代科学中产生了现代可规划的技术世界。我们可以看到古代的科学和技术（技艺）还是分开的，而现代的科学和技术已经密不可分，科学的方法及其可证实的理想使得现代科学变成了以技术为导向的科学；而

---

① 《伽达默尔全集》第 2 卷，第 324 页。

② 同上书，第 454 页。

③ 伽达默尔：《科学时代的理性》，薛华等译，国际文化出版公司 1988 年版，第 61 页。

科学以经验为基础、以确定性为原则，使得定向于制造的技术知识成为可能。所以现代科学在本质上旨在操纵和控制事物的进程，它预示了技术时代的来临。“技术化给我们带来的文明和困境的问题并不在于知识和实践的应用之间缺乏正确的仲裁。其实正是科学的认识方式本身才使它不可能有这种仲裁。它本身就是技术。”①

在伽达默尔看来，古代的技艺并不意味着理论知识的实践应用，而是一种特殊的实践知识形式，它与制作领域有关，是产生事物的知识。古代的技艺被理解为自然的模仿，这意味着人的技艺能力完成了自然向我们开放的可能性领域。技艺被合并到自然的过程中，它的成就处在自然的整体过程之中。而在现代，自然成为科学的对象，现代科学以数学的量化关系和因果关系来看待自然，以产生效果的能力理解自身。它不再占有自然的开放空间并将自身合并到自然的整个过程中，相反，它把自然转化为人的世界，通过合理的、可控制的筹划构造消除了自然维度。现代科学使我们计算并控制自然过程，以至于最终用人工的东西取代自然的东西。现代科学及其技术应用已经导致对自然世界的无止境的控制。伽达默尔发现我们已经达到了一种“边界处境”，在这里科学知识将最终毁灭性地反对自然本身，而现代的技术完全成为人为的东西，成为一种与自然相对抗的知识形式。

现代科学中的“构造”理想意味着人不仅可以按照某种观念人为地创造自然，也可以人为地改造我们的社会生活，这种构造理想带来了现代文明模式。现代的技术就是一种构造筹划和应用的知识，它使得与实践的新关系成为可能。我们这个时代的标志就是科学技术不仅统治了自然，也控制了人类的社会生活。由于科学技术所带来的改造自然能力的提高以及由此造成的物质文明的蓬勃发展，人们过分抬高科学技术的作用，把它作为衡量一切的标准。实践理性由于缺乏可操作性和直接的利益功效而被人们排斥。人们甚至习惯以科学的技术模式取代实践理性的应用。在实践领域中——无论是经济决策、社会管理、商品生产、信息传播、文化活动——人们已经广泛运用科学合理性。人们用一种合理化的思想对社会组织和人际关系进行管理和规划，对于生活的根本价值和意义的思考被操纵和控制的合理化思考所取代。在伽达默尔看来，实践

① 《伽达默尔全集》第2卷，第48页。

理性让位于技术理性的统治势必导致人类陷于盲目和非理性之中。我们已经看到科技进步导致对人类生存的威胁，比如生态危机、无止境的竞争、生活的机械化和人性危机，这些问题都需要由人的实践理性加以反思和解决。

显然实践理性不是技术实践意义上的理性，即马克斯·韦伯所说的目的合理性（Zweckrationalität）——为达到确定的目的而选择合适的手段。亚里士多德的实践智慧超出了这种对理性的理解。当然实践生活并不排除目的合理性，为了某个确定的目的我们必须知道什么是可行的、什么是不可行的，但是“毫无疑问，光知道对既定目的使用正确手段，并不是亚里士多德的Phronesis在伟大的道德和政治意义里所刻画的合理性。在人类社会中最重要的是如何设定目的，或者说，如何使社会成员一致同意接受大家赞同的目的并找到正确的手段”①。伽达默尔注意到亚里士多德也曾说过某些动物拥有phronesis，比如蜜蜂、蚂蚁等，它们为过冬准备食物，从人的观点来看它们显示了某种“预见”——为了长期的目标而放弃直接的满足。但伽达默尔指出亚里士多德是在与人进行类比的意义上把phronesis用于动物，在人类学和道德领域中phronesis有着更清楚的规定，他理解的phronesis不只是为了完成特定任务在选择手段上的熟巧，不只是对达到给定目的的感觉，而是“设定目的以及对此目的负责的感觉”②。人能设定目的，这也表明人能够意识到自己的能力，用这种能力为目的服务，同时也能在某些情况下不运用所学的能力，这展示了人对于技能的自由。因此实践智慧概念所刻画的实践合理性不限于工具合理性，更重要的是对共同的善目的的追求。伽达默尔指出亚里士多德的实践概念与制作不是对立的，他虽然区分了实践智慧和技艺，“这种区分并不意味着一种分离，而是意味着一种次序，即技艺及其能力整合并归属于实践智慧及其实践之下”③。可见伽达默尔也不是反对科学技术理性，而是主张把它纳入实践的合理性之下，为人类生活服务。可以说实践合理性包含了工具理性同时又超越它，它并不局限于实现给定目的的方式，“相反，合理性是一

① 《伽达默尔全集》第2卷，第326页。

② 《伽达默尔全集》第4卷，第278页。

③ H-G. Gadamer, *H-G. Gadamer on Education Poetry and History* (ed. By D. Misgeld and G. Nicholson), State University of New York Press, 1992, p. 217.

种把握自身的方式，人把握它而它也把握人，以至于不断重新创造和保护在共同标准中建立的道德和人类秩序”①。

当然实践合理性不仅要确定善的目的，还要根据具体环境的要求做出合理的决定。人在具体的决定中受实践理性的指导并不像将科学知识应用于一个对象那样，因为做正确的事并不是应用规则的事情，同时也不局限于特定的领域，而是关系到人本身的善。这样实践理性超出了科学方法论的范围。“实践理性并不只限于某个特定的领域，它根本不是某种能力‘应用于’某个对象。实践理性可以发展出方法——不过，这与其说是方法，不如说是简便规则，并且很可能作为人们掌握的艺术而达到真正的技能。”② 伽达默尔强调，实践理性不是一种技能、技巧的东西，而是引导人类生活和行动的活生生的力量。实践理性不像技术性思维一样让人放弃自身的责任，顺从先予的规则，而是让人自己做出判断和选择。只有通过实践理性才可能把握实践的善，而实践的善总是具体的善。由此伽达默尔认为亚里士多德对于柏拉图善的理念的批判是其实践哲学的基础。“人类的善就是在人的实践中遇到的东西，它并非无须具体境遇就可得到规定，在具体境遇中才会有某些因素比其他因素更为凸显。只有这样，而并非与实际情况相反的认同，才是批判的善的经验。它必须在境遇的具体化中才得到表现。这样一种正确生活的理念作为一般理念乃是‘空泛的’。”③ 在伽达默尔看来亚里士多德的“实践智慧”概念不仅仅指形式的能力，而且包含了这种能力的规定，即它所经历的应用。它代表了希腊人对人的理智（Intelligenz）的看法，即人的理智不只是抽象的形式性的，而是具有内容的规定性。可以说理智总是“具体的理智”，包含了一般和个别的辩证关系。亚里士多德通过把“实践智慧”与“能力”对立起来表达了这一观点。

在亚里士多德那里实践智慧不是一种孤立认识能力，而是与人的伦理实在紧密联系在一起，它是在生活实践和习俗传统中形成的，因此伦理（ethos）就成为实践哲学的出发点。“实践理性的德性并不是一种能够发

---

① H-G. Gadamer, *Praise of Theory*(trans. By Chris Dawson), Yale University Press, 1998, p. 40. 伽达默尔有时对于合理性用两个词表示：vernüftigkeit 和 rationalität，前者指实践合理性，而后者指科学合理性。

② 《伽达默尔全集》第 2 卷，第 316 页。

③ 同上书，第 275 页。

现达到正确目的或目标的实践手段的中性能力，而是和亚里士多德称为 Ethos 的东西不可分割地联系在一起。Ethos 对于亚里士多德来说，就是 Arche（原则、始因），就是 dass（此），是一种从它出发就可以作出一切实践—哲学的解释的东西。"① 伽达默尔认为实践哲学就是展现 logos（逻各斯）和 ethos（伦理）的结合。实践智慧的活动是合乎逻各斯的，而它的基础在伦理中，这体现为实践智慧和伦理德性密不可分。只有处在一定的伦理关系中，即处在一定的社会关系中，占有一个社会位置的人才能洞察那些漂浮不定的、无根据的、与实情不合的议论，成为一个理智成熟的人。强调与伦理的关系并不意味着要成为一个"保守主义"者、现实的辩护士，而是说要体验生活实践的实事（Sache），由此也可以成为批判的人。这不仅对于个人伦理有效，对于政治生活也是有效的。只有作为一个国家的公民才能培养起政治理性，才能理性地运用普遍的知识（如国家宪政的理念）。伽达默尔并不只是从理性来理解逻各斯，而且像海德格尔从原初的语言含义来理解逻各斯，所以实践理性和语言有密切的关联。人被定义为"有逻各斯的动物"，这意味着人是语言的存在者，我们与世界和自身的关系是以语言为中介。我们的世界态度（Weltverhalten）的语言性和我们的精神性密切相关。通过语言中介，我们对于直接的环境、我们自身的欲望产生了距离，这种距离使人面对多种可能性有所考虑选择，而不是像动物那样受自然的直接性的支配。正是在这基础上才可能有社会生活。社会生活是以语言为媒介的交往，其中已经产生了利害善恶的观念。伽达默尔反对那种先验理性，理性并不是个人的意识中的固定不变的东西，而是植根于人的伦理生活，通过交流商谈形成的。理性本身也是开放的，如果宣称自己的看法才是理性的，而排斥他人的意见，这样会导致专制主义和非理性。这种看法对于科学也是有效的。科学主义的思维力图根据技术的应用知识模式重新安排我们的生活世界，使之"理智化"，这造成人受技术专家和技术官僚的统治，而放弃了对自身的责任。其实科学并不能反思自身的前提和后果，克服科学主义的偏见也是合乎理性的。伽达默尔和黑格尔一样相信人自在地是有理性的，为了避免现代社会生活的各种非理性力量的威胁，关键是使人们清楚地认识理性和非理性。实践哲学并不是要告诉我们应该做什么，而是通过对现实生活的反思发现理性，使

① 《伽达默尔全集》第 2 卷，第 315 页。

人达到自觉。“理性——无论在哪里被表达出来——都会发展出不可抵抗的力量。”①

四　结语

从伽达默尔对实践智慧概念的接受过程可以看到，他对实践智慧的阐释并不局限于亚里士多德的文本，而是从现代的视阈出发占有它，这本身体现了高度创造性的解释学实践。他虽然标榜复兴亚里士多德的实践哲学，但已经不是对亚里士多德的简单回复。亚里士多德的实践哲学产生于古希腊的城邦生活，主旨是要阐明人如何在城邦共同体中展现德性、实现良善的生活，而伽达默尔的生活贯穿了整个20世纪，他所面临的社会背景是资本主义工业化和全球化，他所复兴的亚里士多德主义是为了反思和解决当代的社会问题，特别是技术文明以及科学主义的统治。他对实践智慧概念的阐发就是为了说明不同于科学技术理性的实践合理性，希望以此来引导人们的生活，把科学技术理性纳入实践合理性当中来，避免技术文明对人造成的异化，以维护人的团结、友爱和自由。可以说伽达默尔是立足于当代生活重新诠释亚里士多德的实践哲学，体现了他本人所倡导的“视阈融合”。

从伽达默尔的实践哲学中我们可以感受到一位传统的人文知识分子对当代人类生存困境的现实关怀。伽达默尔对于科学技术时代的诊断主要是来自海德格尔，但他寻求的解决方式则是立足于人文主义传统重新发掘古代的实践哲学，从而维护人的实践合理性。他重视传统的连续性，强调伦理教化对于人们存在的塑造作用，以及传统价值观念对于现代技术文明的抵制。另外他还提倡通过对话进行相互理解和沟通，在商谈中达到共识，并突出人类的友爱和团结的价值，这与当代哲学反对理性独白，强调主体间性、商谈伦理和交往理性的倾向是一致的。这就使得古代的实践哲学在新时代重新焕发了生命力。伽达默尔也因此成为当代亚里士多德主义实践哲学的代表。

（作者单位：华中科技大学哲学系）

① H-G. Gadamer, *Praise of Theory*, p. 38.

亚里士多德和命令伦理学[①]

[德] H-G. 伽达默尔/文　邵华/译

[内容提要] 道德经验的命令特征对于伦理学是本质性的，但命令伦理学以命令为出发点是狭隘的，它忽视了我们生活世界的整体。对于善的问题的回答总是包括逻各斯和伦理生活的内在关联，亚里士多德的实践智慧概念就体现了逻各斯和伦理的统一。在康德那里实践智慧变成了明智，明智命令与道德命令相对立，这是基于必然和自由的抽象划分，这种区分导致了现代的"是"与"应当"的区分和主观主义困境。为了克服命令伦理的狭隘性，我们必须返回到亚里士多德。实践哲学不仅包含伦理学也包括政治学，它以人的实践生活整体为出发点。实践哲学不仅要认识善，而且有助于善。康德的定言命令的意义在于表达道德的自明性，维护实践理性的自律和自由，这与亚里士多德的实践智慧概念一样，对于克服人类在科学时代的生存困境具有重要意义。

[关键词] 实践哲学　实践智慧　伦理　逻各斯

人类道德经验的命令特征对于每一种思考而言无疑是个本质的观点。相反，"审慎"(Saggezza) 可能被表达成实践智慧 (Phronesis) 的实践德性，以及合理性 (Vernünftigkeit)、谨慎 (Besonnenheit) 或者明智 (Klugheit/Prudentia)。正如这些对应词汇所清楚表明的，"实践智慧"(Phronesis) 可能显现为一种单纯的实用变种，在这里道德诫命的严格责任冲淡为一种明智规则的松弛劝告。因此，康德在对道德法则及其责任的著名《道德形而上学奠基》中将更高的"定言命令"与明智的命令或熟

---

① 该文译自 Hans - Georg Gadamer, Aristoteles und die imperativische Ethik. 载于 *Gesammelte Werke Band* 7, J. C. B. Mohr (Paul Siebeck), 1991, pp. 381—396。——译者注

巧相对立。但是，人们也可以用另一种方式强调这种联系。那些像我一样在新康德主义传统中开始思想历程的人，以及那些通过康德形式主义的有争议的形态而学会以批判的眼光看待事物的人，必然忽略了在亚里士多德那里能发现的道德真理和道德现实的丰富性与广度。亚里士多德对道德行为举止中理性因素的阐明，与处于完全分化的多样性中的伦理密切相关。希腊人称为实践智慧的东西是道德存在的一个本质要素，它首先从属于我们称为“德性”（Tugend）的东西。自从苏格拉底表明善和德性并不能理解自身，并不只在于选择和模仿英雄模范，善的问题就被置于新的意识中，而且提出要求去证明自己的存在和行为举止，并准备给出说明。但是人们必须承认，每一种回答苏格拉底的善的问题的尝试总是包含着伦理（Ethos）和逻各斯（Logos）的内在关联，并因此也包含着通过教育和训练而增长的习惯适应与自觉证明的逻各斯之间的平衡。亚里士多德采用的名称“伦理学”（Ethik）——他是这门哲学学科的奠基人——不应当使我们忘记，亚里士多德本人像柏拉图一样处于苏格拉底问题的影响之下。他在这个意义上接受了苏格拉底对德性和知识的等同，即他把说明并入到伦理的道德存在中。他由此奠定了直到现代仍然活着的“伦理学”或“实践哲学”传统，其中不仅包含社会中个体的思想和生活秩序，也包含社会机构本身的秩序，这种秩序调节社会结构中人的共同生活。因此实践哲学除伦理学之外，还包含所谓的政治学，而当它被称为“实践哲学”时指称这两者。

这里要指出的是，在亚里士多德那里表示实践哲学第二部分的名称“政治学”（Politik），在19世纪改变了其含义。亚里士多德的政治学讲座能够而且必须作为实践哲学关于正确生活的普遍问题的一部分。直到19世纪中叶，德语作家（其他语言的作家可能一样）仍然把“政治学”理解为这一哲学科学的分支。这反映了哲学熟悉且无可厚非的要求，即参与规定实践，甚至政治的实践。然而“政治学”概念大致的意义变化还表明了另一种背景。政治学像伦理学一样建立在一个前提之上。伦理学即ethike或亚里士多德语言用法中的ta ethika，以伦理风俗为前提。政治学以城邦（Polis）为前提，所有东西都包含在这种事实情况中。首先，一个城邦有它的神。后来这一点从根本上得以发展，因为罗马帝国进一步维护了希腊—罗马生活的神圣的基本秩序。这样“civitas Dei”（上帝之城）也属于这种影响关联。因此在基督教的前提下，“prudentia”［明智］不仅有关于实践行为之方法的知识的意义，而且是一种伟大的“德性”，教会学说也没有否认它与人的拯救以及神性事物的关系。直到现代的开端，这一背景消失了，与此同时“prudentia”被技术性地理解为关于正确手段的单纯知识。这样它最终与对亚里士多德而言不是德性而是一种不可靠的熟巧（deinotes）的东西没什么分别了（《尼各马可伦理学》Z13，1144a23ff.）。

在康德那里，与此相应的是明智的技术命令和道德诫命的区分。在这背后又存在着因果性及其绝对的存在作用与“出于自由的因果性”的区分。众所周知，在康德那里自由根本不是事实（Faktum），也就是说不是科学的经验事实，而是一种理性事实（Vernunftfaktum）。支配着后康德时代科学理论的“是”与应当的新对立，可追溯到康德道德哲学中的这一区分。如果某物是纯粹的事实，而且自身完全不包含与善的任何关系，那么它就可以被知识任意支配。包含着与善的关系的应当领域与事实无关，而与“价值”有关。①

因此，在现代科学的康德后继者那里应当和价值的领域被排除在可知事物之外。这最终导致了所谓事实判断和“价值判断”的严格的法权区分，但这种区分在语义学转向中衰落了。

同时，“政治科学”（politische Wissenschaft）或“政治学”（Politologie）的名称取代了“政治学”（Politik）的哲学地位。这体现了激进的科学变化，这种变化在现代科学时代导致了亚里士多德主义的形而上学传统的瓦解。一个新的科学概念“science”得以流行。所以约翰·斯图亚特·密尔在《归纳逻辑》的最后一章中将传统的实践哲学置于“道德科学”的标题之下，作为一种无疑很不精确的经验科学。这一标题在德语中的翻译“精神科学”（Geisteswissenshaften）已经深深植根于德国。在其中显示了一种不同于方法科学的要素，这是在黑格尔的客观精神概念中保存下来的遗产。由此现代科学概念被真正地修正和丰富了，而教条主义者将说“被削弱了”。精神科学实际上不仅仅是科学的一个部门。它们尽管“不精确”，但却是伟大传统重担的真正承载者，它们在黑格尔的精神概念及其教化中找到了它们的语言，而且在诸如“人文学”（humanities）

① 参看我在《康德著作全集》第四卷中关于价值概念的历史和界限的文章《价值的本体论问题》，第 189—202 页，以及《价值伦理学和实践哲学》，第 203—215 页。

或者“文科”(lettres)的其他语言中继续存活着。

由此可见，命令的出发点显得实在太狭隘了。问题在于义务学说的作用对于伦理学而言是否应当是决定性的，命令伦理学是否能成为全部。当然它实际上只是自古希腊罗马时代以来一直活着的斯多亚派传统的部分遗产。斯多亚派教导人们从不能掌握的事物中抽身而退。要不然我们就无助地听凭幸运与不幸的变化。因此斯多亚派的不动心的理想最终意味着从所有公共事务中抽身而退，这想必正是希腊化时期和罗马恺撒时期希腊人的实际情况。而且，这应该也适合于现代的科学意向，这种科学意向不可避免地导致了现代主观主义的困境。

“是”与应当的对立当然向来是道德的一个方面。但它直到现代才找到它的表达。因为直到这时，“是”(或者今天所说的“事实”)才缺乏与善的任何联系。鉴于所有命令伦理学的狭隘性，我们必须经常注意道德—政治世界的整体，与此同时返回到作为实践哲学创始人的亚里士多德，他同时也创立了一种“目的论的”物理学，这种物理学在一千五百年间就是物理学本身。在亚里士多德那里既找不到义务概念，也找不到代替它的合适词汇，应当概念也是如此。他有时使用一个有些令人意外的希腊表述，人们喜欢以此来表达应当的意思：os dei，即“必要的”。在短语 agathon kai deon(“善且必要”)中 deon 一词出现在与 agathon(善)的关联中。To deon 意味着约束、责任。它与其说是指加之于个体的负有责任的要求，不如说是联系的共同基础，在此之上建立了所有习俗和社会生活形态。

后来斯多亚派的概念 kathekon——它是某人面对的并且适宜的东西——听起来也与其说是一种“应当”，不如说是一种“必须”。从 kathekon 和 kalon 到罗马的“officium”的变化在我看来反映了自由城邦的衰落，以及向不断增长的依赖和官僚作风的转变。这种转变导致了斯多亚派的思想融入罗马共和国的宗教和政治的生机勃勃的世界中，而且赋予了义务概念在伦理学中的中心地位。直到西塞罗以后，“officium”(责任)一词才被普遍使用。德语词“Plicht”(义务)是一个源于 18 世纪的德语翻译，加维对西塞罗的“offcium”的翻译导致了义务概念的形成，在这一概念中仍回响着它的罗马起源：“官方”以及政治的在场。康德对它的接受和分析导致了命令概念从语法更进一步进入了伦理学。

我们在这里远离了理论知识的真正的统治领域，它典型地被希腊人在数学的证明理想及其方法构造中发展。甚至所谓的“义务”逻辑——关于它今天有很多东西可讲——实际上只能用逻辑手段描述对所有技术性思想都有效的结构。它从根本上来讲对实践知识无能为力。所以亚里士多德在伦理学中对所谓的实践三段论及其逻辑推论学说的运用，表明它实际上只是一种技术的三段论。它尤其与现代数学的重要的新开端有关。自从数学对于人的世界经验的现代处理而言使现代自然科学得以兴起，演绎逻辑就丧失了它的科学重要性（想想利比希对培根的批判）。源于数学并统治了希腊思想的科学概念发展出了证明的逻辑，它意味着从最初事物、原则进行推理。在普遍事物的统治之下，个别事物成为实例，而在现代自然科学中成为自然法则的实例。因此不可能用在自然科学中以及在文化领域中的研究逻辑作为科学的实践哲学进行充分的辩护，虽然这种研究逻辑在所谓的精神科学的认识和研究领域中有效。

因此，返回到亚里士多德包含了一种新意义。当亚里士多德相对于“数学”（Mathemata）的科学理想以及被他全面发展的物理学，将实践哲学建立在自身的立足点上，而不是作为理论哲学的特殊形式，他就成为实践哲学的奠基者。亚里士多德探究属人的善，他在清楚的论述中将其与善的普遍理念区分开来，后者在柏拉图的对话中经常通过苏格拉底之口被追问。当柏拉图把灵魂的善、城邦的善和宇宙的善联系在一起时，这种伟大的毕达哥拉斯主义世界观是建立在某种数字理论的基础上的。这对于为了任务和目标努力奋斗的人类生活而言不能为他们的幸福追求提供真正的满足，正如有关柏拉图的演讲“论神”及其被雅典公众接受的著名逸事所证实的那样。亚里士多德在其论辩性的相反构想中不是在善的普遍理念之上建立实践哲学，他的出发点（原则，arche，首要者）是“此”（Dass，to oti）。

当然不能把这理解为某种可确定的事实，一种“呆板的行为”（factum brutum）。道德思想以及特别的哲学思想所建立其上的东西——当关系到道德维度的展现时——不如说是人的理智，人们总是已经通过他们的生活和共同生活拥有了理智。理智在希腊社会中通过一系列生活筹划得以实现，这正是亚里士多德的出发点（《尼各马可伦理学》A3）。享乐主义把生活目的筹划为欢快的享乐。对于实用主义的成功的筹划是政治生活的目的，这在给予某人的荣誉中得以实现。最后，有一种筹划定向完全超越了所有目的。这是对于“美”（kalon，das Schöne）的筹划，它摆脱了所有计算，因而“自在地”是善的。因此，“德性”自在地是善的——无论人把他的最高目标视为行动还是观察。这意味着把“此”作为出发点。它建立在人之此在的自我筹划之上。这与可演证知识的理想或从一般推出特殊的理想没有共同之处。奠基的思想以及现代的确定性理想把自身视为处于完全不同的领域。然而在这里遭遇自身界限的证明理想的力量，仍然在当今哲学中到处表现出来。它表现在“最终奠基”这一表述中，胡塞尔采用这一表述是为了把他的现象学的研究意向与德国观念论的体系概念及其新康德主义的继承者联系起来。但是伦理学或实践哲学究竟是否能接受这样一种科学的奠基或证明？鉴于处境的要求，纯粹地把普遍应用于个别事例难道不是提供了错误的免责，而不是鼓励人们做出负责任的决定吗？好像这一领域与遵循规则有关似的！

但是人们不是应该以更普遍的方式提出问题吗？在道德和政治的实践领域，哲学究竟有什么使命？这是实践哲学的真正的生活问题。哲学反思是一种理论的思想活动。实践哲学的这种反思必须仍然根据内在必然性提出要求：不仅要认识什么是善，而且要有助于善。无论如何，就人们在做或不做中遭遇到的决定而言，一个人希望知道什么是最好的。因而，人们必须理解实践哲学的基本问题，它不仅出现在哲学的普全科学时代——这种普全科学正是亚里士多德的世界解释试图成为的东西——也出现在现代科学时代。因此我们的任务是双重的，不仅使我们意识到亚里士多德筹划的世界定向的视阈，同时必须使我们自己的概念发挥作用，另外，要再一次接受康德的道德哲学，并在其中发现正确的东西。因为在现代科学及其通过现代启蒙运动而辉煌发展的时代，康德又一次揭示了实践哲学的根本问题。

康德自己声称卢梭纠正了他。事实上，他的“定言命令”的奠基不是服务于这样的目的，即为主体自律开辟自己自主立法的新领域，而是相反，与一种普遍的、科学照亮的生活明智的傲慢相对立，把道德责任建立在道德自由之上。当然，这里被称为建立和奠基的东西并没有理论说明中的建立和奠基的意义。正如康德所指出的，自由不是一种人们能够证明的理论理性的事实。它是一种人们必须假定的理性事实，如果人们要把自己本身理解为人的话。试图证明自由在康德看来是错误的，正如在亚里士多德看来从最高的善的原则引出伦理学是错误的。康德的《道德形而上学奠基》——他的最深刻的道德哲学作品——明确地提出了这个问题：在人心和人之良知的敏感要求一种无可超越的自我检验和思考的准确性的地方，哲学反思究竟能做什么？因此，在康德那里如同在亚里士多德那里，不是通过理论反思从概念上奠定道德责任。道德和伦常并不要求特别高的理智能力或者某种受过训练的思维能力。那么，正确的哲学反思究竟建立在什么之上，从而要求对人的道德存在而言有实践上的益处，正如哲学公开宣称的那样？答案在于，人总是已经——尽管通常以不清楚的方式——把他们的具体决定从属于一般的目标设定，因此就有了实践哲学。这说明了对于一种具有恰当意义的思想而言应当有什么。我们发现，康德的《道德形而上学奠基》给出了这一问题的答案。

亚里士多德充分地意识到，实践哲学只能追随对知识和自我理解的冲动——这种冲动总是已经活动于人的行为和决定中——并且把模糊的直觉提升到更大的清晰性中，如同通过瞄准一个目标（《尼各马可伦理学》A1，1093a23f.），或者通过对某个已知目标的更精确的分析（《优台谟伦理学》A2，1214B11）帮助射手射击。

在第一次世界大战结束时德国的处境尤其为这些问题做出了准备。在胡塞尔领导下，且多亏他描述的耐心和卓越技能，现象学学派重新获得了生活世界的问题域，并表明我们需要深入完全笼罩着 19 世纪的科学视阈及其认识论说明的后面。关于生活世界的知识总是一种对源于生活本身的思想——它展现在生活实践中——的推进和发展。因此它必须是一种我们在此探讨的实践的知识，人们可以把这种知识的“德性”称为考虑、审慎、明智或“prudentia”。克尔凯郭尔早先对黑格尔总体化的辩证综合的批判，现在开始对现象学的澄清生活世界的意图产生影响。需要指出的是，无论有什么差异，亚里士多德像康德一样试图为这种动机给出概念的表达。

对自由时代的科学信仰的批判利用了克尔凯郭尔的“生存”概念，克尔凯郭尔曾用这一概念反对黑格尔的普遍中介的综合。如今在我们这个世纪，问题当然不再是对黑格尔的思辨观念论的批判。现在的问题是占统治地位的新康德主义认识论的方法学。与此相对，人们开始思考究竟什么是真正的合理性，这种合理性在过着实践生活的人们的睿智中发挥作用，而且明显地从根本上区别于科学的理论合理性。对此亚里士多德可能很有帮助——甚至比克尔凯郭尔更有帮助。整个亚里士多德伦理学被关于 allo eidos gnoseos，即在生活中起作用的“另一种知识”的问题所支配。①

① 参见《尼各马可伦理学》Z9，1141b33，1142a30；《优台谟伦理学》Θ1，1246b36。

在这里某种解释学思想必须被引进来。如果人们强迫将所有古代偶然流传下来而被我们保存的文本置于现代科学文献的反思层面上，那么人们就会陷入朴素的教条主义。无论柏拉图的对话还是亚里士多德的教义都不属此类。柏拉图的对话传递给我们有关柏拉图思想的丰富知识，即使我们拥有在亚里士多德那里以及其他后来证据中有关柏拉图思想和学说的批判性报道。这根本不会由于这一事实而改变，即对话展现在他模仿苏格拉底的风格中，并且只为概念语言提供了有限的空间。相反，亚里士多德关注于概念构造。但亚里士多德的伦理学仍承担了这样的任务，即把生动的语言用法转化为概念语言。因此，亚里士多德着手——特别在他关于精神德性即“理智德性”的学说中——考察五种表达，它们在柏拉图那里是同义的，也就是说它们完全不加区分地被使用。它们是技艺（Technē）、科学（Episteme）、实践智慧（Phronesis）、努斯（Nous）和智慧（Sophia）。这五个概念在亚里士多德那里被描述为 exeis tou aletheuein，即知识的存在方式（Seinsweisen des Wissendseins）或真理之保真的存在方式（Seinsweisen des Verwahrens des Wahren）。所有其他形式——它们是纯粹的猜想、观点或意见——不能真正地被称为知识，因为它们也容许错误。这五种知识方式是与所有错误和遮蔽相对立的五种稳定的形式。对亚里士多德而言，在这五种知识方式中只有“Sophia”（智慧）和“Phronesis”（实践理性）是真正“最好的”，是真正的“德性”。

对于理智德性分析的核心意义的洞察①，我要归功于海德格尔在 1923 年弗赖堡夏季学期的讲座。显然对如此表达的概念的深入分析最终服务于这种目的，即把 Phronesis 这种特殊的实践知识从其他知识形式中凸显出来，后者是在理论的或技术的意图中得以实现的。

我们从希腊语表达 logon echein 开始。这个表达通常不仅在理论的意义上也在实践的意义上被使用。Logon echein 可以意味着“拥有证明”。数学的科学理想最好地表明了它。数学在希腊人那里通过它的证明理想和证明逻辑成为第一科学，而且恰恰通过它的证明逻辑，希腊人使得埃及人

---

① 我后来的很多作品（在《康德著作全集》第五卷和第六卷中）清楚地表明了这一点。在此期间我阐述了我对于亚里士多德的概念构造的新研究，就像在这里一样（出自在意大利瓦雷泽的演讲），而且为了纪念 K. – H. Ilting 在前面的文章《苏格拉底问题和亚里士多德》中根据另一种观点作出了新的阐明。这些作品都相关于一篇基础性文章《一种哲学伦理学的可能性》（载《康德著作全集》第四卷，第 175—188 页）。

和巴比伦人的数学知识首次成为科学。这通过《尼各马可伦理学》第六卷第3章得到了充分的证明，这一章根据数学特别是后来欧几里得几何学描述了“科学”（Episteme）概念。科学是一种以拥有证明为基础的知识方式。

但是logon echein也有一种不同的意义，一种道德的意义，亚里士多德在《尼各马可伦理学》第一卷第13章和第六卷第1、2章中有意暗示了这种意义。Logon echein是“处于言说中”，并且用以表示某人听从父亲的方式。这意味着“带着尊重”。尊重绝不是盲目地服从他人的意志，而是参与到人们承认为权威的知识的优越性中。尊重并不意味着听从他人而反对自己的信念，而是通过他者共同规定自己的信念。这在亚里士多德关于正确信念以及正确决定的形成——他将其标示为“选择”（Prohairesis）——的详细解释中完全变得清楚了。这恰恰规定了作为国家公民的实践—道德之人的自由行为（奴隶没有选择）。

人们必须谨防对古希腊哲学家的论述编集的学院研究的教条主义。解释学教导我们要注意存在于哲学文本和文学的艺术作品（如柏拉图的苏格拉底对话录）之间的差异。这表现在对灵魂区分的探讨中，这种探讨出现在亚里士多德和柏拉图的两种文献流传形式中（《论灵魂》A5，《国家篇》IV）。灵魂区分的学说在柏拉图的《国家篇》中得到详尽的发展。它在那里服务于这样的目的，即证明灵魂在其区分的多样性中的统一以及城邦的统一，而灵魂的幸福和城邦的幸福就建立在统一的和谐之上。没有什么比内战或者绝望的内心分裂之人更糟糕的了。在柏拉图的神话比喻中并不少见灵魂内部受到分裂的威胁，以及它取决于统一和协调。自古以来对希腊人而言人心的混乱就如同内战的恐怖。当亚里士多德在《尼各马可伦理学》中使用logon echein、alogon等概念，并削弱它们的意义差别时，这绝不是一种批判。他在那里想到了凸面与凹面相区别的优雅形象。这表明同样的事物可以从不同方面被描述，而且全部区别就在于描述方式。灵魂确实是同一个东西，就像曲面是同一个东西，它从一方面看被挖空，从另一面看被弄弯。因此亚里士多德在《论灵魂》中明确主张，灵魂的区分并不在同样意义上相当于身体区分为四肢和器官。相反，灵魂总是同一个东西，并且表现为在不同的可能性中存在的同一个东西。

我们应该根据亚里士多德的理解牢记这一点。我们在这里遇到的伦理德性和理智德性的区分具有某种方法论意义。亚里士多德试图完全清楚地表明，没有实践智慧（Phronesis）就没有伦理（Ethos），没有伦理就没有实践智慧。两者是人的同一基本禀赋的两个方面。人有选择（Prohairesis），他必须选择（wählen）。人有自由选择，但他不是随意去选择。因此，亚里士多德能够把选择（Prohairesis）称为一种包含了思想的欲求，或者说是一种包含了欲求的思想（orexis dianoetike 或者 dianoia orektike，《尼各马可伦理学》Z2，1139B5）。将这种思想（以及知识）与伦理分离是完全错误的。整个实践智慧的主题是在这一问题之下被提出来的，即当伦理被描述为包含逻各斯的东西时，这究竟意味着什么？

逻各斯是什么？亚里士多德完全有意识地接受了苏格拉底的遗产。他强调德性是有逻各斯的行为举止，这并不只是说我们的行为举止合乎逻各斯或法则（kata ton logon），而是说这种行为举止是 meta tou logou，即它不只是合乎思想，而且思想就包含在其中。

亚里士多德提出了艰巨的任务，即把这种思想、这种知识形式、这种主导实践的实践智慧的知识与其他知识形式区别开来，后者是理论知识或者关于制作和手工艺能力的知识。亚里士多德通过这种概念塑造试图追随语言用法的暗示。所以 Phronesis 一词和形容词 phronimos 主要出现在实践方式的关联中，表示合理性和理智性。“Phronesis”（实践智慧）区别于智慧（“Sophia”，或 sophos），特别区别于我们称之为“知识”（Wissendsein）的“Episteme”（“认识”）。当然这种概念塑造对于语言使用而言并非强制性的语言规范。在生活世界的语言用法中这些表达经常可以互换，就像它们在柏拉图那里表现出来的一样。正因为如此，亚里士多德着手进行他的概念分析，而完全清楚的是，他试图从语言中听出某种东西，对此他还缺少正确的概念工具。

这特别体现在与 Phronesis 相近的“Synesis”（理解）概念中。我们在德语中称之为“Verständnis”。当某人充分理解他人时，我们也能在其中看到一种德性。当我们用德语表达它时——也许在其他语言中对此有合适的相似表达——我们并不真正意味着某人很好地理解和领会了，而是说他想要理解他者，也就是说确确实实地去理解“他”。但是 Synesis 出现在希腊语言用法中首先只表示学习能力，即作为理论领域中的纯粹理解力。相反，在《尼各马可伦理学》中亚里士多德寻求另一种知识方式，它规定了人的实践的行为举止和存在。因此他在这里把 Synesis 置于一系列关联中，其顶端就是 Phronesis，它表示在政治和人性上对于善和德性的操心。在这一系列中像Gnome（洞察）和Syggnome（宽容）之类的东西也出现了。因此亚里士多德明确地根据allo eidos gnoseos即另一种知识形式——它显然不是一种纯粹的知识，而是一种出于人的存在、人的本质、人的性格、人的全部举止的知识——来规定Phronesis、Synesis、Gnome、Syggnome这整个系列。这就是亚里士多德寻求的知识，它对于人的生活及其幸福安康是至关重要的。这里命令（Imperativen）在其本来意义上根本不在考虑之列。

现在需要的是正确确定康德的贡献，并将其与我们的问题联系起来。无疑，康德并非义务学说的创始人。相反，他处于已经充分发展的义务学说传统中，这种传统最终必须被视为一种斯多亚派传统，而不是摩西传统。义务概念归根结底只是描述了简单的自明性，坚定的性格坚持具有这种自明性的行为准则。因此正如康德在《道德形而上学奠基》第一部分中的阐述所表明的，义务概念并没有奠基的作用。康德关注的是确定所有责任建立其上的道德理性的本质，我们已经看到，他并未将整个道德自我规定建立在主体的全能和全权之上——这首先是费希特和席勒，也许包括莱因霍尔德，当然还有整个后康德主义传统理解康德的方式。

康德使用了著名的表述“自律”（Autonomie）。格尔哈特·克吕格（Gerhard Krüger）已经在一本可惜尚未被充分阅读和听从的书[①]中表明，“自律”绝不是要奠定道德法则的来源和有效性，而是应当引导对我的情况的判断。它属于康德在《实践理性批判》中讨论过的“判断力”的模型论。它仅仅意味着一种直观化（Veranschaulichung），当我们要把握在这种情况下道德法则要求什么时，这种直观化有助于我们的判断。“自律”说明了我们的准则的可普遍化能力，以及隐含在法则概念中的无一例外（Ausnahmslosigkeit）。这将通过与自然法则、社会法律秩序或者形而上学目的王国的比较而得以阐明。自律的“模型”（Typus）因此必须被理解为反对人的自然本性的倾向，康德在《道德形而上学奠基》的第一章结尾将这种倾向描述为激情的诡辩或偏好的合理化。康德的出发点是，德性和正当性本身不能首先通过高级的理智能力或者概念的清楚和精确而达到。启蒙运动的一个大胆冒险是信仰一种在人的理智和科学帮助下的人的

① 格尔哈特·克吕格（G. Krüger）：《康德批判中的哲学和道德》（*Philosophie und Moral in der kantischen Kritik*），图宾根，1931年。

完善。人类的道德进步，就人能够谈论这种事情而言，必须以不同于人的知识和能力的提高的另一种方式被看待。在每个人那里理性在其道德决定的考虑中也同样起作用，人总是试图运用他的理性以反对在特定领域中被正确认识的责任。这就是康德所谓的“合理化”（Vernünfteln）。人们可能承认道德法则的责任，但在特殊情况下却试图提出例外的理由。因而关键是反驳“例外的辩证法”（Dialektik der Ausnahme），例外的辩证法声称某物是有效的，但把自己排除在它之外。这完全和康德定言命令表达式所使用的其他样式——自然法则和权利法则——所表明的东西是一样的，而且这对于康德奠定的关于道德的或许不朽的定义而言也应当是绝对必要的——他说人决不应当把他人仅仅作为工具利用，而是总要同时承认他是自在目的本身。这一人性原则或许是基督教文化留给人类的最好遗产，它在今天仍有一种非常强的明证性，就像它通过自身的定义而拥有自然法则和权利法则一样。

因此，把康德著名的幸福主义批判和实践哲学的伟大传统——它始于亚里士多德对这一学科的创立——联系起来是完全错误的。康德也认为，追求自己的福祉和幸福是人的自然倾向。亚里士多德从来没有谈论过，德性要服从作为达到福祉目的之手段的习俗的要求。当亚里士多德把德性标示为两恶之间的中道时，这不是一种他引荐的卓越的生活明智（Lebensklugheit）。无疑，德性属于人的本性以及对福祉的努力追求，只要人不是被更高的道德义务要求去放弃自己的爱好，也就是说出于对他人的尊重和对“道德法则”的尊重而放弃自己的爱好。相反，康德批判的幸福主义意味着人应当用明智安排生活中的一切，以至于人能获得最高的福祉以及所谓的幸福。与这一主张相反且鉴于人们的幸福梦想的明显多样性，康德批判地主张定言命令的普遍性。如果人们不从与欧洲启蒙思想进行论战性辩论的角度来看待他，那么就不能正确对待他的立场。他并非提出某种道德的奠基，而是抵制由卢梭所批判的启蒙运动的知识傲慢而来的怀疑。因此康德停留在他的继承者们的雄心和光彩之后。他们把实践理性的优先性扩展到理论知识领域，从而扩展到继承伽利略及其影响的整个现代科学文化，而且他们再次服从于目的概念的首要性，并因此使实践理性的首要性对于理性的理论运用而言也有效。我们将人类学和道德的洞见的无数财富归功于他们。但是我们要认识到，在理性的极其多样的认识任务中，使科学和行为保持牢固的关系并未满足理性的真正使命。当人们从目的论视角先天地引出自然科学的研究成果并试图证明它们时，人们恰恰掩盖了道德的使命，它要求研究者的人类的知识和能力，而且要求善的兴趣以及我们所有人在地球上共同生活的兴趣。尽管有对康德区分的狭隘性的批评，他在主要事情上是正确的，即面对科学—技术力量的日益增长使道德使命发挥作用。就此而言，在我看来，面对德国观念论及其财富，康德最好地维护了我们真正的遗产。科学世界在其研究任务中不能让自己迎合人的目的。科学本身在这样做时会背叛自己，并陷入政治的依赖性中。这是所有人及其实践理性的任务。如果人类能通过一种卓越的合理性，一种古代亚里士多德意义上的“实践智慧”成功地将科学传递给我们手中的巨大破坏力量置于我们的控制之下，那么人类将幸存下来。政治的强制力不能做这事，因为它总是倾向于权力的滥用。

在更近的时代，人们偶尔谈论人置身其中的两个世界：自然科学的世界和另一个通过人类文化及其财富得以表现的世界，而英国作家斯诺（Snow）——他首次提出这一批判的表达——仍然真诚地相信他必须抱怨人类教化生活中科学知识的缺乏。他深深地误解了，尽管他可能从当时的教育培养中认识到了英国精英大学的弱点。问题不在于人的技能以及我们认识世界的科学成就是否也在人类的性情中被充分接受。相反，人类的真正生活问题是：能否成功地将人类能力的巨大增长与合理的目的联系起来，并将其纳入某种合理的生活秩序中。这绝不会通过纯粹的人类能力的增长而实现，而只能通过洞见和在人们中不断增长的团结，它作为亚里士多德实践哲学的遗产在西方被概念化地表达，而且它在伟大的宗教和其他文化圈中有其社会教化的相似物。康德的一个特殊成就在于他理解“在纯粹理性范围内”去思考宗教，并因此在一个多元分裂的世界中指明了途径，用以在通向永久和平梦想的道路上迈进一步。

（译者单位：华中科技大学哲学系）

政治的精神基础

——阿伦特"公共领域"思想与黑格尔《精神现象学》伦理思想之比较

刘　超

［内容提要］汉娜·阿伦特将海德格尔的存在论思想引入了政治哲学领域，提出了一种崭新的"政治"观念，即认为"政治"的基础不能建立在传统的伦理和政治实体（如家庭、国家）上，而应该建立在古希腊式的个人之间的自由表达和交流的基础上。这种观点不仅延续了黑格尔在《精神现象学》中从自由精神出发来"解构"传统伦理和政治实体的思路，而且通过"私人领域"和"公共领域"这对概念的辨析彻底超越了"家庭"和"国家"这两个"实体"，将"政治"完全纳入"此在"的视野来分析，从而使"个人"代替近代的"国家"成了"政治"概念的出发点和归宿。

［关键词］汉娜·阿伦特　政治　公共领域　黑格尔

一　古希腊的"政治"概念

和她的前辈哲学家黑格尔、海德格尔一样，阿伦特对"政治"概念的新理解是建立在对古希腊城邦生活的理想化描述的基础上的。针对古代社会（古希腊和古罗马）的伦理状况，阿伦特区分了"社会"领域和"政治"领域，"社会"领域是由人自身的自然属性和文化传统的局限性所决定的一个必然性的领域，例如家庭，在其中人只能逆来顺受，养成一种"顺从主义"的思想习惯：

"一家之主凭借前政治力量来统治他的家庭和奴隶。"① "在家庭领域

① 汉娜·阿伦特：《公共领域和私人领域》，见汪晖、陈燕谷主编《文化与公共性》，三联书店 1998 年版，第 65 页。

里，自由是根本不存在的。”[①]

而“政治”领域则是一个自由的、创造性的领域，人的个性在其中得到了充分的伸张和表现，它是古希腊文明的产物，只属于古希腊城邦。“无疑，只是伴随着城邦的建立，人们才得以在政治领域里，在行动和言语中度过自己的一生。”“政治”是一种凭借“言语”完成“行动”的非暴力的创造性的生存境界：“这种信念在苏格拉底的思想中已露端倪。我们必须将荷马笔下的阿基里斯看成是‘一个干了一番伟业、说了一些伟辞的人’，只有这样，我们才能理解他所达到的那种境界。”[②]“在刚开始时，这不仅意味着，大多数处于暴力范畴之外的政治行动的确都是通过言辞来实施的，而且更为根本的是，它还意味着，所谓行动就是在恰当的时刻找到恰当的言辞。”[③]“只有单纯的暴力才是无言的，也正是由于这个缘故，单纯的暴力永远不可能达致伟大。”[④]

很显然，阿伦特把“政治”理解为人类脱离了原始的“自然状态”之后的一种精神创造，并不是我们常说的“战争是政治的延续”中的“政治”。在阿伦特这里，战争是不足以称为“政治”的，因为它不是在独立的主体间通过言辞交流而达成的一个自由创造的领域。“专制”也是一样，通过暴力的威胁，使人沉默，消磨人的创造精神，养成所谓“顺从主义”，因此也同样不配称为“政治”。

“在一切政治共同体中，城邦一直都被看成是最喜欢言谈的，这种看法并非毫无道理。”[⑤]“以政治方式行事、生活在城邦里，这意味着一切事情都必须通过言辞和劝说，而不是通过强力和暴力来决定。”[⑥]

不过，美中不足的是，古希腊人是只对“自己人”也就是城邦的“公民”开放这个“政治领域”的。阿伦特指出，按照亚里士多德著作中所表示的“城邦关于人和政治生活方式的流行意见”，人的两个“最著名的定义”是“政治的动物”和“会说话的动物”，而这两个定义其实是相

① 汉娜·阿伦特：《公共领域和私人领域》，见汪晖、陈燕谷主编《文化与公共性》，三联书店1998年版，第65页。

② 同上书，第59页。

③ 同上书，第60页。

④ 同上。

⑤ 同上。

⑥ 同上。

互联系的，因为只有城邦的公民才把通过言辞达到自由的“行动”当成“政治”；也只有在古希腊，“政治领域”才是这样一个将言论自由而不是（绝对）“权力”作为管理“城邦”（国家）的方式。然而“城邦之外的所有人——奴隶和野蛮人”，由于都是“不会说话的动物”，所以也就无法以“言辞”（理性、逻各斯）与之自由地交流，无法将之纳入这样一个政治领域，而是只能用家长统治家庭式的“权力”去管理。

二 “私人领域”与“公共领域”：从“家庭”到“国家”

阿伦特政治哲学最突出的特点，就是把个人的生活世界，而不是任何传统上既成的伦理和政治实体作为理解“政治”现象的出发点和归宿。而她实现这种突破，主要依赖于“私人领域”和“公共领域”这一对政治哲学范畴：

> 私人生活领域与公共生活领域的区分对应于家庭领域与政治领域的区分，而至少从古代城邦兴起以来，家庭领域和政治领域的区分就一直是作为两个不同的、分离的领域而存在的。[①]

将家庭这个私人领域与政治这个公共领域混淆发生在中世纪。阿伦特说，其实把政治领域和家庭领域混淆起来，或者说以家庭来比拟国家，是中世纪绝对主义思维方式的一种误解。“这种误解再清楚不过地体现在托马斯·阿奎那的一番讨论中。在那里，阿奎那试图对家庭统治和政治统治的性质进行比较：他发现，一家之主与王国首脑有某种相似性，不过他又补充说，一家之主的权力不如国王的权力那么绝对。”[②] 但阿伦特断言，实际上阿奎那的这番比较只适用于中世纪，因为“不仅在希腊和城邦，而且在整个古代西方”，事实恰好相反，只有在家庭领域，才存在这种绝对主义的专制权力，希腊人是不可能把城邦比作一个大的家庭的。因为政治领域在古希腊并不是一个追求“权力”的领域，而毋宁说是一个超越暴力的专制权力，通过语言（“逻各斯”）追求“自由”的领域：“绝对

---

① 汉娜·阿伦特：《公共领域和私人领域》，见汪晖、陈燕谷主编《文化与公共性》，三联书店 1998 年版，第 62 页。

② 同上书，第 61 页。

的、不容争辩的权力与严格意义上的政治领域是相互排斥的。”[①] 家庭式的家长专制的“绝对权力”，只是中世纪一元主义形而上学的产物。不过，阿伦特也承认，她的这种“政治领域”的概念，也是有条件，有限制的，即使在古希腊，也不能说它就充分地实现过：

> 从历史的角度来看，城邦的兴起很可能是以牺牲家庭这一私人领域为代价的。不过，家庭古老的神圣性从未彻底消失，尽管它在古典时期的希腊没有在古代罗马那么显著。[②]

在阿伦特看来，“私人领域”、家庭在古希腊人那里并不关涉人的生存的实质，“并非柏拉图和亚里士多德不明白或不关心人不能离群索居这个事实，而是他们根本没有把这个条件列为人类的独有特征。恰恰相反，这是人类生活与动物生活的一个共同条件”[③]。“人类天然的、仅仅具有社会属性的伙伴关系被看成是出于肉体生存的需要而强加在我们身上的局限性”[④]，它“不能成为人的某种根本性的东西”[⑤]。因为人的本质并不在于动物式的肉体需要，而在于追求自由的精神：

> 所有的希腊哲学家，不管他怎样地反对城邦生活，都把下面一点视为理所当然：自由毫无例外地存在于政治领域之内；必然性主要是一种前政治现象，是私人性家庭组织的一个特征；在家庭领域里，强力和暴力是正当的，因为它们是驾驭必然性（如统治奴隶）、达到自由的唯一手段。[⑥]

阿伦特的政治试图在海德格尔关于“此在”的存在论思想的地平线上建立一种新的“政治”概念，它以古希腊城邦的政治生活为蓝本，不

---

① 汉娜·阿伦特：《公共领域和私人领域》，见汪晖、陈燕谷主编《文化与公共性》，三联书店1998年版，第61页。

② 同上书，第63页。

③ 同上书，第58页。

④ 同上书，第58—59页。

⑤ 同上书，第58页。

⑥ 同上书，第64页。

是把任何传统上的政治和伦理实体（“家庭”、“国家”）的利益，而是把“人”，特别是个人的自由表达和交流作为“政治”所应追求的最终目标。正如加拿大学者菲力普·汉森指出的：

“国家是庞大的，它是官僚制的组织形式”，“它用一种外在的形式驾驭其公民（臣民）”，而“作为一种生活形式，城邦体现了对某种卓越，对人类能力能在言语和作为中光芒四射的追求”，城邦式生活方式的思想本质正在于，“人的生气和技能的这种演示是独立不依的，它自成理由，无需‘外在的’目的去确证它的价值”①。

在阿伦特看来，近代兴起的“民族国家”的概念严格说来并不完全属于古希腊意义上的“政治领域”，因为它渗入了中世纪绝对主义和专制主义，是把“国家”作为一个大的“家庭”，作为一个最高主权者的“私人领域”来管理的：“我们从家庭的影像中看到了民族和政治共同体的身躯，现在家庭的日常事务必须由一个庞大的、全国性的家政管理机构来管理。”②“众多家庭按照经济的要求组织在一起，形似一个超人的家庭。我们把这个家庭的集合称为社会，把它的政治组织形态称为‘国家’。”③

“国家”的这种起源决定了它只是一个大的“家庭”，它与古希腊的“政治领域”相去深远，带有绝对主义和专制主义的遗迹，是用古希腊人统治奴隶和外邦人的方式来进行管理的。它所追求的目标，也只是经济上的共同利益，是纯粹物质性的，而不是“逻各斯”。阿伦特特别强调，在近代，随着自由主义政治理论和民主政治实践的发展，虽然国家和社会的管理方式（“政治体制”）发生了很大改变，“绝对主权者”的肉身不存在了，“君主”作为个人被消灭了，变成了一种“无人”的统治。但在背后支配着整个社会的“政治精神”并未发生任何改变，它依然只是一个为了追求私人经济利益，在动物性和必然性支配下拼凑起来的“奴隶”联盟。在精神实质上，“国家”并不像“城邦”那样，追求“自由”的“行动”和“言辞”，而只追求能用来满足动物性的物质需要的经济利益的无限积累。这两种不同的精神在实践上导致的是“行动”和“行为”

---

① 菲力普·汉森：《历史、政治与公民权：阿伦特传》，刘佳林译，江苏人民出版社2004年版，第58页。

② 汉娜·阿伦特《公共领域和私人领域》，见汪晖、陈燕谷主编《文化与公共性》，三联书店1998年版，第62页。

③ 同上。

差别，阿伦特把古希腊的“政治”精神所造就的与众不同的伟大事业和言辞称为“行动”，而把从中世纪绝对主义和专制主义思维方式所训练出来的“顺从主义”作为近代规范化的“行为”思想基础。近代这种将“政治”作为“经济”的附属物和奴隶的“政治经济学”甚至正好与古希腊的“政治领域”背道而驰，不要求“干一番伟业，说一番伟辞”，“不断地把自己同所有其他人区别开来”，“通过独一无二的业绩或成就证明自己是最出类拔萃的”①；而是要求人们养成一种专制主义下唯一的美德——顺从：“近代社会的平等，是以内在于社会中的顺从主义为基础的”②，“社会期待着它的每一个成员表现出一种特定的行为，它要求其成员遵循无以计数的各类规则，目的是让他们守规矩，排除一切自发的行动或杰出的成就。”③

这种平等所造就的是精神上的奴隶和物质上的富翁，它的最高精神追求，最多也只能是遵循社会的“无以计数”的各类规则发财致富。“从统计学的观点看，这表现为消除一切起伏波动的因素，形成一种整齐划一的格局。行动越来越不可能抗拒行为的潮流，事件越来越失去其意义，也就是说，失去其阐明历史时间的能力。”④

正如阿伦特所言，随着近三个世纪里“社会领域”的不断发展，“私人领域”已经呈现出与古代和中世纪完全不同的面貌，一方面，它的一切需要外在物质和社会关系基础的“公共”方面，包括“家庭”，日益由随着民族国家的政治意识形态发展起来的平均化的社会生活所取代；另一方面，真正独特的、具有个人色彩的精神生活则日益失去其“在世界上”的“客观实在的位置”，而逐渐退回个人的内心世界，变成一种纯粹私人化的东西，完全丧失了与“公共领域”之间良性的交流互动。

三　与黑格尔《精神现象学》中相关伦理学观点的简单比较

尽管阿伦特没有说“私人领域”就是“家庭”，但实际上她在论述

---

① 汉娜·阿伦特：《公共领域和私人领域》，见汪晖、陈燕谷主编《文化与公共性》，三联书店 1998 年版，第 73 页。

② 同上。

③ 同上书，第 72—73 页。

④ 同上书，第 75 页。

"私人领域" 概念时，最偏爱的例子还是"家庭"。我们不难发现，阿伦特的家庭观与黑格尔在《精神现象学》中所表达的家庭观并无结构上的差异，都是将之作为"个人"走向某个"公共本质"或"公共领域"的中介。只不过，在黑格尔眼里，这个中介是完全"合格"的，它确实是个人进入伦理共同体，融入公共生活的最好训练场。相比之下，阿伦特对家庭的精神本质的理解就显然是消极的。她将之纳入与古希腊的"公共"领域正相对立的"私人领域"，并通过分析古罗马的政治生活指出，在古罗马，家庭在本质上还是一个"私人领域"，而不具备"公共领域"（用黑格尔的话说是"公共本质"）的性质，个人并不能自由地在其中实现自己的真正本质："私人生活的被剥夺性质在于，一个人能够意识到，如果仅仅在家庭的有限范围内度过自己的一生，那就等于是被剥夺了某种具有本质性的东西。"[①] 而黑格尔也承认，家庭也是一个"必然性"甚至是"动物性"的存在领域，"这个〔家庭〕整体的行动所具有的有意识的目的，就其只关涉这个整体自身而言，它本身仍然是个别的东西。权力和财富的追求和保持，从一方面说，仅在于满足需要，仅只是欲望范围以内的事情"[②]。阿伦特也表达了同样的意思，只是措辞稍有不同："家庭的私人领域"成了"这样一个领域：其间生活，个体生存以及物种延续的必然需要得到了满足和保障。在隐私领域尚未被发现以前，私人性的特点之一是，人不是作为一个真正的人，而是作为动物种类的一个标本（即作为种的人类）而存在于这个领域中"[③]。

但是，与阿伦特仅仅将家庭视为这样一个物质性、必然性的"惰性"的社会领域不同，黑格尔也看到了其精神性的、能动性的一面："虽然我们把家庭这一伦理存在规定为直接的存在，但它之所以在其本身之内是一伦理的本质，并非由于它是它的成员们的自然的关联，换言之，并非由于它的成员之间的关系是个别的现实之间的直接关系。因为，伦理本性上是普遍的东西，这种出之于自然的关联本质上也同样是一种精神，而且它只

---

① 汉娜·阿伦特：《公共领域和私人领域》，见汪晖、陈燕谷主编《文化与公共性》，三联书店 1998 年版，第 91 页。

② 黑格尔：《精神现象学》下卷，贺麟、王玖兴译，商务印书馆 1979 年版，第 9 页。

③ 汉娜·阿伦特：《公共领域和私人领域》，见汪晖、陈燕谷主编《文化与公共性》，三联书店 1998 年版，第 77 页。

有作为精神本质才是伦理的。”①

家庭已经表现出自由的“精神”，因为其中包含了理性的普遍性。如果说家庭是一种团结互助的社会共同体，那么这个共同体由于其整体性、稳定性的特征，以及它的成员在自我意识上对这个整体关系的认同，也毫无疑问地是以自由的理性精神为基础的：“所以，为了要使这种关系成为伦理的，个体，无论他是行为者或是行为所关涉的对方，都不能以一种偶然性而出现于这种关系中，例如在随便帮助别人一下或替别人办点事情时那样。”家庭是人的伦理生活中的一个“实体”，虽然自由的精神也是黑格尔追求的最终目标，但黑格尔的思想是辩证的，他深刻地认识到，人在世界上生存的意义，不能完全寄托在他个人抽象的、主观的精神自由，而必须有客观的、现实的内容。“家庭”所代表的“伦理”就是这样一种客观化、世俗化了的理性精神。人类的家庭关系并不只是动物式的为了满足肉体需要的伙伴关系，而是一种精神上的契约。“在这里，我们似乎必须把伦理设定为个别的家庭成员对其作为实体的家庭整体之间的关系，这样，个别家庭成员的行动和现实才能以家庭为其目的和内容。”② 个人的自由精神，必须在外在的物质世界和客观的社会关系中得到实现，他的全部自由的“行动”，也都必须得到客观化的表达，所以，伦理的“实体”对于个人自由的实现，是必不可少的；脱离开这个客观存在的伦理实体，所谓自由就只能是空洞抽象的主观性，缺乏“目的和内容”。

只不过，在黑格尔看来，家庭本身并不是这种伦理精神的最真实的表现场所，而只是通往“民族”这个伦理精神中的“较高的规定”的一个“仅属过渡的有中介意义的东西”：“这种较高的规定，并不在于家庭自身之内，而是关涉着真正的普遍物亦即共体的；这种规定毋宁对家庭是一否定作用，它要排除个体于家庭之外，压抑他的天然性和个别性，并导致他实践道德、赖普遍物和为普遍物而生活。”③

也就是说，家庭使人意识到了他（她）的生存目的并不是维系自身的自然生命，寻求自身物质欲望的满足，“作为动物种类的一个标本而存在”，而是追求一种“伦理精神”的完成，而这种“伦理精神”的本质又

① 黑格尔：《精神现象学》下卷，贺麟、王玖兴译，商务印书馆1979年版，第8页

② 同上书，第8—9页。

③ 同上书，第9页。

在于它的“普遍性”。个人的偶然的、动物性的冲动和激情在家庭的伦理生活中得到训练，从而被“陶冶”为一种投入“公共领域”中去，既充满个人创造力、体现出个性，又能得到更高的伦理共同体（民族、社会）认同的“精神”，只有这样，他才能建立起为了完成一个更高的精神目标而压抑、节制自己的“天然性和个别性”的“自由”精神，真正完成自己作为一个人的伦理使命。而“民族”，显然是比“家庭”更高、更抽象、更“公共”的这样一个精神性的存在领域。

四　结语

黑格尔在《精神现象学》中也是从自由精神出发来理解人类社会的伦理和政治现象的，他将“家庭”和“国家”理解为“精神”在伦理世界和政治世界中异化的不同环节和不同发展阶段。而阿伦特则对世俗生活中的传统伦理和政治实体持彻底否定的观点，无论是作为“私人领域”的“家庭”，还是近代兴起的民族国家，都不能使个人实现古希腊城邦中那样自由的言辞和行动，而“政治”的目标正是建立一个超越传统伦理和政治实体的“公共领域”。

不过两人的观点共同表达出源自古希腊的西方近代政治观念的一个更深层次的内在前提，那就是：政治是人的精神的能动创造，是人的自由、人的本真的存在力量的最本质的表达方式，它只能通过理性（逻各斯）的主动创造来完成，而不可能仅仅通过对传统伦理实体（家庭、国家）及其僵化的道德教条的简单服从和惯性延续来实现。

〔作者单位：中国石油大学（华东）人文社会科学学院〕

施米特的“敌人”与“美国没有敌人”

李海默

［内容提要］本文通过分析认为，1955年施米特纠结于他发现的新事态“美国没有敌人”，随后赫鲁晓夫时代显然让施米特对苏联的期待与日俱降，施米特以黑格尔的“捍卫者”自居，要代黑格尔为新纪元立法，为美国这种新形态制造“敌人”，而且目的似乎并不在于把美国打倒在地。在其语境中，这新生的“敌人”，也许就是“游击队员”。

［关键词］施米特　敌人　黑格尔学说

1955年7月14日，施米特在致科耶夫的信中写道：“一位非常有天赋的德国学生——他曾在哈佛求学三年，最近对我说：美国没有敌人，因为敌人无形式[①]。这是一个非常重要的问题”，因为施米特在其《从被虏中得救》一书里曾引过“敌人具有何种形式是我们自己的问题”这么一句诗[②]，在此，施米特或多或少是困惑了，美国的“敌人”不是依循“敌人具有何种形式是我们自己的问题”的逻辑路径而产生，因此“美国没有敌人”或多或少是有道理的，这促使施米特向科耶夫询问在黑格尔体系中是否存在“敌人”的问题。我们都知道，施米特确信人类的敌对性是根深蒂固的，好战性是天赋而必要的，应被极力强化，他认为界定一个人的敌人是界定他的内在自我的第一步，在他看来，自由主义的终极问题在于它惧怕决断，尤甚于惧怕敌人；但在政治中主权决断是不可避免的，

① 据 Erik De Vries 向 Interpretation 提供的英文编译，The USA has no enemy because it has no form。

② 刘小枫选编：《施米特与政治的现代性》，魏朝勇译，华东师范大学出版社2007年版，第71—72页。

即便对那些建立在民主原则上的政体而言也是如此。[①] 在施米特那里，“对敌人和朋友的基本划分没有自身的特点，相反，这种基本的划分超越了所有的特定划分和人类的共性，它有着‘纯粹的’生存含义”[②]。第二次世界大战中及战后美国的表现都说明这个颇具“自由主义”和“民主原则”色彩的政治势力并不畏惧决断，而此刻更由在美国游学过的学生向施米特提出“美国没有敌人”，或者说没有“纯粹的”生存含义的敌友划分，对施米特巨大的震撼可想而知。因此，他需要回溯到黑格尔以清理事态。

在1932年所撰《政治的概念》文稿中，施米特曾信心满怀地宣称：“如果敌友划分消失了，那么政治生活也将随之彻底消失”，“相信一个民族通过宣告它与全世界友好相处或自愿解除武装就能排除敌友的划分，完全是一种错误。世界并不会因此而非政治化，也不会因此而进入一种纯道德、纯正义或纯经济的状况。如果一个民族害怕生活于政治世界所带来的考验和风险，那么，另一个民族就会站出来，通过保护它免受外敌入侵并进而接管政治统治来担负起这种考验。随之，保护者便根据那种永恒的庇护与臣服的关系来决定谁是敌人”[③]，但在1955年，“没有敌人”的美国虽然的确未使政治生活彻底消失，未使世界非政治化，但也没有臣服于任何庇护者，甚至自身看起来更像是一个“庇护者”，勇于决断，不逢“敌人”，这让施米特纠结于怀。在第二次世界大战后，遇到科耶夫之前，施米特已认为即便英国和美国侥幸建立了一个真正的世界秩序，没有多元性的秩序也只意味着政治的终结，只是他对此论断表现得摇摆不定，一会儿认为这样的情形完全不可思议，一会儿又觉得它全无用处[④]。到施米特遇到科耶夫，尤其是事态进展到1955年的格局时，“侥幸”方面的应验（come true）几率在增长（尽管方式与施米特预设的有所区隔），“终结”的可能却在下降，于是施米特已不仅是摇摆不定，而可以说是焦灼与积郁了。

---

① 马克·里拉：《当知识分子遇到政治》，邓晓菁、王笑红译，新星出版社2005年版，第52—56页。

② 洛维特1935年语，见刘小枫选编《施米特与政治法学》，上海三联书店2002年版，第47页。

③ 刘宗坤等译：《政治的概念》，上海人民出版社2004年版，第167—168页。

④ 扬-维尔纳·米勒：《危险的心灵：战后欧洲思潮中的卡尔·施米特》，邓晓菁等译，新星出版社2006年版，第125—126页。

科耶夫的回答很巧妙，他说："在黑格尔的观点中是否存在敌人一说？答案永远是：是或者否。是，——只要存在为了承认的斗争，这就构成历史。世界历史就是人们之间充满敌意的历史。否，——只要历史（=为承认而斗争）被扬弃在绝对知识中。毕竟，'敌意'只是人类语言的'逻辑'运动的一个'瞬间'。拥有完全理性智慧的人（绝对知识）也会有关于（过去的）敌意的讨论，但是这些智慧的人永远不会说出敌意，也就永远不会成为敌人。或者换种说法：在人们的相互认同中，敌意被扬弃，或者被摧毁。但是敌意往往也被保存（扬弃）在认同中，尽管是以扬弃的形式。"科耶夫的立场在于"只要敌意尚存，就依然存在黑格尔意义上的智慧"，等于是说，将"美国没有敌人"这一现象界定为"永远不会说出敌意，也就永远不会成为敌人"，但"敌意往往也被保存（扬弃）在认同中"，因此黑格尔的历史哲学对于解释目前的世界并未完全失效。是否黑格尔在《实在哲学》结束时仍悬而未决的那个"真正自由共同体"的未来前景已然降临？科耶夫似乎并不认可这一点，故他预留了"只要敌意尚存"的解释空间，而对施米特而言，他透过科耶夫的回信意识到的却似乎是，应当如何从认同中离析出尚存的敌意，以破除"美国没有敌人"的这种特殊历史道路。

在霍耐特等学者看来，科耶夫所措意的黑格尔"为承认而斗争"，实际是"一直都不完善"的模式，而且其发展路径，被黑格尔自行堵死了。"《精神现象学》把自我意识发展的独特功能派给了为承认而斗争，为承认而斗争的主题被严格限定为自我意识产生条件的问题。但是，黑格尔一心想把主奴关系解释成旨在承认同一性要求而展开的斗争，因此，主体间为承认而展开的斗争与劳动中的实践经验本有的紧密联系的特殊逻辑几乎完全从视野中消失了，黑格尔因此可能把社会分裂归因于破坏道德要求的经验"①，在这个意义上看，说"历史=为承认而斗争"多少是有点可疑的，如果确系如此，那么就应直面霍耐特范式的问题，因为"破坏道德要求的经验"导出的社会分裂也是历史的构成部分，黑格尔无法回避。更何况，黑格尔在 1802 年《德国法制》的最后定稿中曾写道："如果人类具有的交往本性一旦遭到破坏，被迫投身于独特性利益，这种本性中就

① 阿克塞尔·霍耐特：《为承认而斗争》，胡继华译，上海人民出版社 2005 年版，第 68、151 页。

会出现一种深重的颠倒，以致开始与其他人分裂为二，白白耗尽自己的力量，在坚持自己的分离活动中一直发展到发疯的程度。”[①] 若“人类具有的交往本性”没有遭到破坏，敌意还会“被保存（扬弃）在认同中”吗？科耶夫巧妙的答案，并不径直等于黑格尔学说的原貌。不过，对施米特而言，科耶夫的疏漏完全可以忽略，他就是黑格尔的再世，以他的回答为原点，就能直接与黑格尔学说沟通相连。

但是，在另一个维度，施米特的纠结发问，科耶夫巧妙的回答，也是有着深刻的指向性价值的。就如查尔斯·泰勒曾指出的那样，黑格尔认为现代民主体制所处的困境是，近代主张平等与完全参与的意识形态导致了社会的同质化。这意识形态使人脱离他们传统的共同体，却无法取代那些共同体作为认同焦点的地位，只有在贬抑甚或摧毁多样性与个性的好战民族主义或某种极权主义意识形态推动下，它才能取代那些共同体为认同焦点。它变成某些人的焦点，而迫使另一些人沦入沉默的异化。[②] 美国并非“好战民族主义”与“极权主义”，但在一定程度上却解决了同质化的问题，而且解决的路径让人惊诧。绝对自由的要求不容许社会分化为阶级，故绝对自由的渴望，就其排斥分化而论，与黑格尔认为理性国家必需有所分化的看法是互相矛盾的[③]，这组矛盾在“无敌人”的美国得到了一定程度的消解，既存在“分化”，又趋近于标榜“绝对自由”，减少了“另一些人”的“沉默的异化”，提供了有可能取代共同体成为焦点的、“好战民族主义”与“极权主义”之外的选项。沃格林曾说：“有着黑格尔那样的历史知识的人，故意忽视了意识的直接经验，并代之以高度抽象的、历史上非常晚才出现的外部世界之对象的知觉模型，以便形成一个表达其异化——异化就是在把象征扭曲为教条时表达自身的存在状态——状态的体系”[④]，美国减少“沉默的异化”的路径是新上演的历史，却在某种程度上运用了旧有“意识的直接经验”，并因此展现了“新”的可能性。如果说 1945 年的胜利只是历史的偶然，那么 1945—1955 年十年中美国的进一步“获胜”则无论如何揭示出新历史的某种“必然”，它没有重蹈一战后

---

① 《黑格尔政治著作选》，薛华译，中国法制出版社 2008 年版，第 112 页。

② 《黑格尔与现代社会》，徐文瑞译，吉林出版集团 2009 年版，第 179 页。

③ 同上书，第 166—167 页。

④ 沃格林：《自传性反思》，徐志跃译，华夏出版社 2009 年版，第 100—101 页。

威尔逊总统的覆辙，仅仅止步于提供美好的政治理想图景，而是以十年之功未树“敌人”却收获良多，典范垂世。① 这的确是历史未有的事态，是连托克维尔都不曾完全预料的事态，从 1955 年算起再过上三四十年后流行的“历史终结论”也与这个事态隐然相连。如果美国部分解决了黑格尔遗产中的悖论，那么在一个黑格尔“捍卫者”的立场上该做的，或许就是把它拉回到黑格尔思想的常轨与定规中来。1933 年逃离德国，第二次世界大战期间毫不动摇支持苏联的恩斯特·布洛赫在 1945 年第二次世界大战结束时认定，虽然美国曾经向他提供了流亡的机会、乃至授予他公民身份，但他理应鄙视美国，因为在美国的影响下，西欧正在发展一种新的、微妙的法西斯形式，于是他终于在 1949 年毅然去了东德。② 施米特不是布洛赫，他明白把“无敌人”的美国看成新的“法西斯”，无助于接近问题的真相，他要做的，乃是为美国这种新形态制造“敌人”，而且目的似乎并不在于把美国打倒在地（唯其如此，方显可怖）。

施米特曾经一度认为，法西斯统治下的意大利和红色苏联比魏玛德国和美国都要民主，因为专政提供了表达全民集体意志的机会，这种表达从大众的齐声高呼中可以看到，而自由民主政体却做不到。③ 但事实是，魏玛民国诚然中衰了，“当一种自由派的信仰颂扬某种单一的政治生活形式的时候，如果这种政治体制失败，它就会显得越发不公正。政治神学的动力也就在于此，当自由化的改革者试图遵从当下，这种动力就会激发某种反动，激发一种对未来救赎的激情渴望。这就是过去在魏玛德国所发生的”④，但原本不够“民主”的美国却没有遭遇政治神学激发的“反动”问题，而且正在欣欣向荣。1929 年那场由美国引发的世界性经济大危机终结了泛滥于全德国的“美国主义”神话，但就在 1929 年大危机到来前夕，京特·德恩对德国的青年及所有的无产者，进行了一番调查，大有感

---

① 施米特没有像流俗之见那样将冷战格局，两强对峙视为美国的“敌人”，这是很值得玩味的，某种意义上施米特倒算是有先见之明，因为从 20 世纪 70 年代开始，有关苏联是一个“不完整的”超级大国的认识日益增多，可参阅巴里·布赞《美国和诸大国：21 世纪的世界政治》，刘永涛译，上海人民出版社 2007 年版，第 53 页。

② 马克·里拉：《夭折的上帝：宗教、政治与现代西方》，萧易译，新星出版社 2010 年版，第 211—215 页。

③ 可参阅陈伟《敌友界分·政治决断·空间革命》讲座。

④ 马克·里拉语，可参阅《“左派”齐泽克、马克·里拉一次隔空“对话”》，《东方早报》2010 年 5 月 24 日。

慨：这个社会，人人都在尽可能快地成为一个“美国佬”，那是最大的荣幸。[①] 魏玛民国的中衰与“美国主义”的盛行二者之间可能存在的关联，也许一度是施米特对美国民主体系不以为然的上佳理由，但1955年的施米特已经清楚，魏玛的命运也许只是因为它追寻的并不是自由，而是结合，“其处境除了是一场混杂之外，什么都不是”[②]，因为它“画虎不成反类犬”，而丝毫无损于美国经验的奠定与高悬，而且像1929年那样的戛然“破灭”也许永不会再次来到。至于红色苏联呢，就如以赛亚·伯林1956年观察到的那样，苏联社会中最深刻的裂痕是统治者与被统治者之间的差异，他们之间的鸿沟是不可逾越的[③]，这对包括施米特、科耶夫在内的整个欧洲知识界而言都不再是天方夜谭的“新闻”。

何以施米特不用美、苏两极争霸的结构来观察世局呢？在20世纪20年代末期，施米特曾将俄罗斯视为共产主义中的经济—技术理性以及无政府主义中的对任何种类秩序的非理性反抗力的基座，他曾呼吁面对俄罗斯的经济—技术理性和狂热的无政府主义，欧洲知识分子需要充分知晓。[④] 但他的这个态度，与我们在此意欲寻求的答案似乎不甚相关。1949年4月《北大西洋公约》签订后，为阻止联邦德国加入北约，苏联曾提出缔结对德和约主张，被西方国家拒绝。1954年10月，美、英、法等国签订《巴黎协定》，决定终止对联邦德国的占领，吸收它加入北约组织，并允许其重新武装。在此情况下，1955年1月，苏联宣布结束与德战争状态，5月14日苏联组建华沙条约组织，民主德国成为华约创始国之一。随着华约的正式成立，施米特身处的联邦德国等于被锁定为苏联的一大“敌人”，而当时的西欧由于马歇尔计划的实施和欧洲经济共同体的建立而发生着令人惊异的变化（Erik De Vries 按语），这一系列变化正暗喻美国并无“敌人”，但不是因为畏惧而如此，反而是因为它毫无畏惧可言（先拒绝苏联缔结对德和约，继而率先允许联邦德国重新武装）。然而，施米特在1955年也许仍是寄望于由苏联拉美国重回黑格尔之常规的，尽管斯大

① 李工真：《德国现代史专题十三讲》，湖南教育出版社2010年版，第70—71页。

② 彼得·盖伊：《魏玛文化》，刘森尧译，安徽教育出版社2005年版，第129页。

③ 伯林：《苏联的心灵：共产主义时代的俄国文化》，潘永强、刘北成译，译林出版社2010年版，第117—122页。

④ 约翰·麦考米克：《施米特对自由主义的批判》，徐志跃译，华夏出版社2005年版，第86—88页。

林已经去世两年了（当然，正如扬－维尔纳·米勒指出的，在 20 世纪 50 年代初，施米特与西班牙“整全主义者”颇多合辙之处，如一度将美国和苏联俱视为“虚无主义”，有可能通过合作式和威权化的“社会改革型君主制”来避免苏联化和美国化这对“孪生恶魔”）。不过，赫鲁晓夫时代显然让施米特对苏联的期待与日俱降，这从他 1970 年与汉学家什克尔的对谈中可以看出。施米特指出，党派＝游击队员，党派骤然成为所谓全权，游击队员应毫无保留地站在政党的立场上，国家作为统治机构不可能百分之百保持全权[①]，值得留意的倒是政党，政党剥夺了现存的建制性整体的整体性品格，从而作为一个部分凌驾于整体之上，以求实现所谓真正且无所不包的整体、正在到来的全新整体、全新的统一体、全新的政治统一体。什克尔接话道：然而危险在于，一度拥有全权的政党开始建制化并摒弃全权，亦即正规化和官僚化，犹如苏联。施米特：所谓合法性、正规性均属官僚制的运作模式，官僚制乃是命运，在这点上韦伯可能说对了，“官僚制的运作模式”里面确有名堂，这是一种可怕的现实。[②] 从这段对话中我们可以清晰地读出，赫鲁晓夫无力在斯大林“拥有全权的政党”的旧模式与新的“游击队员”之路中选择任何一种，因此无法有效回应 1955 年出现的“美国没有敌人”事态。[③] 在希特勒、斯大林俱已作古的日子里，从认同中离析出尚存的敌意，化解对旧有“意识的直接经验”的运用这一任务，需期待“游击队员”的登场（1963 年），他们具备非正规性、灵活性、政治使命感和乡土品格。依托大地的浪漫主义和特性优先原则，同“不发达国家”的理想化这一阻止普遍同质国家出现的最后手段紧密结合起来。[④] 正是在这个意义上，施米特对什克尔说：这也是欧洲退出世界中心，以欧洲为中心的时代业已终结的明证。全都一去不复返。

---

① 不知在此施米特有没有想到过埃德蒙·柏克的故训，所谓“仅仅从属于粗野的动物性存在——具备一种短暂的与易腐败的自然天性——的那些事物中的伙伴关系之集合，不是国家，存在于所有美德、所有完善，所有艺术，所有科学中的那些伙伴关系，才是国家的真义”，见 Frederick Pollock：*An Introduction to The History of the Science of Politics*, pp. 135—136。

② 《施米特与政治的现代性》，第 17—18 页。

③ 往深一层说，1955 年的年中，正是赫鲁晓夫作为后斯大林时代苏联支配性领导人地位确立之时，可参阅 John Lewis Gaddis：*The Cold War*, p. 107。

④ 《危险的心灵：战后欧洲思潮中的卡尔·施米特》，第 212 页。

施米特的"敌人"变迁与"美国没有敌人"这一认知相关，以黑格尔的"捍卫者"自居，要代黑格尔为新纪元立法，只是不知如黑格尔再世，会如何看待此公疯狂的独白。的确，按照黑格尔的看法，我们能够参加一种不仅表明从意识到存在的过渡，而且表明从存在到意识的过渡的活动[①]，但这并不代表施米特措意的"归根结底从充满道德情怀的自由个人主义与本质上受政治理想支配的民主制的国家感情之间的矛盾产生出来的议会制危机"[②]。也慎勿忘记桑德尔（Michael Sandel）等人曾一再陈词的所谓"一种先于它的目的而存在的自我必定是一种'完全没有品格，没有道德深度'，并因此而'不可能有任何道德上严肃意义上的自我知识'的自我"[③]，从这个维度看，"敌人具有何种形式是我们自己的问题"这句诗本身，似乎就过于强调了"构成自我的，仅仅是它的选择能力"，以致自我"先于它的目的而存在"。就像马克·里拉一再指出的那样，《圣经》谱系中除了"女人与蛇世代为敌"尚且有《登山宝训》，更遑论施米特并非全知、全能、全在的上帝。

（作者单位：复旦大学史地所硕士研究生）

---

① R. 劳特：《慕尼黑学派的先验哲学》，收于沈真编《费希特在当代各国》，中国社会科学出版社 2006 年版。

② 施米特为 1926 年《当今议会制的思想史状况》再版所撰"论议会制与民主制的抵牾"引论，见冯克利等译《政治的浪漫派》，会成为永恒的、必然的"紧箍咒"，更不等于施米特所有睿智的（sagacious）观点都会一一应验，进而左右着人类动荡不安的命运前程。我们慎勿忘记在黑格尔的哲学辞典中，自我决断暗喻着一种自我控制的手段方式，因之循序设定与要求一种自我反省觉悟（Gary K. Browning: *Hegel and the History of Political Philosophy*, p. 144）。

③ 可参阅应奇、刘训练编《共和的黄昏：自由主义、社群主义和共和主义》，吉林出版社集团 2007 年版，第 220—221 页。

启蒙与全球化——"德中同行"学术研讨会论文

编者按：2009 年 10 月，由北京歌德学院发起的德国文化节"德中同行"大型系列活动第二站武汉站（第一站在北京）隆重揭幕，作为其中一个重要环节的中德两国学者联合举办的"启蒙与全球化"学术研讨会于 10 月 24—26 日三天在武汉大学哲学学院召开，会议由武汉大学哲学学院和德国柏林自由大学哲学系联合举办，并由武汉大学哲学学院邓晓芒教授及柏林自由大学哲学系 Hans Feger 教授轮流主持。出席会议并作学术报告的有国外学者 Hans Feger（柏林自由大学哲学系）、Günter Züller（慕尼黑大学哲学系）、Klaus - Gert Lutterbeck（格莱夫斯瓦尔德大学哲学系）、Oliver Jahraus（慕尼黑大学哲学系）、Christoph Wulf（柏林自由大学哲学系）、Sakiko Kitagawa（北川东子，东京大学哲学系）、Heiner Klemme（美因兹大学哲学系）；还有来自香港中文大学以及中国内地的中国社会科学院哲学所、北京大学、复旦大学、海南大学、山东大学、兰州大学、中南财经政法大学、湖北大学、四川大学、贵州大学、湖南师范大学和东道主武汉大学的 15 位专家学者。与会者就报告人提出的观点和问题进行了热烈的讨论，所涉及的论题有中国文化与以德国启蒙文化为代表的西方理性文化的诸多方面，如全球化时代各种矛盾冲突的思考，从"文明冲突"到"文化和谐"的展望，有对全球"永久和平"的可能性的探索，有对中德各自启蒙文化传统的深入反思，也有跨文化（中西、中德、日西、中日）启蒙思想的比较。整整三天的会议安排得十分紧凑，与会学者都感觉很累，但收获很大。本刊选译了国外四篇有代表性的论文，以飨读者。

全球化和普世性：沃尔夫和康德的普世性和普世主义者的实践哲学

君特·策勒尔/文　匡　宏/译

[内容提要] 本文探讨了欧洲启蒙运动实践哲学的全球视野。重点是探讨关于一门超越了特殊道德的普遍实践哲学的想法。第一部分展示了全球化与启蒙合流的当代的和历史的背景。第二部分介绍了克里斯蒂安·沃尔夫的“关于中国人的实践哲学的讲演”，认为这是一篇穿着中国外衣的自律伦理学宣言。第三部分介绍了康德的成熟的实践哲学，认为它是一种关于行为的法和伦理的普遍主义理论，意在让人类主体性中的自我决定、自我控制成为可能并得到确保。整篇文章关注的始终都是对有理性的人类行为的形式和条件的全球性的，实际上是普遍性的视野。

[关键词] 启蒙运动　全球化　实践哲学　普遍性

1. 全球化中的启蒙

上周三我在教一个讨论班，题目是“康德之后的政治哲学”，直到黄昏将至；当天晚上我就登上了去北京的班机，第二天早上到了北京；这天晚些时候我又转机来到武汉。接下来的几天时间，我要在这儿参加我们的全球化与启蒙会议，星期天回慕尼黑，教上短短一个礼拜的书之后，又得按照和这次差不多的日程到另一个大洲去参加一次康德会议，如此等等。现在不光是经济已经变成全球性的了，学术交流与合作也已经是全球性的了。

不过，以前我是往返于北美与欧洲之间——北美是我曾经教了差不多二十年书的地方；欧洲呢，则是大多数在我这个研究与教学领域工作的同事们的大本营。现在我是在欧洲生活、教学，而向东旅行，到远东去参加会议和例会，明年我还会被一个国家聘为客座教授，而我并不懂这个国家的语言。我的许多同事所做的事情也和我一样。我们为什么要到东方来？特别是，我们为什么要到中国来？有人说，因为有了现代化的通信和交通，世界变小了。我要说，我的世界变大了，变广了。这个世界从德国——六七十年代我在那儿上学——扩展到法国——七十年代末我在那儿上大学——接着到北美——八九十年代我在那儿教书——又到东欧——柏林墙刚一倒塌，我就在那儿作报告、开会——再到远东，首先是日本，接着是韩国，最后来到中国。我到这儿来的心情，交织着一种纯粹的着迷和思想上的好奇：我将遇到一个世界、一个民族，这个世界和这个民族离我越来越近了（因为有了飞机），可是仍然难以（通过理解来）把握，它远离我在欧洲和北美的社会文化经验，也远离我在康德、德国唯心论、叔本华、尼采以及艺术、政治学方面的学术经验。

我对中国文化与文明的着迷与好奇是不会被这个幅员辽阔、历史悠久的国家当回事的，这个国家的广袤疆域覆盖了欧亚草原和东南亚丛林；它的古老起源又得追溯到地中海诸文化诞生之前好几千年，而欧洲的、西方的科学、哲学、艺术和政治大都是从地中海文化得到的启发和指引。比起中国的巨大格局，西方世界连同作为其文化起源的古希腊罗马，不禁显得渺小、短暂。由于其起源是受了近东和中东的影响，所以西方世界有着不连续、分化和互相歧异的特点。它在政治上经历了一系列的帝国——其中有些是同时并立的，还有一系列的革命、内战和激烈的变革。在文化上，它不断有艺术和技术方面的创新，形成了多种多样的风格与品类。在宗教方面，它的特点就是宗派、改宗和重组，最后导致宗教社团分裂为多个不同的教派和信宗。从哲学上讲，它最终形成了个人之间——其中师生之间的争执也是不可忽视的——以及学派之间和整个思想传统之间的歧异与争端。

当然，中国在它过去和最近的历史中也有着变化与挑战的一面，有的规模也很巨大并且付出了无数人命的高昂代价。而且，现在中国拥有世界上发展最快的经济（和政治）力量。但是在几千年的时间里直到最近，甚至现在（是不是现在依然如此，这是有争议的），中国的情形与欧洲的那种政治与哲学的多样性是截然相反的——中国是一个帝国，当然也有着多种语言，包括无论从相对数字还是绝对数字来说都十分众多的民族，但它是统一的，并且被王朝的——最近则是政党的——管治和一个充分有效的官僚军事体制整合到了一起。中国在巨变中作为一个社会政治实体的惊人的稳定性和延续性又是有一种文化与之相匹配的，这种文化在社会凝聚力和政治控制方面的主要手段，即儒家思想，要追溯到2650年前诞生的一位创立者。

从17世纪晚期和世纪早期开始，中国的古老历史和令人仰止的现世智慧遗产，就让欧洲哲学家倾心，那时，莱布尼茨和沃尔夫对来自远东的最新讯息——就是莱布尼茨所说的“中国新闻”——都作出了自己的回应：这些新闻是有关一种学术和政治伦理的文化，它无论是在历久性上还是功效上，都超出了到那时为止西方为建设一个文明社会所作的一切努力。莱布尼茨的全球计划致力于欧洲与中国之间的科学技术交流，以收互利之效①；而沃尔夫则觉察到儒家政治伦理对欧洲政治思想和政治现实中宗教信仰与道德行为之间的传统联系所提出的挑战。在中国，由现世的圣贤而不是彼岸的教士和牧师来建立和维系的社会秩序看来是可能的。②

莱布尼茨仍然坚持儒学和自然神学是相容的甚至是暗合的，而所谓自然神学就是建立在理性（*Vernunft*，*raison*）基础上的，因而也是普世的而非局限于特定的一群信奉者的神学；沃尔夫则对儒家政治伦理进行了一种非宗教的甚至是反宗教的解读，这种解读与欧洲启蒙运动要揭示并批评的传统信仰及其隐含设定的做法是一致的。③

---

① 参看莱布尼茨《与在华耶稣会士的通信（1689—1714）》，Rita Widmaier 编，Malte - Ludolf Babin 由法文和拉丁文译成德文（Hamburg：Meiner，2006）。这些通信共七十封，篇幅长达三百余页，此外在所引的这一辑中还有大量的注释和一篇实质上是导言的文章，也都一并译出了。1697年莱布尼茨出版了有关中国和中欧比较的资料汇编。见莱布尼茨 *Das Neueste von China. Novissima Sinica*（1697），Heinz Günther Nesselrath and Hermann Reinbothe 翻译并注释（Cologne：Deutsche China - Gesellschaft，1979）。莱布尼茨的序言的英译文，见《莱布尼茨的1697年版中国新闻》，Donald F. Lach 译（Honolulu：University of Hawaii Press，1957）。又见 *Das Neueste über China. G. W. Leibnizens "Novissima Sinica" von* 1697，ed. Wenchao Li and Hans Poser. Studia Leibnitiana special issue no. 33（Wiesbaden：Franz Steiner，2000）。更近的可靠的英译本汇编，见《莱布尼茨论中国》，Daniel J. Cook and Henry Rosemont，Jr 译（Chicago and LaSalle，Ill.：Open Court，1994）。

② 对此可参看 Lukas Meyer《环境和历史正义，历史上的排污对今天排污权的分配的规范意义》（在2009年9月于基尔召开的德国政治科学协会第24届大会“政治理论和政治思想史”分会场现场报告论文）。

③ 《论欧洲的特别是德国的启蒙概念》，参看 Günter Zöller《关于启蒙的启蒙，康德的独立、公开和公共的理性运用》，载于《康德和欧洲启蒙的未来》，Heiner F. Klemme 编（Berlin/New York：de Gruyter，2009），第82—99页。

2. 全球性实践哲学

1721年沃尔夫在结束他在普鲁士王国新成立的哈勒大学的校长任期的时候，发表了一次关于中国人的实践哲学的拉丁文演讲（*Oratio de Sinarum Philosophia Practica*）。[①] 1725年，这篇演讲出了一个未经他授权的手抄本，接着在1726年沃尔夫本人将该文出版，并加上了旁征博引的注解。这篇演讲本身有35页，分为45小节，每节都冠以一个标题，指出需要理解的要点。演讲之前是一篇序言，之后是沃尔夫对新当选的校长的致辞和沃尔夫当选校长时的就职讲话。

沃尔夫在演讲中利用了当时对中国的记载和儒学著作的译本。不过沃尔夫并不是要向他的听众重述或是概括早先的成果，而是要讲述中国哲学的基本特点——在他亲自批判性地考察了那些一手二手的文本之后，中国哲学向他展示出了这些特点。孔子以来的中国哲人们成功地阐明了一种在个人和社会层次都能有效指导人们的生活的哲学——沃尔夫尤其努力想弄清这一成功背后的秘密所在。沃尔夫认为中国人的智慧（*sapientia Sinica*；18）不仅在于对私德和公德的研究（*studium virtutis*；28），而且在于保证后者在实际生活中的践行（*vita*；42）。

沃尔夫一开始就向听众保证说要揭开中国哲学的秘密（*arcana Philosophiae Sinesis*；20）。但是沃尔夫在实践哲学的问题上其实并没有什么关于中国人的思想和政治成就的出人意表的秘密要公之于众。相反，中国人的实践哲学的特点在沃尔夫看来，正在于它不依靠任何特殊的、罕见的知识，例如那种来自超出人力所及的洞见和灵感之源的知识。在沃尔夫看来，一般而言，中国思想——或者具体而言，中国伦理——实际上不受任何自然的或是启示的神学与宗教的混合物的影响，而是完全建立在对人性，特别对人的心灵（*mentis humanae natura*；22）的研究之上的。因为照沃尔夫的看法，真正道德原则的标准（原话是“点金石”；*lapis Lydium*；24）就是符合人性（*cum natura mentis humanae convenientia*；24）。

---

① 沃尔夫：《谈中国人的实践哲学》，由Michael Albrecht翻译和编导，拉－德对照本（Hamburg：Meiner，1985）；本论文中此书的引文都用圆括号注明了出处的页码。所引的拉丁名词和名词短语也都按主格形式译出。

按照沃尔夫的重构，中国人的实践哲学的主要特点是伦理的理论和实践的认知主义性质。在要追求的“善”（*bonum*）和要避免的“恶”（*malum*；30）之间的伦理区分，是以对善和恶的认知为基础的，而这一认知又是来自对事物及其各自的完满性（*perfectiones*；26/28）的认知，其中也包括对人的心灵的完满性的认知。按照沃尔夫的重构和批注，中国人的实践哲学认为认知是有动机作用的：我们追求我们认为是善的东西，拒绝我们认为是恶的东西。因此，在理论中也在实践中，完善一个人的认识有助于完善一个人的道德。

这样一个实际上是伦理性的认知改进过程中，一个关键要素是从灵魂的低级部分提升到灵魂的高级部分（*distinctio inter partes animae superiorem ac inferiorem*；34）。沃尔夫在此采用了理性主义在基于感性（*sensus*）、想象（*imaginatio*）和情感（*affectus*）的含混的认知和在知性（*intellectus*）、理性（*ratio*）和自由意志（*libera voluntas*；34）的基础上获得的清楚明白的认知之间所作的区分。低级的认识是很容易出错的，特别是容易颠倒善恶。相反，清楚明白的认识则可以确保对于事情的真正本质的洞见，并产生正确的伦理评价和动机。沃尔夫认为有几位古人（*veteres nonnulli*；34）说中了这个区分，还认为中国传统的教育体制中的两个教育阶段（*schola parvulorum*, *schola adultorum*；36 and 38, respectively）就是设立了这个从基于感性的学习到需要运用理性（*usus rationis*；38）的学习的上升过程。

在沃尔夫看来，有了这样一种认知主义伦理观和相关的对从感性到理性的逐渐进展的构想，中国人的实践哲学之核心就放在了理智（*intellectus cultura*；50）的构造上。按照沃尔夫的重构，中国人的实践哲学的特性就是，对理智的伦理构造不是通过推论和冗长的演证（*argumenta*；46）。中国人指导人看待伦理问题，激发人去过合乎道德的生活，其实是靠榜样和效仿（*exempla*；56；*imitatio*；58）。

中国伦理的教育方法的有效性的一个特点在于它总是诉诸道德楷模的功德与名望（*merita*, *gloria*；58）。沃尔夫不认为这样的劝诱会让道德动机变得不真诚，相反，他认为中国人的实践哲学其实是依靠内在动机的作用和对本性善（*motiva intrinseca*, 46；*intrinseca bonitas*；60）的考虑。基于他对通过榜样进行道德教导的肯定评价，沃尔夫也欣赏中国文化中的礼仪实践。他尤其坚持认为礼仪对于塑造美德是很有好处的（*rituum usus in cultura virtutis*；60）。

据沃尔夫分析，中国人的实践哲学认为人类行为的最终目的（*finis ultimus*；52）是最高的完善，既是自我的也是他人的最高完善（*summa sui ad aliorumque perfectio*；54）。达到这种完善的努力特别是在永不满足地追求它的道路上不断前进，构成了人的最高的善（*summum hominis bonum*；56），这种追求也势必让人幸福。沃尔夫认为，中国哲学家们都相信，幸福就在于每天向更高程度的完善（*ad majores perfectiones*；56）不断精进。

于是在他看来，两个相互联系的特征使得中国人的实践哲学区别于其他的个人或公共的伦理学。中国人的实践哲学是完全建立在人所能达到的认识上的，它设想并鼓励只凭人的努力就能做成的道德行为。沃尔夫认为，一句话，中国人设法让伦理具有自律性和有效性。在一种比世界其他文明都要古老的仍然活着的文化和文明中，沃尔夫发现了这样一种决然是现代性的伦理学，因为它在理论上和实践上都是自足的，无需任何宗教的和神学的前提。

实际上，沃尔夫归于古代中国人的这种伦理学是很现代的，结果他的同代人都不能也不愿意接受中国人的实践哲学的教导。沃尔夫不久就被谴责为无神论者，受到新教教士（确切地说，就是虔诚派）的猛烈抨击，还被告到了普鲁士国王那里，国王勒令他在四十八小时内离开哈勒大学，离开普鲁士，否则就判他绞刑。沃尔夫逃走了，多年以后他又荣归哈勒大学，那时那位顽固的国王已经由他的思想更开明的继承者弗里德里希二世取而代之了。

到了 18 世纪末，沃尔夫以中国人的名义，确切地说是以孔子的名义开辟的通往自律伦理学的道路，又被一个人推向前进了。此人终身都很倾慕沃尔夫建构体系的雄心，但又逐渐变成了沃尔夫独断体系的严厉批评者，他就是“哥尼斯堡的中国人”（尼采语），伊曼努尔·康德。康德在自己成熟期的实践哲学中，把人类心灵的低级和高级官能之间的程度区分深化为基于感性的和基于理性的认知和意愿之间的根本性区分，并作为伦理知识目标的完善替换为纯粹理性的意志规定。这样一来，沃尔夫关于中国人的实践哲学的“自律性的伦理学”（*autonomous ethics*）就变成了“自律伦理学”（*ethics of autonomy*）——一种关于完全建立在理性基础上的意志自我规定的伦理学。

康德也用对“法权”（recht）和“伦理”（ethik）的具体区分，代替了沃尔夫关于实践哲学的笼统概念，认为在前一领域中的道德义务与外部表现有关，因此也是法律上可以加以规定的行为，但后一领域中的道德义务则与内在动机有关，因此不受外部约束的影响。从中国人实践哲学的欧洲现代性这一视角看来，这一发展引起了有关新康德主义在伦理学方面以及在范围更广的实践哲学方面可能的全球视角的许多问题。

3. 普世主义的实践哲学

沃尔夫和他的学生，特别是鲍姆嘉通设想过实践哲学的一个分支，名曰“普遍实践哲学”（philosophia practica universalis），目的是要超越古人的伦理学体系例如西方传统中的斯多噶学派和伊壁鸠鲁学派之间的差异，为一切具体的实践哲学提出一种总体概念框架，囊括一切具体的伦理学。康德把这个启蒙动向继续引向一种普遍的实践哲学，他的手段是从在沃尔夫和鲍姆嘉通那里大都还只是道德术语的名词解释汇编的东西那里借取到方法和理论的实质性东西。为了把普遍实践哲学的这一现代主义计划从解释名词术语的预备层次推进到一门实践哲学的核心阶段，也就是作为一门能够要求普世性的真正的实践哲学阶段，康德就得消除沃尔夫和鲍姆嘉通实践哲学中最后残留的特殊性。因为在把实践哲学特别是伦理学从宗教和神学前提的狭隘范围中解放出来之同时，沃尔夫以及紧接其后的鲍姆嘉通仍然坚持着伦理学的一种特殊类型，这种伦理学把道德知识、道德动机与事物的一种本体论次序结合到了一起，这种次序体现为事物的积极的实在性或完满性（realitas，perfectio）的内涵和外延。在沃尔夫和鲍姆嘉通那里，道德知识和动机都是指向对人类行为带来的宇宙中不断完善的状态的认知和再认的，因此这种思想最后只能变成一种关于事物的宇宙目的论。

康德在方法论和认识论的基础上，批判了体现在沃尔夫—鲍姆嘉通学派的实践哲学中的这种认知主义的完善论思想，他认为要看到事物中的目的论秩序所需的那种洞察力不是有限的人类心灵所能有的，而且这种想法还必然会混淆对世界实际上如何的理论认识和世界应当如何的实践认识。康德尤其反对那种把道德哲学建基于一个要灌输给人们并影响人类行为的关于什么是善的先天的、独立的概念上的做法。

和他在《纯粹理性批判》中对先天知识问题的革命性重估——即将主体与客体各自的地位颠倒过来，让主体建构客体而不是相反——相似，康德最终也把目的和追求目的的行为的通常关系颠倒了过来。康德不是把道德行为的目的看作是预先给定，被把握到然后被追求的东西，而是把道德目的看作是道德推理——确切地说是纯粹实践理性——的产物。在康德成熟的道德理论例如在《道德形而上学基础》（1785）、《实践理性批判》（1788）和《道德形而上学的两个部分》（1797）[①] 中，道德目的不是一个被发现的问题，而是一个被产生甚至被生成的问题。道德目的并不是在被理性行为者发现、选择和追求之前就存在着的，而是产生于行为者在道德行为问题上的理性作用。道德目的不是给定的，而是被建立的，或者不如说是自行给定的——即，由理性行为者给予他或她自己的。

一种不是建立在给定的目的之上，而是建立在自己建立的目的上的伦理学在策略上的——如果可以这样说的话，也是政治上的——好处是双重的。其一，道德目的的本原是在于行为者自己，这就保证了他（她）对道德行为的目的的高度认同，这些目的不再被认为是给定的甚至是外力强加的了。另外，道德目的的本原是基于行为者的，这也解除了道德行为与证明目的的客观秩序的认知任务的关系，而这个任务无论在认识论上还是在心理学上都是很难完成的，如果不是完全不可能完成的话。

康德对道德目的和道德行为者地位的革命性颠倒，把行为者从道德教育和指导的接受者变成了道德目的的创立者和推动者，这可以看成是和欧洲启蒙运动要确立一个不再根据传统和偏见来行动的自我决定的行为者的权威和责任的整体规划是一脉相承的。不过，政治上的好处先不说，康德相信自我建立目的的伦理学完全可以代替并且事实上还改进了传统的被给定的道德目的原理——或者用一个后康德主义的术语来说，“价值观”，或者用一个反康德主义术语，“道德话语”，他这种信心的根据何在呢？基于行为者的道德目的建构及其所导致的道德目的主观化，不是和它赋予不顾社会背景和联系的自我决定的个体的首要地位一样，是启蒙文化导致的客观性和导向作用丧失的一个重要例子吗？

其实，康德对于道德认知和行为的新的尤其现代性的理解，是以对非道德或道德以外目的选择和追求为模范的，这种情况首先并且大多发生在日常生活的追求而不是重大的道德决定受到危及的时候。其他的道德理论把平常的、偶然采纳的目的之确立和关乎道德的必然采纳的目的割裂开

① 这些著作都很容易在 Mary J. Gregor. General Introd. Allen Wood 翻译并编辑（Cambridge: Cambridge University Press, 1996）的《康德实践哲学》的现代英语译本中找到。

来，康德则不是这样，他的道德理论强调在道德以外的追求中的目的设定与对道德目的的设定和追求之间的结构上的亲缘关系。在这两种情形中，目的都不是预先给定的，而是根据性情、偏好和方案来选择的。

当然，康德认为道德目的或者说与道德相关的目的与道德之外的目的或者说与道德无关的目的之间的根本区别仍然是存在的。但是这之间的区别不是被选择的目的和被给定的目的之间的区别。其实这一区别关涉的是设定目的的方式和模式。按康德的人类行为者模型，人类或曰理性行为者不是光凭冲动行事，而是与他们动物性的活动相反，以一些行为规则来指导他们的行为，他们采用这些行为规则，是因为选择或考虑了某一特定的行为过程，这一行为过程是那一规则所涵盖的行为的类型的标志。在康德看来，按照这样一条被采纳的规则行事，是有理性的行为者的本质特征，即使这里所说的行为差不多就等于把一个特定的冲动或者“偏向”（neigung）置于一个最起码的规则之下。

康德对自行给予的自由采纳的行为者的行为原则所用的术语是“准则”（maximen），这是来自一个表示指导人的行为的最一般、最不具体的规则的术语。不过，虽然在康德看来，一切人类行为都是基于准则的，或者至少可以描述为也包括被行为者自己描述为是涉及准则的，但是考虑到其道德资质的时候，并非所有的准则都有同等的地位。人类行为的起码合理性就在于它符合一个特定的准则。在康德看来，一个行为的充分的、最大的合理性就在于这个特定的准则与其他每个人的自由行为都是相容的。在前一点上，准则的范围仅限于持有这一准则的个人自己。在第二点上，这一准则的范围就要联系到其他行为者的可能行为，具体说来，就是联系到所有行为者或者一切可能的行为者的行为来加以考虑和评估。

这个对行为的合理性的个体间的要求，就需要把行为者的视野从自我中心的角度拓宽到一个扩大了的、实际上是最大限度地扩大了的对所有其他人的考虑。在康德看来，道德的视点（“道德性”，*Moralität*）正好就在于采取这样一种更广阔的最大限度地扩展了的视角，根据这一视角，一个人自己的行为，或者不如说这些行为所倚仗的准则，要根据它们和其他每个人的一切可能行为或可能准则的关系来加以看待和评价。按康德的想法，采用具体说来是道德的视点，也就是那种不从任何特殊角度，而是考虑所有其他人的视点——我们也可以把它叫做全球视点——是一件合理的事情，因为它使得人们把自己的准则从属于其可能的普遍性的形式条件之下。一个严格照此行事的完美的理性存在者不会出于有限的自我中心的视角而行动，而是会按照对一个行者的行动或准则对每个其他人的意义的考虑而行事。

虽然康德坚持认为在实践合理性与按照可普遍化的准则行事之间是一种分析关系，他还是承认人作为有限的实践存在者并不一定是完全理性的。事实上，他们的理性大多都是不完满的，很容易将会让关于一切准则的完全理性的元准则服从于非理性的甚至是“恶”的元准则，凭借各自的个别性而不受纯粹实践合理性要求的约束。① 康德并不满足于只是抱怨关于人的这个基本事实。其实，康德的整个道德哲学（Moralphilosophie），包括“法权论（rechtslehre）”和“伦理学（ethik）”都意在呈现那些为保证——不用说还有贯彻——理性的，普遍相容的行为所要求的手段，并证明其合理性。一开始，康德就重新阐述了完满的实践合理性的描述性原则（道德律，sittengesetz），以使之对我们这样的并非自由地而是“不情愿地（ungern）”遵循可普遍化准则的道德律的存在者（人类）的具体情况发生效力。②

于是，道德律就以要求只根据可普遍化准则（“定言命令”，kategorischer imperativ）的无条件命令的形式出现，理想的完善的实践合理性成了一个义务（pflicht）问题，而它在理想情况下的必然出现成了一个“强制（nötigung）”的对象。更准确地说，法律义务所涉及的“约束（zwang）”是由法权（recht）的定言命令来实施的，而它所关涉的法权义务（rechtspflichten）是外在的或者是可以由他人实施的外在的可执行的约束。相反，由德性（tugend）的绝对命令所施加的强制所涉及的约束以及相关的德性义务（tugendpflichten）是内在的或者说是自我约束（selbstzwang），它是由行为者自己在一种康德表示为自主及自我统辖或曰“自治（autokratie）”的自我关系中施加于自己的。③

在定言命令之下，道德行为者在法律行为和道德行为中所享有的自由是双重的：首先是由“自由的任意（freie willkür）”官能所施行的选择自

① 见《康德实践哲学》，第 512 页注。

② 同上书，第 515 页。

③ 《论欧洲的特别是德国的启蒙概念》，参看 Günter Zöller《关于启蒙的启蒙，康德的独立、公开和公共的理性运用》，载于《康德和欧洲启蒙的未来》，Heiner F. Klemme 编（Berlin/New York：de Gruyter，2009），第 82—99 页。

由，它为了把各种偏好综合进一个行为者的个人主义原则所造成的最起码的合理性结构而构造并采纳准则；除此之外，具体讲来它又是道德自由，体现为它是只按照这样一些准则行事，这些准则的合理性超出了特定的这个人甚至是一切个人的限制，而是扩展到了其准则及准则所导致的行为将会相互影响到的每个人。前一种自由是自我尊崇、自我中心的自由，在这种意义上它是特殊的，而后一种自由则是尊重他人甚至尊重所有人的，在这个意义上是普遍的。它是基于对每个人的人格中的人性的义务（或实践上必然的）思想，这种思想超越了并且事实上改造了严格意义上的个人，使之表达了人类的普遍规范特点。

第一种自由是选择或任意的自由，一般与现代的开明个人主义相联系，被认为是缺少社会凝聚力和政治团结力的。后一种自由则是一个按照道德原则行事的行动者的自由，这些原则是来自这个行动者作为可以是纯粹理性践行者的核心存在的。这两种自由，或者不如说自由的两种意义离开对方都无法充分实现。不受法律和伦理的普遍相容性限制的个人自由最好也不过是一种褊狭的自由，最坏可能是一种反社会的自由。在道德问题上的自律和自治，如果没有了在社会生活中对任意和创造力的运用，就会变成道德自治论。用康德主义的话来说，作为构成和采用准则的普遍规则的法和伦理的定言命令，其全球意义就在于：用普世主义方式来构造你的准则，根据特殊主义情境来践行你的准则。一句话：思想要放眼世界，行动要因地制宜。

（译者单位：武汉大学哲学学院博士生）

从日本的视角反思启蒙

——制度化启蒙的悖论①

北川东子/文　张云涛/译

［内容提要］启蒙的全球化有两种可能的方式，一种是作为所有人的任务的自我启蒙，即康德所谓“走出由自己加之于自身的不成熟状态”，少数先知先觉者对他人有启蒙作用，但也只是在先以自我启蒙的基础上帮助他人，西方学者大都持这种启蒙观点。第二种是从非西方的角度，如日本的角度，认为启蒙是外来的，首先是对他人的启蒙，这种启蒙是不自由的，是被采纳和被高层规定的改革运动，实质是西方化。启蒙在此意味着精神的发展和教化过程，负有启蒙使命的日本知识分子尝试用儒、佛思想解释西方思想，但导致了一个彻底的范式转变，凭借启蒙他人来进行自我启蒙。但启蒙哲学由此与政治混淆，使启蒙充当了一种文化制度，导致了日本军国主义。制度化启蒙是自我启蒙的缺位，成为反启蒙的启蒙。今日的全球化启蒙更是制度化的。首先对此提出抗议的是女权主义者，反对滥用主体的自由和忽视自身传统。启蒙不是可以用制度一劳永逸地规定下来的，以西方政治经济体制来解释启蒙混淆了启蒙的概念。

［关键词］自我启蒙　对他人启蒙　制度化　日本　全球化

一　启蒙全球化的两种方式

毫无疑问，在今天，启蒙是全球化世界共有的思想财富。在世界的大

---

① 本文是日本东京大学教授北川东子（Sukiko Kitagawa）博士在武汉大学哲学学院举办的德国文化节大型系列活动“德中同行”之“启蒙与全球化”（Enlightenment and Globalization）学术研讨会上宣读的论文。——译者注

部分地区，启蒙的基本概念如合理性、独立自主、个体自由或正义现在属于社会生活的必需词汇。鉴于启蒙的基本概念的普遍有效性，人们能否称我们的时代为已经启蒙了的时代呢？

这次会议的题目是“启蒙与全球化”（Aufklärung und Globalisierung），它将思考启蒙与全球化的关系。当人们阅读了康德的著名文章《答复这个问题：“何谓启蒙？”》（*Beantwortung der Frage*：*Was ist Aufklärung*?）时，人们将在这里提出启蒙能够全球化的两种可能方式。

第一种可能方式在于作为所有人的任务的自我启蒙（Selbstaufklärung）。如果人们遵循康德，将启蒙界定为“结束（或走出）自己加之于自身的不成熟状态”（Ausgang aus der Selbstverschuldeten Unmündigkeit），那么，再提启蒙的基本理念为何获得了其普遍有效性这个问题就是多余的。结束精神的不成熟状态与为此所必需的独立思考只不过意味着自我生成的一般过程，每个人都经历了这个过程，以便在精神上成熟起来。

同时，康德把“通过精神自身的劳作而摆脱（几乎成为天性的）不成熟状态”〔sich durch eigene Bearbeitung des Geistes aus der（beinahe zur Natur gewordenen）Unmündigkeit heraus zu wickeln〕的巨大困难作为主题加以讨论。由此，在少数独立思考者的帮助下，“公众的自我启蒙”是可能的。在这里，康德强调了公开运用自己的理性的学者的作用。这种意义上的启蒙是启蒙他人（Fremdaufklärung），是启蒙运动的扩展过程。在这个过程中，少数几个已经启蒙了的人应该帮助大多数人达到自我启蒙。

如果人们联系康德意义上的启蒙的普遍有效性的可能性来考察其意义，那么，人们将会碰到自我启蒙与启蒙他人、普遍性与全球化的独特的交叉。

然而迄今为止对启蒙主题发表看法的哲学家似乎毫不含糊地将启蒙看作是自我启蒙。不仅狂热的捍卫者恩斯特·卡西尔（Ernst Cassirer），而且尖锐的批评者狄奥多·阿多诺（Theodor Adorno）都是从自我启蒙的视角，更确切地说，从一个自我启蒙者的眼光把启蒙作为主题加以讨论。在他们对启蒙的理解中，启蒙活动分子的形象深深地印在他们心中。就连尤尔根·哈贝马斯（Jürgen Habermas）和尼可拉斯·卢曼（Niklas Luhmann）试图将启蒙观从后现代的攻击中拯救出来，也是为了澄清启蒙。在此背景下，被康德看作是实在的对他人的启蒙就被人们从独立思考着的自我解放者的视角来加以理解，并被阐释为对自我启蒙的要求。启蒙首先指自我启蒙。

与此相反，如果人们从非西方的角度，譬如从日本的角度考察启蒙，那么，启蒙是伴随着现代欧洲的地理大扩张而发生的启蒙全球化的历史过程。启蒙是从别处获得的东西，从欧洲引进来的文化舶来品。这里，启蒙他人的方面占据优势，不仅要从启蒙者的视角看启蒙，而且要从被动的被启蒙者的视角看启蒙。

如果启蒙受到了外在的异己的东西的规定，如果自我启蒙被动地通过启蒙他人来实现，那么，在概念上就存在着一个真正的悖论。这种启蒙并不自由，因而既不是独立思考，也不是结束自己加之于自身的不成熟状态。

精神解放意义上的启蒙并非无条件地预设了自我启蒙，对此，日本现代精神史提供了一个很好的例子。日本的启蒙是一个被采纳和被高层规定的改革运动。在很长一段时间，日本思想史专家认为，在日本没有真正的启蒙，只有西方化。这首先是一种将日本现代化开始时的精神和自由政治运动看作是启蒙的新观察方式。我们日本的启蒙经验是有趣的，无论是受外在规定的启蒙的肯定方面还是否定方面，都清楚地表明了这一点。

二　自我启蒙作为启蒙他人和启蒙的制度化

在日语中，“Keimou”（“启蒙”）一词在意义上几乎与“Aufklärung”（“启蒙”）意义相同，即从不清楚的思想中解放出来。“启蒙”（Keimou / Aufklärung）或“启蒙思想”（Keimou Shiso/die Philosophie der Aufklärung）首先是一个历史概念，它揭示了从 19 世纪下半叶至 20 世纪初这段历史时期开始的日本现代化的精神氛围。

随着 1853 年西方列强强迫日本“国门大开”，日本的快速现代化和西方化过程开始。这个过程主要是由崛起的新阶级下级武士（Kakyu Bushi / Samurais vom unteren Rang）承担。因此，日本的现代化意味着三种不同的东西：建立现代民族国家，引进西方文明，首先是现代技术和工业，更新日本社会结构。

当时的日本知识分子接触到了西方文明，在启蒙思想中看到了繁荣的西方文明的精神实质。日本启蒙运动的代表福泽谕吉（Fukuzawa Yukichi，1835—1901）考察过欧洲和美国，因而写了很多书，在日本介绍启蒙的基本观念，如个人的平等、解放或权利。

显然，应联系现代欧洲的历史现象来理解这种启蒙观念。没有历史上被给予的现代西方，日本的启蒙运动不可能存在。这产生了两方面的影响，即热心学习西方思想和从文明史的角度整理启蒙。

1892 年，日本启蒙者创立了期刊《明六杂志》（*Meiroku Zassh*），这个哲学刊物促进了西方哲学的广泛接受和思想交流。建立哲学团体在当时还是一个冒险的行动，因为直到 1868 年封建统治者严禁任何集会，将之视为叛逆行为。在这个期刊上发表评论的哲学家的名单很长，既包括代表性的经典学者，也包括他们的在今天几乎无人知晓的同时代的人，如 Cornelis Opzoomer。日本的启蒙是一个学习的过程，这听起来是一个悖论，在这个过程中，独立思考被接受，并向西方典范学习。这样，正像福泽谕吉的那本书——该书被看做是日本启蒙运动的基本著作——的标题（《劝学篇》[*Encouragement of Learning*]）所说的那样[①]，独立自主的要求和“不经别人的引导就能运用自己的理智的勇气”（der Mut，sich seines Verstandes ohne Leitung eines anderen zu bedienen）转变成了热情学习的勇气。

启蒙的概念隐含着一个时间维度，因为它意味着精神的发展、教化的过程和人的发展。启蒙的观念与现代历史哲学紧密地联系在一起。因此，对于日本而言，学习西方并不仅仅是模仿，而且能够成为启蒙。这样的时间之维必须转变成一种空间之维。追求的不是历史中的进步，而是作为精神的地点转换的进步。

在西方文明的众多哲学家的影响下，福泽谕吉试图将世界史划分为五个阶段，并且将第四、第五阶段界定为文明和启蒙阶段。日本以及中国属于半文明的第四阶段，而像英国或德国等少数欧洲国家和美国则已经实现了启蒙，达到了最高的阶段。因此，在福泽谕吉看来，康德意义上的启蒙了的时代已经在西方列强的形式中实现了。

由此可见，日本所理解和追求的启蒙是启蒙他人。但是这种启蒙他人需要启蒙者和独立思考者。拥有启蒙公众的任务的日本知识分子尝试着通过他们的精神传统，即儒家的社会准则和佛教世界观，来解释西方思想。

因此，日本的启蒙是一个被中介（vermittelte）的启蒙，自我启蒙与

---

① 参见 Yukichi Fukuzawa，*Encouragement of Learning*；tr. by Eiichi Kiyooka，Tokyo：Keio University，1957。福泽谕吉：《劝学篇》，群力译，商务印书馆 2009 年版。——译注

启蒙他人结合在一起。但是就引进西方的启蒙思想意味着日本思想界的一个彻底的范式转变而言，凭借启蒙他人来自我启蒙是有效的。日本思想界受到了儒家哲学传统的深刻影响。儒家的统治意识形态的严格传统从哲学上论证了社会等级，没有给予社会平等的思想以活动余地。因为每个人从一开始就认同他在这个等级中的角色和地位，作为父亲或儿子，作为统治者或臣民，所以，为了引进个体概念，必须完全转变思想。

只要引进启蒙主义的基本概念有助于持续地转变思想和发现一般的人权，能够成为与儒家传统处于一种建设性的紧张关系中的社会改革的推动力，那么，这种被中介的启蒙事实上就是启蒙性的。

日本的启蒙知识分子同时是处于领导地位的政府官员，他们并不首先从哲学意义，譬如，转变思想和产生新概念上理解他们的任务，而主要是从政治意义上理解他们的任务。他们的目的是在日本建立现代政治体制。为此目的，需要启蒙概念。启蒙运动的政治维度被如此强调，以至于哲学几乎不可能与政治划清界限。这导致了个体与国家的致命的混淆。所要求的独立思考与个体的经济上的独立被等同起来，个体的独立与日本的外交独立被等同起来。哲学与政治的这种混合、个体与国家的被等同有如下后果，启蒙思想马上悖论式地与军国主义意识形态合作，这使得军国主义意识形态可以随便使用启蒙思想的术语。在这种联系中，启蒙充当了一种文化制度，使亚洲的日本上升到西方的水平，这样，对日本在亚洲的殖民发挥了意识形态的背景作用。

因为这里缺乏自我启蒙的方面，所以，与此相对，不存在在解放的名义下引进新压迫的重大对立，日本的妇女歧视史说明了这一点。当女性的本质与儒家的家庭准则被等同时，一种观察方式形成了，它将女性、亚洲和落后看作是在概念上统一的，而男性、西方和进步开始逐渐占据了官方的言论。

这是制度化的启蒙的悖论，这种启蒙并不与传统处于紧张的关系之中，而是获得了一种理所当然的有效性。因此，制度化的启蒙是一种试图去启蒙，但却没有意识到自我启蒙和启蒙他人之间的对立的启蒙。

三　启蒙作为摆脱制度化的启蒙的出路

研究陌生人和现代心理学的格奥尔格·齐美尔（Georg Simmel）在其

《大社会学》(*Soziologie*)[①] 中指出了一个团体的范围与其中的有效概念的抽象化之间的关联。他着重指出，“一个团体的扩展”随着它的每一个成员的个体化和自身独立而出现。

“社会的进化习惯于从一个较小的团体开始，这个团体在严格的关联和同类化中保持其要素，扩大为一个更大的团体，这个更大的团体给予他的要素以自由、自为存在和相互差异性。”[②]

通过这个表述，齐美尔不仅给出了社会学的观察，指出了团体在历史中发展为社会，而且注意到了思想启蒙与社会全球化的必然联系。

事实上，基于政治和市场经济的全球性的联系，我们今天不仅在观念上，而且在事实上生活在一个全球性的世界社会的时代中。启蒙的基本概念如独立自主的主体、个体自由和正义（或者倒不如说公平［Fairness］）属于世界政治和全球市场经济的基础。通过政治和经济的全球性的联系，启蒙思想获得了巨大力量。如果我们想理解我们的政治或经济形势，那么，这种力量迫使我们按这些基本概念行事。在今天，成就与人的自画像——人自由地、独立自主地、进步地思考和行动——结合起来。在这种意义上，我们生活在一个全球启蒙制度化的时代。

针对制度化的启蒙，女权主义哲学家首先提出了抗议，因为她们专注反启蒙的价值，如关怀和相互依赖。一方面，就连对妇女歧视的讨论分析性的研究也非常清楚地表明独立自主的主体如何被社会压力构造和滥用。如果人们这里要给出一个例子，证明日本的独立自主的主体被这样构造，那么，在独立自主的主体的所谓不受限制地支配自己的身体的外衣下，日本士兵在战争期间所进行的性犯罪的罪行、所谓的“慰安妇”（Comfort Women）问题总是被否认。针对奸淫的指控而提出的论点是：“她自己也是同意受淫的，这最终是她自己决定的。”

另一方面，东亚的女哲学家对重新界定“传统”概念做过一些哲学思考。她们不愿意将传统看作是与启蒙无条件地对立者，即，不仅将传统

---

① 指齐美尔《社会学——关于社会化形式的研究》(*Soziologie. Untersuchungen über die Formen der Vergesellschaftung*; Leipzig: Duncker & Humblot, 1908)，他还著有《社会学的基本问题——个人与社会》(*Grundfragen der Soziologie. Individuum und Gesellschaft*; Berlin: Göschen, 1917)。学界称前者为《大社会学》，称后者为《小社会学》。前者已经有中译本：齐美尔《社会学——关于社会化形式的研究》，林荣远译，华夏出版社 2002 年版。——译注

② Simmel, *Soziologie*, 1908, S. 469.

理解为一堆压制性的意识形态思想，而且强调传统首先应该继续存在①。启蒙的基本意图是使自我从意识形态的压制、歧视和偏见中解放出来，但这并不总是意味着从已形成的传统中解放出来。正如拉美女权主义者所观察到的那样②，经常发生的事情是，多文化的同一性使得我们有可能将好几个传统经历为自己的，这样就逃脱了被一个传统或一个文化所统治。

“启蒙”概念的意义在今天并不是明确的。它能够意指作为精神激动的独立思考，但也意指强有力的思想制度，这种制度以现代欧洲为依据，将西方政治和市场经济体制全球化。

人们不应忘记的一点是，“启蒙”绝不能成为被完成的启蒙，而总是必须重新开始，敢冒风险。

（译者单位：武汉大学哲学学院博士生）

① 参 Kim Heisook 在 2007 年日本京都论坛（Kyoto Forum）上所做的演讲《女权主义和开放世界》（Feminismus und die öffentliche Welt）。

② 参 Ch. T. Mohanty、A. Russo 和 L. Torres 编：《第三世界的妇女和女权主义政治》（*Third World Women and the Politics of Feminism*; Bloomington: Indiana Univ. Press; 1991）。

启蒙与黄昏：主体及其传媒的成分

奥利弗·雅豪斯/文　黄小洲　赵代娣/译

［内容提要］教化（Bildung）一词在德文中的含义不仅仅是教育（Erziehung，education），而且是成形，有一个形象（Bild）有待完成。电影《末代皇帝》中溥仪早年受到过英国式的绅士教育，但这种教育未能使他真正成为社会的人；在后半生的牢狱生活中他受到共产主义的教育，终于从战争罪犯改造成为自食其力的正常人。影片似乎在批判启蒙教育的失败。但这只表明了18世纪启蒙思想的偏颇，歌德的《少年维特的烦恼》把启蒙看作个人封闭的人格养成，结果却导致人的毁灭。其实启蒙本身离不开与社会和他人相交流，而不是孤立的主体性，传播媒介和与社会的关联在启蒙中占据一个本质性的地位。在全球化时代启蒙不再只是一方迫使另一方接受某些价值，实现文化霸权，而是通过媒介机制使自己变得透明，在不同的思想文化之间形成沟通，这是另一种启蒙的概念。

［关键词］启蒙　教化　主体　媒介　透明　霸权

（一）

首先让我告诉你我有多着迷，多年前的1987年，我在慕尼黑学习期间，那时贝纳多·贝托鲁奇（Bernardo Bertolucci）的电影《末代皇帝》（*The Last Emperor*）（由中国、意大利、英国和法国联合制作）在全世界的电影院上映。我为之着迷，着迷于它多彩而有力的画面，想象力的巧妙运用，以及电影所讲述的故事和历史。我并不是唯一的着迷者。一年之后，这部电影获得9项奥斯卡大奖。我把这部电影看了好几遍，并开始大量阅读有关中国20世纪这段历史的著作，也有一些是关于中国思想和艺术的。我因此得知，从19世纪中期到20世纪中期这一百年的历程，中国经历了一个非常戏剧性的状态，即今天我们所说的“全球化”（globalization），但是没有什么比帝国主义更能体现当时那种状态。那时的中国是这样一个战场，即今天我们所说的文明冲突的战场，军事斗争的战场，政治、经济角逐的场地，但也是一场非常残酷的文化对抗（从文化这个词的广义上说），甚至包括世界观的思维结构、意识形态、人和人类的图像等等。

这个时候我还无法透析电影的结构和基于此结构的论证。在我能够抓住电影的真正主体之前，我不得不对电影、媒体认识更多。多年之后，我理解了——所以我现在相信——电影的主体和论证。

这个电影讲述了中国最后一个皇帝溥仪的故事，他生于1906年，1908年当上皇帝，1911年，由于众多军阀混战，这时的中国——被认为是急速地——成为众多军阀利益撕咬的公共场，他不得不退位。电影展示溥仪如何从一个北京紫禁城里的长时间的囚徒到他如何不得不离开，投靠在天津的日本人，而在天津，他成为一个花花公子，直到日本人让他在满洲国当了傀儡皇帝。在苏联经过多年的监禁之后，溥仪于1950年被移交给中华人民共和国，并且被送到了再教育改造营，几乎是十年之后的1959年他才离开。

当我在研究中以及后来和学生一起涉及这部电影时，我学会了分析电影的结构、学会了抓住线索，了解情节与我的研究主题之间的关系，而我的研究主题不仅仅关注德国文学的高峰时期，即从18世纪中期到19世纪30年代，或者——如果您想知道得更确切一些——是从1749年到1832年，而这正是歌德的一生，所以我们把这段时期说成是文学史上的伟大时期，也叫作文学与文化上的歌德时期，而这是对德语词“歌德时代”（Goethezeit）的不十分优美的翻译。为什么贝托鲁奇的电影一定和歌德时代相关呢？在1800年的文学与2000年的电影之间，它们都包含有什么样的结构，什么样的意识观念、人或人类的形象，以及有哪些不同？我会尝试着回答这些问题从而引导你们进入启蒙思想的核心，正如在那个时期的德国文学都反映了这种启蒙思想。

为了这个目的，基于启发式理由我提到贝托鲁奇的电影。我想当我们尝试去看在德国文学中的论证及示例与欧洲启蒙运动的主体有关，这部电影才能够被完全地或更好地理解，我所指的启蒙的核心要点是教育（education）概念，而这也不是对于德语词“教化”（bildung）非常好的翻译，德语词“教化”不但包含教育的思想，而且包含有形象（image[①]）的意思，即人要用他一生的历程来达到的他自己的形象。但是我不向你们展示从歌德到贝托鲁奇的确切的、突出的教育概念的传统，我更想向你们展示古典的欧洲与西方的教育概念——正如在启蒙运动的核心中教育的突出概念——会更有趣，尤其是有时它会被颠倒错置，有时或许又恢复正常。

但是，首先让我们回到贝托鲁奇的电影。您不需要全部记得它的画面。我会告诉您所要知道的。电影的故事开始于1950年，当末代皇帝回到中国进入一个再教育劳改营。在闪回镜头中，电影扼要讲述了溥仪在紫禁城中作为中国皇帝和作为满洲国皇帝的故事。当讲述继续进行，我们看到溥仪如何学着成为中华人民共和国社会主义社会的简单一员。在闪回镜头中有一段非常重要的情节，就是溥仪与他的西方老师——英国人雷金纳德·弗莱明·约翰斯顿（Reginald Fleming Johnston）先生——之间的关系。在过去与现在，溥仪不仅被置于皇权与共产主义之间，而且被置于两种传统、两种政治体系之间，特别是被置于那些带有相互冲突的教学、教育思想的老师们之间。

一方面是英国的绅士，由彼得·奥图尔（Peter O’Toole）饰演——在电影中，他对年轻的溥仪说他一直努力地要成为一位绅士——但是在另一方面，却有一位政治官员，由英若诚（Ying Ruocheng）扮演——据我了解——他也是1986—1990年中国文化部副部长。这位政治官员想知道溥仪在满洲的所有罪行，但他更感兴趣的是，溥仪是如何教会自己对待自己的罪行的。

这部电影建立了一种交互影响的复杂情景。一方面，溥仪不得不学着成为现代中国社会中一个完全的、有价值的一员；有着皇帝身份和罪恶的过去，溥仪必须抛弃他这人格中的重要一部分。另一方面，他必须知道，他要为以他的名义犯下的那些政治罪行负责。成为这个社会的完全的一员应该有助于他处理自己的战争罪行，而处理自己的战争罪行应该有助于他成为这个社会的完全的一员。这是一个真正的马克思主义者的思想，这种居中调停（intermediation）的思想是一种——正如我后面要提到的——调解（mediation）行为，一种与传媒（media）打交道的行为。

---

① 西方人认为人是上帝按照自己的形象（image）创造的，所以人有一种倾向于上帝的本性。——译者注

因此让我们回到英国人雷金纳德·弗莱明·约翰斯顿——另外提及——他后成为伦敦大学研究东亚问题的教授。而他想教给年轻溥仪的不仅是一套西方的哲学和科学，尤其是历史、政治科学，最后但不是最不重要的是对待世界的某种西方式态度，也是某种思维的结构。这是我的设想：您可以把这种教学理解为一种迟到的、但却是清楚的西方式教育计划，并且可以作为启蒙教育思想的核心例证。

现在来看看这个电影向我们讲述了什么就十分有趣了。即使雷金纳德·弗莱明·约翰斯顿先生是一个绅士和崇高的人，而他足够强硬来反抗老太监（毫无疑问，在电影中他是此时软弱无能的中国的一个隐喻）的保守主义，他是——这非常清楚——我们所说的溥仪西方化的经纪人。当溥仪在一场乒乓球赛的中途被迫离开紫禁城时，他称自己为一个“花花公子”。约翰斯顿的启蒙教育理想的崇高性消失了。处于西方教育（这意味着西方化）和旧中国教育（满族主义和皇权的传统）相互冲突的境况中，这种形式的教育不能帮助溥仪来处理政治的挑战，如20世纪30年代末来到中国的新帝国主义。如果您喜欢，您可以说贝托鲁奇向我们展示了这种教育的失败。

贝托鲁奇的电影基于溥仪的自传以及雷金纳德·弗莱明·约翰斯顿在中国与溥仪交往后于伦敦所写的书。他的书名是：《紫禁城的黄昏》（*Twilight in the Forbidden City*），首版于1934年，其意旨在溥仪退位的传记。但是在脉络之间，当您认识到约翰斯顿的教育计划中启蒙的暗喻的结构时，您可以把“黄昏”这个术语联想到这个计划中启蒙的失败（在这种暗喻的结构中）。至少，我们可以把这个暗喻置于光亮之中，这对于电影的拍摄来说是必需的。

完全不同的另一面，是另外的教师、那位共产主义者的再教育。整个情节线索向我们表明这种形式的教育旨在调停个人与社会，个人与他人，个体与社团或集体，如我们用西方的术语来说就是，可以把一个主要的战争罪犯转变成社会的一员，他不仅可以做一个园丁，而且可以最终找到他自己的内在宁静。

我不会也不能判断这部影片是否正确地反映了中国的历史和史实。重要的是这部电影仍是西方对亚洲和中国文化着迷的一部分，也许是20世纪末在电影这种传媒形式中的中国风格的一个最后的例证。这是一部西方影片，由一个有马克思主义思想背景的西方人导演。因此这部电影有一个非常清楚的论点：马克思主义比启蒙运动更好，因为它有一个更好的教育思想。所以，这部影片是对西方意识形态的一个批评，尤其是在一种传统启蒙运动框架内的启蒙。

到目前为止一切顺利。但是现在我想把你们的注意力引到这样一个奇怪的不一致上：在电影的叙事性的论证与视觉的特性之间。这里我们可以发现一个奇怪的反向运动，这值得进一步的反思。电影的论证结构与它的媒介和视觉的结构不一致。影片为另一种教育方式争辩，但是视觉上却颂扬皇权时代。当影片展示再教育劳改营时主导色调是灰色，而当它展示皇权的场景时却是黄色，皇权的黄色，同时镜头也更色彩斑斓。如果我们分析视觉的结构，那么这不能被看作是一个偶然事件。这是意识形态论争的一个视觉上的退避。

您可以看到这种反向运动的第二个层面。这种再教育是用书写来进行的。溥仪必须把他的名字写在地板上并写他的自传。再教育看起来像是重写某人自传的过程，用来达到也许是历史的真理或者内在的真理。在墙上，您可以看到汉字和语句，而人们几乎一直都在读。另一方面，约翰斯顿的镜头像所有在紫禁城内的镜头一样都是想象，当他最后自己穿上中国传统的衣服，甚至约翰斯顿也成了想象的一部分。思想和视觉结构的反向运动就是书写和想象的反向运动。

（二）

现在我想问的是，大众传媒如何能够在宣扬一个教育思想的同时又暗中破坏它？对于教育思想，这将产生什么结果呢，并且最后（并非最不重要）对于启蒙与全球化的关系，如果教育思想正是一种启蒙的思想？我的回答是：启蒙与教育之间的关系不是必然的，而是历史的、偶然的或意外的，而这是由于大众传媒的原因。

这种结构、这些问题、这种回答，我们也可以在启蒙运动的核心时期和领域找得到，即是歌德时代的文学作品。因此让我们进一步回到歌德时代的德国文学。

但是首先我必须对这个时期德国文学做概略的叙述。当谈及歌德时代时，我们并不论及启蒙运动的文学，因为启蒙思想对于文学的直接影响发生在 18 世纪早期。但是所有此后的文学都是以启蒙的基本思想为基础的：

尤其是一个主体的结构。主体是这样一个名字或哲学术语，即对于某人来说他作为一个主体，在他的人性之中拥有能力去看或者反思或者理解他自己。如果我把它说得粗略一点，那么文学在他的时代就要应对这样的情况，在其中一个主体能成为一个主体，而不论个体和社会的环境如何。

在歌德的第一部小说《少年维特的烦恼》（这使得他一举成名，第一版印于 1774 年）中，人与人之间灾难性的关系，这些情况被称为资产阶级社会的宿命式的处境。

主体成为主体的需求变得越来越重要，并且成为这个时代思想体系的核心内容。一种特殊的体裁出现了，甚至您可以在这个时代很多文学作品中找到各式各样的教育问题，而它在几十年前启蒙运动时期的文学中就已经十分重要了，例如在维兰德（Wieland）[①] 的作品中。我正在谈论的教育小说（novels of education），这仍是对德语词“教化小说”（bildungsroman）的不完满的翻译。

顺便提及：我有两个来自中国的博士生，他们研究歌德时代的小说和主体性思想。他们告诉我，中国的学者尤其是在自 1900 年以来的各种各样的改革运动中，对德国的教化小说很感兴趣，因为他们期待一种新的形式来建立人的主体性以超越传统中国的、尤其是儒家的哲学。他们问，这种概念化——一个主体及其关于人或人类形象的西方教育模式和传统的教育模式相比较，是否是一个可支持的替代选择，特别是他们问及这种模式是否胜任教育一种新型公民的任务。

在这种体裁中，如何成为一个主体的问题被转变成如何能够被教育与如何教育自己的问题。如我所说，英语里的“教育”（education）一词不能完满地翻译德文词“教化”（bildung）。教化的含义比教育更广，因为教化意味着成为自身或能够将自身识别为一个主体、一个对于他的主体和对于社会都是主体的整个过程。如果您把一部教化小说（教育小说）的文学结构归因于一个哲学的基础，同时您会发现一个中心结构，也许是西方思想最核心的结构，即主体与客体的结构。教化小说处理这样的问题：如果一个年轻人在发展过程中成为他自己的客体，那么他如何与那些具有

① 维兰德，全名是 Christoph Martin Wieland（1733—1813），德国作家，德国启蒙运动后期的重要代表，他第一部成功之作是《阿迦通的故事》（1766—1767），这是一部“教化小说”，为这种体裁日后在德语文学中的盛行奠定了基础。——译者注

同样结构的其他人交流？如果这个过程是成功的，主体就会发现他自身——请注意这种反思结构——既是一个个体同时也是一个社会的摹本。也许社会可以被看成是所有个体的总和，这是唯一处理这种差异的方法。重要的事实是个体与社会谁都无法取代对方。正如现代系统理论所指出的：社会与个体不属于同样的范畴。

新的媒体理论指出：个体主体的概念以及——与此相关——相应的教育概念具有在自身中自我取消、自我毁灭、自我废除的环节。歌德《少年维特的烦恼》并不是一部严格意义上的教化小说，但是它传播了后来的教化小说关于主体的所有思想，这一传统的最突出的例子，歌德的小说《威廉·麦斯特的学习时代》（*Wilhelm Meisters Lehrjahre*，1795/1796 年出版）展示得十分明显。在这部早期的小说中，维特试图把自己设计和创造为这样一个个体，一个自律的主体，他无法作画，哪怕他恰好在那一刻觉得自己像一个伟大的画家[①]，并且拒斥所有的书籍（或者大众媒介，用我们的话说）。维特试着成为一个自律的主体，而自律意味着他不寻求大众媒介，但是他所有的这样行为使用了一种媒介，那就是他给他的朋友威廉写的书信。

主体，这个源自希腊的拉丁词，有一个含义就是 hypokeimenon（基底），被揭示出来了。主体的自律性服从于某种与他的自律性不相容的东西。后来关于主体性的哲学思想给这个主体概念造成了某种困境。为了达到对自身的洞悉——在这种反思结构中——主体必须穿越或者经历自身——经历再次的反思结构——作为一种自我异化。这种困境（aporia）与绝对主体是彼此相适合的，正如我们从费希特（他试图写一部《知识学》）那里获悉的那样。甚至在这种自我反思的情况中，主体被分割成正在反思的主体与被反思的客体。在对自身熟悉的尝试中，主体失去了他自己，而跌入一种自我异化。

主体的自我认识作为一种自我异化，在 20 世纪 60 年代后的法国哲学中，成为后结构主义和解构主义一个非常重要的思想。而在这个领域，我们发现最后的或者紧接其后的是试图克服或者削弱这种西方思想的主客结构。我可以提及叔本华、马克思、尼采或者海德格尔。削弱这种主客思维结构意味着取代主体。但是主体概念能被其他概念如意志、社会、生命或

① 这是《少年维特的烦恼》中的话。——译者注

者存在取代吗？

我只想提及法国哲学家米歇尔·福柯的一个观点，他与所有刚才谈及的其他人相联系，在其早期作品中认为，主体并不是他的话语（discourse）的本原而是话语的一个结果。我现在建议您把话语翻译成传播媒介或大众媒介。

传播媒介——在由主客结构决定的哲学的框架中——是唯一的手段，依靠它一个主体能够概念化他自己的自律。自律被证明是一种特定的他律。席勒试图为这个问题寻找一个解决办法，他将其具体化在 heautonomy（再自律）的概念中，它是自律与他律的调停，它意味着自律处于超越个体主体的规则之下。席勒相信这种解决办法，因为他有一种关于审美过程的思想，但是他不知道征服自我也是调停的一种形式，它不能被归结为一种审美情感。

这就导致这样一种状况：任何把知识建立在牢固的基础上的方法都有一个自我取消的问题，而这是一个人无法超越的。认知的一个重要概念就是知道你是谁，这意味着自我反思、将自己理解为一个个体化的主体的能力。而这种永恒的自我反思过程我们称之为教育。是它允许我们说到现代文学、现代性的更多的普遍性，在一个更广的意义上它不仅包括文学，也包括社会的历史。

十分有意思的是：德文词“教化”（bildung）跟一个人具体的形象或抽象的形象概念有关。[①] 而这引导我回到这样一个问题：传播媒介在这个过程中扮演什么角色？这里的传播媒介并不是形象，而是书写，尤其是字母的书写，甚至我们有一大批将隐喻归之于形象［想象力］和视觉的概念。启蒙自身就是一个视觉隐喻。但是启蒙的合理性是传播媒介发展的顶峰，而这已经被所谓的多伦多传播学派的马赛尔·麦克卢汉（Marshall McLuhan）和他的追随者戴瑞克·德·卡尔柯夫（Derrick de Kerckhove）、哈罗德·英尼斯（Harold Innis）、艾里克·哈维洛克（Eric A. Havelock）指出来了。他们认为：古希腊字母书写的发明是西方文化的源泉和基石，尤其是西方的合理性概念、甚至社会和历史的西方形态的源泉和基石。因此如果我们试着增强这种观念，我们就会说书写同时是主体的促成者和消减物。而我们同样会这样说到教育：教育通过削弱主体的方式来形成主

① “教化”的德文为 bildung，其词根为“形象”（或“图像”）即 bild。——译者注

体——而削弱可能甚至意味着摧毁它，正如我们在后来的 19 世纪后期 20 世纪早期的教育小说里所读到的。

作为总结，我将会指出这种思想的特征。启蒙也意味着去找寻一种所有经验的不可动摇的与冷静的基础。这就是如笛卡尔所说的追问不可动摇的根基的思想，就在启蒙自身的基础。主体应是这个基础。但是如果我们注意到——这是我的建议——主体的媒介纠缠，我们将会看到主体并不是基础，而是基于他自己或其他任何东西。主体必须成为所有东西的基础，尤其是对于人类的理解、经验和知识，但是必须接受于一种自我反思的过程，而他是基于他自己的其他现象，至少是基于自身媒介结构的纠缠。成为一个主体，传播媒介是必要的，也许是独一的和唯一的媒介，而这使得主体把自身理解为一个主体，但是即使在这种情况下主体也迷失了他自身。实际上，主体取决于主体的传播媒介或者大众传媒。这不是根基但却是西方思想中主客结构的结果。

现在让我们加快前进步伐。让我们试着追踪通过自我异化来构建自我（反之亦然）的特征。当我们通过注意所有那些应该基于主体性的东西来指出这种特点时，让我们问一问是什么东西改变了。当启蒙的基础——中心议题——是由他自己奠基在某些不是他自己的事情上时，启蒙思想与教育思想怎么啦？主体的背景怎么啦，最重要的是，历史，发展和现代性又怎么啦？

回答是：启蒙变得自身透明了。启蒙的结构、修辞特别是隐喻，和最后（但不是最不重要的）启蒙的媒介，让我们看到了启蒙的另一种形式。

启蒙运动也许是历史上的一个事件，在这里主体的一个可能结构第一次被确认，而这是超历史的。这是启蒙的方式，它通向人类学的普遍性和先验真理。但是如果启蒙变得自身透明，我们就能够达到另一个与这个真理相对的状况，这即是说每件事情，或者主体性的思想，甚至我们历史和现代性的思想，都是意味着所有这些都需要媒介来表达和反映的思想。

我们看到，启蒙就是它自身的一个媒介机制，以便使偶然性转变为必然性，使历史学转化为人类学，使得结果变为预设，最后（但不是最不重要的）使得被奠基的成为一个基础：最重要的是，成为主体以及所有与之相关的术语如历史、现代性。启蒙甚至使得本土的成为全球的。这种必然性、这种人类学、这种全球化和这种预设、这种绝对主体性，这就是在全球化的处境下给启蒙所提供的这样一种霸权特性——这是我和我的学生的一次谈话的经验，他们不是来自欧洲也不是来自美国。正是这个原因——正如我所看到的——导致为什么启蒙与全球化之间有一种成问题的关系，好像启蒙自身是一种全球化的哲学。启蒙是一种全球化哲学，并且必须成为这样的哲学，但不是一种霸权哲学，因为甚至它的全球化也能够使自己变得透明。

启蒙也能够使自己变得透明。所以我们不能越过启蒙的成果，但是我们却能向启蒙投去另一种目光，它透露了启蒙的自我揭示性。这可能是在这些领域中合作的一个好的起点，这些领域看来已被类似于教育或者现代性那样一些不能充分自身透明的启蒙预设所占据，但是甚至或特别地对于不同思想的文化，不论是已经启蒙的还是没有启蒙的，都能够成为好的汇合点。因此，我们可以问教育与启蒙、媒介之间到底什么关系。我愿意提出一个方案，也许可以分成很多小方案，并邀请大家使用最新的传媒分析的方法论工具来研究启蒙的“自身透明化”。

（译者单位：武汉大学哲学学院博士生）

康德关于法和全球法制的思想

克劳斯－格特·鲁特拜克/文　刘凤娟　胡好/译

［内容提要］在全球化的今天，康德的法权哲学仍然至关重要。当前形势下，全球法由于两大结构性缺陷面临瓦解。它的内在基础是自然法哲学的实用主义。康德所述之法的理念正好是其有效的抵制。它揭示出如果出于利益的计算而把守法看作是有用的，那么它就失去了道德含义，最终导致法与道德的分离。自然法哲学以假言命令为依据，而法的理念则以定言命令为依据。另外，康德的法哲学还提出一种超越工具理性的秩序模式来充当自由的制度性安排的前提。总之，康德法哲学的启发作用体现在两方面：一是它提供了一种作为协调人的意愿的文化手段的法的理念，二是它提供了一个规范性的目标。

［关键词］康德　全球法　法的理念　自然法

在现今的形势中，康德的法哲学还有什么重要性吗？难道我们无需承认康德的唯心论在涉及私人品行时也许还有一点儿可行的目标，但却不能被简单地运用于全球一体化的过程和它的法则中吗？——这是一种势不可当的、错综复杂的过程，它不仅被安全的要求所驱动，就像在康德的时代那样；同时也为了巩固一个一体化的世界经济、为了掌控世界形势和一般地保障人类的生存的需要而被驱动。

我的目的是证明这位哥尼斯堡的哲学家所确立的法的根基，不仅在规范性的背景中是值得拥有的，而且即使人们仅仅把自己局限于解释的意图时也是至关重要的。这样做的时候，我并没有像康德于 1795 年在同一标题的文本中所阐述的那样来指涉“永久和平”① 这样宏大的规

① 康德：《永久和平，一个哲学规划》（1795），载《论通常的说法［……］；永久和平，连同导言和注释［……］》，批判版，v. Heiner F. Klemme 编，汉堡，1992 年。

划，我试图要指出的是像在《道德形而上学》中所形成的那样的法的观念。

在我能够揭示，为什么我把康德这方面的启蒙思想看作至关重要的思想之前，我必须给你们一个国际法的现状的简短梗概。

I. 当前的形势，形成于国际化以及全球法的那些相互冲突的规范

首先，国际法的当前状况以所谓的“后威斯特伐利亚”① 的世界为特征，由此涉及的是在古典国际法方面当今的那种民族国家之间的、跨民族国家的和超民族国家的差别。正是由于这些我将随后描述的差异，我把所有这些不同类型的规范简称为“全球法”。

早期的古典的国际法，从1648年结束了德国30年战争的“威斯特伐利亚和约”直到1914年的一战的边缘，形成了欧洲各国的格局。正如你们知道的，威斯特伐利亚的国际法体系以“诉诸战争权”，即以独立的、平等的国家进行相互对抗的战争并达成契约的权利为标志。同样众所周知的是，康德第一个对此进行了批判。② 国家自由的权限仅仅存在于每个国家的安全被尊重的范围内，因此，干涉是被禁止的。

对于我们的主题来说重要的是这两点：第一，这意味着在一个国家的行为方面法和道德的完全的分离；③ 第二——这也是一开始就会令我们担忧的一点——根据这一点，国际法字面上仅仅意味着民族国家之间的法，它仅仅由一个民族国家来创立。

根据这点我们可以想象自由行动的国家实体的空间，这些国家实体仅仅是完全自愿地通过在国际法之下的协定被联系在一起，而没有任何使他们行动的道德性质能够得到评判的核心。如果我们现在转向当代的情形，很明显它有了多种方面的变化。至于那被理解为全球法的主体的演员们，

---

① 例如参看 Nancy Fraser《公共性的跨民族化，在一个后威斯特伐利亚世界中公众意见的合法性和效应》，载 Peter Niesen，Benjamin Herborth 编《交往自由的无政府主义——哈贝马斯和国际政治理论》，法兰克福/美因，2007年，第224—253页，参看第236页以下。

② 康德：《院系之争》，载《著作》10卷集，v. Willhelm Weischedel，第9卷，达姆斯达特，1983年，第260—393页，参看第367页。

③ 于尔根·哈贝马斯：《国际法的制度化还有机会吗?》，载《分裂的西方》，政治短论集，第10卷，法兰克福/美因，2004年，第113—193页，参看第118页。

即那些民族国家，根据国际关系专家们的说法，现在只是五类演员中的一种而已：[①] 除了我们在寻求各种民族国家之间的、超民族国家的和跨民族国家的组织之外，所有这些组织的建立或者甚至它们本身都在制定那种宣称具有全球法性质的法规。把国际政制设想为世界贸易组织，把超民族的组织如欧盟和跨国家政制设想为以前的世界大坝委员会。不光这样，还对这些类型的国家在其中至少是部分地参与了的组织增加了其他的私人因素，这些实际上也都是全球法的主题。后者的最引人注目的例子可能就是规范因特网的ICANN，即，“分配域名与数字地址的网络组织”。[②] 这些不同类型的超民族国家的法构成了这些体制和组织，同时也为这些体制和组织所制定。

在这里，我的重点不是进入一种对这些不同类型的超越民族国家的法的细节上的法理学描述，我关注的中心是这种偶然的法律制定活动的后果。我们看到，这种进行过程把我们从构建全球法的融贯体系的道路上引向歧途。与这种全球法的融贯体系相反，所谓的“法律岛屿”大量涌现。更有甚者，全球法的局势不仅以这种合乎规范的分裂为特征，而且以互相对立的法规的冲突为特征。

如果我们更加贴近地分析这种时事局势，就可以辨别出在分裂和潜在的冲突意义上的当今全球法的两种结构性的缺陷。一种让我们回想起古典的“威斯特伐利亚”时期，另一种是新的。这种新的缺陷相当快地加速了全球法的瓦解步伐，就像我们随后将要看到的，这和这样的事实有关联，即它把法的理念简化成了一种荒谬性。

首先，我们可以区别由国家制定的法规，或者由像欧盟那样的，与促进普遍福利的总体目标结合在一起的类似于国家的实体制定的法规。[③] 如果这类法规没有通过一个普遍法则得以协调，在这种情况下，全球法的混

---

① 参看Martin List《政权理论》，载Arthur Benz等编《政府手册》，威斯巴登，2007年，第226—239页；Klaus - Dieter Wolf：《国际组织和越界治理》，载Herfried Münkler编《政治科学大纲》，2006年，第412—446页。

② 它的操作代码正是通过ICANN和美国政府之间的一个条约（！）而被再定义的，参看http：//www. spiegel. de/netzwelt/netzpolitik/0，1518，652575，00. html [2. 10. 09]。

③ 这就叫做“片断的”政制，参看Hauke Brunkhorst《世界共同体的身份危机，法的全球规则、全球立宪主义和世界政府权力》，载Matthias Albert，Rudolf Stichweh编《世界政府和世界政权，对全球政治结构形成的考察》，威斯巴登，2007年，第63—107页。

乱很容易发生，规则之间的冲突可能会呈现出来但并不必然地会这样。我们可以想象与其他规范相共存的全球法的宽松的复合体：就好像他们的国家领导者自己所做的那样，如果我们像汉斯·凯尔森[①]那样把国家和类国家实体看作是合法体系的话，在关于领海法方面的组织和联合国大会就是这样的，因为这样的政权是为一个特定的目的从外面被限制的。那么，WTO（世界贸易组织）就是为促进自由贸易而确立的。相反，联合国海洋公约（“UNCLOS”）以及它的仲裁委员会的目标就是要保护领海环境。我们可以很容易想到这种作为环保的意图［伯克莱（加利福尼亚）等地1970年印刷，Hauke Brunkhorst 编，《法制国家，国家、国际共同体和民族权利》，Hans Kelsen 出版，巴登-巴登，2008（“国家共识”，16）］潜在地与WTO（世界贸易组织）通过提高商品和服务的自由流通而推动世界经济的目的相违抗。[②]

现在，如果我们思考一下这两类规范，那么很明显，前者是作为一种规范与古典法的观念一致的，这种规范是由一个最高统治者和一切有能力的团体通过的。与之相反，由像WTO（世界贸易组织）和联合国海洋公约委员会这样的坚定的职能政权部门制定的规则——就像它们的创始人那样——很明显是与在特定的政策领域的特定目标结合在一起的。[③] 法学家谈论的因此是一种“绑定于区域的法”。

总结一下我们的全球法的当代形势的梗概，我们可以首先认为，全球法不再仅仅由国家制定，而是由各种其权限被有效地限制的公共和私立部门的国际法规来制定的。从法律理论的角度，这激发了结构性地产生的法律复合体的冲突问题，换言之，一种潜在的不可避免的这样的规则之间的冲突与政治的不同目标联系在一起。

---

① 参看 Hans Kelsen《法的纯粹理论》，由 Max Knight 英译自德文第二版。

② 参 Joost Pauwely《在国际公法中规范的冲突——WTO 法如何与国际法的其他法规相关联》，新编，2009年（《剑桥国际法和比较法研究》；［N. S.］29）。

③ 然而，立法理论的基础问题却仍然是悬而未决的：难道在由政府制定的有确定职能的法和由国际政制的理事会制定的这样的法之间真的有什么严格的（合乎规范的）差别吗？（国际组织本身建立起了有确定职能的全球的［并且是立宪性的！］法律，虽然它在大多数情况下授全权于各国议会批准订立这些条约）当规范标准下的一个区别看起来似乎只有在政治理论方面是可行的时，那种理论就可以说是一种民主的理论。——这是超出目前话题的一些问题，因而不能在这篇文章中展开。

Ⅱ. 作为一种解释学策略的康德的法的理念

正如我在开头所说的，我的目的主要不是对这一发展阶段的一个规范的批判。我寻求的首先是更加切近于对这一过程的说明。我感觉到这经常地并且主要的是被政治科学家仅仅借助于已确立的范畴来描述的，没有一个人问一下这些老的范畴——最重要的是法权理念——是不是恰当的描述工具，如果不是，为什么？这是令人惊异的，回顾康德的法权理念和新康德主义的法理传统，最重要的是由汉斯·凯尔森（著名的《纯粹法学》的作者）所代表的纯粹法理学说。追随着康德，法，并且用他的术语，“权利……包括这样的条件的整体，在这些条件下，根据一个普遍的自由法则，任何一个人的任意能够与每一个其他人的任意融洽相处”。

根据以上的定义，权利法则就可以这样表述：“每一行为是一种权利，这样的权利在自身内，或者在它所依据的准则内是这样的，即根据一个普遍法则它能够与每个人以及所有人的意志自由在行动上相共存。”[①] 现在，这个定义明显的是基于自由理念的。自由——不仅是摆脱自然因果性的自由，而且是摆脱其他人给予的外在实践的阻碍的自由——必然地与人相关联。这种定义通过在德性学说中被陈述的定言命令的第三个公式[②]就变得一目了然了，它表达了：不可把一个人仅仅用作手段——不论是被他自己还是被别人，而是必须在每一个单独的行动中都同时把他看作目的，正是这一点解释了他的尊严或人格。[③] 通过这个尊严的概念，康德的伦理学与权利学说被统一了起来：“尊严基于自律的原则，并且使那种把自由决断付诸行动的可能性归属于自律。”[④]

为了确保这种可能性，人们的自由的范围必须被协调起来，只有

① 康德：《道德形而上学》，法权论导言，§B+C，A33以下，我利用了W. Hastie的英译本。

② 康德：《实践理性批判》，§7。译者按：此处引证有误，定言命令的第三公式不是在《实践理性批判》中，而是在《道德形而上学奠基》第二章中提出来的。

③ 康德：《道德形而上学》，德行论，§38。

④ Wolfgang Räd：《哲学之路——从开端到20世纪》，第2卷：17—20世纪，慕尼黑，1996年，第170页。

这一点才是一个合法的秩序的目标，康德很清楚这一点：“每个人有一种被他的同伴尊重的合法的权利，同时相互地，他也必须尊重别人。”[①] 如果我们回到当今的全球法的主题上，我们会看到，它将明显地无法通过这种作为纯粹实践理性的“试金石”的法理念的测验。在这一点上，问题主要不是乐观的全球法远不能确保这个星球上的每一个人能够利用自由的同样的份额，这一点我将随后讨论。最重要的是现在这种全球法变得逐渐明显的一个固有的缺陷，如果我们透过康德的理论镜子检验这种形势的话。我的思想表达了法的认识论的地位，即，在康德的理解意义上的法和权利，是与自然哲学相反的实践哲学的一个对象。确立康德主义理论的自由的规范性理念是纯粹实践理性的一个先验前提，这引发了一个至关重要的后果：权利法则没有确立它自己的实施的规则。[②]

你不能从康德的权利法则推断出这种类型的实用的结论：即，“如果你想要达到目标A)，那么不得不选用手段B）和C)”，计算能力不能用于实践哲学领域。相反地，规范性判断力而不是理智[③]才是被预设的能力。

通过这种考察，我们时代的这种在职能上被限制的法律表明它自己根本就不是法律，实际上，它只是关于理智或审慎的技术的规则。这依赖于它是否在一个理论的语境中被执行：我们说的是环境的变化或者教导我们自由贸易是人类幸福的关键的理论经济学——或者仅仅基于经验。

人们可能倾向于从康德的视角把法的这种恶化看作是全球化的后现代状况衰微的另一征兆。但是，如果我们快速浏览一下自然法的历史，就会很快明白这种实用的法离世俗自然法理论的传统并不远，这种理论更多的

---

① 康德：《道德形而上学》，德行论，§38。

② 在此我采用的是Matti Koskenniemi的论证《形式主义、碎片化、自由——当代国际法的康德主题》，载Regina Kreide /Andreas Niederberger编《跨国法制化——全球政治语境下的国家民主》，法兰克福/纽约，2008年，第65—89（68—82）页，参看康德《纯粹理性批判》A132—134，B644以下。

③ 参看康德《纯粹理性批判》A133：“如果把一般知性解释为规则的能力，那么判断力就是把事物归摄到规则之下的能力，也就是分辨某物是否从属于某个给定的规则（casus datae legis）之下。”

是由霍布斯、普芬多夫[①]和其他人，如伍尔夫，做出了几何学式的推演，——这是一种哲学，这种哲学——在霍布斯的例子中——试图从人类的生理特征中推导出一个发挥最大作用的政府的蓝图，即在确保永久和平的功能上它将发挥最大作用。正是这种自然法哲学是康德的实践哲学的批判所瞄准的目标。[②] 在他的以《论通常的说法：这在理论上是正确的，但在实践中是行不通的》为题的文章中，康德清晰地表述了这一点："一个外部的权利的概念完全出自于在人们彼此间的外在的融洽关系中的自由概念，并且与所有人本然地拥有的目的（生活在幸福中的目的）以及为达到这种目的的手段的直接性根本不相关。"[③] 不是涉及像这样的法律体系或者立法者，而是涉及服从法律的一个人，将帮助我们更清楚地理解这一点。采用道德学说的立脚点：如果法律被理解为一种描述如何达到一定的善，或者如何消除负面影响的一种技术的规则，我们将失去什么？——很简单，（我们将失去的是）作为一个独立于自然因果性的法则的道德诫命的本质。这完全改变了一个出于敬重法则而行动的人的态度：在这种情况下遵守法则——我猜就像通常的理解那样——不再能够代表一个义务和与这种法则联系在一起的一个人的良心的东西。相反，它暗示了一种操作状态，如果所期望的利益比不服从的代价高，那么违抗法律就是有用的。因此，必须为法律执行的失败而支付的罚款只是被看作为了特定的事业的一定的花销而已。由于一行为的是否遵守法律不是在道德的基础上被决定的，而是在一种利益的估算的问题上被决定的，这意味着它不能被看作一个决断——这样，进行估算那个人只是以那种出自于既定目的的工具理性

---

① 这一观点已经被 Koskenniemi（N. 17; p. 65）提出来并（与康德同样）归之于"格劳秀斯、普芬道夫和华特"了，借此也就掩盖了从格劳秀斯到华特的法的发生传统和霍布斯的思想之间的实质性区别。——格劳秀斯是亚里士多德的"社会交往"的自然法的奠基者，由此发展出"权利的伦理原则"，它是"反对一切功利考虑的"，见 Hasso Hofmann《胡果·格劳秀斯》，载 Michael Stolleis 编《近代早期政治思想家》第三卷，慕尼黑，1955 年，第 52—77 页，见第 62 页。——而普芬道夫则甚至（像上面那样）提到他的名字都是成问题的，因为他只不过是霍布斯的半道的追随者罢了。参看拙文《论普芬道夫对自然存在和道德存在的区分及他的政治理论》，载 D. Hüning 编《普芬道夫的自然法和政治理论》，巴登－巴登，2009 年（国家共识，23），第 19—35 页。

② 参看康德《论通常的说法：这在理论上是正确的，但在实践中是行不通的》（1793），Klemme 编（N. 1）第 1—48 页，见第 20 页以下。

③ 同上书，第 20 页。

的假言命令为依据。

正是国际关系专家们的用语，反映了像马蒂·科斯肯尼米所展示的对全球法规范的认知的变化：代码“合法\不合法”不再是评价在当代全球层面上的活动者的行为的主要标准。与此相反，更新的协议把对法律的违犯看作是“不遵守”。为了坚决主张正规的合法性和责任，结果通常却是事与愿违的。因此，所谓的“非违法控告”（原文如此！）试图通过报道、讨论、援助，来指向行为者的举止。根据这点，“非正式的压力和熟练的说服力为合规矩的行为提供了有社会根基的保证”①。很明显，这远不止是表述上的偶然的变化，它暗示了一种普遍的认知的转向，法和正义的确切的理念已经消失了。另一个这种根本的变化的征兆是“治理”的范畴，一个气派的词——1989 年由世界银行引入——用一种无法渗透的烟雾帘幕掩盖了像统治者与被统治者之间的区别的那样一类老式的差异。② 因此，权威和权力的面目被弄模糊了。

在我眼中更加重要甚至最重要的是那种普遍的后果，如果我们把自己的认知局限于实用的理智的限度内，即一个匠人的世界：我们就放宽了自由的界限。行动者将普遍地响应既定目的，在这种情况下他们是不自由的。一种逻辑的必然性被转化为一个心理学的必须，并因此成为像这样的行动的驱动力。原则上，这已经非常清楚地被早期启蒙运动有关行为的自然主义理论，比如霍布斯的理论，证明了。③ 因此，在目的上的自由审慎的标准慢慢淡出了人们的视线。最终，关于气候变化、全球经济或保障政策的控制方面的专家将被遗忘，而这是危险的。简言之，如果技术的理智

---

① Koskenniemi（N. 17），p. 73.

② 对此可参看 Claus Offe 的精彩的批判《治理——“空洞的含义”还是社会科学的研究纲领?》，载 Gunnar Folke Schuppert，Michael Zürn 编《在一个变化着的世界中的治理》，威斯巴登，2008 年，第 61—76 页。

③ 在自然主义理论语境中有关行为者心理学的用例证说明的材料还由一位早期德国启蒙运动的作者，Christian Thomasius 所提出来过。大概没有任何别的有关义务的失败的理论比他的自然法哲学在证明这一点上给人留下更深印象的了。我只能在其语境中对此点到为止：对 Thomasius 的作为其幸福主义学说一部分的行为理论进行阅读时，极为明显不过的是，在此场合下的一条规则所建立起来的不是应当，而是必须符合既定的目的。可参看我的文章《克里斯蒂安·托马修斯著作中的义务理论和幸福主义，以及古斯塔夫·拉德布鲁赫的作为启蒙思想的新康德主义法哲学》，载 H. Lück 编《克里斯蒂安·托马修斯（1655—1728），现代法律文化和法学教育的开路先锋》，希尔德斯海姆等，2006 年，第 39—53 页。

完全战胜实践理性，什么将会冒风险呢？这当然是一种人类团体的政治形式，因为政治是基于自由决断的而不是基于作为工具的判断力的。[①]

Ⅲ. 关于在全球化的世界中康德的具有启发性的法律思想遗产的一些总结性意见

这就把我们带到了最终的结论上来了。很明显，康德的法的理念的执行构成了一个巨大的挑战，因此，我们不能简单地要求它的实现。我指的是已经提到的困难，即，正视自由范围的界定问题——我们怎样才能从法的原则中制定出一个可行的定义？很明显，这样的一种假设，即，对于这个问题，在每一个单独的情况中都将有一个客观的永久的解决方案，这对我们来说显得有些天真。这不仅仅是纯粹实践理性的一个对象，这点很明白。只要思考一下，寻找一种可持续的控制二氧化碳排放权的公正规范的错综复杂性：为了举例说明这一点，回想一下那些熟悉的论点就足够了。这些论点产生于从共时的和历时的两个角度来看的利益关系人之间的非对称中。[②]

现在，这个问题当然把我们的注意力不仅引向一个非正式的公开领域和笔战中，也引向一个必须在全球层面上实现出来的制度的视阈中。这主要地与法的概念没有关系，它需要那种由全球公民社会的一套适当的民主制度提供的解决方案——尽管这种视角不是我的主题。

但是，有某种东西是发展的必要的前提和这样一套作为政治上一致的制度的适当功能的必要的前提。这就把我们带回到刚才讨论的问题上：作为这些考虑的结论，很显然，自由的一种制度性准备的必要的前提就是一种超乎工具理智之外的秩序模式。据我所知，继承了康德所开创的道路的最有影响的法律理论是汉斯·凯尔森的纯粹法学，但是他删除了康德法哲学的规范化的核心。在凯尔森的理解中，法律只是一个空洞的指称，它自在地而不是以任何方式被预先决定，它只是一个符号体系，这种符号仅仅

① 对此参看拙文《先天的政治科学——论使政治学和经验结合起来的敬重》，载《政治学杂志》第54卷（2007）第1期，第21—38页，及其他读物。

② 对此可参看 Lukas Meyer《环境和历史正义——历史上的排污对今天排污权的分配的规范意义》（在2009年9月于基尔召开的德国政治科学协会第24届大会“政治理论和政治思想史”分会场现场报告论文）。

提供了构建一个规范的制度的媒介，这正是凯尔森在他的纯粹法律理论中所发展的东西。这种理论把法的科学理解为关于外部实践的应当的科学，像这样的法，除了它还包含一个应当外，仅仅是一种特定的完全没有根基的形式。为这个空洞的指称赋予意义，为它填充内容，这是立法者的任务，不论他是一个暴君还是一个民主的议会。因为这样的法是一种开放的形式，它能够在一种与康德所建立的法的先验理念相统一的方式上被决定。因此，它是一种承载基于实践理性之上的规范秩序的适当的载体——这种秩序发源于自由的深思并且通过自由的民主的决议得以执行，因此它是受康德主义的法的理念指引的。因而，康德法哲学的伟大的遗产是两方面的：它为我们提供了一个作为撇开人类存在的自然状况来协调人们意愿的文化手段的法的理念。同时，它提供了一个坚定的规范性的目标，因为它为我们提供了一种立法的调节的原则。

因此，我们可以理直气壮地说，康德的启发性的法律思想远没有过时，甚至它在当代这个全球化的、世俗化的世界中比它在康德自己的时代更加重要。

（译者单位：武汉大学哲学学院博士生）

Abstract

英德文提要

Kant on External Freedom

Liu Zegang

Abstract This essay mainly analyzes the concept of external freedom. Willkür has dual characteristics: independence and dependence on sensuous impulsion. The latter one guaranteed the pure concept of right could apply to experiences. For this reason Kant could establish the specific content of doctrine of right only through the freedom of Willkür. Therefore, Kant distinguished Willkür and Wille in metaphysics of morals. But both Willkür and Kant's whole freedom theory had strong passive and formal characteristics. So Kant faced with problems especially in illustrating the validity on the object of right. However, Kant's freedom of right stills the freedom combined with inner freedom and external freedom.

Key Words Kant external freedom inner freedom metaphysics of morals right

On the Freedom and Morality: A Try of understanding of Basics of Kant's Practice Philosophy

Zhu Huihui

Abstract Kant's basic approach in practical philosophy is to find reliable ground for value and normativity while getting rid of some ontological presuppositions. In Kant' s *Grundlegung zur Metaphysik der Sitten* there are both strong and weak deductions for categorical imperative, hence the basic standpoints in Grundlegung and that in *Kritik der Praktischen Vernuft* is in agreement. The two deductions in Grundlegung have no circular reasoning but arguments for freedom and moral law with quite sufficient ground. We could neither agree with those such as Allison who holds the route of deduction in Grundlegung opposes to that in *Kritik der Praktischen Vernuft*, nor with those such as Henrich who thinks Kant falls back to the weak deduction finally. The apprehension of the approaches in *Grundlegung* and its relation to *Kritik der Praktischen Vernuft* requires removing the widespread and fundamental misconception, held by many such as Henrich, Allison, Paton and Ameriks, that Kant failed in *Grundlegung* by arguing that we really have transcendental freedom ontologically. Kant never aims to establish the theoretical reality and ontological status of transcendental freedom and categorical imperative. He takes pains to argue the practical reality of freedom and categorical imperative in the mere sense that the ideas concerning them can influence real actions in empirical world. The positive determination by moral law of transcendental freedom and of the intelligible world is also enabled simply in practical sense through their influence on practice in reality. We attempt to offer a supporting argument of the practical necessity of freedom idea for Kant' s theory of freedom.

Key Words　Kant Transcendental freedom Categorical imperative Practical Reality Theoretical Reality Reason for the Being Reason for the Cognizing

Kant' s Deduction of freedom and Moral Law

Liu Zuo

Abstract　In the final section of *Groundwork of the Metaphysics of Mor-*

als, Kant attempts to deduce the reality of the moral law from the freedom. But the concept of freedom is only a transcendental ideal, and its reality can not be established. Therefore the deduction of the Categorical Imperative contains a lot of inner difficulties. Through the investigation of the text, we can say that there exist transformations about this problem *in Critique of Practical Reason.*

Key Words transcendental freedom the Categorical Imperative the fact of reason

Restrict Kant' s Transcendental Philosophy the Freedom of Truth? —— A Critique of Freedom of Truth and Truth of Freedom

Dong Wenlong

Abstract Published on *World Philosophy* (5, 2009), Li Kelin' s paper the *freedom of truth and free truth* investigates Deleuze' s critique of Kant' s transcendental philosophy firstly. Then, it argues that Deleuze' s philosophy is about the freedom of thought and a transcendence of Kant' s transcendental philosophy by analyzing Deleuze' s concepts about " the intrinsic plane of thought", "the others as possible worlds" and transcendental empiricism. Through responding Deleuze' s critique, the author of this paper defends Kant' s transcendental philosophy. What' s more, whether Deleuze' s philosophy is a transcendence of Kant' s transcendental philosophy is analyzed by comparing Deleuze' s philosophy and Kant' s transcendental philosophy.

Key Words transcendental philosophy post modernism relativism

A Commentary of Relation of Imperatives

Hu Hau

Abstract Kant's categorical imperatives have five formulas, the research for their relationship in academic circles can be divided into analytical school and synthetic school: the former belongs to the model of "one as principal and three as subordinate", that is, the Formula of Universal Law (FUL) is the leading one and the others are subordinating. The latter pertains to the model of deepening of "two - one - two", which takes successively the Formula of the Law of Nature (FLN) and the Formula of the Realm of Ends (FRE) as the variant of the Formula of Universal Law and the Formula of Autonomy (FA), and three formulas of the Formula of Universal Law and the Formula of Humanity as End in Itself (FH) and the Formula of Autonomy are the process that goes forward one by one. This paper points out defects of the two school and advances a model of subject - object as "two - one - two": as to subjective aspect, formulas are the process that goes forward one by one, but as to objective aspect, every formula is essentially the same one, which gives consideration to the subjective and the objective.

Key Words the relationship of categorical imperatives subjectively deepen objectively identical.

Human History is a Universal History of the Whole World
——On Kant's Idea of Universal History

Jin Shoutie

Abstract According to teleology judgment, Kant constructs his basic principle of historical Philosophy. This judgment of teleology aims to unite nature with human being, necessity with freedom and regards this unity as the first principle of human existence. Human history reveals as the relationship concerning human being and nature and in this relationship the necessity of nature and freedom of human being merge into an organic whole and even a unified entity. Human history is to realize the plan of nature and the freedom of human being. Nature not only has a most covert plan, but also realizes moral personality that based on human freedom through human act, namely a serviceable free will. Kant's historical philosophy has double details: on the one hand, it initiates a permanent peace, builds civil society and international alliance; on other hand it initiates a universal moral education, realizes moral personality and finds kingdom of aim, namely "the kingdom of God on the earth". Kant inspects historical development from universal history, and reveals the unity, the goal and the structure of history. This orientation of historical knowledge of universal history exerts a tremendous influence on total trend of historical philosophy. Especially, he depicts human history with full confidence, that human history will develop more rational, human freedom will be promoted more further. Human history is a universal history of the whole world, it will lead human spirit to develop its possibility gradually, thus is conducive to our construct of the outlook of universal history from horizon of world history.

Key Words Kant's historical philosophy the idea of universal history the plan of nature the knowledge of history the freedom of human being

The humanity of the human person
Kant and the anthropology of human dignity

Volker Gerhardt
Translated by Liu Rei &Liu Zuo

Abstract Reason is only an authority of humanity, but humanity is the sum of empirical beings whose particularity consists in an ensemble of various dispositions to act and behavior, therefore the humanity and principles of morality which Kant speaks of must be related to human beings and human existence. According to Kant, every person makes decisions based upon his own insight and understanding, he sees himself not only as an exemplary token of a type, but as an example – giving act. Humanity is the very thing through which the effort of the totality of human beings can, ideally, be accomplished or achieved. Reason is a special kind of organ of both the individual and the species through which individual understands himself and grasps himself as an example or paradigm of humanity, that is *person*, culture is exemplary nature. Individual becomes connected with all others who understand something in similar fashion. It is the concept of the selfhood of humanity in each individual person which equally confers human dignity upon the individual. Humanity categorically requires each of us to do is justice in accordance with the measures and criteria of reason.

Key Words humanity reason human empirical Kant

The Trammel of Modernity: A Commentary

Wang Yuezhi

Abstract Freedom is the trammel spell on modernity. The article takes the interpretation of Kant's concept of freedom by Deng Xiaomang as the object of annotation. As the major source of modern thoughts, Kant's concept of freedom is of great significance, and the interpretation by Deng Xiaomang not only deepens Kant's concept of freedom, but also enables the discussion on freedom to be incomparably sophisticated. By investigating these issues, what the article tries to express is a consistent position with uniqueness and thoroughness, and hence, it is concluded the bias is quite impressive in the current discussion on freedom. Consequently, as one annotation, the article tries to offer a reflective platform for this freedom theory; after all, we are not only the one listening to the spell in the sense of "them", but also the one chanting the spell.

Key Words freedom trammel spell annotation

On Hegel's Epistemology of Bildung in Comparison with Cofucianism

Huang Xiaozhou

Abstract In Hegel's philosophy, as the means of universality promotion and the spirit existence, Bildung can neither be considered as the moral discipline, nor be served as the control on political needs, it has epistemological foundation. the epistemology of Bildung of Hegel shows that knowledge is a system of science, not the fragmental and subjective opinion. The truth is a process of development. The knowledge of Bildung is expressed by the clear and definite concepts of reason.

Key Words Hegel Bildung Epistemology Development

Die Erschöpfung des praktischen Ideals

Heribert Böder
Übersetzt von Dai Hui

Abstrakt Das theoretische, praktische und poetische Wissen ist von Kant, vermittels Fichtes, zum Hegel überliefert. In der *Phänomenologie des Geistes* ist es hergestellt, unter dem praktischen Wissen auf Anthropologie zu verstehen, aber das ist schon ein Bildung in geschichtlichem Sinne. Hegels *Phänomenologie des Geistes* ist wesentlich ein Entwicklung des praktischen Bewuβtsein. Bei der sinnliche Gewissheit ist etwa nicht bloβ theoretisch, sondern eine morale Bildung; auf die Stufe vom Verstand ist dieses kein vorhandenes Vermögen, sondern eine Bewegung von dem freien Wissen, und Reflektion in Bewuβtsein ist nur ein Schein des Ideals von Freiheit; Selbstbewuβtsein stellt aber unmittelbar ein praktisches Wesen vor, darauf der Begriff vom Geiste folgt, welcher sich auf der Anerkennung verkörpert und das Ich durch Kampf um Leben und Tode, Verhältnis von Herrn und Sklaven, und Arbeit, zum allgemeinen Momente erhebt; Innerhalb der Vernunft versteckt sich dcr Geist, und sie hält ihn zuerst für Gegenstand der Beobachtung, dann strebt in Handlungen nach Lust und Eigentumlichkeit von Individuum, darauf widmet sie sich dem Weltlauf, um ihre allgemeinen Gesetze zu realisieren. Aber hier kommt sie voraus als ein geistiges Tierreich in Verdrehung vor, dann tritt in die gesetzprüfende Vernunft hinein, wo der eigentliche Geist erst erscheint.

Der Geist realisiert sich anfangs noch nicht als solcher, sondern als Substanz der moralischen Bildung. Er unterteilt sich in Substanz und deren Bewuβtsein und errichtet eine sittliche Welt, in welcher das Prinzip vom Individuum dem vom Allgemeinen entgegengesetzt ist. Gegensatz zwischen Familien und Staat bewirkt Zerstörung der geistigen Substanz und Entstehung des Bewuβtseins von Person, auf dieser grundlegendes Rechtssystem ein sich entfremdender Geist ist, aber diese Sich – entfremdung deckt das praktische Sinn des sittlichen Geistes auf. Damit spaltet dieser sich entfremdende Geist sich als Gegensatz zwischen dem individuellen Recht und der staatlichen Macht, u. zw. zwischen Diesseits und Jeseits. Die reine Einsicht und Aufklärung von Diesseits zersetzt Glauben von Jeseits. Der Geist existiert als absolute Freiheit und bringt Gewalt und Schrecken. Diesen Konflekt und diese Zersetzung nur zu erfährt zu haben, kann der Geist erst von den wirklichen Erscheinungen zur moralischen Welt zurückfinden und sich daraus zum Jeseits und Gewissen wenden. Das Gewissen und die schöne Seele löst sich doch von Wirklichkeit und weicht den Sünden aus und kann Einheit des Subjektiven und Objektiven nicht erreichen. Wenn das Gewissen zu Anerkennen und Toleranz gegen Sünde erhebt wird und sich mit der objektiven Wirklichkeit versöhnt, langt er in die sittliche Religion an, wo er sich als Geist bewuβt ist, der also der absolute Geist ist. Eine wesentliche Religion ist die moderne, d. h. die offenbare Religion, welche sich erstens in der natürlichen Religion als der Werkmeister offenbarte, dann die Geschichtlichkeit zweitens in der Kunstreligion durch Epos, Tragödie und Komödie reflektierte und das unglückliche Bewuβtsein aber endlich verursachte: eine Spaltung der sittlichen Substanz und ein Verlust des Glaubens. Drittens, die Christentum als die offenbare gründet die geistige Substanz wieder auf Subjekt, welches als die erste Stufe des Christentum in frühe Trinität schon repräsentierte. Auf der zweiten Stufe war Konventionalisierung des Christentum und Verwandlung der Offenbarung in eine reale und endliche Zeit – geschichte; Der Protestantismus tritt auf dritte Stufe auf, wo er von äuβerlichen Vorstellungen auf Gedanke zurückkam und eine überirdische geistige Gemeinschaft wurde, welche sich um die Ehre der Welt doch noch kümmerte und deren praktisches Ideal nicht in der Geschichte, sondern in ihrem Anfangspunkt und Endpunkt sei. Die Verdrängung der Religion gegen die natürliche Vernunft kann nur im absoluten Wissen versöhnt werden. Dieses Gegensatz in Kants Abteilung der Phänomen und Ding an sich schon bezeigt, aber nur in Hegels *Phänomenologie des Geistes* erst durch die Objektivität und Entäuβerung des geistigen Selbstbewuβtsein gelüst wurde. Phänomenologie des Geistes ist die Wissenschaft der reinen Vernunft, die aufdeckt, daβ die Triebkraft hinter all empirischen Erscheinungen das absolute Wissen ist, das mit dem Begriff aufgefaβt wird. Die praktische primäre Philosophie muβ der schaffenden primären Philosophie den Thron überlassen. Phänomenologie des Geistes erschöpft das Ideal der praktischen Vernunft und aber nicht die wahre Freiheit realisiert hat, solche Freiheit, die sich noch in der Form der Logik vollenden und der späteren Philosophie des Geistes widmen muβ, um sie zu begreifen. Phänomenologie des Geistes ist eine Opferung der geschichtlichen Äuβerlichkeit des Geistes und eine Erinnerung diser Äuβerlichkeit, um in ihn selbst auf Grund der Logik tief einzudringen. Der Abschied von Geschichte gibt ihr erst eine totale Bestimmtheit. Solange die absolute Freiheit nur meine, d. h. nur praktische Freiheit ist, riβ das Ideal der absoluten Freiheit von der absoluten Qual nicht los. Die Konsequenz der Phänomenologie des Geistes ist nicht ander als Wiederherstellung dieser Qual, welche darum entspringt, von Gott zu verlassen, auch, daβ der Geist von sich selbst im Stitch gelassen wird.

Key Words Phänomenologie des Geistes das praktische Wissen Geistes Vernunft Freiheit Begriff

On the Sources of Dialectics of Nature

Zhou Zhuhong

Abstract By rethinking the history process of the formation of Dialectics of Nature, We have reason to believe that Dialectics of Nature is always a possible method of thinking which deepens the essence of nature and the unity of nature with spirit, and is a profound and charmed theory.

Key Words Dialectics Reflection Immanent teleology

Husserl's phenomenological interpretation of Hume in his *The First Philosophy*

Kuang Hong

Abstract This thesis articulates and analyses Husserl's interpretation of Hume in his *The First Philosophy*, systematically describing Hume's role in the history of the development of Phenomenology in Husserl's mind. In the first part, Husserl's five - stage framework of the history of phenomenology is given in the context of the relationship and interaction between logic and psychology, in which Hume works as a turning point from the fourth to the fifth stage. In the second part, Hume's internal naturalism as a type of intuitionism is analysed, especially in the relation to his immediate predecessors: Descartes, Locke and Berkley. In the third part, a comparison between Hume and Kant is offered to explain Husserl's preference of Hume to Kant for his relative thoroughness in intuitionism. To conclude, instead of a merely negative skeptic Hume ranks as a figure inheriting and enlightening the rational tradition of western philosophy on a level much deeper than what we usually admit.

Key Words Hume Husserl phenomenology naturalism intuitionism

A Exploration of the Concept of Consciousness in Husserl's Logical Investigations

Zhuang Wei

Abstract In the Logical investigations, Husserl pointed out that the philosophical clarification of the Foundation of pure logic required to analyze the origin of language from the startpoint related with the experience of thinking and understanding, which naturally led to the exploration of consciousness. Consciousness in itself and its inner meaning content becomes the object of Husserl's phenomenological investigations. But for the arrangements of the system of *logical investigations* and the variety of difficulties concerning phenomenological analysis, Husserl had to clarify the concept of consciousness into the fifth investigation where he analyzed the issue from three perspectives, namely: the consciousness possessed by empirical ego in the perspective of *reell*, the consciousness as inner perception, and the consciousness in the our familiar view of intentionality. Any two of these three perspectives can be mutually transited, they are not exclusive with each other. With the *intentionality*, Husserl expanded the views of Kant and Natorp on *Apperception*. In the level of *intentionality*, after the discussions on some important concepts, Husserl analyzed the intentional content, and in details, analyzed the issue of intentional object of intentional acts, he made an important division: material and *qualitative* of intentional acts, of which the combination formed the intentional essence of intentional acts, of which *material*, the former, determined the direction and way of the object towards the target of intentional act. *The essence of intention and material acts described as the methods of an intentional* act include the extension and intension of the object of intentional acts. According to Husserl, he did never make an ontological judgment to consciousness, he just made use of the consciousness as a guiding framework to his phenomenological analysis and means of phenomenological description, however, some philosophers criticize Husserl's philosophy of consciousness, for example, a key step of Rorty is to challenge some conventional remarks' appropriateness unconfirmed on consciousness or psychological space (such as *pure feeling*). This indicates that, like Kant, Husserl's phenomenology, in fact, expressed the relationship between people and propositions, that is to say, with a proposition, it represented phenomenological essential descriptions around the center of intention, and showed the nature of cognitive relationship instead of giving an answer to the problem on existence. Therefore, phenomenology, in which intentionality and related conceptions are the language and primitive principles to it, is a purely theoretical and scientific pursuit, however, we can change to another language or symbols and primitive principles. Such comments on Husserl's phenomenology of consciousness played a certain role in destructing it, and indicated that the legality of Husserl's phenomenology is actually a question of practice, and, in turn, that is why the significance of Husserl's phenomenology is far from exhaustion.

Key Word Husserl Phenomenology consciousness intentionality the essence of intention

Horizon: Extend? Limit? Or break through? On the relationship between horizon and type in Husserl's physical thing – perception theory

Du Zhantao

Abstract Husserl's concept of horizon is to be clarified. Smith & McIntyre take horizon as the circumscribed limits of the object's further characterization. However, this belief has been objected by Husserl himself. Horizon is not a limit of the object's further characterization, on the contrary, it is limited by object's type, in other words, the object's type predestinates its horizon. Nevertheless, horizon can free itself in a degree from the limit of its type. By constantly changing, horizon keeps adding new attributes to empirical concept and consequently changes the concept, thus horizon and concept interact each other and increase human knowledge.

Key Words Horizon Possibility Type Pre – delineate Interact

On the essence of technique as a destiny sent by Being

Shi Tingxiong

Abstract In Heidegger's commitment about the essence of modern technique, both of τεχνη and modern technique are ways of uncovering. In order to find out the difference between these two ways of uncovering, we should keep our eyes on "Anwesen", which is the basic word of western metaphysics. Once we notice that "Anwesen" is another name of Being, we will recognize Heidegger's view – which shows that the essence of modern technique, which is Ge – stell, is a destiny sent by Being—profoundly and entirely.

Key Words τεχνη technique Gestell Being Ereignis

What Is "Non – Poetic Language"?

Wang Jun

Abstract The path that Heidegger undertakes is leading to *The Vocation of the Matter of Thinking*, which experiences the nature of the world, history and language. Heidegger's thinking concerning language evolves in the nature of the world and history, and in the late period it even shows itself as critisicm. Late

Heidegger' s thinking of language is on the way to pure language, for Heidegger tries to overcome the impurity and tool——treating of language through overcoming the non - poetic language that includes the everyday language, metaphysical language and the language of techno*log*y, which clears the way for the revealing of poetic language.

Key Words Heidegger language non - poetic;

Heidegger' s Poetic Dwelling

Xie Jinsong

Abstract This article understands Heidegger' s poetic dwelling in the context of western and eastern thoughts. Poetic dwelling overcomes technologism , Nihilism and the homelessness, and it is the experience of existance. The experience is the experience of Being and Nihilism. Poetic dwelling is the listening to the Being , the criteria of acceptance, and gentle thoughts. The thoughts are not rational thoughts, or determinants of ration to Being. Men of existance is more of oringinality than men of reason.

Key Words homelessness poetic dwelling technologism

"Dasein" or "Me voici"? Thinking the Essence of Human Being with Heidegger and Levinas

Zhu Gang

Abstract What is the essence of human being? This is one of the basic questions of western philosophy. To this question, Heidegger and Levinas give two different answers: the former determines human being as Dasein, thinks that human being is essentially the *Lichtung* of Being; the later determines human being as *Me voici*, thinks that human being is essentially the hostage of the Other. These two different determinations result from two different points of view: one understands the essence of human being from the relationship between human being and Being; the other understands the essence of human being from the relationship between I and the Other. These two understands characterize two radical possibility of the understanding of the essence of human being in western philosophy.

Key Words Human being Dasein Me voici Heidegger Levinas

Revelation and Listening of Divine Mystery ——Karl Rahner: On Essence of Christian Revelational Theology

Che Gui

Abstract The core topic of 20th century Christian theology is the essence of revelational theology as mystery of Christianity. In "Hearers of the Word", Karl Rahner put forward the basic ontological proposition according to Thomas´ metaphysics on existence and knowledge: the essence of the being of a thing which exists is knowing and known in an original unity. The only theme of metaphysics is that being returns to itself. The subjectivity of human being is his conscious subsist - in - oneself, and the foundation of his conscious subsist - in - oneself is a priori grasp of divine mystery as God's universal grace of transcendental revelation. The possible revelation God speaks in human history is the revelation in divine Logos - Word form. The mystery of revelational theology is God's revelational Word in human history and human being's listening to this revelational Word.

Key Words divine mystery a priori grasp Logos - Word hearers of the Word

The Corner of Truth in Humanities
——Gadamer's Critique to Historicism

Luo Jiu

Abstract With the rise of modern natural science, the legality of humanities is oppugned. In order to response to this question, humanities introduced the method of natural science into itself, this methodological reform makes humanities have the objective truthfulness, but lack of the accuracy as natural science. Gadamer discussed this problem on the basis of phenomenological hermeneutics, and his discussion focused on the critique to the historicism. From Gadamer's point, objectivity is not the essence of truth in humanities, and the methodology can not ensure this kind of truth. Subjectivity, aims and history can not be eliminated in humanities. The aim of humanities is not objective truth, but to make man as a man through the culture and education.

Key Words Gadamer humanities history truth hermeneutics

On Gadamer's interpretation of 'phronesis'

Shao Hua

Abstract Gadamer's practical philosophy is the representative of contemporary new Aristotelianism. This practical philosophy is based on the interpretation of the Aristotle's concept of phronesis. It is subject to the impact of Heidegger's reading of Aristotle, but also has a hermeneutic color. Early in the treatise 'practical knowledge', Gadamer has basically explained the essence of phronesis. In medium – term period he explained the problem of hermeneutical application through phronesis in ' Truth and Method ' . In later period, he advanced further through the elucidation of phronesis to explain the practical rationality different from the rationality of science and technology, hoping to guide the people ' s lives to bring the rationality of science and technology into the practical rationality and avoid the alienation made by the technological civilization. Gadamer ' s acceptance and elucidation of phronesis is the creative product of hermeneutic practice, and it has great significance for us to reflect on the modern existence situation and safeguard the practical rationality.

Key Words phronesis hermeneutics practical philosophy application

Aristotle and the Imperative Ethics

Hans – Georg Gadamer
Translated by Shao Hua

Abstract The imperative feature of moral experience is essential for ethics, but the imperative ethics with the imperative as the starting point is narrow, because it ignores the whole world we live in. The answer to the question of goodness always includes the interrelation of logos and ethos . The concept of Aristotle ' s phronesis reflects the unity of logos and ethos. However, Kant ' s phronesis becomes prudence and the prudent imperative is opposite to the moral imperative, which is based on the abstract division between freedom and necessity. The distinction has led to the modern distinction between ' being ' and ' should ' and the subjective predicament. In order to overcome the narrow – mindedness of imperative ethics, we must return to Aristotle. Aristotle ' s practical philosophy includes not only ethics but also politics, it regards the whole practical life as the starting point. Practical philosophy not only understands goodness, but also makes for it. The significance of Kant ' s categorical imperative is expressing the moral self – evidence and maintaining autonomy and freedom of practical reason, which like Aristotle ' s concept of phronesis, has great significance to overcome human living predicament in the scientific era.

Key Words Practical Philosophy Phronesis Ethos Logos

Der Geistige Grund der Politik Eine Vergleichung Zwischen H. Arents Gedanke von Publikumsgebiet und Hegels Gedanke von Sittlichkeit in Phänomenologie des Geistes

Liu Chao

Abstrakt Hannah Arendt bringt Heidggers Idee von Ontologie in das politische Reich und stellt eine ganz neue Idee von *Politik* auf, daβ der Grund der Politik nicht zur traditionellen sittlichen und politischen Substanz wie Familie und Staat, sondern zum griechischen freien Ausdruck und Austausch gelegt werden soll. Dieser Gesichtspunkt folgt nicht nur Hegels Gedankengängen in *Phänomenologie des Geistes*, die traditionelle sittliche und politische Substanz von dem freien Geiste heraus zu *dekonstruieren*, sondern auch übersteigt durch eine Auseinandersetzung über ein paar Begriffe vom *Privatgebiet* und *Publikumsgebiet* grundlich ein paar Substanzen von *Familie* und *Staat* und bringt Politik ganz in den Horizont von *Dasein* zu analysieren, so daβ statt Staat Person zum Anfangspukt und Endgebnis des Begriffs von Politik wird.

Key Words Hannah Arendt Politik Publikumsgebiet Hegel

Carl Schmitt's "enemy" and "The USA has no enemy"

Li Haimo

Abstract In 1955, Carl Schmitt was confused by his new discovery that

"The USA has no enemy", then things happened during Хрущёв Age made Schmitt feeling despair about Soviet Russia. Schmitt viewed himself as a "defender" of the Hegelianism, and want to substitute Hegel who established the order and law for the new epoch, built a concrete "enemy" for the new type of The USA (and his own purpose was not simply destroyed The USA), so that functioned the old historical philosophy. In Schmitt's context, this new "enemy" maybe equal to the "Partisan".

Key Words　Carl Schmitt　Enemy　Hegelianism

Globalization and Universality
Global, Universal and Universalist Practical Philosophy in Christian Wolff and Immanuel Kant

Günter Zöller

Abstract　The paper explores the global scope of the practical philosophy of the European Enlightenment. The focus is on the idea of a universal practical philosophy that transcends particular moralities. The first section provides both a contemporary and a historical setting for the convergence of globalization and enlightenment. The second section introduces Christian Wolff's "Oration on the Practical Philosophy of the Chinese" as a manifesto for an autonomous ethics in a Chinese guise. The third section presents the mature practical philosophy of Immanuel Kant as a universalist theory of the legal and ethical principles of action intent on enabling and assuring self-determination and self-rule in human agency. Throughout the concern is with the global, indeed universal, scope of the forms and conditions of rational human conduct.

Key Words　Enlightenment　globalization　practical philosophy　universal

Eine Reflextion über die Aufklärung aus japanischer Perspektive – das Paradox der institutionalisierten Aufklärung

Sukiko Kitagawa

Abstrakt Die Globalisation der Aufklärung hat zwei möglichen Weisen. Die eine ist als alle auf sich genommene Aufgabe, nämlich Selbstaufklärung, wie Kants Belehrung: Ausgang des Menschen aus seiner selbst verschuldeten Unmündigkeit, so daβ die wenigen Personen mit weiser Voraussicht den Anderen aufklären helfen, aber nur auf dem Grund, Selbstaufklärung schon vorauszugehen. Diesen Gesichtspunkt ist die meisten westlichen Gelehrten behaupt. Die andere erkennt von ein non – westliches, wie von japanisches Perspektive, daβ Aufklärung fremd und zunächst als eine Fremdaufklärung, also unfrei und eine reformierende Bewegung, die aufgenommen und von dem hochen Amt aufgestellt wird, und wesentlich Verwestlichung sei. Hier bedeutet die Aufklärung ein Vorgang der Entwicklung und Bildung vom Geist. Die japanische Intelligenz, die Mission von Aufklärung zu übernehmen, versuchte die westliche Gedanke durch Kofuzianismus und Buddhismus zu erklären, aus welchem aber eine grundliche Verwandlung von Paradigma folgt, nämlich Selbstaufklärung durch Fremdaufklärung auszuführen. Dadurch diente in Vermischung mit Politik als eine kulturelle Ordnung und führte daraus den japanischen Militarismus. Das Institutionalisieren ist eine Abwesenheit der Selbstaufklärung, d. h. eine Aufklärung als Anti – Aufklärung. Die heutige sich globaliesierende Aufklärung ist noch mehr institutionalisierend. Die Feministinen stellten zunächst den Protest gegen diese, und gegen das, die Freiheit des Subjekts miβzubrauchen und die eigene Tradition zu übersehen. Die Aufklärung kann nicht ein für allemal durch Ordnung bestimmt werden. Daβ man die Aufklärung an der westlichen politischen und ökonomischen Struktur erläutert, vermischt damit den Begriff von Aufklärung.

Key Words Selbstaufklärung Fremdaufklärung Konstitutionalisieren Japan globalisieren

Aufklärung und Dämmerung: Das Subjekt und Sein Mediales Kontingent

Oliver Jahraus

Übersetzt von Huang Xiaozhou/ Zhao Daidi

Abstrakt Die Bildung beduetet in Deutsch nicht nur Erziehung, sondern auch eine Formung, ein Bild zu vollenden. Im Film *Der Letzte Kaiser* hat Pu Yi in seiner Jugend von einem englichem Gentlemann erzogen geworden, welches aus ihm aber keinen gesellschaftlichen Mann gemacht habt; und im gefangenhaltenen Leben seiner Spätzeit hat von Kommunismus erzogen und von einem Verbrechen des Krieges zum einem normalen Mann verwandelt geworden, der Mann, der von seiner Hände Arbeit lebt. Dieser Film scheint jenen Fehlschlage der Aufklärungsbildung zu kritisieren, aber es kündigt nur die Einseitigkeit des Aufklärungsgedanke in 18. Jahrhundert an, wie z. B. die Aufklärung in Goethes *Die Leiden des jüngen Wwrthers* als eine Bildung von der abdichteten Person gehalten wurde und zur Vernichtung des Individuums geführt hatte. In der Tat kann die Aufklärung von der Kommunikation mit Gesellschaft und Anderen nicht trennen und keine isolierte Subjektivität. Das Medium und die gesellschaftliche Kommunikation besitzt einen wesentlichen Platz in der Aufklärung. Sie ist es in diese globalisierte Zeit nicht mehr nur, daβ eine Seit andere nötigt, einige Werts aufzunehmen, und daβ sie eine kulturelle Hegemonie verwirklicht, sondern macht sich durch einen medialen Mechanismus durchsichtig und eine Verknüpfung zwischen verschiedenen Gedanken und Kulturen. Das ist eine andere Art vom Aufklärungsberiff.

Key Words Aufklärung Bildung Subjekt Medium durchsichtig Hegemonie

Kant's Idea of Law and Global Juridification

Klaus - Gert Lutterbeck

Abstract Nowadays in the process of globalization, Kant's legal philosophy is still of paramount importance. In the present situation, as a result of two structural deficits, global law, whose internal foundation is the pragmatism of natural law philosophy, lies in the process of disintegration. Kant's idea of law is just the efficient objection. It discloses that if complying with the law is seen to be useful from the calculation of interest, then it will lose the moral significance and lead to the separation of law and morality in the end. Natural law philosophy is grounded on the hypothetical imperative while the idea of law is based on the categorical imperative. Besides, Kant's legal philosophy advances a mode of order beyond instrumental intellect as the precondition of institutional arrangement of the free. In a word, the enlightenment of Kant's legal philosophy is twofold: on the one hand, it equips us with an idea of law as a cultural means of coordinating the arbitrariness of people, on the other hand, it gives a normative orientation.

Key Words Kant global law the idea of law natural law